U0575783

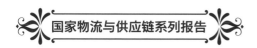

国家物流与供应链系列报告

·中国物流与采购联合会系列报告·

中国物流与供应链发展报告

2024—2025

中国物流与采购联合会
China Federation of Logistics & Purchasing
中国物流学会
China Society of Logistics

China Logistics and Supply Chain Development Report
(2024—2025)

中国财富出版社有限公司
China Fortune Press Co.,Ltd.

图书在版编目（CIP）数据

中国物流与供应链发展报告. 2024－2025／中国物流与采购联合会，中国物流学会编. 北京：中国财富出版社有限公司，2025. 5. --（国家物流与供应链系列报告）. -- ISBN 978－7－5047－8417－9

Ⅰ. F259. 2

中国国家版本馆 CIP 数据核字第 2025UM4799 号

策划编辑 朱亚宁　**责任编辑** 王　君　**版权编辑** 武　玥
责任印制 马欣岳　**责任校对** 庞冰心　**责任发行** 杨恩磊

出版发行 中国财富出版社有限公司
社　　址 北京市丰台区南四环西路 188 号 5 区 20 楼　**邮政编码** 100070
电　　话 010－52227588 转 2098（发行部）　010－52227588 转 321（总编室）
010－52227566（24 小时读者服务）　010－52227588 转 305（质检部）
网　　址 http：//www. cfpress. com. cn　**排　　版** 宝蕾元
经　　销 新华书店　**印　　刷** 宝蕾元仁浩（天津）印刷有限公司
书　　号 ISBN 978－7－5047－8417－9/F·3807
开　　本 787mm×1092mm　1/16　**版　　次** 2025 年 5 月第 1 版
印　　张 32. 25　**印　　次** 2025 年 5 月第 1 次印刷
字　　数 649 千字　**定　　价** 198. 00 元

《中国物流与供应链发展报告》（2024—2025）

编　委　会

《中国物流与供应链发展报告》(2024—2025)

特约撰稿人

(按姓氏拼音排序)

曹允春 中国民航大学临空经济研究中心主任、教授、博士生导师
陈悠超 上海海事大学上海国际航运研究中心航运景气指数编制室副主任
陈中涛 中国物流与采购联合会农业产业供应链分会秘书长
范学兵 中国物流与采购联合会应急物流专业委员会秘书长
冯耕中 西安交通大学管理学院院长、教授、博士生导师
郭　威 中国物流与采购联合会医药物流与供应链分会常务副秘书长
侯海云 鞍山钢铁集团有限公司副总工程师
李鸿宝 中国物流与采购联合会酒类物流供应链分会秘书长
李红梅 中国物流与采购联合会标准化工作部主任
李俊峰 中国物流与采购联合会教育培训中心主任
李倩雯 上海国际航运研究中心航运发展研究所副所长
李　弢 交通运输部规划研究院城市交通与现代物流研究所副所长
李勇昭 中国物资储运协会会长
刘伟华 天津大学管理与经济学部教授、博导
刘宇航 中国物流信息中心主任、中国物流与采购联合会智慧物流分会、危化品物流分会秘书长
吕　忠 中国物流与采购联合会数字化仓储分会、物联网技术与应用专业委员会秘书长
潘海洪 中国物流与采购联合会电子产业供应链分会秘书长
彭新良 中国物流与采购联合会公共采购分会秘书长、采购与供应链管理专业委员会主任
秦玉鸣 中国物流与采购联合会冷链物流专业委员会、医药物流与供应链分会、医疗器械供应链分会、食材供应链分会秘书长
施　伟 中国物流与采购联合会服装物流分会副秘书长
宋夏虹 中国物流与采购联合会汽车物流分会秘书长

孙熙军 中国物流与采购联合会托盘专业委员会秘书长
吴志华 南京财经大学营销与物流管理学院教授、博导
肖和森 中国物流与采购联合会物流与供应链金融分会执行副会长
谢文卿 上海国际航运研究中心港口发展研究所经济师
徐　勇 快递物流咨询网首席顾问
晏庆华 中国物流与采购联合会物流信息服务平台分会秘书长、网络事业部主任
杨达卿 中国物流与采购联合港航供应链分会秘书长
杨宏燕 中国物流与采购联合会物流枢纽与园区专业委员会副秘书长
张晓东 北京交通大学教授、中国物流学会兼职副会长
张永锋 上海国际航运研究中心国际航运研究所所长
赵洁玉 中国物流与采购联合会绿色物流分会副秘书长、物资节能中心绿色发展部副主任
周志成 中国物流与采购联合会研究室主任、公路货运分会秘书长、中国物流学会副秘书长
左新宇 中国物流与采购联合会汽车物流分会、服装物流分会执行副会长，会展部、物流装备专业委员会、托盘专业委员会主任

《中国物流与供应链发展报告》(2024—2025)

编 辑 人 员

主　　编: 胡大剑
副 主 编: 周志成

联系方式:

中国物流与采购联合会研究室:010 - 83775690
网　　址:中国物流与采购网
电子邮箱:yanjiushibj@ vip. 163. com

发展新质生产力 培育供应链新动能 助力有效降低全社会物流成本

——2024年我国现代物流发展回顾与展望

（代前言）

2024年，是实现“十四五”规划目标任务的关键一年。习近平总书记强调，物流是实体经济的“筋络”，连接生产和消费、内贸和外贸，必须有效降低全社会物流成本，增强产业核心竞争力，提高经济运行效率。这是对现代物流最新的战略定位，进一步提升了产业地位，为下一阶段现代物流和供应链高质量发展指明了方向。

2025年是“十四五”规划的收官之年，也是现代物流迈入高质量发展的关键之年。我国经济整体将延续稳中有进、以进促稳的态势。社会物流需求预期向好，现代物流结构调整、布局优化、创新驱动，效率和质量稳步提升，对社会经济转型升级将发挥更加积极的作用。

一、2024年现代物流与供应链发展回顾

2024年，我国现代物流与供应链发展总体平稳、稳中有进，高质量发展扎实推进，呈现一些新的特点。

一是物流需求总体稳定。全年社会物流总额达360.6万亿元，按可比价格计算同比增长5.8%，增速较上年提升0.6个百分点。各季度增速保持在5%以上，总体呈现“前高中低后扬”态势。随着一揽子增量政策持续发力，下半年社会物流需求有所回升，第四季度增速回升至5.8%的较高水平。社会物流需求增速总体高于GDP增速，实物物流需求较为活跃。其中，工业物流需求韧性较强，回升范围有所扩大。全年工业品社会物流总额同比增长5.8%，

超过九成的工业领域物流需求出现回升，进一步巩固世界第一制造业大国地位。智能制造、高技术制造物流需求旺盛，持续高于工业平均水平，支撑制造业转型升级发展。民生消费物流持续扩大，线上需求较为活跃。全年单位与居民物流总额同比增长6.7%，持续高于社会物流总额平均水平。在消费品以旧换新等政策的支持下，民生消费物流需求加快释放。直播带货、即时零售等电商新模式持续拓展，成为物流需求增长亮点。进口物流增速保持稳定，结构调整涨跌互现。全年进口物流总额同比增长3.9%，助力我国保持第二大进口国地位。其中，半导体器件、集成电路等中间品进口物流量保持在10%以上的较快增长，推动经济结构有序调整。

二是市场规模继续平稳增长。全年物流业总收入达到13.8万亿元，我国物流市场规模连续9年位居世界第一，现代物流在生产性服务业中的支柱地位进一步提升。全年完成货运总量578亿吨，同比增长3.8%。港口货物吞吐量达176亿吨，同比增长3.7%。宁波舟山港完成货物吞吐量连续16年位居全球第一。上海港成为全球首个年吞吐量超过5000万TEU的世界大港。全年快递业务量达到1750亿件，同比增长21.5%，连续11年稳居世界第一。即时物流订单规模将超480亿单，同比增长近15%。铁路完成货运量51.7亿吨，国家铁路日均装车首次突破18万车大关。航空货邮运输量达898.2万吨，继续保持高速增长态势。全年中国物流业景气指数均值为51.7%，呈“前稳后升”格局。下半年以来，业务总量、库存周转、设备利用率和从业人员等细分指数保持连续上升势头，显示物流市场活跃度有所提升，提高产业运行效率，助力经济明显回升。

三是社会物流成本稳步下降。2024年2月底，中央财经委员会第四次会议强调，有效降低全社会物流成本。各部门、各地方和广大企业全面推进降成本工作。全年社会物流总费用为19.0万亿元，同比增长4.1%。社会物流总费用与GDP的比率为14.1%，较上年下降0.3个百分点，降至历年最低水平。以当前GDP规模测算相当于节约物流成本超过4000亿元，表明经济运行过程中的社会物流成本有所减少。这既有政策措施推动、产业结构调整的因素，更是物流结构调整和提质增效的结果。一方面，运输结构稳步调整，全年集装箱铁水联运量约为1150万标准箱，同比增长15%左右。航空货邮量同比增长22.1%，水运周转量同比增长8.8%，航空、水运方式货运量占比有所提升。另一方面，提质增效取得进展，重点企业调查显示，重点工商企业物流业务外包比重超过65%，物流企业供应链服务订单量增速超过10%，各细分领域采购、库存、生产、销售、逆向回收等一体的供应链体系正在逐步构建。总体来看，降低物流成本重在“有效”，不是仅仅追求数据指标的绝对降低，更重要的是发挥好物流联接生产和消费的作用，通过优化流程、整合资源、变革传统生产组织方式，促进供应链上下游融合发展，结构性、系统化降低全链条物流成本，从而为实体经济“舒筋活络”，增强产业竞争力。

四是新质生产力亮点突出。“AI+物流”新技术取得突破，中远海运、京东物流、菜鸟网络等多家企业推出物流领域的人工智能大模型，在客户服务、线路预测、仓储分拨、城市配送、供应链管理等领域提升运作效率。“数字物流”新模式迭代升级，全国网络货运企业超过3000家，正在沿着供应链拓展服务功能。平台经济持续发力，一批数字供应链企业加快涌现，深化供应链组织协同，持续赋能上下游中小企业。“无人物流”新产业发展提速，无人配送车进入常态化试运营阶段，在即时物流、末端配送、厂内物流等领域的投入规模加大。无人机配送迎来发展元年，美团、顺丰速运等企业推出无人机配送商业化线路，全年无人机配送快件近300万件。无人驾驶卡车在港口、矿山、干线物流等领域加快落地，多个商业化运营项目启动。此外，数据产业正在成为新增长点，“数据要素×”三年行动启动。我国首家数据科技央企——中国数联物流信息有限公司在上海成立，聚焦数据资源共享和开发利用，有望激发新质生产力新动能，成为物流降本增效的内生动力。

五是物流出海步伐有所加快。跨境电商驱动跨境物流蓬勃发展，全年跨境电商进出口为2.63万亿元，同比增长10.8%。航空货运、货运代理、海外仓等跨境电商配套服务保持较快增长。国际货邮运输量同比增长29.3%，中国企业建设的海外仓已经超过

2500 个，总面积超过 3000 万平方米。菜鸟网络、京东物流、中通快运等在全球范围内布局快递物流枢纽设施，日均处理跨境包裹量超过千万件。“一带一路”共建国家经贸往来日益频繁，物流设施互联加快推进。中欧跨里海直达快运正式开通，跨里海中欧班列实现常态化开行，中吉乌铁路项目正式启动，有望成为共建“一带一路”合作的里程碑。截至 2024 年年底，中欧班列累计开行突破 10 万列。随着制造业“走出去”步伐的加快，物流企业在传统欧美市场和东南亚、墨西哥、中东等新兴市场加大投资布局，成为服务业出海的“先锋队”，提升供应链韧性和安全水平，支撑更高水平对外开放。

六是企业市场主体发展壮大。第五次全国经济普查数据显示，当前我国物流相关法人单位超过 90 万个。截至 2024 年年底，我国 A 级物流企业首次突破 1 万家，代表国内最高水平的 5A 级物流企业超过 500 家，在航运物流、铁路物流、航空物流、快递物流、综合物流、供应链服务等领域，一批具有全球竞争力的企业发挥引领作用。为应对市场竞争，企业兼并重组、联盟合作力度加大，各地继续加大物流资源整合力度，盘活存量物流资产。越来越多的企业加快向供应链服务企业转型，争当供应链“链主”，实现规模化集约化协同发展。同时，物流领域个体经营户超过 810 万个，中小微物流企业仍然占绝大多数。面对市场需求不足的局面，“内卷式”竞争压力有所加大。公路货运、国内水运、货运代理、综合物流等相对分散的领域市场价格有所下滑，企业经营效益受到冲击。重点物流企业调查显示，企业平均收入利润率在 3% 以上的较低水平，低于规模以上工业企业 2 个百分点。

七是物流基础设施加大投入。全国综合立体交通网总里程已超过 600 万公里，铁路营业里程超过 16 万公里，高速铁路里程达到 4. 8 万公里，高速公路里程达到 19 万公里，高等级航道通航里程超过 6. 7 万公里。全国物流节点枢纽网初具规模。全国物流园区调查显示，规模以上物流园区达到 2769 个。重大物流基础设施建设获得支持，国家物流枢纽达到 151 个，与产业发展和消费相关的物流枢纽占比近五成。国家综合货运枢纽补链强链工程支持 37 个城市实施了 500 多个项目。骨干冷链物流基地达到 86 个，覆盖 31 个省、自治区、直辖市。一批“两重”物流项目获得支持，成为拉动投资的重要力量。交通网与物流网深化融合，铁路专用线进港区、进产业园区，全国有 22 条港口集疏运铁路和 50 条园区集疏运铁路加快建设。交通物流融合、枢纽互联成网，持续完善“通道 + 枢纽 + 网络”的现代物流运行体系。

八是绿色低碳物流受到重视。中共中央、国务院印发《关于加快经济社会发展全面绿色转型的意见》，提出推进交通运输绿色转型。交通运输、现代物流大规模设备更新取得积极进展，老旧营运柴油货车淘汰更新、老旧营运船舶报废更新、邮政快递老旧设备替代、物流设施设备更新改造获得政策支持，支撑构建绿色低碳物流体系。新能源物流车成为市场增长热点，全年新增新能源物流车近 40 万辆，其中，新能源重卡市场渗透率超过 13%，绿色车队规模持续扩大。继航空业后，欧盟碳排放交易体系将航运业纳入管制，我国积极打造绿色船队、绿色机队，绿色航运燃料生产和应用加大，可持续航空燃料试点启动。绿色包装成效显现，电商快递行业可降解包装材料使用率达到 60%。物流行业碳管理平台正式发布，推进物流领域“碳达峰碳中和”，支撑美丽中国建设。

九是治理体系取得积极成效。中央首次召开社会工作会议，要求突出抓好新经济组织、新社会组织、新就业群体党建工作。物流领域从业人员超过 5500 万人，货车司机、快递员、外卖小哥等新就业群体日益庞大，劳动者权益保障工作受到重视，“货车司机职业发展与保障行动”持续开展，各类关爱公益项目调动社会力量，有效支持扩大就业、维护社会稳定。物流标准化工作蓬勃发展，国际标准化组织首个物流领域标准化技术委员会落户中国，秘书处设在中国物流与采购联合会。标准化工作稳步推进，全年发布各类物流标准超过 50 项，形成了国际标准、国家标准、行业标准、团体标准和企业标准的标准体系。标准宣贯取得实效，法律法规日益完善，行业自律得到加强，促进了行业规范健康发展。社会责任形成共识，企业纷纷发布社会责任报告，展现企业提升治理效能、践行绿色环保、履行社会责任的举措和成效，成为衡量企业可持续、高质量发展的重要标志。

十是行业政策环境持续改善。有效降低全社会物流成本的战略部署纳入二十届三中全会的《中共中央关于进一步全面深化改革推进中国式现代化的决定》，落实中央财经委第四次会议要求，中共中央办公厅、国务院办公厅印发《有效降低全社会物流成本行动方案》，提出五个方面二十条具体举措。这是物流领域的第一份中央文件，进一步提升了现代物流的产业地位。相关部门和单位结合职能，研究制定了相关配套文件，与《有效降低全社会物流成本行动方案》形成“1+N”政策体系。国家发展改革委、交通运输部、商务部、自然资源部、国铁集团等部门和单位的配套文件印发实施。铁路货运改革深入推进，全国40个铁路物流中心挂牌成立，全面向铁路物流转型升级。货车违法超限超载治理深入推进，高速公路差异化收费继续深化。物流仓储用地保障力度加大，物流供地和保障模式加快创新，重大物流基础设施投资获得支持。各地方纷纷出台降成本专项政策，陆续发布细化落实的具体举措。此外，现代商贸流通体系试点、全国供应链创新与应用示范、道路货运高质量发展等政策积极推进，助力统一大市场建设，积极营造市场化、法治化、国际化的一流营商环境。

二、未来一段时期现代物流与供应链发展展望

2025年是“十四五”规划的收官之年，也是现代物流迈向高质量发展的关键之年。总体来看，我国面临国际形势的严峻挑战。地缘政治复杂多变，大国博弈加剧，全球贸易保护主义抬头，这些因素对我国外贸增长带来了较大冲击，国际供应链正在加快重构。与此同时，我国经济存在需求不足的突出矛盾，行业“内卷式”竞争加剧，企业经营压力加大。然而，我们也要看到，我国具有超大规模市场、完备产业体系、丰富的人力人才资源优势，经济长期向好的基本面没有改变。党的二十届三中全会提出了未来五年关键领域的系统性改革举措，这些举措正在激发经济增长的内生动力。随着一揽子增量政策落地显效，市场信心得到提振，将对经济增长形成有力支撑，预计我国经济仍将保持稳定增长态势，现代物流有望

实现质的有效提升和量的合理增长。

当前，党中央提出了有效降低全社会物流成本的战略部署，形成了“1+N”的政策体系，明确了下一步工作的“施工图”。降低全社会物流成本，绝不是单纯降低物流价格，也不是要压缩物流企业的合理利润，而是要通过调整生产组织方式，以降低供应链全链条物流成本为导向，为实体经济赋能、为人民群众服务，助力增强产业核心竞争力。这就要求我们不仅着眼于降低流通领域内的物流成本，还要向上延伸到生产领域、采购领域，向下延伸到最终消费领域。这需要突破物流企业的边界，从供应链全链条的角度进行总体考虑，也对我们提出了加快推进现代物流向供应链转型升级的使命任务。

现代物流是供应链的支撑，现代供应链是物流转型升级的高级形态。面对国内外严峻形势的挑战，我国现代供应链发展正当其时，是现代物流高质量发展的必然趋势，更是有效降低全社会物流成本的关键抓手。在这方面，有必要深化对现代供应链的认识，树立供应链转型的坚定信念。

一是紧扣供应链转型的新要求。当前，我国供应链功能已经从初级的资源整合、流程优化逐步向更高级的组织协同转变，目标取向从单纯关注成本效率逐步向价值创造转变，呈现高端化、高水平、高质量的特点。这就要求供应链上的各类企业更加重视组织内部、组织之间和跨企业的协同合作，不仅要降低成本、提高效率，挖掘降本增效的空间，更要传递价值、实现价值、放大价值，通过供应链转型实现价值创新，这是发展供应链的本质要求。

二是形成供应链转型的新抓手。当前，数字化转型是供应链转型的重要抓手。近年来，物流与供应链领域的数字经济蓬勃发展，已经从运输、仓储、配送等单一环节的数字化、智慧化、网络化发展，逐步向数字技术与现代供应链的深度融合转变。数字连接有助于实现更深层次的资源整合、流程优化、组织协同，能够使企业与企业之间、产业与产业之间、区域与区域之间在更广的范围内实现全面连接、效率提升和价值创造。打造新型数字供应链，有利于推动生产组织方式转型升级，培育新质生产力，提升产业核心竞争力。

三是把握供应链转型的新方向。当前，全球供应链呈现“区域化、韧性化、绿色化”的趋势。在区域供应链方面，随着国际供应链的重构，企业加快“出海”，制造业产业链的区域布局成为趋势，这为供应链的发展开辟了新的空间。在韧性供应链方面，国际贸易不确定性事件增多，各类风险沿着供应链放大，这对供应链的稳定运行提出了更高要求。企业需要具备更加强大的供应链协调能力、组织能力和整合能力。在绿色供应链方面，最为核心的是要树立绿色理念。这意味着企业在追求规模扩张和效率提升的同时，必须充分考虑社会责任。这就要求企业在发展过程中秉持利他的理念，做好环境、社会、公司治理的平衡，持续推出绿色产品和服务，为员工提供良好的职业发展机会，遵守商业道德，坚持合规经营，构建和谐发展的生态圈，从而实现企业的长远和可持续发展。

现代供应链是物流转型升级的必由之路，我们要积极拥抱变化，在转型中持续创造价值，构建具有新质生产力的现代物流体系，提升产业竞争力和经济运行效率，助力现代化产业体系建设。展望2025年及未来一段时期，我国现代物流和供应链有望呈现以下趋势：

一是市场运行保持温和增长。随着更加积极的财政政策和适度宽松的货币政策的贯彻落实，政策“组合拳”加快落地实施，社会物流需求有望得到提振，我国物流市场将保持温和增长态势，助力经济持续回升向好。

二是提质增效降本走向深入。物流降成本的出发点是服务实体经济和人民群众，重点是通过提质增效降低供应链全链条的物流成本。受需求增长压力和降本增效要求的影响，越来越多的工商企业和物流企业将逐步从流程优化、资源整合向更加深入的组织协同转变，打破市场边界，加强与上下游企业、区域间的联动融合，有望打开降本增效的新空间，挖掘企业“第三利润源”，助力增强产业竞争力。

三是供应链升级加快提速。我国传统的运输、仓储业态基本完成向现代物流服务的转型升级，下一阶段，将加快向现代供应链转型升级。随着产业向价值链中高端迈进，工商企业与物流企业将深化供应链融合创新，提供专业化、一体化、集成化的供应链解决方案，通过和客户增进战略互信、流程再造、设施共建、信息互联和标准衔接，满足客户多样化需求，共同实现供应链价值创造。

四是韧性安全水平持续提升。我国进出口货物结构发生根本性转变，从劳动密集型产品转向装备制造等中高端产品。同时，制造业“出海”将更加深入，逐步向“本地化生产、全球化流通”转变。这将推动现代物流加快从“跟随”战略转向“本地化”战略，加大国际物流设施布局和资源投入，通过与国际合作伙伴加强合作，共同构筑更具韧性和安全性的全球供应链服务体系，更好地服务高水平对外开放。

五是数智化转型提档升级。数字经济与现代物流的融合发展走在各行业前列，我国物流领域基本具备了数字化能力。下一步，通过数字技术和物流组织的有机连接，实现更高水平的效能提升，将先进的数字技术与现代供应链的组织方式深度融合，大力发展平台经济，形成创新驱动的生产组织方式和运行模式。这有望推动现代物流从信息化向智能化的跃迁，构建随需应变的数字供应链，开拓产业发展新赛道。

六是结构调整力度有所加大。随着国家大力提振消费，超大规模市场优势逐渐显现，消费物流的市场贡献将进一步增长。外部市场环境倒逼制造业加快转型升级，工业物流市场中的装备制造物流需求仍将保持韧性，支柱地位将进一步得到巩固，高端化物流需求也将进一步显现。随着铁路货运深化市场改革，“公转铁”力度将进一步加大，“铁路进码头”“白货上铁路”将成为趋势，运输结构持续得到优化。

七是产业集群与枢纽联动发展。随着全国统一大市场的建设，区域战略加大实施力度，补短强基、适度超前、集聚发展成为重要方向，现代物流基础设施布局将深化调整。顺应区域产业转型升级要求，探索“产业集群+物流枢纽”的协同发展模式，降低区域物流成本，优化区域投资环境，有望培育城市新的增长极和枢纽经济区，实现与生产力布局的协同发展。为深化高水平对外开放，依托我国超大规模市场优势，构建畅通国内国际双循环的战略支点，将支持有条件的地区建设国际物流枢纽中心和大宗商品资源配置枢纽。

八是绿色低碳物流走向实践。我国经济社会发展全面绿色转型，对物流领域降碳减污扩绿增长提出了新要求。越来越多的企业形成理念共识，正在将绿色低碳承诺融入企业发展实践，一批绿色物流企业有望加快涌现。“绿色物流重点技术和装备推广目录”正式启动，绿色产品得到开发推广，新能源物流车将加快普及速度，其在中重型货车领域的渗透率有望快速提升。枢纽设施、仓储设施将加快绿色化升级改造，绿色包装的推广力度进一步加大，碳排放核算及相关认证工作正在加紧推进。

九是从业人员权益得到保障。现代物流业吸纳就业人员多、联系人员范围广，增强人民群众的获得感、幸福感、安全感是行业肩负的重要使命。随着国家加大保障和改善民生的力度，特别是关注新就业群体利益，有关部门和行业企业从停车休息、社会保险、法律维权、应急救援等多方面为从业人员考虑，货车司机、快递员、外卖小哥等群体的保障力度将加大，让从业人员真正实现“体面工作、幸福生活”。

十是行业治理更加规范有序。降低制度性交易成本是物流降成本的重要内容，这需要进一步深化改革。随着降低全社会物流成本专项行动的实施，铁路货运改革，货运车辆治理，数据开放互联，物流用地难、融资难、通行难等一系列行业关注的问题有望得到解决，为行业高质量发展营造公平竞争的市场环境。中国物流与采购联合会作为政府与企业间的桥梁和纽带，将积极深化自身建设，推进政策落实，积极建言献策，加大标准、统计、评估、科技、教育等各项基础工作力度，做好行业自律、规范引导和创新驱动。同时，大力推进社会责任的标准认证、行业推广和社会引导工作。携手各方力量、坚持开放互信，推动政府、协会和企业构建协同共治的治理格局，为新时期现代化物流体系建设做出新的贡献。

（作者：蔡进　中国物流与采购联合会会长）

目　录

第一篇　综合报告

第二篇　专题报告

第三篇　资料汇编

第一篇

综 合 报 告

第一章

2024年中国物流与供应链发展环境

2024年是实现“十四五”规划目标任务的关键一年，也是现代物流战略地位提升的重要一年。全球经济缓慢复苏，我国经济运行稳中向好，降低物流成本相关政策陆续出台，物流与供应链发展环境积极改善。

一、国内经济环境

（一）经济运行平稳向好

2024年，全年国内生产总值（GDP）达到134.9万亿元，按不变价格计算，比上年增长5.0%（见图1）。其中，第一产业增加值为9.1万亿元，比上年增长3.5%；第二产业增加值为49.2万亿元，增长5.3%；第三产业增加值为76.6万亿元，增长5.0%。三次产业增加值占GDP的比重分别为6.8%、36.5%和56.7%（见图2），对经济增长的贡献率分别为5.2%、38.6%和56.2%，三次产业协同发展保障经济运行在合理区间。最终消费支出拉动国内生产总值增长2.2个百分点，资本形成总额拉动国内生产总值增长1.3个百分点，货物和服务净出口拉动国内生产总值增长1.5个百分点。全年人均国内生产总值为95749元，比上年增长5.1%。国民总收入为134.0万亿元，比上年增长5.1%。

分季度看，第四季度经济明显回升。第一季度国内生产总值同比增长5.3%，第二季度增长4.7%，第三季度增长4.6%，第四季度增长5.4%。从环比看，经季节调整后，第四季度国内生产总值增长1.6%。环比增速连续正增长，经济保持平稳向好态势。

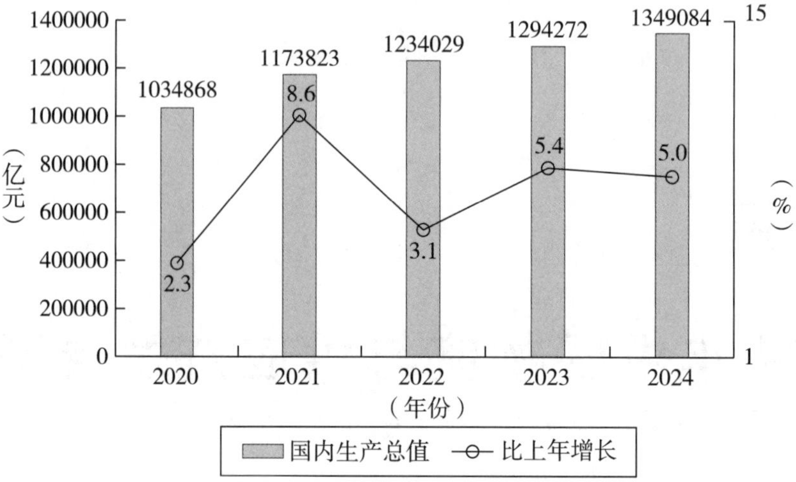

图1　2020—2024 年国内生产总值及其增长速度

数据来源：国家统计局。

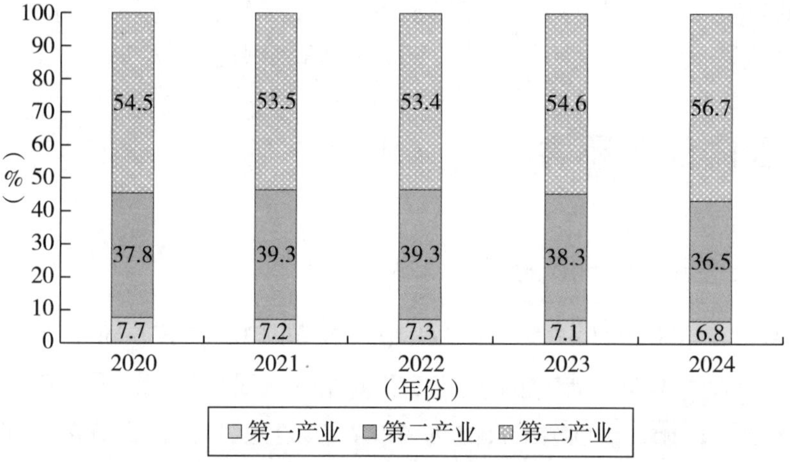

图2　2020—2024 年三次产业增加值占国内生产总值比重

中国物流与采购联合会、国家统计局服务业调查中心发布的中国制造业采购经理指数（PMI）全年均值为 49. 8%，低于 2023 年全年均值 0. 1 个百分点。从指数年内走势来看，在连续 5 个月运行在 50% 以下后，制造业 PMI 第一季度末重回扩张区间，反映出经济运行边际改善，回升明显。第二季度各月指数虽有波动，但是生产保持稳中有增、产业结构持续优化、大型企业稳定向好的发展态势较为明朗。第三季度指数持续稳定在 49% 以上，且在 9 月明显上升，稳经济存量政策效果持续显现，增量政策效应陆续释放，经济运行积极因素积聚，市场供需同步回升，行业协同联动上升，市场主体预期稳定，活力提升，经济稳定运行基础逐渐巩固。第四季度制造业 PMI 均值为 50. 2%，明显高于第三季度的 49. 4%，跨入扩张区间，经济趋稳回升态势明显（见图 3）。

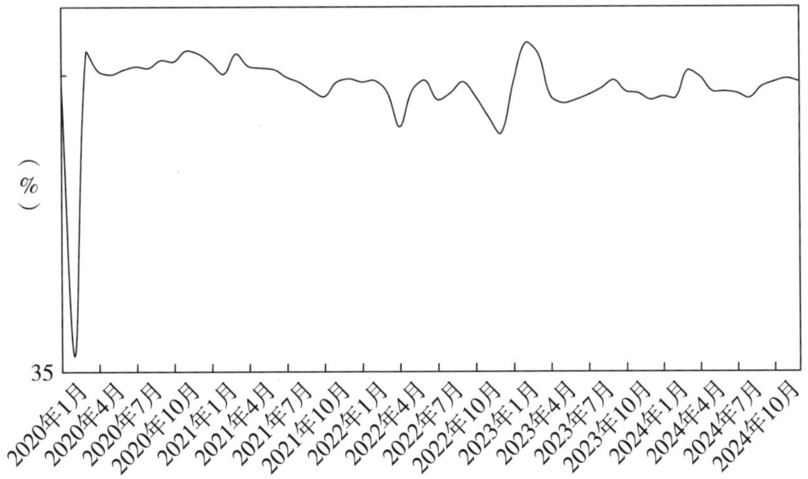

图3　中国制造业PMI走势

（二）工业生产稳步加快

2024年，全年全部工业增加值为40.5万亿元，比上年增长5.7%（见图4）。规模以上工业增加值增长5.8%。在规模以上工业中，分经济类型看，国有控股企业增加值增长4.2%；股份制企业增长6.1%，外商及港澳台投资企业增长4.0%；私营企业增长5.3%。分门类看，采矿业增长3.1%，制造业增长6.1%，电力、热力、燃气及水生产和供应业增长5.3%。

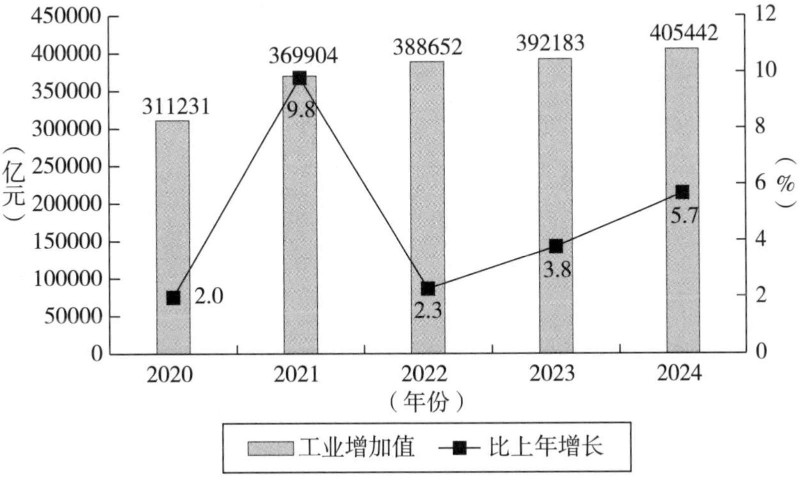

图4　2020—2024年全部工业增加值及其增长速度

注：增长速度按不变价格计算。

全年规模以上工业中，农副食品加工业增加值比上年增长2.2%，纺织业增长5.1%，化学原料和化学制品制造业增长8.9%，非金属矿物制品业下降1.4%，黑色金属冶炼和压延加工业增长4.0%，通用设备制造业增长3.6%，专用设备制造业增长2.8%，汽车制造业增长9.1%，电气机械和器材制造业增长5.1%，计算机、通信和其他电子设备制造业增长11.8%，电力、热力生产和供应业增长5.2%。2024年规模以上工业主要产品产量及其增长速度见表1。

表1　　2024年规模以上工业主要产品产量及其增长速度

产品名称	单位	产量	比上年增长（%）
纱	万吨	2277.9	1.3
布	亿米	306.3	2.2
化学纤维	万吨	7910.8	9.7
成品糖	万吨	1498.6	17.0
卷烟	亿支	24654.6	0.9
彩色电视机	万台	20745.4	4.6
家用电冰箱	万台	10395.7	8.3
房间空气调节器	万台	26598.4	9.7
粗钢	万吨	100509.1	-1.7
钢材	万吨	139967.4	1.1
十种有色金属	万吨	7918.8	4.3
其中：精炼铜（电解铜）	万吨	1364.4	4.1
原铝（电解铝）	万吨	4400.5	4.6
水泥	亿吨	18.3	-9.5
硫酸（折100%）	万吨	10369.9	6.9
烧碱（折100%）	万吨	4365.7	5.5
乙烯	万吨	3493.4	0.7
化肥（折100%）	万吨	6006.1	8.5
发电机组（发电设备）	万千瓦	28433.9	16.0
汽车	万辆	3155.9	4.8
其中：新能源汽车	万辆	1316.8	38.7
集成电路	亿块	4514.2	22.2
移动通信手持机	万台	166952.9	7.8
微型计算机设备	万台	33912.9	2.7
工业机器人	万套	55.6	14.2
太阳能工业用超白玻璃	万平方米	287884.5	53.5
充电桩	万个	469.7	58.7
智能手表	万个	8095.4	5.4
虚拟现实设备	万台	836.6	59.4

全年规模以上工业企业利润达7.4万亿元，比上年下降3.3%。分门类看，采矿业利润达11272亿元，比上年下降10.0%；制造业55141亿元，下降3.9%；电力、热力、燃气及水生产和供应业7898亿元，增长14.5%。规模以上工业企业每百元营业收入中的成本为85.16元，比上年增加0.36元；营业收入利润率为5.39%，下降0.30个百分点。年末规模以上工业企业资产负债率为57.5%，比上年年末上升0.1个百分点。全年规模以上工业产能利用率为75.0%。第一、二、三、四季度产能利用率分别为73.6%、74.9%、75.1%和76.2%，呈现逐季回升态势。

（三）货物进出口势头良好

2024年，全年货物进出口总额约43.8万亿元（见图5），比上年增长5.0%，规模创历史新高，连续八年保持全球货物贸易第一大国地位。其中，出口约为25.5万亿元，增长7.1%；进口约为18.4万亿元，增长2.3%（见表2）。货物进出口顺差为70623亿元，比上年增长12740亿元。对共建“一带一路”国家进出口额约为22.1万亿元，比上年增长6.4%。其中，出口12.2万亿元，增长9.6%；进口98589亿元，增长2.7%。对《区域全面经济伙伴关系协定》（RCEP）其他成员国进出口额约为13.2万亿元，比上年增长4.5%。民营企业进出口额约为24.3万亿元，比上年增长8.8%，占进出口总额的比重超50%；其中出口约为16.5万亿元，增长9.4%。

全年服务进出口总额为75238亿元，比上年增长14.4%。货物和服务净出口对经济增长的贡献率为30.3%，拉动GDP增长1.5个百分点。

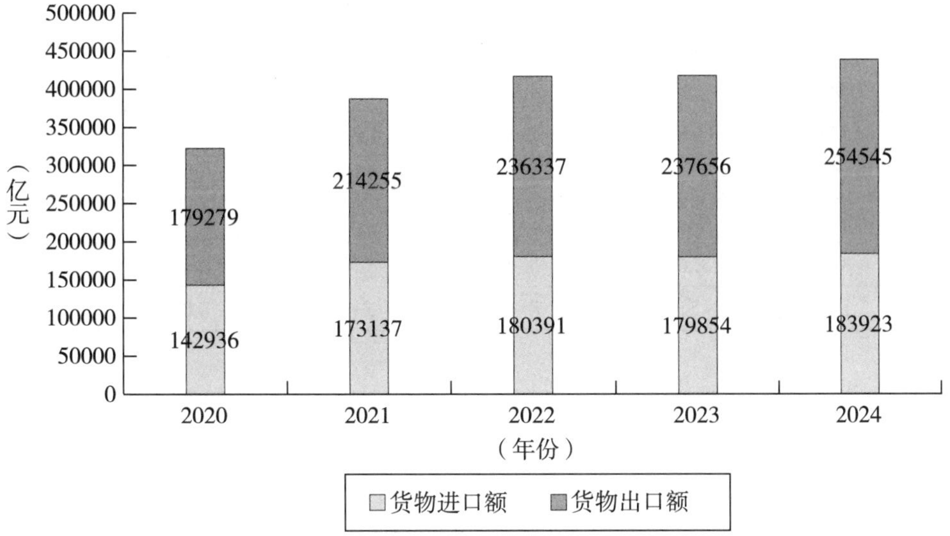

图5　2020—2024年货物进出口总额

表 2　　2024 年货物进出口总额及其增长速度

指标	金额（亿元）	比上年增长（%）
货物进出口总额	438468	5.0
货物出口额	254545	7.1
其中：一般贸易	166466	8.5
加工贸易	50201	2.4
其中：机电产品	151246	8.7
高新技术产品	62792	6.0
货物进口额	183923	2.3
其中：一般贸易	114827	-1.9
加工贸易	28920	7.0
其中：机电产品	70095	7.3
高新技术产品	53584	11.9
货物进出口顺差	70623	22.2

2024 年对主要国家和地区货物进出口金额、增长速度及其比重见表 3。

表 3　　2024 年对主要国家和地区货物进出口金额、增长速度及其比重

国家和地区	出口额（亿元）	比上年增长（%）	占全部出口比重（%）	进口额（亿元）	比上年增长（%）	占全部进口比重（%）
东盟	41736	13.4	16.4	28163	3.2	15.3
欧盟	36751	4.3	14.4	19164	-3.3	10.4
美国	37337	6.1	14.7	11641	1.2	6.3
日本	10415	-0.5	4.1	12931	13.6	7.0
韩国	20719	7.3	8.1	1321	37.8	0.7
中国香港	10816	-2.3	4.2	11119	-1.7	6.0
中国台湾	5350	11.0	2.1	15498	10.5	8.4
俄罗斯	8212	5.0	3.2	9198	1.0	5.0
巴西	5128	23.3	2.0	8258	-4.4	4.5
印度	8574	3.6	3.4	1280	-1.7	0.7
南非	1552	-6.5	0.6	2180	-3.0	1.2

（四）民生消费平稳增长

2024 年，全年社会消费品零售总额约为 48.3 万亿元，比上年增长 3.5%（见图6），最终消费支出对经济增长贡献率为44.5%，拉动 GDP 增长2.2 个百分点。按经营地分，城镇消费品零售额约为41.8 万亿元，增长 3.4%；乡村消费品零售额约为 6. 6 万亿元，增长 4. 3%，乡村市场销售增速持续高于城镇。按消费类型分，商品零售额约为 42. 7 万亿元，增长 3. 2%；餐饮收入约为 5. 6 万亿元，增长 5. 3%；服务零售额比上年增长 6. 2%；新型服务消费需求不断释放。全年实物商品网上零售额约为 12. 8 万亿元，比上年增长 6. 5%，占社会消费品零售总额比重为 26. 5%。

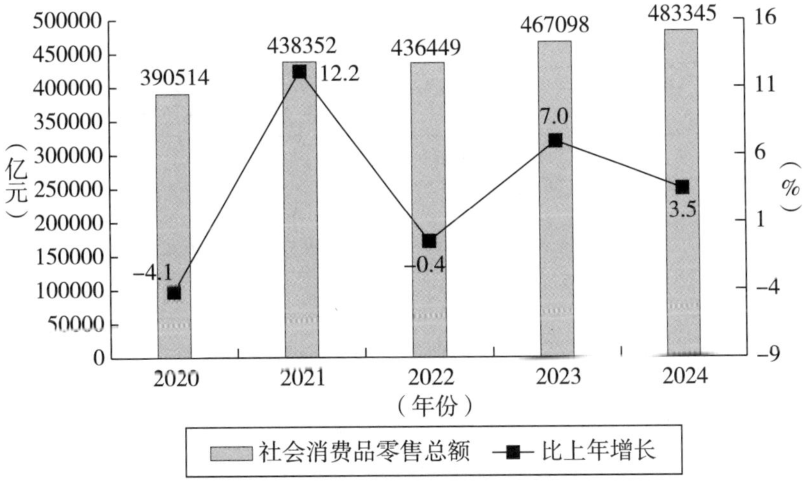

图 6　2020—2024 年社会消费品零售总额及其增长速度

（五）固定资产投资持续扩大

2024 年，全年全社会固定资产投资约为 52. 1 万亿元，比上年增长 3. 1%。固定资产投资（不含农户）51. 4 万亿元，增长 3. 2%（见表 4），其中设备工器具购置投资增长 15. 7%。在固定资产投资（不含农户）中，分区域看，东部地区投资增长 1. 3%，中部地区投资增长 5. 0%，西部地区投资增长 2. 4%，东北地区投资增长 4. 2%。

在固定资产投资（不含农户）中，第一产业投资 9543 亿元，比上年增长 2. 6%；第二产业投资 17. 9 万亿元，增长 12. 0%；第三产业投资 32. 6 万亿元，下降 1. 1%。基础设施投资增长 4. 4%。社会领域投资下降 2. 5%。民间投资 25. 8 万亿元，下降 0. 1%；扣除房地产开发民间投资，民间项目投资增长 6. 0%。分领域看，制造业民间投资增长 10. 8%，基础设施民间投资增长 5. 8%。

（六）资源要素保障充分

2024 年，全年全国国有建设用地供应总量 60. 6 万公顷，比上年下降 19. 1%。其中，工矿仓储用地 15. 5 万公顷，下降 11. 5%；房地产用地 7. 2 万公顷，下降 14. 7%；基础设施用地 38. 0 万公顷，下降 22. 5%。

表4　　2024年分行业固定资产投资（不含农户）增长速度

行业	比上年增长（%）	行业	比上年增长（%）
总计	3.2	金融业	-6.3
农、林、牧、渔业	6.4	房地产业	-10.8
采矿业	10.5	租赁和商务服务业	6.3
制造业	9.2	科学研究和技术服务业	11.8
电力、热力、燃气及水生产和供应业	23.9	水利、环境和公共设施管理业	4.2
建筑业	-1.9	居民服务、修理和其他服务业	0.7
批发和零售业	5.0	教育	1.3
交通运输、仓储和邮政业	5.9	卫生和社会工作	-9.4
住宿和餐饮业	34.1	文化、体育和娱乐业	0.0
信息传输、软件和信息技术服务业	6.3	公共管理、社会保障和社会组织	-4.2

2024年年末，全国就业人员73439万人，其中城镇就业人员47345万人，占全国就业人员比重为64.5%。全年全国城镇新增就业1256万人，比上年多增12万人（见图7）。全年全国城镇调查失业率平均值为5.1%。年末全国城镇调查失业率为5.1%。全国农民工总量29973万人，比上年增长0.7%。其中，外出农民工17871万人，增长1.2%；本地农民工12102万人，增长0.1%。

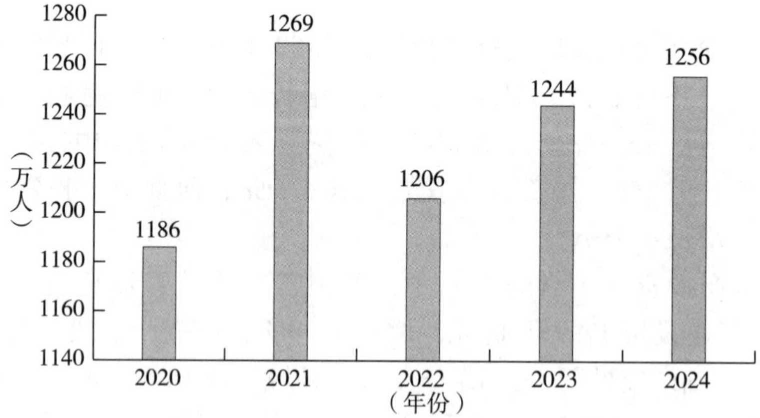

图7　2020—2024年城镇新增就业人数

2024年，全年能源消费总量59.6亿吨标准煤，比上年增长4.3%。煤炭消费量增长1.7%，原油消费量下降1.2%，天然气消费量增长7.3%，电力消费量增长6.8%。煤炭消费量占能源消费总量比重为53.2%，比上年下降1.6个百分点；天然气、水电、核电、风电、太阳能发电等清洁能源消费量占能源消费总量比重为28.6%，上升2.2个百分点（见图8）。重点耗能工业企业单位电石综合能耗下降 0.8%，单位合成氨综合能耗下降 1.2%，吨钢综合能耗下降 0.1%，单位电解铝综合能耗下降 0.2%，每千瓦时火力发电标准煤耗下降 0.2%。初步测算，扣除原料用能和非化石能源消费量后，全国万元国内生产总值能耗比上年下降 3.8%。全国碳排放权交易市场碳排放配额成交量 1.89 亿吨，成交额 181.1 亿元。

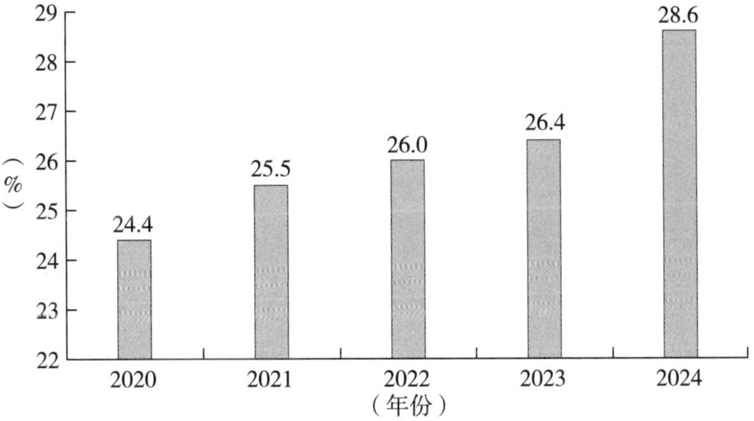

图 8　2020—2024 年清洁能源消费量占能源消费总量的比重

二、国际经济环境

（一）全球经济整体复苏缓慢

据中国物流与采购联合会数据，2024 年全球制造业采购经理指数月度均值为 49.3%，较 2023 年上升 0.8 个百分点。2024 年制造业整体增长水平要好于 2023 年，全球经济保持平稳恢复态势，但指数水平仍低于 50%，全球经济恢复的动力仍显不足。

分区域看，2024 年，各区域制造业 PMI 均值水平较 2023 年均有不同程度上升，不同区域制造业恢复水平均好于 2023 年，但呈现分化态势。亚洲制造业恢复力度最大，PMI 均值为 50.9%，较 2023 年小幅上升 0.2 个百分点，成为全球经济稳定复苏的重要引领；非洲制造业恢复力度要大于美洲和欧洲，PMI 均值为 49.5%，较 2023 年上升 0.7 个百分点；美洲制造业 PMI 均值为 48.8%，较 2023 年上升 1.3 个百分点；欧洲制造业 PMI 均值为 47.7%，较 2023 年上升 1.4 个百分点，经济复苏仍面临严峻挑战，经济竞争力持续趋弱。

从各季度走势来看，全球经济增长呈现前高后低的走势。2024 年第一季度和第二季度，全球制造业恢复态势相对平稳，PMI 均值分别为 49.6% 和

49. 7%；第三季度有所回落，PMI 均值降至 48. 9%；第四季度有所回升，但仍弱于上半年整体水平，PMI 均值为 49. 2%（见图 9）。

地缘政治冲突、贸易保护主义蔓延、全球债务规模进一步扩大等因素，是影响 2024 年全球经济增长力度的主要因素。展望 2025 年，全球经济有望延续 2024 年的平稳复苏态势。世界主要机构对 2025 年经济增速的预测均不低于 2024 年。

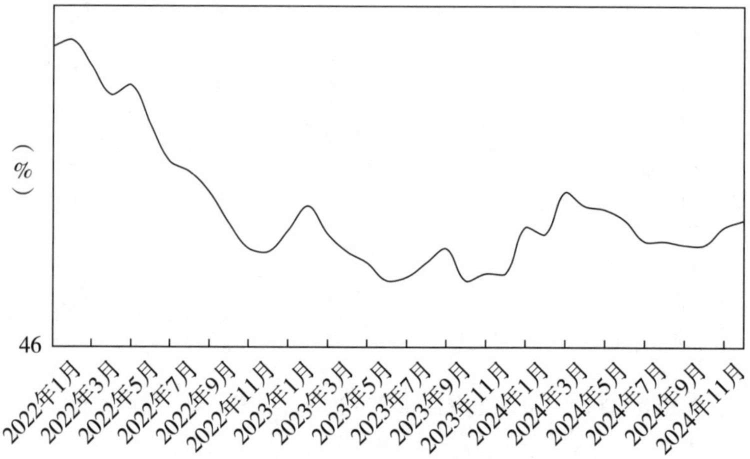

图 9　2022—2024 年全球制造业 PMI（CFLP - GPMI）

（二）全球货物贸易平稳复苏

2024 年，全球贸易额创纪录地增长到 33 万亿美元，较 2023 年增加 1. 2 万亿美元，同比增幅约为 3. 7%（见表 5）。其中，货物贸易额增长约 5000 亿美元，同比增幅约为 2. 0%。

2024 年，我国货物贸易进出口总额约为 43. 8 万亿元，同比增长 5. 0%，继续成为全球贸易增长的主要引擎。其中，我国对共建“一带一路”国家合计进出口 22. 1 万亿元，同比增长 6. 4%，占我国进出口总值的比重首次超过 50%。

表 5　　2020—2024 年全球货物贸易增长情况

年份	2020	2021	2022	2023	2024
全球货物贸易增长情况	5. 3%	9. 8%	2. 7%	-1. 2%	3. 7%

（三）全球服务贸易快速增长

2024 年，全球商业服务贸易总额约为 8. 2 万亿美元，同比增幅约为 8. 8%。

全球主要经济体的服务贸易大多保持了强劲的增长态势。其中，发展中经济体的表现尤其亮眼，部分国家如中国、印度、巴西、南非等的增长率超过两位数。发达经济体的服务贸易增长率也保持在较高水平。

2024 年，我国服务贸易实现快速增长，规模再创历史新高。全年服务进出口总额约为 7.5 万亿元，同比增长 14.4%。其中，出口 3.2 万亿元，增长 18.2%；进口 4.3 万亿元，增长 11.8%；服务贸易逆差 11726.8 亿元，比上年减少 314.3 亿元。

三、行业政策环境

（一）推进全社会降低物流成本

2024 年 11 月 27 日，中共中央办公厅、国务院办公厅公开发布《有效降低全社会物流成本行动方案》（以下简称《方案》）。《方案》从全局和战略高度对推动有效降低全社会物流成本行动作出全面部署。《方案》是现代物流领域的第一份中央文件，把“降低物流成本”的范围扩大到“全社会”，强调通过调结构、促改革，加强物流各环节的协同衔接，全面提升物流体系运行效率，用尽可能少的物流费用支出，支撑尽可能多的经济产出。其目的不是简单降低运输成本，也不是要压缩物流企业的合理利润，更不是要影响物流从业人员的收入。《方案》提出，到 2027 年，力争将社会物流总费用与国内生产总值的比率降至 13.5% 左右，并明确了 5 个方面的 20 项重点任务，包括深化体制机制改革、促进产业链供应链融合发展、健全国家物流枢纽与通道网络、加强创新驱动和提质增效、加大政策支持引导力度等。以《方案》为牵头引领性文件，交通运输部、商务部、自然资源部等单位结合各自职能，研究出台细分领域的配套文件。

在交通物流融合发展方面，交通运输部等 2 部门联合发布《交通物流降本提质增效行动计划》（交运发〔2024〕135 号）。该计划以提升与产业发展的适配性、促进各环节高效衔接、建设全国交通物流统一大市场、加快培育新动能、加强要素资源保障、支持企业提升运营效率等 18 项具体举措为抓手，加快推进交通物流结构性、系统性、制度性、技术性、综合性、经营性等 6 个方面降本提质增效，更好地服务经济社会高质量发展。

在完善现代商贸流通体系方面，商务部等 9 部门联合发布《关于完善现代商贸流通体系推动批发零售业高质量发展的行动计划》。该计划提出以现代供应链为牵引，以批发零售业高质量发展为主线，落实完善城乡商贸流通网络、推动商贸流通创新转型、优化商贸流通发展方式、加快商贸流通开放融合发展等重点任务，完善现代商贸流通体系。农业农村部、交通运输部、商务部、中国人民银行等部门结合自身工作职责，出台相关实施意见或行动方案，支持农村电商高质量发展、农村客货邮融合发展、农村电商与快递协同发展、县域产地公共冷链物流设施建设。

在推进“新三样”物流高效便捷方面，交通运输部等10部门联合发布《关于加快提升新能源汽车动力锂电池运输服务和安全保障能力的若干措施》（交运发〔2024〕113号）。该措施提出，到2027年，动力锂电池运输的堵点卡点进一步打通，运输效率稳步提升，综合运输结构进一步优化，运输安全保障水平大幅提升，保障新能源汽车及动力锂电池产业链供应链安全稳定。这将为更好服务外贸“新三样”，全力支撑经济高质量发展，加快构建新发展格局提供有力支撑。

在资源要素保障方面，自然资源部发布《自然资源部关于加强自然资源要素保障促进现代物流高质量发展的通知》（自然资发〔2024〕218号）。该通知针对物流用地用海结构性难题，从规划落实、资源供给、提质增效和支撑服务等4个方面提出了10条促进物流发展的政策措施。国家金融监督管理总局等3部门联合发布《关于深化制造业金融服务 助力推进新型工业化的通知》。该通知聚集支持产业链供应链安全稳定，要求规范发展供应链金融，强化对核心企业的融资服务，通过应收账款、票据、仓单和订单融资等方式，促进产业链条上下游企业协同发展。

在设备更新方面，国务院印发了《推动大规模设备更新和消费品以旧换新行动方案》，统筹实施设备更新、消费品以旧换新、回收循环利用、标准提升四大行动。该方案要求，支持交通运输设备和老旧农业机械更新。具体措施包括：持续推进城市公交车电动化替代，支持老旧新能源公交车和动力电池更新换代；加快淘汰国三及以下排放标准营运类柴油货车；加强电动、氢能等绿色航空装备产业化能力建设；加快高耗能高排放老旧船舶报废更新，大力支持新能源动力船舶发展，完善新能源动力船舶配套基础设施和标准规范，逐步扩大电动、液化天然气动力、生物柴油动力、绿色甲醇动力等新能源船舶应用范围。国家发展改革委、交通运输部、工信部、财政部、市场监管总局等部门积极贯彻文件精神，出台相关文件推动方案落地实施。

（二）深化物流市场机制体制改革

2024年7月18日，中国共产党第二十届中央委员会第三次全体会议通过了《中共中央关于进一步全面深化改革 推进中国式现代化的决定》（以下简称《决定》）。该《决定》锚定2035年基本实现社会主义现代化目标，主要从经济、政治、文化、社会、生态文明、国家安全、国防和军队等方面部署未来五年的重大改革举措。在构建全国统一大市场部分，《决定》要求完善流通体制，加快发展物联网，健全一体衔接的流通规则和标准，降低全社会物流成本。在深化外贸体制改革部分，《决定》要求加快内外贸一体化改革，积极应对贸易数字化、绿色化趋势，推进通关、税务、外汇等监管创新，营造有利于新业态新模式发展的制度环境。同时，创新发展数字贸易，推进跨境电商综合试验区建设，建设大宗商品交易中心和全球集散分拨中心。此外，支持各类主体有序布局海外流通设施，支持有条件的地区建设国际物流枢纽中心和大宗商品资源配置枢纽，完善陆海天网一体化布局，构建“一带一路”立体互联互通网络。

这些重大政策举措直指现代物流发展的深层次体制机制问题，为行业高质量发展注入了改革新活力，相关工作陆续展开。

2024 年 12 月 23 日，中共中央办公厅、国务院办公厅发布《中共中央办公厅 国务院办公厅关于加快建设统一开放的交通运输市场的意见》（以下简称《意见》）。该《意见》从深化交通运输重点领域改革、完善交通运输市场制度、优化交通运输市场要素资源配置、完善交通运输市场监管机制等 4 个方面提出 17 条改革举措，深化铁路、公路、水路、民航、邮政等行业的体制机制改革，完善制度规则，推动交通运输跨区域统筹布局、跨方式一体衔接、跨领域协同发展，形成统一开放的交通运输市场，为提升综合交通运输效率、加快建设交通强国提供坚实保障。

2025 年 1 月 7 日，国家发展改革委发布《全国统一大市场建设指引（试行）》（发改体改〔2024〕1742 号，以下简称《指引》）。《指引》旨在建立一套覆盖全国、通用的行动规则和行为规范，明确各地区、各部门的权力边界和行为“底线”，规范不当市场竞争和市场干预行为，推动各地区、各部门加快融入并主动服务全国统一大市场建设。

《指引》对现代流通网络提出了 3 项工作要求。一是有关部门、各地区要加快推动现代流通战略支点城市建设，支持相关城市联合打造重要商品骨干流通走廊，强化综合交通网络的有机衔接，加快建设国家综合立体交通网主骨架，统筹布局城乡融合、区域联通、安全高效、智慧协同的通信、能源、物流等基础设施，健全一体衔接的流通规则和标准，加快提升多式联运服务水平。二是各地区要以打通断头路、基本消除国家公路网省际瓶颈路段以及基本打通跨省航道主要瓶颈和碍航节点为重点，加大协同力度，破除区域间交通基础设施瓶颈制约。三是各地区不得制定和执行与全国统一货车超限超载认定标准不一致的地方标准；不得以交通管控、污染防治等名义，违规设置妨碍货车通行的道路限高限宽设施、检查卡点，或者无故封堵道路线路，阻断区域间交通基础设施联通。

此外，交通运输部、国家邮政局等制修订了《快递市场管理办法》《邮政普遍服务监督管理办法》《民用航空货物运输管理规定》《邮政企业、快递企业生产安全重大事故隐患判定标准》《交通运输标准管理创新行动方案》《内河运输船舶重大事故隐患判定标准》等行业管理规范和安全标准，印发了《交通运输标准提升行动方案（2024—2027 年）》（交科技发〔2024〕161 号），进一步促进了市场运行秩序的规范发展。

（三）引导培育发展物流新质生产力

物流业顺应数字经济发展趋势，从基础设施、应用场景、数据标准等方面出台相关政策文件，推进人工智能、大数据、物联网、云计算、5G 等新一代技术与现代物流相互渗透、深度融合，加快物流新质生产力发展。

一是推进基础设施数字化升级。财政部、交通运输部联合发布《关于支持引导公路水路交通基础设施数字化转型升级的通知》（财建〔2024〕96 号），提出自 2024 年起，通过 3 年左右时间，支持 30 个左右的示范区域，打造一批线网一体化的示范通道及网络，力争推动 85% 左右的繁忙国家高速公路、25% 左右的繁忙普通国道和 70% 左右的重要国家高等级航道实现数字化转型升级，支撑车路云一体化和船岸云一体化试点。海关总署等 9 部门联合发布《关于智慧口岸建设的指导意见》（署岸发〔2024〕89 号），提出到 2025 年，普通口岸设施设备和信息化短板基本补齐，口岸通行状况明显改善；重要口岸设施设备和监管运营智能化水平显著提升。

二是深化无人物流应用场景。工业和信息化部等 4 部门联合发布《通用航空装备创新应用实施方案（2024—2030 年）》（工信部联重装〔2024〕52 号），要求聚焦“干—支—末”物流配送需求，深化航空物流配送示范应用，到 2027 年实现物流配送规模化应用。交通运输部办公厅发布《关于公布第二批智能交通先导应用试点项目（自动驾驶和智能建造方向）的通知》（交办科技函〔2024〕756 号），支持黑河跨境公路货运自动驾驶、上海临港城市出行与物流服务自动驾驶等自动驾驶试点项目。

三是支持新型业态模式发展。国务院印发《关于促进即时配送行业高质量发展的指导意见》（国办发〔2024〕3 号），要求加强对即时配送行业的政策支持引导，完善行业管理，营造公平竞争的发展环境，保障消费者和网约配送员合法权益，促进即时配送行业健康规范有序发展，带动相关行业实现多方共赢，更好满足人民群众对美好生活的需要。

四是探索推进产业数字化发展。商务部印发《数字商务三年行动计划（2024—2026 年）》，要求推动商贸流通领域物流数字化发展，建强数字化产业链供应链，打造一批数字化服务平台，加强物流全链路信息整合，推广使用智能仓配、无人物流设备。培育一批深耕垂直产业的 B2B 平台。开展供应链创新与应用，出台数字供应链发展专项行动计划。建设一批数字国际供应链平台，完善平台信用评价、国际物流、支付结算、信息服务、跨境数据流动等供应链综合服务功能。农业农村部发布《全国智慧农业行动计划（2024—2028 年）》，提出从鼓励各地打造产业链数字化改造标杆、深入实施“互联网 +”农产品出村进城工程、建设重要农产品全产业链大数据分析应用中心、推进农产品质量安全智慧监管等方面入手，推动农业全产业链数字化改造。

五是发挥数据要素乘数效应。国家数据局等 17 部门联合发布《“数据要素 ×”三年行动计划（2024—2026 年）》。该计划选取商贸流通、交通运输等 12 个行业和领域，重点推进数据要素协同优化、复用增效、融合创新，释放数据要素价值。在商贸流通领域，提出在安全合规的前提下，鼓励电子商务企业、现代流通企业、数字贸易龙头企业融合交易、物流、支付数据，支撑提升供应链综合服务、跨境身份认证、全球供应链融资等能力。在交通运输领域，要求提升多式联运效能，推进货运寄递数据、运单数据、结算数据、保险数据、货运跟踪数据等共享互认，实现托运人一次委托、费用一次结算、货物一次保险、多式联运经营人全程负责。

六是全面推广电子证照。交通运输部办公厅发布《交通运输部办公厅关于全面推广应用道路运输电子证照的通知》（交办运〔2024〕39 号），要求到 2025 年年底，新制发及换发道路运输证照全部实现电子化，电子证照数据合规率和证照归集率达到 95% 以上，全面提升电子证照跨地区互信互认和共享共用水平。

七是推进数据标准体系建设。国家发展改革委等 6 部门联合印发《国家数据标准体系建设指南》，要求以数据“供得出、流得动、用得好、保安全”为指引，从基础通用、数据基础设施、数据资源、数据技术、数据流通、融合应用、安全保障等 7 个方面，建立国家数据标准体系，并将商贸流通、交通运输作为数据标准化的重点行业进行融合应用。

（四）加快现代物流发展绿色转型

2024 年 8 月 11 日，中共中央、国务院发布《关于加快经济社会发展全面绿色转型的意见》，提出以碳达峰碳中和工作为引领，协同推进降碳、减污、扩绿、增长，深化生态文明体制改革，健全绿色低碳发展机制，加快经济社会发展全面绿色转型。这是中央层面首次对加快经济社会发展全面绿色转型进行系统部署，对我国绿色转型进行了顶层规划设计。

国务院发布《国务院关于印发〈2024—2025 年节能降碳行动方案〉的通知》（国发〔2024〕12 号，以下简称《通知》），提出至 2025 年，非化石能源消费占比达到 20% 左右，重点领域和行业节能降碳改造形成节能量约 5000 万吨标准煤、减排二氧化碳约 1.3 亿吨，尽最大努力完成“十四五”节能降碳约束性指标。各部门认真贯彻落实，积极制定出台相关行动文件，推动现代物流绿色低碳发展步伐加快。

一是优化交通运输结构。《通知》要求推进港口集疏运铁路、物流园区及大型工矿企业铁路专用线建设，推动大宗货物及集装箱中长距离运输“公转铁”“公转水”。加快发展多式联运，推动重点行业清洁运输。实施城市公共交通优先发展战略。加快城市货运配送绿色低碳、集约高效发展。到 2025 年年底，铁路和水路货运量分别较 2020 年增长 10% 和 12%，铁路单位换算周转量综合能耗较 2020 年降低 4.5%。

二是推进交通运输装备低碳转型。《通知》要求，加快淘汰老旧机动车，提高营运车辆能耗限值准入标准。逐步取消各地新能源汽车购买限制。落实便利新能源汽车通行等支持政策。推动公共领域车辆电动化，有序推广新能源中重型货车，发展零排放货运车队。推进老旧运输船舶报废更新，推动开展沿海内河船舶电气化改造工程试点。到 2025 年年底，交通运输领域二氧化碳排放强度较 2020 年降低 5%。国务院印发了《推动大规模设备更新和消费品以旧换新行动方案》，要求支持交通运输设备更新。国家发展改革委、交通运输部进一步细化了优惠政策和支持措施，引导企业积极更新老旧物流设备。

三是大力发展可再生能源。《国家发展改革委等部门关于大力实施可再生能源替代行动的指导意见》明确指出，加快交通运输和可再生能源融合互动。建设可再生能源交通廊道，推进光储充放多功能综合一体站建设，探索推广应用新能源中重型货车；探索发展电气化公路，加大铁路电气化改造力度；推进船舶靠港使用岸电，鼓励绿色电动智能船舶试点应用；推动可持续航空燃料应用，开展电动垂直起降航空器试点运行；有序推广车用绿色清洁液体燃料试点应用；支持有条件的地区开展生物柴油、生物航煤、生物天然气、绿色氢氨醇等在船舶、航空领域的试点运行。

四是推进低碳交通基础设施建设。《通知》要求，提升车站、铁路、机场等用能电气化水平，推动非道路移动机械新能源化，加快国内运输船舶和港口岸电设施匹配改造，鼓励交通枢纽场站及路网沿线建设光伏发电设施，加强充电基础设施建设。

五是建立健全碳排放管理体系。生态环境部等 15 部门联合发布《关于建立碳足迹管理体系的实施方案》，要求从产品碳足迹着手，完善国内规则、促进国际衔接，建立统一规范的碳足迹管理体系。该方案鼓励将产品碳足迹纳入绿色低碳供应链和产品等评价指标，优先聚焦交通运输等重点领域发布产品碳足迹因子。国家发展改革委等 8 部门联合印发《完善碳排放统计核算体系工作方案》，要求着力破解构建碳排放统计核算体系面临的短板制约，提升各层级、各领域、各行业碳排放统计核算能力水平。

（五）保障国际物流稳定高效运行

当前，外部环境复杂多变，大国博弈加剧，地缘政治对抗升级，不稳定、不确定性因素明显增多，我国产业链供应链的韧性与安全面临挑战，物流先行保障功能受到政府部门重视。

一是推进国际物流枢纽建设。民航局、国家发展改革委联合印发《关于推进国际航空枢纽建设的指导意见》（以下简称《指导意见》），明确构建北京、上海、广州等3个国际航空枢纽，成都、深圳、重庆、昆明、西安、乌鲁木齐、哈尔滨等7个国际航空枢纽，以及若干区域性航空枢纽，并要求高质量推进鄂州专业性航空货运枢纽运营，加快郑州国际物流中心、合肥国际航空货运集散中心、天津国际航空物流中心建设。《指导意见》要求围绕枢纽运营人配置资源实施枢纽导向的航权开放和航权配置，提升航班时刻资源配置效能，强化政策环境支持，进一步优化航空货运资源配置。《国家邮政局关于支持广西打造面向东盟的区域性国际邮政快递枢纽的意见》（国邮发〔2024〕34号）提出，到2027年建成3个以上高效运作、产业融合的跨境电商邮政快递集聚区。培育1至2家业务覆盖东盟的骨干企业，基本实现广西与东盟主要城市间48小时寄递服务。

二是增强国际运输服务能力。国务院办公厅印发《国务院办公厅关于以高水平开放推动服务贸易高质量发展的意见》（国办发〔2024〕44号），要求支持国内航运企业开辟新航线，完善面向国际的海运服务网络；推进航运贸易数字化，扩大电子放货、电子提单在港口航运领域的应用；优化国际空运布局，强化国际航空货运网络对产业链供应链的支撑；构建国际物流服务体系，提高跨境寄递服务水平和国际供应链一体化服务能力。

三是积极布局海外物流设施。随着我国企业“走出去”步伐的加快，国际物流需求规模持续扩大，海外码头、仓库、物流基地等基础设施建设相对滞后，成为我国国际物流竞争力的短板。商务部数据显示，我国已建设海外仓超2500个、面积超3000万平方米，但仍无法满足快速增长的跨境物流需求。《商务部等9部门关于拓展跨境电商出口推进海外仓建设的意见》指出，通过优化海外仓布局，加快培育外贸新动能，推动跨境电商出口高质量发展。

四是提升货物通关能效。《国务院关于做好自由贸易试验区对接国际高标准推进制度型开放试点措施复制推广工作的通知》印发，要求对符合条件的进口空运快运货物实现6小时内通关、一般货物48小时内通关等便利措施进行推广。海关总署发布《关于进一步促进跨境电商出口发展的公告》（海关总署公告2024年第167号）、《关于启动出口货物铁公多式联运业务模式试点有关事项的公告》（海关总署公告2024年第137号），通过取消跨境电商出口海外仓企业备案、简化出口单证申报手续、扩大出口拼箱货物“先查验后装运”试点、推广跨境电商零售出口跨关区退货监管模式、启动出口货物铁公多式联运业务模式试点，提高通关效率，降低企业成本。财政部等3部门联合发布《关于扩大启运港退税政策实施范围的通知》（财税〔2024〕31号），将政策实施范围扩展至内蒙古、广西、浙江、辽宁、广东等地。自2024年12月1日起，对符合条件的出口企业从启运地（下称启运港）启运报关出口，由中国国家铁路集团有限公司及其下属公司承运，从铁路转关运输直达离境地离境的集装箱货物，实行启运港退税政策。

第二章

2024 年中国物流与供应链发展回顾

2024 年，物流运行总体平稳，社会物流总额增速稳中有升，市场规模优势继续巩固，社会物流成本稳步下降，物流运行效率有所提升，全年物流运行呈现积极变化。

一、总体运行情况

（一）物流需求规模温和增长

2024 年全国社会物流总额达 360.6 万亿元，按可比价格计算，同比增长 5.8%，增速比上年提高 0.6 个百分点（见图 1）。分季度看，第一至第四季度，各季度分别增长 5.9%、5.7%、5.3% 和 5.8%。第一季度开局良好，第二季度

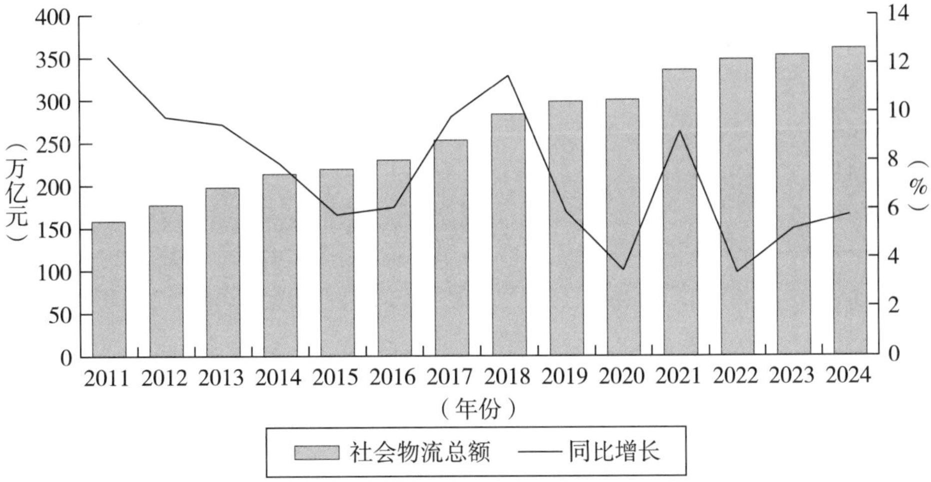

图 1　2011—2024 年我国社会物流总额及同比增长情况

数据来源：中国物流信息中心。

延续稳定发展态势，第三季度增速放缓，下行压力显现，在一揽子政策措施的推动下，第四季度企稳回升，全年物流需求增速稳中有进。

从构成看，农产品物流总额达 5.5 万亿元，按可比价格计算，同比增长 4.0%；工业品物流总额达 318.4 万亿元，增长 5.8%；进口货物物流总额达 18.4 万亿元，增长 3.9%；再生资源物流总额达 4.4 万亿元，增长 15.7%；单位与居民物品物流总额达 13.9 万亿元，增长 6.7%。

在政策拉动、需求多样化等因素的影响下，新旧动能叠加，交替回升态势更趋明显，物流需求增长方式从粗放式向高品质加快转型。从增长贡献来看，工业品物流总额同比增长 5.8%，增长贡献率为 77%，是物流需求增长的主要动力；在新业态发展的带动下，单位与居民物品物流总额增长 6.7%，贡献率为 11%，是物流需求增长的重要潜力。随着国民经济新发展理念的扎实推进以及新发展格局的加快构建，物流需求结构整体改善，新引擎的拉动作用逐步显现。从结构来看，再生资源物流总额、单位与居民物流总额占比合计为 5%，与上年相比小幅提高，绿色化、数字化类型的物流需求发展态势明显；农产品物流总额、进口货物物流总额占比合计为 7%，比重保持稳定；工业品物流总额占比为 88%，同比略有回落。

（二）物流运行效率稳步提升

2024 年社会物流总费用为 19.0 万亿元，同比增长 4.1%。社会物流总费用与 GDP 的比率为 14.1%（见图 2），比上年下降 0.3 个百分点。第一季度、上半年、前三季度该比率分别为 14.4%、14.2% 和 14.1%，年内呈稳步回落的态势。各环节物流费用比率均有所下降，运输费用与 GDP 的比率为 7.6%，比上年同期下降 0.2 个百分点；管理费用与 GDP 的比率为 1.7%，比上年同期下降

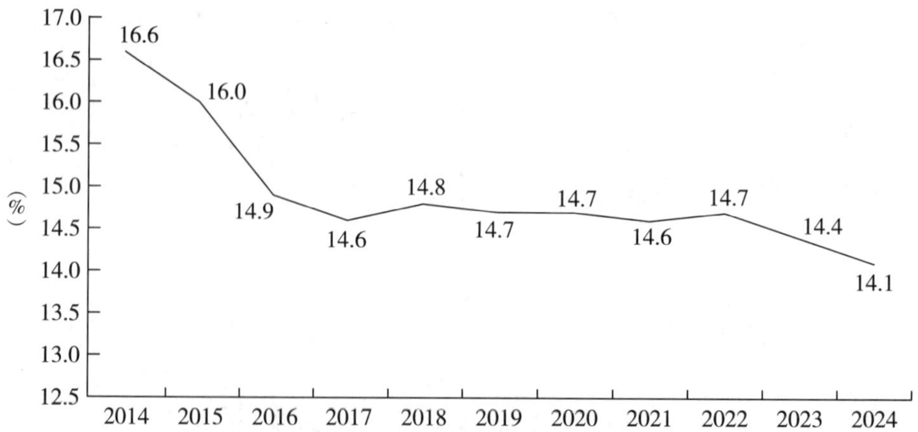

图 2　2014—2024 年社会物流总费用与 GDP 的比率

数据来源：中国物流信息中心。

0.1 个百分点；保管成本与 GDP 的比率为 4.8%，与上年同期基本持平。

（三）市场规模持续扩张

2024 年，我国物流市场规模保持平稳增长，全年物流业总收入达 13.8 万亿元，同比增长 4.9%，增速比上年提高 1 个百分点（见表 1），物流市场规模连续 9 年位居世界第一。

表 1　2020—2024 年物流业总收入情况

年份	2020	2021	2022	2023	2024
总收入（万亿元）	10.5	11.9	12.7	13.2	13.8
同比增长（%）	2.2	15.1	4.7	3.9	4.9

注：按可比价格计算。

数据来源：中国物流与采购联合会、中国物流信息中心。

（四）物流业景气水平保持稳定

2024 年，全年中国物流业景气指数均值为 51.7%，呈现“前稳后升”的格局，物流运行整体保持稳中有升的态势。全年有 11 个月的景气指数超过 50%，特别是自下半年以来，业务总量、库存周转、设备利用率和从业人员等细分指数均保持连续上升势头。物流市场的活跃度持续增强，高效率供给能力助力经济明显企稳回升。2019—2024 年中国物流业景气指数 LPI 见图 3。

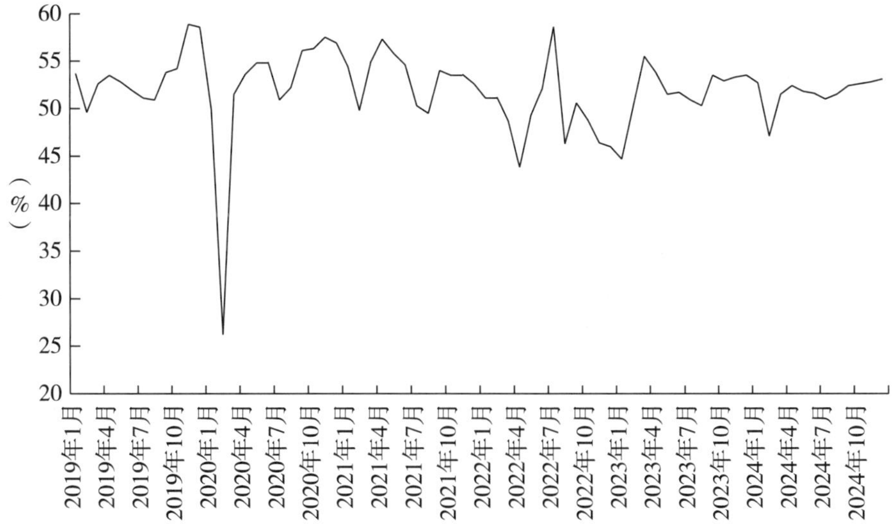

图 3　2019—2024 年中国物流业景气指数 LPI

数据来源：中国物流信息中心。

二、企业发展情况

（一）市场供给主体扩容增量

根据第五次全国经济普查数据，当前我国物流相关法人单位超过 90 万个，个体经营户超过 810 万个。我国物流岗位从业人员超过 5500 万人（包括物流相关行业法人单位和从事物流活动的个体工商户从业人员，以及工业、批发和零售业等行业法人单位的物流岗位从业人员）。物流相关行业法人单位从业人员数由 2018 年的 1100 万人增至 1550 万人。新业态领域发展迅速，吸纳就业能力不断增强，即时配送等新业态领域从业人员增长超过 50%，明显高于同期城镇就业人员增长平均水平。

（二）规模企业发挥中坚作用

截至 2024 年年底，我国 A 级物流企业数量超过 1 万家，其中代表国内最高水平的 5A 级物流企业超过 500 家。在铁路物流、航运物流、航空物流、冷链物流、快递物流、供应链服务等领域，涌现出一批行业领跑者，成为推动我国物流高质量发展的主力军。数据显示，2024 年中国物流 50 强企业物流业务收入合计超过 21437 亿元，50 强物流企业门槛约为 74. 3 亿元（见表 2）。50 强物流企业物流业务收入合计占全行业总收入的比重超过 16%。2024 年中国民营物流企业 50 强名单见表 3。

表 2　　2024 年中国物流企业 50 强名单

排名	企业名称	物流业务收入（万元）
1	中国远洋海运集团有限公司	33187348
2	厦门象屿股份有限公司	27542127
3	顺丰控股股份有限公司	25112767
4	北京京邦达贸易有限公司	16662471
5	中国外运股份有限公司	10170456
6	上海三快智送科技有限公司	8219098
7	中国物资储运集团有限公司	6843702
8	圆通速递股份有限公司	5768435
9	中铁物资集团有限公司	4759555
10	上海韵达货运有限公司	4498251
11	申通快递有限公司	4092025
12	建发物流集团有限公司	3921104

续　表

排名	企业名称	物流业务收入（万元）
13	中通快递股份有限公司	3841892
14	华远国际陆港集团有限公司	3735678
15	极兔速递有限公司	3497300
16	德邦物流股份有限公司	3227969
17	湖北交投物流集团有限公司	3002494
18	济宁港航发展集团有限公司	2860842
19	四川安吉物流集团有限公司	2800847
20	上汽安吉物流股份有限公司	2681014
21	河北省物流产业集团有限公司	2124569
22	中国石油昆仑物流有限公司	2033035
23	中集世联达物流科技（集团）股份有限公司	2016583
24	浙商中拓集团股份有限公司	1852082
25	日日顺供应链科技股份有限公司	1842362
26	嘉里物流（中国）投资有限公司	1832218
27	深圳市跨越速运有限公司	1684740
28	安得智联供应链科技股份有限公司	1613000
29	全球国际货运代理（中国）有限公司	1472884
30	中铁铁龙集装箱物流股份有限公司	1453989
31	物产中大物流投资集团有限公司	1403657
32	上海中谷物流股份有限公司	1243879
33	辽宁港口股份有限公司	1221988
34	和立东升国际物流集团有限公司	1199352
35	中通供应链管理有限公司	1176768
36	云南能投物流有限责任公司	1174716
37	中铝物流集团有限公司	1114183
38	一汽物流有限公司	1107072
39	广西现代物流集团有限公司	1082870
40	上海安能聚创供应链管理有限公司	996890
41	山东高速物流集团有限公司	979724
42	广州发展能源物流集团有限公司	916585
43	包头钢铁（集团）铁捷物流有限公司	868504
44	四川省港航投资集团有限责任公司	833630
45	百世物流科技（中国）有限公司	831600
46	陕西延长石油物流集团有限公司	821200

续 表

排名	企业名称	物流业务收入（万元）
47	重庆长安民生物流股份有限公司	796899
48	厦门国贸泰达物流有限公司	763948
49	运连网科技有限公司	746286
50	九州通医药集团物流有限公司	742848

表 3　　2024 年中国民营物流企业 50 强名单

序号	企业名称	物流业务收入（万元）
1	顺丰控股股份有限公司	25112767
2	北京京邦达贸易有限公司	16662471
3	上海三快智送科技有限公司	8219098
4	圆通速递股份有限公司	5768435
5	上海韵达货运有限公司	4498251
6	申通快递有限公司	4092025
7	中通快递股份有限公司	3841892
8	极兔速递有限公司	3497300
9	德邦物流股份有限公司	3227969
10	深圳市跨越速运集团有限公司	1684740
11	安得智联供应链科技股份有限公司	1613000
12	上海中谷物流股份有限公司	1243879
13	和立东升国际物流集团有限公司	1199352
14	中通供应链管理有限公司	1176768
15	上海安能聚创供应链管理有限公司	996890
16	百世物流科技（中国）有限公司	831600
17	运连网科技有限公司	746286
18	九州通医药集团物流有限公司	742848
19	中创物流股份有限公司	739886
20	全球捷运物流有限公司	729196
21	林森物流集团有限公司	695239
22	湖南一力股份有限公司	660069
23	哒哒智运（黑龙江）物联科技有限公司	644076
24	浙江吉速物流有限公司	622551
25	上海则一供应链管理有限公司	603995
26	南京福佑在线电子商务有限公司	590649
27	广东顺心快运有限公司	550637

续　表

序号	企业名称	物流业务收入（万元）
28	江苏飞力达国际物流股份有限公司	502443
29	上海壹米滴答快运有限公司	491873
30	密尔克卫智能供应链服务集团股份有限公司	476716
31	上海环世物流（集团）有限公司	410308
32	远孚物流集团有限公司	397319
33	河北华辰聚联贸易有限公司	379311
34	北京长久物流股份有限公司	376106
35	北京大田智慧物流有限公司	365623
36	安徽灵通物流股份有限公司	334236
37	四川通宇物流有限公司	324167
38	驻马店市恒兴运输有限公司	308097
39	镇海石化物流有限责任公司	303802
40	湖南金煌物流股份有限公司	281343
41	深圳市大洋物流股份有限公司	275197
42	深圳市东方嘉盛供应链股份有限公司	269159
43	深圳越海全球供应链股份有限公司	261966
44	九洲恒昌物流股份有限公司	252038
45	广东高捷航运物流有限公司	225313
46	道臣物流集团有限公司	206768
47	新疆振坤物流股份有限公司	182321
48	振石集团浙江宇石国际物流有限公司	165844
49	贵州丰茂供应链管理股份有限公司	156373
50	华光源海国际物流集团股份有限公司	155123

（三）价格内卷竞争略有缓解

在反对“内卷式”竞争政策的引导及企业自主转型等因素的推动下，物流市场竞争格局更趋多元化，供需两端均出现积极变化。水运方面，上海航运交易所发布的沿海（散货）综合运价指数年平均值为 1008.1 点，同比下降 0.7%；中国出口集装箱运价指数年平均值为 1550.6 点，同比上涨 65.4%。公路方面，中国公路物流价格指数年平均值为 103.7 点，同比上涨 1.6%。快递方面，年平均单票价格约为 8.0 元，行业服务价格虽仍有所回落，但降幅明显收窄。各领域价格竞争的激烈程度有所缓解。

（四）行业效益边际有所改善

中国物流与采购联合会数据显示，2024 年重点企业物流业务收入同比增长 5.6%。每百元营业收入中的成本维持在 95 元左右，平均收入利润率回升至 3%以上，企业效益边际有所改善。特别是第四季度，主要经营指标呈现稳步回升态势，企业结算回款情况有所好转，有效缓解了企业经营压力。然而，物流企业经营成本刚性上涨，一定程度挤压了企业盈利空间。对比数据显示，重点物流企业每百元营业收入中的成本比规模以上工业企业高出 10 元，收入利润率低于规模以上工业企业 2 个百分点。

（五）一体化服务供给能力提升

降低物流成本逐渐成为工商企业拓展盈利空间的重要方式，业务外包需求加快从单一运输、仓储向综合供应链升级，产业融合呈现出良好态势。重点工商企业物流业务外包比重超过 65%，一体化物流业务收入增长近 13.7%，物流企业供应链服务订单量增速超过 10%。调研显示，大型制造企业和物流企业之间的供应链战略合作关系日趋紧密，通过流程优化、设施共享、信息对接等手段推进全链条物流降本。

（六）物流新质生产力亮点纷呈

2024 年，科技创新深度赋能现代物流发展，新产业、新模式、新动能不断涌现，深刻改变了传统物流的运行方式，加快推动现代物流高质量发展。部分领军物流企业将大模型深度嵌入供应链与物流各环节，在需求预测、订单管理、运营优化、决策分析、异常监控等方面深化应用，探索打造物流行业专用大模型。无人车、无人机的应用场景拓展深化，无人仓、无人码头、无人场站的覆盖范围不断扩大。全国网络货运企业超过 3000 家，平台竞争向产业渗透、向技术升维。中国数联物流信息有限公司成立，推动了国家级物流数据平台的建设，着力破解信息孤岛现象。

三、物流细分市场

（一）货运业

2024 年，全年货物运输总量达 578 亿吨，比上年增长 3.8%；货物运输周转量为 261948 亿吨公里（见图 4），同比增长 5.6%。货运市场继续保持稳中有进、结构调整的良好态势。

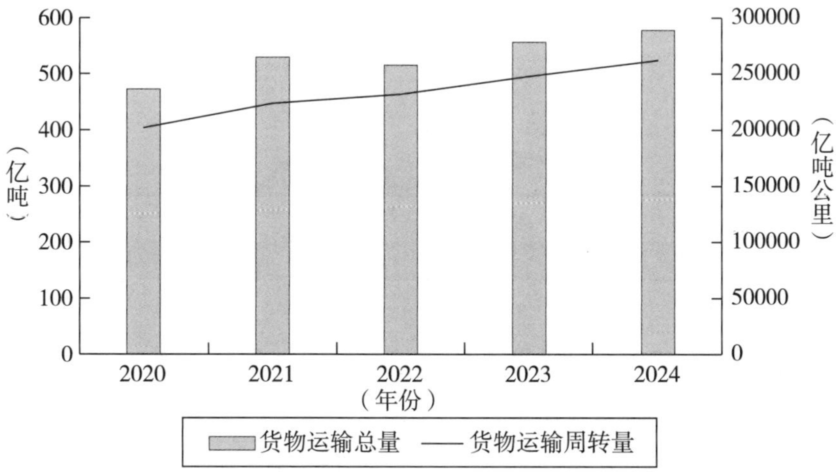

图 4　2020—2024 年货物运输总量及货物运输周转量

1. **公路货运**

2024 年，全国公路货运量为 418.8 亿吨，同比增长 3.8%；公路货运周转量为 76847.53 亿吨公里，同比增长 3.9%。在“公转铁”“公转水”政策的推动下，公路货运周转量占比下降至 29.3%，比去年下降 0.6 个百分点，公路货运呈现向中短途运输回归的态势。

G7 易流物联网平台大数据显示，2024 年 1—11 月，以干线运输为主的全国公路整车货运流量指数同比 2023 年整体呈现小幅下跌趋势，货运流量指数比上年小幅降低 2.2%。在市场竞争压力下，跨境运输市场成为业务拓展的新空间。2024 年，中国持有国际公路运输（TIR）证的企业数量达到 140 家，同比增长 460%，往返中国的 TIR 业务增长了 88%。

2. **铁路货运**

2024 年，全国铁路货运发送量为 51.75 亿吨，同比增长 2.8%；货运周转量为 35861.90 亿吨公里，同比下降 1.6%（见图 5）。国家铁路完成货物发送量 39.9 亿吨，同比增长 1.9%，实现连续 8 年增长；国家铁路货运周转量为 3.26 亿吨公里，同比下降 0.18%。煤炭、粮食、化肥等货物是铁路全力保障的重点物资运输品类。全国铁路煤炭运输量约为 34.1 亿吨，其中新疆铁路疆煤外运量达 9061 万吨，首次超过 9000 万吨，同比增长 50.2%，创历史新高；全年累计运输粮食 1.07 亿吨，有力保障了国内粮食生产供应。

3. **水路货运**

2024 年，全国水路货运量为 98.1 亿吨，同比增长 4.7%；货运周转量为 141422.9 亿吨公里，同比增长 8.8%。水路货运量、货运周转量在综合运输体系中的比重分别达到 17.0% 和 54.0%，比去年分别提高 0.2 个和 1.5 个百分点，成为推进运输结构持续调整的重要动力。

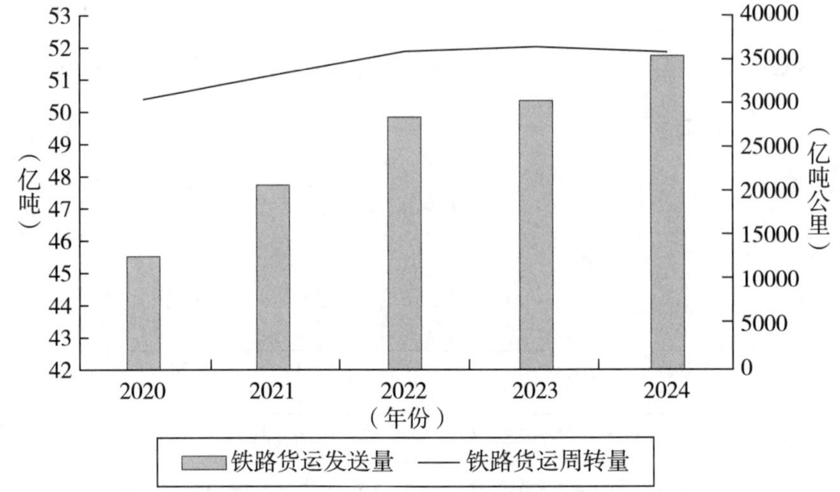

图 5　2020—2024 年铁路货运发送量及铁路货运周转量

港口完成货物吞吐量 176 亿吨，同比增长 3.7%，吞吐量再创新高。其中，外贸货物吞吐量为 54 亿吨，同比增长 6.9%；港口集装箱吞吐量为 33200 万 TEU，同比增长 7.0%；长江干线港口货物吞吐量首次超过 40 亿吨，其干线货运规模已连续 20 年位居世界内河第一。

4. **航空货运**

在全球经济复苏回暖、跨境电商蓬勃发展、航运通道不畅等多种因素的综合作用下，2024 年我国航空货运需求实现快速增长。2024 年，全年货邮运输量达 898.3 万吨，同比增长 22.15%，航空货运规模达到历史新高。2024 年航空货邮运输量及增长率见图 6。

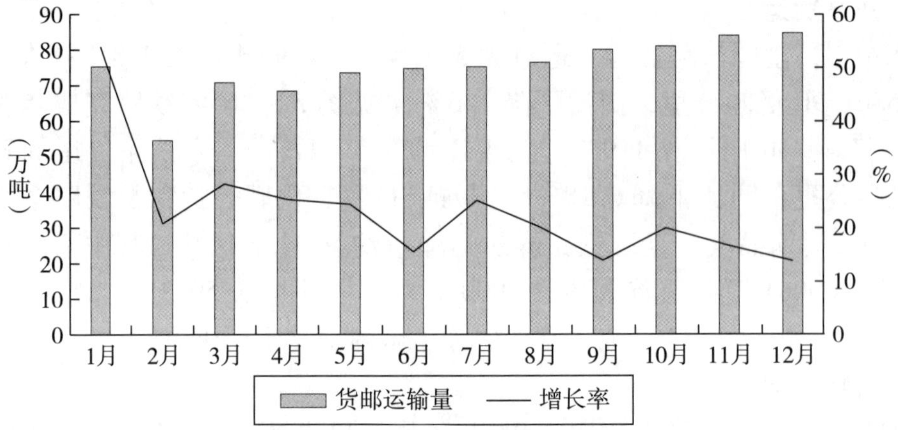

图 6　2024 年航空货邮运输量及增长率

全年中国内地机场的货邮吞吐量达到 2002.4 万吨。年货邮吞吐量超过 100 万吨的运输机场有 5 个，分别为上海浦东国际机场、广州白云国际机场、深圳宝安国际机场、北京首都国际机场、鄂州花湖国际机场。2024 年中国内地机场货邮吞吐量前 10 名见表 4。

表 4　　2024 年中国内地机场货邮吞吐量前 10 名

机场	货邮吞吐量（万吨）	增长率（%）
上海浦东国际机场	377.83	9.83
广州白云国际机场	238.25	17.30
深圳宝安国际机场	188.13	17.56
北京首都国际机场	144.34	29.33
鄂州花湖国际机场	102.5	296.83
郑州新郑国际机场	82.51	35.77
杭州萧山	73.49	-9.24
成都双流国际机场	64.26	22.04
重庆江北国际机场	46.95	21.05
上海虹桥国际机场	42.77	17.74

航空货运需求的爆发式增长推动我国航空货运运力持续提升。内地主要航空公司的货机数量总计达 246 架（见表 5），同比增长 6.5%。

表 5　　2024 年中国内地运营货机航空公司及货机数量统计

航空公司	总计（架数）	占比（%）	航空公司	总计（架数）	占比（%）
顺丰航空	89	36.18	川航物流	7	2.85
邮政航空	42	17.07	天津货航	6	2.44
南航物流（南货航）	17	6.91	西北货航	4	1.63
国货航	17	6.91	山东航空	3	1.22
东航物流（中货航）	14	5.69	中航货运	2	0.81
圆通航空	13	5.28	首都航空	2	0.81
中州航空	10	4.07	金鹏航空	2	0.81
京东航空	9	3.66	商舟航空物流	1	0.41
中原龙浩航空	8	3.25			
			合计	246	100.00

（二）仓储业

2024 年，中国仓储指数整体均值为 49.4%，较 2023 年下降 2.1 个百分点。

前三季度由于需求增长动力不足，业务收缩，库存持续下降，行业运行面临一定下行压力。四季度，一揽子增量政策有效带动了企业预期上升，中央经济工作会议又为市场注入了更强信心，经济企稳回升，仓储行业运行环境趋稳向好。2024 年中国仓储指数走势见图 7。

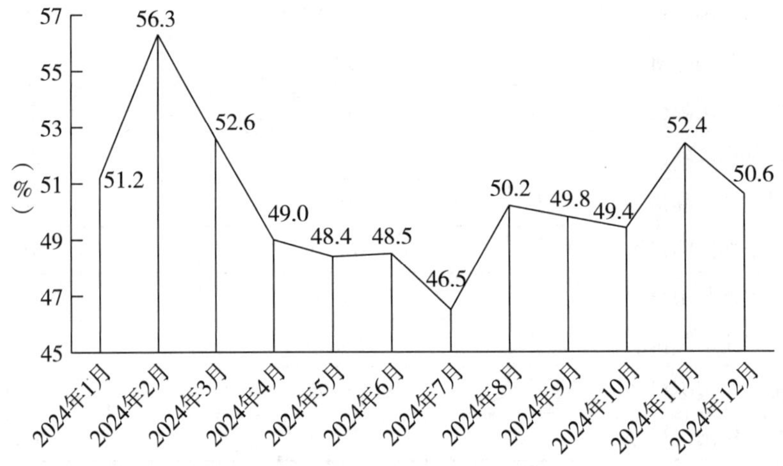

图 7　2024 年中国仓储指数走势

2024 年，我国仓储需求呈现出边际改善的趋势，但整体压力依旧较大。物联云仓数据显示，2024 年 12 月，全国通用仓库平均租金为 23. 21 元/平方米 · 月，较去年同期的 23. 25 元/平方米 · 月略有下降；空置率为 16. 44%，相比去年的 16. 53% 也有所降低。从地域分布来看，各地区表现差异显著。重庆、武汉、西安、北京等城市的物流地产市场有所改善，而海口、深圳、佛山等部分城市面临空置率明显上升的问题。

（三）快递业

2024 年，我国作为全球最大快递市场的地位进一步巩固增强。全年快递业务量和业务收入分别完成 1750. 8 亿件和 1. 4 万亿元，同比分别增长 21. 5% 和 13. 8%。目前，快递已成为我国城乡居民生活的日常普通消费品，每人年均消费快件量接近 125 件，平均单票价格约为 8. 0 元。

2024 年，同城快递业务量累计完成 156. 4 亿件，同比增长 14. 7%；异地快递业务量累计完成 1555. 7 亿件，同比增长 22. 1%；国际/港澳台快递业务量累计完成 38. 7 亿件，同比增长 26. 1%（见图 8）。同城、异地、国际/港澳台快递业务量分别占全部快递业务量的 8. 9%、88. 9% 和 2. 2%（见图 9）。

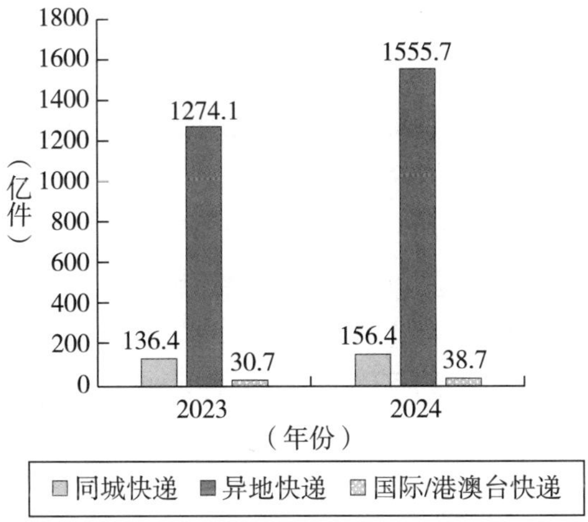

图 8 2024 年分专业快递业务量

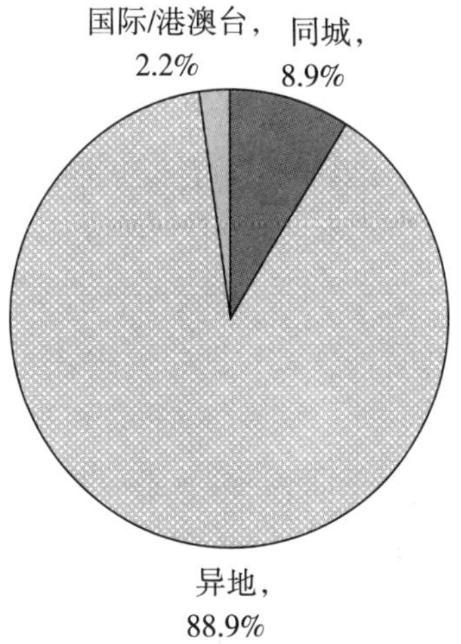

图 9 2024 年快递业务量结构

四、行业物流市场

（一）冷链物流市场

冷链物流市场需求平稳增长。2024 年，我国冷链物流需求总量约为 3.65 亿吨，同比增长 4.3%；冷链物流总额为 9.26 万亿元，同比增长 4.0%。我国冷链物流总收入为 5361 亿元，同比增长 3.7%，增速呈现稳中有升的态势。

行业供给保障能力显著提升。2024 年，全国冷库总量约为 2.53 亿立方米，较上年增长 0.25 亿立方米，同比增长 10.96%。冷库供给的增加进一步放大了供需失衡矛盾，大部分城市冷库价格较去年同期有所下降，空置率呈增长态势。2024 年，全国冷藏车市场保有量达到 49.50 万辆，同比增长 14.58%。其中，新能源冷藏车渗透率为 33.9%，同比增长 25.2 个百分点，推动供给结构持续优化。

（二）汽车物流市场

汽车物流市场整体稳定运行。2024 年，我国汽车产销量分别完成 3128.2 万辆和 3143.6 万辆，同比分别增长 3.7% 和 4.5%。其中，新能源汽车发展势头强劲，产销量分别完成 1288.8 万辆和 1286.6 万辆，同比分别增长 34.4% 和 35.5%。新能源汽车新车销量达到汽车新车总销量的 40.9%，较 2023 年提高 9.3 个百分点。

汽车出口物流需求增长强劲。随着我国汽车产业竞争力的增强和国内市场需求增速的放缓，汽车“出海”成为车企拓展市场的新方向。2024 年，我国汽车出口 641 万辆，同比增长 23%，我国因此成为全球最大的汽车出口国，有效拉动了行业整体增长。整车出口的强劲态势带动了相关零部件的出口，为我国汽车国际供应链发展提供了广阔的市场空间。2024 年，我国汽车零部件类产品出口金额累计达 1056.1 亿美元，同比增长 6.8%。

整车物流运输结构持续优化。2024 年，汽车整车铁路发运超过 756 万辆，同比增长了 11.2%，约占乘用车市场运量的 27.4%。汽车整车滚装运输量为 325 万辆，同比下降了 6.8%，占乘用车市场运量的 11.1%。根据中国物流与采购联合会汽车物流分会的重点企业调查，大约 57% 的整车物流承运商单车单趟平均运距小于 500 公里，未来业务重点将从长途干线运输向短途支线运输转变。

（三）钢铁物流市场

钢铁物流需求弱势震荡。2024 年，受房地产投资下行影响，我国钢铁行业需求持续低迷。铁和钢全年产量分别为 8.5 亿吨和 10.1 亿吨，同比分别下降 2.3% 和 1.7%；钢材（含重复材）产量为 14.0 亿吨，同比增长 1.1%。钢材市场需求不振，企业备货积极性不高，钢材仓储需求走弱。2024 年年底，钢材库存合计为 1896 万吨，同比下降 3.5%。其中，社会库存为 659 万吨，同比下降 9.6%；重点钢厂库存为 1237 万吨，同比下降 0.1%。

钢材出口物流逆势增长。由于我国钢材质量和价格优势显著，钢材出口成为企业谋生存、求发展的重要出路，钢铁出口物流迎来新发展。2024 年，我国钢材累计出口 1.11 亿吨，同比增长 22.7%，为 2015 年以来的新高。然而，自 2024 年 11 月以来，多米尼加、泰国、澳大利亚、欧盟等国家和地区对我国钢铁产品开展反倾销、反补贴调查，这可能对未来钢铁物流的发展形成一定的压制。

（四）医药物流市场

医药物流需求增势良好。医药制造业重回增长轨道，药品流通业保持平稳增长，网上药品销售规模大幅增长，共同推进我国医药物流稳定增长。2024 年，我国医药物流费用总额约为 1050 亿元，同比增长 5%。生物制药、疫苗等高附加值药品需求激增，2024 年，我国医药冷链市场规模有望达到 6500 亿元，同比增长 7.8%。

设施设备投资趋于理性。2024 年，我国药品仓储和运输能力小幅增长，企业竞争从拼规模逐步向练内功转变。全国医药物流直报企业拥有医药物流中心数量达到 1320 个，医药物流仓储面积约为 2550 万平方米，同比增长 2%，其中，老旧仓库改扩建是仓储面积增长的主要动力。医药物流运输自有车辆数量约为45800辆，同比增长约2.2%。行业企业已基本完成企业内部的信息化建设，信息化系统使用率均超60%。

药品第三方物流规范发展。2023年，国家市场监督管理总局发布《药品经营和使用质量监督管理办法》，明确了跨省开展委托储运业务的监管责任与运营要求，有效破除了市场分割壁垒，促进了药品全国自由流通。随着该文件的实施，药品第三方物流企业在提升资源配置效率、降低物流运行成本方面的优势将更加凸显，药品物流外包模式有望在全国快速推广。

（五）粮食物流市场

粮食物流需求持续增长。2024年，我国在增面积、增单产、防灾减灾等方面持续发力，推动粮食产量迈上新台阶。我国粮食总产量达到70650万吨，比2023年增加1109万吨，首次突破7亿吨，再创历史新高，进一步夯实粮食安全根基。

粮食应急保障能力稳步提高。2024年，全国已有68000家粮食应急保障企业，每天的粮食应急处理量超过170万吨。面对严重的自然灾害，国家粮食和物资储备局坚持有备无患的原则，2024来累计调拨了59批、92.4万吨的应急物资，相较于2023年增加了28批、20.3万吨。

（六）危化品物流市场

危化品物流市场筑底企稳。2024年，石油化工行业实现营业收入16.28万亿元，同比增长2.1%；利润总额7897.1亿元，同比下降8.8%，行业发展呈现增产增收不增利的状态。受此影响，2024年危化品物流市场增长2.4%，市场规模约为2.44万亿元（见图10）。

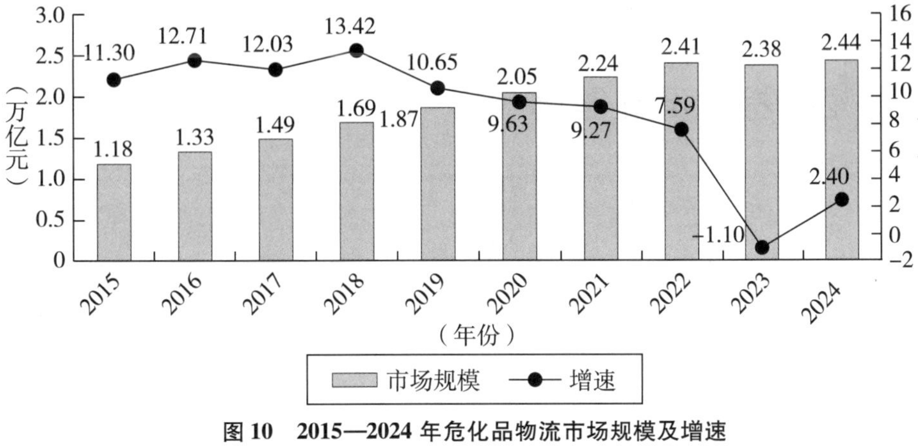

图10　2015—2024年危化品物流市场规模及增速

危化品物流企业经营承压。调研显示，2024 年危化品公路运价较 2023 年平均下降约 10%。部分企业为了争夺市场份额，运价甚至下降 20% 以上，导致重点危化品道路运输企业的利润率仅为 3.6%，偏离合理利润区间。化工仓储企业也普遍反映，整体营收预计将下滑 15% ~20%。

危险货物运输能力小幅增长。我国从事危险货物道路运输的户数共计 14954 户，与上年相比增长 391 户。我国道路危险货物运输车辆数量总计超过 44 万辆，与上年同比增长 3.5%。目前，我国经营性道路危险货物的运输货车合计 17.63 万辆，总吨位合计 152.47 万吨。

（七）服装物流市场

服装物流需求平稳回升。2024 年，在国内外市场需求有所恢复和产品结构调整等因素的带动下，我国服装行业规模以上企业工业增加值同比增长 0.8%，比 2023 年同期提升 8.4 个百分点。规模以上企业完成服装产量 204.62 亿件，同比增长 4.22%，比 2023 年同期提升 12.91 个百分点。

市场需求结构持续调整。内贸市场物流需求稳中承压，我国限额以上单位服装类商品零售额累计 10716.2 亿元，同比增长 0.1%，增速比 2023 年同期放缓 15.3 个百分点；外贸市场物流需求展现韧性，我国累计完成服装及衣着附件出口 1591.4 亿美元，同比增长 0.3%，增速比 2023 年同期提升 8.1 个百分点。

物流服务能力数智跃升。随着直播电商的快速发展，服装销售渠道更加多元化，企业线上线下销售触点呈指数式增长，货物交付形态和要求日趋复杂多样。为提升物流履约能力，企业推动自动化技术、人工智能技术、大数据技术等新技术不断向服装物流的各个场景渗透，以应对复杂多变的业务需求。例如，班尼路上线智能输送分拣系统，系统处理能力达每小时上万件，日均收货数万箱，日均发货数十万件，逆向退货处理峰值达 50000 件/天以上，相比人工拣货效率提升 40% ~50%。

五、物流基础设施建设

（一）交通基础设施

2024 年，我国积极发挥“两重”项目的牵引作用，完成交通固定资产投资约 3.8 万亿元，国家综合立体交通网里程达到 600 万公里，综合立体交通网服务能力和水平进一步提升。

1. 铁路

2024 年，全国铁路完成固定资产投资 8506 亿元，同比增长 11.3%，投资规模首次突破8500亿元大关。投产新线3113公里，其中高铁2457公里。截至2024年年底，全国铁路营业里程达到16.2万公里，其中高铁4.8万公里。

2. **公路**

2024年，我国公路建设投资25774亿元，同比下降8.7%，公路固定资产投资增长明显放缓。2024年年末，我国新增公路通车里程约5万公里，总里程接近550万公里。其中，高速公路总里程超过19万公里。

3. **水路**

2024年，我国水路建设投资2208亿元，同比增长9.5%，保持快速增长态势。

4. **航空**

2024年，我国民航完成固定资产投资1350亿元，连续5年超千亿元，再创历史新高。截至2024年年底，我国境内民用运输机场达到263个，在册通用机场已达475个，全年新增跑道5条、机位25个，广州白云机场、深圳宝安机场等机场的货站项目加快推进并建成投用，为航空货运发展提供了有力的基础支撑。

（二）物流基础设施

1. **国家物流枢纽**

2024年10月，国家发展改革委发布《新一批国家物流枢纽建设名单》，石家庄生产服务型等26个国家物流枢纽入选（见表6）。自2019年以来，国家发展改革委累计发布6批国家物流枢纽建设名单，共151个枢纽，实现31个省（自治区、直辖市）、5个计划单列市和新疆生产建设兵团全覆盖。

表6　　2024年国家物流枢纽建设名单（共26个，排名不分先后）

所在地	国家物流枢纽名称
河北	石家庄生产服务型国家物流枢纽
	邯郸生产服务型国家物流枢纽
吉林	吉林商贸服务型国家物流枢纽
黑龙江	佳木斯陆港型国家物流枢纽
江苏	苏州生产服务型国家物流枢纽
	南通商贸服务型国家物流枢纽
安徽	阜阳商贸服务型国家物流枢纽
	安庆港口型国家物流枢纽
福建	三明生产服务型国家物流枢纽
厦门	厦门空港型国家物流枢纽

续 表

所在地	国家物流枢纽名称
山东	济南陆港型国家物流枢纽
河南	洛阳商贸服务型国家物流枢纽
湖北	武汉商贸服务型国家物流枢纽
湖南	郴州生产服务型国家物流枢纽
广东	广州生产服务型国家物流枢纽
	东莞生产服务型国家物流枢纽
广西	南宁商贸服务型国家物流枢纽
	桂林商贸服务型国家物流枢纽
海南	海口商贸服务型国家物流枢纽
四川	攀枝花生产服务型国家物流枢纽
贵州	遵义陆港型国家物流枢纽
云南	昆明空港型国家物流枢纽
	红河（河口）陆上边境口岸型国家物流枢纽
西藏	日喀则（吉隆）陆上边境口岸型国家物流枢纽
青海	西宁商贸服务型国家物流枢纽
新疆	克孜勒苏（吐尔尕特）陆上边境口岸型国家物流枢纽

2. 冷链物流基地

2024年6月，国家发展改革委发布《关于做好2024年国家骨干冷链物流基地建设工作的通知》，发布新一批20个国家骨干冷链物流基地建设名单（见表7）。自2020年以来，国家发展改革委已分4批将86个国家骨干冷链物流基地纳入重点建设名单，覆盖31个省（自治区、直辖市，含新疆生产建设兵团）。

表7　2024年国家骨干冷链物流基地建设名单（共20个，排名不分先后）

所在地	国家骨干冷链物流基地
河北	石家庄国家骨干冷链物流基地
	唐山国家骨干冷链物流基地
山西	运城国家骨干冷链物流基地
江苏	徐州国家骨干冷链物流基地
浙江	温州国家骨干冷链物流基地
安徽	芜湖国家骨干冷链物流基地
福建	泉州国家骨干冷链物流基地
江西	上饶国家骨干冷链物流基地

续　表

所在地	国家骨干冷链物流基地
山东	济宁国家骨干冷链物流基地
湖北	鄂州国家骨干冷链物流基地
广东	汕头国家骨干冷链物流基地
	茂名国家骨干冷链物流基地
广西	南宁国家骨干冷链物流基地
海南	洋浦国家骨干冷链物流基地
重庆	潼南国家骨干冷链物流基地
四川	达州国家骨干冷链物流基地
贵州	六盘水国家骨干冷链物流基地
宁夏	银川国家骨干冷链物流基地
新疆	巴音郭楞（库尔勒）国家骨干冷链物流基地
大连	金普新区国家骨干冷链物流基地

3. 综合货运枢纽

交通运输部、财政部发布 2024 年国家综合货运枢纽补链强链支持城市名单，将大连和沈阳；上海和苏州—无锡—南通；南昌—九江；青岛；深圳和珠海、赣州；南宁；海口和三亚 12 个城市[①]纳入 2024 年国家综合货运枢纽补链强链支持范围。2024 年，我国 37 个枢纽城市的超 400 个综合货运枢纽正在加快建设，实现国家综合立体交通网“6 轴 7 廊 8 通道”主骨架全覆盖，服务 150 余个国家级产业园区。

4. 国家邮政快递枢纽

2024 年 7 月，国家邮政局等 9 部门联合发布《关于国家邮政快递枢纽布局建设的指导意见》（国邮发〔2024〕27 号），提出到 2027 年初步建成 30 个左右国家邮政快递枢纽，在全国形成示范带动作用。到 2035 年建成 80 个左右国家邮政快递枢纽，形成布局合理、功能完备、智慧高效、绿色安全的国家邮政快递枢纽网络。建设国家邮政快递枢纽，有利于推动邮政快递组织模式和管理体制机制创新，加快现代信息技术和先进设施设备应用，全面提升服务效率、效益和质量水平，更好发挥邮政快递在降低全社会物流成本中的引领带动作用。

5. 物流园区

中国物流与采购联合会发布的《第七次全国物流园区（基地）调查报告（2024）》显示，2024 年我国规模以上物流园区达 2769 家，比 2022 年第六次

---

① 以“—”连接的为组合型枢纽，视为一个城市予以支持。

调查的2553家增长8.5%。其中，运营园区占比达到76.8%，较2022年提升2.2个百分点。分区域来看，中部、西部地区物流园区数量增长相对较快，增速比全国平均水平高0.9个和5.2个百分点。四大经济区域物流园区数量及建设状态情况见表8。

表8　四大经济区域物流园区数量及建设状态情况　单位：家

区域	调查年份	规划数量（占比）	在建数量（占比）	运营数量（占比）	合计
东部地区	2024	30（3.1%）	113（11.7%）	820（85.2%）	963
	2022	48（5.3%）	97（10.6%）	765（84.1%）	910
中部地区	2024	48（6.5%）	145（19.8%）	540（73.7%）	733
	2022	83（12.4%）	125（18.6%）	462（69.0%）	670
西部地区	2024	90（10.0%）	181（20.0%）	631（70.0%）	902
	2022	106（13.4%）	148（18.6%）	539（68.0%）	793
东北地区	2024	6（3.5%）	29（17.0%）	136（79.5%）	171
	2022	15（8.3%）	25（13.9%）	140（77.8%）	180

六、物流与供应链技术与装备

（一）仓储技术装备

1. 仓储系统集成

数据显示，我国智能仓储行业市场（含集成业务及软件业务）规模由2019年的882.9亿元增至2023年的1533.5亿元，年均复合增长率为14.8%，智能仓储发展进入快速增长期。特别是在电商、零售、医药、食品、酒类、烟草、化工、汽车、服装等领域，智能货架、无人驾驶运输车、智能分拣系统、物流机器人等智能仓储技术得到了广泛应用。

2. 叉车

2024年，我国叉车销量保持稳健增长的态势，全年叉车整体销量为128.55万台，同比增长9.52%。其中，内销市场平稳增长，全年销售80.50万台，同比增长4.77%；外销市场则表现强劲，销量增速达到18.53%，总规模突破48万辆。从叉车销量结构来看，新能源叉车销量占叉车总销量的比例已超过20%，无人叉车销量同比增长超过20%，叉车的绿色化、无人化成为行业转型的新动能。

3. **自动引导车/自主移动机器人（AGV/AMR）**

2024 年，在视觉识别、激光导航等技术的赋能下，物流移动机器人智能化水平不断提升，应用场景不断丰富，逐步从电商领域加快向制造业渗透，市场呈现爆发式增长态势。2024 年，我国 AGV/AMR 销售数量预计达 15.39 万台，销售规模约为 289 亿元，同比增长约 20%。

4. **托盘市场**

2024 年，我国托盘年产量约为 3.87 亿片，同比增长 9%，扭转了此前两年的连续下降趋势，重拾增长态势，基本恢复到 2021 年的水平（见图 11）。托盘市场保有量依旧保持增长态势，达到 18.2 亿片，同比增长 4%（见图 12）。托盘循环共用企业完善各自的运营服务网络，将共享托盘深度嵌入供应链上下游企业的物流作业环节，推动了托盘池总量的爆发性增长，总量首次突破 5000 万片大关，较 2023 年增长 27%。

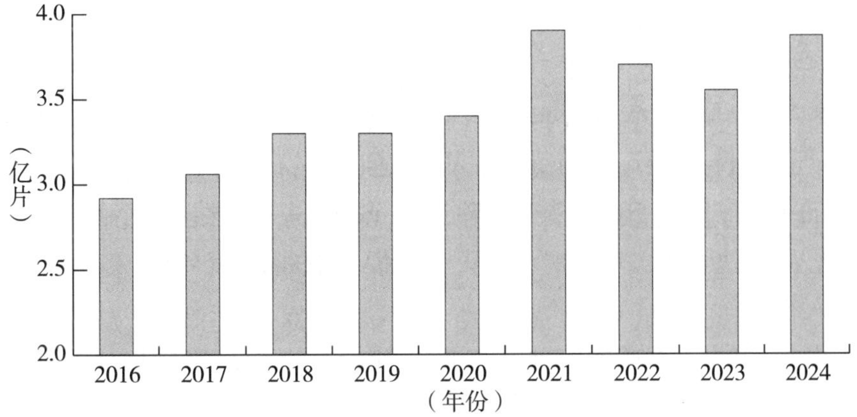

图 11　2016—2024 年托盘年产量

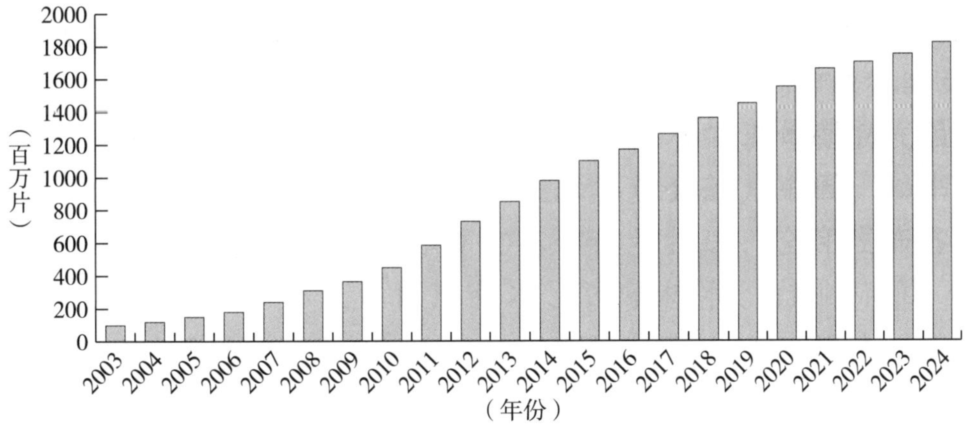

图 12　2003—2024 年托盘市场保有量

（二）运输技术装备

1. 货运车辆

2024年，货运车辆市场总体表现疲软，全年产销分别完成329.7万辆和336.2万辆，同比分别下降6.8%和5%，市场发展正从增量扩张向存量优化转型。其中，重卡、轻卡销量相对稳定，较2023年分别下降1%和增长0.3%；中卡和微卡销量波动较大，较2023年分别增长19.1%和下降30.9%。

2. 新能源物流车

2024年，在“双碳”政策推动、新能源技术发展、充电设施扩容、城市路权放开等因素的综合作用下，新能源物流车市场繁荣活跃。2024年新能源重卡年销量达8.2万辆，同比增长140%，渗透率约为13.62%，较2023年增长近8个百分点。

3. 无人车

2024年，无人驾驶技术在物流领域加速推广。经过多年的示范试点，低速无人配送车的适用性、安全性、经济性得到行业验证，正加快向商业化规模应用迈进，全国无人配送车累计投放量超8000台。干线运输无人化驾驶技术升级、模式创新，装载L2+/L3级别无人驾驶技术的智能重卡进入前装量产和商业化运营阶段，智能网联汽车“车路云一体化”应用在20个城市开展试点，干线运输无人驾驶卡车“1+N”编队行驶模式获得政策允许。

4. 无人机

2024年是低空经济发展的元年，低空经济首次被写入政府工作报告，国家发展改革委成立低空经济发展司，多个省份出台了相关产业发展支持政策。2024年，我国新增通航企业145家、通用机场26个，颁发无人驾驶航空器型号合格证6个，新增实名登记无人机110.3万架，无人机运营单位总数超过2万家，累计完成无人机飞行2666万小时，同比增长15%，低空产业发展生态逐步构建。新开低空物流航线近50条，无人机在城市开放区域的外卖配送逐步兴起，美团无人机2024年完成订单数超20万单，同比增长近100%。

第三章

2025 年中国物流与供应链发展展望

2025 年是"十四五"的收官之年，也是贯彻落实降低全社会物流成本行动的关键之年。面对日趋复杂严峻的国际环境，我国坚持稳中求进的工作总基调，物流与供应链发展呈现出新特点、新趋势。

一、市场延续稳健增长态势

2025 年，世界经济复苏动能不足，各主要经济体的经济增速持续分化，全球经济增速预计在 2.8% ~3.3%，低速增长可能成为未来的发展常态。面对外部经济恢复缓慢的不利局面，2025 年《政府工作报告》（以下简称《报告》）提出，国内生产总值增长 5% 左右的发展目标。这一目标既是稳就业、防风险、惠民生的需要，也有经济增长潜力和有利条件支撑，并与中长期发展目标相衔接。

根据形势变化，我国将动态调整政策，通过实施更加积极的财政政策、适度宽松的货币政策，强化宏观政策的民生导向，并打好政策"组合拳"，有望确保我国经济航船乘风破浪、行稳致远。随着我国经济发展"稳"的态势得到延续，社会物流总额将同步增长，为我国物流供给规模的扩张和提质增效营造良好的环境。

二、内需贡献增长内生动力

自美国总统特朗普上任以来，重启美国"优先战略"，全球自由贸易体系遭遇前所未有的挑战，严重拖累了全球经济增长。2025 年 2 月，反映即期市场的上海出口集装箱综合指数平均值为 1691.46 点，较 2024 年年末下跌接近30%。

为应对出口增速放缓的压力，我国将扩大内需战略作为拉动经济增长的主动力和稳定锚。特别是进一步强调对消费不足的短板进行补充，通过消费提振畅通经济循环，以消费升级引领产业升级，在保障和改善民生中打造新的经济增长点。2025年，在居民消费价格涨幅2%左右的目标刺激下，我国社会零售消费品总额增速有望提升至5%左右。这不仅将直接刺激商贸物流、快递物流等物流需求的快速增长，还将间接带动汽车、家电等制造业供应链上下游物流需求的增长，形成消费拉动制造、制造促进投资、投资带动消费的高水平良性循环。

三、全社会物流成本稳中有降

2025年《报告》再次强调，要实施降低全社会物流成本专项行动，纵深推进全国统一大市场建设。这充分说明，降低全社会物流成本是一项长期性、全局性、系统性工程，不可能一蹴而就。需要坚持开放共享、融合创新的发展理念，绵绵用力、久久为功，瞄准降成本的重点环节和关键领域，以组织创新、模式创新、业态创新为突破口，推进降成本工作由局部量变积累到全链条质变跃升，实现全链条物流成本切实降低。

一方面，要有效发挥水路和铁路运量规模大、运输成本低的优势，重点围绕集装箱、快递、汽车、家电等重点货类，在枢纽能级提升、通道高效畅通、联运组织协同、技术创新应用等方面持续发力，大力推进公转铁、公转水，降低综合运输成本。

另一方面，越来越多的工商企业意识到，物流服务价格下降空间不大，一味强迫物流企业降低服务价格可能产生反噬效应，对企业货物安全、生产运作、服务质量等造成负面影响。下一阶段，工商企业将逐步整合采购、生产、销售、回收等环节的物流资源，通过供应链上下游设施设备共享、业务流程优化、物流信息联通、技术规范协同，推进物流降成本纵深发展。

四、市场竞争格局适度优化

2025年，物流市场整体仍将处于供大于求的局面，车多货少、船多货少、仓多货少的形势短期难以发生根本性改变，物流服务价格可能继续在低位振荡。《报告》提出破除地方保护和市场分割，打通市场准入退出、要素配置等方面制约经济循环的卡点堵点，综合整治“内卷式”竞争，市场竞争环境将持续好转。

物流企业生存发展面临较大压力，转变思路、优化业务、积极转型成为行业发展新趋势。部分物流企业向供应链服务企业转型，积极推进供应链创新与应用，通过资源整合和流程优化，提升产业集成和协同水平，通过服务提质提升业务规模、谋求利润增长。部分物流企业将通过并购重组、投资合作、战略联盟等方式，做大做强物流资源掌控规模，在更大范围、更高水平、更广领域统筹优化资源配置，以规模效应、集约效应、网络效应应对外部竞争压力。还有一些竞争能力不强、经营管理不善、盈利状况不佳的物流企业或将退出市场，转向其他领域寻求发展。

五、稳链保供压力陡然增加

2025年年初，美国针对我国海事、物流和造船业启动了301调查，并采取了一系列限制措施，包括将我国航运企业列入“涉军名单”、制裁我国涉俄原油贸易企业、寻求巴拿马运河控制权，我国港航领域受到了严重冲击和严峻挑战。

未来一段时间，中美两个超级大国将围绕各自产业链供应链的韧性与安全，对全球关键物流节点和重要航运通道控制权进行博弈。全球物流网络从“效率优先”向“安全优先”进行重构。我国现代物流将保持战略定力，强化使命担当，充分发挥“先行官”作用，研究在有条件的地区建设国际物流枢纽中心，加快“一带一路”物流设施布局，推进国际物流通道多元化发展，构建物流协同“出海”生态，着力保障我国产业链供应链运行安全畅通。

六、物流服务网络深化调整

当前，我国制造业发展面临高端产业遏制和低端产业转移的双重挤压，保持制造业比重基本稳定任务艰巨。二十届三中全会《决定》提出，完善产业在国内梯度有序转移的协作机制，推动转出地和承接地利益共享。这既是我国提升产业链供应链韧性和安全水平的新举措，也是我国现代物流网络运行结构调整的新机遇。

转移产业基于物流成本考虑，将优先围绕中西部国家物流枢纽进行集群布局、链式布局，探索“产业集群＋物流枢纽”协同发展模式，积极发展枢纽经济。同时，产业转移还有助于缓解我国东西货运量不平衡的状况，有利于枢纽间开行内贸双向铁路直达班列，加快建设“枢纽＋通道＋网络”的物流运行网络，降低综合物流成本。

七、数智跃升引领动力变革

随着以通用大模型为代表的人工智能技术不断创新突破，人工智能发展加快从感知向认知、从分析判断式向生成式、从专用向通用转型升级，数字物流发展正进入高阶智慧发展阶段。

一是大模型技术将在无人车、无人机、无人仓、无人码头等场景中探索应用，打造具备感知、决策、控制一体化的“超级大脑”，全面提升无人技术复杂环境自适应水平，加快商业规模化应用。

二是部分龙头企业将推动大模型技术深度嵌入供应链与物流各环节，在需求预测、订单管理、运营优化、决策分析、异常监控、客户营销、售后服务等方面深化应用，打造物流行业专用的大模型。

三是大模型技术将推动物流人工智能技术研发效率提升、成本下降和迭代加快，智慧物流发展有望呈现多场景协同迸发与规模化落地的良好态势。

八、加快发展方式绿色转型

2025 年，现代物流发展将围绕降碳减污扩绿增长，积极支持美丽中国建设。老旧国三、国四营运柴油货车报废更新得到支持，中重型货车的零碳车队试点运营，新能源货车渗透从短途城市配送向中长途干线运输延伸。

《欧盟海运燃料条例》《欧盟航空可再生燃料法规》的实施生效，以高额罚款倒逼企业提高绿色燃料的使用占比，推动绿色航运、绿色航空驶入快车道。绿色物流技术装备的推广应用，光伏、风力等新能源发电设施建设提速，货物包装朝着绿色化、减量化、循环化方向发展，仓储设施、货运场站、物流园区加快“零碳”进程。物流企业着手开展碳排放统计核算，碳足迹管理体系也在积极探索前行。

九、从业人员幸福感有效提升

随着国家不断加大保障和改善民生的力度，特别是对新就业群体利益的高度关注，快递员、外卖员、货车司机等一线物流从业人员的职业获得感将得到切实提升。中央社会工作部等 8 部门发文，加强快递员、网约配送员服务管理，要求帮助解决进门难、停车难、用餐难、职业发展受限等急难愁盼问题，指导重点网约配送平台企业动态优化调整算法规则，推动构建和谐劳动关系。交通运输部等 3 部门通过建设“司机之家”、改善高速公路服务区停车休息环境、健全完善货运平台协商调解机制等方式，进一步改善货车司机停车休息环境。《报告》将居民收入增长和经济增长同步作为发展目标，彰显了改善民生的决心。同时，随着我国适龄劳动人口逐年减少，劳动力缺口增加，这也有利于提升劳动人员的工资水平。

十、深化改革激发转型动能

进一步深化改革，破除现代物流发展体制机制障碍，是推动我国现代物流高质量发展的重要抓手。随着《有效降低全社会物流成本行动方案》《中共中央办公厅　国务院办公厅关于加快建设统一开放的交通运输市场的意见》等政策文件的落地实施，物流资源配置效率有望得到明显提升。铁路现代物流中心建立适应市场需求的管理体制，试点铁路局集团公司物流事业部独立核算，优化铁路物流市场化定价机制。同时，开展公路超限超载、非法改装、大吨小标等非法行为治理，推动收费公路政策优化。物流数据开放互联开展试点，探索破除“信息孤岛”“数据烟囱”。深化低空空域管理改革，释放低空配送发展活力。此外，还将研究设置物流用地绩效评价指标，合理评估物流用地贡献。

（撰稿人：中国物流与采购联合会研究室　周志成　陈凯
审稿人：中国物流与采购联合会　胡大剑）

注：根据特约撰稿人提交稿件整理。

第二篇

专 题 报 告

第一章

物流与供应链服务业

2024 年公路货运市场发展回顾与 2025 年展望

一、2024 年公路货运市场发展回顾

2024 年，中国公路货运市场整体呈现增速放缓的态势，不同细分市场结构调整，呈现涨跌互现的局面。行业企业积极应对，迎接挑战和问题，不断探索新的路径方向，仍然是我国货运市场的主渠道和主力军。

（一）公路货运市场增速趋缓

2024 年全国货运总量为 568.7 亿吨，其中公路货运量为 418.8 亿吨（见图 1），公路货运周转量为 76847.53 亿吨公里，同比分别增长 3.8% 和 3.9%，持续保持较低增速。公路货运量占同期营业性货运总量从 2017 年的 78.04% 下滑至 2024 年的 73.6%，在货运总量中的比重有所下滑，但仍是货物运输的主要方式（见图 2）。

全国高速公路货车通行数量显示，2024 年全国高速公路货车通行量年均同比增长 0.96%，总体呈现低速增长态势。第四季度受一揽子增量政策支持，叠加年底货运旺季，刺激高速公路货车通行量回升（见图 3）。2024 年春节期间，干线公路货车交通量较 2023 年春节假期同比增长 20.3%。

G7 易流物联网平台大数据显示，2024 年 1—11 月，以干线运输为主的全国公路整车货运流量指数同比 2023 年整体呈现小幅下跌趋势，货运流量指数比上年小幅降低 2.2%，进入四季度出现小幅回升趋势（见图 4），主要是受季

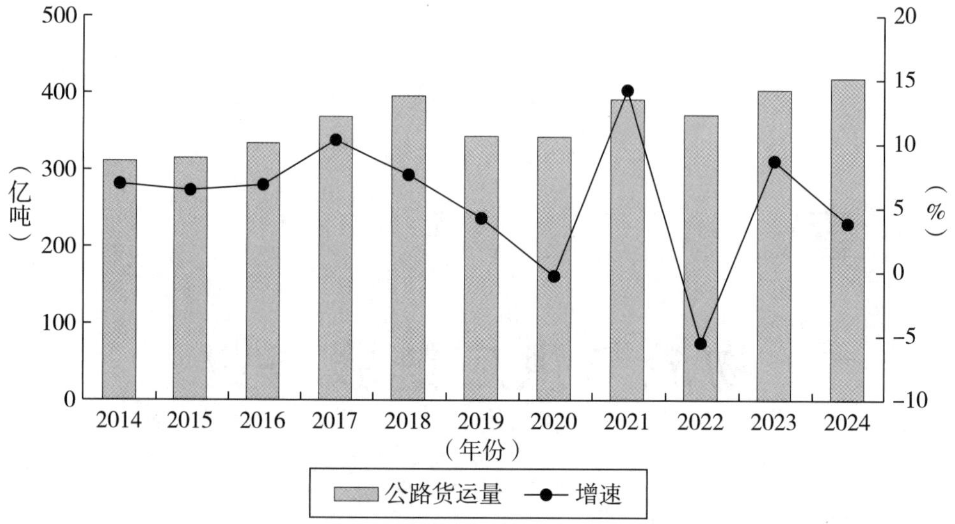

图1　近十年我国公路货运量变化情况

数据来源：国家统计局。

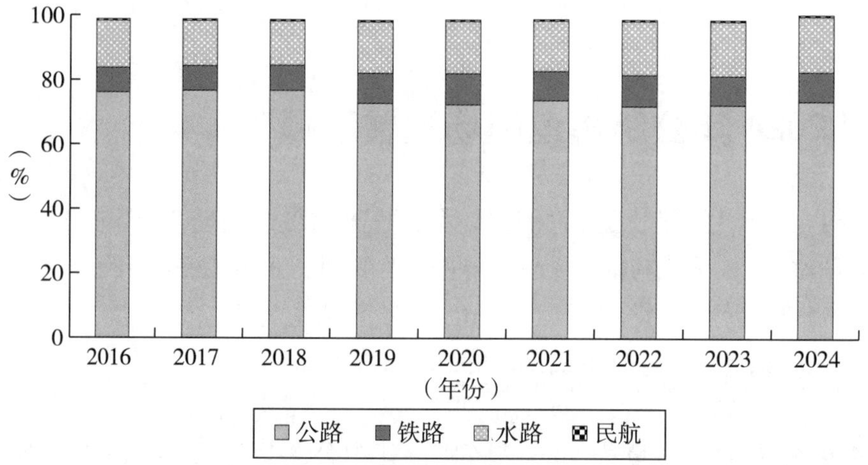

图2　2016—2024年我国不同运输方式占比情况

数据来源：国家统计局。

节性因素和市场供需关系的影响。

（二）货运需求结构逐步替换

2024年全国社会物流总额为360.6万亿元，其中工业品物流总额达318.0万亿元，占社会物流总额的88.2%，同比增长5.8%，仍是物流需求增长的主要动力，总体保持小幅增长态势。其中，高技术制造业物流需求表现突出，通信终端设备、集成电路、智能机器人等领域的产量实现两位数增长，但是低附加值、物流需求大的传统工业品增速低于行业平均水平。

进口物流总额达18.4万亿元，占社会物流总额的5.1%，同比增长3.9%，

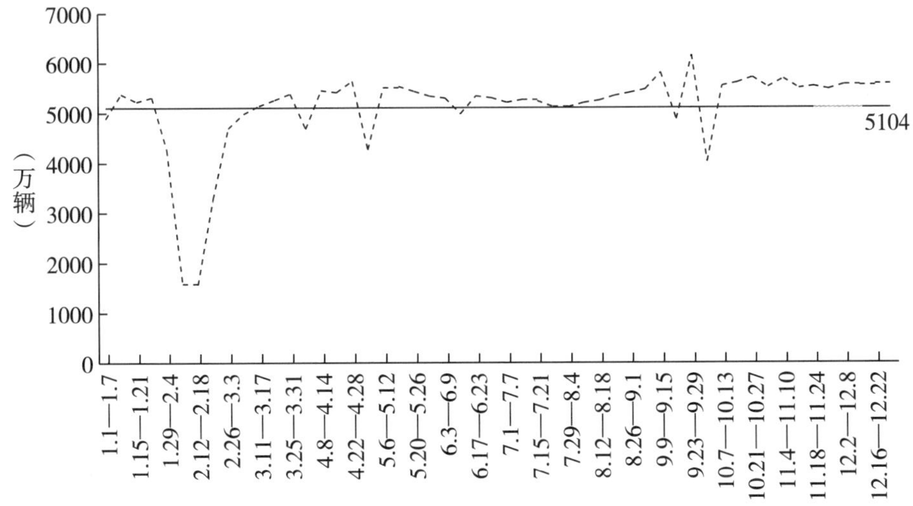

图 3　2024 年全国高速公路货车通行数量

数据来源：交通运输部保通保畅运行情况。

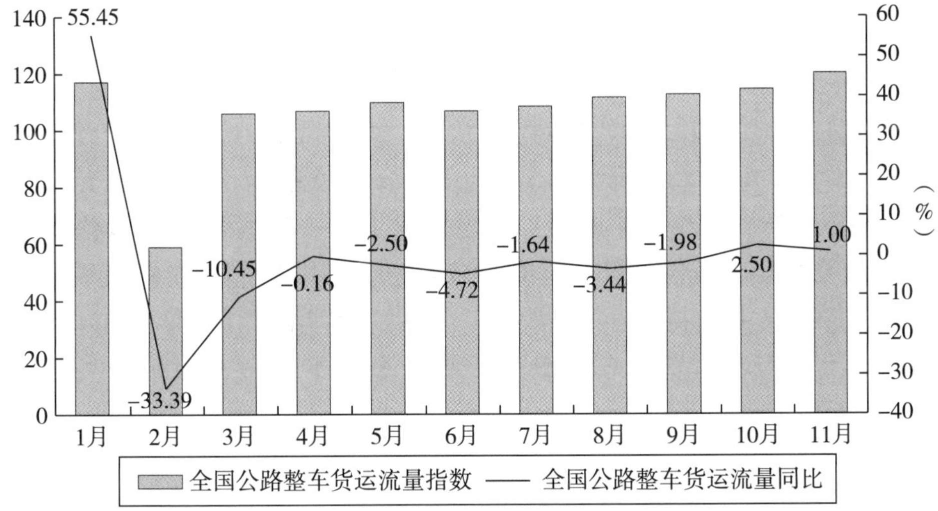

图 4　2024 年 1—11 月全国公路整车货运流量指数及其同比变化情况

增速较上年有所提升。其中，能源类进口物流量增速整体偏弱。与中游生产直接相关的中间品进口物流改善显著，增速高于大宗商品和消费品。

单位与居民物品物流总额增长 6. 7% ，成为物流需求增长的重要潜力领域。其中，快递业务量保持较快增长，全年快递业务量达到 1745 亿件、同比增长 21% 。大部分快递业务仍然通过公路运输，成为货运增长重要来源之一。

（三）货运市场价格总体低迷

2024 年，公路货运市场价格总体低迷，年均运价较上年下降 2. 7% 。长期来看，供过于求的状态短期内难以改善，挤压运价上涨空间。短期来看，春节、双十一等旺季的需求增长带动供需结构转换，带动运价阶段性上扬。12月，公路物流运价指数达 105.9 点，创年内新高（见图 5）供需平衡有所改善，但市场整体仍处于买方主导阶段。

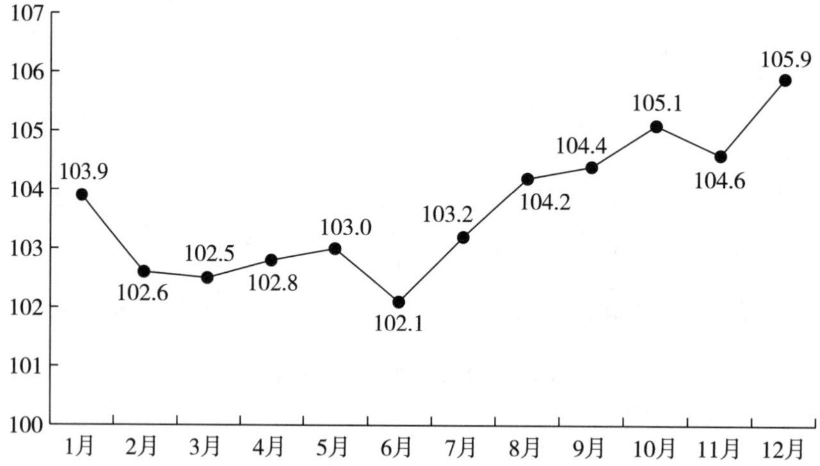

图 5　2024 年中国公路物流运价指数

数据来源：中国物流信息中心。

重点车型运价保持稳定。监测数据显示，2024 年，在主要运输线路上 5 轴以上重型厢式货车车公里运价为 6. 78 元，折合吨公里运价为 0. 23 元。从全年运价走势来看，春节、双十一期间，运价明显上升，阶段性周期运价均高于全年平均运价。2024 年春节期间，运价明显高于全年平均值；在电商平台活动时间和活动力度的双重加持下，2024 年双十一持续期间（10 月下旬至 11 月中旬），5 轴以上重型厢式货车车公里运价高于全年平均值，但相较去年双十一同期，仍然下降 1. 3%。

（四）车辆效率整体稳步提升

2024 年，货运车辆运输效率稳步提升。根据中物联公路货运分会发布的《道路货运车队评估指标》（T/CFLP 0021—2019）团体标准开展的达标车队评估中，截至 2024 年 6 月底，达标车队月均行驶里程为 10456 公里（见图 6），月均行驶时长为 183 小时，其中，牵引车月均行驶里程为 12583 公里，月均行驶时长为 210 小时。五星级车队月均行驶里程为 16883 公里，四星级车队月均行驶里程为 11471 公里。相较而言，三星级车队由于主营运输货物偏大宗、建材等，月均行驶里程相对偏短，仅为 5881 公里。

达标车队自有车辆利用率均值为 87. 79%，其中，五星级车队自有车辆平均利用率为 89. 94%，四星级车队自有车辆平均利用率为 87. 22%，三星级车队自有车辆平均利用率为 86. 21%。相较而言，规模化车队通过优化调度系统、

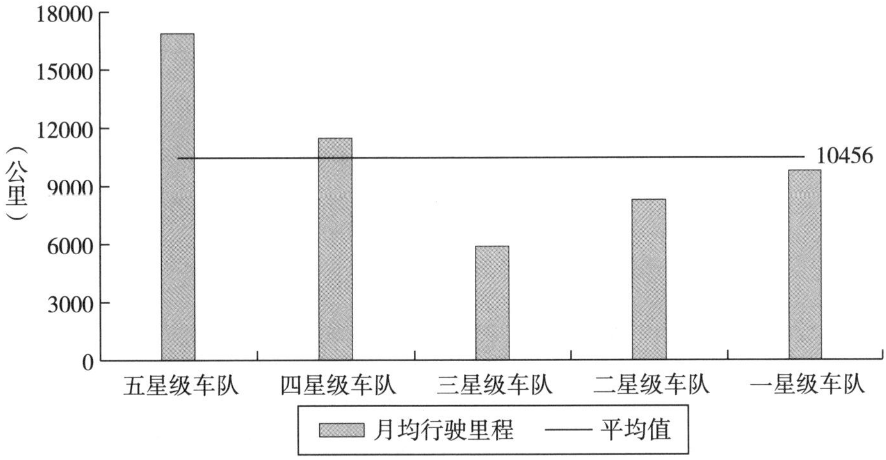

图 6　主要道路货运车队月均行驶里程分布

建立信息化的物流平台、完善运输网络规划、合理调配回程货物等，能更好地组织车队资源，快速响应，具有较高的运输效率。

（五）运输成本结构逐步调整

2024 年，公路货运企业运输成本结构在宏观经济波动、要素价格波动、政策调控及技术升级的驱动下有序调整。对星级车队干线运输成本的调研显示，燃油费（能源费）、路桥费、车辆维修费构成直接成本的主体，三项直接成本合计占比约为 66%。其中，燃油费（能源费）占比 32%，路桥费占比 29%，驾驶员工资占比 22%，车辆折旧 10%，维修费 5%，轮胎 1%，车辆保险费 1%（见图 7）。

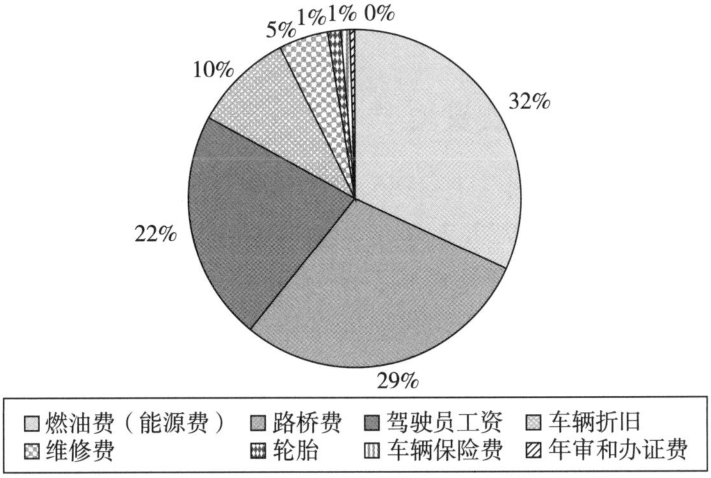

图 7　自有车队干线运输成本结构

与上次调查相比，燃油费（能源费）占比下降6个百分点，除燃油价格波动外，部分企业逐步替换为天然气、电动车辆，带动能源成本出现下降。驾驶员工资占比上升3个百分点，主要是受劳动力市场供需紧张及社保政策调整影响，人工成本持续攀升，成为企业成本控制的关键压力点。路桥费占比与上年基本持平，高速公路差异化收费政策的效果尚未充分显现。

（六）跨境公路运输业务激增

近年来，中国跨境公路运输市场呈现稳步增长的发展态势。数据显示[①]，2024年，中国持证企业从2023年的25家猛增至140家，增长了460%，采用国际公路运输（TIR）模式的车辆增加了470%。2024年，往返中国的TIR业务增长了88%，包括中国在内的8个国家的运输运营商开展了往返中国的TIR业务。此外，35个边境口岸和中国内陆城市也为TIR提供了便利，共50多条跨境TIR航线，为中欧走廊开辟了新的目的地。

跨境公路运输凭借高效率、低成本以及高适配度等优势，在国际物流体系中逐渐成为高价值、时效敏感型货物的优先选择。在效率方面：相较于海运的30～45天及铁路的25～30天，跨境公路运输周期大幅压缩。例如，中国至莫斯科的运输时间可控制在15～20天，较中欧班列缩短近50%；能够承运航空及铁路受限的特殊货物，如带电产品、危险品、恒温存储货物，且支持多样化车型配置，灵活满足不同货型的装载需求。在成本方面：跨境公路运输成本仅为空运的1/3至1/2，较海运具备更高的时效性价比。TIR系统统一担保机制简化多国通关流程，减少重复检查及文件处理费用。叠加保税区政策支持，企业可进一步享受仓储、集货等环节的成本减免。未来，随着“一带一路”合作的深化及跨境电商的扩容，跨境公路运输网络将持续扩展，覆盖中欧、中亚、东欧等多条主干线路。

（七）数字货运业务较快增长

截至2024年6月，全国共有3286家网络货运企业（含分公司），接入社会运力804.4万辆、驾驶员737.7万人。上半年，共上传运单8087.7万单，同比增长52.8%。受地方政策调整影响，下半年，网络货运企业业务增长有所放缓。而以车货匹配业务为主的数字货运业务继续保持较快增长。满帮集团履约订单达1.97亿，同比增长24.1%。履约单量的增长主要受益于货主规模的高速提升，以及用户结构变化带来的履约效率的整体改善。四季度平均发货货主月活达293万人，同比增长31.3%。其中，直客货主履约订单占比首次达到

① 数据来源：国际道路运输联盟（IRU）。

50%，这主要受益于中低频直客用户规模的扩大。2024 年，平台履约活跃司机数量攀升至414 万人，再创历史新高。数字货运平台主要满足传统的中小货主企业的临时发货需求和大中型物流企业的临调用车需求，从而吸引了大量货车司机资源，平台的网络规模效应较为明显，极大地缩短了车货匹配耗时，显著提升了交易效率，正在成为驱动行业数字化转型的重要源泉。

（八）货运车辆需求总体疲软

2024 年，中国公路货运车辆市场整体已逐步进入存量竞争阶段。监测数据显示，2024 年，货车产销分别完成 329.7 万辆和 336.2 万辆，同比分别下降 6.8% 和 5.0%，表明市场正经历从增量扩张向存量优化的转型。2024 年，全国货车保有量超过 3000 万辆，涵盖牵引车、自卸车、危化品运输车等多样化车型，其中，轻卡在城配物流领域占据主导，重卡仍是长距离大宗运输的核心载体。2020—2024 年中国商用车细分市场销量见图 8。

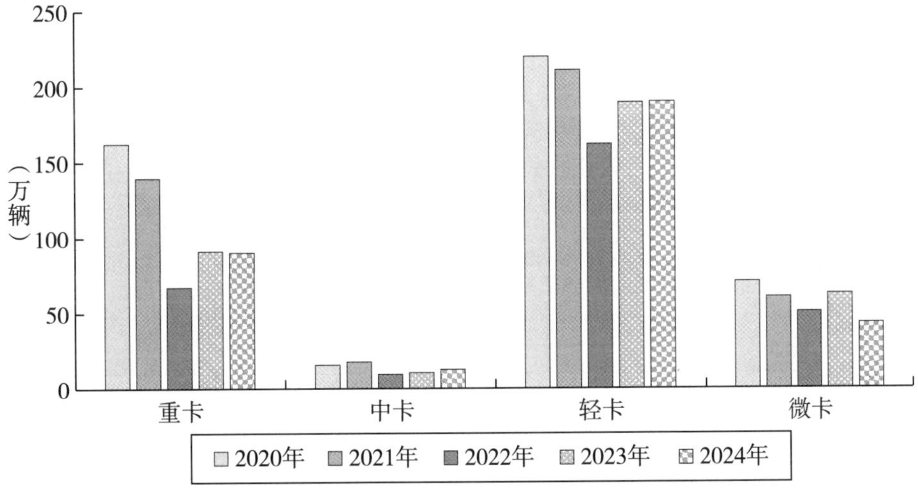

图 8　2020—2024 年中国商用车细分市场销量

值得关注的是，绿色化与智能化正在重塑行业格局。2024 年，新能源物流车加速增长，全年销量为 37.6 万辆，其中，新能源重卡年销售 8.2 万辆，同比增长 140%，渗透率约为 13.62%，同比增长近 8 个百分点。新能源物流车行业保持较强活力。智能网联技术的应用也显著提升了运输效率。

国内商用车市场呈现内需疲软与出口拉动并行的结构性特征。固定资产投资增速放缓叠加物流运价持续低位运行，导致终端用户置换意愿较弱。值得注意的是，在海外市场拓展方面，商用车出口业务呈现强劲增长态势，2024 年，出口规模突破 90 万辆，同比增幅达 17.5%，这一增长极有效弥补了国内市场动能不足的缺陷，成为支撑行业发展的关键力量。数据显示，海外市场贡献度持续提升，形成国内市场收缩与出口业务扩张的明显反差格局。

（九）从业人员权益保障加强

目前，货车司机从业人员超过3000万人，是物流行业的就业主力军。中国物流与采购联合会《2023年货车司机从业状况调查报告》显示，货车司机年龄集中分布在36～55岁，占比达78.68%（见图9），司机大哥较为普遍。货车司机从业年限11年及以上的占59.44%，从业16年及以上的占38.01%，司机群体中“老司机”占比较高。个体司机仍为市场运力主体。调查显示，个体司机合计占比78.22%，属于自主经营、自负盈亏的个体经营人。同时，货车司机工作时间较长。调查显示，个体司机和受雇司机每天开车10小时及以上的分别占52.89%和43.36%，开车时间为12小时及以上的分别占34.99%和24.24%。货车司机的收入满意度整体低。对损害货车司机合法权益的政策保障问题反映较为强烈。

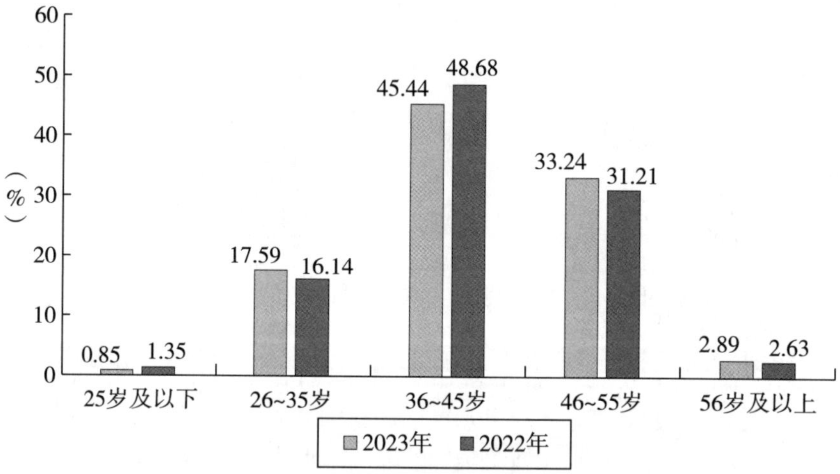

图9 2023年与2022年司机年龄对比情况

2024年12月4日，交通运输部办公厅等3部门联合发布《关于进一步改善停车休息环境关心关爱货车司机的通知》（交办运〔2024〕62号），要求持续开展加油站型“司机之家”建设，探索推进口岸“司机之家”建设，改善高速公路服务区停车休息环境，健全完善货运平台协商调解机制，组织开展关心关爱帮扶活动。其中要求改善高速公路服务区停车环境，明确了三方面措施：一是统筹规划国省干线公路服务区建设，增加货车停车位供给；二是指导运营单位推行会员积分机制，为司机提供多样化出行服务；三是通过视频监控、安保巡查及保险等方式强化燃油安全保障，并探索扩展安全服务覆盖范围，保障货车司机停车休息权益。

在健全完善货运平台协商调解机制方面，明确了两方面举措：一是推动主要互联网道路货运平台企业联合工会及司机群体建立三方协商机制，通过恳谈会、职工代表大会等形式，围绕运价规则、抽成比例、订单分配等核心权益事项开展协商，充分吸纳司机意见；二是要求各地人社部门牵头协同相关部门，针对平台企业与司机间的劳动报酬、奖惩争议、职业伤害等纠纷，建立一站式调解机制，促进矛盾实质性化解。

中国海员建设工会全国委员会、中国物流与采购联合会、中国道路运输协会、中国交通运输协会、中国出租汽车暨汽车租赁协会、中国职工发展基金会联合开展2024年度“暖途·货车司机、出租汽车司机职业发展与保障行动”，共有23个公益项目入选，共同发挥权益保障正能量。

（十）政策推动降低物流成本

2024年，中共中央办公厅、国务院办公厅印发《有效降低全社会物流成本行动方案》，这是物流领域的首个中央文件。在深化体制机制改革方面，提出要推动公路货运市场治理和改革。一方面，要培育主体，综合施策推动解决公路货运经营主体“小、散、弱”等问题，发展规模化经营、现代化管理的大型公路货运企业，全面提高公路运输组织化程度和效率。另一方面，要优化环境，深入推进货车违法超限超载治理。加强货物装载源头治理。持续推进货车超标准排放治理。依法加大对货运车辆非法改装、大吨小标等行为的打击力度。此外，要优化收费公路政策，深化实施高速公路差异化收费，提高收费公路利用率。

交通运输部、国家发展改革委印发《交通物流降本提质增效行动计划》，围绕交通物流结构性、系统性、制度性、技术性、综合性、经营性降本提质增效，明确了六个方面18项主要任务。其中要求提升市场法治化、规范化水平；建立健全基于信用评价的分级分类差异化监管模式；完善货车生产改装联合执法、信息共享和联合惩戒机制，加大货车一致性监督检查力度，压实车辆检测、检验等环节的责任，严厉打击套牌挂车；稳步开展超长平板半挂车、超长集装箱半挂车治理工作；研究制定网络货运经营管理制度，强化联合监管。公路货运市场环境有望得到改善。

二、2025年公路货运市场展望

2025年，公路货运市场总体保持温和增长，在外部环境和内部驱动多种因素的影响下，行业企业将顶住压力，迎难而上，保持自身韧性，实现自身突围。

（一）市场需求波动化

近年来，公路年货运量总体保持稳定，基本在400亿吨上下波动，根据近10年公路货运量复合增长率测算，预计2025年公路货运量也在400亿吨上下，大盘保持基本稳定。受国际形势变化和产业结构调整影响，货运市场的不确定性增加，需求波动可能加大。由于我国具有超大规模市场优势，随着居民收入水平的提高和消费结构的转换，消费者对商品种类和品质的要求越来越高，个性化、定制化消费趋势明显。这将导致商品的运输需求更加多样化和碎片化，公路货运在城市配送、快递物流等领域的需求将持续增长。

（二）行业治理规范化

《有效降低全社会物流成本行动方案》《交通物流降本提质增效行动计划》都强调，要通过深化改革提升市场法治化、规范化水平，并就超限超载治理、非法改装、大吨小标等行为提出治理要求，对公路货运行业的规范化治理，防止“内卷式”竞争明确了方向。针对货车超限和改装乱象，各有关部门有序推进规范治理，工业和信息化部实施《货车类道路机动车辆产品上装委托加装管理实施细则》，建立生产、改装、运营全生命周期监管机制。重点规范平板、仓栅等四类货车的改装标准，通过电子围栏与远程监控技术，实时追踪车辆技术参数的合规性，从源头遏制“大吨小标”等安全隐患。交通运输部、公安部交管局等部门也从各自的职能出发，深化公路货运市场治理。各地交通、交管部门纷纷开展超限治理等专项行动，打击各类不正当竞争行为，引导行业规范健康发展。

（三）市场主体集中化

发展规模化经营、现代化管理的大型公路货运企业，全面提高公路运输组织化程度和效率，是提高公路货运产业地位和增强其市场竞争力的重要基础。随着市场营商环境的持续改善，“内卷式”竞争得到遏制，公路货运企业将把竞争重点聚焦到通过规模效应、优化货运组织形式和提质增效上来，从而通过降低企业成本、增加自身收益，实现规模扩张的良性循环，这有助于促进市场的规范发展。规模经济效应的显现，使大型企业在市场竞争中具有更强的成本优势和价格竞争力，进一步推动市场的集中化发展。

（四）物流技术智能化

目前，我国重卡大都安装了北斗导航动态监控装置，基于北斗导航与5G通信技术构建全域车辆数字画像，实现运输过程的全要素透明化监管。部分企业通过实时采集路况、货源分布、车辆状态等多维度数据，结合深度学习算法进行需求预测与路径规划，显著提升车货匹配效率，降低空驶率。L2 级智能重卡加快推广应用，有效提升车辆安全水平和运行效率，降低驾驶员劳动强度，商业化步伐将有所加快。平台经济蓬勃发展，数字货运平台持续渗透市场，加快行业数字化转型步伐。随着智能化技术路径的推进，数据资产将成为核心生产要素，也会重构货运行业价值分配机制。

（五）货运车辆绿色化

随着交通运输大规模进行设备更新改造，新能源物流车替代获得支持。《交通物流降本提质增效行动计划》通过路权优先、阶段性运营补贴等政策工具，引导企业优先采购新能源物流车，2025 年新能源货车渗透率将有望实现新的突破。一些地方将出台通行费减免、城市通行便利等政策支持和鼓励绿色物流的发展，推动公路货运行业减少碳排放和环境污染。企业将更加注重绿色物流的发展，采用新能源车辆和清洁能源，优化运输组织，降低空驶率，提高运输效率，减少能源消耗和污染物排放。下一阶段，应用场景有望从城市配送、港口厂矿向干线运输规模化延伸。

（六）物流服务协同化

随着物流服务逐步从简单的货物运输向综合物流乃至供应链服务转变，公路货运企业需要突破传统运力交付角色，向仓储管理、流通加工、订单管理、供应链服务等增值服务延伸，形成覆盖采购、生产、销售的供应链物流服务能力，从而有效降低全链条物流成本，提升自身在整个供应链中的竞争力。这将成为企业转型升级和应对变革的重要选择。

（中国物流与采购联合会公路货运分会 周志成 唐香香）

2024 年铁路货运市场发展回顾与 2025 年展望

2024 年，铁路认真贯彻党中央、国务院关于有效降低全社会物流成本的部署要求，持续深化铁路货运市场化改革，加快构建铁路现代物流体系，提升铁路物流服务品质和效率，有力服务实体经济发展。2025 年，铁路将以深化“六个现代化体系”为载体，以打造“六个市场化运营中心”为带动，深化铁路体制机制改革，统筹发展和安全，加快建设产品卓越、品牌卓著、创新领先、治理现代的世界一流铁路企业。

一、2024 年铁路货运市场发展回顾

（一）铁路货运规模稳步增长

2024 年全国铁路货物发送量为 51. 75 亿吨，同比增长 2. 8%（见图 1）；全国铁路货运周转量 3. 59 万亿吨公里，同比下降 1. 6%。其中，国家铁路完成货物发送量 39. 9 亿吨，同比增长 1. 9%，实现连续八年增长；国家铁路货运周转量 3. 26 万亿吨，同比下降 0. 18%。2024 年，国家铁路日均装车首次突破 18 万车大关，10 月以来，货运单日装车连续 7 次刷新历史纪录；全年完成运输总收

图 1　2014—2024 年全国铁路货物发送量

数据来源：国家铁路局。

入 9901.8 亿元，同比增长 2.7%，利润总额创历史最好水平。

2024 年，铁路全力保障煤炭、粮食、化肥等重点物资运输。全国铁路煤炭运输量超 34.1 亿吨，其中，新疆铁路疆煤外运量达 9061 万吨，首次超过 9000 万吨，同比增长 50.2%，创历史新高；全年累计运输粮食 1.07 亿吨，有力保障了国内粮食生产供应。

（二）铁路设施设备建设加快

1. 铁路运营里程不断增加

截至 2024 年年底，全国铁路营业里程达 16.2 万公里，其中，高速铁路（以下简称高铁）为 4.8 万公里（见图 2）。2024 年，全国铁路投产新线 3113 公里，其中，高铁为 2457 公里。2024 年，全国铁路完成固定资产投资 8506 亿元，同比增长 11.3%。2024 年 5 月，浩吉铁路闫玉联络线开通运营，浩吉、包西铁路两大煤运通道实现互联互通，陕北地区的煤炭运距缩短，运输时间压缩，煤炭运输更加便捷，为北煤南运提供了坚实的运输保障。

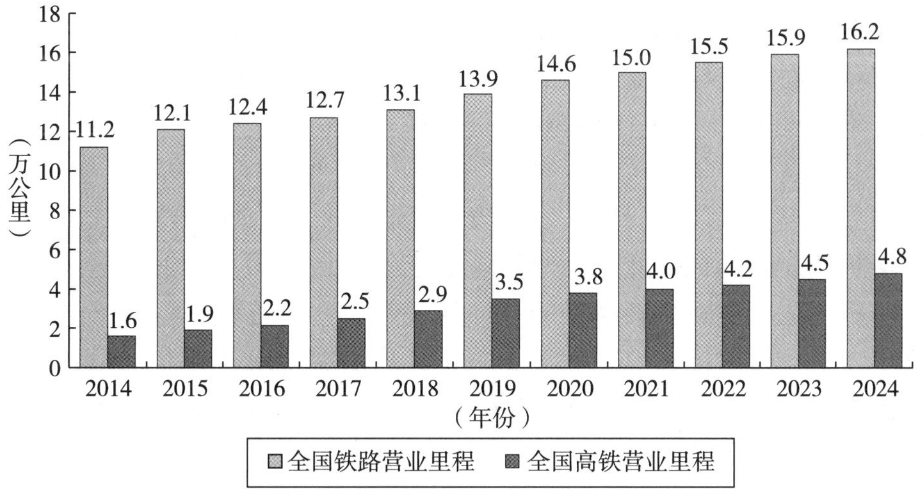

图 2　2014—2024 年全国铁路营业里程统计

数据来源：国家铁路局。

2024 年，国铁集团全力支持地方政府和企业建设铁路专用线，简化接轨办理流程，提高办理效率，减少铁路专用线建设投资成本，打通铁路物流“最后一公里”，建成铁路专用线 44 条。国铁集团制定了《铁路专用线运营服务管理办法》，扩大铁路专用线共用范围，降低专用线运营成本，促进引流上线。例如，太原局开通朔准铁路红进塔站鼎峰铁路专用线、山西经纬通达物流园铁路专用线等 7 条铁路专用线，年运量可增加约 2000 万吨，相当于 60 多万辆载重 30 吨卡车的运量，可减少二氧化碳排放约 50 万吨；成都局强化铁路专用线代运维服务管理，实施量价捆绑收费政策，推动路企双赢，惠及150条铁路专用线，每年可为企业节约2100万元。

2. 铁路物流基地建设不断推进

全国铁路积极融入国家物流枢纽总体规划，加快研究优化铁路物流基地布局方案，已建成北京平谷马坊、广州大田、南京尧化门等171个物流基地。结合现代物流发展需要，铁路逐站制订既有货运场站转型升级实施计划，加快补强货运场站装卸、仓储、联运、包装、流通加工等物流功能。2024年，国铁集团已启动实施合肥北、眉山、虎林站等13个既有货运场站补强工程。此外，国铁集团不断创新物流基地开发模式，联合深圳国际控股有限公司创新“铁路上盖物流园+建筑物分层确权”复合开发新模式，2024年12月，深圳国际综合物流枢纽中心项目二期盖上工程启动建设，将建设85万平方米的铁路上盖多功能仓储设施，涵盖高标仓、集运分拨、城市配送、跨境电商、冷库、智慧仓等多种业态。建成运营后，其将成为亚洲规模最大、具有标杆示范作用的“公、铁、海”多式联运中心。

3. 铁路物流装备不断升级

铁路系统充分对接物流市场需求，持续完善谱系化物流装备体系。

集装箱方面，主导建立了符合国家标准的35吨宽体内贸集装箱多式联运体系，已累计投用35吨宽体箱86万只，日均货物发送量达174万吨。为服务新能源产业的发展，集中攻克新能源汽车和消费型锂电池铁路运输安全难题，完成了动力锂电池集装箱研发并发布安全运输条件，新能源汽车铁路国内和国际运输均实现大幅增长。此外，研发了适应卷钢运输的卷钢箱、适应粮食运输的顶开门箱、适应危险货物运输的液体集装箱等15种新箱型。

货车方面，持续优化、完善货车装备，启动实施既有棚车适应性改造、既有敞车技术提升工程，加快研制时速120公里大容积篷车、BH10单节机械冷藏车等5种新型货车。

（三）服务保障国家重大战略有力有效

1. 服务“一带一路”倡议，打造铁路国际品牌

铁路系统持续打造中欧班列、中亚班列、中老班列、西部陆海新通道班列，为高质量共建“一带一路”提供有力支撑。

从中欧班列的发展情况来看，2024年，中欧班列全年开行约1.9万列（见图3）、发送207万标箱，同比分别增长10%、9%，发展质量不断提升，主要表现在以下几方面：

一是服务网络不断完善。国内，国铁集团已铺画时速120公里图定中欧班列运行线93条，联通125个城市；国外，中欧班列已通达25个欧洲国家的

227 个城市以及 11 个亚洲国家的 100 余个城市。

二是运行质量稳步提升。全程时刻表中欧班列开行范围扩大，发车频次提高，每周安排开行全程时刻表中欧班列 17 列，实现每周“天天班”。

三是服务货类日益丰富。中欧班列发送货物品类已达 53 大类 5 万余种，高附加值货品占比逐年提升，2024 年，中欧班列年运输货物价值达 580 多亿美元，约为 2016 年的 80 亿美元的 7.25 倍。新能源汽车、邮政物资、跨境电商、冷链等特色班列构建起中欧班列多元化产品体系。

四是服务保障不断优化。国铁集团在中欧班列沿线 14 个国家建立铁路集装箱还箱点 107 个，成立中欧班列客服中心，上线中欧班列门户网站，构建起“一站式”综合服务平台，为全球客户提供境内外全程保险、货物信息追踪、物联网集装箱等特色服务。

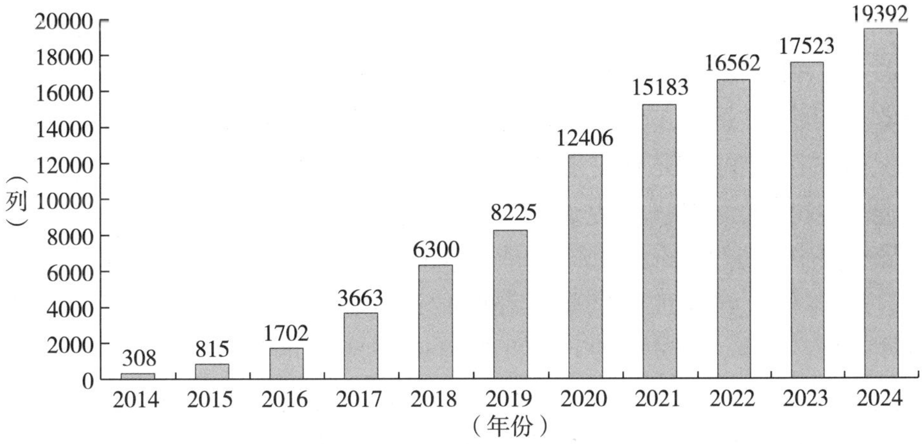

图 3　2014—2024 年中欧班列开行量

数据来源：中欧班列网，https：//www. crexpress. cn。

从跨里海通道的发展来看，一方面，通道建设取得有效进展。2024 年 12 月，中吉乌铁路项目启动仪式在吉尔吉斯斯坦贾拉拉巴德举行。该项目是中国同中亚互联互通的战略性项目、共建“一带一路”合作的标志性工程。项目计划于2025 年7 月正式开工建设，工期6 年。另一方面，跨里海中欧班列实现常态化开行。国铁集团积极协调跨里海通道沿线国家铁路部门，在运输组织、海关查验、信息共享等方面达成共识，为跨里海中欧班列常态化开行创造有利条件。自 2024 年 7 月起，国铁集团按照“一日一班”的频次，常态化开行跨里海通道中欧班列（中国西安至阿塞拜疆巴库），进一步完善了中欧班列境外通道网络格局。

从西部陆海新通道的发展来看，2024 年，西部陆海新通道班列发送 96 万标箱，同比增长 11%；截至 2024 年年底，已累计开行 15000 列，国际铁路联运班列接近 1900 列，辐射我国 18 个省（区、市）73 个城市的 157 个站点，通达全球 127 个国家及地区的 555 个港口；累计运输货物价值超过 1400 亿元，货物品类从最初的 80 多种增加到 1160 多种。同时，各方持续推动西部陆海新通道制度创新、数字赋能，探索铁海联运“一单制”“一箱制”，实现物流运输一次委托、一次付费、全程不开箱，既节约了运输时间，又降低了货物损耗。2024 年，西部陆海新通道综合物流成本较开行之初下降 10% 以上。

从中老铁路的发展来看，一是运量规模持续扩大。2024 年，中老铁路货物运输总量达 1960 万吨，同比增长 10.5%，日均保持在 5 万吨以上，其中，跨境货物运输量达 478 万吨。二是辐射范围不断扩大。成功开行“沪滇·澜湄线”“京滇·澜湄线”，辐射国内 31 个省（区、市）的主要城市以及老挝、泰国、新加坡等 19 个国家和地区。三是业务模式不断创新。积极推进磨憨口岸站运输收入清算平台应用，探索建立出口退税全新业务模式，及时办理出口退税，最大限度减轻企业税务负担。四是场站建设不断升级。完成磨憨铁路口岸的扩能改造和智慧化建设，在磨憨口岸站货场应用 5G、北斗、人工智能等新技术，着力打造数字化、智能化货场，提升装卸作业效率，口岸通关效能大幅提升，促进了区域间的贸易往来和经济合作。

2. 服务乡村全面振兴，促进老少边和脱贫地区的经济发展

铁路作为国民经济的大动脉，是产业扶贫的重要推手，为乡村振兴注入强劲动力。2024 年，铁路加大老少边和脱贫地区铁路规划建设力度，完成铁路基建投资 4342 亿元，占基建总投资的 76.1%。新投产铁路 2364 公里，覆盖 38 个老少边和脱贫县区，5 个县结束了不通铁路的历史；做好季节性强的涉农物资保通保畅工作，全年向脱贫地区运送货物 7.9 亿吨。

此外，铁路系统不断创新乡村物流服务模式。一是加大铁路农产品冷链物流设备投入。2024 年 3 月，中铁特货向河南省兰考县投放了自研的移动冷库（见图 4），当地的蔬菜可直接就地入库存放，免去了以往在异地冷库存储的中转周折，降低了存储成本，已累计存储周转农产品 800 余吨，有效破解了当地农产品的存储难题。二是助力乡村电商发展。2024 年，沈阳局充分利用高铁成网、安全便捷的优势，积极服务农产品市场，加大与电商快递、生产制造企业的合作力度，助力东北的大闸蟹、野生菌、时令果蔬、新鲜牛羊肉等农特产品搭载铁路销往全国，推出了鲜花、帝王蟹等高铁班列运输服务。

（四）铁路货运物流改革深入推进

国铁集团坚决贯彻落实党中央、国务院的决策部署，持续深化货运领域改革创新，全面提升铁路运输服务保障能力，为构建现代化物流体系、推动经济社会高质量发展提供坚实支撑。

图 4　中铁特货自研的移动冷库

图片来源：https：//mp. weixin. qq. com/s/3aEjCer5G_ z5G_ RaOLkWJA。

1. 优化铁路货运物流组织体系

2024 年 3 月，全国 40 个铁路物流中心全部完成挂牌成立。铁路物流中心作为铁路局集团公司物流业务的经营生产单位，根据铁路局集团公司的授权，具体开展市场营销、物流总包等物流经营活动和负责物流组织、装卸作业、安全管理、场站管理等生产组织。铁路物流中心对标现代物流企业经营管理模式，全面实施市场化经营，实现铁路物流资源统一利用、业务统一管理、市场统一开发的系统性重塑。

2. 积极发展物流总包服务

铁路系统与生产、商贸企业开展“总对总”物流合作，“一企一策”，量身制定全程物流服务解决方案，发展全程物流总包服务。2024 年，国铁集团累计签订物流总包运量 5. 4 亿吨，有力推动了“公转铁”运输。例如，呼和浩特局与包钢集团有限公司签订了 3150 万吨全程物流总包合同，针对卷钢、线材等特型钢材的运输需求，精心设计运输方案，提供物流以及仓储、金融、结算、信息等服务，项目启动以来，已累计发运钢产品 187 万吨，同比增长 16%；上海局为合肥光伏玻璃制造企业量身制定物流总包方案，定制化开行“点到点”快速班列，专门配置了 35 吨集装箱加固支撑架，确保货物运输安全，与公路运输相比，压缩了运输时间、降低了全程物流费用；乌鲁木齐局为管内煤炭企业提供“一对一”服务，按月签订物流总包合同，保证合同运量兑现，对疆煤外运实行优先承运、优先配车、优先装车、优先挂运、优先放行，持续提升疆煤外运能力，2024 年，疆煤外运完成运量超过 6000 万吨，同比增长 51%。

3. 建设运营铁路网络货运物流平台

为支撑“门到门”全程物流服务，国铁集团研发上线铁路网络货运物流平台（以下简称“网货平台”），已吸引12.2万辆社会车辆入驻，实现了信息发布、线上交易、咨询投诉、费用支付、汽运监控、查询统计、在线评价、数据调取、网上询价、铁公全程追踪等功能。网货平台的上线运行，构建了更加公平的市场竞争机制，提升了铁路全程效率，让客户享受更加普惠便捷的铁路物流服务，为司机、运输企业开辟新的市场空间，并使其增加运输收入，推动铁路货运由“站到站”向“门到门”全程物流服务转型升级，以新质生产力赋能铁路现代物流体系建设。

4. 打造铁路快捷物流品牌

国铁集团以畅通城市间、区域间、集疏港物流为重点，打造多联快车、铁海快线、高铁快运等产品品牌，推进货运班列客车化开行，强化班列开行质量盯控考核，建设班列产品经营服务平台，实施班列网上订舱，加快构建全国1、2、3天快货物流圈。

2024年3月，首趟快递电商“公转铁”集装箱快运班列开行。该班列以X387次列车为载体，由西安至乌鲁木齐（见图5）。该班列采取“干线铁路班列＋两端集配”的多联快车组织模式，实行客车化开行。班列运营过程中，西安局持续优化运输方案，及时调拨空箱、空车，确保班列运行时效；西安国际港严格按照“优先配空、优先装卸、优先查验、优先取送”的原则，实现承运、查验、转运的无缝衔接；2024年7月，班列推出网上订舱服务，客户可线上填写收发货人、所需箱型、货物品名等基本信息。该班列与公路运输相比，运输时间缩短5小时左右，入疆快递电商货物运输时效提高约12%，综合物流成本降低约10%。

图5　西安至乌鲁木齐X387次多联快车快递电商班列

图片来源：https：//mp. weixin. qq. com/s/e8EB4RYHAL_ DGkiZT－t0fA。

5. 推进多式联运“一单制”运输

铁路系统积极发展多式联运“一单制”，提供网上订舱服务等创新服务，为有效降低全社会物流成本贡献铁路力量。哈尔滨局成功开行东北地区首趟“一单制”铁海快线班列，由哈尔滨局统筹物流的各个环节，实现一次委托、一份单证、一次结算、一箱到底。该班列由黑龙江富锦至辽宁营口港，再换装海运船舶至广州新沙港，采取车船直取换装模式，集装箱不落地，直接装船出海，无须二次倒运换装，货物损耗率大大降低。每趟班列平均节省换装、工时和损耗等费用超 2 万元，且货物全程运输时间由 20 天缩短至 12 天，运输效率提升了 40%，可为企业节省物流成本 600 余万元。

6. 深化铁路货运价格市场化改革

国铁集团深化铁路货运市场清算改革，有效提升铁路货运市场竞争力，实施分方向、分季节、分品类、分运能的价格调整策略，定制“一口价”运输方案，建立路港，路企价格联动机制，发展返空方向捎脚运输。例如，太原局、济南局联合山东港口推动山西奥凯达集团铝矾土物流总包项目落地，实施铁路竞争性一口价，做到服务过程一票制；2024 年 7 月，国铁集团充分利用返空方向运输资源，试点实施捎脚运输，并实施配套的价格浮动和清算政策。2024 年，铁路实施浮动价格的运量约占 57%，向社会企业让利约 331 亿元。

7. 创新铁路物流金融服务

为有效缓解中小微企业融资难、融资贵的问题，2024 年 2 月，国铁集团与建设银行签署《推进铁路现代物流高质量发展金融服务合作协议》，双方合作在部分地区开展铁路物流金融服务试点，依托铁路货运 95306 平台，推出“铁路运费贷”“信用证结算”“铁路单证融资”三种铁路物流金融产品（见图 6）。“铁路运费贷”是指由银行根据客户铁路发货历史数据，提供额外增信额度和优惠利率，用于向铁路物流企业定向支付物流费用，为客户增加融资渠道，降低融资成本；“信用证结算”是指采购方向银行申办以铁路运单为跟单凭证的信用证，销售方发货后向银行推送铁路电子运单，银行审核运单后向销售方付款，减少采购方资金占用，加速销售方资金回笼，增进贸易双方互信；“铁路单证融资”是指由铁路物流企业向客户签发具有唯一提货权的电子提单，客户凭借电子提单和项下货物向银行申请融资、办理货物质押，待解除质押后即可办理提货，帮助客户盘活在途货物资产。2024 年，铁路物流金融服务已累计落地用户 400 多家，授信融资总额超 142 亿元，其中，小微客户占比达 80% 以上。

8. 推进物流信息数智化升级

为提升服务效能、优化运营模式，国铁集团积极推进物流信息数智化升级。一是完善 95306 平台的功能，实现货运业务全流程网上办理和集中办理，

图 6　中国铁路 95306 网站铁路物流金融产品

客户可随时通过 95306 平台、微信公众号或客服电话进行咨询，办理网上注册、自助下单、货物追踪、电子支付等业务，铁路电子运单比例已达 97% 以上。二是推进多式联运信息互联互通。国铁集团与宁波舟山港、连云港、北部湾港等 13 家主要港口企业以及部分客户开展了电子数据交换；与海关总署联合实施全面数据交换和“铁路快通”通关模式，货物抵达国境口岸站后，无须再向当地海关办理转关手续，只需完成铁路换装作业便能发运出境，口岸通关时间较以往缩短 1 至 2 天，有效提高了中欧班列等国际联运货物运输通行效率。三是建设货运生产作业与管控平台，着力打造货运生产组织一体化模式，全面支撑铁路货场、专用线货运作业，实现计划、进出货、装卸、货检、安全监控等全过程作业管控和跨专业作业协同，为货运场站装上智慧大脑，为安全生产、服务提质、降本增效提供有力支撑。截至 2024 年 10 月，该平台已在铁路 712 个货运营业站和 156 个货检站推广应用。

二、2025 年铁路物流发展形势

铁路是国家重要的基础设施、国民经济的大动脉，在国家综合交通体系建设中处于骨干地位。2025 年，在政策要求、经济支撑、国际影响等多重外部环境因素叠加影响的作用下，铁路物流发展机遇与挑战并存。

（一）有效降低全社会物流成本对铁路物流发展提出了更高要求

党中央、国务院高度重视现代物流发展，2024 年 11 月，中共中央办公厅、国务院办公厅印发《有效降低全社会物流成本行动方案》，12 月召开的中央经济工作会强调，要实施降低全社会物流成本专项行动。行动方案将推进铁路重点领域改革作为重点任务，对铁路物流发展提出了更高的要求：一是要求铁路突出整体性改革，要制定实施铁路货运市场改革方案，明确促进铁路货运向现代物流转型的方向性要求；二是要求铁路推进基础性改革，提出了实施铁路货运网络工程、补强铁路货运网络等要求；三是要求铁路兼顾生产和经营结构性改革，从对接需求侧和变革供给侧两方面提出新要求，提供满足市场需求的服务产品；四是要求铁路完善配套性改革，建立铁路物流服务价格体系，推进铁路物流转型综合配套改革。

（二）经济高质量发展为铁路物流提供了广阔市场

当前，我国经济正加快向高质量发展转型，产业结构优化升级、区域协调发展深化推进以及“双碳”目标加速落地，为铁路物流发展注入了强劲动力。一方面，制造业高端化、智能化、绿色化转型催生高附加值货物运输需求，新能源、高端装备等战略性新兴产业对物流时效性、安全性提出更高要求；另一方面，“双碳”战略推动大宗货物运输加速“公转铁”，铁路凭借运能大、能耗低、排放少的优势，成为构建绿色物流体系的核心力量。同时，京津冀协同发展、长三角一体化、西部陆海新通道等国家战略的实施，强化了铁路在跨区域资源调配中的骨干作用，而“一带一路”倡议的深入推进，更使中欧班列、中老铁路等国际物流通道成为支撑外贸高质量发展的重要动脉。在此背景下，铁路系统必须通过优化运输组织、拓展多式联运、创新服务模式，不断提升铁路物流对产业链供应链的支撑能力。

（三）国际形势复杂多样给铁路物流发展带来了新的挑战与机遇

2024 年，国际局势经历了复杂而深刻的演变，全球治理体系面临多重挑战，地缘冲突延宕升级，“脱钩断链”愈演愈烈，对铁路物流发展产生了深刻影响。俄乌、巴以冲突加剧，中东、中亚地区的地缘政治环境的不确定性显著增加，国际铁路物流通道的安全面临现实威胁，运输时效保障能力下降，供应链成本增加。而高质量共建“一带一路”进入深耕阶段，沿线国家基础设施互联互通取得了实质性进展，《区域全面经济伙伴关系协定》（RCEP）的红利不断释放，政策沟通、设施联通、贸易畅通的协同效应深化拓展，为铁路国际运输带来了更大的市场。

三、2025 年铁路物流展望

2025 年，铁路将加快市场化经营改革，丰富物流服务产品，创新物流经营模式，提升物流场站服务能力，完善国际物流服务体系，全面推动铁路现代物流体系建设，更好服务国家重大战略。

（一）加快市场化经营改革

党的二十届三中全会明确提出，要推进铁路等行业自然垄断环节独立运营和竞争性环节市场化改革，铁路将深入推进体制机制改革，着力推动治理体系现代化和治理能力现代化，持续增强铁路核心竞争力。一是打造铁路现代物流中心，加强全路物流资源统筹和路局间协调联动，加快走向市场，更好地适应市场，强化铁路发展的竞争优势。二是试点铁路局集团公司物流事业部改革，探索建立物流板块独立核算、自主运营新模式，健全常态化营销和生产协调联动机制，激发铁路市场化经营的内在动力。三是完善物流价格管理体系，优化铁路物流市场化定价机制。四是扩大返空捎脚运输范围，加大返空捎脚运输项目开发力度，更高程度地实现“重来重去”运输。

（二）丰富物流服务产品

为适应现代物流体系高质量发展，铁路将持续深化货运供给侧结构性改革，不断丰富铁路物流服务产品，有效提升铁路物流服务品质和市场竞争力。一是持续完善货运班列产品，优化货运班列开行方案，扩大班列产品覆盖范围，推进班列网上订舱、平台竞价等工作。二是做好物流总包服务，加强物流总包服务质量管理，进一步扩大总包合同运量。三是丰富物流金融产品，扩大与金融机构的合作范围。

（三）创新物流经营模式

围绕构建现代物流体系，更好地发挥铁路骨干优势，铁路将不断推动物流经营模式改革创新，加快推动铁路货运从管理向服务转变。一是推进多式联运“一单制”，大力发展铁水联运，组建海运订舱中心，建设内陆港和还箱点，打通铁水联运堵点、卡点。二是建好铁路网络货运平台，扩大汽车运力池，加快发展铁公联运。三是探索构建带板运输体系，建设铁路托盘循环公用体系，同时，应积极吸引社会托盘租赁企业和客户自备托盘加入，不断提高带托运输比例。

（四）提升物流场站服务能力

以构建现代化铁路基础设施体系为目标，着力提升铁路物流场站服务能力。一是推进物流场站转型升级，加强与社会企业的合作，推进物流场站开放式经营模式，完善物流综合服务配套设施，拓展物流服务功能。二是提升自动化、智能化作业水平，推进铁路装卸机械向数字化、智能化方向升级，提升装卸服务标准化水平。三是持续提升铁路专用线运营服务质量，推动专用线从管理向服务转变，拓展专用线公共服务功能。

（五）完善国际物流服务体系

随着“一带一路”倡议不断走深走实，铁路将持续完善国际物流服务体系，打通国际联运堵点、卡点，提升国际物流供应链服务保障能力。一方面，持续推动中欧班列高质量发展，扩大图定班列和全程时刻表班列开行规模，加快建设中欧班列集结中心。另一方面，推进国际物流通道多元化发展，加快中吉乌通道建设、跨里海国际班列开行，加强中老泰马东南亚通道及西部陆海新通道建设。

2025 年，铁路必将进一步深入落实党中央、国务院的指示要求，深化市场化经营改革，扎实推动铁路物流高质量发展和现代物流体系建设，勇当服务和支撑中国式现代化建设的“火车头”。

（北京交通大学交通运输学院物流工程系　郭志伟　王沛　张晓东）

参考文献

［1］人民铁道．划重点！一图读懂国铁集团工作会议［EB/OL］. https：//mp. weixin. qq. com/s/sjPrwI_ r－g3FPWubFwOzBA.

［2］恒州诚思．我国煤炭资源分布不均驱动大规模运输体系发展：煤炭运输市场趋势探析［EB/OL］. https：//mp. weixin. qq. com/s/1VjWM06foImpttzSHKfr1w.

［3］中国煤炭经济研究会．新疆铁路 2024 年疆煤外运量 9061 万吨同比增长 50. 2%［EB/OL］. https：//mp. weixin. qq. com/s/NT7CJq1tAle5lwAkQtkrlQ.

［4］人民铁道．绘就民生幸福新图景：铁路持续提升货运供给质量和保障能力综述［EB/OL］. https：//mp. weixin. qq. com/s/Xfkh8h8kEuC9pby5Jogc0g.

［5］人民铁道．全国铁路营业里程达到 16. 2 万公里！［EB/OL］. https：//mp. weixin. qq. com/s/F－uJi2RiiGtFYLl5eyu8ZQ.

［6］人民铁道．开通运营！两大煤运通道，实现互联互通！［EB/OL］. https：//mp. weixin. qq. com/s/4Sv51gdndLDYfUf0uCFg0w.

［7］中国政府网．铁路发展交出亮眼成绩单［EB/OL］. https：//www. gov. cn/yaowen/liebiao/202501/content_ 6997337. htm.

［8］人民铁道报．铁路现代物流体系建设取得显著成效［EB/OL］. https：//peoplerail. com/newszb/html/2024－10/09/content_ 1_ 46739. htm.

［9］深圳市人民政府国有资产监督管理委员会网站．深圳国际综合物流枢纽中

心项目迎来新进展［EB/OL］. https：//gzw. sz. gov. cn/ztzl/dsjfxpt/wntj/content/post_ 11887701. html.
［10］京铁手机报 . 2024 年铁路服务保障国家重大战略有力有效［EB/OL］. https：//mp. weixin. qq. com/s/5TJKZ1FS2ssQ8uwKiSpwzQ.
［11］中国政府网．加速驶向合作共赢美好未来：写在中欧班列开行 10 万列之际［EB/OL］. https：//www. gov. cn/yaowen/liebiao/202411/content_ 6987463. htm.
［12］中国铁路．全国铁路 10 月 11 日实行新的货物列车运行图［EB/OL］. https：//mp. weixin. qq. com/s/Q6zg4l4SB0bASsFflpJscg.
［13］中国政府网．习近平向中吉乌铁路项目启动仪式致贺信［EB/OL］. https：//www. gov. cn/yaowen/liebiao/202412/content_ 6994834. htm.
［14］中国铁路．跨里海中欧班列实现常态化开行［EB/OL］. https：//mp. weixin. qq. com/s/Dmc6Cn1XvS8UN8 – 1N0k5gg.
［15］新华网 . 西部陆海新通道通达 127 个国家和地区［EB/OL］. https：//www. news. cn/politics/20250116/4768d2665479465c9f399e052249b3bf/c. html.
［16］央视网．截至 2024 年底，西部陆海新通道常态化开行铁海联运班列达 15000 列［EB/OL］. https：//news. cctv. com/2025/01/09/ARTIAV1T0IJdydIcUXpkuSM8250109. shtml.
［17］中国经济网．中老铁路货运总量突破 5000 万吨 2024 年达 1960 万吨［EB/OL］. http：//www. ce. cn/cysc/jtys/tielu/202501/03/t20250103 _ 39255044. shtml.
［18］腾讯新闻 . 权威发布！开通运营三周年，中老铁路交出怎样的答卷？［EB/OL］. https：//news. qq. com/rain/a/20241203A08IJC00.
［19］中国国家铁路集团有限公司 . 钢轨铺就幸福路 美丽乡村展新颜［EB/OL］. http：//www. china – railway. com. cn/xwzx/zhxw/202501/t20250106_140518. html.
［20］中铁特货 . 移动冷库“开”到田间地头，农产品存储不再愁！［EB/OL］. https：//mp. weixin. qq. com/s/3aEjCer5G_ z5G_ RaOLkWJA.
［21］沈阳铁路．沈铁开行多趟特色列车 助力乡村振兴［EB/OL］. https：//mp. weixin. qq. com/s/563ouIqqHn_ 298UViio1vg.
［22］中铁快运 . 铁路 95306：欢迎注册和使用中国铁路网络货运物流平台［EB/OL］. https：//mp. weixin. qq. com/s/4mcjdS9rprnGZrcIjBi61A.
［23］中国铁路 . 全国首趟，正式开行！［EB/OL］. https：//mp. weixin. qq. com/s/e8EB4RYHAL_ DGkiZT – t0fA.
［24］龙视新闻联播．全国通达！黑龙江首趟“一单制”铁海快线班列开行

［EB/OL］. https：//mp. weixin. qq. com/s/ys13H3jD0TxoDyEPXIt－Rw.

［25］大众日报－超级工程 plus. 路港企携手，“钢铁长龙”铺就鲁晋物流大通道［EB/OL］. https：//mp. weixin. qq. com/s/JpPKcIc68oUAnUp_QDBpXw.

［26］人民铁道．国铁集团试点开展返空方向捎脚运输［EB/OL］. https：//mp. weixin. qq. com/s/g0gdEHX_k8tMa9xcCk4Xrg.

［27］人民铁道．国铁集团与中国建设银行合作开展铁路物流金融服务试点［EB/OL］. https：//mp. weixin. qq. com/s/sfYgMV1IPNYH0MU1PaQDsw.

［28］郑州铁路物流中心服务平台．铁路现代物流的“智慧大脑”［EB/OL］. https：//mp. weixin. qq. com/s/cogX1MmqH0WXm198－WDnQA.

［29］周世曒．深化铁路货运市场化改革助力有效降低全社会物流成本［R］. 广元：中国国家铁路集团有限公司，2024.

［30］人民铁道．中办国办印发《有效降低全社会物流成本行动方案》［EB/OL］. https：//mp. weixin. qq. com/s/b3X2kr26XQzP2JcUbTyPcw

［31］中国政府网．中央经济工作会议在北京举行 习近平发表重要讲话［EB/OL］. https：//www. gov. cn/yaowen/liebiao/202412/content_6992258. htm.

2024 年航空货运市场发展回顾与 2025 年展望

在全球经济逐步回暖、跨境电商蓬勃发展以及海运受限等多重因素的影响下，航空货运需求伴随国际贸易的活跃与国内经济的持续复苏展现出强劲的增长动力。2024 年，国内航空货运需求持续增长，全年货邮运输量达 898.3 万吨，同比增长 22.15%。这一年，我国航空公司的货运运力持续提升，内地全货机数量再创新高，达 246 架，同比增长 6.5%。这一年，全年国内机场的货邮吞吐量达到 2002.4 万吨，上海浦东国际机场以 377.83 万吨稳居榜首。2024 年被誉为中国低空经济元年，带动了低空物流的快速发展。

中国民航局预计，2025 年国内民航货邮运输量将达到 950 万吨，较 2024 年增长约 5.8%，表明航空货运市场前景广阔，正迎来前所未有的发展契机。本文回顾了 2024 年全球及中国航空货运市场的发展情况，并从跨境电商、技术创新、低空物流等视角，全面展望 2025 年航空货运市场的发展趋势，为我国航空货运的高质量发展提供参考。

一、2024 年航空货运市场发展回顾

（一）全球航空货运市场稳步增长

2023 年，全球航空货运行业经历深度调整周期。国际航空运输协会（IATA）的数据显示，全年货运需求同比下降 1.9%（国际需求降幅达 2.2%），较 2019 年下降 3.6%（国际需求下降 3.8%），市场收缩与运价下行的双重压力严重冲击行业收入。在此背景下，众多货运航空公司缩减运营规模，延迟飞机采购计划。值得关注的是，四季度货运量环比回升 3.8%，部分区域市场（如中东、拉美）的需求率先回暖，为 2024 年的行业复苏埋下了伏笔。这一阶段性反弹得益于全球供应链重构加速，企业库存回补需求释放，以及跨境电商物流的韧性支撑。

2024 年，全球航空货运市场显著回暖，市场需求［用货运吨公里（CTK）衡量］同比增长 11.3%，其中，国际需求增长 12.2%，较 2023 年的负增长（-13.6%）实现根本性扭转。与 2023 年相比，2024 年全球航空货运市场的表现有了显著提升，显示出更强的韧性与增长潜力。IATA 理事长威利·沃尔什

表示，2024 年，航空货运表现出色，航空公司货运量创历史新高。2024 年全球航空货运需求增长率见图 1。2024 年全球航空货运需求增长率（分地区）见图 2。

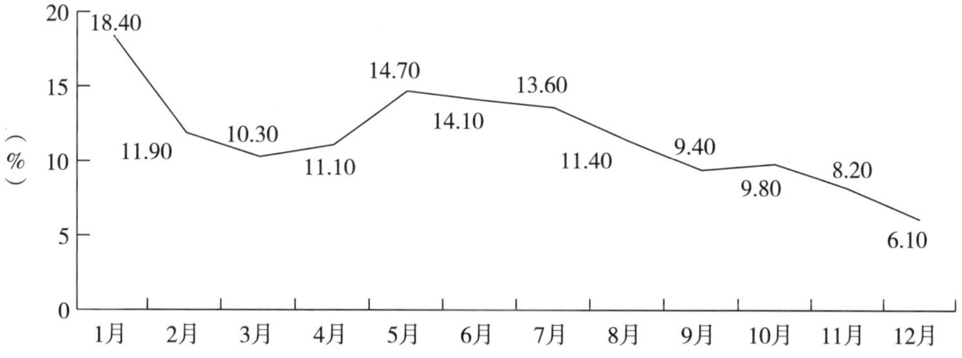

图 1　2024 年全球航空货运需求增长率

数据来源：IATA。

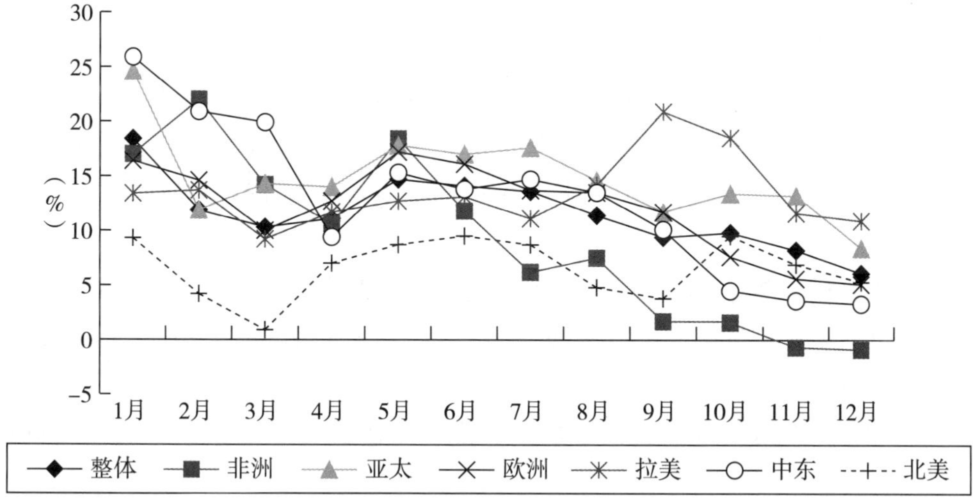

图 2　2024 年全球航空货运需求增长率（分地区）

数据来源：IATA。

从区域表现来看，亚太地区以 14.5% 的增速领跑全球，占全球市场份额的 34.2%，持续巩固其领先地位；北美地区虽市场份额达 25.8%，但增速仅为 6.6%，较 2023 年下降 2.3%，显示成熟市场增长动能趋缓。中东与拉美地区分别实现 13.0% 和 12.6% 的增速，凸显新兴市场的增长潜力，但历史数据显示，其波动性较高。欧洲市场以 11.2% 的增速平稳复苏，非洲地区则以 8.5% 的增速保持稳健发展。2024 年全球航空货运市场份额及货运吨公里增长率见表 1。

表 1　2024 年全球航空货运市场份额及货运吨公里增长率

	全球市场份额（%）	货运吨公里增长率（%）
整体市场	100. 0	11. 3
非洲	2. 0	8. 5
亚太	34. 2	14. 5
欧洲	21. 5	11. 2
拉美	2. 9	12. 6
中东	13. 6	13. 0
北美	25. 8	6. 6

这一复苏态势折射出全球供应链重构的深层逻辑：亚太地区凭借制造业和跨境电商的强劲需求成为增长主引擎，而中东、拉美等区域则受益于新兴贸易通道的拓展。成熟市场增速趋缓，其稳定的市场份额在全球航空货运市场中起着压舱石的作用。

（二）中国航空货运市场持续恢复

2024 年，国内航空货运需求持续增长，全年货邮运输量达 898. 3 万吨，同比增长 22. 15%，较 2019 年同期增长 19. 27%。这一增长主要得益于电子商务的快速发展，生鲜食品、精密仪器、医药产品等高附加值品类对航空运输的需求显著提升。

从月度数据来看，1 月，货邮运输量达 75. 3 万吨，同比增长 53. 9%，创下全年增速峰值；2 月，受春节假期影响，运输量短暂回落，随后自 3 月起整体呈回升态势，至 12 月达到 84. 9 万吨，创全年单月新高（见图 3）。整体来看，2024 年航空货运市场呈现波动上升态势，显示出国内供应链的强劲韧性。

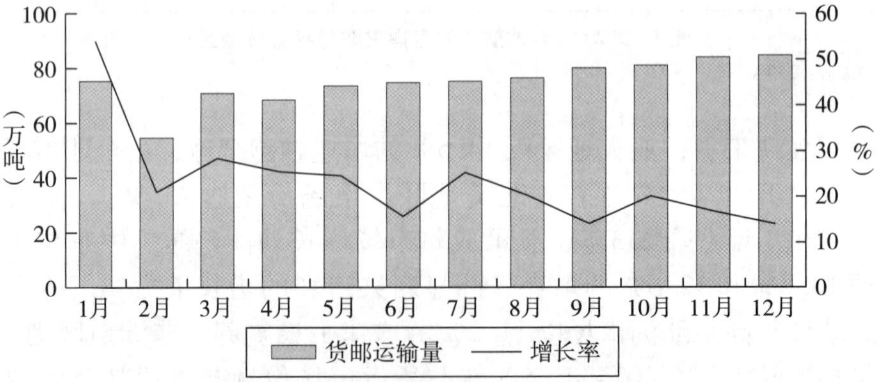

图 3　2024 年我国航空货邮运输量及增长率

2024 年我国国内、国际货邮运输增长率见图 4。

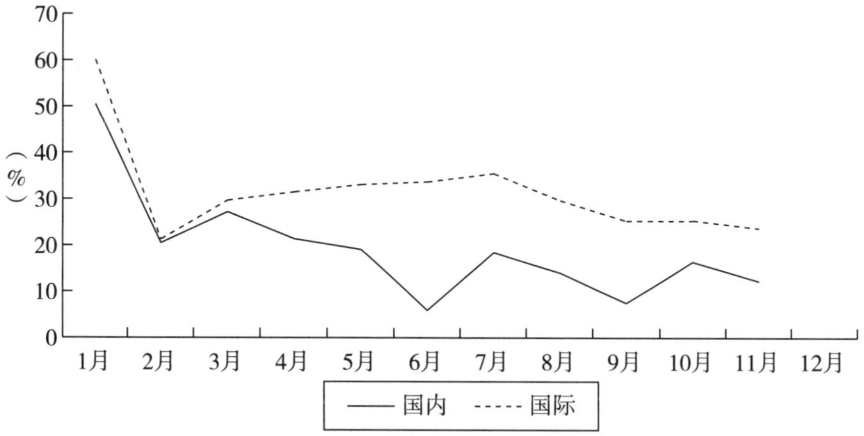

图 4　2024 年我国国内、国际货邮运输增长率

1. 航空货运保障能力不断提升

航空货运保障能力是航空物流高质量发展的核心驱动力。近年来，我国在多个关键领域取得了显著进展，为航空货运的稳健前行奠定了坚实基础。

在基础设施建设方面，我国航空货运体系持续优化。2024 年，多个枢纽机场加速推进专业化设施配置。例如，鄂州花湖国际机场货运站改造工程通过验收，改造后货站建筑面积达 2.4 万㎡，新增年国际货邮保障能力 3 万吨。未来，该机场还将启动北区国际公共货站建设，致力打造大规模、高效率、多功能、智能化的国际货运枢纽。

随着航空物流企业经营模式向全产业链延伸，监管需求日益凸显。2024 年，传统航空货运企业逐步转型为提供全流程服务的航空物流企业。为加强监管，交通运输部于 2024 年 6 月发布《民用航空货物运输管理规定》，自 12 月 1 日起施行。该规定强化了关键环节安全监管，明确了市场主体责任，提升了货运服务质量要求，统一规范了国内外航空货物运输秩序，确保了行业的安全与合规性。

2. 航空货运地区差异依然显著

2024 年，我国各地区货邮吞吐量增长率呈现显著差异。中部地区表现最为突出，增长率一度突破 80%，主要得益于基础设施不断完善和物流网络优化；东部地区增长稳定；西部地区增长率约为 20%，随着西部大开发战略的推进，市场潜力逐步释放；东北地区增长相对缓慢，部分月份出现负增长，反映出传统产业转型压力，但随着经济结构的调整和产业的升级，未来仍有发展空间（见图 5）。

3. 机场货邮吞吐量排名风云突变

2024 年，国内机场的货邮吞吐量呈现稳健的增长态势，反映了国内经济的

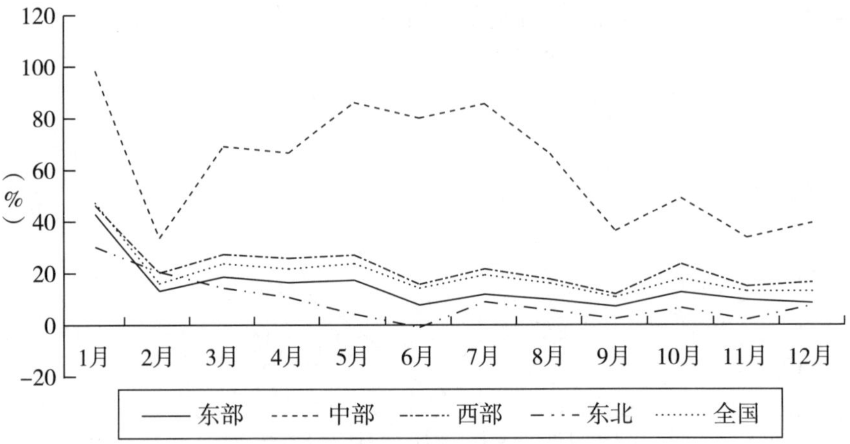

图5　2024年我国各地区货邮吞吐量增长率

持续复苏以及国际贸易的蓬勃活力。

上海浦东国际机场以377.83万吨的货邮吞吐量稳居首位，同比增长9.83%（见表2），其优势集中于国际高附加值商品的运输，半导体、电子产品等高端制造品类占比近三成，凸显综合枢纽对高端产业链的支撑作用。而鄂州花湖机场则以296.83%的惊人增速实现了102.5万吨的货量，排名跃居全国第五，年内新增20条国际航线，10条国内干线串联主要经济圈，配合顺丰航空打造的“夕发朝至”全国快运网，可实现一日达全国、隔夜达全球。传统“单极主导”的货运格局正被“专业枢纽+综合门户”的双引擎模式取代。

表2　2024年我国机场货邮吞吐量前10名

机场	货邮吞吐量（万吨）	增长率（%）
上海浦东	377.83	9.83
广州白云	238.25	17.30
深圳宝安	188.13	17.56
北京首都	144.34	29.33
鄂州花湖	102.50	296.83
郑州新郑	82.51	35.77
杭州萧山	73.49	-9.24
成都双流	64.26	22.04
重庆江北	46.95	21.05
上海虹桥	42.77	17.74

郑州新郑机场的货邮吞吐量突破80万吨大关，创下1997年通航以来年货邮吞吐量历史新高。新开货运航线19条，单日货运航班量最多90架次，单月最高货量8.6万吨。中豫航空集团统筹卢森堡货航和中原龙浩航空发挥骨干支撑作

用，截至 2024 年 12 月 20 日，2024 年，卢森堡货航、中原龙浩航空在郑货运量分别为 13.6 万吨和 13 万吨，分别同比增长 38% 和 207%。通过复制推广“双枢纽”、拓展“空中丝路”网络，郑州国际航空货运枢纽规模持续升阶进位。

4. 航空公司货运运力持续攀升

2024 年，我国航空货运市场继续展现出强劲的发展势头，各航空公司通过增加货机数量和提升货运运力来满足日益增长的市场需求。最新数据显示，2024 年我国运营货机的主要航空公司的货机数量总计 246 架（见表 3），同比增长 6.5%。

表 3　2024 年我国运营货机的主要航空公司及其货机数量统计

航空公司	总计（架数）	占比（%）	航空公司	总计（架数）	占比（%）
顺丰航空	89	36.18	川航物流	7	2.85
邮政航空	42	17.07	天津货航	6	2.44
南航物流（南货航）	17	6.91	西北货航	4	1.63
国货航	17	6.91	山东航空	3	1.22
东航物流（中货航）	14	5.69	中航货运	2	0.81
圆通航空	13	5.28	首都航空	2	0.81
中州航空	10	4.07	金鹏航空	2	0.81
京东航空	9	3.66	商舟航空物流	1	0.41
中原龙浩航空	8	3.25			
			合计	246	100.00

5. 航空货运安保链持续创新

在全球航空货运行业快速发展的背景下，航空货运安保链的创新已成为提升行业竞争力、保障运输安全和优化资源配置的关键。通过引入新技术、新模式和新理念，航空货运安保链不仅能够有效应对日益复杂的运输环境，还能为航空物流的高质量发展提供有力支撑。近年来，我国在货站前置、差异化安检和 CT 安检机应用等方面取得了显著进展，为行业创新树立了标杆。

货站前置是近年来航空货运领域的重要创新举措。截至 2023 年年底，我国范围内共有 63 座前置货站。例如，2024 年 5 月揭牌的厦门高崎机场前置货站，是全球首个面向国内航空货运的前置安检项目。该货站通过将安检、组板等环节前置，实现了货物在机场区域内无须再次安检，收运时间缩短了 30%，极大地提高了运输效率。该前置货站启用后，厦门高崎机场国内货邮处理量预计增长 20% 以上，可同时保障 3 至 4 架全货机。

差异化安检是航空货运安保链创新的另一重要方向。引入先进的安检技术和设备，结合货物类型和风险等级，实施差异化的安检流程，既提升了安检效率，又确保了安全。例如，深圳机场针对华为、大疆等 13 家本土高端企业交运的含锂电池货物，采取全链条安保措施，对已知来源货物的托运人实施差异化安检。此外，深圳机场还率先试点以电池安全测试报告（UN38.3）作为锂电池货物航空运输文件的新模式，解决了企业同一种型号的电池安装在上百种产品中的重复鉴定难题。

CT 安检机是航空货运安保链创新的关键技术之一。2023 年 2 月 17 日，全球首台航空箱 CT 安检机在深圳机场国际货站完成测试。该设备可实现航空货物整板或整箱安检操作，并具备爆炸物自动识别功能。与传统 X 射线扫描系统相比，CT 安检机在穿透能力、判图功能和扫描速度上均大幅领先。此前，受限于安检机条件，集装箱货物需先拆板成单件或单卡板，通过安检扫描后再装箱。而航空箱 CT 安检系统可对整板、整箱货物进行整体安检，大幅提升了安检效率。

二、2025 年航空货运市场展望

2025 年，我国航空货运市场预计将迎来新一轮增长周期。IATA 预测，2025 年，全球航空货运量将以年均 4.3% 的速度增长，而中国市场的增速有望突破 5.5%，显著高于全球平均水平。中国民航局预计，2025 年，国内民航货邮运输量将达到 950 万吨，较 2024 年增长约 5.8%，这表明航空货运市场前景广阔，正迎来前所未有的发展契机。

（一）全球航空货运市场的驱动因素与结构变革

1. 跨境电商推动航空货运需求持续增长

近年来，全球电子商务市场的蓬勃发展推动了跨境电商交易规模的持续扩张，显著提升了航空货运需求。2024 年，我国跨境电商进出口总额达 2.63 万亿元，同比增长 10.8%，占全国进出口总额的 6%，其物流需求占航空货源的 60% 以上，成为航空物流业的重要支撑。

2025 年 2 月，美国取消了 800 美元以下小额货物的关税豁免政策，对中国跨境直邮小包业务产生了显著影响。美国海关统计，2024 年包裹数量高达 13.6 亿件，其中超过半数来自中国，超过八成的包裹采取空运头程配送。政策调整虽延长通关时效、增加成本，但也带来了新机遇：中大件商品加速向“海运＋海外仓”半托管模式转型，中小件及高利润品类则成为全托管模式主导。同时，行业规范化发展为合规企业提供市场扩张契机，预计电商平台将深化与航空公司的合作，通过长期协议和舱位优化实现成本控制与运价稳定。

在“机场+自由贸易港”模式的推动下，全球机场正从传统的货运枢纽向电子商贸枢纽港转型。这一转型体现为空港物流功能的深度拓展，机场逐步向全球供应链管理中心演进。机场通过整合自由贸易区政策优势，实现从基础设施型向国际资源型港口升级。典型案例如菜鸟香港机场智慧物流枢纽项目，其配备自动化分拣与智能仓储系统，专注服务跨境电商航空货运。

总体来看，跨境电商的快速发展推动了航空货运需求增长及物流模式创新升级。在政策与市场的双重驱动下，我国跨境电商与航空货运行业正迈向高效、规范的发展道路。

2. 地缘政治驱动贸易路线多元化发展

近年来，全球地缘政治局势的持续紧张对国际贸易体系及供应链稳定性构成了显著冲击。根据经济政策研究中心（CEPR）的研究数据，自 2018 年以来，地缘政治距离对双边贸易流量的影响呈持续上升趋势，具体表现为地缘政治距离每增加 10%，双边贸易流量将相应减少约 2%。

地缘政治紧张局势增加了传统贸易路线的不确定性。以中美贸易摩擦为例，我国对美出口占我国总出口的比重在过去 5 年间下降了近 10 个百分点；而俄乌冲突的爆发则导致中欧航线飞行时长增加约 15%，进而使集团间贸易增速从危机前的 3% 下降至 –1.9%。这种不确定性促使企业重新评估其供应链布局，并积极寻求替代贸易路线以降低潜在风险。

地缘政治驱动的航线多元化不仅体现为区域转移，更表现为对“边缘市场”的战略性开拓。2023 年，红海危机的爆发对全球航运市场造成了重大冲击，其中，中欧传统空运通道的燃油附加费上涨了 23%。这一变化推动我国企业加速开发中吉乌铁路沿线的空中走廊，以构建替代性物流解决方案。以郑州机场为例，其在 2024 年开通了直达乌兹别克斯坦纳沃伊的货运专线，这一战略性举措显著提升了运输效率：中亚地区的高价值货物（如车厘子和稀土半成品）的运输时长被压缩至 8 小时，同时带动该航线周货运量在半年内实现了 340% 的显著增长。这些“边缘市场”的开拓，不仅有助于企业降低地缘政治风险，更为其创造了新的增长机遇和市场空间。

3. 新兴市场成为全球航空货运的增长引擎

我国与东南亚、非洲及拉丁美洲等新兴市场的贸易往来日益频繁，为航空货运市场带来了新的机遇。2024 年，我国全年共新开国际货运航线 168 条，连通境外国家 61 个，其中共建“一带一路”国家 42 个，占比接近 70%。其中，东莞港新增了 6 条“一带一路”航线，连接越南、马来西亚等新兴市场国家；中国邮政航空在成都开通了直飞孟加拉国首都达卡的全货机国际航线；乌鲁木齐开通了至巴库的定期国际全货机航线。

新兴市场国家的经济增长潜力巨大，成为全球经济增长的重要动力。根据国际货币基金组织（IMF）2024 年 10 月发布的报告，2024 年全球经济有望实现 3.2% 的增长，其中，新兴市场和发展中经济体整体增长率有望达到 4.2%，远高于发达经济体 1.8% 的增速。亚洲新兴市场的表现尤为突出，预计 2024 年增长 5.3%，其中，印度增长 7.0%，越南增长 6.1%，东盟五国增长 4.5%，呈上升态势。

基础设施的不断完善也为新兴市场国家成为全球供应链新引擎提供了有力支撑。越南隆城国际机场一期工程计划于 2026 年竣工，货运码头设计年吞吐量为 120 万吨。印度德里机场作为南亚地区较大的货运枢纽之一，年货物处理能力可由 180 万吨扩展至 230 万吨。此外，东南亚地区的多个机场正在推进货运设施升级，以应对区域物流需求的快速增长。

4. 空空中转成为航空货运新模式

空空中转作为一种高效的航空货运模式，逐渐成为全球航空物流领域的重要组成部分。空空中转模式所带来的价值取决于货源、连接性、服务这三个要素。这三个要素彼此之间不是孤立存在的，而是相互关联、相互影响。机场及航空公司高度重视连接性和服务的建设，并逐渐形成了高效的空空中转通道，货源则通过二者形成的走货通道顺利进行运输，从而创造价值。

近年来，空空中转在全球范围内，尤其是我国和东南亚地区，取得了显著进展。例如，杭州空港开通了国内转国际通单中转业务，实现了“一单到底”的货物运输模式，简化中转流程，提升效率；郑州机场作为中国民航局首批试点单位，已开通 50 多个国内外合作航点，保障空空中转货运量超 8000 吨，其中国际转国际约 1100 吨；2024 年，青岛空港“空空联运”转关吞吐量达 1.24 万吨，同比增长 36%。

2025 年，空空中转将在全球航空货运市场中扮演更加重要的角色。通过技术创新、政策支持和枢纽机场的崛起，空空中转有望实现更高效、更灵活的运输模式。

（二）技术创新与可持续性发展引领航空货运变革

1. 数字化转型引领航空货运智能化升级

IATA 预测，2025 年，全球航空货运量年均增速将达 4.3%，中国作为世界第二大经济体，其航空货运市场增速预计将超 5.5%，高于全球平均水平。这一增长得益于数字化转型的深度赋能，人工智能（AI）与区块链技术正重塑行业生态。

AI 在航空货运中的应用日益广泛，为行业带来了革命性的变革。例如，国泰货运站利用计算机视觉和 AI 算法实时分析货场画面，精准识别安全风险，并通过场景化功能优化货物处理流程；鄂州花湖国际机场通过 DeepSeek - R1

模型实现设备维护智能化，并借助 AI 优化物流流程和资源调度，降低运营成本，提升服务质量和竞争力。

区块链技术的应用进一步提升了航空货运的透明度和安全性。中国航信的“航旅链”平台，通过多引擎、可视化、高性能的区块链运行环境，实现了航空公司、机场等主体的可信数据互联互通，支持费用归集、账单生成与核对，解决了数据孤岛和账目管理难题，为行业提供了实时、透明、可溯源的数据共享环境。

2. 可持续发展加速航空货运绿色转型

在全球气候变化压力加剧与中国“双碳”目标的双重驱动下，中国航空货运市场正加速向绿色低碳方向转型。IATA 预测，2025 年中国航空货运量将突破 800 万吨，全球市场份额占比将提升至 22%，但伴随而来的碳排放量预计达到 1800 万吨。中国民航局数据显示，当前航空货运单位运输碳排放强度较 2019 年已下降 12%，但能源结构转型压力依然显著——传统航油仍占据 98% 的能源消耗。

可持续航空燃料（SAF）的规模化应用正在成为我国航空货运行业绿色转型的重要推动力。SAF 最高可实现二氧化碳减排 85%，是航空业实现碳中和的关键技术。政府在 2023 年发布的《绿色航空制造业发展纲要（2023—2035 年）》中提出，到 2025 年，使用 SAF 的国产民用飞机实现示范应用。2024 年 6 月，中国商飞公司成功完成了 ARJ21 支线飞机和 C919 大型客机的 SAF 加注演示飞行。同年 12 月，顺丰航空的一架 B737 型全货机从宁波出发，顺利抵达鄂州花湖国际机场，标志着国内航线场景下首次使用 SAF 进行全货机商业飞行。这些实践表明，中国在 SAF 的商业化应用方面已经取得了重要进展。

3. 航空冷链物流高效运输驱动行业升级

航空冷链物流在现代供应链中占据核心地位。随着消费升级，生鲜食品与医药物资备受关注，航空冷链物流以其高效运输成为行业热点。2024 年全年，冷链物流需求总量为 3.65 亿吨，增幅为 4.3%，总收入达 5361 亿元，增长 3.7%。这些增长数据显示出航空冷链物流市场的巨大潜力。

在医药冷链物流领域，顺丰航空正式获得 IATA 颁发的药品物流独立验证卓越中心（CEIV Pharma）认证，这标志着顺丰航空迈入了医药冷链物流专业化、规范化道路。此外，各地也在不断探索创新医药冷链配送模式，如武汉利用冷链无人机实现救命药 8 分钟快速配送；南宁临空冷链医药物流保障基地正式启用。这些进展共同推动航空医药冷链物流行业不断向前发展。

除此之外，一些鲜活易腐货物亟待航空冷链运输。据估算，我国每年因冷链“断链”造成约 1200 万吨水果、1.3 亿吨蔬菜的浪费，经济损失超千亿元；而发达国家冷链运输流通率，果蔬类和肉类普遍保持在 95% ~100%，年损失率为5%～10%。

受社会消费的崛起、城市化进程的加快等利好因素驱动，依托当前万亿级规模的生鲜、医药市场，航空冷链物流正在由起步阶段进入快速上升通道，未来市场空间巨大。

4. 空港型国家物流枢纽提升航空货运服务能力

空港型国家物流枢纽作为全球物流网络的“空中桥梁”，在我国不断扩展并显著提升物流效率。自2022年至2024年，获批此类枢纽的城市由9座增至15座，其中，2024年新增厦门与昆明。目前，厦门已有136条外贸航线覆盖共建“一带一路”国家、金砖国家和RCEP国家等。高崎机场客运航线达28条，货运航线达19条，覆盖25个国家（地区）的39个城市。2024年，厦门全市物流产业实现总收入1798.05亿元。昆明长水机场2024年完成货邮吞吐量38.6万吨，较2023年增长10.1%。前三季度，昆明市进出口总额实现1048.25亿元，同比增长6.7%，进出境航班达1.68万架次，同比增长119.07%；已开通国际航线34条，辐射16个国家（地区）的28个城市。

此外，2025年2月，国家发展改革委发布的《国家物流枢纽布局优化调整方案》显示，新增山南空港型国家物流枢纽，依托其独特地理与航空资源，强化国际物流联系，助力西藏经济发展。这些枢纽将持续发挥自身优势，构建更为高效的综合物流体系。

（三）低空物流赋能航空货运新发展

1. 低空设备完善奠定行业发展基础

我国加大对通用机场及起降点的投资，优化了机场布局，显著提升了低空物流网络的完善度。据中国航空器拥有者及驾驶员协会（AOPA）通用机场研究中心最新数据，2024年，全国在册通用机场总数达到475个，较2023年增加26个，同比增长5.8%；与2022年相比增加79个，两年间增长率达19.9%。从机场类别来看，其中的111个机场已取得通用机场使用许可证，另有364个机场通过通用机场信息管理系统完成备案。

我国低空航线持续优化拓展，截至2024年11月30日，已开通超220条无人机物流航线，年内新增130余条。目前，城市开通低空物流以末线物流为主，城市内航线占比达到新开航线总量的90%，跨省、市航线仅占10%。同时，世界各国也在关注发展空中交通热点问题，美国联邦航空管理局批准构建50英里（约为80.47公里）无人机空中走廊；韩国城市空中交通规划方案中明确指出，2025年设立城市空中通道专用空域，预计到2035年建成100条航路。

国内货运无人机市场蓬勃发展，多家企业取得了显著成果。在2024年的航展上，展示了白鲸航线的W5000、联合飞机的镧影R6000、北方长鹰的大型无人运输机 CY－8 等先进货运无人机。全年新增通航企业 145 家、通用机场 26 个，颁发无人机型号合格证 6 个，实名登记无人机增至 110.3 万架，无人机运营单位超 2 万家，累计飞行时长达 2666 万小时，同比增长 15%。

2. 应用场景加速低空物流行业成熟

从农产品到工业品，从医疗急救到即时配送，低空物流的应用场景日益丰富，展现出巨大的市场潜力和社会价值。《2024 中国低空物流发展报告》中的数据显示，未来低空物流市场规模预计将在 2025 年达到 1200 亿～1500 亿元，到 2035 年有望达到 4500 亿～6050 亿元。在农产品流通领域，低空物流可最大程度保证其新鲜度和品质。四川地区已经开展了松茸等高附加值农产品的低空运输配送等试验。

在工业运输层面，无人机已成为关键物资运输的革新力量。2024 年 3 月，联合飞机大载重无人机 TD550 成功参与浙江省电力运投项目，高效运输数百公斤重的塔材设备至山顶，实现精准空投，不仅破解了地形限制下的运输难题，还极大地降低了人员安全风险，显著提升了运输作业的整体效率。

在医疗急救方面，无人机将成为低空物流的新亮点。北京市在房山区建立了无人机应急救援基地，提高了应急救援的效率和响应速度。苏州工业园区成功实现了无人机急救药品配送的首飞，这标志着“低空物流＋医药急送”应用场景的成功首飞。

在快递运输领域，无人机货运有显著优势。湖南省首条无人驾驶航空器（无人机）低空物流和配送航线，在长沙县开通运行，无人机每小时飞行速度约为 60 公里，平均每单配送时间相较地面运输节约 60% 左右。北京市刚开通首条无人机物流配送航线，让步行 50 多分钟的“山路”变为 5 分钟可达的“坦途”。

随着技术的不断进步和应用场景的拓展，低空物流将实现更加高效、精准的货物配送服务。

3. 区域发展推动低空物流差异化布局

低空物流作为低空经济的重要组成部分，正成为推动区域经济发展的新引擎。随着技术的进步和政策的支持，低空物流在不同区域展现出差异化的发展趋势。这种差异化布局不仅有助于充分发挥各地区的资源和产业优势，还能促进区域间的协同发展。

从全球视角来看，低空物流正处于快速发展的阶段，其市场规模在 2023 年约为 109.6 亿美元，预计到 2030 年将达到 806.4 亿美元，年复合增长率达到 33.0%。欧美地区是低空物流的先驱，尤其在无人机配送和城市空中交通（UAM）领域，2024 年，美国的市场规模占全球低空经济物流市场的 30% 左右，欧洲地区则占 25% 左右；亚太地区是低空物流发展最快的区域之一，2024

年市场规模占全球的40%。其中，中国和日本是亚太地区低空物流的主要推动者。此外，非洲和南美洲的部分国家也在积极探索低空物流应用，肯尼亚和南非利用无人机进行医疗物资紧急配送，巴西则初步尝试了城市空中交通方案。

我国低空物流在不同地区呈现多样化的发展特点。川渝地区注重中端物流和末端物流的协同发展；长三角地区以末端物流为主，建立了多条无人机配送航线，并探索空地无人载具协同配送模式；珠三角地区的低空货运以末端物流为主，2024 年出现了跨海末端物流新场景及“无人机 + 无人车 + 轨道交通”的空铁联运模式；长江中游地区的低空货运主要集中在无人机末端物流，整体发展相对较为分散；其他地区，如呼包鄂榆城市群则以中端物流为主，初步形成了低空中端物流运输网。山东半岛和黔中城市群更多地探索低空客运，货运场景较少。

这些区域特点不仅反映了各地的经济基础和政策环境，也为低空物流的未来发展提供了丰富的实践经验和创新思路，展现出低空物流的巨大潜力和良好发展前景。

（中国民航大学临空经济研究中心　曹允春　翟一冰　周秋菊　林煜森）

参考文献

[1] IATA. 国际航协：2024 年全球航空货运需求创历史新高［EB/OL］. https：//www. iata. org/contentassets/ff4513decd454c15bbe62ce09b218730/2025 – 01 – 29 – 02 – cn. pdf.

[2] 中物联航空物流分会．航空物流行业 2024 年回顾与 2025 年展望［EB/OL］. https：//mp. weixin. qq. com/s/FyTyLiL6DQH – PoYFCiLbjQ.

[3] 和讯网．交通运输行业事件点评：美国取消小额货物关税豁免政策跨境空运兼具挑战和机遇［EB/OL］. https：//stock. hexun. com/2025 – 02 – 07/217152144. html.

[4] 对外经济贸易大学中国 WTO 研究院．经济政策研究中心分析地缘关系对国际贸易的影响［EB/OL］. http：//chinawto. mofcom. gov. cn/article/gjzk/202407/20240703521321. shtml.

[5] 贾中正．全球经济“碎片化”的挑战［J］. 中国金融，2024（9）：82 – 83.

[6] 51CTO. 2024 年的供应链回顾与 2025 展望：数字化转型与韧性提升［EB/OL］. https：//www. 51cto. com/article/805859. html.

[7] 新浪财经．航空物流保障能力显著提升［EB/OL］. https：//finance. sina. com. cn/jjxw/2023 – 12 – 22/doc – imzyvqyn3970282. shtml.

[8] 中国船东网．2024 年民航三大指标增长明显运输总周转量、旅客运输量、

货邮运输量同比分别增长 25%、17.9%、22.1%［EB/OL］. http：//www. csoa. cn/doc/30446. jsp.

[9] 缅甸中文网．印度德里机场将成为孟加拉国和其他全球目的地之间的转运货物中心［EB/OL］. https：//www. 163. com/dy/article/HV08FLTC0534MHMX. html.

[10] 光明网．中国物流与采购联合会：2024 年冷链物流需求总量 3.65 亿吨［EB/OL］. https：//baijiahao. baidu. com/s？id = 1821732561523491432&wfr = spider&for = pc.

[11] 厦门市人民政府．2024 年厦门市外贸进出口情况［EB/OL］. https：//www. xm. gov. cn/jdhy/xwfbh/2024xmswmjckqk/？PROTID = 6713.

[12] 昆明新闻．辐射中心，开放春城，前三季度全市进出口总额同比增长 6.7%［EB/OL］. https：//mp. weixin. qq. com/s/aSVHTTb6nnav0XGuySIOWQ.

[13] 央广网．2024 年厦门实现进出口 9326.1 亿元［EB/OL］. https：//baijiahao. baidu. com/s？id = 1821573388632964911&wfr = spider&for = pc.

[14] 中国航空器拥有者及驾驶员协会．2024 年全国通用机场数据简报［EB/OL］. http：//www. aopa. org. cn/Content_Detail. asp？Column_ID = 37685&C_ID = 20018701.

[15] 现代物流报．崔忠付：把握时代脉搏，低空物流发展正当其时［EB/OL］. https：//baijiahao. baidu. com/s？id = 1813870892047557028&wfr = spider&for = pc.

[16] 航空货运资讯速递．无人航空货运物流运输，未来已来［EB/OL］. https：//mp. weixin. qq. com/s/7IllT0E – 377bL78c73EsPw.

[17] 央视新闻．2024 年我国累计完成无人机飞行 2666 万小时同比增长 15%［EB/OL］. https：//baijiahao. baidu. com/s？id = 1820739108267999912&wfr = spider&for = pc.

[18] 恒州智博．低空经济物流：全球市场份额和排名、整体销售额和需求预测 2024—2030［EB/OL］. https：//www. qyresearch. com/reports/3396247/low – altitude – economic – logistics.

[19] 民机战略观察．我国低空经济场景大盘点：2024 年低空交通篇①［EB/OL］. https：//mp. weixin. qq. com/s/AuCrmVyrkxB4DMDUO3qb2w.

[20] 民机战略观察．我国低空经济场景大盘点：2024 年低空交通篇②［EB/OL］. https：//mp. weixin. qq. com/s/6A0H7Fp2b7aiB – aSpoOiNw.

[21] 民机战略观察．我国低空经济场景大盘点：2024 年低空交通篇③［EB/OL］. https：//mp. weixin. qq. com/s/JY7Nwfylu3cfH7vmgkEoTQ.

2024 年港口市场发展回顾与 2025 年展望

2024 年，全球经济环境复杂多变，国际局势面临多重挑战。多国之间的关税贸易摩擦持续升级，红海冲突等地缘政治事件进一步扰动了全球供应链，增加了全球贸易的不确定性和风险。尽管如此，中国经济在外部压力下依然展现出较强的韧性，整体呈现回稳向好的态势，高质量发展扎实推进。货物进出口保持较快增长，表明外部压力并未完全阻碍中国经济复苏的步伐。中国港口和外贸领域表现出了较强的抗压能力。全国港口吞吐量继续保持增长，尤其是在环渤海、长三角、珠三角等经济活跃区域，港口业务实现了稳步增长，进一步彰显了中国港口在全球供应链中的关键地位和竞争力。与此同时，中国港口行业在高质量发展方面取得了显著进展。港口服务能力不断提升，自动化、智能化和绿色化转型步伐加快。

一、2024 年港口市场发展回顾

（一）全国港口货物吞吐量稳健增长

2024 年，受全球出口市场疲软和国内需求持续低迷的双重影响，中国港口货物吞吐量增速较往年有所放缓。数据显示，2024 年 1 月至 11 月，我国规模以上港口累计完成货物吞吐量 160.4 亿吨，同比增长 3.4%，增速较上年同期的 8.2% 明显回落。其中，外贸吞吐量表现亮眼，在全球贸易复苏和美国补库存需求的推动下，同比增长 7.3%，达到 49.6 亿吨，成为拉动港口货物吞吐量增长的主要动力。然而，内贸吞吐量受煤炭、矿建材料等大宗货物运输量下滑的拖累，仅增长 1.8%，总量为 110.8 亿吨，增速显著低于外贸领域。尽管增速放缓，但中国港口整体表现依然稳健。基于前 11 个月的数据推算，2024 年全年中国港口货物吞吐量有望突破 170 亿吨大关，再创历史新高。2019—2024 年中国规模以上港口内外贸吞吐量及其增速见图 1。

新产品出口与区域贸易协同推动外贸发展。2024 年，中国出口贸易实现大幅增长，外贸含“新”量不断提升。凭借完整且不断升级的产供链，我国创新、优质、有竞争力的产品不断涌现，出口增长动能有序转换，新产品、新业态品牌加速发展。海关总署数据显示，2024 年，中国货物贸易进出口总值达 43.85 万亿元，同比增长 5%（见表 1）。其中，出口规模首次突破 25 万亿元，

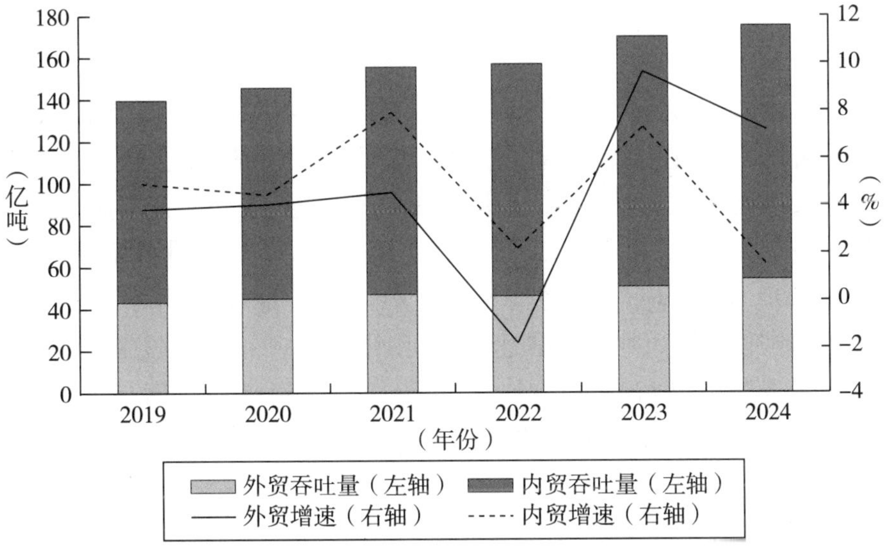

图1　2019—2024 年中国规模以上港口内外贸吞吐量及其增速

数据来源：中国交通运输部网站。

同比增长 7.1%；进口 18.39 万亿元，同比增长 2.3%。其中，高端装备出口增长超四成，新型储能产业快速发展，锂电池出口增长势头强劲。同时，中国不断推进东亚合作和区域经济一体化，对东盟进出口总值连续 9 年增长。我国持续加强与拉美、非洲、中亚五国、中东欧等地区的经贸合作。中欧经贸联系也不断深化，欧盟作为中国消费品第一大进口来源地和机电产品第一大出口市场，2024 年双边贸易增长 1.6%。上述市场对中国外贸市场的贡献率近六成，成为推动我国外贸增长的重要力量。

表1　2020—2024 年中国货物贸易进出口总值与监管进出口货运量

年份	2020	2021	2022	2023	2024
进出口总值（万亿元）	32.22	38.74	41.67	41.76	43.85
同比增幅（%）	2.1	20.2	7.6	0.2	5.0
出口增幅（%）	4.0	19.5	10.3	0.6	7.1
进口增幅（%）	−0.2	21.1	4.2	−0.3	2.3
监管进出口货运量（亿吨）	49.12	49.83	48.17	53.34	56.03
同比增幅（%）	7.3	1.4	−3.3	10.7	5.0
出口增幅（%）	8.9	−1.0	−4.6	13.0	7.3
进口增幅（%）	4.2	6.4	−1.0	6.7	3.9

数据来源：中国海关总署网站。

（二）外需的支撑作用日益显著

2024 年，在全球贸易复苏和美国补库存需求的推动下，外部需求对经济的支撑作用显著增强，促使港口国际航线集装箱吞吐量实现了超出预期的增长。然而，国内市场需求相对疲软，整体呈现“外需强劲、内需不足，供应充足、需求偏弱”的格局。数据显示，2024 年 1 月至 11 月，中国沿海港口累计完成货物吞吐量 102.67 亿吨，同比增长 3.4%；内河港口累计完成货物吞吐量 57.74 亿吨，同比增长 3.5%，增速略高于沿海港口。从月度趋势来看，港口生产表现与宏观经济走势基本一致，呈现出“年初高位、年中回落、年末企稳”的特点，年中增速逐步回落至3%左右的水平（见图2）。

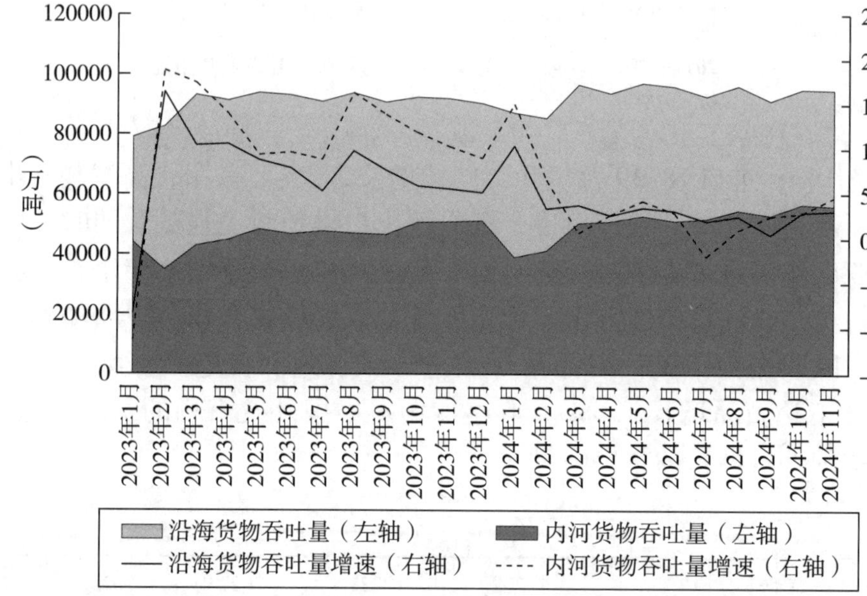

图 2　2023—2024 年 11 月中国规模以上沿海与内河港口货物吞吐量及其增速

数据来源：中国交通运输部网站。

（三）各大区域港口群的表现可圈可点

2024 年，中国重点港口在服务国家战略和支撑区域经济发展方面的能力进一步提升。环渤海、长三角和珠三角三大区域的货物吞吐量增速表现尤为突出，分别达到3.4%、4.5%和3.0%（见表2）。尽管与2023 年相比增速有所回落（分别下降1.1%、5.7%和4.9%），但它们在沿海港口中的比重持续上升。这主要得益于这些区域的外贸份额较大，外贸增长对货物吞吐量的拉动作用显著。西南沿海地区的港口表现同样亮眼。西部陆海新通道的带动效应进一步增强，北部湾港通过深耕腹地市场、积极开拓新货源增长点，实现了稳步发展。此外，海南自由贸易港的服务能力逐步提升，进一步增强了区域经济的活力。相比之下，东南沿海港口群的货物吞吐量虽然出现小幅下降，但外贸货物吞吐量仍保持增长，显示出该区域在外贸领域的韧性。总体来看，外贸需求的增长仍是推动各大港口群发展的核心动力，重点港口在服务国家战略和支撑区域经济发展方面的作用愈发凸显。

表2　2023—2024年1—11月中国五大沿海港口群吞吐量及其增速

区域	货物吞吐量（亿吨）		同比增速（%）	外贸货物吞吐量（亿吨）		同比增速（%）
	2024年	2023年		2024年	2023年	
环渤海	44.18	42.72	3.4	19.97	18.69	6.8
长三角	27.91	26.70	4.5	12.22	11.47	6.5
东南沿海	6.76	6.82	-0.9	2.73	2.66	2.8
珠三角	17.72	17.20	3.0	7.24	6.47	11.8
西南沿海	6.11	5.87	4.1	2.32	2.16	7.2

数据来源：中国交通运输部网站。

（四）港口集装箱吞吐量增长强劲

自2016年以来，随着多式联运的推广和“散改集”需求的持续增长，全国主要港口的集装箱吞吐量保持了稳步上升的态势（见图3）。2024年1—11月，全国规模以上港口完成集装箱吞吐量30455万TEU，同比增长7.3%，增速创下近7年来的新高，表现超出预期。其中，国内经济平稳增长带动内支内贸航线集装箱吞吐量同比增长5.4%，基本符合预期。与此同时，外需的逐步

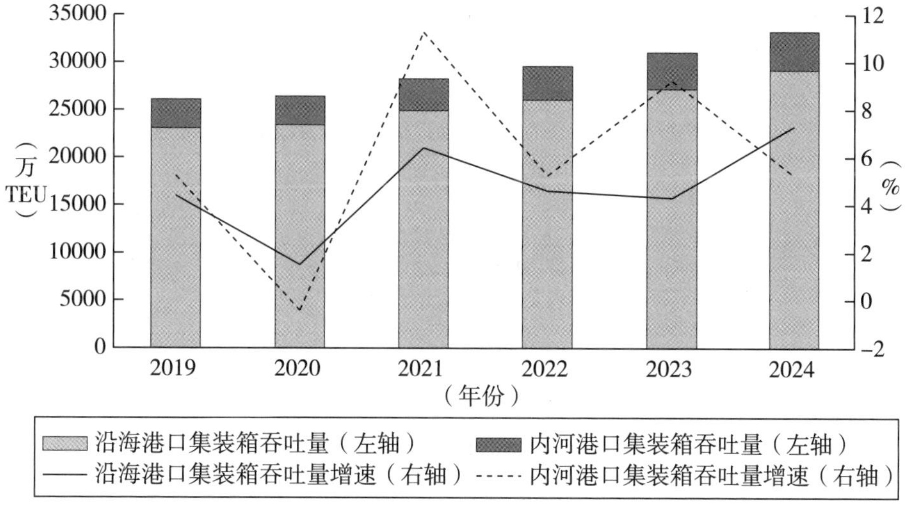

图3　2019—2024年中国规模以上港口集装箱吞吐量及其增速

数据来源：中国交通运输部网站。

恢复推动国际航线集装箱吞吐量增速达到约9.0%，创下自金融危机以来的最高水平，远超预期。从全年走势来看，集装箱吞吐量增速呈现高位回落的趋势。一季度同比增长10.0%，实现了良好开局；随后增速逐步放缓，二季度、三季度和四季度增速分别回落至7.1%、6.5%和5.1%。总体来看，集装箱吞吐量的增长与港口货物吞吐量的变化基本保持一致，显示出港口行业在内外需共同驱动下的强劲韧性。

（五）前20大港口保持稳固区位

2024年，中国港口不仅在总量上实现了稳步增长，还在结构优化和新业务拓展方面取得了显著进展。除铁矿砂、原油、煤炭、天然气和大豆等主要大宗商品进口量的增加外，水水中转和国际中转等新兴业务的快速发展，为港口货物吞吐量的提升注入了新的动力，进一步增强了港口的综合服务能力和竞争力。

从国内前20大港口的发展情况来看，多数港口表现稳健，尤其是在外需强劲的推动下，沿海港口的外贸增长尤为显著。其中，珠三角地区的港口在外贸领域表现突出，展现出对外贸动态变化的高度敏感性。广州港和深圳港的外贸增速位居前列，电动汽车出口大幅增长42%，成为拉动外贸增长的重要引擎。深圳各港区进一步加大了对汽车出口业务的支持力度。同时，深圳港积极拓展跨境电商业务，新增了多条跨境电商海运快线，持续提升港口的综合服务能力，为外贸的稳定增长提供了坚实支撑。此外，宁波舟山港的表现同样亮眼。2024年1—11月，该港完成货物吞吐量近12.7亿吨，同比增长3.3%（见表3）。随着港口基础设施的不断完善，特别是大宗散货泊位群的基本建成，宁波舟山港在散货运输领域的优势进一步凸显，巩固了其作为全国重要物流枢纽的地位。总体来看，中国主要港口在外贸和新兴业务的驱动下，正朝着更高质量、更高效能的方向稳步发展。

表3　2024年1—11月中国前20大港口货物吞吐量及其同比增速

序号	类型	港口	货物吞吐量（万吨）	同比增速（%）	外贸货物吞吐量（万吨）	同比增速（%）
1	沿海	宁波舟山	126791	3.3	58269	4.8
2	沿海	唐山	78657	3.2	34119	13.7
3	组合	上海	78725	3.5	41095	6.8
4	沿海	青岛	66148	4.3	46456	2.9
5	沿海	广州	60059	2.1	16113	17.8
6	沿海	日照	57547	5.0	35032	7.0
7	内河	苏州	54662	1.0	19010	6.2

续　表

序号	类型	港口	货物吞吐量（万吨）	同比增速（%）	外贸货物吞吐量（万吨）	同比增速（%）
8	沿海	天津	53690	3.7	32641	8.9
9	沿海	烟台	46871	3.6	15912	3.3
10	沿海	广西北部湾	40860	2.6	19099	7.0
11	内河	泰州	38600	7.2	—	—
12	内河	江阴	34179	4.1	5922	4.1
13	沿海	黄骅	32551	6.8	8665	14.4
14	沿海	连云港	31416	7.8	16268	12.4
15	沿海	福州	30525	1.0	8464	6.5
16	沿海	大连	29402	2.4	12098	-1.7
17	沿海	深圳	29039	11.5	22897	17.3
18	组合	南通	27509	-2.0	4059	9.8
19	内河	镇江	25663	9.5	4685	6.7
20	沿海	湛江	25089	-3.1	9803	-6.7
前20大港口累计（万吨）			967983		410607	
规模以上港口占比（%）			60.3		82.8	

注：泰州港外贸货物吞吐量数据未公布；嘉兴港因未公布数据，未列入20大排名中。

数据来源：中国交通运输部网站。

从前20大港口集装箱吞吐量来看，大多数港口的排名保持稳定。上海港继续稳居首位，并实现了历史性突破，年吞吐量预计首次突破5000万TEU。上海港在水水中转、内贸箱和国际中转业务方面取得了显著进展，尤其是内贸箱吞吐量，同比增长18%，水水中转比例有望首次超过60%。罗泾自动化码头的启用为上海港的内贸集装箱吞吐量注入了新的动力。深圳港表现尤为突出，同比增长13.1%，成为增速最快的港口之一（见表4）。与此同时，宁波舟山港、广西北部湾港和烟台港也实现了强劲增长。宁波舟山港凭借其双“千万箱级”单体码头，成为全球唯一拥有这一规模的港口，并计划进一步打造五个“千万箱级”港区，以增强其全球竞争力。广西北部湾港与RCEP国家加强合作，并深化与东盟的贸易关系，进一步提升了其国际航运的辐射能力。烟台港则通过优化班轮快线和提供个性化运输方案，有效推动了吞吐量的增长。在其他港口中，南通港与唐山港的竞争日益激烈，而福州港成功超越佛山港，展现出更强的市场竞争力和发展潜力。总体来看，中国主要集装箱港口在业务创新和区域合作方面取得了显著进展，进一步巩固了其在国际航运市场中的地位。

表 4　　2024 年 1—11 月中国前 20 大港口集装箱吞吐量及其同比增速

序号	类型	港口	集装箱吞吐量（万 TEU）	同比增速（%）
1	沿海	上海	4739	6.7
2	沿海	宁波舟山	3614	10.2
3	沿海	深圳	3041	13.1
4	沿海	青岛	2838	7.6
5	沿海	广州	2390	4.2
6	沿海	天津	2210	4.8
7	沿海	厦门	1104	-3.6
8	内河	苏州	893	3.9
9	沿海	广西北部湾	822	13.8
10	沿海	日照	614	8.5
11	沿海	连云港	603	8.9
12	沿海	营口	501	3.2
13	沿海	大连	493	8.2
14	沿海	烟台	475	10.6
15	沿海	东莞	368	3.0
16	沿海	福州	348	1.8
17	内河	佛山	342	9.2
18	内河	南京	338	5.9
19	组合	南通	250	35.9
20	沿海	唐山	246	—
前 20 大港口累计（万 TEU）			26229	
规模以上港口占比（%）			86.1	

注：嘉兴港因数据未公布，未列入 20 大排名中。

数据来源：中国交通运输部网站。

二、2025 年港口市场展望

2025 年，在全球经济增速持续处于低位运行状态、国际贸易环境的不确定性加剧的背景下，全球海运贸易将面临多重不确定性交织的复杂局面。中国经济有望保持 5% 左右的温和增长，但对外贸易仍将承压，沿海港口生产预计呈平稳增长态势，增速较 2024 年有所放缓。为应对复杂外部环境，中国港口将通过港口整合升级、国际通道拓展以及多式联运突破，在全球海运体系重构中巩固“稳定器”地位，为双循环新发展格局提供战略支撑，实现从规模扩张向质量效益提升的深度转型。预计2025年全国港口货物吞吐量将突破180亿吨，集装箱吞吐量超3.5亿TEU，进一步巩固中国在全球贸易中的核心枢纽地位。

区域协同与整合升级双轮驱动。中国沿海港口群通过区域协同与深度整合，加速构建现代化物流网络体系。粤港澳大湾区、长三角、环渤海三大港口群逐步形成“枢纽港+支线港+喂给港”的立体化分工格局。同时，港口整合持续深化。山东港口集团通过“智慧大脑”平台实现青岛港、日照港、烟台港的数字化协同，2024年集装箱中转效率提升25%，2025年自动化作业标准将覆盖全部12个港区；广东省港口集团有望完成湛江港与珠三角港口的深度整合，通过统一的电子口岸平台降低跨关区物流成本15%，形成盐田港（外贸枢纽）、湛江港（能源基地）、南沙港（内贸网络）的功能互补格局。在此基础上，长三角港口群依托洋山港区第五期自动化码头，打造“4小时港口圈”，实现上海港与宁波舟山港支线驳船无缝衔接，2025年区域内中转箱量占比将突破40%。这一系列举措通过“协同优化资源配置+整合释放规模效应”，推动中国港口群从单一竞争转向集群竞合，为全球供应链重构提供高效可靠的“中国节点”。

国际化布局与通道建设提速。中国港口正加速推进全球化网络布局，通过海外投资与新兴通道建设构建国际物流新格局。在海外码头投资方面，上海港计划2025年前完成埃及苏科纳港二期扩建，打造连接红海与地中海的战略枢纽；山东港口集团在印尼投运的冷链物流枢纽，将中国—东盟的水果贸易时效缩短3天，强化区域供应链协同。为应对航运联盟变革，宁波舟山港与希腊比雷埃夫斯港共建“数字走廊”，通过中欧快线舱位共享机制，确保地中海航线周班密度稳定在5班/周，有效对冲“双子星联盟”（2M+赫伯罗特重组）挂靠策略调整的影响。在新兴通道拓展方面，广州港开通直达西非拉各斯的“中非快航”，航程压缩至28天，带动建材、工程机械出口增长30%；天津港联合俄罗斯符拉迪沃斯托克（海参崴）港打造的“东北亚冰上丝绸之路”，预计冬季北极航线集装箱运量突破5万TEU，开辟亚欧贸易新路径。这一系列举措不仅提升了中国港口的全球资源配置能力，更通过战略支点与通道网络的协同，为国际贸易格局重构提供了“中国方案”。

多式联运网络迭代升级。以港口为核心的多式联运正成为中国物流体系升级的核心抓手。根据《推进铁水联运高质量发展行动方案（2023—2025年）》，2025年全国主要港口集装箱铁水联运量将突破1400万TEU，年均增速超15%，标志着运输结构优化迈入新阶段。规则创新同步突破，上海港与中远海运合作的“区块链多式联运提单”已覆盖长三角80%的外贸企业，2025年将向中西部枢纽延伸，融资结算效率提升70%；宁波舟山港投用配备温湿度传感器与北斗定位系统的智能集装箱，2025年投入量将达20万TEU，实现冷链货物全程可溯源。随着中欧班列与沿海港口“快线对接”模式成熟（上海港至杜伊斯堡18天达），内贸集装箱吞吐量增速预计达6.5%，多式联运正通过“硬联通+软规则”的双轮驱动，重塑港口作为全球供应链核心节点的战略价值。

（上海国际航运研究中心港口发展研究所　谢文卿）

2024 年国际集装箱运输市场回顾与 2025 年展望

2024 年，国际集装箱运输市场整体高位波动，运输需求明显上涨，红海危机导致的船舶绕航减缓新船交付冲击，阶段性供需关系变化较大。展望 2025 年，集装箱运输市场将面临美国关税政策调整、巴以冲突局势变化、运输成本变化、行业联盟变化以及“黑天鹅”事件扰动等系列问题，行业整体应对能力再次成为市场焦点，运价走势存在较大不确定性。

一、2024 年市场总体回顾

（一）集装箱海运需求表现亮眼，太平洋航线运量增长达 11%

2024 年，全球集装箱运输市场需求快速恢复，全球集装箱海运量共计 2. 11 亿 TEU，同比上涨 5. 4%（见图 1），计入运距离后的 TEU · 海里同比增速升至 17. 7%。分航线来看，各航线海运量均有所上涨。其中，太平洋航线涨幅较大，达到 11%（见表 1）。

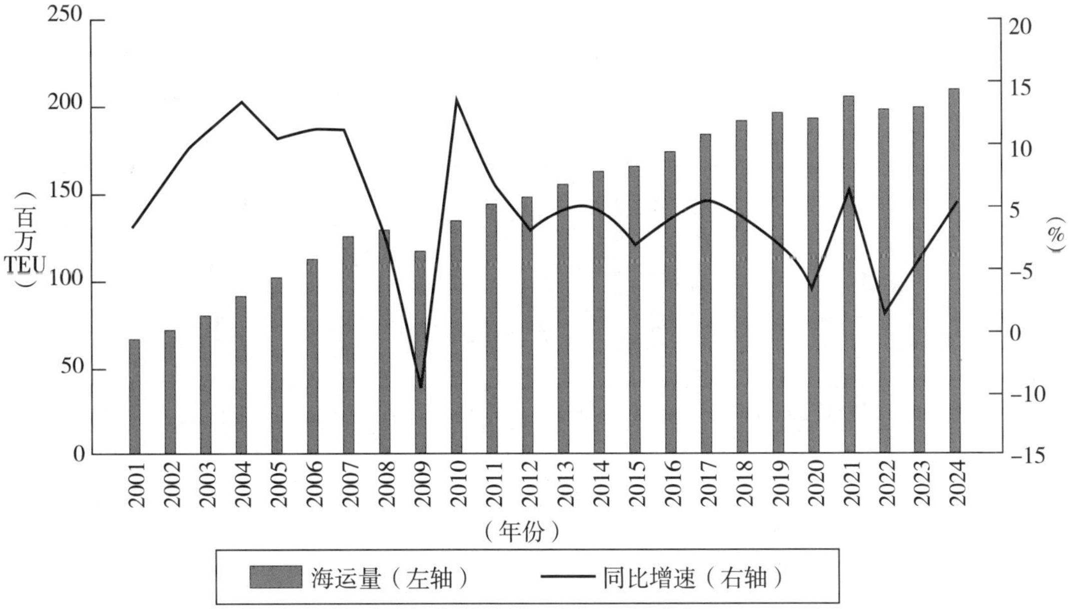

图 1　2001—2024 年全球集装箱海运量

表 1　　部分航线集装箱海运量及增长情况

年份	亚欧航线		太平洋航线		大西洋航线		南北航线		亚洲区域航线	
	运量（百万TEU）	增速（%）	运量（百万TEU）	增速（%）	运量（百万TEU）	增速（%）	运量（百万TEU）	增速（%）	运量（百万TEU）	增速（%）
2021	24.8	3.5	30.3	9.1	8.4	8.4	33.6	6.1	63.6	7.0
2022	22.1	-11.0	28.0	-7.4	8.1	-2.8	32.8	-2.5	63.0	-0.9
2023	23.0	4.2	27.3	-2.7	7.5	-8.1	34.0	3.6	62.4	-1.1
2024	24.1	4.4	30.3	11.1	7.9	5.9	35.9	5.6	65.2	4.5

数据来源：克拉克森，上海国际航运研究中心整理。

（二）全球集装箱运力突破 3000 万 TEU，有效运能波动上涨

2024 年，全球集装箱船队总运力规模达到 3084.7 万 TEU，同比增长 10.1%，是 2009 年以来的最高增速（见图 2）。随着新船的逐步交付，集装箱船队运能持续上涨。分航线来看，亚洲—地中海航线运能增长高达 15.7%，跨太平洋、亚洲—北欧航线运能分别增长 11.1%、10.6%。2023—2024 年部分航线有效运能波动情况见图 3。

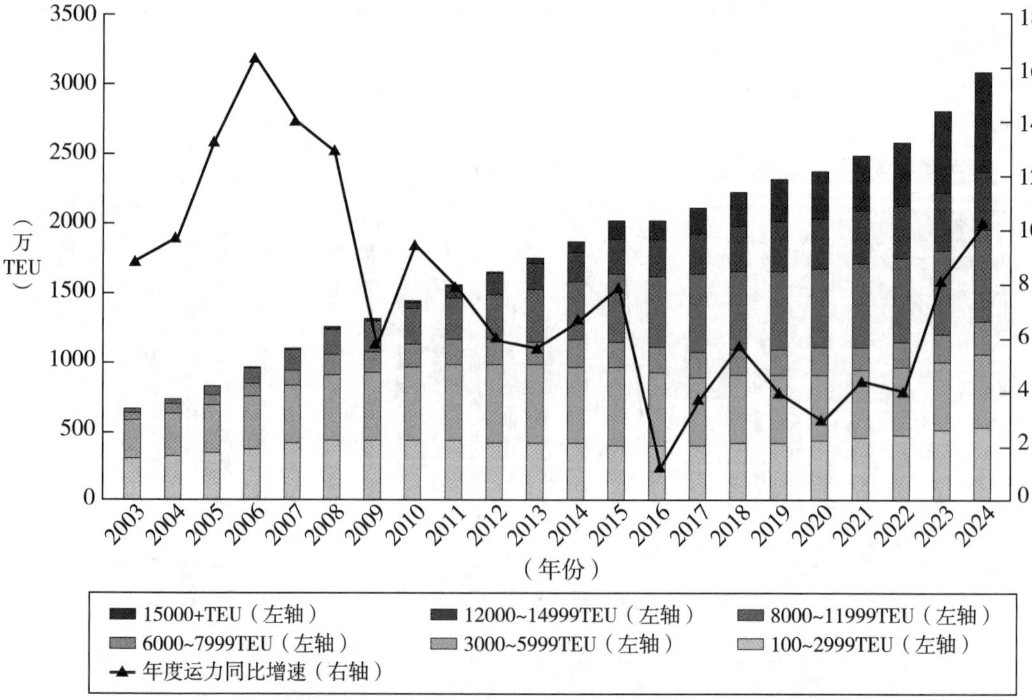

图 2　2003—2024 年全球集装箱船队运力

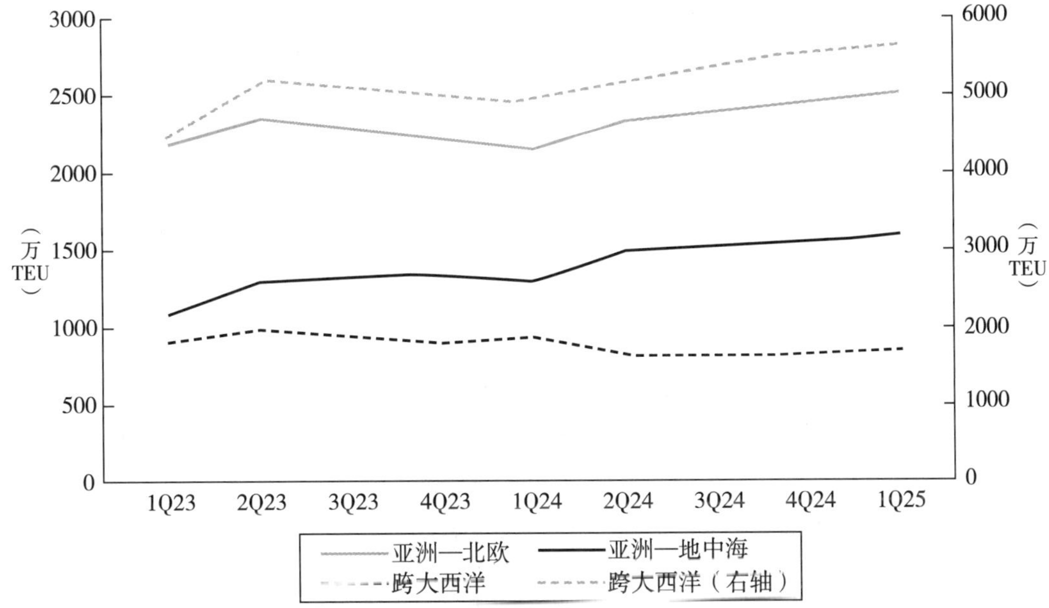

图3　2023—2024年部分航线有效运能波动情况

数据来源：克拉克森、德鲁里，上海国际航运研究中心整理。

（三）运价旺季表现提前，波动弹性放大

2024年，集装箱海运运价整体高位运行，运价波动弹性放大。上海航运交易所发布的中国出口集装箱运价指数（CCFI）年度均值为1552.43，同比大幅上涨65.63%。2024年中国出口集装箱运价指数（CCFI）走势见图4。

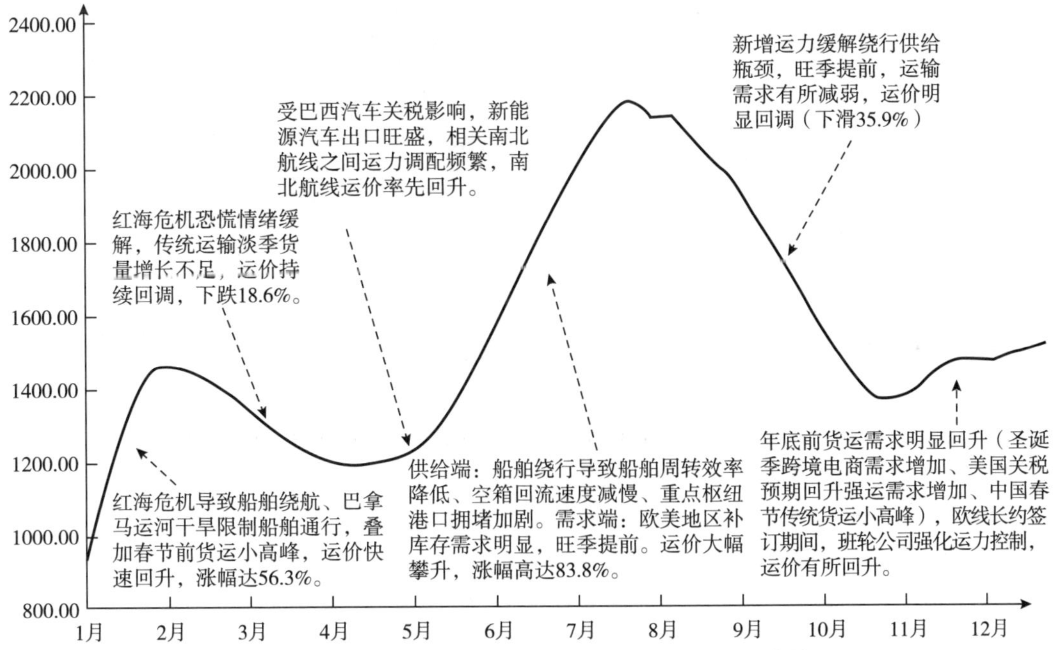

图4　2024年中国出口集装箱运价指数（CCFI）走势

数据来源：上海航运交易所，上海国际航运研究中心整理。

（四）主要航线即期运价涨幅超50%，波动幅度明显扩大

2024年，上海出口集装箱运价指数（SCFI）综合航线均值为2506.27点，同比增长149.18%（见表2）。上半年，南美等南北航线运价涨幅更为明显；5—7月，市场走势符合“需求意外+供给瓶颈”的市场特征，航线运价几乎全线上涨；集装箱市场运价旺季表现提前，8月后，远洋航线运价持续回调，年底出货小高峰运价有所回暖。

表2　上海出口集装箱运价指数（SCFI）分航线即期市场运价

SCFI 细分航线	2024年均值	2024年1月至2024年12月	同比	2020—2024年K线图
综合航线	2506.27		149.18%	
欧洲航线	3131.96		255.11%	
地中海航线	3797.49		146.15%	
美西航线	4987.24		210.40%	
美东航线	6463.20		155.53%	
东南亚航线	486.80		180.03%	
关西航线	295.45		-7.00%	
关东航线	302.98		-6.79%	
波斯湾航线	1847.29		67.68%	
南美航线	5676.47		174.93%	
澳新航线	1535.67		214.42%	
南非航线	3558.22		118.32%	
西非航线	4072.94		58.57%	

数据来源：上海航运交易所，上海国际航运研究中心整理。

二、2024年市场发展特点及趋势

（一）产品出口结构持续调整，核心商品出口表现积极

2024年，中国进出口总值达到43.85万亿元，同比增长5%。其中，出口总值达到25.45万亿元，同比增长7.1%。从出口产品结构来看，机电产品出口表现突出，同比增长8.7%，占出口总值的比重达到59.4%，提升了0.9个百分点；其中，中间品出口明显增长。同时，受欧美补库存、关税政策调整等

因素的影响，家用电器、光伏组件、汽车等核心产品出口表现积极，而服装、玩具等劳动密集型产品出口表现较为平稳。2024 年部分产品分月度出口同比增速见表 3。

（二）航线舱位利用率波动上涨，太平洋航线表现亮眼

2024 年，主干航线正向船舶平均舱位利用率波动上行，较 2023 年明显改善。分航线来看，太平洋东向航线船舶平均舱位利用率达到 91.3%，同比显著提升 7.3 个百分点；亚洲—北欧西向航线船舶平均舱位利用率达到 84.9%，同比大幅提升 6.9 个百分点；亚洲—地中海西向航线船舶平均舱位利用率达到 74.7%，同比下滑 4.2 个百分点（见图 5）。

（三）货代端与班轮公司运费相对一致，长协运费波动平稳

对比 2021 年运价高峰时期，2024 年货代端运费与班轮公司运费基本趋同，差额基本不超过 500 美元，且部分时间段班轮公司运费略高于货代端报价。近年来，班轮公司对现货报价的管理能力增强，放大现货运价在旺季窗口的显性高度。同时，集装箱长协运费走势相对平稳，整体涨幅不超过 10%。2021—2024 年上海—美西航线 SCFI 和上海—洛杉矶 WCI 走势见图 6。2022—2024 年集装箱长协指数走势见图 7。

（四）船舶绕航引发上半年运力供应紧张，二程转运模式增加

红海局势升级背景下，船公司持续绕行非洲好望角，导致船舶周转效率低下，运力损失高达 25%，即使上半年新交付了 52 万 TEU 运力至亚欧航线，仍有 10% 左右的运力缺口，运力供给瓶颈凸显。下半年，随着新增运力逐步交付，运力供给瓶颈逐步缓解。

对比 2021 年相同时间段的航线轨迹，可发现船舶绕行带来的转运模式变化，由中国—东南亚—印度次大陆（中东）—红海—地中海（西北欧）的运输模式，变更为主干航线：中国—新加坡—非洲—西北欧。东南亚、印度次大陆、中东、红海区域的货物由新加坡转运，地中海区域的货物由鹿特丹、汉堡等枢纽港转运。这种模式的变化导致：一是 2000 ~ 5000 TEU 的中小型船的需求大幅增加，在船舶租金中，这类船型的涨幅也最为明显；二是大小船舶集中到港导致港口拥堵较为明显，但随着各方应对措施的实施，拥堵情况已明显缓解。

（五）新船交付量达历史新高，船舶拆解规模不及预期

2024 年，新船交付量达历史新高，全年交付 473 艘集装箱船，共计 290.5 万 TEU，占 2024 年年初运力的比例达到 10.4%。全年共拆解集装箱船 55 艘，

表 3　2024 年部分产品分月度出口同比增速

分项		2024-11	2024-10	2024-09	2024-08	2024-07	2024-06	2024-05	2024-04	2024-03	2024-02	2024-01
		同比增速（%）										
出口增速		5.8	11.2	8.4	8.4	6.4	6.9	6.1	5.1	-3.8	10.5	10.0
纺服玩具	箱包及类似容器	-3.9	0.3	-12.8	-10.2	-11.6	0.2	5.9	-4.4	-16.3	59.7	12.4
	服装及衣着附件	3.4	6.8	-5.9	-2.3	-4.2	1.3	4.9	-0.6	-14.2	38.1	5.1
	纺织纱线及其制品	8.6	14.7	-3.0	4.7	3.5	8.8	11.7	1.0	-13.4	28.6	13.5
	玩具	3.9	2.8	-6.9	-8.4	-4.0	1.6	0.9	-0.5	-12.2	36.9	10.4
家居产品	家具及其零件	-3.5	1.8	-10.5	-4.3	-5.5	9	21.9	12.5	-1.3	65.2	28.1
	灯具及其零件	-3.7	3.7	-11.2	-7.2	-6.4	1.8	5.9	-1.2	-21.1	95.6	10.8
	家用电器	9.2	21.6	4.3	11.9	16.8	20.9	23.5	17.8	3.4	30.3	20.2
机电产品	机电产品	7.1	12.6	2.9	12	9.8	10.1	11.9	7.4	-1.5	13.1	10.8
新能源产品	电动载人汽车	-21.1	-7.2	9.5	26.3	19	11.4	20.7	55.5	54.5	4.0	13.5
	太阳能电池（万个）	62.3	73.5	25.8	47.2	28.5	30.1	24.1	15.2	8.1	48.2	21.8
	锂离子蓄电池（万个）	24.8	13.9	2.5	8.6	-0.2	10.5	4.66	-2.31	-2.83	1.47	16.99
中间品&资本品	通用机械设备	13.0	28.8	2.5	11.2	14.4	19.8	11.5	4.1	-7.2	65.9	16.1
	集成电路	10.1	16.4	5.5	18.2	27.8	26.4	34.8	22.9	18.0	12.1	46.5
	汽车零配件	4.7	13.2	-2.4	6.2	5.4	11.0	5.1	2.4	-0.8	23.9	16.6
消费品	手机	-1.2	-1.7	-5.8	16.9	4.9	4.6	11.7	11.3	6.2	-6.0	-21.3
	自动数据处理设备	6.3	9.3	3.8	4.6	10.8	12.6	10.5	5.7	10.5	5.0	-2.2
	汽车（包括底盘）	-8.6	2.2	24.8	32.1	12.9	14.2	20.3	33.1	33.1	12.5	18.7

数据来源：海关总署，上海国际航运研究中心整理。

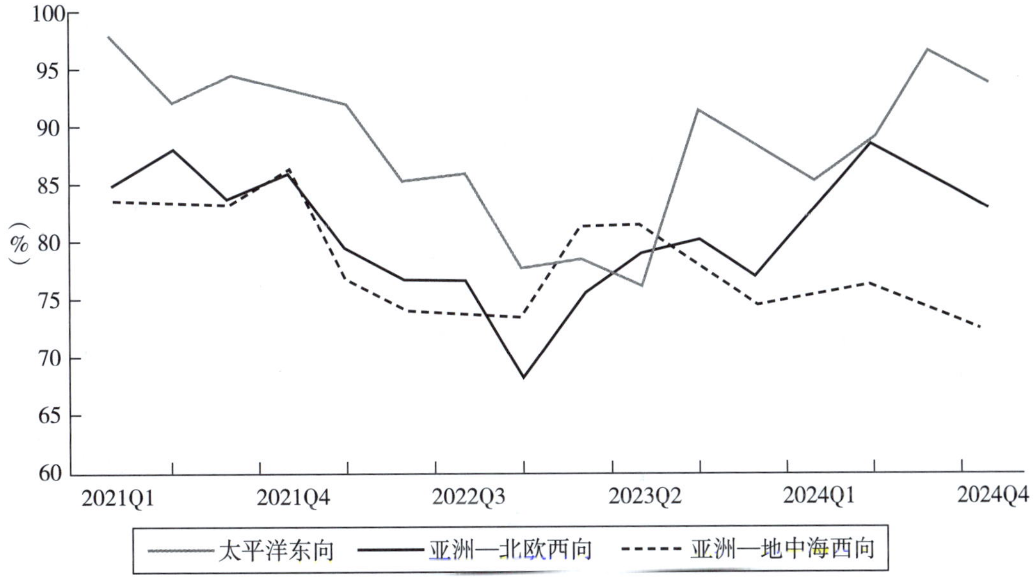

图 5　分航线船舶平均舱位利用率走势

数据来源：德鲁里，上海国际航运研究中心整理。

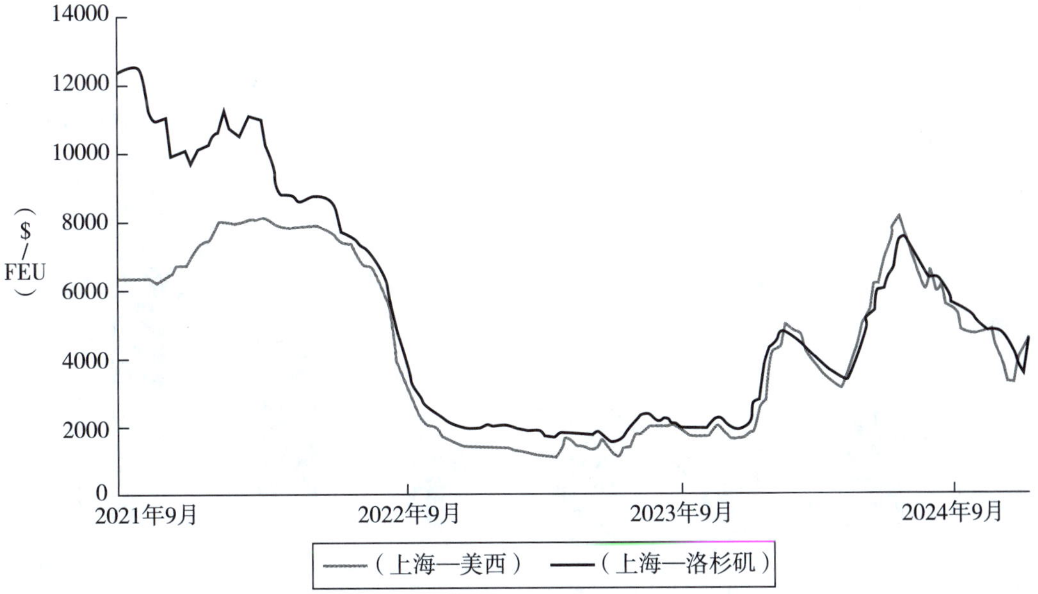

图 6　2021—2024 年上海—美西航线 SCFI 和上海—洛杉矶 WCI① 走势

共计 9.16 万 TEU，同比下滑 32.4%。从船龄上看，集装箱船队平均船龄达到 13.81 年，基本与 2023 年持平。但 25 年以上船舶占比持续提升，达到 3.2%，其中，3000 TEU 以下支线型船舶老旧船舶占比较高。2019—2024 年新交付船型运力分布情况见图 8。

① 德鲁里世界集装箱运价指数。

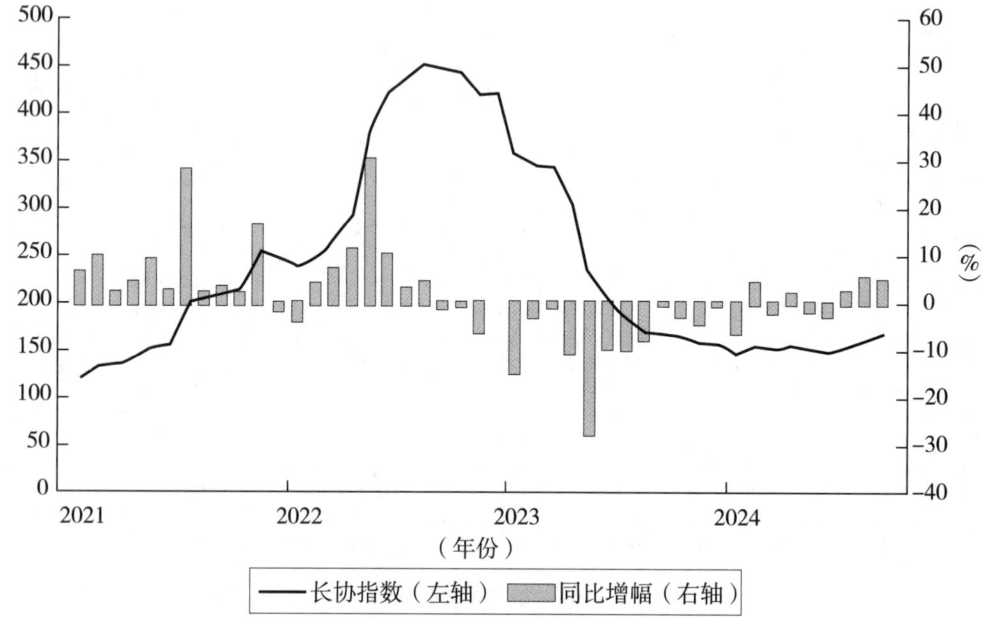

图 7　2022—2024 年集装箱长协指数走势

数据来源：上海航运交易所、德鲁里、XSI，上海国际航运研究中心整理。

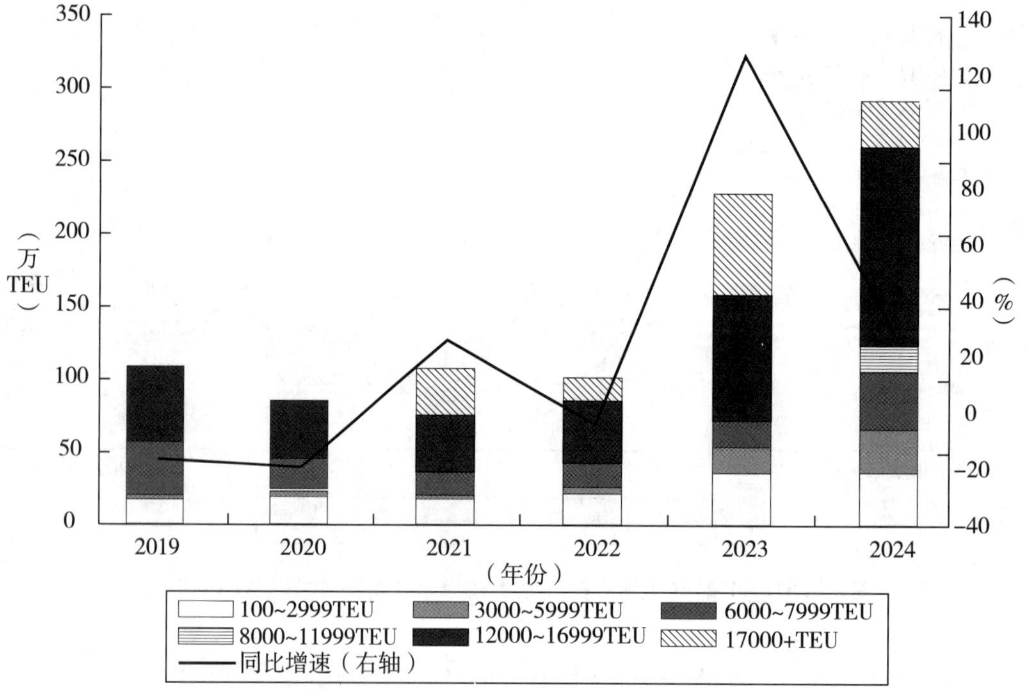

图 8　2019—2024 年新交付船型运力分布情况

（六）新签订单重回高位，新造船价格居高不下

2024 年，集装箱船新签订单量明显增加，达到 435.2 万 TEU，同比增长

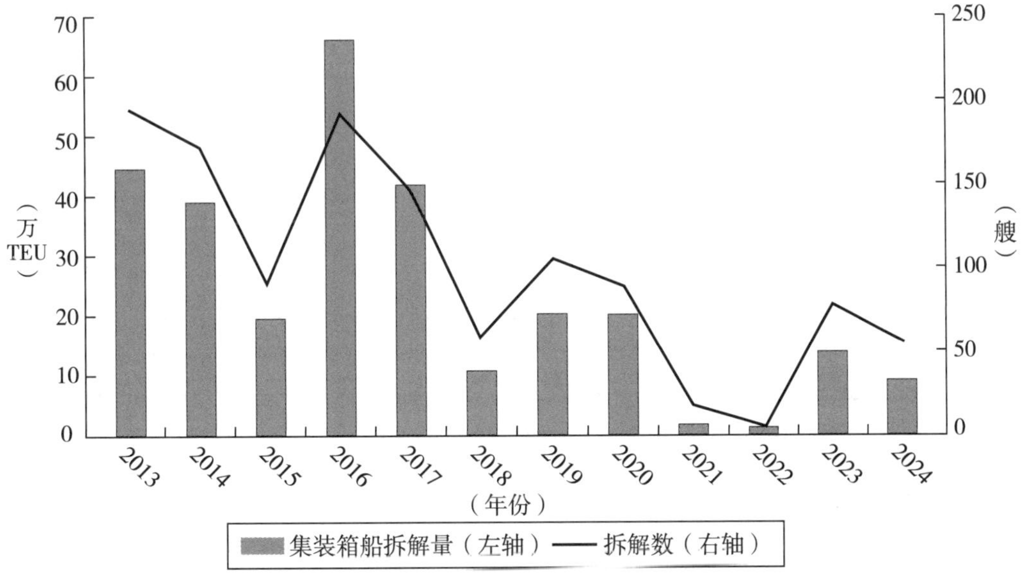

图 9　2013—2024 年集装箱船拆船情况

数据来源：克拉克森，上海国际航运研究中心整理。

172.9%（见图 10）。集装箱船队手持订单规模达到 832.76 万 TEU，占现有运力的比例为 27%，持续处于高位。由于全球造船市场保持火热，新造船价格持续居高不下，较 2019 年上涨至少 30%，其中 22000/24000 TEU 型新船订单价格较 2019 年上涨高达 88.4%（见图 11）。

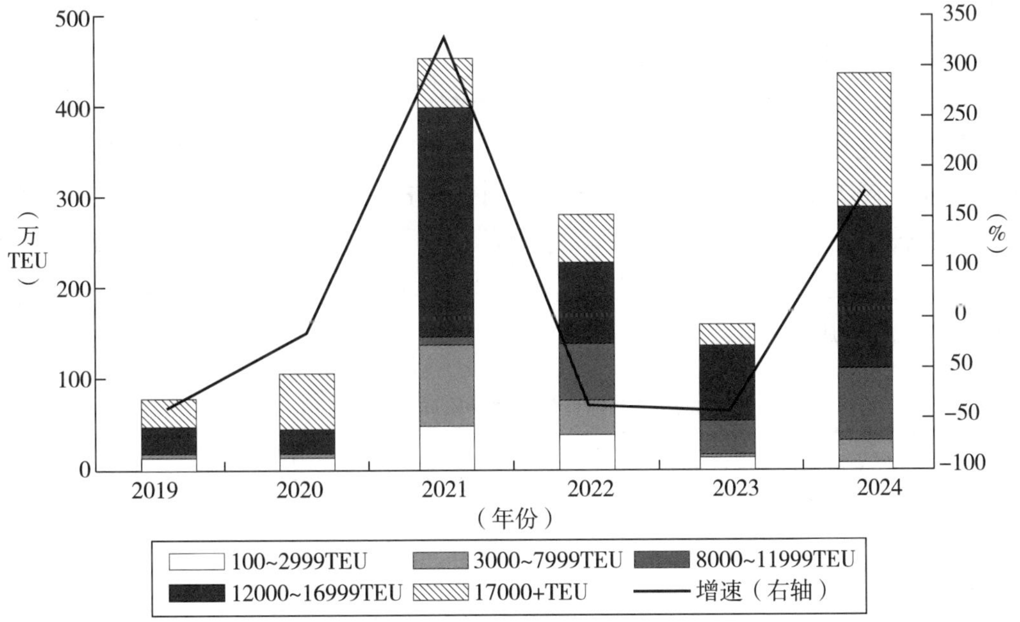

图 10　2019—2024 年集装箱船新签订单量

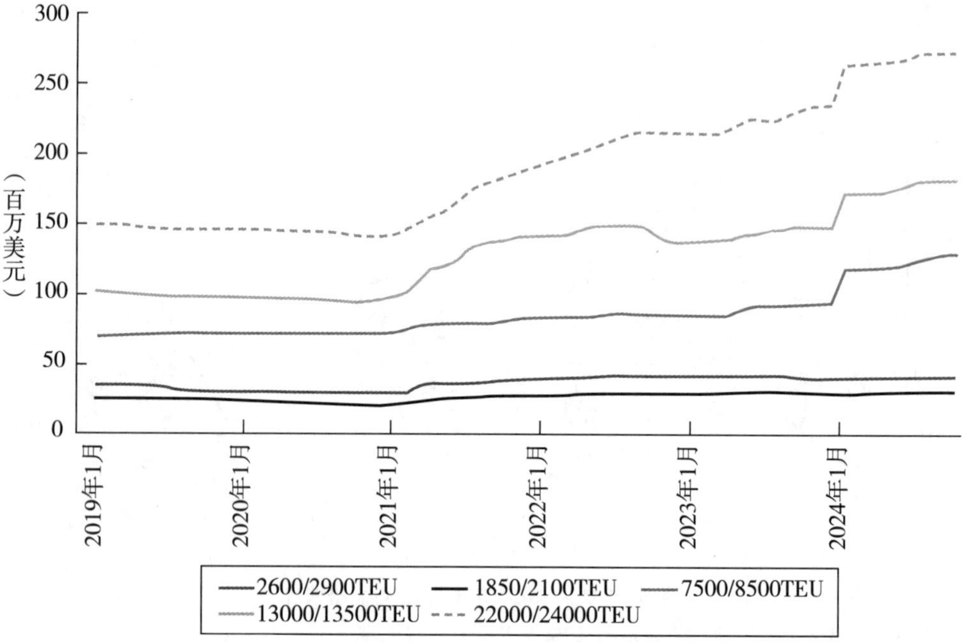

图 11　2019—2024 年集装箱船新造船价格

数据来源：克拉克森，上海国际航运研究中心整理。

（七）航线集中度波动向下，中小班轮企业灵活参与远洋航线经营

2024 年，远洋航线运价高位波动，部分航线供给瓶颈突出，中小班轮企业开始参与远洋航线经营，导致远洋航线运输经营人及航线集中度（赫芬达尔 - 赫希曼指数，HHI 指数）出现一定的波动。

一方面，中小班轮企业多投入 2000 ~ 6000 TEU 的中小船舶，灵活度较高，可根据货源变化情况灵活调整运力投放，且可通过直达、快航、交付承诺等特色化服务开展差异化竞争；另一方面，中小班轮企业的海外网点布局尚不完善、船舶较小、专业化人才储备不足等问题，导致其远洋航线经营成本较高，一旦航线运价快速下滑，中小班轮企业或将被迫退出。2024 年各航线经营者数量和 HHI 指数见表 4。

表 4　　2024 年各航线经营者数量和 HHI 指数

	经营者数量				HHI 指数				趋势
	1 月	4 月	7 月	10 月	1 月	4 月	7 月	10 月	
欧洲—中东	11	11	13	10	2523	2305	2075	2117	⬇
亚洲—西非	8	8	9	8	2081	2042	1859	1824	⬇
东南亚—欧洲	13	19	17	18	2650	1885	2163	2170	⬇
亚洲—地中海	14	20	18	19	1730	1676	1505	1508	⬇

续　表

	经营者数量				HHI 指数				趋势
	1 月	4 月	7 月	10 月	1 月	4 月	7 月	10 月	
亚洲—北美西	18	19	23	23	1211	1204	1215	1194	⬇
亚洲—北美东	14	15	12	1242	1130	1144	1242	1270	⬆
亚洲—东南亚	33	34	32	36	820	834	825	825	➡
欧洲—南美东	7	7	7	7	2457	2491	2649	2569	⬆
南亚—北美	8	8	8	6	2023	1874	1980	2409	⬆
北欧—北美	14	15	14	13	1716	1661	1856	1824	⬆
亚洲—北欧	10	11	8	9	1381	1427	1480	1450	⬆
亚洲—北美东	11	12	11	11	1069	1116	1097	1425	⬆
亚洲—中东	24	24	26	26	886	917	1107	992	⬇

数据来源：德鲁里，上海国际航运研究中心整理。

（八）行业盈利整体大幅改善，中小班轮企业盈利显著增长

在即期市场运费大幅提升的背景下，2024 年前三季度，班轮行业整体息税前利润（EBIT）达到 541 亿美元，同比增长 79.7%，但仍显著低于 2021—2022 年行业高峰时期（见图 12）。主要班轮公司保持盈利状态。由于各班轮企业对即期市场和长期协议的管理及策略存在差异，长荣海运、阳明海运等长协占比较低的企业盈利改善更为明显（见表 5）。

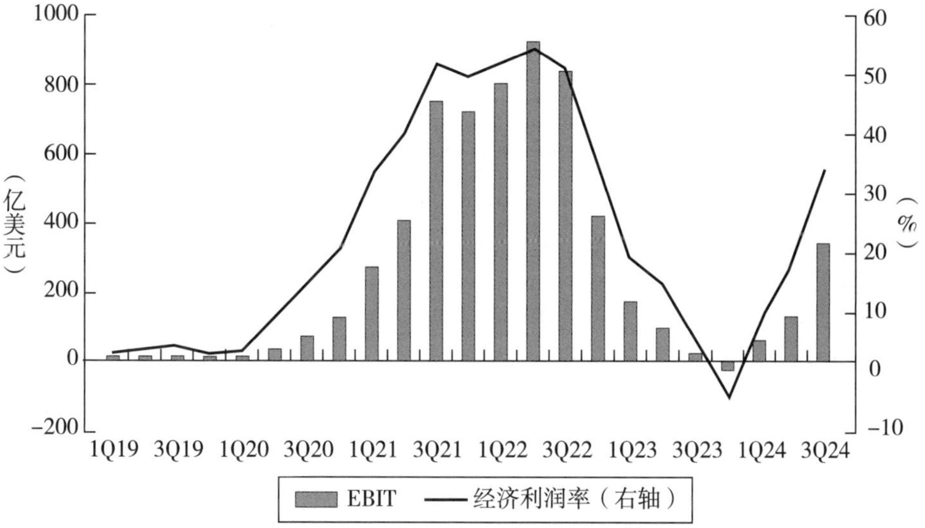

图 12　2019—2024 年行业整体 EBIT 走势

表 5　　2023—2024 年前三季度主要班轮企业盈利情况

班轮公司	收入（百万美元）			净利润（百万美元）		
	2023年前三季度	2024年前三季度	同比（%）	2023年前三季度	2024年前三季度	同比（%）
马士基航运	39.324	40888	4	4364	4122	-5.55
达飞轮船	24.791	26994	9	3730	4176	11.96
中远海运	18.378	23418	27	3066	5024	76.91
赫伯罗特	15.307	15281	0	3411	1823	-46.56
长荣海运	6.389	10853	62	1035	3394	227.92
阳明海运	3.487	5281	51	196	1611	721.94
以星航运	3.957	62,60	58	-2547	1586	—

数据来源：德鲁里、公司官网，上海国际航运研究中心整理。

（九）班轮企业持续纵向资产整合，物流企业及码头资产成为重要标的资产

2024 年，班轮企业持续开展上下游产业链资产并购，收购标的主要集中在物流企业及码头资产，这体现了班轮企业通过纵向整合增强盈利能力的发展方向。从码头资产收购来看，班轮企业加大了对东南亚、南美等新兴市场的布局力度。2024 年班轮企业投资情况一览见表 6。

表 6　　2024 年班轮企业投资情况一览

企业	收购/投资事件	影响
马士基	投资 6 亿美元用于扩大尼日利亚的港口基础设施	—
	在未来两年内，向巴基斯坦的港口和交通基础设施投资 20 亿美元，主要涉及港口开发、疏浚、转运和道路建设等	—
	投资 3.07 亿美元扩大桑托斯港口码头的容量	助力桑托斯港成为南美东最重要的枢纽之一
地中海	收购德国汉堡港口运营商 HHLA（汉堡港口与物流公司）49.9% 的股份	有望加强其在欧洲北部的港口网络，助力汉堡港重回增长轨道
	收购法国物流集团 Clasquin 的全部股份	扩大全球物流版图
	地中海子公司 SAS 收购挪威船东 Gram Car Carriers ASA（GCC）	—

续　表

企业	收购/投资事件	影响
地中海	地中海子公司 MEDLOG 收购英国最大的陆路运输公司 Maritime Transport	扩大全球物流版图
达飞	达飞集团旗下全球知名国际货代 CEVA Logistics（简称 CEVA），日前与英国供应链解决方案公司 Wincanton 达成协议，以 5.669 亿英镑（约合 7.2 亿美元）的价格，收购 Wincanton 的全部股份	助力 CEVA 进一步实现合同物流客户群的多元化
	达飞集团以 52.6 亿美元收购 Bolloré 集团的运输和物流业务	达飞成立以来最大规模的收购，助力达飞物流业务跻身全球前五
	收购巴西港口运营商 Santos Brasil Participações 48% 的股份，交易金额约为 11.5 亿美元	大幅增强达飞集团在巴西的业务
ONE	ONE（海洋网联船务）宣布已经完成对印尼 NPCT1 码头的部分股权收购	进一步增强了 ONE 在东南亚市场的战略地位，特别是在供应链稳定性和港口装载能力方面
中远海运	在马来西亚吉隆坡成立马来西亚代表处及东南亚（巴生）纸浆区域分拨中心	旨在整合区域资源优势，为客户提供绿色、数字化的全链条物流服务，并通过强化区域节点布局，为全球客户创造更多价值
	中远海运港口有限公司宣布成功收购泰国林查班港两大码头的部分股权，分别为 Thai Laemchabang Terminal Co., Ltd.（TLT）12.5% 股权和 Hutchison Laemchabang Terminal Limited（HLT）30% 股权，交易金额达 1.1 亿美元	强化了在泰国市场的布局，进一步增强了其在东南亚的竞争力

数据来源：公开信息，上海国际航运研究中心整理。

（十）绿色转型趋势明显，但替代能源方案摇摆不定

2021 年以来，新能源集装箱船舶的订单明显增加。2024 年，新能源船舶订单占比与 2023 年基本持平，为 94.5%。从头部企业船队情况来看，目前头部班轮企业新能源船舶订单占比均超 60%，部分企业接近 100%。但在替代能源方案上，业界尚未达成一致。2021—2023 年，甲醇船舶订单明显增加，但 2024 年以来，甲醇船舶订单明显收缩，而 LNG 船舶订单重回高位（见图 13）。率先提出订造甲醇动力船舶的马士基也表示，在当前燃料短缺的情况下，LNG 成了其无法回避的选择。马士基绿色船队构建脉络见图 14。

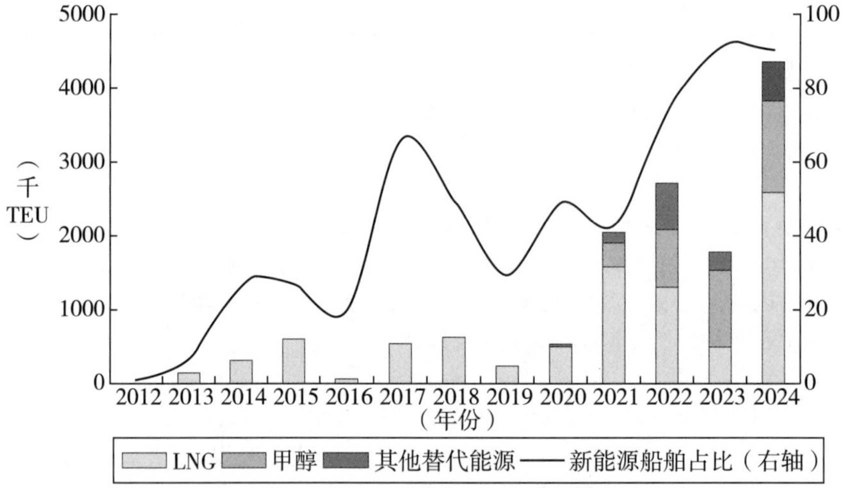

图 13　绿色能源船舶订单规模及其占比

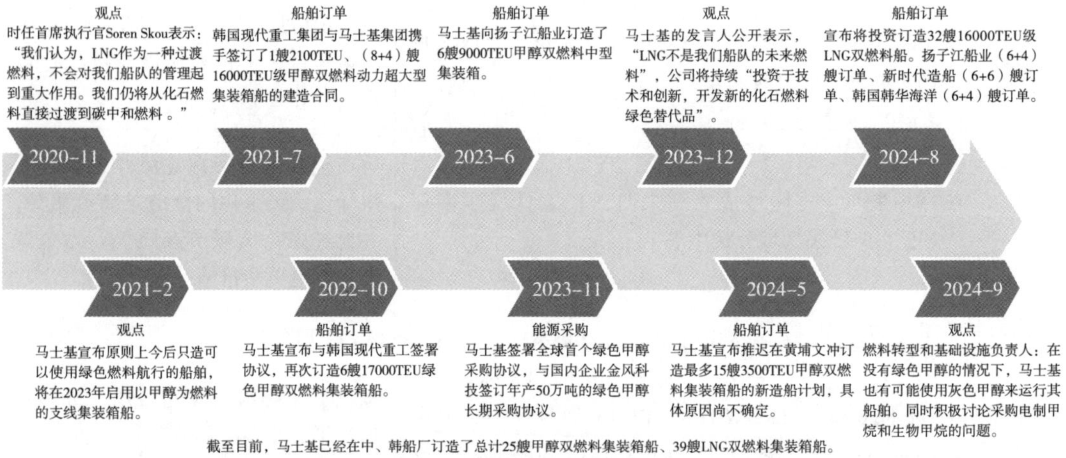

图 14　马士基绿色船队构建脉络

数据来源：德鲁里、公开信息，上海国际航运研究中心整理。

三、2025 年市场展望

（一）美国加征关税预期提升，产业链布局或将呈现多元化发展趋势

参考 2018 年中美贸易摩擦，计算机、家用电器、电子、纺织服饰、石油化工等产业或将受到关税的显著影响。

同时，产业转移趋势或将进一步增强。考虑到特朗普可能会提高墨西哥、加拿大等地的关税水平，整体产业链布局或将更加多元化，不排除采取二次中

转模式以规避关税风险。

（二）集装箱新船交付仍处于相对高位，供需平衡指数持续走弱

根据克拉克森的数据，2025 年全球集装箱海运量预计为 2.17 亿 TEU，同比增长 2.9%，较 2024 年减少 2.5 个百分点；2025 年新船交付量预计达到 212 万 TEU，其中 12000 + TEU 船舶达 103.6 万 TEU，新船交付持续冲击市场供需关系。不考虑突发事件的影响，市场整体供给过剩压力较大，整体供需平衡指数持续下探。2020—2025 年全球及东西航线供需平衡情况见图 15。2021—2026 年新船交付情况走势见图 16。

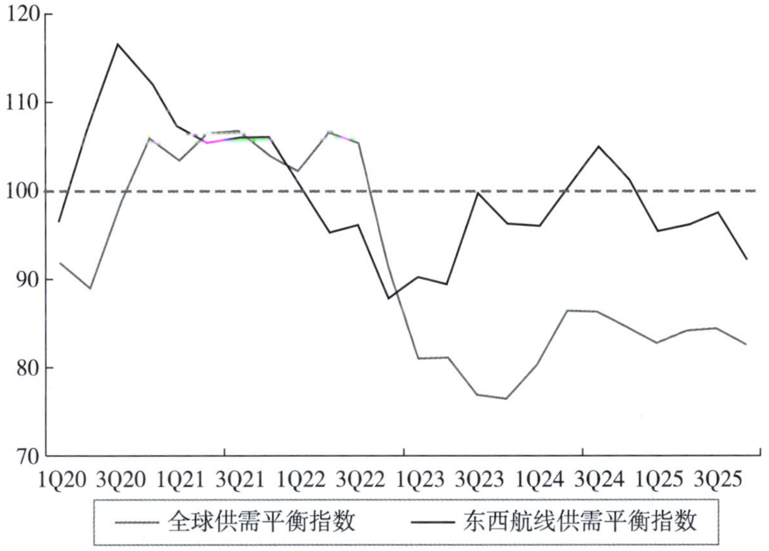

图 15　2020—2025 年全球及东西航线供需平衡情况

（三）“双子星”计划大幅减少远洋干线枢纽港挂靠数量，驳运体系作为“毛细血管”扩大网络覆盖范围

“双子星”计划具有以下鲜明特点：一是大幅减少远洋干线枢纽港挂靠数量，与旧网络相比，新网络的节点减少了 41.1%；二是驳运体系作为“毛细血管”扩大网络覆盖范围，丹戎帕拉帕斯港作为重要的亚洲区域中转作业基地发挥关键作用；三是强调对网络重点节点的控制权，目前十大中转基地中有 7 个港口为其自有或控制的港口。

该计划可能对行业产生如下潜在影响：重塑行业竞争策略（以效率为先，注重综合物流服务）；其他班轮联盟或巨头可能跟进，并调整航线布局；中转模式对于中小班轮公司而言，机遇与挑战并存。

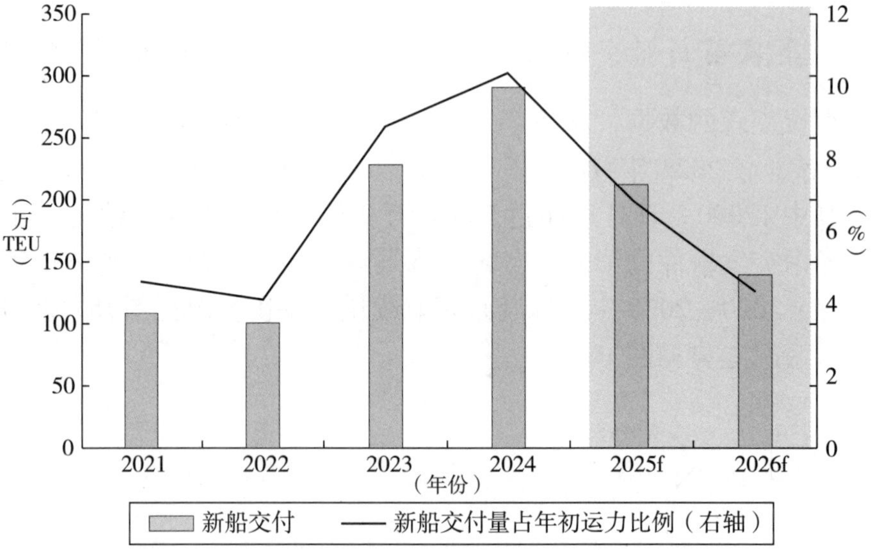

图 16　2021—2026 年新船交付情况走势

数据来源：德鲁里、克拉克森，上海国际航运研究中心整理。

（四）班轮联盟格局再次调整，行业竞争或将有所加剧

班轮联盟将由现行的三大联盟演变为“3 + 1”的联盟格局，即海洋联盟、“双子星”、Premier 联盟三大联盟与地中海航运独立运营并存的局面。从市场份额来看，海洋联盟的市场份额大幅领先，在东西主干航线上的运力占比达到 30%，“双子星”、Premier 联盟及地中海航运在东西主干航线上的运力占比分别为 22%、12% 和 20%。同时，行业市场集中度也将有所下滑，HHI 指数或将由 2600 点降至 2000 点左右（见图 17）。

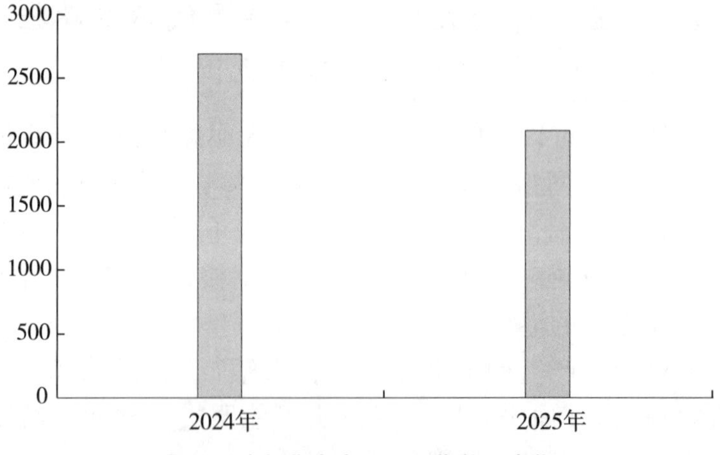

图 17　市场集中度（HHI 指数）变化

数据来源：公开信息、Alphaliner，上海国际航运研究中心整理。

（五）“黑天鹅”事件频发，供应链不稳定或将增加集装箱运价波动性

2025 年，外部形势仍然较为复杂，影响供应链稳定的不确定性因素更加复杂多变，市场走势的不确定性进一步增加。虽然供需基本面持续转弱，但供应链的短期调整仍将推动运价波动。2025 年须重点关注的事件见表 7。

表 7　2025 年须重点关注的事件

事件	影响
红海危机及中东局势变化	巴以达成一阶段停火协议，红海危机有望缓解，班轮企业复航将加剧运力过剩局面
人民币汇率变化	结合当前的国际国内形势，目前业界普遍认为 2025 年人民币依然面临贬值风险
巴拿马运河实施新的收费规则	巴拿马运河管理局宣布，从 2025 年 1 月 1 日起，对其过境预订系统进行新的调整，包括调整收费、改变和实施新收费标准。达飞、地中海等企业将加收 40 美元/TEU 运河附加费，其他企业也可能加收相关费用
局部地缘政治冲突	巴以、俄乌、中东等区域的局势尚不明朗，不确定性增加，对区域贸易、运输通道等方面的影响深化，对原油等大宗商品的价格影响加大
恶劣天气、重大事故、工人罢工等事件	短期内对供应链造成明显冲击，但可持续性较低，影响相对可控

数据来源：网页公开信息，上海国际航运研究中心整理。

（上海国际航运研究中心国际航运研究所　郑静文　吴磊
郭盛　王译宽　张永锋）

2024 年国内集装箱运输市场发展回顾与 2025 年展望

2024 年，虽然在内需的强劲拉动下，内贸集装箱运输市场需求增长强劲，市场运力增速也有所放缓，并且市场出现翘尾行情，但由于受上半年淡季运价持续走低拖累，全年运价中枢再创新低，预计 2025 年国内集装箱运输市场运价或将在低位震荡上行。

一、2024 年国内集装箱运输市场发展回顾

（一）国内集装箱运输市场运价回顾

2024 年，在持续扩大内需的政策影响下，内贸集装箱运输市场需求增长较为强劲，但由于年初市场运力依旧处于相对饱和的状态，企业为抢占运力份额竞争激烈，因而运价整体上延续了 2023 年年底的下行走势，特别是自 4 月进入传统淡季后，随着新船运力的持续交付，市场供需矛盾激化，导致 4—6 月内贸集装箱运价持续下滑，运价指数一度跌破 900 点（见图 1）。考虑到近年来燃油及船员成本的上涨，上半年，市场形势已然跌入 2016 年以来的低谷。进入下半年，在外贸市场具有较高租金收益的影响下，大量兼营船舶逐步转移至外贸市场，甚至部分船舶直接改造为纯外贸船舶进行外贸运输，缓解内贸市场供给端的压力。叠加下半年内贸传统旺季，北方区域运价大幅回升，带动整体市场运价单边上涨并攀升至 11 月底的 1467 点，较年中最低点大幅上涨 67.46%。整体来看，由于受上半年淡季运价持续走低拖累，全年综合运价指数均值仅为 1101.42 点，较 2023 年下滑 12.41%，为 2016 年以来的最低平均运价水平。

（二）国内集装箱运输市场需求回顾

（1）内贸货运增长强劲。2024 年，全国经济增速达到 5.0%，社会消费品零售总额同比增长 3.5%，综合 PMI 产出指数均值为 50.8%，工业生产稳步增长，但房地产新开工施工面积下降 22.6%，处于结构转型阵痛期。上半年，中国经济延续恢复态势，市场对粮食、农药化肥、机械设备、化工原料及制品、医药等货种的运输需求有所提升，但由于房地产业的持续不景气，导致建材等

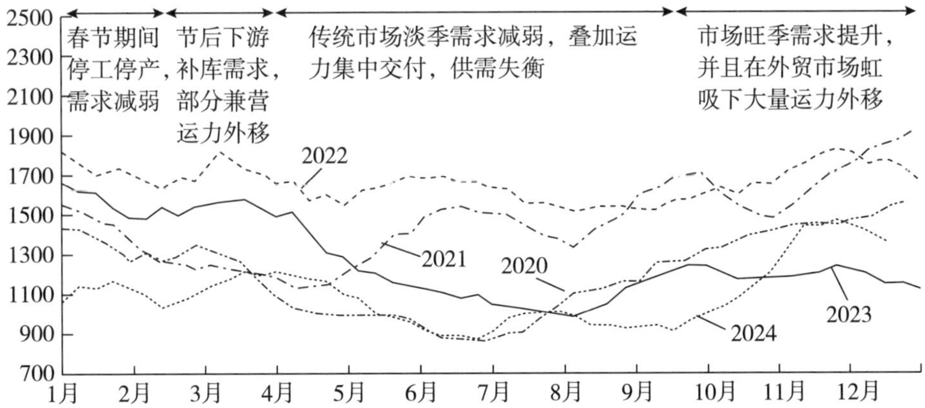

图 1　2020—2024 年中国内贸集装箱综合运价指数走势

数据来源：新华·泛亚内贸集装箱运价指数（XH·PDCI），上海国际航运研究中心整理。

的运输需求大幅下滑；下半年，宏观调控力度加大，加强逆周期调节，工业生产增长，煤炭、粮食、聚氯乙烯（PVC）、汽车及零配件等货量增长，带动了市场需求的增长，水泥、化工品、建材需求有所好转。截至 2024 年 11 月，国内集装箱累计吞吐量为 12487.44 万 TEU，同比增长 7.22%，其中货运量为 6230.57 万 TEU，同比增长 6.41%，为 2019 年以来的最高增速，而空箱调运量同比增速达到 8.14%。其中，一季度至三季度货运量增速分别为 8.19%、6.29% 和 6.44%，需求增速逐步下滑。2023—2024 年 11 月内贸集装箱运输需求变化情况见图 2。

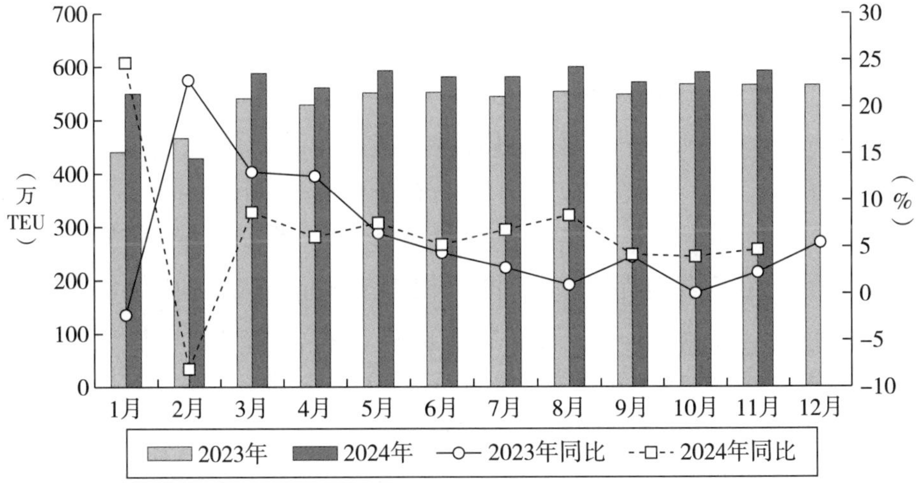

图 2　2023—2024 年 11 月内贸集装箱运输需求变化情况

数据来源：上海国际航运研究中心整理。

（2）华东区域的需求具有支撑作用。分区域来看港口吞吐量，2024 年 1—11 月，北方区域港口内贸集装箱吞吐量约为4081.73 万 TEU，同比增长4.8%；华东区域港口吞吐量约为 2181.23 万 TEU，同比增长 10.2%；华南区域港口吞吐量约为 2821.77 万 TEU，同比增长 5.1%；长江区域港口吞吐量约为 997.69 万 TEU，同比下降2.64%；珠江区域港口吞吐量约为 417.12 万 TEU，同比上涨9.61%（见图3）。

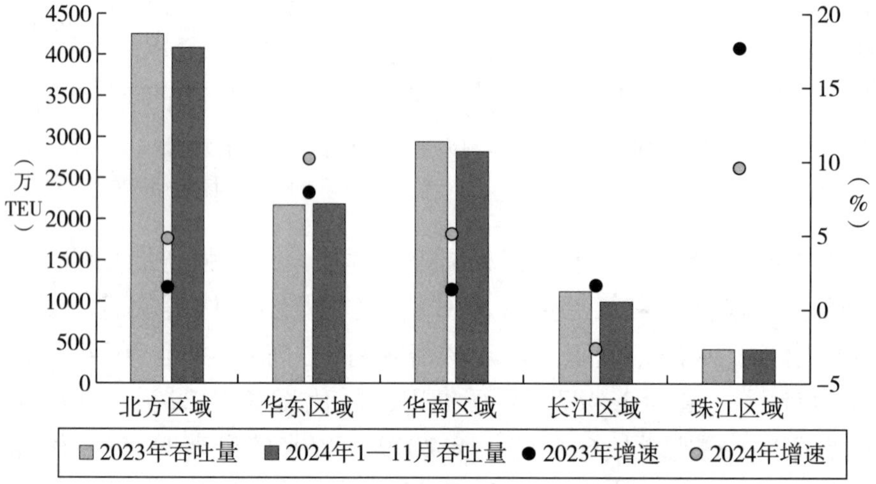

图3　中国各出港区域内贸集装箱吞吐量及增速

数据来源：上海国际航运研究中心整理。

（三）国内集装箱运输市场运力回顾

（1）船队规模增速放缓。虽然 2024 年市场仍有部分运力交付，但由于大量新船订单已于2023 年集中交付，2024 年新交付运力大幅下滑，并且由于国际市场运价大幅走高，部分内贸船舶通过改造或出售等方式进入外贸市场，提前退出内贸市场运营，导致静态运力增长有所放缓。同时，在外贸市场较高收益的驱使下，大量内外贸兼营船舶从事外贸运输，叠加船舶周转率小幅下滑，市场动态运力较 2023 年年底有所下滑。根据交通运输部国内沿海货运船舶运力分析报告统计，截至 2024 年上半年，国内沿海运输 700TEU 以上集装箱船（不含多用途船）运力共计 435 艘、101.7 万 TEU，载箱量较 2023 年年底增长4.5%。上海国际航运研究中心统计数据显示，预计全年总运力将达 102 万TEU，较 2023 年年底增长 4.8%，较 2023 年 17.23% 的增速大幅下滑（见图4），动态运力预计较 2023 年年底下滑 5.2% 左右（截至 6 月底动态运力增长7.1%）；全年新增集装箱船舶运力约为 9.4 万 TEU，较 2023 年的 17.1 万 TEU大幅下降45%，下半年新船交付仅 1.5 万 TEU。

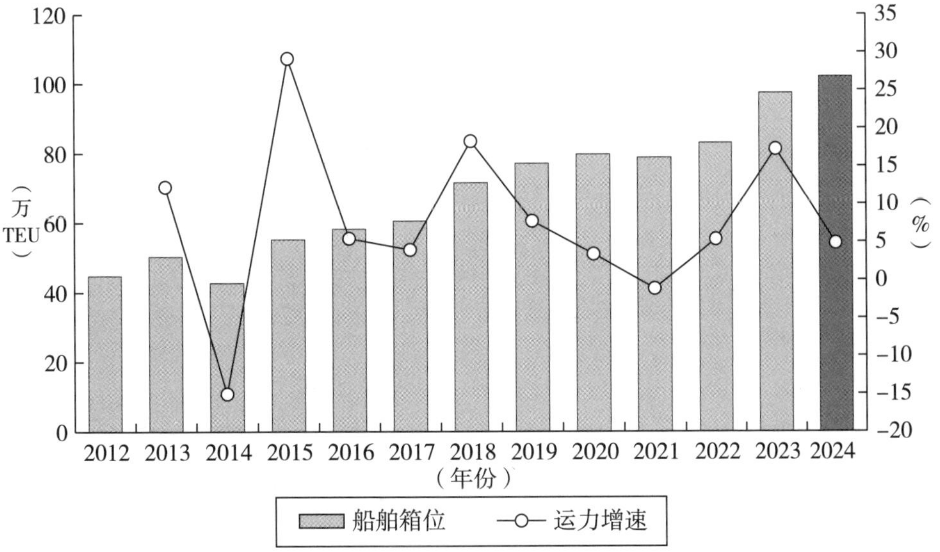

图4　国内沿海运输700TEU以上集装箱船运力情况

数据来源：交通运输部，上海国际航运研究中心整理。

（2）船舶周转小幅下滑。2024年，国内沿海700TEU以上集装箱运输船队平均营运率、航行率及直挂率分别为99.1%、65.84%和71.32%，较2023年全年分别下滑0.21个百分点、下滑1.07个百分点和上涨7.7个百分点；平均航速达到9.58节，较2023年下降8.11%；船舶平均在港时间为19.25小时，同比上升14.59%；平均航次数为8.96，同比上涨3.41%，船队整体周转率较2023年小幅下滑（见图5）。从内外贸兼营集装箱船舶航行时间来看，2024年我国700TEU以上内外贸兼营集装箱船舶平均D－I航行率为1.83，较2023年降低24.18%，只在外贸航线上运营的平均船舶运力同比上升37.61%，即表明内外贸兼营集装箱船舶国外航线航行的吨位时间大幅提升，大量的内外贸兼营集装箱船转移至外贸航线。

（3）航线强度大幅下滑。从上海国际航运研究中心监测的前十大内贸集装箱航线的航线强度（航线运能）来看，由于内贸集运市场动态船队规模的下滑，导致2024年前十大内贸集装箱航线整体航线强度较2023年同比下滑6.56%至55.47万TEU。其中，广州港与营口港及广州港与天津港之间的往返航线作为国内最为繁忙的集装箱运输航线，航线强度下降最为明显，天津—广州及广州—天津的航线强度同比分别下降29.48%和35.66%，营口—广州及广州—营口的航线强度降幅分别达5.11%和12.23%，广州—宁波舟山的航线强度下降27.21%，但广州—青岛、广州—上海和厦门—营口的航线强度大幅上涨，涨幅分别为41.78%、21.15%和20.54%（见图6）。

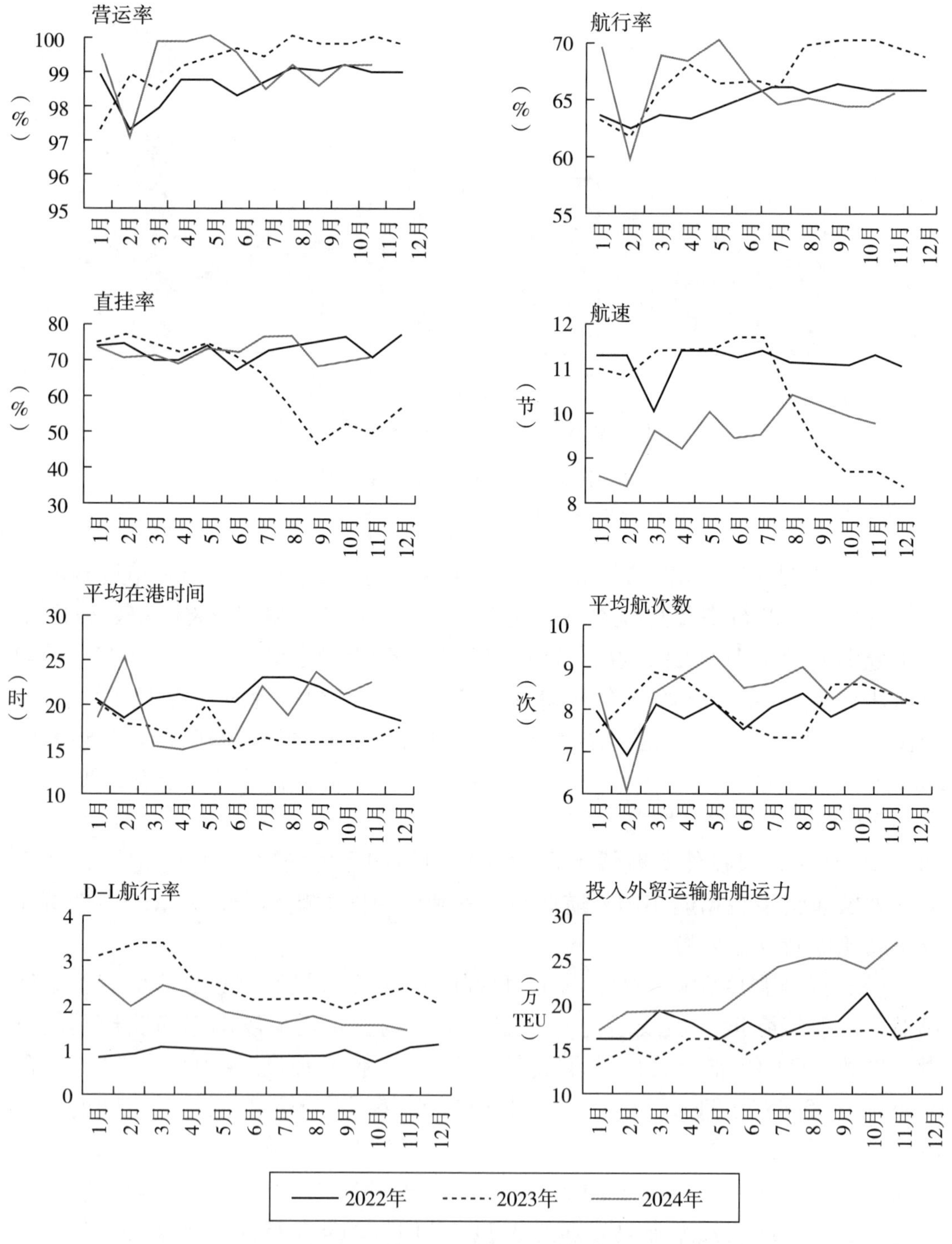

图5　国内沿海700TEU以上集装箱运输船队经营效率情况

数据来源：睿思港航研究院，上海国际航运研究中心整理；内外贸兼营船舶D－I航行率＝境内航线时间/境外航行时间，并以每条船舶TEU大小进行加权平均。

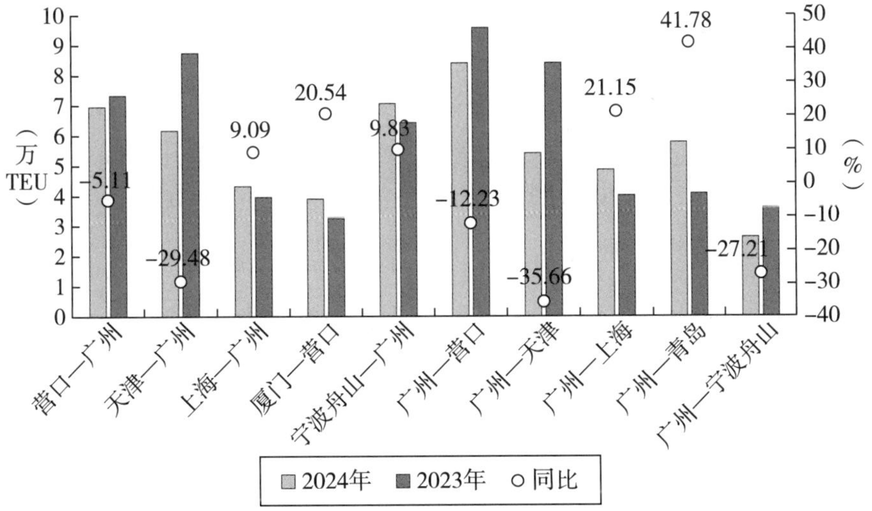

图 6　重点内贸集装箱运输航线的航线强度

数据来源：睿思港航研究院，上海国际航运研究中心整理。

二、2025 年国内集装箱运输市场展望

（一）预计 2025 年国内集装箱运输需求增速约为 5% ~7%

根据国际组织和国内机构的预测，2025 年中国 GDP 增速预计为 4.5% ~5%，增速较 2024 年将有所下滑，但预计基建投资有望见底回升，特别是交通、能源、水利等领域的建设投资，叠加政府进一步鼓励消费以扩大内需，全国各地的生产消费有望持续回升，家电、电子、汽车及零部件及“散改集”等产品的运输需求将继续扩大，预计 2025 年，国内集装箱运输市场需求增速将保持在 5% ~7% 。

负面因素如下：

（1）全球经济增长存在不确定性，叠加美国对华关税的严苛，对国内上下游产业的运输需求产生负面影响。

（2）全国房地产投资及房屋新开工面积持续下滑，房地产不景气将进一步影响建材等房地产相关货种的运输需求。

（3）铁路运能的大幅上涨或将分流部分水路运输货源。

正面因素如下：

（1）国内政策持续推动经济发展，政府继续实施积极的财政政策和稳健的货币政策，加大对基础设施建设、高端制造业、绿色产业等领域的投资，刺激相关物资的运输需求。

（2）中央经济工作会议提出，将全方位扩大国内需求列为 2025 年九项重

点任务之首，扩大内需的政策不断加码，将提升对家电、汽车、电子等产品的需求。

（3）国家要求有效降低全社会物流成本，这将进一步推动社会物流向铁路和水路转变，海铁联运、水水中转和散改集具有较大的提升空间。

（4）支持大规模设备更新政策成效显著，预计 2025 年，社会将进行新一轮的设备更新，带动相关制造业及上下游产业的发展。

（二）预计 2025 年内贸集装箱船运力将增加 4% 左右

由于内贸集装箱运输船东手持的集装箱订单已于近两年集中交付，叠加市场供需失衡状态下市场形势相对不佳，大部分内贸集运企业偏向稳健经营，新船订单量大幅下滑，未来可交付运力同样下滑，预计内贸集装箱运输船东于 2025 年仅有约 5 万 TEU 左右的船舶运力交付，较今年下降 46. 8%。因此，在不考虑买卖国际二手船以及提前退出市场的情况下，市场静态运力预计增长 4% 左右。虽然当前约有 27 万 TEU 的内外贸兼营船舶在从事外贸集装箱运输，但基于 2025 年上半年关税增加前的抢运及红海仍然绕行的假设，预计外贸运价仍将好于内贸，因此这部分运力于上半年大幅回归内贸市场的可能性相对较小，甚至将有小部分运力转移至外贸市场；但基于外贸整体运价将出现下滑的预期，部分兼营船舶也将逐步回归内贸市场。假设 2024 年转移至外贸市场的兼营运力中有约 20% 的运力于 2025 年回归至内贸市场，则截至 2025 年年底，市场的有效运力增速或将达到 5. 3% 左右。

（三）预计 2025 年内贸集装箱市场将低位反弹

从供需角度来看，在国家层面更加宽松的货币政策以及进一步扩大内需、促进消费等政策的影响下，预计 2025 年内贸集装箱运输市场的需求依然保持稳健增速，并且由于大量的新船订单已经集中交付，运力供给增速将大幅放缓，供需增速差预计达到 0. 7% 左右，供需矛盾有所缓和，年市场运价中枢将小幅反弹；但由于市场静态运力规模较大且依然处于扩张趋势，整体运价水平依然处于低位。

从运价自身的角度来看，当前的运价中枢已接近历史最低水平，内贸集装箱运输船东具有一定的涨价预期，同时，根据预测，2025 年沿海干散货运价或将缓慢复苏，且基于关税增加前的抢运及红海仍然绕行的假设，2025 年上半年，国际集装箱市场运价仍有短期上行弹性，将带动内贸集装箱运价反弹回升。从中国航运景气指数中的先行指数来看，当前先行指数在低位小幅上涨，2025 年中国航运业整体上保持相对稳定。

因此，在不考虑政策变化以及突发因素的影响下，预计 2025 年国内集装箱运输市场整体运价水平较2024年将小幅反弹。其中，上半年在传统市场淡季的影响下或呈下滑走势，但整体运价或将好于2024年上半年；而下半年在传统市场旺季的带动下运价将反弹回升，但基于兼营运力回归的预期，整体运价水平或将低于2024年下半年。2025年国内集装箱运输市场运价指数预测见图7。

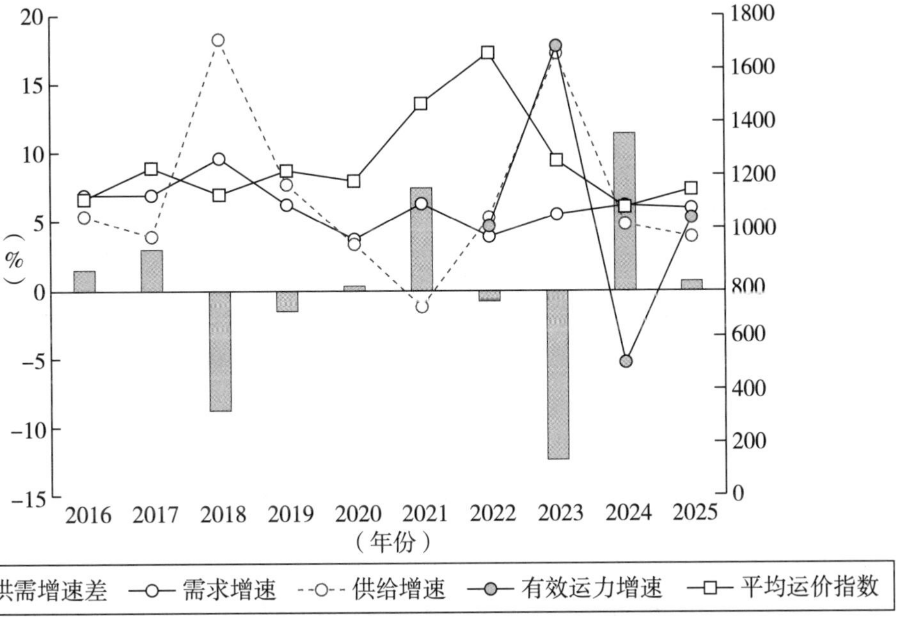

图7　2025年国内集装箱运输市场运价指数预测

（上海海事大学上海国际航运研究中心航运景气指数编制室　陈悠超）

2024 年沿海干散货运输发展回顾与 2025 年展望

2024 年，是中华人民共和国成立 75 周年，也是实现“十四五”规划目标任务的关键一年。回顾 2024 年中国经济运行情况，“稳中求进”是总基调，“攻坚克难”是关键词。年内经济运行总体平稳、稳中有进，高质量发展扎实推进。2024 年 GDP 同比增长 5.8%，为 2025 年的经济前景打下坚实基础。年内中国航运业的景气指数和航运信心指数均维持在景气区间，航运企业家们对市场保持乐观态度，市场经营信心良好。

预计 2025 年，沿海干散货运输需求总体将下降 1%~3%，有效运力小幅下降 3%，沿海干散货运输市场供给过剩的局面将有所缓解，总体运价均值将在 1028~1048 点，较上年的波动幅度在 2%~4%，全年走势波动加剧。

一、2024 年沿海主要干散货运输市场发展回顾

（一）中国沿海散货运价指数先跌后涨

2024 年，全国经济复苏缓慢，沿海散货运输需求总体较为低迷。1 月，生产企业陆续放假，终端停工停产增多，拉运需求逐步走弱，沿海散货运价快速下跌。2 月至 5 月中下旬，工业生产复苏势头向好，运输需求持续释放，加之油价上涨增加船舶营运成本，沿海散货运价平稳上行。但从 6 月初起，下游终端商品库存充裕，采购需求持续疲软，船多货少态势显著，叠加恶劣天气影响，沿海船舶周转率下降，可用运力减少，沿海散货综合运价指数持续低位波动。9 月，受接连台风影响，船舶周转放慢，加之长假前夕下游补库需求释放，运力持续偏紧，沿海散货综合运价指数大幅上升。整体来看，2024 年沿海散货运价受季节性波动影响减弱，运价指数波动趋于平稳，价格中枢较去年小幅下移。截至 12 月 27 日，上海航运交易所发布的中国沿海散货运价指数全年均值为 1008.06 点，较上年同期下滑 0.68%，其中沿海干散货运价指数小幅下滑 0.48%。

（1）沿海煤炭运价呈“W”形走势。2024 年，沿海煤炭运价高位主要出现在年初、年中和年末，其余时间均低位波动，价格中枢较上年小幅下移。1 月，煤炭主产地供应维持常态，需求端延续刚需采购，国内企业生产积极性普

遍不高。2 月开始，随着外贸行情走热，转外贸航线的兼营船舶数量增长较快，华南航线运价持续上行。同时，需求端受进口煤到岸成本高位影响，部分刚需采购转向内贸市场；供给端受港口封航频繁影响，船舶周转滞缓，沿海煤炭运价底部回升。5 月中下旬开始，终端补库拉运节奏放缓，供需形势转为船多货少，沿海煤炭运价快速回调。之后，随着季节汛期的到来，清洁能源发电占比升至历史高位，沿海煤炭运价持续低位波动。9 月开始，冶金、化工等非电行业需求逐步回暖，市场交投氛围升温。北方港口结构性缺煤，拉动煤价上涨，下游快船需求增加，运力供给持续偏紧，沿海煤炭运价大幅上升。

整体而言，2024 年，受进口煤价影响，国内煤价受到一定冲击。下游需求持续疲软，全年运价季节性波动，价格中枢小幅下移。截至 12 月 31 日，上海航运交易所发布的中国沿海煤炭运价指数全年均值为 637.08 点，较上年同期上涨 1.19%。

（2）沿海矿石运价年末上涨。2024 年年初，钢厂停产检修计划陆续增多，矿石终端需求延续弱势，导致沿海矿石运价大幅回落。直至 5 月，国内超长期国债及房地产利好政策持续发力，推动成材价格上涨，铁矿石采购需求逐步增加，但受制于国家粗钢产能限制及减碳政策等利空因素影响，矿石运价上涨幅度有限。6 月后，受高温和降雨天气影响，下游基建等项目开工不足，建材消费有所下滑，沿海矿石运价持续低位波动。直至 10 月，房市政策“组合拳”逐步落地，成材、矿石价格双双回调，下游多按需补库，加之运输市场持续受恶劣气候影响，运力供给阶段性偏紧，沿海矿石运价年末翘尾上行。截至 12 月 27 日，上海航运交易所发布的中国沿海金属矿石运价指数全年均值为 664.74 点，较上年上涨 2.01%。

（3）沿海粮食运价波动加剧。2024 年年初，随着春节的临近，基层农户变现意愿强烈，玉米价格不断下挫。同期，养殖需求仍旧疲软，饲料企业下游产品走货不畅，北上拉运意愿较弱，沿海粮食运价持续下跌。3—4 月，南北气温回升，养殖端进入周期性补栏阶段，然而，下游沿海港口库存处于高位，发运需求减少，粮食运价小幅波动。5—6 月，受中储粮增储影响，深加工企业采购价格上涨，需求有所释放，粮食运价小幅上升。7—9 月，深加工企业及饲料企业均以消化库存为主，终端消费淡季特征明显，生猪价格继续下行，养殖业补栏意愿不高，沿海粮食运价持续下滑。直至 10 月开始，国有大型仓储企业收储力度持续加大，加之北方大幅降温，利于新季玉米的存储，玉米市场购销两旺，价格整体保持稳定且略有上升。然而，恶劣天气影响伴随北方港口粮食集中出货，导致船舶装卸效率较慢，压港现象加重，沿海粮食运价年末大幅上行。整体来看，2024 年沿海粮食运价长时间处于下跌状态，市场情绪低迷，下游饲料企业基本维持刚需采购。截至 12 月 27 日，上海航运交易所发布的中国沿海粮食运价指数全年均值为 818. 87 点，较上年下跌 17. 0%。

（二）中国沿海散货运量增速由正转负

2024 年，中国沿海主要干散货运量时隔 9 年再次出现下滑。1—10 月，中国沿海主要干散货的内贸总发运量达 16. 73 亿吨，同比下降 4. 29%，增速较上年小幅回落 5 个百分点（见图 1）。其中，沿海内贸煤炭出港吞吐量累计同比下降 5. 00%（见图 2），铁矿石同比小幅增长 4. 27%，粮食同比微幅上涨 0. 51%，矿建材料同比大幅下降 11. 33%，小宗散货同比下降 8. 17%。

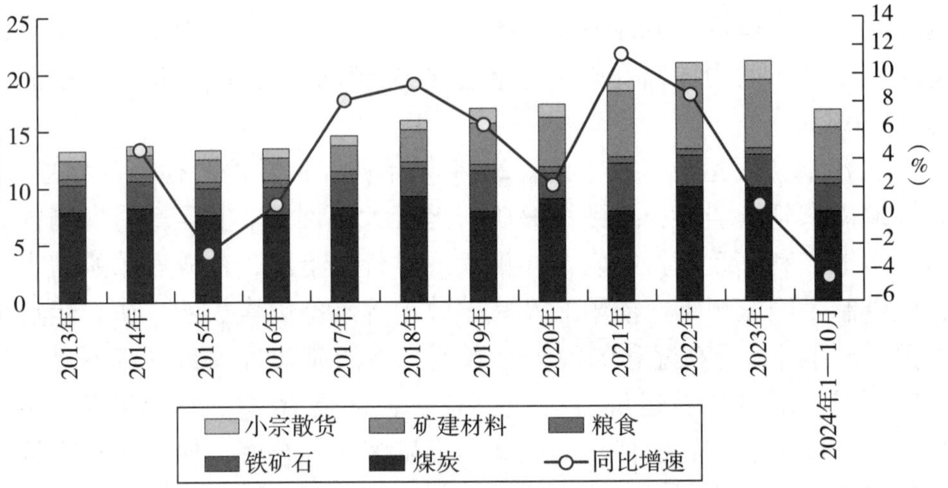

图 1　2013—2024 年 10 月沿海主要干散货内贸发运量走势

数据来源：交通运输部。

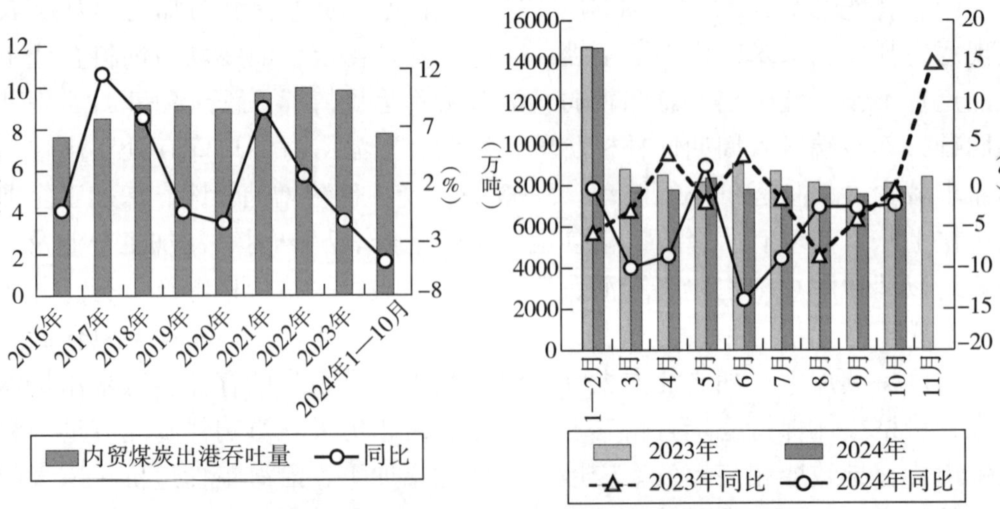

图 2　2016—2024 年 10 月全国沿海内贸煤炭出港吞吐量

数据来源：交通运输部。

（1）沿海煤炭运量小幅下降。2024 年，全社会用电量增速加快，1—10 月，全社会用电量累计 81836 亿千瓦时，同比上涨 7.6%，其中，火力发电量同比上涨2.47%，带动电力行业耗煤量同比上涨2.67%（见图3）。供给方面，国内煤炭产量增幅放缓，并且进口煤较国内煤具有较为明显的价格优势，对国内煤炭供应形成了强势补充，煤炭供给明显宽松，国内市场煤价延续了弱势震荡走势。2024 年，沿海煤炭运输需求小幅下降，1—10 月，全国沿海主要港口内贸煤炭出港量累计达 7.77 亿吨，同比下降 5.00%。受全球经济增速放缓及可再生能源竞争加剧的影响，沿海煤炭运输市场呈现波动调整的格局。

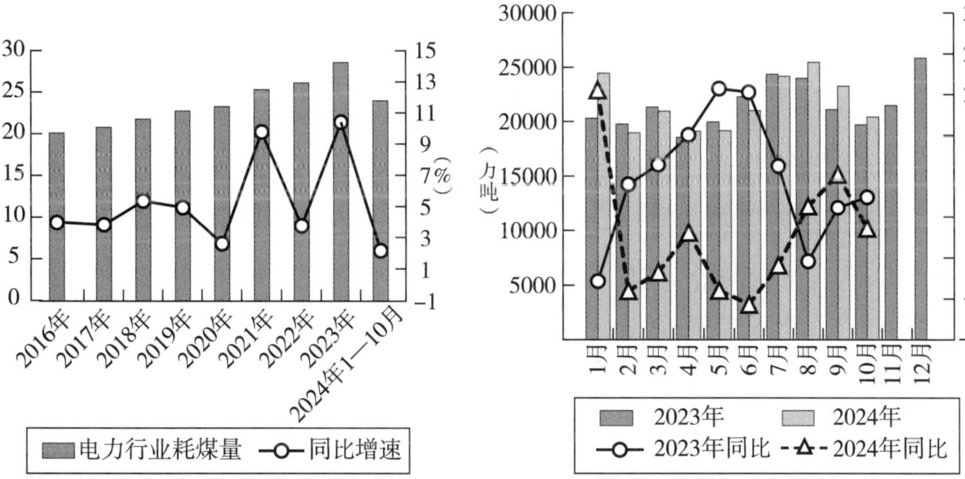

图 3　2016—2024 年 10 月全国电力行业耗煤量

数据来源：中国煤炭资源网。

（2）沿海铁矿石运量小幅增加。2024 年，钢铁产品产量和价格均有下滑，出口量大幅上涨。上半年，房地产行业需求偏弱，尽管钢铁出口持续增长，但钢铁产品减量仍然较为明显。下半年，美联储降息带动市场情绪高涨，钢材市场迎来消费旺季。同时，央行发布多条刺激政策，钢厂盈利率持续提高，生产节奏有所加快。1—10 月，全国生铁累计产量同比下降 4.08%；粗钢产量同比下降 3.45%；钢材产量同比下跌 9.47%。铁矿石供给方面，原矿产量先后经历两次先减后增，国内矿山产量整体较上年小幅增长，但尚未恢复至 3 年内最高值。从运量上来看，2024 年，1—2 月，钢厂生产动能强劲，受惠于全球经济复苏预期，沿海内贸铁矿石运量实现了稳健增长。7 月后，全球经济增速放缓迹象显现，叠加国内房地产市场调整，钢材需求疲软，钢厂盈利空间压缩，部分钢厂选择减产检修，沿海内贸铁矿石运量因此陷入负增长区间。1—10 月，全国主要沿海港口内贸铁矿石出港量累计达 2.46 亿吨，同比小幅增长 4.27%（见图4）。

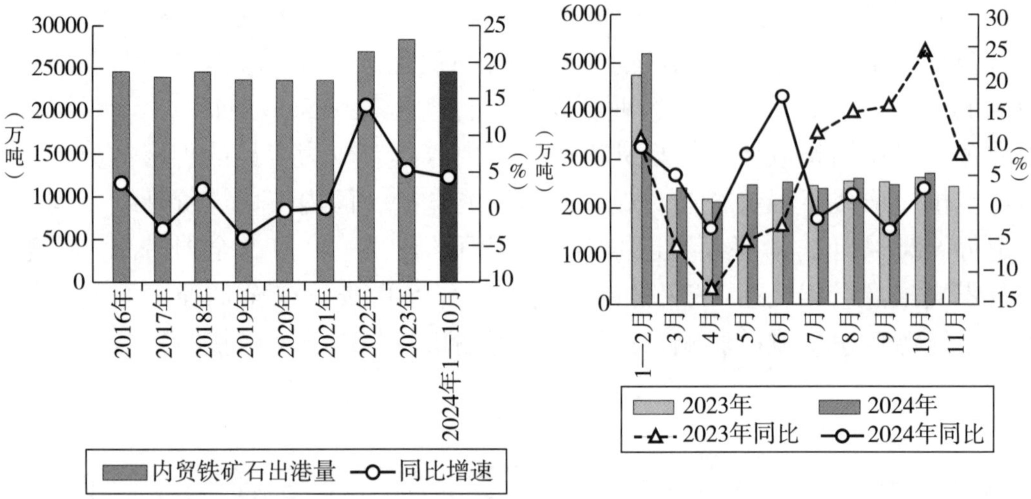

图4　2016—2024 年 10 月全国沿海内贸铁矿石出港量

数据来源：交通运输部。

（3）沿海粮食运量微幅上涨。2024 年，粮食下游需求保持增长，1—10 月，全国规模以上饲料企业累计产量同比小幅下降 0.70%（见图 5），全国主要玉米深加工企业玉米消费量同比大幅增长 17.53%。供给方面，国内粮食产量同比增长 1.6%，再创历史新高。但受进口粮食价格优势凸显的影响，进口粮食数量有所增长，1—10 月，我国粮食进口总量同比增长 6.08%。在此影响下，2024 年沿海粮食运量仅微幅上涨，1—10 月，沿海内贸粮食出港量为 6181.53 万吨，同比微幅上涨 0.51%（见图 6）。

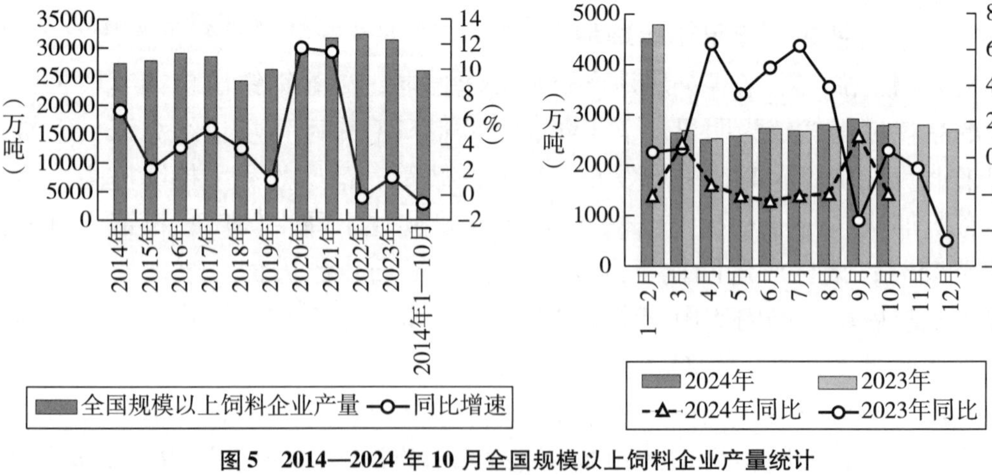

图5　2014—2024 年 10 月全国规模以上饲料企业产量统计

数据来源：国家统计局。

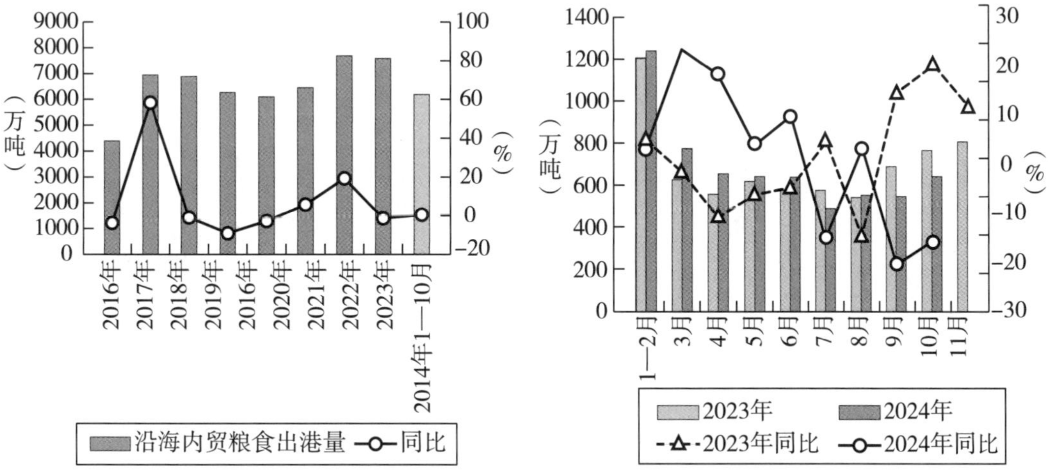

图6　2016—2024年10月全国沿海内贸粮食出港量

数据来源：交通运输部。

（三）中国沿海干散货运力见顶下滑

2024年，沿海干散货运力见顶下滑。根据交通运输部运力分析报告统计，截至2024年6月30日，沿海省际运输干散货船（万吨以上，不含重大件船、多用途船等普通货船）共计2513艘、8306.4万载重吨，较2023年年底减少25艘、29.2万载重吨，吨位降幅为0.3%（见图7），较2023年同期仅增长0.34%。其中，2024年上半年投入营运的新增船舶数量合计为77艘、246.2万载重吨，新增吨位同比减少44.81%。内贸船舶运力拆解增多且持续外流，2024年上半年共有102艘、277.1万载重吨运力退出市场，吨位同比上涨80%。从市场有效运力来看，由于新投入市场的运力低于退出市场的运力且大部分内外贸兼营船仍在外贸经营，2024年国内沿海散货船队有效运力呈现“两边高、中间低”的态势，全年平均有效运力同比下降2.08%。

（1）船龄结构持续优化。截至2024年6月30日，沿海万吨以上干散货船的平均船龄为10.8年，较2023年年底增长了0.2年。从船龄结构来看，现有船队中船龄在28年以上的特检船舶有35艘，占总艘数的1.4%，较2023年年末增加了0.1个百分点；18年以上的老旧船舶为283艘，占船队数量的11.3%，较2023年年末增加了0.3个百分点；有87.3%的船舶船龄在18年以下，可见未来几年内，老旧船舶的拆解空间进一步被压缩。

（2）二手船价格高位波动。散货船交易市场总体延续前期的火热表现，交易量连续上涨，2024年1—11月，共完成交易量756艘、5640万载重吨，吨位同比上升13%，市场信心较为充足，买家购买船舶资产的意愿较强。交易价格方面，上半年各船型价格快速拉升，特别是10年海岬型船舶价格突破了近14

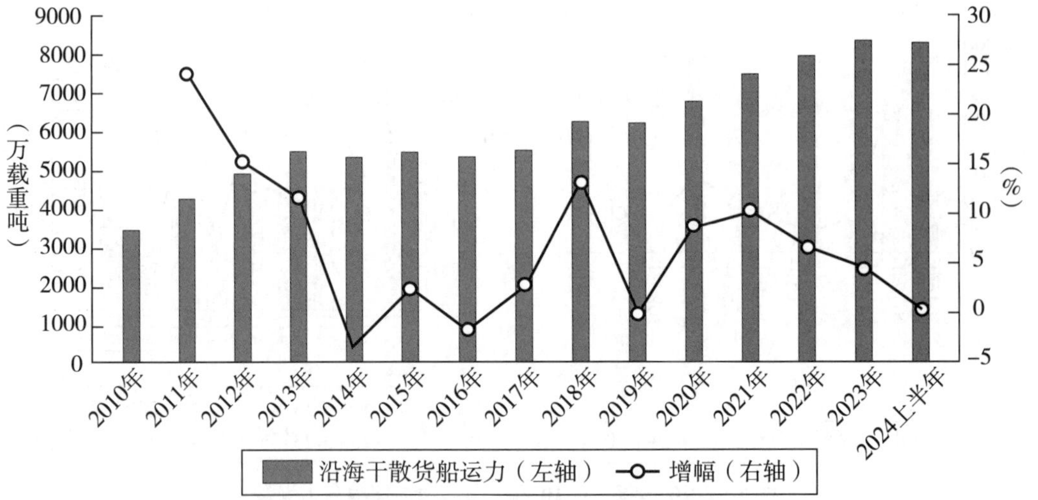

图 7　2010—2024 年上半年沿海干散货船运力情况

数据来源：交通运输部

年的高位，到下半年，各船型价格有所回落。截至 2024 年 12 月，二手船价格指数收于 189. 49 点，同比上涨 10%。

（3）新船价格整体继续波动上行。2024 年，船厂手持订单较为饱满，船位较为紧张，加上国际干散货即期市场的强力回调增强了船东的信心，推动新造散货船价格再次回升，特别是海峡型热门船型涨幅明显。然而，对于国内沿海运营的船型来说，涨幅不明显，甚至 2024 年年末已有见顶下滑的趋势。截至 2024 年 12 月，散货船新船价格指数达到 174. 13 点，较 2023 年年末小幅上升 5. 4%。其中，灵便型船价格同比上升 1. 67%，大灵便型船价格同比上涨 5. 3%，巴拿马型船价格同比上升 4. 93%。

二、2025 年沿海干散货运输市场展望

（一）2025 年沿海干散货运输需求预计下降 1% ~3%

2025 年，煤炭方面，环保和能效标准趋严，新能源将进一步发展，火力发电对煤炭的需求增长放缓。同时，进口煤量或将维持高位，导致沿海煤炭运输需求继续下滑。铁矿石市场，受地缘政治不稳定和全球经济不确定性的影响，国际能源价格或将上涨，这将加大钢企的成本。同时，“双碳”政策推动钢铁行业转型，铁矿石海运需求或将下滑。粮食运输需求受养殖市场向好的影响，或将实现小幅增长。矿建材料需求受房地产行业不景气和基建投资放缓的影响，将继续大幅下滑。小宗散货运输需求则将保持较快增长。综合考虑，预计 2025 年沿海干散货海运需求总体将下降 1% ~3%。

（1）沿海煤炭运输需求增长仍然有限。随着全球经济在后疫情时代步入新常态，工业用电需求预计将温和复苏，推动煤炭需求缓慢回暖。然而，全球能源转型的加速，特别是可再生能源技术的革新，以及中国坚定推进“双碳”目标，将导致煤炭消费占比持续下降。同时，由于地缘格局不稳定和国际形势不确定，煤炭作为国家战略能源储备的重要一环，进口煤量或持续维持高位，这将进一步挤压内贸煤炭需求。此外，水电、风电及跨区域输电网络的完善，将替代部分火电用煤需求，使沿海煤炭运输需求增长受限。综合来看，预计2025年沿海煤炭运输需求仍然面临重重挑战，运量预计下滑1%～2%，减少800万～1500万吨。

（2）沿海铁矿石运输需求或止涨下滑。随着国内经济逐步复苏，制造业对钢铁的需求或将温和增长，但房地产与基建对铁矿石原材料需求的提振效应将滞后显现，总体支撑有限。同时，全球经济增长放缓及地缘政治紧张局势或将加剧我国钢材出口的挑战，国际能源价格上涨将持续推高钢铁企业的成本，叠加目前下游钢企和港口铁矿石库存高企，沿海铁矿石运输市场将承压运行。此外，在“双碳”政策的引导下，钢铁行业的“去产能”进程不断深化，钢铁供需格局难以实现显著改善，沿海铁矿石运输市场正逐步适应并融入全球经济与能源转型的新常态。综上所述，预计2025年沿海铁矿石运量面临较大的下行压力，或将小幅下滑600万吨左右，降幅约为2%。

（3）沿海粮食运输需求低速增长。目前，全球粮食安全议题备受瞩目，中国粮食的战略地位凸显。2025年，预计我国将深化粮食产能提升策略，推动农业技术创新与智能化发展，确保国内粮食产量稳步增长。随着经济的逐步复苏与粮食产量的提升，居民饮食所需的口粮供给将更为宽松。肉奶蛋禽等高蛋白食品需求的激增将拉动饲料粮需求上扬。同时，畜牧业发展稳健，下游深加工企业的粮食需求也将同步增长。沿海粮食运量受经济逐步复苏与产能提升的双重驱动，有望保持稳定增长，为粮食安全提供坚实支撑。综合考量，预计2025年沿海粮食运量将企稳增长100万～200万吨，增速在2%左右。

（二）沿海干散货船运力将保持低速增长

2024年，中国船东的散货船舶新增订单数量尽管不及2021—2023年，但仍维持相对高位。未来两年，前期积累的大量待交付船舶将陆续投入市场。同时，在船舶减排要求日益严格以及国家出台报废更新补贴政策的背景下，沿海干散货船舶的调整退出数量也有望维持高位。因此，预计中国沿海干散货船运力将维持低速增长。根据上海国际航运研究中心的测算，预计到2025年年底运力将低速增长至8350万载重吨左右，同比上涨1%左右（见图8）。

（1）新船交付量不及预期。2024年，受散货运输市场低迷、船价高昂等

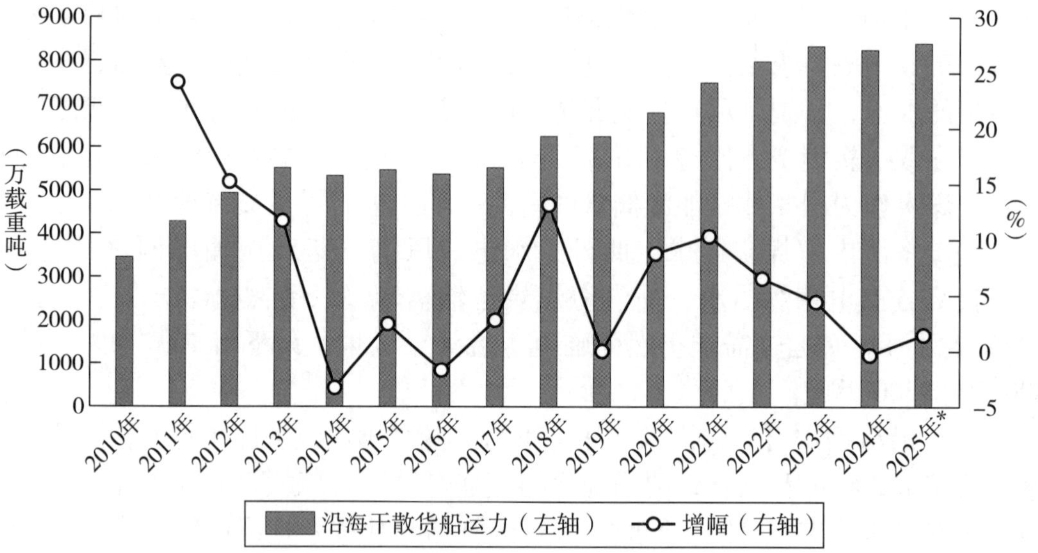

图 8　国内沿海运输的万吨以上干散货船总运力

注：＊为上海国际航运研究中心预测值。

因素影响，干散货船舶建造速度放缓，交付情况远远低于预期。克拉克森统计数据显示，2024 年 1—11 月，中国旗干散货新造船（包含 1 万载重吨以上、9 万载重吨及以下的干散货船舶，下同）交付量累计 57 艘、256. 43 万载重吨，吨位同比下降 40% 以上。受 2021 年沿海干散货市场运价高涨以及船东运力结构调整需求影响，近两年中国旗干散货船手持订单数量高企，仍在逐步消化中。按 2024 年年底的手持订单情况预计，2025 年、2026 年中国船东分别还有 517 万载重吨、388 万载重吨的沿海干散货新造船等待交付。可见，新船交付量短期内仍将维持高位。

（2）船舶拆解量有限。通过对现有干散货船舶船龄情况的分析可以看出，2024 年，船龄在 28 年以上的老旧船舶在中国沿海干散货船队中的比重仅剩 1. 4%，未来需强制拆解的数量十分有限。根据克拉克森数据预计，2024 年全年的沿海干散货船舶拆解数量在 74 万载重吨左右，较上年下降 50% 以上。由于航运业环保法规的要求，加上《交通运输老旧营运船舶报废更新补贴实施细则》等鼓励政策的出台，未来几年船东调整船队结构的意愿仍然较强。同时，在内贸运输市场持续低迷的情况下，部分船东已将内贸船舶进行改造后投入外贸市场，船东运力的策略性退出仍将持续。预计 2025 年拆解量或将在 100 万载重吨以内，实际退出量仍然较高，预计达到 400 万载重吨。

（3）供给过剩局面有所缓解。随着煤炭长协稳价保供政策的持续发力，船舶在航线上的运输节奏将更加稳定。预计 2025 年船舶周转效率与 2024 年相近。尽管新造船的待交付规模仍然较大，但同时可能存在延期交付的情况，且内贸运力继续外流。因此，总体预计 2025 年沿海干散货市场有效运力小幅下降3%左右，沿海散货运输市场供给过剩的局面将有所缓解。

（三）2025年沿海干散货运价缓慢复苏

2025年，受下游需求疲弱和干散货船运力扩张的影响，沿海干散货运价预计将持续处于低位，总体呈现出前低后高的走势。沿海干散货运输三大货种中，煤炭运价上涨空间有限，矿石运价弱势运行为主，粮食运价或将企稳运行。预计2025年，沿海干散货总体运价均值将在1028～1048点，较上年的波动幅度在2%～4%范围内（见图9）。

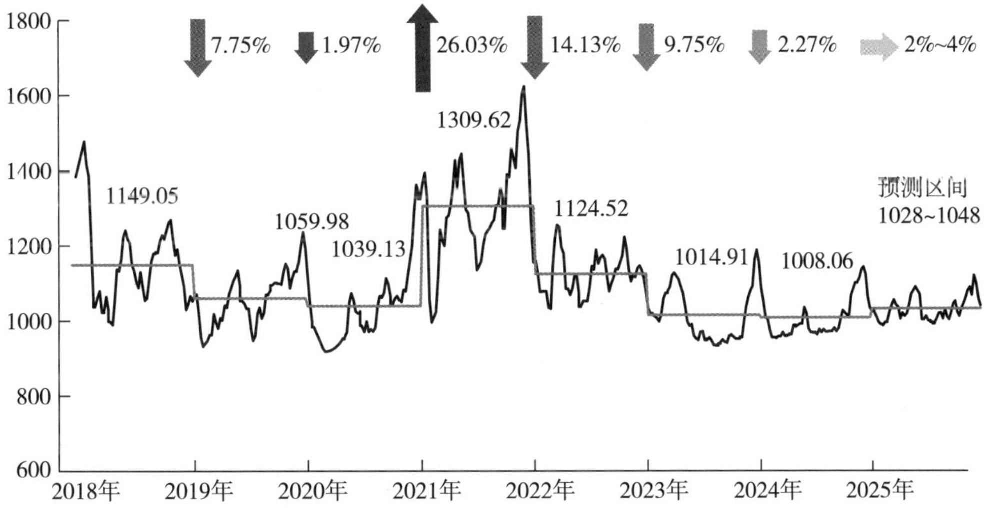

图9　2025年沿海散货综合运价指数（CCBFI）预测

数据来源：上海国际航运研究中心。

2025年，沿海散货运输市场的主要利好因素包括：经济复苏进程加快，需求端迎来改善；煤炭长协机制调整，盈利弹性增强；船舶周转效率继续下滑，供给过剩情况缓解；需求增速高于供给增速，供给过剩局面缓解。

主要不利因素包括：新能源发电替代性增强，火电需求受到冲击；铁路运输能力提升，降低沿海运输需求；进口煤量增加，国内煤炭需求受压；房地产市场不景气，地产用钢需求萎缩。

（1）有利因素。

国内经济稳健增长，需求端部分改善。随着全球经济逐步从疫情的影响中恢复，在“双循环”新发展格局下，干散货水上运输作为调剂国内资源分布的重要手段，服务于国内外资源和商品的流动，成为驱动“双循环”加速发展的重要助推力。同时，美联储开启降息周期，历史上降息周期后，全球经济复苏带动波罗的海干散货指数（BDI）出现不同程度的反弹。

近期，一揽子稳增长政策密集出台。货币政策方面，央行宣布降准、降息等；财政政策方面，加力支持地方化解政府债务风险，发行特别国债支持国有大型商业银行补充核心一级资本，运用地方政府专项债券、专项资金、税收政策等刺激消费，为干散货运输市场带来了部分需求端的改善。

煤炭长协机制调整，盈利弹性增强。2024 年 11 月，国家发展改革委发布《关于做好 2025 年电煤中长期合同签订履约工作的通知》，对 2024 年的方案进行了六大调整：一是电厂签约数量弹性增加，履约监管范围细化；二是供方签订任务量放宽，从 2024 年的不少于自有资源量的 80% 调整为 2025 年的不少于 75%；三是将 CECI 指数纳入浮动价计算，完善价格机制；四是履约率要求适当放宽，由全年足额履约调整为原则上足额履约，最低 90%；五是明确煤质要求；六是加强对未按期足额签约的惩戒措施。这些调整增强了煤炭长协机制的灵活性，有利于煤炭企业开展市场化竞争，特别是储量大、成本优势明显的龙头企业，将因此获得更高的盈利弹性。

船舶周转效率继续下滑，供给过剩情况缓解。2024 年，国内沿海散货船队有效运力同比下降 2.08%，船舶周转效率放缓。2025 年，一方面，市场运力供需结构持续失衡，新增运力难以弥补退出运力，尤其在内外贸兼营船舶优先投放外贸市场的情况下，内贸运力供给进一步受限。另一方面，港口基础设施与运营效率的瓶颈短期内难以显著改善，叠加季节性需求波动及外部经济环境的不确定性，将加剧运输周期的不稳定。此外，政策层面对老旧船舶的淘汰要求及燃油成本的上升也可能进一步降低船舶的运营效率。这种效率的持续下降将直接推高沿海干散货运价，尤其是在运力紧张和需求高峰叠加的情况下，可能导致运价波动加剧，对产业链上下游形成传导性成本压力。

需求增速高于供给增速，供给过剩局面缓解。从整体供需角度来看，2025 年预计沿海散货运量将持续下滑，下降幅度在 1% ~3% 之间，运力小幅上涨 1% 左右，有效运力小幅下降 3% 左右，供给过剩局面有所缓解。市场运输需求缺乏利好因素的支撑，难以实现明显增长，甚至部分货种存在下滑风险。而在供给方面，由于环保政策严格和船舶技术升级，近几年散货船舶新增订单数量和手持订单始终维持相对高位，老旧船只退出，部分内外贸兼营船回流，供给压力进一步加大。整体来看，2025 年沿海运输市场供给宽松的局面得到缓解，市场运价有待进一步提高，总体预测保持谨慎乐观。

（2）不利因素。

新能源发电替代性增强，火电需求受到冲击。2024 年 10 月，国家发展改革委等部门发布《国家发展改革委等部门关于大力实施可再生能源替代行动的指导意见》，旨在推进绿色低碳循环发展经济体系建设，推动形成绿色低碳的生产方式和生活方式。意见明确提出要“加快推进增量替代，稳步扩大存量替代，稳妥推动可再生能源有序替代传统化石能源”。随着风能、太阳能等可再生能源的发电成本持续下降，以及电力储能技术的突破，新能源发电的稳定性和可调度性大幅提升。同时，国家对绿色能源的政策支持力度不断加大，推动了新能源装机容量的快速增长。与传统火力发电相比，新能源发电不仅在环境影响上具有明显优势，而且其逐步实现规模化生产与利用，正在逐渐替代火力发电在电力市场中的份额，推动能源结构向低碳、绿色方向转型。

铁路运输能力提升，降低沿海运输需求。2024 年，浩吉铁路运量继续攀升。同时，浩吉铁路对万吨重载列车实行优先组织配空、优先组织装车、优先组织接发，提升单趟运输效率，并通过修建开通包西、浩吉铁路闫玉联络线，实现两大煤运大通道之间的互联互通，有效缓解了靖边东站运输组织的压力，运输效率持续提升。在长距离大宗货物运输方面，铁路运输以其高效、低成本、环保等优势，在一定程度上降低了沿海运输需求。

进口煤量增加，国内煤炭需求受压。随着全球煤炭市场供应的恢复和增加，进口煤的供应量可能会进一步上升。经测算，2025 年，进口煤量预计增加 5% 左右。主要煤炭出口国如澳大利亚、印尼等地的煤炭产量维持在高位，且国际煤价相对较低，这使进口煤在价格上具备一定的竞争优势。根据目前的市场趋势，进口煤的增加将逐步替代部分国内煤炭市场份额，尤其是在电力和工业生产等高耗能领域。这种替代效应不仅会使国内煤炭需求相对下降，还可能导致国内煤炭价格承受下行压力，进一步压缩国内煤炭的市场份额，进而影响煤炭的整体需求。尤其是在运力相对紧张的情况下，运输企业可能面临空载和闲置运力的问题，这将促使运价出现下降。综合来看，进口煤量的增加将通过降低国内煤炭需求，从而对沿海干散货运价施加下行压力。

房地产市场不景气，地产用钢需求萎缩。随着地方政府加快化债进程，地方财政收支压力有望得到较大程度的缓解，但目前的房地产政策主要集中在去库存、减供应、促消费等方面，导致地产用钢需求可能持续萎缩。尽管 2024 年房地产政策持续放宽，降息、降首付等刺激政策不断加码，但商品房去库存的速度依然较慢，且地产用钢需求的回升动力不足。预计 2025 年，全球新一批产能扩张计划将积极推进，铁矿石产能将呈现增长态势，全球铁矿石市场的供应预期宽松。然而，需求方面的疲软使供需格局可能呈现“供强需弱”的局面，铁矿石的基本面将难以提供趋势性的上涨动力。对于沿海干散货运价而言，在供应充足、需求疲弱的背景下，沿海运输市场将处于竞争加剧的局面，铁矿石需求的持续低迷将对运价形成下行压力。

（上海国际航运研究中心航运发展研究所　李倩雯）

2024 年港航供应链物流服务市场发展回顾与 2025 年展望

2024 年是我国港航供应链物流服务市场加快发展的一年，复杂的外贸形势及智能化、绿色化的发展诉求，倒逼港航企业加速推进一体化、集成化的服务，形成以贸易为引领、港口为枢纽、航运为通道、金融为支撑的集成化模式。

一、2024 年港航供应链物流服务市场发展回顾

（一）2024 年港航供应链物流服务市场环境

2024 年，地缘政治冲突持续紧张，贸易摩擦争端不断，全球经济增长动力趋缓，全球产业链供应链承压；国内资本市场改革深化，宏观政策效应持续释放，国内外需求不断改善，经济运行延续回升向好态势，高质量发展扎实推进，新质生产力发展势头强劲，助推港航供应链物流服务市场在整合中持续发展。

1. 国际环境

美欧对华经贸政策变化冲击供应链。2024 年，美欧对华经贸政策持续调整，贸易壁垒加高，技术限制收紧，对我国港航供应链服务带来了深远影响。美国通过《芯片与科学法案》和《通胀削减法案》进一步限制对华高科技产品出口，同时加大对我国企业的制裁力度。欧盟则通过碳边境调节机制（CBAM）等政策，提高对我国出口产品的环保要求。这些政策导致我国部分企业面临供应链中断风险，尤其是高科技和新能源领域。为应对挑战，我国港航企业加快多元化布局，拓展东南亚、南亚等新兴市场，同时，加强与“一带一路”沿线国家的合作，以降低对美欧市场的依赖。

区域战争及摩擦威胁港航供应链安全。地缘政治冲突在 2024 年依然严峻，俄乌战争持续，中东局势紧张，红海航道频繁受到袭击。这些冲突导致国际航运通道的不确定性增加，海运保险费用上涨，船舶绕行成本上升。如红海航线的中断迫使大量船舶绕行好望角，增加了运输时间和成本。我国港航企业通过加强与国际航运组织的合作，优化航线布局，提升供应链弹性，以应对地缘政治风险。

全球化企业转链调整及重构带动物流。全球产业链重构加速，跨国企业将部分产能转移至东南亚、南亚等地，以降低成本和规避贸易风险。如苹果公司加速将供应链转移至印度和越南，特斯拉在墨西哥建立新工厂。这种转链趋势带动了我国港航供应链物流企业拓展新兴市场物流服务。中远海运集团、招商局港口等企业通过投资海外港口和物流园区，构建全球化物流网络，为我国企业出海提供支持。

供应链本地化推动全球产业板块波动。供应链本地化趋势明显，区域化生产模式兴起。美国和欧洲推动“近岸外包”和“友岸外包”，将供应链转移至邻近国家或政治盟友。这种趋势导致全球产业板块波动，我国港航供应链物流企业通过“一带一路”布局海外枢纽，同时，适应短链物流需求，提供定制化服务。如中远海运集团在东南亚设立区域配送中心，为当地制造业提供高效供应链服务。

多边国际合作助力全球可持续发展。多边国际合作在 2024 年继续深化，RCEP 全面实施，为我国港航企业参与全球供应链治理提供新机遇。我国与东盟、中东欧等地区的合作进一步加强，推动跨境物流通道建设。我国参与国际海事组织（IMO）绿色航运走廊计划，与新加坡、鹿特丹等港口合作推广低碳燃料加注服务，推动全球航运业绿色转型。

2. **国内环境**

产业集群融合政策助力港航供应链物流。国家推动产业集群与港航供应链物流深度融合，打造高效协同的物流网络，提升区域经济竞争力。如长三角一体化战略推动上海港、宁波舟山港与周边制造业集群协同发展，形成“港口 + 产业”联动的模式。珠三角地区通过粤港澳大湾区建设，推动港口与高端制造业、现代服务业深度融合。盐田港与比亚迪合作建设新能源汽车出口专用码头，单月出口量突破 5 万辆，物流时效提升 40%。

全国统一大市场下港航新生态建设。2024 年 3 月，《政府工作报告》提出，加快全国统一大市场建设。国家层面，通过有关政策，破除地方保护主义，规范市场准入负面清单，推动港口、航运等基础设施标准化互联互通。全国统一大市场政策推动港航资源整合，促进跨区域物流通道建设，形成高效率、低成本的港航新生态。区域协同治理方面，如长三角地区通过跨域治理创新，打破行政区划限制，实现港口资源整合与规则统一，提升国际竞争力。

国际新通道带动沿线港航产业聚集。“一带一路”倡议持续推进，中欧班列、西部陆海新通道等国际物流通道带动沿线港航产业聚集。西部陆海新通道在 2024 年实现货物吞吐量突破 1 亿吨，成为连接中国西部与东南亚的重要物流通道。沿线港口通过建设物流园区和产业基地，推动港产城一体化发展。

扩大超级枢纽的辐射范围。郑州、洛阳等城市通过“空中丝绸之路”和铁路枢纽强化国际物流通道，推动航空货运与制造业深度融合，形成“买全球、卖全球”的供应链网络。

供应链出海需求下的港航链路先行。我国企业加速出海，港航供应链物流服务成为支撑全球化布局的重要环节。如受我国新能源车出口拉动以及国际汽车产业供应链的影响，国际滚装市场需求旺盛，招商轮船积极为我国车企制订江海洋一体化联运物流方案；比亚迪、宁德时代等新能源企业通过海运将电池和电动车出口至全球。港口和航运企业积极拓展海外网络，为我国企业出海提供全程供应链服务。

“双碳”共识下的数智化和绿色化。“双碳”目标推动港航绿色转型，数字化和智能化技术广泛应用，助力节能减排和效率提升。如上海港、青岛港等大型港口推广自动化码头和电动集卡，减少碳排放。航运企业通过使用（液化天然气）LNG 动力船舶和优化航线设计，降低燃油消耗。

船舶制造业的低碳转型政策陆续出台，为行业的发展提供了更加明确的方向和规范。2023 年 12 月，工信部等五部委联合发布的《船舶制造业绿色发展行动纲要（2024—2030 年）》明确了行业的绿色发展目标：到 2025 年，船舶制造业绿色发展体系初步构建；到 2030 年，船舶制造业绿色发展体系基本建成。

（二）2024 年重点港航供应链物流企业经营状况

港航供应链是国民经济的基础产业，易受经济发展周期性变化的影响；同时，世界贸易的波动将影响各国的进出口业务，进而影响港航供应链运营。

2024 年，全球经济处于中低速增长轨道，短期复苏与长期结构性矛盾并存，主要经济体从通胀、供应链危机中恢复，但增长动能不足，区域分化加剧。受益于我国经济长期向好，我国港航供应链在调整中扩张前行。

1. 港口企业供应链物流服务发展情况

2024 年，我国港口企业供应链物流服务呈现出“智能化、多元化、区域协同化”的特征，工贸港航融合加速。

智能化升级：截至 2024 年年底，我国已建成自动化码头 52 座，自动化码头应用规模、作业效率、技术水平位居世界前列。以湖北为例，位于长江中游的湖北港口集团牵头搭建湖北供应链信息平台，通过强化区域协同融通，助力十堰房县上线供应链物流平台，服务地方的循环经济、纺织、农产品等特色产业，构建起了“智能调度—数据资产—产业金融”的闭环生态。

多式联运深化：截至 2024 年 11 月底，全国沿海港口和长江干线主要港口铁路进港率已超 90%，全国港口集装箱铁水联运量完成 1063 万标箱，同比增长 15%左右。以山东为例，通过放大“港、航、铁”优势，为客户打造出了一条集混配加工、航运服务、港口装卸、铁路疏运于一体的全程“省心”供应链物流服务，将“供应链”转化为多方共赢的“价值链”。

区域协同发展：据交通运输部数据，2024 年，我国海港城市港口经济增加值达到 1.5 万亿元，占经济总量的 14.3%。以江苏为例，沿江沿海港口在大宗商品、冷链、电商、汽车等领域持续深耕，打造具有口岸特色的产业供应链体系。南京港在打造区域性的航运物流枢纽，苏州与上海港合作打造了 3.0 新型发展模式，港航供应链物流一体化的协同水平不断提升。

2. 重点港口集团企业经营情况

2024 年前三季度，我国港口服务与运营相关上市公司中，宁波港、厦门港务、青岛港、招商港口营收超百亿元（见表 1）。

表 1　2023—2024 年三季度重点港口集团企业营业总收入　单位：万元

公司简称	上市代码	2023 年	2024 年上半年	2024 年前三季度
宁波港	601018	2599320.00	1444217.30	2181111.80
厦门港务	000905	2292742.12	1236182.11	1799251.41
青岛港	601298	1817312.78	906737.44	1397803.59
招商港口	001872	1575047.58	797519.31	1216634.10
广州港	601228	1319400.18	676171.73	996034.07
天津港	600717	1170403.68	592154.21	898167.32
辽港股份	601880	1221987.88	537388.23	795009.65
日照港	600017	815680.97	410578.24	627575.81
秦港股份	601326	705488.38	346159.42	506972.01
北部湾港	000582	694960.63	318902.85	490209.12
唐山港	601000	584458.22	297781.73	428258.06
珠海港	000507	545605.42	265661.94	403358.67
重庆港	600279	494886.40	217727.59	345775.72
海峡股份	002320	393158.05	236391.95	321940.24
连云港	601008	252225.35	129264.62	193697.77
锦州港	600190	281620.46	95650.89	133312.46
南京港	002040	93833.68	47884.15	72711.16
盐田港	000088	89320.69	40679.67	61315.13

资料来源：公司财报。

宁波港放大一体化运营优势。加强资源统一调配，提升整体运营效率。以二手车一站式服务平台、海运订舱综合服务平台、集卡运输平台为基础，不断创新业务发展渠道，扩大市场份额。

厦门港务补链强链，按照“港贸结合”“物流供应链一体化”战略，依托港口在物流节点、信息、资金等方面的优势，聚焦核心货种，保障能源安全与粮食安全，进一步做精做优以港口为核心的大宗商品供应链业务，持续打造具有港口特色的、以港贸结合为核心竞争力的业务模式。

2024 年前三季度，我国港口服务与运营相关上市公司中，10 家公司的净利润超 10 亿元，其中，招商港口以期全球港口投资能力和资源整合能力，净利润超 73 亿元。2023 年与 2024 年三季度重点港口企业净利润见图 1。

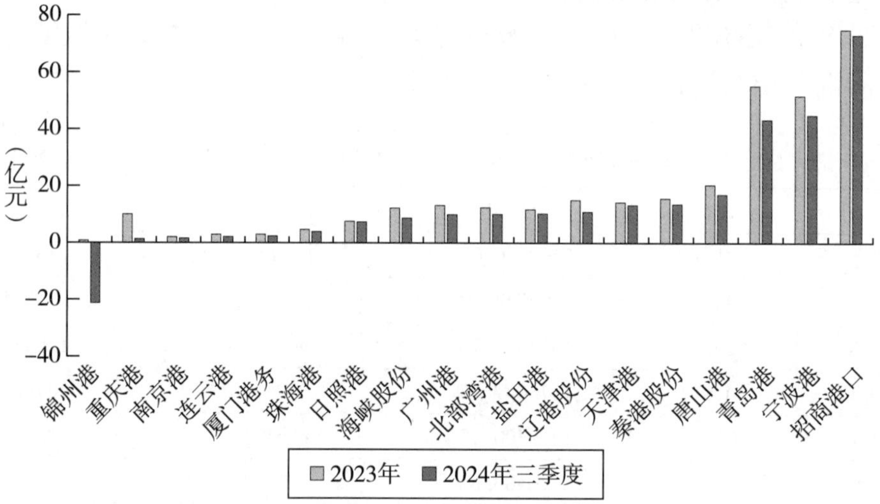

图 1　2023 年与 2024 年三季度重点港口企业净利润

资料来源：公司财报。

（1）沿海港口集团物流服务发展情况。

港口是经济发展的晴雨表。2024 年，我国港口货物吞吐量创新高，港口群体系建设见成效，海铁联运稳步推进，智慧绿色转型有序开展，在全球产业链供应链双向合作中发挥着举足轻重的作用。

2024 年 1—11 月，我国沿海港口货物吞吐量超 10 亿吨的省份有河北（12.8 亿吨）、山东（19.2 亿吨）、浙江（15.6 亿吨）和广东（17.7 亿吨）。其中，山东沿海港口外贸货物吞吐量超 10 亿吨，较上年增长 5.9%。2024 年 1—11 月各省份沿海港口货物吞吐量占比见图 2。

近年来，山东港口大力布局内陆经济圈，搭建跨区域平台，加速打造依托港口的一流供应链综合服务体系。山东作为沿黄流域的唯一沿海省份、黄河流域对外开放门户，是陕西地区重要的出海口和贸易口岸，陕西地区 60% 的外贸出口集装箱、67% 的外贸进口集装箱经过山东港口运输，双方形成了黄河流域陆港联动发展新格局。山东港口不断放大枢纽功能和平台优势，为陕西地区的广大进出口客户提供“一站式”供应链解决方案，助力区域经济高质量发展。

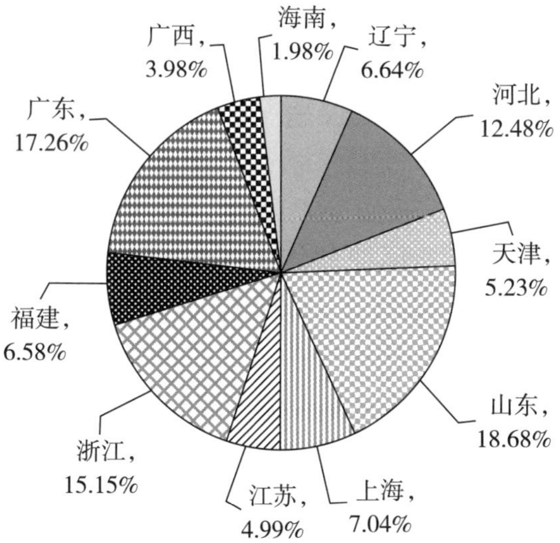

图 2　2024 年 1—11 月各省份沿海港口货物吞吐量占比

资料来源：交通运输部。

2024 年 1—11 月，广东沿海港口集装箱吞吐量最大，为 6444 万 TEU（见图 3），较上年增长 8.5%。广东、上海、浙江、山东沿海港口集装箱吞吐量占我国沿海港口集装箱吞吐总量的 72.8%。

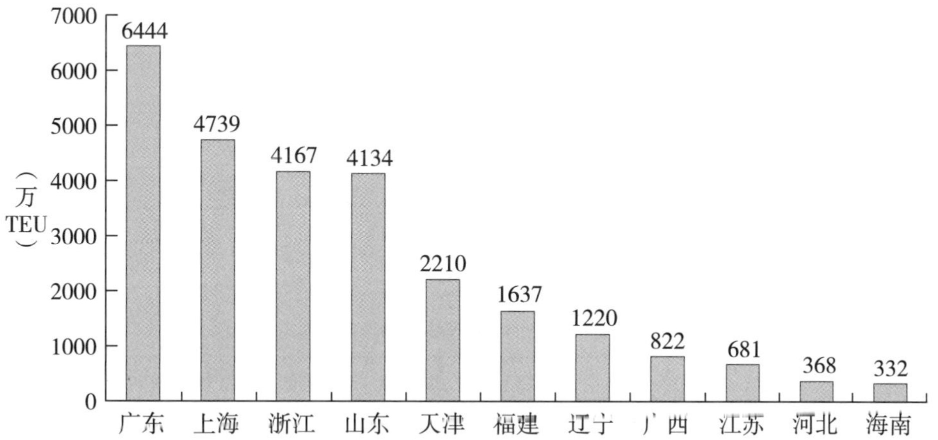

图 3　2024 年 1—11 月各省份沿海港口集装箱吞吐量

资料来源：交通运输部。

整体上看，广东省水运资源丰富，港口上市企业多，拥有广州港、深圳港、珠海港、汕头港、湛江港、佛山港、肇庆港及清远港等一系列沿海及内河港口。以广州港为例，广州是首批国家综合货运枢纽补链强链城市，广州港不断加大与梅州、珠海等省内城市，西安、龙岩等省外城市的合作，促进内陆城市“融湾入海”；巩固“渝穗”“湘粤非”等海铁联运平台，在贵阳、株洲、衡阳、郴州推动铁路—港通通关新模式。同时，广州港大力发展公铁联运、中欧班列，为周边城市提供保障区域经济稳定发展的国际运输通道，推动区域产业链互补。

（2）内河港口集团物流服务发展情况。

我国内河运输港口主要分布在黑龙江、淮河、长江、珠江和京杭运河五大水系。长江是我国也是全世界通航里程最长、运输量最大的河流。据交通运输部12月26日数据，2024年，预计长江干线港口货物吞吐量达40.2亿吨，同比增长3.9%。这是长江干线年度港口货物吞吐量首次超过40亿吨大关，再次稳居世界内河第一位。

2024年1—11月，江苏内河港口货物吞吐量为27.6亿吨，在全国内河港口货物吞吐量中的占比最高，为47.87%；其次是湖北（11.83%）和安徽（10.91%）（见图4）。

2024年1—11月，江苏内河港口集装箱吞吐量也是一枝独秀1，864万TEU，较上年增长9.2%。

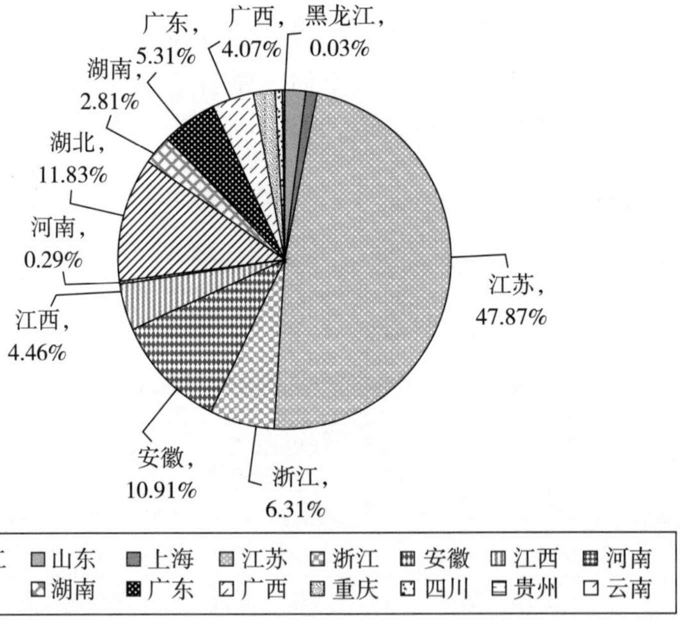

图4　2024年1—11月各省份内河港口货物吞吐量高占比

资料来源：交通运输部。

江苏港紧扣“互联网+”的发展方向，搭建港产互联网平台，整合物流、信息流、商流、资金流等资源，提供生产调度、商务收费、电商交易、物流信息、支付结算等服务，实现物流资源的一体化管理和物流数据的互联互享，打造港航货物流生态圈。

长江干流港口中，除江浙外，湖北的港口货物吞吐量普遍实现了较快增长。作为长江干流流经最长的省份，湖北省港口资源丰富，但存在港口“小散乱”的问题。近年来，湖北致力于整合全省港口资源，重塑港口发展格局。2024 年 11 月，《关于加快湖北省港航业高质量发展的实施意见》印发，明确指出，要打造内河一流港口——做强长江港口，将武汉港建成国际内河一流港口，将黄石港、宜昌港、荆州港建成全国内河一流港口。2024 年 1—11 月，武汉完成港口货物吞吐量 1.44 亿吨，宜昌完成 1.41 亿吨。

2024 年前三季度，南京港实现营业总收入 7.27 亿元，较上年增长 7.32%；净利润 1.57 亿元，较上年增长 9.73%。重庆港实现净利润 1.31 亿元，较上年增长 0.47%。南京港与重庆港业务概况见表 2。

表 2　　南京港与重庆港业务概况

公司简称	上市代码	业务简介
南京港	002040	主要业务包括提供原油、成品油、液体化工产品及普通货物的装卸、仓储服务；在港区内从事集装箱的堆存、门到门运输、相关配件销售；集装箱的拆装、拼箱、修埋、清洗；电子数据交换服务及信息咨询服务；为船舶提供码头，在港区内提供物流服务
重庆港	600279	主要包括港口货物中转运输及综合物流

资料来源：公司财报。

3. 航运物流服务发展情况

2024 年，全球航运供应链物流面临“红海危机”和“碳中和压力”的双重挑战。我国航运企业积极开辟替代航线，加快技术创新、扩展增值业务，在保障全球供应链安全方面展现出极强的经营韧性。

航线网络方面，为应对“红海危机”，中远海控开辟绕行好望角的替代航线，亚欧航线准班率提升至 78%，船舶候泊时间减少至 44.4 小时。这得益于中远海控的全球网络布局。目前，中远海运已完成北美、欧洲、东南亚、南美、非洲等 8 个投资平台和 9 个运营平台的搭建工作，打造出了“集装箱航运 + 港口 + 相关物流”一体化的全球数字化供应链服务生态，产业链上下游资源协作能力不断提升。

绿色航运方面，绿色航运已成全球共识。2024 年，我国航运企业加速建设绿色运力。2024 年，第一批“宁远系”绿色智慧船舶梯队中的最后 3 艘完成交付；“4 + 4 艘 1000TEU 敞口集装箱船”全部动工建造；全球最大、国内首型纯电动海船“2 艘 740TEU 纯电动敞口集装箱船”建造合同正式签订。同时，也有航运企业打造清洁能源供应链物流建设。盛航股份整合清洁能源供应链物流水路运输、公路运输、仓储各业务板块，并引入外部资金，完善在液氨水路运输、公路运输、贸易经营、仓储等领域的四位一体经营格局的构建和内外贸联动发展模式。

增值业务方面，安通控股适时把握互联网发展潮流，搭建了综合物流信息化平台，对产业上下游进行高效整合，通过与港口码头、合作客户、供应商以及金融机构等物流相关参与方共享信息，加强与各方的业务协同，提高了供应链整体的效率。

4. 重点航运集团企业经营情况

2024 年上半年，受欧美提前补库存、新兴市场货量增长、红海局势持续发酵等多重因素共同作用的影响，集装箱航运市场呈现需求增长、有效供给不足的局面，市场运价水平持续上涨，行业利润较去年下半年有大幅提升。

2024 年上半年，中远海控依旧领跑航运全行业，营业收入破千亿元，招商轮船、中远海能、海丰国际、太平洋航运、中远海特等均实现了营收同比增长。2024 年上半年重点港口企业营业总收入见表 3。

表 3　　**2024 年上半年重点港口企业营业总收入**　　单位：万元

公司简称	上市代码	2023 年	2024 年上半年
中远海控	601919	10120105.53	17473732.81
招商轮船	601872	1323450.30	1929621.96
中远海能	600026	1165077.69	1714370.46
海丰国际	01308.HK	924956.55	—
太平洋航运	02343.HK	911457.59	—
中远海特	600428	748038.18	1204321.40
中谷物流	603565	573881.12	844396.92
招商南油	601975	352770.85	500807.46
安通控股	600179	351867.49	532946.97
锦江航运	601083	267896.98	426441.50
宁波远洋	601022	244285.44	376892.73
海通发展	603162	168668.65	258695.23
珠江船务	00560.HK	126483.80	—
宁波海运	600798	103917.89	166744.39
兴通股份	603209	77208.97	116214.30
渤海轮渡	603167	76665.82	141295.79
乐舱物流	2490.HK	75423.80	—
盛航股份	001205	70849.93	113077.30
海航科技	600751	51917.75	83623.98
凤凰航运	000520	49711.43	75549.85
国航远洋	833171	46070.28	68009.39
亚洲能源物流	00351.HK	2082.91	—

注：东方海外国际由中远海控控股。

资料来源：公司财报。

2024 年前三季度，中远海控净利润更是超 400 亿元，达 433.46 亿元。其次，中远海能、招商轮船净利润分别是 35.5 亿元和 34.4 亿元。

（三）2024 年港航物流服务发展趋势

“十四五”期间，国家出台多方面政策，引导港航供应链向智慧、绿色、安全、高效方向发展。2024 年 6 月，交通运输部发布《关于新时代加强沿海和内河港口航道规划建设的意见》，以推进多层级的国家港口枢纽体系建设，加快国家高等级航道规划建设，高质量构建现代化港口与航道体系。

经多年投资发展，我国沿海已建立五大港口群，并通过加强江海联运和铁水联运等方式强化交通物流体系整体的网络效应。同时，粤港澳大湾区、长江经济带港口网络化等协同发展格局初现，港航供应链物流区域竞争力逐步提升。

1. 智能科技助力智慧链

人工智能、区块链、物联网等技术在港航供应链物流中深度应用，推动智慧港口和智能航运发展。一方面，智能技术让港口运营和航运管理更加高效。如上海港通过 5G 技术和人工智能算法，实现码头作业的自动化和智能化。天津港将“5G + 北斗高精度定位”技术应用于集装箱自动装卸，单桥效率提升至 35 自然箱/时，误差率低于 0.1%。锦江航运深入推进基于物联网的冷藏集装箱发展，配置冷藏集装箱智能监控终端设备 IBOX，实现了冷藏集装箱运输全程可视化，切实保障货物运输安全可控。

另一方面，数智平台的建设促进了港航供应链升级为智慧链。永泰运自主研发了“运化工”平台，将海运订舱、理货装箱、内陆运输、仓储堆存、报关报检等分散式的物流过程进行专业化、标准化整合，通过业务系统数据导入和处理，可实现全程重要物流节点对客户可视、关键操作节点对业务人员可视、业务数据对管理层决策可视，实现全链条跨境化工供应链服务的一站式呈现和全程可视。

2. 全链协同助力一体化

港航企业从提供单一服务内容向提供全链条集成服务转型，提供“端到端”一体化供应链解决方案。

港口枢纽基于“港”的服务叠加：以青岛港为例，青岛港坚持以供应链综合服务体系建设为主线，充分发挥港口平台优势，抢抓山东自贸区、上合示范区和 RCEP 先行示范区等政策赋能机遇，海向增航线、扩舱容、拓中转，陆向开班列、建陆港、拓货源，枢纽港的地位进一步提升。

航运企业基于“运”的资源整合：以安通控股为例，其以集装箱航运物流为核心，通过整合水路、公路、铁路等运输资源，以数字智能科技驱动，为客户提供绿色、经济、高效、安全的集装箱全程物流解决方案，推动产业链、供应链生态圈的共建共享、互惠互通，现已形成覆盖“沿江、沿海、纵深内陆”的业务网络布局形态。

供应链企业基于“品”的集成：以密尔克卫为例，其基于全球专业化工交付应用能力的产业互联网电商平台，打通物流及交易全供应链，为全球客户提供高标准的供应链服务。

3. 内外联动助力双循环

国内国际双循环战略下，港航企业加强内外联动，服务国内产业升级和全球化布局。据交通运输部数据，2024 年 1—11 月，我国完成水路货运量 89.0 亿吨，同比增长 4.6%；完成港口货物吞吐量 160.4 亿吨，同比增长 3.4%，其中，内、外贸货物吞吐量同比分别增长 1.8% 和 7.3%；完成集装箱吞吐量 3.0 亿 TEU，同比增长 7.3%。

RCEP 的签订为亚洲区域经济一体化发展奠定了基础，带来了大量的贸易运输需求，打通内外贸、构建双循环将给予集装箱物流新的发展机会。同时，国家大力实施港口型国家物流枢纽建设（见表 4）、“一带一路”倡议、粤港澳大湾区建设、长三角区域一体化发展、珠江—西江经济带发展战略、横琴粤澳深度合作区建设等，区域经济融合发展和区域产业的蓬勃发展为港航供应链服务业提供了诸多的发展机遇和难得的区域优势。

4. 物贸联动赋能产业集群

物贸联动通过技术赋能、资源整合及服务延伸，推动产业链上下游高效协同，形成“港口 + 产业 + 贸易”的生态闭环。2024 年 11 月，中共中央办公厅、国务院办公厅印发了《有效降低全社会物流成本行动方案》，指出，构建现代物流与生产力布局协同发展新模式；支持相关城市探索“产业集群 + 物流枢纽”协同发展模式；大力发展临空经济、临港经济，依托现有国家物流枢纽建设若干国家物流枢纽经济区。

2024 年，我国港航供应链以智能化枢纽升级、物贸产生态闭环构建为核心，通过数字化赋能、绿色转型与国际化拓展，推动产业集群向高端化、韧性化跃迁。政策与市场协同下，物流业逐步从成本中心转型为价值创造中心，为实体经济高质量发展提供关键支撑。宁波立足港口经济与产业集群优势，以系统思维破解小微外贸企业“散、弱、难”痛点，建设外贸综合服务平台，通过整合政府、金融、信保等多方资源，将分散的工具转化为集成化服务，显著提升了政策落地的精准性和实效性。

航运与制造业、能源等产业联动，打造高效协同的产业链服务体系。中远海运集团与中石油合作，打造能源运输供应链。长江内河港口与汽车产业深度绑定，重庆寸滩港为长安汽车提供“循环取货 + JIT 配送”服务，零部件库存周转率提升了35%。

表4　　港口型国家物流枢纽建设名单

年份	名单
2019	天津港口型国家物流枢纽
	营口港口型国家物流枢纽
	南京港口型（生产服务型）国家物流枢纽
	宜昌港口型国家物流枢纽
	广州港口型国家物流枢纽
	重庆港口型国家物流枢纽
	宁波—舟山港口型国家物流枢纽
	厦门港口型国家物流枢纽
	青岛生产服务型（港口型）国家物流枢纽
2020	唐山港口型（生产服务型）国家物流枢纽
	苏州港口型国家物流枢纽
	芜湖港口型国家物流枢纽
	武汉港口型国家物流枢纽
	岳阳港口型国家物流枢纽
	钦州—北海—防城港港口型国家物流枢纽
	大连港口型国家物流枢纽
2021	连云港港口型国家物流枢纽
	日照港口型国家物流枢纽
	深圳港口型国家物流枢纽
2022	九江港口型国家物流枢纽
	烟台港口型国家物流枢纽
2023	沧州港口型国家物流枢纽
	福州港口型国家物流枢纽
	湛江港口型国家物流枢纽
	洋浦港口型国家物流枢纽
	泸州港口型国家物流枢纽
2024	安庆港口型国家物流枢纽

5. 港产城融合赋能城市群

多维实践和探索：2024年，港产城融合不仅突破了传统港口城市资源要素瓶颈，更以创新驱动、区域协同和绿色转型为核心，为城市群发展注入活力。港口与城市经济深度融合，形成港产城一体化发展模式，赋能港口城市群。

内陆经济腹地联动：通过无水港建设，强化港口与内陆地区的供应链衔接。广州港重点布局西江流域及铁路枢纽城市，形成“港口—内陆”双向辐射的产业网络。

城市功能与产业融合：以港口为核心，推动城市集聚高端要素资源。天津港通过举办国际航运产业博览会等活动，提升城市的国际影响力，吸引全球资本与技术入驻。

传统产业升级与新业态培育：依托港口区位优势，推动临港产业向高端化、集群化发展。广州港通过细分市场分析，针对性布局临港产业，增强对区域经济的支撑力；天津港则引入“智慧零碳”码头技术，以人工智能实现全自动化作业，带动绿色低碳产业创新。

6. 绿色转型赋能可持续

绿色港口、绿色航运成为行业共识，新能源船舶、低碳技术广泛应用。交通运输部数据显示，2024 年，我国港口绿色智慧转型进一步加快。11 个国际枢纽海港，港内集卡清洁能源使用率占比超过 60%，沿海主要港口，煤炭、矿石等大宗散货绿色疏运比例超过 85%。上海港、大连港、宁波舟山港都积极提升绿色甲醇、生物燃油等船用绿色燃料的加注能力。

绿水青山就是金山银山。低碳转型是蓄足绿色和可持续发展的动能。顺应绿色、低碳、智能航运业发展新趋势，国内各类港口和头部航运企业持续推进港航供应链绿色低碳转型。2024 年以来，中远集团旗下的港口板块大力推进分布式太阳能应用、风能应用、绿色智能照明应用，并积极推广岸电常态化使用。宁波港提升大型机械清洁能源使用比例，完善港口岸电设施建设，各环保项目规模和技术水平位居全国港口前列。

二、2025 年港航供应链物流服务展望

2025 年，我国港航供应链物流在政策、技术、生态的协同驱动下，将实现“韧性增强、效率跃升、价值重构”三重突破。通过强化区域协作、绿色转型与数智赋能，港航业不仅支撑国内国际双循环，更成为全球供应链治理的关键参与者。

（一）国际局势多变，港航供应链物流韧性增强

2025 年，国际地缘政治冲突、贸易壁垒加高及金融市场波动将持续考验港航供应链物流的稳定性。巴拿马运河堵塞事件等突发性危机暴露了传统供应链的脆弱性，倒逼我国港航业加速构建更具弹性的供应链体系。

RCEP 框架下，区域贸易占比提升至 34%，推动港口群与东南亚、东北亚

航线的网络加密。数字化供应链管理系统使订单响应速度提升，加速数智化转型升级，提高动态调整船舶航线与货物分拨的能力。多式联运网络的优化与近岸仓储的布局，增强了我国港航业抵御全球供应链波动带来的风险的能力。

（二）政策强链补链，港航城市群协同增效

《“十四五”现代综合交通运输体系发展规划》明确提出，以港口群协同发展为核心抓手，推动长三角、粤港澳大湾区等五大港口群形成差异化分工。2025 年将开展“十五五”规划编制工作，各项强链补链政策也将陆续推出。

聚焦港口基础设施短板与航运服务弱项，重点完善中西部内河港口集疏运体系，提升长江经济带港口与铁路、公路联运效率；沿海城市群则深化“港—城—产”协同，如天津港联动京津冀产业带，建设大宗商品交易中心；粤港澳大湾区通过“组合港”模式实现通关一体化，压缩物流成本 15%。同时，港口企业深入腹地制造业共建中企出海通道，强化国际中转、保税物流等增值服务，推动供应链全链条降本增效。

（三）服务产业出海，港航助力畅通双循环

港航供应链成为双循环战略的核心支点。一方面，沿海港口依托自贸区政策，拓展跨境电商、离岸贸易等新业态；另一方面，港口企业联合中欧班列打造“海运 + 陆运”多式联运网络，如宁波舟山港衔接“义新欧”班列，使长三角制造业出口欧洲缩短运输时间 40%。同时，港口金融创新加速，供应链金融平台为中小外贸企业提供融资服务，缓解企业资金压力。

（四）全球达成“双碳”共识，港航全面绿色转型

在 CBAM 与我国“双碳”目标的双重驱动下，绿色港航建设进入快车道。

技术方面，各类大型港口建设提供了参考样板，如上海洋山港四期自动化码头应用氢能集卡与光伏发电系统，单箱碳排放较传统码头减少 35%。

政策方面，交通运输部设定 2025 年港口岸电使用率不低于 60% 的目标，青岛港等先行港区已实现远洋船舶 100% 岸电覆盖。

市场机制方面，全国碳市场扩容至航运业，中远海运试点船舶碳配额交易，推动行业从被动减排转向主动碳资产管理。

（五）数智平台引领，港航生态圈深度互联

2024 年 1 至 9 月，湖北省 12 家省级供应链企业搭建 10 个供应链数字化平台，累计实现成交额 1939 亿元，累计注册人数破千万人。供应链体系建设，推动湖北现代化产业加速跃升。

在港航供应链领域，数字化平台成为港航生态整合的核心载体。随着《国家发展改革委等部门关于促进数据产业高质量发展的指导意见》等行业发展基础性政策的推进和落实，港航供应链数智化平台将加速搭建。在此基础上，人工智能的深度学习技术将进一步赋能，推动物贸产一体化、城市群协同发展等数智平台将更好地运营产业和城市生态发展。

（六）港产贸城融合，港航供应链聚链成群

港口功能从物流枢纽向“产业组织者”升级，港航供应链将从港航领域向产业供应链集群发展。加强港航供应链各环节强链、补链，形成完备的要素资源和服务内容。同时，全面整合内部业务和管理系统，强化业务线上化和全流程数据贯通，以形成数据驱动的智能决策能力。以上海临港新片区为例，其依托洋山港建设国际航运服务集聚区，吸引船舶经纪、海事法律等高端服务机构入驻，形成千亿级航运服务产业集群。此外，港口与腹地产业链深度融合，如广西北部湾港联动西部陆海新通道，打造有色金属、汽车零部件等特色供应链基地。

（中国物流与采购联合会港航供应链分会　郭苏慧　杨达卿）

2024 年供应链金融发展回顾与 2025 年展望

2024 年，中国经济展现出极强的韧性，国内生产总值（GDP）首次突破 130 万亿元大关，按不变价格计算，较上年增长 5.0%，这一成绩标志着中国经济在复杂的全球经济环境中保持了稳定增长的态势。随着经济恢复进入关键阶段，央行多次实施降息举措，一揽子增量政策持续发力，有效激发了市场活力，提振了社会各界的信心。同时，2024 年也是“十四五”规划目标任务推进的关键之年，新质生产力蓬勃发展，集成电路、人工智能、量子技术等前沿科技领域取得重要突破，传统产业积极向智能化、数字化转型，绿色低碳转型的步伐也在不断加快。

在金融市场领域，2024 年，中国金融行业整体保持平稳运行，积极加大逆周期调节力度，提升政策精准度，全力支持实体经济的回升向好以及金融市场的稳定。这一年，社会融资规模增量累计达到 32.26 万亿元，虽较上年减少了 3.32 万亿元，但对实体经济发放的人民币贷款增加了 17.05 万亿元，为实体经济的发展提供了有力的资金支持。商业银行在业务拓展的同时，密切关注资产质量，不良贷款余额和不良贷款率保持在可控范围内，截至 2024 年第三季度末，商业银行不良贷款余额为 3.38 万亿元，与上一季度末基本持平；不良贷款率为 1.56%，较上年年末下降 0.03 个百分点。

普惠金融在 2024 年迎来了重要的发展节点，对中小微企业的支持力度显著加大。截至 2024 年年末，普惠小微贷款余额首次突破 32 万亿元，达到 32.58 万亿元，同比增长 14.69%。央行通过多次降息、两次下调存款准备金率以及多次调整贷款市场报价利率（LPR），推动社会综合融资成本稳中有降。其中，1 年期 LPR 降至 3.1%，5 年期以上 LPR 降至 3.6%，较年初分别降低 0.35 个百分点和 0.6 个百分点，切实减轻了企业的融资负担。普惠金融的快速发展，使金融服务进一步向中小微企业倾斜，有利于供应链金融市场的深化拓展。

（一）2024 年供应链金融发展回顾

1. 政策高度聚焦合规经营、防范风险和服务实体经济

政策作为推动供应链金融稳健前行的关键力量，在 2024 年发挥了至关重要的作用。相关部门纷纷出台一系列政策举措，旨在全方位提升金融机构服务质效，为小微企业金融服务筑牢坚实根基。四部门联合印发的《关于做好 2024 年降成本重点工作的通知》，提出开展中小微企业金融服务能力提升工

程，优化动产融资统一登记公示系统和应收账款融资服务平台功能，持续推进知识产权质押融资。国家金融监管总局出台《银行业金融机构小微企业金融服务监管评价办法》，明确小微金融监管评价体系由信贷总体投放情况、成本及风险情况、服务结构优化情况、激励约束机制情况、合规经营及内控情况、服务地方经济情况等评价要素构成。另外，地方政策也紧密围绕供应链金融优化产业链做文章。地方对供应链金融的政策探索见表1。

表1　地方对供应链金融的政策探索

省份	行动计划名称	主要举措
山西	“链长制”2024年行动计划	探索建立“产业链＋链主企业＋产业基金”运作模式，整合上下游资源，发挥链主引领作用，借助产业基金为产业链发展注入动力
江西	产业链现代化“1269”行动计划	开展制造业重点产业供应链金融奖励试点，激发企业参与供应链金融积极性，助力制造业产业链现代化升级
江苏	“一链一策一批”中小微企业融资促进行动	针对不同产业链的特点量身定制融资策略，解决中小微企业融资难题
山东	“十链百群万企”融链固链三年行动计划	推动大企业支持、配合上下游中小企业开展供应链融资，强化产业链上下游协同合作，提升产业链整体竞争力

在防范风险方面，政策同样密织“安全网”。4月，国务院印发《关于加强监管防范风险 推动资本市场高质量发展的若干意见》，资本市场“国九条”时隔十年再升级，为资本市场的健康发展指明了方向。6月，国务院办公厅转发《关于进一步做好资本市场财务造假综合惩防工作的意见》，严厉打击利用供应链金融、商业保理、票据交易等方式实施的财务造假行为，坚决维护资本市场秩序。

降低全社会物流成本作为提高经济运行效率的重大举措，对供应链金融服务提出了新的要求。11月，中共中央办公厅、国务院办公厅印发《有效降低全社会物流成本行动方案》，鼓励各类金融机构为有效降低全社会物流成本提供长期稳定融资支持。同月，交通运输部、国家发展改革委印发《交通物流降本提质增效行动计划》，鼓励金融机构丰富交通物流领域的金融产品和服务。

2. 商业保理、融资租赁和票据融资市场整体保持供需稳定

2024年，应收账款规模仍不断扩大，企业融资需求继续增长，商业保理、供应链票据等供应链金融手段得到市场认可。截至2024年11月末，规模以上工业企业应收账款达 26.92 万亿元，同比增长 8.5%；同期，规模以上工业企业实现营业收入 123.48 万亿元，同比增长 1.8%。应收账款占营收的比重达 21.8%，企业尤其是中小企业资金回流困难。

动产融资统一登记平台的数据显示，2024 年 1—12 月，应收账款质押的登记笔数合计为 40.5 万笔，应收账款转让（保理）合计登记笔数为 305.4 万笔，应收账款质押和保理的合计登记笔数较 2023 年增长 38%。从趋势来看，应收账款质押略有波动，保理则较为稳定，整体上维持稳步增长。从登记主体来看，以银行等金融机构为主，占总登记笔数的 77%，融资租赁、担保、保理机构占比为 21%。中征应收账款融资服务平台的数据显示，2024 年成交金额为 2.57 万亿元，较 2023 年有所下降。2024 年动产融资平台的四类担保业务登记笔数见图 1。

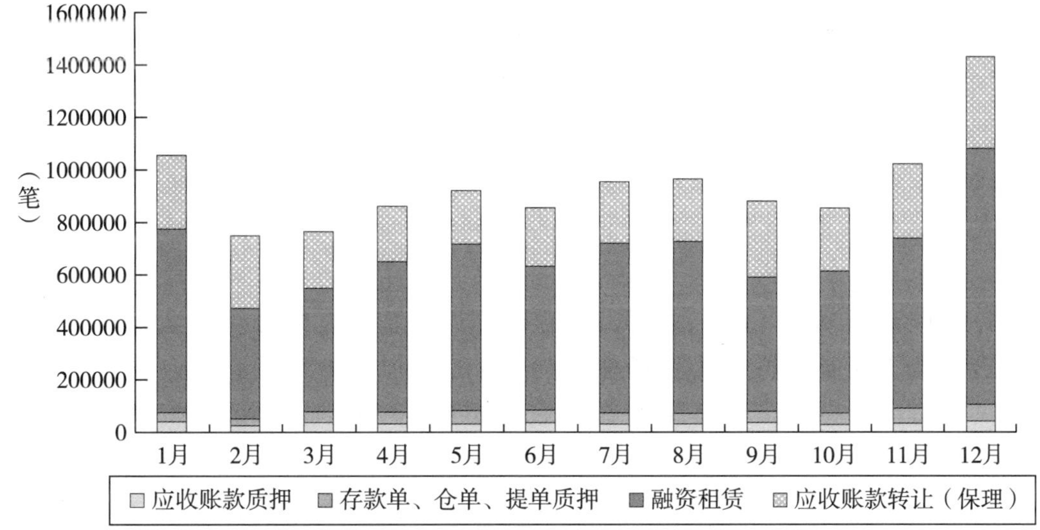

图 1　2024 年动产融资平台的四类担保业务登记笔数

数据来源：动产融资统一公示系统。

2024 年，商业保理在政策支持、技术赋能和市场需求的多重驱动下，继续保持稳健。商业保理在多项政策中作为重要工具被纳入金融创新试点。地方政府加大对商业保理的支持力度，例如，深圳、天津等地推出专项补贴和税收优惠政策，鼓励保理公司服务本地产业链。2024 年，商业保理的规模预计将在 2023 年 2.7 万亿元的基础上获得小幅增长。

融资租赁规模增速放缓、结构优化。根据中国租赁联盟《2024 世界租赁业发展报告》的初步统计，截至 2024 年年底，世界租赁业务总量约为 39000 亿美元；中国业务总量约为 54600 亿元人民币，占世界租赁业务总量的 20.3%，中国是仅次于美国的世界第二租赁大国。企业数量方面，截至 2024 年 6 月，全国融资租赁企业总数约为 1.15 万家，较 2023 年年底减少约 3%，行业集中度进一步提升。传统领域（如基建、航空）增速放缓，新能源、高端装备等新兴领域贡献主要增量。行业发展进入整合期，部分中小租赁公司因经营不善、风险增长、监管规范等原因退出市场。另外，行业头部效应更加突显，据毕马威报告统计，国内前50家租赁公司占据行业总资产的60%以上。

商业汇票规模稳步增长，作为企业短期融资和支付结算的重要工具，在金融市场中继续发挥重要作用。2024年，商业汇票承兑发生额为38.3万亿元，贴现发生额为30.5万亿元，签发票据的中小微企业达22.6万家，占全部签票企业的93.8%，中小微企业签票发生额为27.4万亿元，占全部签票发生额的71.5%；贴现的中小微企业36.7万家，贴现发生额为23.6万亿元，占全部贴现发生额的77.4%。电子商业汇票（ECDS）普及、优化票据再贴现政策推动电子商业汇票发展，地方政府鼓励企业使用商业汇票进行支付结算，部分区域试点“票据+供应链金融”模式，支持本地产业链发展。

3. 供应链票据快速发展，推动普惠金融与实体经济深度融合

2024年，供应链票据市场呈现显著增长态势，业务规模快速扩大。根据上海票据交易所数据，截至目前，共有32家供应链平台获准接入，供应链票据累计服务企业近4万家，业务总量超过8000亿元。根据上海票据交易所数据，2024年供应链票据加权平均贴现利率为2.28%，显著低于传统融资工具。

供应链票据具有科技特征和创新特征，有利于地方深化金融改革，符合政策支持方向。2024年11月，上海票据交易所发布了《上海票据交易所供应链票据资产证券化基础资产操作指引》；中国银行间市场交易商协会发布了《关于开展供应链票据资产证券化创新试点的通知》，联合上海票据交易所创新推动供应链票据资产证券化试点。

山东、湖北、广东、浙江、四川等地区通过政策支持和技术创新，推动供应链票据与区域特色产业深度融合。区块链、大数据、AI等技术在区域平台中广泛应用，提升票据流转效率和风控能力。核心企业与上下游中小企业通过供应链票据实现信用共享，降低融资成本，推动区域经济高质量发展。预计2025年，中西部地区（如河南、湖南、陕西等）将加速发展供应链票据业务。供应链票据重点平台表现见表2。供应链票据区域表现见表3。

表2　　供应链票据重点平台表现

平台名称	2024年业务规模（亿元）	服务企业数量（家）	创新亮点	覆盖范围
通汇资本	1000	12000	发行全国首单直接模式供应链票据资产证券化产品；实现“线上秒贴”，最快3分钟放款	全国18个省份，重点支持制造业、物流、能源等

续　表

平台名称	2024 年业务规模（亿元）	服务企业数量（家）	创新亮点	覆盖范围
简单汇	660	8000	推出“智能匹配”功能；提供“T+0”贴现服务	珠三角地区，重点支持电子信息、家电制造等领域
中企云链	未公布	10000	推出“云信”模式；提供“一站式”供应链金融服务	全国 20 多个省份，重点支持建筑、能源、汽车等领域
鑫海汇	550	5000+	以数字化票据、区块链、数字人民币技术为基础，在平台搭建、融资模式、风控体系、场景应用等方面进行全面创新，实现了从技术到业务的全方位突破与升级	聚焦链主集团、专精特新、小微农创等全链客户需求
沂链通平台	100.28	4740	通过创新“1+N”供应链票据模式、搭建“政银企”合作新桥梁，有力推动区域产业金融生态创新发展	供票业务循全域商城产业链延伸到 18 个省份

表 3　　供应链票据区域表现

区域	重点城市/平台	2024 年业务规模（亿元）	服务企业数量/覆盖范围	重点行业	政策支持与创新亮点
山东省	青岛市（海尔集团、山东港口集团、青岛地铁集团）	224.4	922 家	制造业、物流、商贸	三大平台协同，服务的中小微企业占比超 50%
	临沂市（沂链通平台）	100.28	覆盖 18 个省份	商贸物流、制造业	承兑规模达 50.06 亿元，位列全国前五
湖北省	全省（12 家省级平台）	1494	覆盖多个产业链	汽车、光电子、生物医药	上半年，融资金额同比增长 75.81%；构建“供应链金融+支柱产业”模式
广东省	珠三角地区（简单汇）	660	8000 家	电子信息、家电制造、新能源	构建“数字金融+供应链”模式，鼓励金融机构与核心企业合作

续 表

区域	重点城市/平台	2024年业务规模（亿元）	服务企业数量/覆盖范围	重点行业	政策支持与创新亮点
浙江省	杭州市（蚂蚁链）	300	5000家	跨境电商、智能制造	利用区块链技术提升票据流转效率
四川省	成都市（本地平台）	200	覆盖多个产业链	电子信息、装备制造	构建"供应链金融+乡村振兴"模式，支持农业产业链发展

4. 信用服务平台建设快速推进，供应链金融基础设施得以完善

在数字化浪潮的推动下，供应链金融的基础设施建设工作受到重视，在信用平台、技术支持等方面均有所建树。供应链金融向智能化、透明化方向发展升级。

"国家—省级—市级"多层次的融资信用服务平台搭建完成，企业融资渠道进一步拓宽。1月，国家发展改革委发布全国融资信用服务平台（https://xyd. creditchina. gov. cn/）。4月，国务院发布《统筹融资信用服务平台建设 提升中小微企业融资便利水平实施方案》。6月，《关于进一步提升融资信用服务平台服务质效 深入推进"信易贷"工作的通知》发布，进一步归集链主企业、特色产业集群等特色信用信息。截至2024年年末，通过全国一体化平台网络，银行机构已累计发放贷款达35.1万亿元，其中，信用贷款占8.7万亿元，显示出该系统的强大融资能力。到2025年2月，地方融资信用服务平台的整合工作已全面推动并完成。融资信用服务平台作为供应链金融的基础设施，得以全面优化和深化发展，在提升中小微企业融资便利性、降低融资成本方面将发挥更加重要的作用。

1月，央行清算总中心的数字供应链金融服务平台成功上线电子保函功能。电子保函功能为银行等参与机构提供统一的业务办理流程，包括保函开立、登记、退回、修改、交单、付款、注销和查询，并依托大额支付系统实现资金线上清算。电子保函功能适用于多种类型的保函，包括投标保函、履约保函、质量保函、关税保函以及融资性保函等，在追求标准化的同时也能够充分满足参与者的个性化需求。

在信用信息服务方面，10月，全国中小微企业资金流信用信息共享平台上线试运行。资金流信用信息共享平台主要服务于中小微企业和个体工商户等经营主体，推动资金流信用信息共享，为中小微企业提供资金流信用信息共享服务。目前共有31家金融机构参与试运行服务。

5. 绿色供应链金融等热点领域推出新平台和新产品

绿色供应链金融受到各界的高度重视，相关产品加速推出。4月，7部门印发《关于进一步强化金融支持绿色低碳发展的指导意见》，提出加强供应链金融配套基础设施建设。《关于福建省金融支持绿色低碳经济发展的指导意见》，提出推动绿色低碳产业链金融服务，鼓励发展订单、仓储、存货、应收账款等融资产品。《关于协同做好“上海产业绿贷”金融服务工作的通知》，支持绿色供应链金融试点示范，深挖重点产业链企业和项目融资需求。产品方面，国家电网“电 e 金服”平台上线绿色订单融资服务；建设银行“碳易贷”成功落地；威海市商业银行专项设计了针对核心药企的“绿药 e 链”。绿色供应链金融产品更加注重与产业结合，通过绿色产业场景满足企业融资需求。

铁路运输单据融资产品有所突破。1 月，重庆落地全国首笔铁路提单质押融资业务；2 月，国铁集团联合中国建设银行依托铁路货运 95306 平台，推出“铁路运费贷”“信用证结算”和“铁路单证融资”；6 月，广铁集团与建行广东省分行签订战略合作协议，推出运费贷等四款铁路物流金融产品。

跨境供应链金融在政策的支持下推出服务平台和落地产品。6 月，9 部门发布《关于拓展跨境电商出口推进海外仓建设的意见》，鼓励依法依规开展供应链金融服务。7 月，4 部门发布《关于加强商务和金融协同 更大力度支持跨境贸易和投资高质量发展的意见》，提出聚焦外贸供应链国际合作，协力拓展供应链金融和产业链承保。实践方面，重庆“跨境易融”数字金融服务平台上线，产品包括进口信用证、进口押汇、进口汇出款融资、进口代付、出口商业发票融资、出口保理、打包贷款、跨境贷、海运费融资等。

6. 国有企业的供应链业务受“十不准”影响开启转型

“十不准”规定的出台，为国有企业供应链业务戴上了“紧箍咒”，传统粗放式管理模式难以为继，转型迫在眉睫。2023 年 12 月，国务院国资委发布了《关于规范中央企业贸易管理严禁各类虚假贸易的通知》（国资发财评规〔2023〕74 号），明确提出“十不准”要求，对虚假贸易行为采取严厉态度，一经发现将对直接责任人严肃追责。2024 年 6 月，《国有企业管理人员处分条例》（国令第 781 号），进一步强化了对国企经营行为的规范。合规作为国企供应链公司贯穿全年的核心工作主题，影响了国企供应链公司的收入。2024 年，一些大型国企供应链公司的收入下滑幅度达到 30% 到 70%。

面对如此压力，国有企业供应链业务开始朝两个方向转型。一是供应链业务模式升级，企业选择在原有供应链业务的基础上进行优化和升级，通过引入数字化技术、提升物流管理水平、优化业务流程等方式，增强业务的真实性和合规性，同时提高运营效率和盈利能力。二是围绕本地的特色产业集群提供生产性服务，通过与产业集群内的上下游企业深度合作、整合资源，打造更具竞争力的供应链生态，在合规的前提下实现业务的可持续发展，突破传统业务局限，同时，更好地服务地方经济。

（二）2025 年供应链金融展望

1. 供应链金融脱核模式将在数字化建设的推动下加快发展

数字化建设将如燎原之火般全面铺开，推动供应链金融的高质量发展。随着大数据、人工智能、区块链等技术的不断发展，供应链金融将依托这些技术，对供应链各环节的数据进行精准采集、分析与应用。这将显著改变基于实物资产金融服务的形态，实现资产的数字化管理与评估，提升金融服务的精准度与效率。

供应链金融脱核模式在数字化技术的助力下将进一步拓展。未来，通过对现行技术条款、文书协议等内容的标准化，以及对大数据、区块链等技术的应用，实现交易信息的开放共享，将降低核心企业的信用风险集中度，使供应链金融更加公平、高效地服务于产业链上的各类企业。这将有助于拓展供应链金融的服务范围，激发中小企业的活力，促进产业链的均衡发展。

数字化转型还将促使供应链金融的业务重心发生改变。从传统的借贷业务，逐渐转变为聚焦产业资金流的优化。这意味着供应链金融不再仅仅进行资金融通，而是深入产业运营的肌理之中，通过优化资金配置、提高资金周转效率等方式，促进产业链各环节的协同发展，实现跨机构、多金融要素的无缝对接与整合，构建更加高效、稳定的产业生态系统。

2. 行业监管与风险防控将进一步强化和深化

2025 年，随着数字化监管的加强，行业监管的影响力将更加凸显。一方面，针对金融风险集中的超范围经营、过分票据化和金融诈骗等问题，将实施更为严格的监管措施，确保行业经营的合规性；另一方面，随着金融科技在供应链金融中的广泛应用，监管部门也将密切关注技术应用过程中的风险，如数据安全、算法偏差等问题，保障金融科技的健康发展。专家预计，2025 年将有一系列金融监管新政出台，保理、融资租赁等重点供应链金融业务模式的全国性监管政策或将引发广泛讨论。

与此同时，供应链金融各参与方也将积极提升风险防控能力。风险防控将受到重视，从企业到金融机构，都将在风险识别、评估与管理方面加大投入。它们将通过建立更加科学、完善的风险评估模型，运用大数据分析和机器学习算法，对供应链上的企业和交易进行实时监控、风险预警和动态管理，实现风险的早发现、早处置，确保业务运行的稳健性。

3. 围绕降低全社会物流成本将成为供应链金融的创新热点

降低全社会物流成本和提升供应链金融服务水平涉及产业运行的各个方面，两者在系统性提升产业链供应链运行效率、优化资源配置、加强产业链供应链的运营协同等方面的要求是一致的。随着降低全社会物流成本重大战略的逐步落地实施，其必将成为供应链金融创新的中心目标，进一步推动供应链金融的技术应用、模式创新和生态构建。

因此，降低全社会物流成本将掀起物流领域的创新高潮。在这股浪潮的推动下，供应链金融将围绕降低全社会物流成本展开，推出新的模式、新的产品，更深入地服务于更宽广的产业场景。

4. 中国企业走出去将助推跨境供应链金融的发展

供应链金融将向专业化和细分市场深度发展。不同行业的供应链具有独特的结构、特点和金融需求。因此，未来，供应链金融将针对特定行业开展基于真实业务的定制化服务。供应链金融将深入了解企业在采购、生产、销售等环节的资金需求特点，为其提供个性化、灵活的融资产品，如针对制造业的存货融资优化方案、针对农业的农产品订单融资创新模式等。跨境贸易和跨境产业链就是需要供应链金融提供专业定制化解决方案的热点细分领域。

中国企业出海的趋势将推动跨境供应链金融迎来快速发展的黄金时期。在部分产业“走出去”的过程中，一部分产业链留在国内，一部分延伸至其他国家。由于跨境产业链难以满足传统信贷的风控要求，这部分金融服务需求将成为供应链金融新的增长点。供应链金融将凭借其独特优势，为企业的跨境贸易提供更加便捷、高效的金融服务，包括跨境贸易融资、汇率风险管理等。通过与跨境电商平台、物流企业等的紧密合作，供应链金融将实现跨境贸易全流程的金融服务覆盖，助力企业拓展国际市场。

5. “五篇金融大文章”将积极推动供应链金融创建产业金融新生态

实现与“五篇金融大文章”的协同融合发展，将成为供应链金融未来发展的重要方向。供应链金融将紧密围绕服务实体经济、防范金融风险、深化金融改革等核心任务，与科技金融、绿色金融、普惠金融、养老金融、数字金融等体系相互渗透、协同发展。

供应链金融一方面要满足做好“五篇金融大文章”的要求，在服务企业的过程中体现科技金融、绿色金融、普惠金融等特点，满足科技、绿色、服务中小企业等方面的标准和要求。另一方面，要通过金融科技的应用、绿色供应链金融的创新、服务中小企业模式的创建等，推动绿色金融、科技金融、普惠金融的深化发展，为我国金融行业的高质量发展提供助力。

“五篇金融大文章”是我国金融行业发展的总体战略，供应链金融在服务领域、服务方式、服务质量等方面需要与之保持一致，让“五篇金融大文章”成为供应链金融发展的战略轴心，也成为推动供应链金融发展的有力抓手。

（中国物流与采购联合会物流与供应链金融分会　冯德良
王冰洁　肖和森）

2024 年中国多式联运发展回顾与 2025 年展望

一、2024 年中国多式联运发展回顾

2024 年是中国多式联运发展的关键突破年。在交通强国战略和“双碳”目标的驱动下，多式联运作为优化运输结构、提升物流效率的核心抓手，在基础设施网络、运输组织模式、政策体系完善、技术创新应用等方面取得了显著进展。集装箱铁水联运量保持稳步增长，2024 年，全国集装箱铁水联运量同比增长约 15%，铁路集装箱运量及其占铁路货运总量的比例显著提升，公铁联运、空陆联运、江（河）海联运成为新的增长极。随着国家综合立体交通网主骨架基本完成，多式联运大动脉、微循环进一步畅通，“一单制”“一箱制”加快推广应用，中欧班列、西部陆海新通道等国际联运走廊运量持续增长。

（一）多式联运基础设施进一步畅通

2024 年，国家综合货运枢纽补链强链城市建设加快推进，支持三批 37 个城市（群）综合货运枢纽及集疏运体系建设，枢纽多式联运服务能力不断提升。全球性国际邮政快递枢纽集群加快建设，各类分拨中心数量超 3000 个，直接服务 150 余个国家级产业园区和 70 余个国家级产业集群。内陆港枢纽布局不断优化，主要形成了以中欧班列为主导的国际内陆港发展模式，以海港功能前置拓展的内陆无水港发展模式，以多式联运信息化平台为依托的智慧港发展模式，以保税仓储、通关报检为主导的保税港发展模式。西安“一带一路”海铁联运中心依托中欧班列长安号亚欧通道优势，开通海铁联运班列线路 24 条，每日至少发出 1 列，为比亚迪、冠捷、吉利等多家企业提供优质的多式联运出口服务，其出口货物覆盖东南亚、欧洲、非洲等地区。郑州国际陆港建设有序推进，实现了空港、铁路港、公路港、出海港“四港联动”，为中欧班列实现“万列、千万吨”的发展目标提供了重要保障。

（二）多式联运服务产品不断丰富

多式联运以高效、便捷的特点，成为连接内陆与海洋、国内与国际的重要纽带，货物可以通过“天天班”班列到达世界各地。2024 年，中老泰多式联

运“一单制”货运列车在昆明首发，该列车全部采用45英尺的智能冷藏集装箱，实现了全程“门到门”运输。闽赣两省铁路多式联运班列开行数量突破10000列。首列石家庄至广州快速多式联运班列开行，将原本5至7天的运输时间缩短至50个小时左右。

（三）多式联运数据信息进一步联通

数据赋能多式联运发展已成为我国物流体系提质增效的关键路径。多地聚焦物流行业发展问题，破除“信息孤岛”“数据烟囱”，打通多式联运业务系统数据，探索建立公益性和市场化有机结合的多层次物流数据开放互联机制。川陕甘多式联运智慧服务平台上线，形成跨区域（辐射川陕甘）、跨运输方式（公、铁、水、空）、跨部门的信息共享枢纽，同时汇聚了国内外交通物流公共信息。上海建成了海铁联运协同管理平台，实现了集装箱铁路在途信息、铁路全网车站到发信息查询以及海铁联运全程动态追踪。浙江打造了海港多式联运统一服务门户，“四港联动”公司打造的智慧物流云平台整合打通了政务、班轮、码头、货代等100多个系统。

（四）“一单制”“一箱制”加快推广应用

与传统的集装箱多式联运业务相比，“一单制”运输具有“一次委托、一单到底、一箱到底、一次结算”的特点，减少了客户与铁路、航运等多个承运人逐一沟通协商单证交接、短驳运输、货物换装等环节。国铁集团与中谷物流、信风海运、安通物流、泛亚航运等4家航运企业签订了合作协议，开展集装箱多式联运“一单制”运输服务，在货物品名、箱型、包装等标准规则方面实现了互认衔接。

（五）多式联运组织模式持续创新

海关总署启动了出口货物铁公多式联运业务模式试点，对于境内运输方式为铁路运输或铁路运输加公路运输、出境运输方式为公路运输的集装箱货物，创新了通关监管模式。天津创新了国内首个全程可监控零碳新能源重卡集港新模式，构建了“津冀”“津晋”跨省市新能源重卡多式联运线路。黑龙江采取了“班列+班轮+物流总包”的运输模式，推出了“一单制”铁海快线班列全链条服务。陕西优化了空港、陆港合作模式，联合推出了中欧、中亚公铁联运服务产品。河南、湖北、黑龙江等地的机场集团，通过“卡车航班”服务模式，推动提升空陆联运能力。广东、福建、江苏等地积极推动设置内陆提还箱点，有效提升了集装箱提还箱便利性。

（六）跨区域跨部门协同联动机制逐步形成

各地高度重视多式联运发展，加强资源统筹和政企联动，在工作机制、运行模式、产业融合等方面不断创新和突破，有效赋能多式联运高质量发展。上海牵头长江沿线11省（市）共建多式联运中心。广东积极推动路港协同，协调降低“散改集”和铁路专用线货车延期占用成本。江苏推动与国铁集团签署共建新时代多式联运高质量发展示范区战略合作框架，共建多式联运高质量发展示范区。四川筹建省级统筹协调机制，加快推进“公转铁”八条政策措施。辽宁、吉林、黑龙江、内蒙古组建“三省一区”多式联运发展联盟，在沈阳召开“三省一区”多式联运发展联盟成立大会。广西加快构建中国—东盟多式联运联盟，启动编制《中国—东盟多式联运合作指南》。云南提出共建中国—中南半岛多式联运联盟倡议，构建多层次政策沟通、资源共享和合作交流的新平台。

（七）政策标准规范不断完善

政策层面，江苏、安徽、福建、内蒙古等地印发省级多式联运“一单制”“一箱制”实施方案。辽宁、山东、浙江、安徽、福建、河南、内蒙古、宁夏、湖北、广东、四川、江西等地持续推动多式联运“一单制”“一箱制”发展，给予专项资金和政策支持。标准规范层面，国家标准《集装箱多式联运运单》（GB/T 44430—2024）于2024年8月23日发布，自2024年12月1日起正式实施。

总体来看，我国多式联运发展态势迅猛，取得了显著进展，呈现出勃勃生机，但仍面临着一些发展中的共性问题。

一是信息数据联通不足。部门间、方式间、企业间多式联运信息互联共享机制不健全，“信息孤岛”“数据断链”现象较为普遍，企业获取信息的成本高、时效性差、综合利用率低，制约了多式联运“一单制”的发展，影响了物流效率。

二是规则标准协调不足。多式联运服务规则、技术标准、法律法规等“软条件”的制约日益凸显。各种运输方式的票证单据、服务规则、操作规范、技术标准等不统一。

三是多式联运法律法规支撑不足。多式联运运单法律定位缺失，与海运提单具有物权属性的特点相比，铁路运输单证的物权效力缺乏法律支撑。这使铁路运单作为合格押品开展信贷业务受到制约，铁路运单物权化进程较为缓慢。

四是多式联运经营主体培育不足。经营主体结构失衡，龙头骨干多式联运经营人明显不足，缺少具有跨方式运营、一体化运作、全流程服务的龙头骨干企业，多式联运全程组织能力有待提升。

二、2025 年中国多式联运展望

2025 年是“十四五”规划的收官之年。随着国内制造业、国际贸易的持续扩展，以及“一带一路”沿线国家物流需求的增长，预计铁水联运、公铁联运、空陆联运、江（河）海联运等联运模式将持续发展，集装箱铁水联运量稳步增长，铁路集装箱运量在铁路货运总量中的占比进一步提升，多式联运枢纽通道体系逐步完善，多式联运服务规则体系逐步健全，进一步支撑物流降本提质增效，推动经济社会全面绿色转型发展。

（一）多式联运枢纽通道体系更加完善

随着综合货运枢纽补链强链的深入实施，综合货运枢纽多式联运换装设施与集疏运体系建设进一步加快，多式联运效率与物流综合服务水平将进一步提升。空中、水上、地面与地下融合协同的多式联运网络将加快构建，不同运输方式之间的无缝衔接将更加顺畅，整体效率将进一步提升，服务支撑物流链供应链协同融合更加高效。具体来看，重点体现在以下方面。

第一，枢纽节点布局持续优化。在交通便利的战略性节点城市或物流中心，合理布局多式联运枢纽，完善公共内陆港体系及配套服务规则。

第二，物流枢纽网络更加优化。依托国家重点铁路干线、高速公路网络、港口航运通道等，形成更加顺畅的运输走廊，促进地区间经济互联互通，重点加强跨区域、跨境的主要运输通道的建设与升级，优化现有的运输网络，特别是沿长江经济带、粤港澳大湾区、京津冀等区域的枢纽节点将实现深度协同，多式联运基础设施互联互通水平显著提升。

第三，多式联运枢纽智能化步伐加快。依托 5G、人工智能、物联网等新技术，枢纽场站将实现“人—车—货—场”全要素数字化管理。

（二）多式联运服务质量更加优质高效

在各方协同努力的背景下，预计 2025 年，我国多式联运在运输效率、成本控制、服务便捷性等方面将实现质的跃升，形成更加优质高效的现代化物流格局，有力推动物流行业高质量发展。具体来看，重点体现在以下方面。

第一，多式联运服务产品更加丰富。35 吨敞顶箱的应用推广范围将进一步扩大，铁水联运班列开行数量将进一步增加，空陆联运、江（河）海联运将进入高速发展期，冷链、危化品、国内邮件快件等专业化联运进一步发展。

第二，信息资源共享力度将进一步加大。铁路、港口、船公司、民航等企业信息系统对接和数据共享有望进一步扩大落地范围，运输全程可监测、可追溯的多式联运体系进一步加快构建。基于区块链的电子运单系统将覆盖80%以上的多式联运业务，加快推动实现“一单制”“一箱制”。

第三，国际多式联运将进入高速发展期。随着中国与“一带一路”沿线国家和地区的经贸往来越来越紧密，多式联运服务将更多地走向国际市场，国际多式联运将进入高速发展期。这将提供无缝衔接的跨境物流解决方案，有效支撑国际贸易发展。

第四，多式联运市场生态进一步重构。头部企业将向“综合物流服务商”转型，形成包含多式联运经营人、专业平台运营商、解决方案供应商的完整生态链。

第五，多式联运商业模式创新突破。“运输＋金融＋保险”的供应链服务模式普及，货物在途融资、运费保理等创新产品覆盖多式联运业务。共享集装箱、运力池等共享经济模式在特定领域形成规模化应用。

（三）多式联运服务规则标准体系更加健全

部分多式联运制度和标准将出台，提升多式联运服务的规范化和统一性，指导行业规范运行。具体来看，重点体现在以下方面。

第一，多式联运规则体系的标准化。引导并优化多式联运经营人在单证签发、交接流程、使用规范、服务内容、保险理赔、责任划分等“一单制”相关标准流程方面的工作，提高整个运输过程的效率。

第二，多式联运“一单制”深入发展。“一单制”是推进多式联运高质量发展的突破口，进一步聚焦信息互联共享、标准化运单推广应用、铁路运输单证物权化等重点难点问题，加大创新力度。

第三，集装箱运输“一箱制”纵深推进。顺应重大生产力布局调整的关键举措，完善公共内陆港功能配置；集装箱交接环节的掏箱检查等作业流程将进一步精简规范，推动建立以35吨宽体箱为载体的内贸铁水联运体系。

（交通运输部规划研究院　成倩倩）

2024 年城市配送发展回顾与 2025 年展望

一、2024 年城市配送发展回顾

2024 年是实现“十四五”规划目标任务的关键之年。我国在复杂多变的国际形势下，国内经济保持稳定恢复和高质量发展的良好态势，有力推动了“十四五”规划的深入实施。我国消费市场呈现大宗消费增长迅速、服务消费增长较快、消费新增长点持续涌现等特点，消费潜力加快释放。物流运行总体平稳，物流市场规模连续 9 年位居世界第一，社会物流成本稳步下降，物流运行效率有所提高，城市配送发展环境不断改善。

（一）提振消费扩大内需，持续推动降本提质增效扩绿

2024 年，扩大有效需求、降低全社会物流成本、加快全面绿色转型等一系列政策密集出台，有力推动城市配送向集约化、绿色化深度转型。

1.《中共中央 国务院关于加快经济社会发展全面绿色转型的意见》

提出以碳达峰碳中和工作为引领，协同推进降碳、减污、扩绿、增长；建设一批低碳（近零碳）车站、机场、码头、高速公路服务区，因地制宜发展高速公路沿线光伏；完善充（换）电站、加氢（醇）站、岸电等基础设施网络，加快建设城市智慧交通管理系统；完善城乡物流配送体系，推动配送方式绿色智能转型；加快淘汰老旧运输工具，推进零排放货运；到 2030 年，营运交通工具单位换算周转量碳排放强度比 2020 年下降 9.5% 左右。

2. 中共中央办公厅、国务院办公厅印发《有效降低全社会物流成本行动方案》

提出优化城市货运网络规划设计，对不同类型货车城市通行实施精准化、差异化监管；深入实施国家物流枢纽布局和建设规划，优化国家物流枢纽布局，系统推进国家物流枢纽建设和功能提升；完善物流枢纽铁路专用线、集装箱堆场、转运场站、公路联络线等配套设施及集疏运体系，构建干线支线物流和仓储配送规模化组织、一体化运行的物流集散网络；完善国家物流枢纽间的合作机制。积极稳步推进“平急两用”公共基础设施建设，科学集约布局建设城郊大仓基地等大型仓储物流设施，完善涵盖分拨中心、末端网点的分级物流配送体系；支持物流枢纽场站、仓储设施、运输工具等绿色化升级改造；扩大

新能源物流车在城市配送、邮政快递等领域应用；研究中重型货车零碳排放技术发展路径；持续推进物流包装绿色化、减量化、可循环。

3.《中共中央办公厅 国务院办公厅关于加快建设统一开放的交通运输市场的意见》

提出推动冷链、危险货物等专业化运输发展；完善交通运输装备能源清洁替代政策，推动中重型卡车、船舶等运输工具应用新能源、清洁能源。加快调整优化交通运输结构，深入推进城市绿色货运配送发展；依法对网络预约出租汽车、网络道路货运等平台经济领域开展跨部门协同监管和服务。

4.《中共中央办公厅 国务院办公厅关于推进新型城市基础设施建设打造韧性城市的意见》

提出加强城市物流配送设施的规划、建设、改造，建设集约、高效、智慧的绿色配送体系；加快完善应急物流体系，规划布局城市应急物资中转设施，提升应急状况下城市物资快速保障能力。

5. 国务院印发《推动大规模设备更新和消费品以旧换新行动方案》

提出支持交通运输设备和老旧农业机械更新，加快淘汰国三及以下排放标准营运类柴油货车；加快“换新＋回收”物流体系和新模式发展，支持耐用消费品生产、销售企业建设逆向物流体系或与专业回收企业合作，上门回收废旧消费品；进一步完善再生资源回收网络，支持建设一批集中分拣处理中心。

6. 交通运输部等 13 部门印发《交通运输大规模设备更新行动方案》

提出老旧营运柴油货车淘汰更新行动。支持老旧营运货车淘汰更新工作。鼓励引导道路货运经营者加快淘汰更新国三及以下标准营运类柴油货车，提前淘汰更新国四标准营运类柴油货车。依托道路运输车辆达标车型管理工作，对标国际先进水平，持续提升营运货车节能低碳水平。鼓励各地结合道路货运行业发展特点、区域产业环境和新能源供应能力，推动新能源营运货车在城市物流配送、港口集疏运、干线物流等场景应用。鼓励有条件的地方，因地制宜研究出台新能源营运货车的通行路权、配套基础设施建设等政策，积极探索车电分离等商业模式。科学布局、适度超前建设公路沿线新能源车辆配套基础设施，探索超充站、换电站、加氢站等建设。

7. 交通运输部、国家发展改革委印发《交通物流降本提质增效行动计划》

提出畅通城乡物流末端循环网络。优化完善城市货运服务网络，研究推广城市配送专用中型厢式货车，合理设置货车通行区域、线路、时段要求，鼓励取消轻型以下新能源城市配送货车通行限制。大力发展共同配送、仓配一体等新模式，研究推动铁路货运场站融入城市物流体系。扎实推进“快递进厂”“快递进村”。加快推进农村客货邮融合发展，大力推广适配车型，支持具备条件的县乡客运站拓展货运物流服务功能，共建共享村级综合便民服务站。完善产地冷链物流设施，大力发展农产品冷链物流。

8. 商务部等9部门印发《关于完善现代商贸流通体系推动批发零售业高质量发展的行动计划》

提出提高物流标准化水平。推广标准化物流载具。加快标准托盘、周转箱（筐）等物流载具推广和循环共用，推动上下游设施适配性改造，鼓励带板运输等物流方式。拓展物流载具信息承载功能，推广全球统一编码标识（GS1），促进物流链数据互通。大力发展智慧物流。支持智能立体库和自动分拣、码垛机等在商贸流通领域的应用，提高存储、装卸、周转效率。完善城市末端智能配送设施，推广自助提货柜、智能快件箱（信包箱）。发展逆向物流。健全城乡废旧家电家具等再生资源回收网络，更新分拣、打包等设施设备，建设多元回收、集中分拣拆解、无害化储运处理的再生资源回收体系。

9.《自然资源部关于加强自然资源要素保障促进现代物流高质量发展的通知》

提出综合考虑地域区位、功能定位、发展水平等因素，科学规划国家物流枢纽、物流园区、冷链物流集聚区、电商与快递物流集聚区、城市配送集聚区、配送中心、城郊大仓等用地空间布局，推动物流及相关配套设施稳妥选址落位；鼓励依托城市铁路场站、汽车客运站、城市公交首末站、城市停车场等拓展快递收发分拣和城市配送服务；在具备条件的前提下，支持在高速公路出入口附近及服务区周边规划建设高速公路中转货运场站和物流中心。

10.《交通运输部办公厅 公安部办公厅 财政部办公厅 商务部办公厅关于进一步做好老旧营运货车报废更新工作的通知》

提出支持老旧营运货车报废更新及新购置新能源城市冷链配送货车补贴；老旧营运货车报废更新资金总体按9∶1的原则实行央地共担。东部、中部、西部地区中央承担比例分别为85%、90%、95%。各省级财政根据中央资金分配情况按比例安排配套资金。

（二）扩内需促消费不断释放需求，城市货运配送绿色高效发展

2024年，全国社会消费品零售总额为487895亿元，同比增长3.5%。其中，城镇消费品零售额为421166亿元，占社会消费品零售总额的比例约为86.3%，同比增长3.4%。单位与居民物品物流总额为13.9万亿元，同比增长6.7%。在一系列扩内需促消费政策发力显效下，消费市场实现平稳增长，快消配送、耐用仓配和异地电商是城市配送的三大主要场景。

1. 电商快递需求保持高位增长

全年实物商品网上零售额130816亿元，比上年增长6.5%，增速超出社会消费品零售总额3个百分点，占社会消费品零售总额的比重为26.8%。在实物

商品网上零售额中，吃类和用类商品网上零售额分别增长16%和6.3%。直播带货、即时零售等电商新模式持续拓展，带动线上消费增长作用明显。从与网购密切相关的邮政快递业情况来看，全年快递业务量累计完成1750.8亿件，同比增长21.5%；业务收入达到1.4万亿元，同比增长13.8%。其中，同城快递业务量累计完成156.4亿件，同比增长14.6%；异地快递业务量累计完成1555.7亿件，同比增长22.1%。从实体店商品零售情况来看，以品质优、体验佳为代表的仓储会员店零售额保持两位数增长，开展即时零售较多的便利店商品零售额增长4.7%，传统超市业态通过不断优化经营手段与内容，经营持续稳定恢复，零售额增长2.7%。

2. 新能源物流车数量大幅增加

在国家“双碳”目标、以旧换新补贴及地方路权倾斜等政策的驱动下，新能源物流车快速增长，全年销量达36.42万辆，同比增长42%，创历史新高。轻卡车型的兼容性以及通用性等特性，使其成了城市配送业务的主力车型，轻卡车型销量占新能源物流车总销量的30%左右。中面车型增量涨势表现较好，全年销量已经超过轻卡，2024年已成为新能源物流车总销量中占比最高的车型。新能源重卡的推广应用力度不断加大，应用场景不断丰富。根据中国汽车工业协会统计的数据，按照重卡运行里程划分，城市运营场景占比17%，短途场景占比17%，中途场景占比26%，长途场景占比40%。

3. 冷链物流市场规模持续扩大

全年冷链物流需求总量为3.65亿吨，同比增长4.3%；全年冷链物流总收入为5361亿元，同比增长3.7%。新能源冷藏车销量实现爆发式增长，全年新能源冷藏车销量为21368辆，同比增长350.8%；新能源冷藏车渗透率为33.9%，同比增长25.2个百分点。国家发展改革委印发《关于做好2024年国家骨干冷链物流基地建设工作的通知》，河北石家庄、江苏徐州、广西南宁、海南洋浦等20个城市获批建设国家骨干冷链物流基地。截至目前，已有4批86个国家骨干冷链物流基地被纳入重点建设名单，覆盖31个省（自治区、直辖市，含新疆生产建设兵团）。济南大力推动冷链物流与农业融合发展，以农产品保鲜储藏、冷链配送为核心，形成了集收购加工、冷藏保鲜、包装储藏、冷链配送等功能于一体的冷链物流网络，并大力推广应用冷藏集装箱、冷藏车、低温物流箱、移动冷库等标准化设备。

4. 城市货运配送网络体系不断完善

各地充分利用城市周边具有干支衔接功能的大型公共货运枢纽，以及城区内服务于城际货运和城市配送间高效转换的物流园区和大型物流中心，优化城市内末端共同配送节点网络，推动形成了城市货运配送三级节点网络体系，有效促进了城市货运配送组织链条的高效流转。珠海强化规划统筹引领作用，将城市货运配送基础设施建设与物流业发展规划相结合，初步形成了“4 + 10 + 798”的三级节点体系。南通市整合沿江港口、铁路资源，构建了“一带一城多终端”网络，建成了6个枢纽以强化区域协同能力。

5. 配送车辆通行环境持续改善

各地根据城市实际，放开路权限制，优化通行政策，实施分时、错时、分类通行管控，通行精细化、便利化程度持续提高。多地按照公安部交通运输管理局印发的《关于进一步便利部分中型厢式货车在城市道路通行的通知》文件精神，在现有通行规定的基础上，进一步便利整车长度不超过6米、宽度不超过2.2米、高度不超过2.8米的中型厢式货车及新能源中型厢式货车（不含危化品运输车辆）在城市道路通行。内蒙古自治区交通运输厅联合公安厅、邮政管理局印发《关于优化城市配送、邮政快递货车通行管理工作的通知》，落实新能源货车差异化管理措施，优化城市市区内从事货物运输服务和邮政快递配送的厢式货车和封闭式货运车辆，鼓励配送货车采用标准化车型；严禁采取全城24小时禁止货车通行的“一刀切”式措施；支持冷链物流发展，进一步放宽对冷藏运输车辆的限制，鼓励参照新能源配送货车进行管理。

6. 城市配送品牌效益不断彰显

各地不断推动城市货运配送组织模式优化升级，绿色低碳、集约高效的配送模式持续创新应用，市场主体联盟化发展，城市绿色货运配送品牌效应不断彰显，成为交通领域助推城市实现碳达峰、碳中和的重要抓手。

咸宁、襄阳、十堰等探索建立多种形式的配送合作联盟，开展跨区域的城市绿色货运配送业务合作和组织协作。咸宁打造城市共同配送联盟，在快消品、生鲜食品、药品、快递等民生消费领域采用“连锁采购 + 统一配送”“集中采购 + 共同配送”“集中仓储 + 共同配送”等模式，形成了城市共同配送网络，持续培育了14家高效运作、规范服务的专业绿色城配企业。

江苏着力打造“一市一品牌、一城一特色”，培育形成了苏州“苏式配送，货优其流”、南京“高效配送，畅运金陵”、无锡“锡心绿配，惠畅万家”、南通“通城绿配，一路好运”等品牌，进一步提升了城市绿色货运配送品牌的影响力。

7. 先进物流技术装备加快应用

各地持续提升人工智能、云计算、5G等先进技术与自动化、无人化、智慧化物流装备应用的深度和广度。

鄂尔多斯试点运行10辆新能源自动驾驶配送车，在康巴什全域40余个驿站之间全天候24小时运行。截至目前，这些车辆已累计行驶25000余公里，单车日均派送快递1200 ~ 1500件。相比传统物流配送模式，综合成本降低20%。

石家庄通过引入先进的自动化分拣系统和智能仓储管理系统等仓储技术和设备，实现了库存的精准控制与预测，助力仓储网与运输网深度融合。

无锡运用智能机器人、自动化立库、交叉分拣机、无人叉车、自动化流水线等打造了3个无人自动化仓库。这些仓库广泛应用近千台AGV机器人，将人工作业模式转变为实时自动化作业模式，运作效率提升了3倍。

临沂大力发展“无人车+无人机+无人仓”的智能物流模式，着力解决商贸园区与物流园区之间的短途配送问题。

8. 地方城市配送标准日益完善

各地积极开展城市货运配送标准化研究，出台系列标准规范城市货运配送行为，引导物流企业运作高效、服务规范。

西安健全城市配送标准体系，参与研究制定《物流配送服务规范》（DB 6101/T 3091—2020）省级地方标准，针对物流企业组织开展培训，推动标准落地实施，同时积极开展全市绿色货运配送示范企业考核授牌活动，以点带面，有效推进企业乃至城市配送行业服务规范化进程。

广州围绕冷藏车管理规范、操作规范、信息追溯规范等出台了“城市冷链配送”系列地方标准，城市物流配送技术标准体系不断完善。

台州编制《城市绿色货运配送服务管理规范》（DB 3310/T 78—2021）地方标准，从城市绿色货运配送的术语与定义、配送基础设施、配送车辆、配送组织等方面强化城市绿色货运配送服务管理，有力地推进了城市货运配送绿色低碳、集约高效发展。

二、2025年城市配送展望

2025年是“十四五”规划收官之年，也是“十五五”规划谋篇布局之年。我国国内生产总值增速预期目标为5%左右，经济运行将延续稳中求进的总基调，持续推动经济实现质的有效提升和量的合理增长。我国超大规模消费市场优势没有改变，消费向好的支撑条件和基本趋势没有改变。随着相关提振消费政策不断落地落细，消费新业态新模式逐步培育壮大，消费市场将持续呈现平稳增长态势。总体来看，城市配送顶层设计不断完善，2025年主要呈现以下几个特点。

（一）城市配送是降本提质增效的重要场景

2024年11月，交通运输部、国家发展改革委联合印发《交通物流降本提质增效行动计划》，明确提出要畅通城乡物流末端循环网络，优化完善城市货运服务网络，研究推广城市配送专用中型厢式货车，合理设置货车通行区域、线路、时段要求，鼓励取消轻型以下新能源城市配送货车通行限制；大力发展共同配送、仓配一体等新模式，研究推动铁路货运场站融入城市物流体系。

城市货运配送作为打通物流链条和保障改善民生的“最先和最后一公里”，是影响物流成本、物流效率、服务体验的重要环节，未来一段时间将成为城市推动交通物流降本提质增效的重要场景。

（二）城市配送加速绿色低碳转型发展

2025 年，国家持续加大大规模设备更新力度，将老旧营运货车报废更新补贴范围扩大至国四及以下排放标准中型、重型营运货车，新能源货车市场渗透率将不断提高。循环共用理念融入包装与装备体系，标准化周转设备的共享应用大幅减少一次性材料消耗，快递物流行业加速推广可降解包装与“原箱发货”模式。逆向物流加快发展，国家大力支持耐用消费品生产、销售企业建设逆向物流体系或与专业回收企业合作，支持建设一批集中分拣处理中心，再生资源回收网络进一步完善。

（三）新质生产力重塑城市配送格局

2025 年，《政府工作报告》提出要持续推进“人工智能 +”行动，扩大 5G 规模化应用，推动低空经济等新兴产业发展。在此背景下，无人配送、低空物流等加速落地应用，城市快递分拨中心到社区快递网点的无人配送规模化发展，生鲜、医药、快消品等领域的无人配送应用场景不断丰富；围绕城市间生鲜运输、同城快递集散、即时配送，以及山区、应急配送等不同应用场景，低空物流服务模式加快应用落地，物流服务体验不断改善。

（四）都市圈内部物流需求持续旺盛

2024 年，国务院印发《深入实施以人为本的新型城镇化战略五年行动计划》，提出实施现代化都市圈培育行动，依托中心城市辐射带动周边市县共同发展，培育一批同城化程度高的现代化都市圈，有序疏解一般性制造业、区域性物流基地、专业市场等非核心功能。未来，物流空间发展趋势愈发多元化与混合化，都市圈内城际物流与城市配送的衔接需求愈发显著，都市圈物流成为“双循环”格局下的重要增长极。

（交通运输部规划研究院　李弢　刘佳昆　王悦）

2024 年仓储业发展回顾与 2025 年展望

2024 年，面对外部压力加大、内部困难增多的复杂严峻形势，在以习近平总书记为核心的党中央坚强领导下，国民经济运行总体平稳、稳中有进，高质量发展取得新进展。据统计，全年国内生产总值为 1349084 亿元，按不变价格计算，比上年增长 5.0%。

根据企查查数据，国内现存 338.97 万家仓储相关企业。近十年相关企业注册量显著增长。截至 2024 年 12 月 11 日，当年已注册 53.32 万相关企业。现存仓储相关企业成立年限分布较为均匀，成立年限为 1～3 年的最多，占比 28.32%。

2025 年，是开启全面建设社会主义现代化国家新征程、向第二个百年奋斗目标进军的关键推进之年，是“十四五”规划圆满收官、科学谋划“十五五”蓝图的重要转折之年。随着数字化、智能化技术在各领域的深度渗透，未来的一段时期内，中国仓储行业将会聚焦于智慧运营、绿色低碳、跨界融合等三个方面精准发力，加速向高度集成化、智能化的现代仓储生态体系进行蜕变跃升。

一、2024 年仓储业发展回顾

2024 年，中国继续在各领域稳步推进发展，物流及仓储行业也呈现出良好的发展态势。

2024 年，物流运行总体平稳，全国社会物流总额为 360.6 万亿元（见图 1），按可比价格计算，同比增长 5.8%，增速比上年提高 0.6 个百分点。2024 年社会物流总费用为 19.0 万亿元，同比增长 4.1%，社会物流总费用与 GDP 的比率为 14.1%，比上年回落 0.3 个百分点。2024 年物流业总收入为 13.8 万亿元，同比增长 4.9%，增速比上年提高 1.0 个百分点。

2024 年 12 月，中国仓储指数为 50.6%。从全年来看，四个季度仓储指数“两头高，中间低”，四季度回升明显，季度均值分别为 49.4%、48.6%、48.8% 和 50.8%。12 月业务量指数为 51.0%，较上月下降 5.5 个百分点。分品种来看，食品、日用品等品种的业务量指数高于 50.0%，钢材、有色金属、矿产品等品种的业务量指数低于 50.0%。设施利用率指数为 52.0%，较上月下降 4.0 个百分点，食品、农副产品等品种的设施利用率指数高于 50.0%，钢材、有色金属、矿产品、医药等品种的设施利用率指数低于 50.0%。期末库存

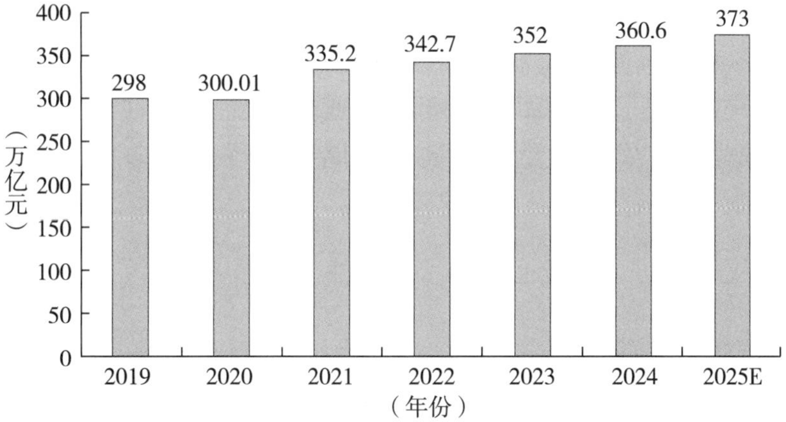

图1 中国社会物流总额

指数为52.2%，较上月上升1.7个百分点，化工产品、食品、农副产品等品种的期末库存指数高于50.0%，钢材、有色金属、矿产品、医药等品种的期末库存指数低于50.0%。

与此同时，国内智能仓储行业继续向着数字化、智能化的方向快速发展，智能仓储的渗透率不断提升，市场规模不断扩大。根据相关预测，2024年中国智能仓储行业市场规模可达1760.5亿元。智能仓储在物联网、大数据、人工智能等技术的推动下，正逐步实现自动化、智能化，未来，有望在更多行业和场景中得到广泛应用，进一步推动仓储行业的转型升级。

从区域发展来看，中国仓储物流市场的发展存在区域差异。一些发达地区，如东部沿海地区和一线城市，仓储物流行业发展较为成熟；而一些欠发达地区则发展相对滞后。但整体而言，各地商务部门不同程度地加强了仓储业行业管理与指导，仓储业的产业规模继续扩大，行业运行平稳。中国智能物流仓库地区分布见图2。

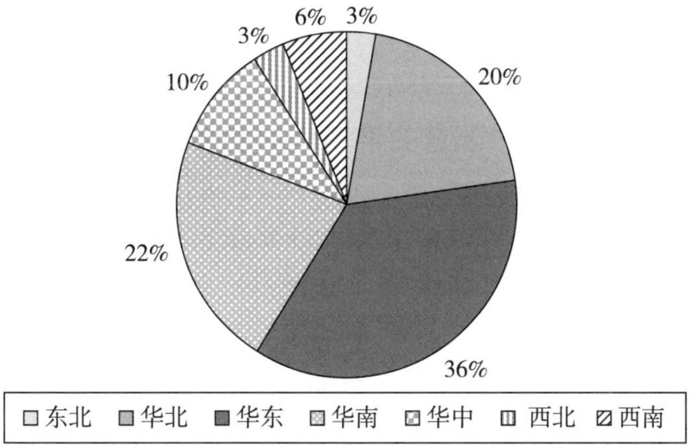

图2 中国智能物流仓库地区分布

未来，仓储物流行业将继续受益于全球化和电子商务的迅猛发展，市场规模将持续扩大。仓储物流企业将更加依赖智能化和自动化技术，无人仓库、自动化分拣系统、智能库存管理等将成为主流。同时，绿色环保和可持续发展也将成为行业发展的重要方向，仓储业将逐步走向更高效的可持续发展道路。

（一）2024 年，仓储业发展的八件大事

1. 物流降本方案出台

2024 年 2 月，中央财经委强调降低全社会物流成本对服务实体经济的重要性。11 月，中共中央办公厅、国务院办公厅印发《有效降低全社会物流成本行动方案》，提出 5 方面 20 项重点任务，涉及铁路改革、物流数据开放、供应链建设等。这为仓储配送行业解决发展不平衡等问题提供了新思路，有利于推动仓储企业优化流程、降低成本、提高效率。

2. 商贸试点推动仓配升级

2024 年 4 月，财政部办公厅等开展现代商贸流通体系试点城市建设。在城乡融合方面支持智能仓配等建设；生活必需品保供方面布局应急仓；农村体系完善方面健全县乡村配送；培育骨干企业方面支持统仓统配；再生资源回收方面支持分拣中心建设。这将全面推动仓储配送在各领域的升级发展，提升整体流通效率。

3. 海外仓建设获支持

2024 年 6 月，商务部等 9 部门印发相关意见推进海外仓建设，11 月，商务部再次发文促进跨境电商海外仓高质量发展，海关总署取消相关企业备案，减轻企业负担。在企业出海多维度变化的背景下，物流企业出海成为必然，海外仓建设加速，有助于提升对中国跨境电商的物流保障能力，增强中国跨境电商在国际市场的竞争力。

4. 即时配送规范发展

2024 年 1 月，国务院办公厅发布《关于促进即时配送行业高质量发展的指导意见》。国家层面发挥即时配送的带动作用，政府层面营造良好环境，包括便利准入、完善设施、健全标准等，企业层面强化安全管理、建立监督机制等。这将引导即时配送行业规范、健康、高质量发展，更好地满足人民日益增长的即时消费需求。

5. 无人机配送兴起

2024 年，近 20 个省市布局低空经济，将其作为经济新增长点。12 月，国家发展改革委成立了低空经济发展司。上海、深圳等地设置无人机运营线路，丰翼、美团等企业围绕多场景开展无人机配送常态化运营。无人机配送

的发展，为仓储配送行业带来新的增长点，提高了配送效率，拓展了配送场景。

6. 逆向物流机遇显现

2024 年 3 月，国务院推动“换新 + 回收”物流体系建设，7 月，多部门加力支持，10 月，中国资源循环集团有限公司成立。在政策驱动和集团成立的背景下，顺丰等物流企业围绕家用旧物等探索逆向物流业务，巨大的逆向物流需求被释放，将促使仓储业在逆向物流领域拓展业务，完善相关服务体系。

7. 加强冷链物流基地建设

2024 年 6 月，国家发展改革委发布了《关于做好 2024 年国家骨干冷链物流基地建设工作的通知》（以下简称《通知》），公布了新一批 20 个国家骨干冷链物流基地建设名单。《通知》要求，有关省级发展改革委加强统筹协调，指导督促承载城市人民政府、基地建设运营主体扎实推进基地建设各项工作，助力有效降低全社会物流成本；推进基地存量资源整合优化和增量设施补短板，加强基地间设施互联、业务对接和信息共享，推动基地互联成网，发挥基地在冷链物流网络中的组织核心作用，鼓励基地拓展分拣加工、交易展示、统仓统配等服务功能，促进冷链物流与相关产业深度融合发展。

8. 加强国有粮油仓储物流设施保护

2024 年 9 月 18 日至 10 月 17 日，国家发展改革委就《国有粮油仓储物流设施保护办法（公开征求意见稿）》向社会公开征求意见。该征求意见稿旨在贯彻落实《中华人民共和国粮食安全保障法》等法律法规，加强粮油仓储物流设施保护，保障国家粮食安全。其中明确了办法的适用范围，包括政府投资建设等多种类型的粮油仓储物流设施，还对设施的保护措施、监督管理、法律责任等方面做出了具体规定，如任何单位和个人不得侵占、损毁、擅自拆除或者迁移粮油仓储物流设施等。

（二）2024 年仓储业发展的三大特点

1. 市场规模持续扩大

据中研普华产业研究院、中商产业研究院等的数据，中国智能仓储行业市场规模（含集成业务及软件业务）由 2019 年的 882.9 亿元增长至 2023 年的 1533.5 亿元，年均复合增长率达到 14.80%。预计 2024 年，中国智能仓储行业市场规模将进一步扩大至 1760.5 亿元。

2023 年，中国仓储业（含装卸搬运）的固定资产投资额首次突破万亿元大关，达到 11670.8 亿元，同比增长 27.5%。这为仓储业的规模扩张提供了坚实基础，也从侧面反映出市场对仓储业的看好。

智慧物流市场规模也在持续增长，2023 年达到约 7903 亿元，同比增长

12.98%，预计2024年将达到8546亿元。仓储自动化各设备年复合增长率见图3。

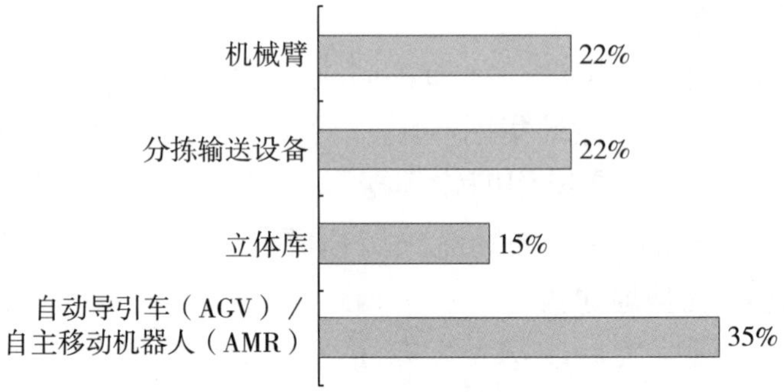

图3　仓储自动化各设备年复合增长率

2. 需求多样化与细分领域快速发展

从仓库规模需求来看，据物联云仓数字研究院数据，2024年仓储市场中1000平方米以下仓库的租赁需求占比最大，为38.46%，1万平方米以上的占比为10.26%。

按需求功能划分，仓库租赁需求占比最大，为83.33%。在细分领域上，冷链物流、危险品仓储等呈现出快速增长的趋势。

从地区分布来看，据物联云仓数字研究院2024年11月数据，41个重点城市新增建成项目供应主要集中在西部地区（占比40.18%），其次是东部地区（占比32.01%）。而从需求分布来看，东部地区需求占比最大，为55.13%。

3. 加速数字化与智能化转型

据《中国数字化仓储发展报告〔2024〕》，当前中国仓储业，具备物联网基础能力的仓库占比为39%，基本，实现无纸化的仓储占比为46%，但具有初步平台化服务能力的仓库占比只有9%，显示出数字化仓储发展潜力巨大。

随着物联网、大数据、云计算和人工智能等技术的不断发展和应用，自动化立体仓库、智能搬运机器人、无人叉车等智能仓储技术的应用日益广泛。如电商行业为实现快速配送，大量引入智能仓储系统来提高订单处理效率和准确性，推动了仓储行业的智能化进程。

二、2025年仓储业展望

2025年，中国经济在持续深化改革与创新驱动的引领下稳步前行，各行业迎来新的发展机遇与挑战。仓储业作为连接生产与消费的关键环节，在现代物流体系中占据着举足轻重的地位。随着数字化、智能化、绿色化浪潮的不断推进，以及市场需求的日益多元化和个性化，仓储业正处于加速变革与升级的关键时期。在这样的大背景下，2025 年的仓储业有如下趋势值得关注。

1. 市场竞争更趋激烈与行业加速整合

随着电商和制造业的持续发展，仓储业的市场需求旺盛，但竞争也愈发激烈。除传统仓储物流企业外，电商巨头、房地产开发商等纷纷涉足，使市场主体更加多元。2024 年，物流地产新增供应高位，部分城市空置率上升，加剧了竞争压力。大型仓储企业为了提升竞争力，会通过并购、战略合作等扩大规模，提高市场集中度，如一些头部企业可能会整合区域内的中小仓储资源，实现资源优化配置和规模经济。小型企业则需聚焦细分领域，如专注于生鲜冷链仓储、高端电子产品仓储等特定产品类型，或针对特定的中小城市区域提供特色服务，通过差异化竞争求生存。

2. 服务多元化与个性化成关键

在市场需求日益多变的背景下，客户对仓储服务的要求越来越高。电商企业为实现“分钟达”“小时达”等快速配送服务，要求仓储企业提供更灵活的库存管理、更精准的订单处理和更快的分拣配送服务。制造业企业则希望仓储企业能提供与生产计划紧密对接的定制化仓储解决方案，如根据生产节拍进行物料配送等。因此，仓储企业需根据不同客户的需求，提供定制化包装、贴标、组装、质检等增值服务，以及个性化的仓储空间规划、库存管理和配送方案。例如，为高端服装品牌提供包含定制包装、精准库存管理和限时配送的一体化服务，以服务的多元化与个性化提升客户满意度，形成企业的核心竞争力。

3. 用工与土地使用成本持续上升

国家统计局数据显示，交通运输、仓储和邮政业用工成本近年持续上升，且随着人口老龄化加剧，劳动力供应减少，用工成本上升的趋势难以逆转。同时，随着居民生活水平的提高，员工对工作环境的要求提升，从事仓储一线艰苦工作的意愿降低，进一步推高了用工成本。

在土地方面，土地资源愈发紧张，土地市场竞争激烈，土地使用成本不断增加，尤其是在经济发达地区和交通枢纽城市。企业为应对成本压力，会加快智能仓储建设，加大自动化设备和智能系统投入，如采用 AGV、自动分拣机器人等，减少人力依赖。同时，企业会通过建设高层货架、立体仓库等，提高空间利用率，提升单位面积的仓储能力。

4. 智能与绿色技术深度赋能

物联网、大数据、人工智能等技术不断成熟，将深度融入仓储业。智能仓储系统不仅能实现信息实时共享和业务自动化，还能通过 AI 精准预测市场需求，优化库存配置。例如，利用大数据分析消费者购买行为和市场趋势，提前调整库存，减少积压和缺货现象。

环保要求趋严，推动仓储业绿色转型。仓库建设会优先选用环保材料和节能设备，如太阳能照明、智能通风系统等。运输环节，电动车辆的使用将增多，还会优化运输路线，提高运输效率，减少碳排放。例如，一些物流企业采用电动卡车进行城市内配送，降低污染排放。

2025 年的仓储业，机遇与挑战并存。在经济高质量发展的大趋势下，仓储业需要不断适应市场变化，积极拥抱新技术、新模式，以创新驱动发展，提升服务质量和效率，实现转型升级。

相信在政府、企业和行业组织的共同努力下，中国仓储业将在 2025 年迈出坚实的步伐，为国民经济的持续健康发展提供有力支撑，在全球仓储物流领域占据更重要的地位，书写新的辉煌篇章。

（中国物资储运协会　李勇昭）

2024 年快递业发展回顾与 2025 年展望

一、2024 年快递业发展回顾

（一）2024 年快递业发展基本概况

2024 年，我国快递业务量累计完成 1750.8 亿件，同比增长 21.5%，快递业务收入达 1.4 万亿元，同比增长 13.8%。快递业务量连续 11 年保持全球第一名，日均处理快件量达到 4.85 亿件，最高日均处理快件 7.29 亿件，年人均消费快件量接近 125 件。

2024 年，同城快递业务量累计完成 156.4 亿件，同比增长 14.6%；异地快递业务量累计完成 1555.7 亿件，同比增长 22.1%；国际/港澳台快递业务量累计完成 38.7 亿件，同比增长 26.3%（见图 1）。

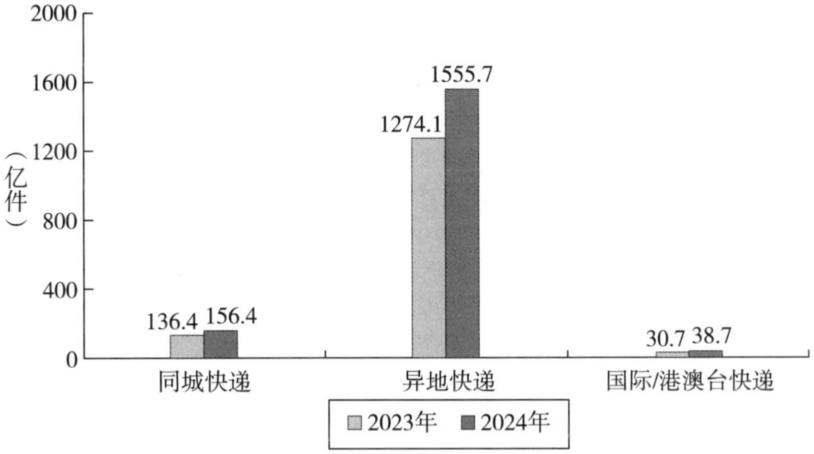

图 1　分专业快递业务量结构比较

注：图中数存在修约，按图中数计算增长率与正文中提及的增长率有尾差。

2024 年，同城、异地、国际/港澳台快递业务量分别占全部快递业务量的 8.9%、88.9% 和 2.2%（见图 2）。与去年同期相比，同城快递业务量的比重下降 0.6 个百分点，异地快递业务量的比重上升 0.5 个百分点，国际/港澳台快递业务量的比重上升 0.1 个百分点。

2024 年，东、中、西部地区快递业务量比重分别为 72.4%、18.7% 和 8.9%（见图 3），业务收入比重分别为 74.8%、14.9% 和 10.3%（见图 4）。

与去年同期相比，东部地区快递业务量比重下降 2. 1 个百分点，快递业务收入比重下降 1. 0 个百分点；中部地区快递业务量比重上升 1. 2 个百分点，快递业务收入比重上升 0. 5 个百分点；西部地区快递业务量比重上升 0. 9 个百分点，快递业务收入比重上升 0. 5 个百分点。

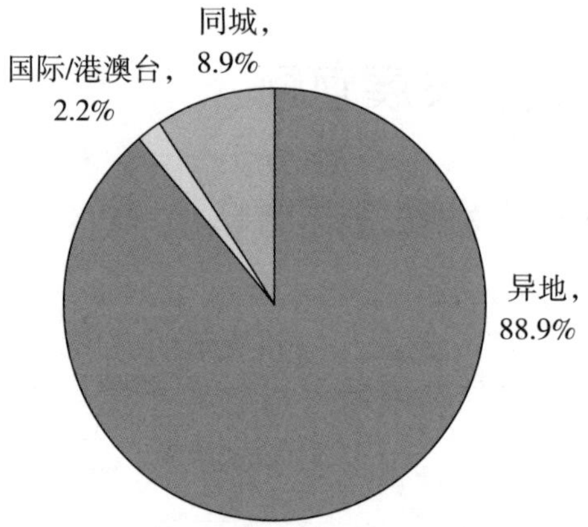

图 2　快递业务量结构

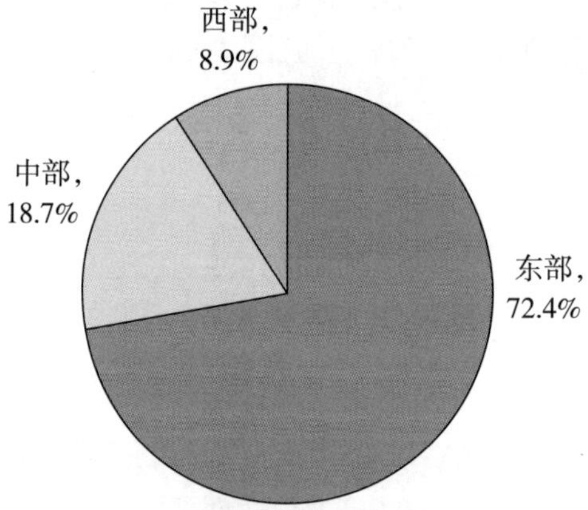

图 3　地区快递业务量结构

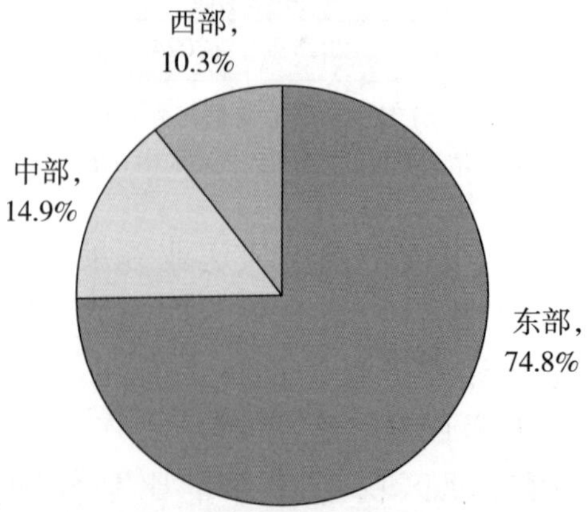

图 4　地区快递业务收入结构

2024 年，快递与包裹服务品牌集中度指数 CR8 为 85.2。

1. 2024 年快递件均收入同比下降 12.8%，自有统计以来继续呈现下降趋势（见表 1）

表 1　**2017—2024 年快递件均收入**

年份	2017	2018	2019	2020	2021	2022	2023	2024
件均收入（元）	12.37	11.90	11.80	10.55	9.54	9.55	9.20	8.02

2. 2024 年各省（自治区、直辖市）快递业务量和快递业务收入情况（见表 2）

表 2　**2024 年各省（自治区、直辖市）快递业务量和快递业务收入情况**

地区	快递业务量（亿件）	同比增长（%）	快递业务收入（亿元）	同比增长（%）
全国	1750.8	21.5	14033.5	13.8
北京	26.9	9.6	316.9	0.7
天津	19.4	27.2	187.5	18.0
河北	95.4	31.8	582.6	22.0
山西	15.5	29.4	133.6	17.6
内蒙古	5.8	44.0	79.3	21.9
辽宁	29.2	21.4	239.2	16.5
吉林	10.1	21.4	97.9	15.2
黑龙江	12.9	25.9	128.1	17.2
上海	49.5	27.5	2519.2	20.3
江苏	139.2	19.0	1017.1	9.4
浙江	321.9	10.4	1483.1	9.5
安徽	62.7	24.8	328.0	15.2
福建	62.1	13.7	438.5	9.9
江西	34.1	30.6	239.4	23.4
山东	95.2	24.7	635.6	17.4
河南	90.5	38.0	534.0	22.2
湖北	56.3	29.8	375.1	17.7
湖南	45.8	25.9	256.7	12.2
广东	425.9	19.5	3041.5	6.9
广西	20.1	37.7	166.4	22.6
海南	2.5	13.4	41.5	8.4
重庆	20.5	31.7	164.5	17.8
四川	47.3	26.0	379.8	14.4
贵州	9.9	39.1	110.4	20.2

续 表

地区	快递业务量（亿件）	同比增长（%）	快递业务收入（亿元）	同比增长（%）
云南	14.7	29.0	136.4	17.2
西藏	0.3	23.3	8.1	22.4
陕西	25.6	50.4	212.8	29.2
甘肃	4.4	41.7	67.0	24.8
青海	0.7	21.3	15.9	19.4
宁夏	1.8	32.6	23.3	18.6
新疆	4.6	39.2	73.9	15.3

3. 2024 年快递业务量前 50 个城市情况（见表 3）

表 3　2024 年快递业务量前 50 个城市情况

排名	城市	快递业务量（亿件）	排名	城市	快递业务量（亿件）
1	金华（义乌）市	171.9	26	廊坊市	17.2
2	广州市	142.5	27	嘉兴市	16.6
3	深圳市	76.7	28	台州市	16.3
4	上海市	49.5	29	西安市	15.2
5	揭阳市	44.1	30	南通市	14.9
6	东莞市	43.9	31	中山市	14.2
7	杭州市	42.7	32	南京市	13.2
8	汕头市	38.3	33	青岛市	13.1
9	苏州市	37.5	34	商丘市	12.8
10	成都市	28.7	35	沈阳市	12.3
11	泉州市	28.3	36	邢台市	12.0
12	长沙市	27.6	37	南昌市	11.5
13	北京市	26.9	38	宿迁市	11.1
14	郑州市	25.7	39	徐州市	10.7
15	武汉市	25.1	40	济南市	10.2
16	温州市	24.5	41	无锡市	10.1
17	临沂市	23.8	42	潮州市	10.0
18	佛山市	23.2	43	南宁市	9.4
19	石家庄市	22.5	44	昆明市	9.2
20	保定市	22.3	45	亳州市	8.7
21	重庆市	20.5	46	惠州市	8.6
22	天津市	19.4	47	连云港市	8.6
23	宁波市	18.9	48	湖州市	8.3
24	合肥市	18.0	49	沧州市	8.2
25	绍兴市	17.2	50	潍坊市	8.1

4. 2024 年快递业务收入前 50 个城市情况（见表 4）

表 4　　2024 年快递业务收入前 50 个城市情况

排名	城市	快递业务收入（亿元）	排名	城市	快递业务收入（亿元）
1	上海市	2519.2	26	合肥市	114.0
2	广州市	986.2	27	青岛市	112.2
3	深圳市	657.0	28	无锡市	107.6
4	金华（义乌）市	419.5	29	济南市	106.5
5	杭州市	404.9	30	沈阳市	106.1
6	东莞市	351.8	31	中山市	105.3
7	北京市	316.9	32	南昌市	102.0
8	苏州市	313.4	33	廊坊市	99.8
9	佛山市	235.3	34	厦门市	98.0
10	成都市	226.0	35	临沂市	95.7
11	郑州市	203.7	36	南通市	89.9
12	武汉市	202.8	37	福州市	81.5
13	揭阳市	201.1	38	台州市	76.6
14	汕头市	187.9	39	南宁市	75.6
15	天津市	187.5	40	哈尔滨市	75.1
16	重庆市	164.5	41	常州市	72.5
17	宁波市	158.4	42	昆明市	72.3
18	泉州市	149.9	43	惠州市	71.4
19	长沙市	146.9	44	绍兴市	69.4
20	嘉兴市	143.5	45	沧州市	60.2
21	温州市	132.0	46	长春市	59.5
22	西安市	130.6	47	徐州市	59.4
23	保定市	130.1	48	商丘市	56.5
24	南京市	118.4	49	邢台市	53.9
25	石家庄市	117.7	50	潍坊市	53.7

5. 2024 年快递服务质量

2024 年，全国重点地区 72 小时快递妥投率达 83.95%，快递服务公众满意度为 84.6 分。

（二）2024 年快递业大事记

1. 国务院领导到鄂州花湖机场参观顺丰分拣线

1 月 2 日至 3 日，国务院领导在湖北调研。在鄂州，国务院领导来到花湖机场，听取机场建设发展情况的介绍，参观顺丰包裹分拣线。他指出，花湖机场建设国际航空货运枢纽，具有明显区位优势和良好基础条件，要进一步提高建设运营水平，充分发挥辐射带动作用，更好服务构建新发展格局。顺丰表示，到 2025 年，鄂州机场货邮吞吐量或将达 245 万吨，客货运航线将达 65 条及以上，并构建“一日达全国、两日达周边、三日达全球”的 123 快货物流圈。

2. 山姆开通全国快递配送服务

1 月，山姆会员商店宣布，已开通了全国配送的服务，大部分城市可享受购物满 299 元包邮。目前，山姆会员商店在全国 25 个城市运营着 47 家门店，门店可以提供极速达、全城配、全国配多种配送服务。

3. 快递包装首部强制性国家标准将于 6 月 1 日实施

1 月，国家市场监管总局公布，《快递包装重金属与特定物质限量》强制性国家标准将于今年 6 月 1 日实施。这是关于快递包装的首部强制性国家标准，明确禁止使用有毒有害快递包装，设定了快递包装的安全底线和红线要求。我国快递绿色包装国家标准、行业标准已全面覆盖快递封套、包装袋、包装箱、电子运单、胶带、填充材料、集装容器等主要快包装用品。

4. 国家邮政局发布 2024 年邮政快递业更贴近民生实事

1 月，国家邮政局举行 2024 年一季度例行新闻发布会，发布 2024 年邮政快递业更贴近民生实事。一是加快建设村级寄递物流综合服务站（村邮站）；二是持续优化发往部分区域的电商快件寄递服务；三是加强群众用邮合法权益保障；四是推进落实快递行业劳动合同制度专项行动；五是持续推动提升从业人员素质；六是巩固提升邮政普遍服务水平；七是加强快递员群体先进典型选树和关心关爱。全国将新增 10 万个村级物流综合服务站。

5. 国际快递公司预测全球寄递市场规模 2030 年达 6480 亿美元

3 月，国际快递公司（ParcelHero）预测，到 2030 年，以技术为主导的电子商务和运输业的发展将推动全球包裹寄递服务市场实现 4. 31% 的复合年增长率。新的电子商务、运输管理系统（TMS）和自动化运输技术将成为推动寄递市场持续增长的影响因素。这意味着全球包裹寄递市场可能从 2023 年的 4829 亿美元飙升至 2030 年的 6480 亿美元，并将释放出新的投资机会。

6. 顺丰速运、菜鸟加入万国邮政联盟

3 月，万国邮政联盟（UPU）宣布，顺丰速运和菜鸟正式加入 UPV。UPV

是联合国的一个关于国际邮政事务的专门机构，其宗旨是促进、组织和改善国际邮政业务，并向成员提供可能的邮政技术援助。

7. 美团发布2023年财报：即时配送订单达219亿笔

3月，美团发布2023年第四季度及全年业绩。全年营收2767亿元，同比增长26%。2023年，美团即时配送订单数增长24%，达219亿笔。核心用户的交易频次同比提升超20%。

8. 京东快递“省内次晨达”扩大到13省市，新增“按需揽派”服务

3月，京东快递公布，为进一步提升服务体验，京东快递的两大产品正式更名升级，“特快送”升级为“京东特快”，“特惠送”升级为“京东标快”。京东标快省内次晨达的覆盖范围已由北京、上海、广东等9省市扩大至13个省市。

9. 2023年快递服务满意度出炉，顺丰速运、京东快递排名前两位

4月，国家邮政局发布2023年快递服务满意度，在9家品牌中，快递服务公众满意度得分排名前两位的为顺丰速运、京东快递。此外，从快递企业72小时妥投率来看，顺丰速运、中通快递、韵达速递、极兔速递为80%~90%。

10. 中通快递发布《2023社会责任报告》，推进绿色转型，保障员工发展

4月，中通快递发布《2023社会责任报告》。本报告聚焦“推动高质量发展，不负时代使命”“应对气候变化，纵贯绿色邮路”两大专题。报告显示，中通以绿色低碳为路径，聚焦运输环节低碳转型。2023年，中通光伏铺设面积约37万平方米，实际发电量40150兆瓦，同比增加34%。中通快递秉承“同建共享”的核心价值观，设立“中通小哥日”，连续3年为全网小哥购买“小哥宝-团体意外险”。

11. 极兔速递发布首份环境、社会和治理（ESG）报告，推进全链路绿色实践

4月，全球物流服务巨头J&T极兔速递发布首份ESG报告，涵盖2023年公司在治理、环保、产品服务、信息安全和员工发展等方面的实践成果。报告显示，极兔速递构建了自上而下的ESG治理架构，并在公司治理上强化合规与风险管理，2023年，道德培训覆盖5.8万人次。在环保方面，极兔速递推进全链路绿色实践，使用可降解材料及循环包装，2023年，循环中转袋投放量达2560万个，循环使用超1.1亿次。极兔速递还引入了150辆LNG车辆，启用了63台智能驾驶车辆，致力于节能减排，获得了ISO 27001等认证。

12. 快递行业快递小哥获得五一劳动奖章

五一前夕，顺丰速运10人、圆通速递3人、德邦快递3人、中通快递2人、申通快递1人、京东物流1人获得全国五一劳动奖章。

13.“京东特快”宣布升级，航空件晚到1分钟就赔全额

5月，京东物流宣布，旗下“京东特快”服务已进一步升级“航空件晚到必赔”政策。此次升级服务首先在北上广深杭五大城市进行试点，并计划逐步推广至全国范围。这是业内率先对超时快递进行主动赔付的快递企业。根据新政策，若消费者选择“京东特快”寄送快递，且该快递通过航空运输，当实际送达时间晚于下单时系统显示的时间，京东快递客服将主动联系消费者，并提供全额运费赔付。值得一提的是，即使快递仅晚到1分钟，消费者也将获得全额赔付。

14. 顺丰控股入选《财富》中国ESG影响力榜

5月，2024年《财富》中国ESG影响力榜揭晓。凭借着在改善环境、保护员工、支持社区上做出的努力，顺丰控股连续3年登上《财富》中国ESG影响力榜，也是唯一入榜的快递物流公司。在绿色发展方面，2023年，顺丰通过低碳运输、绿色产业园和可持续包装等措施，实现自身碳效率较目标基准年提升15%，还自研行业首个运单级碳计算模型，实现了精准计算碳排放。同时，顺丰减少了大量物料的使用和碳排放，并在上海启动了行业首个塑料包装废弃物全流程闭环回收再生项目试点。

15.《快递包装重金属与特定物质限量》强制性国标自2024年6月1日起实施

《快递包装重金属与特定物质限量》强制性国家标准自2024年6月1日起实施。这是首部关于快递包装的强制性国家标准。该标准明确禁止使用有毒有害快递包装。标准分别针对纸类、塑料类、纺织纤维类及复合材料类快递包装产品，提出了铅、汞、镉、铬等重金属总体限量要求和单独限量要求，规定了溶剂残留、双酚A、邻苯二甲酸酯等特定物质限量要求，并给出了试验方法、取样制备要求，为快递绿色包装的生产和检测提供了技术依据。

16. 京东航空与航空租赁公司AerCap签订了4架货机租赁协议

AerCap宣布，已经与京东物流旗下的京东航空签订了4架波音B737-800BCF（改装货机）飞机的租赁协议。这4架飞机预计将于2024年交付。京东航空将以南通兴东国际机场为主基地，运营南通、北京、深圳、无锡等城市的货运航线，助力其满足日益增长的电商物流与快递需求。

17. 圆通斥资60万美元与哈国邮政成立合伙企业

7月，圆通国际快递宣布，旗下间接全资附属公司联城物流环球有限公司（以下简称联城）与哈萨克斯坦共和国的国家邮政服务机构KazPost签订合伙协议，成立合伙企业。合资公司法定资本为100万美元。其中，联城向合伙企业支付现金60万美元，持有合伙企业60%的股权，KazPost向合伙企业支付现金40万美元，持有合伙企业40%的股权，合伙企业将在中亚地区成立联合配送中心。

18. 联邦快递宣布进一步为中国大陆电商卖家优化 FICP 服务

7 月，联邦快递宣布，进一步为中国大陆的电商卖家优化其“联邦快递国际电商逸（FICP）”服务，将该服务的覆盖范围从现在的亚太市场拓展到美国和欧洲。此次服务拓展使中国大陆电商卖家能够为客户提供国际物流解决方案，并确保大多数货物在 2 ~3 个工作日内送达美国和欧洲。

19. 2024 年《财富》中国 500 强发布，中国邮政、顺丰、极兔速递、“三通一达”上榜

7 月，财富中文网发布了 2024 年《财富》中国 500 强排行榜。快递企业极兔速递为今年新上榜企业。快递行业中，有中国邮政、顺丰、极兔速递、圆通速递、韵达控股、申通快递、中通快递共 7 家企业上榜。具体来看，中国邮政以超 1127 亿美元的营收排名第 27 位，顺丰以超 365 亿美元的营收排名第 109 位，极兔速递以超 88 亿美元的营收排名第 286 位，圆通速递以超 81 亿美元的营收排名第 303 位，韵达控股以超 63 亿美元的营收排名第 344 位，申通快递以超 57 亿美元的营收排名第 371 位，中通快递以超 54 亿美元的营收排名第 388 位。

20. 极兔速递在马来西亚拥有逾 600 个末端站点

8 月，极兔速递表示，进军马来西亚市场至今已 6 年，目前在当地拥有逾 600 个末端站点、10 多套自动分拣设备以及逾 3000 辆运输工具。今年以来，马来西亚 J&T Express 的日常营运能力按年增长逾 103%，服务准时率达 97%。

21. 顺丰物流决策大模型“丰知”重磅发布

8 月，顺丰科技宣布，推出了自主研发的“丰知”物流决策大模型。该模型旨在将大模型技术应用于物流供应链的智能化分析、销量预测、运输路线优化与包装优化等决策领域。“丰知”物流决策大模型基于多模态大模型能力构建了多层级多通道需求预测模型，实现更精准的预测结果。不仅如此，计算方式的改变也减少了模型需求数量及资源消耗，提升了资源利用效率。

22. 苏宁物流 1000 万元出售天天快递 100% 股权及债权

8 月，江苏苏宁物流有限公司（以下简称苏宁物流）与浙江融跃速运有限公司（以下简称融跃速运）达成协议，苏宁物流将其持有的天天快递 100% 股权及全部债权以 1000 万元的价格转让给融跃速运。根据评估，天天快递 2023 年营业收入为 0 元，截至 2023 年 12 月 31 日，总资产为 2.16 亿元，净资产为 -54.04 亿元。

23. 圆通速递推进“派费直付”保障快递员劳动收入

8 月，圆通速递（全网）召开全网职工代表大会。会上，圆通速递公布，已在全网推进“派费直付”，防止派费被截留，进一步保障快递员的权益。大会现场审议通过了《圆通速递有限公司（全网）工资集体合同（草案）》及

《圆通速递有限公司员工管理制度》。圆通工会劳动法律监督委员会在会议现场揭牌。

24. 顺丰、中通上榜“2024 中国最佳品牌排行榜”

9 月，全球性品牌战略管理咨询与设计公司 Interbrand 英图博略正式发布“2024 中国最佳品牌排行榜”。本次榜单显示，上榜品牌总价值达 33712.6 亿元，超六成品牌实现了价值攀升。腾讯连续 9 年蝉联榜首，中国建设银行紧随其后。快递企业方面，顺丰以 168.38 亿元位列第 27 名，中通以 88.05 亿元位列第 47 名。电商平台方面，除阿里巴巴以 6572.96 亿元蝉联第二名外，拼多多以 274.21 亿元位列第 20 名，京东以 238.56 亿元位列第 22 名。

25. 菜鸟推出西葡全境“两欧元两日达”

9 月，菜鸟发布，推出西葡全境电商包裹两日达经济型物流产品，致力于成为本地华商电商物流极致性价比的不二之选。该产品涵盖西班牙五个主要城市（马德里、巴塞罗那、瓦伦西亚、阿里坎特和穆尔西亚）从上门揽件到末端配送的全链路端到端服务，配送范围覆盖西葡全境。

26. 韵达 AI 助手正式上线

9 月，韵达宣布，正式推出面向全网一线快递员和网点的韵达 AI 助手。这标志着 AI 技术在快递行业的实用化迈出了重要一步。据悉，韵达 AI 助手具有揽派提效、服务质量提升、小哥宝典、常见问题答疑四大核心功能。韵达小哥在日常工作中，只需通过简单的语音指令，即可轻松唤醒韵达 AI 助手，享受智能化的工作辅助。

27. 2024“中国企业 500 强”发布，快递巨头中国邮政、顺丰上榜

9 月，在 2024 中国 500 强企业高峰论坛上，中国企业联合会、中国企业家协会连续第 23 次向社会发布了“中国企业 500 强”榜单。有 3 家快递企业上榜，中国邮政（第 26 位）、顺丰控股（第 108 位）、圆通速递（第 420 位）。今年，“中国企业 500 强”共实现营业收入 110.07 万亿元，较上年增长 1.58%，平均研发强度连续第 7 年提高，榜单企业研发投入总额占营业收入总额的 1.90%，为 2002 年以来的最高值。

28. 中证 A500 指数正式发布，顺丰、圆通、韵达进入指数名单

9 月，中证指数公司正式发布中证 A500 指数。快递业的顺丰控股、圆通速递、韵达股份进入指数名单。

29. 拼多多宣布所有商家销售到西藏、青海等西部偏远地区的快递物流中转费一律由拼多多平台承担

9 月，拼多多在首创中转快递包邮模式的基础上，打通电商快递“西进”供应链的“任督二脉”，宣布所有商家销售到西藏、青海等西部偏远地区的快递物流中转费一律由拼多多平台承担，进一步激发中西部地区市场消费的潜力，形成了消费市场的生态循环机制。此举引发其他电商平台纷纷效仿。在电商平台的共同推动下，西部电商发展进入了消费市场升级阶段，其县域开始成为网络零售增长的动力来源。这一模式以这些地区农产品的“东南飞”和消费品的“西行记”为突破口，为西域农特产加速销往全国开辟了新的致富渠道，让当地消费者实实在在地共享电商平台普惠服务，享受与中东部发达地区同等的消费价格水平，体现了消费价格上的“共同富裕”。

30. 国家邮政局审议通过《国家邮政局关于支持广西打造面向东盟的区域性国际邮政快递枢纽的意见》

9月，国家邮政局印发《国家邮政局关于支持广西打造面向东盟的区域性国际邮政快递枢纽的意见》。该意见引导邮政、快递企业在广西建设面向东盟的国际总部或国际功能区域总部，提升面向东盟的寄递服务能力；加快畅通跨境寄递通道，推动优化流程实现通关便利化。

31. DIIL 快递长沙河西基站正式开业

9月，DHL 快递宣布，长沙河西基站正式开业。这是继长沙服务中心之后该公司在长沙开设的第二家直营服务设施，在湘江以西的服务能力将得到进一步提升。新基站开业后，预计每日的转运卡车可提早半小时发车，转运时效得到提升。

32. 2024 年广东快递业务量超 425 亿件，连续 16 年居全国第一

2024 年，广东省快递业务量超 425 亿件，快递业务收入超 3040 亿元，同比分别增长 19.5% 和 6.9%，全国占比分别为 24% 和 22%。快递业务量连续 16 年稳居全国首位。2025 年行业仍将继续保持稳步增长态势，全省快递业务量、快递业务收入预计分别完成 466 亿件、3270 亿元。

33. 顺丰大件跨境成为亚马逊 ShipTrack 的承运商

10 月，顺丰大件跨境正式成为亚马逊 ShipTrack 的承运商。选择顺丰大件跨境作为 ShipTrack 的承运商后，亚马逊将自动为卖家填写追踪编码，不需要卖家手动输入，简化了发货流程，提高了入仓效率。据悉，ShipTrack 是为卖家头程物流提供的一种新选择。当 ShipTrack 的承运商将卖家的产品运送到亚马逊运营中心后，承运商会自动提供卖家的亚马逊物流（FBA）货件追踪编码（TrackingID），从发货到收货，每一个关键节点在卖家平台的“货件一览”页面清晰可见。

34. 联邦快递升级上海浦东货运中心为洲际转运中心

10 月，联邦快递宣布，将位于上海浦东国际机场的联邦快递上海国际快件和货运中心（以下简称上海浦东货运中心）升级为洲际转运中心。此举标志着联邦快递在华投资的进一步扩大，旨在通过拓展连接上海与内地二、三线城市的航线，扩大其网络辐射范围，从而加强中国与国际市场的互联互通。此次升级后的洲际转运中心，将为上海打造全方位门户复合型国际航空枢纽提供有力支持。

35. 菜鸟在多城启动夜派

10 月，菜鸟开启“预售极速达夜派”服务，大量包裹实现小时达、分达。消费者支付尾款前，菜鸟就已经提前对热卖商品进行组套包装发货，将包裹提前下沉至距离消费者最近的物流节点。在北上广杭等城市，获得消费者允许后，于晚上 10 点之前完成派送。

36. 顺丰连续 8 年荣获最受赞赏的中国公司

11 月，《财富》发布了“2024 最受赞赏的中国公司榜”，顺丰控股位于排行榜第 2 位，是唯一上榜的中国快递公司，也是中国综合物流业唯一的上榜公司。

37. DHL 快递中国区 CEO 表示：高质量护航中国企业“出海”

11 月，DHL 快递中国区首席执行官（CEO）在第七届进博会期间表示，中国始终是 DHL 快递在全球最重要的市场之一。DHL 快递持续加码中国市场投资，并不断扩大和深化与中国企业的合作，以更高质量的国际物流服务护航中国企业“出海”。近年来，DHL 快递在华投资已累计超过 20 亿元。一系列重要设施的更新、改扩建和升级，助力提升了长三角、粤港澳大湾区和中西部等地区的货物分拣能力和转运时效。

38. 顺丰控股香港上市首日平开，成为快递行业首家“A + H”上市企业

11 月 27 日，顺丰控股在香港联合交易所正式挂牌上市，成为快递行业首家“A + H”上市企业。发行价 34. 3 港元，开盘平开 34. 3 港元，股票名称为“顺丰控股”，募资 58 亿港元，为港股年内第二大 IPO。依托港股，顺丰控股将更好地发展国际业务。在港上市将有助于顺丰控股进一步推进国际化战略，打造国际化资本运作平台，优化国际品牌形象、提高综合竞争力。

39. 国家邮政局推进邮政领域标准化、智能化、绿色化

12 月，国家邮政局表示，加快发展智慧物流和绿色物流，推进技术性降本提质增效，主要是推进“三化”，即标准化、智能化、绿色化。

标准化方面，重点是加强信息协同与共享，深入实施《快件高铁运输信息交换规范》《快件航空运输信息交换规范》等标准，提高快件“上高铁”“上飞机”衔接转换效率，支撑打造跨方式、跨区域共享互认“一单到底”的多式联运体系。

智能化方面，重点是以“人工智能 +”更好促进“数实融合”，推进智能安防、智能语音、智能视频等技术在邮政快递业的应用，促进生产组织作业模式的迭代升级，提升全链路的运行效率。

绿色化方面，重点是稳妥落实“双碳”战略，深化快递包装绿色治理，推动同城快递更多地使用可循环包装，进一步减少包装废弃物。

40. 成都天府国际机场快件中心正式投运

12 月，成都天府国际机场快件中心正式投运，标志着快件、跨境电商货物可从天府机场直接进出口。该快件中心位于机场国际货运区内，面积 1.3 万平方米，设有 4 条查验线。

41. 国务院领导考察圆通东方天地港

12 月 20 日，国务院领导在浙江调研。在嘉兴，国务院领导来到圆通东方天地港建设现场，听取嘉兴全球航空物流枢纽项目进展介绍，前往采埃孚商用车功能总部及传动系统生产基地，了解企业研发生产情况。他指出，要加快构建国际物流服务体系，积极发展多式联运，提高国际运输能力，辐射带动更多产业，有力支撑外贸发展和高水平对外开放。圆通东方天地港，占地面积 1454 亩，总投资达 122 亿元，定位全球航空物流枢纽、长三角国际商贸集散中心和共享多式联运中心三大功能，预计将于 2025 年建成使用。

42. 联邦快递与香港海关签署 CEFA 谅解备忘录

12 月，联邦快递宣布，与香港海关签署跨境快件清关便利安排（CEFA）谅解备忘录，成为首家加入该协议的企业。根据谅解备忘录，香港海关将在市区内的一处联邦快递服务站设立专门窗口，为通过联邦快递广州亚太区转运中心运抵香港的进口货物提供快速清关服务。

43. 亚洲首个专业货运机场货邮吞吐量破 120 万吨

12 月，湖北国际物流机场有限公司公布，亚洲首个专业货运机场——湖北鄂州花湖国际机场（以下简称花湖机场）累计货邮吞吐量已突破 120 万吨大关，货运能级再次迈上新台阶。据了解，花湖机场开通了国际国内货线 91 条，累计货邮吞吐量达 128 万吨，跃居全国第 5。

44. 2024 年我国邮政快递行业渠道支撑电商网上实物零售交易额 13 万亿元

国家邮政局公布，2024 年我国邮政快递行业渠道支撑直播带货、跨境电商新业态零售额 13 万亿元，有力地落实了国家扩大内需的战略。

45. 国家邮政局持续推动“两进一出”工程

2024 年，国家邮政局持续推动“两进一出”工程，快递进村纵深推进，快递进厂稳步发展，快递出海加快推进。多地出台政策支持设立农村寄递物流公共服务岗位。深入推进农村客货邮融合发展，累计开通交邮联运邮路 5000 余条，建成合作场站 3.4 万处。全国累计形成 1670 个业务收入超百万元的快递服务先进制造业重点项目。比利时列日等一批国际寄递分拨中心顺利投入运营，累计建成境外分拨中心近 300 个、海外仓 300 多个。喀什国际邮件互换局叠加交换站功能。国际业务方面，累计开通 16 条中欧班列运邮线路、25 条海运邮件专线。国际和港澳台快递业务量增速达 25%。

46. 无人机和无人车应用开始推广

2024年，我国快递行业无人车应用近千辆，无人机应用300架，运送快件300万件。

二、2025年快递业展望

在连续11年保持全球快件量第一的地位的情况下，2025年，我国快递业的发展状况如何？

（一）2025年我国快递业务量增长为15%～20%，业务收入增长为12%～14%

综合研究机构预测，2025年，我国快递业务量增长约为15%～20%，业务收入增长为12%～14%。从快递的业务结构来看，电商快件依然占80%以上。

（二）国家邮政局持续提升治理能力和治理水平

2025年，国家邮政局将继续推进邮政法和快递暂行条例立法进程，加快推进邮件快件安全检查、收寄验视等规章立法，推动出台邮政业安全生产设备配置、操作规范等国家标准。研究制定邮政领域公益性服务目录清单。修订邮政行政执法监督办法，开展许可管理改革试点。督促企业不断提升基层快递网点劳动合同签订比例和社会保险缴纳率。

（三）大力推动行业绿色低碳发展

完善快递包装标准政策体系，国家邮政局将实施“七项行动”，鼓励企业开展绿色设计，制定邮政业碳排放核算标准。加快节能降碳先进技术研发应用。优化运输组织模式和配送方式，提高新能源和清洁能源车辆使用比例。培育构建绿色建筑、智能设备、光伏发电、低空配送、绿色包装一体化减碳模式。推广绿色能源，鼓励使用绿电，建设绿色分拨中心。

（四）加快推进农村寄递物流体系建设

加强农村地区基础设施和网络共享，提升建制村投递汽车化率，加强村级寄递物流综合服务站建设，鼓励有条件的地区设立农村寄递物流公共服务岗位，不断完善农村快递末端服务设施。大力推动邮快合作、快快合作、客货邮融合，降低农村运输投递成本。规范有序开展农村电商与快递协同发展示范创建验收工作。强化农村快递服务监督检查，督促快递企业履行按约投递义务。

（五）跨境电商的规模将进一步扩大

目前，跨境电商正处在一边加大基础设施建设，一边推展市场规模的阶段。国家邮政局持续推动中欧班列常态化运输邮件和跨境电商商品，支持快递企业与跨境电商企业、制造企业相伴出海，提供一体化物流解决方案。

（六）提高行业监管效能

2025 年，国家邮政局将旗帜鲜明地反对“内卷式”竞争，大力整治末端服务质量问题。进一步完善快递市场监管模式，分级建立违法违规情况定期通报提醒和问题整改限期反馈机制。探索建立智能配送监管框架，加快推动优化申诉处理机制。加强严重违法失信对象信息公示，健全信用修复机制。

（快递物流咨询网　徐勇）

2024 年物流枢纽及园区发展回顾与 2025 年展望

一、2024 年物流枢纽及园区发展回顾

2024 年是实现“十四五”规划目标任务的关键一年，面对外部压力加大、内部困难增多的复杂严峻形势，我国经济运行总体平稳、稳中有进，高质量发展扎实推进。我国物流枢纽与园区发展稳中向好，在布局完善、互联互通、运营增效、国际业务、数智绿色等方面取得了显著成效，为现代物流高质量发展提供了坚实支撑。

（一）利好政策赋能，枢纽及园区发展稳中向好

2024 年，我国国内生产总值超过 134 万亿元，较去年同比增长 5.0%，维持回升向好的基本趋势。物流运行总体平稳，全国社会物流总额达 360.6 万亿元，同比增长 5.8%，增速较上年提升 0.6 个百分点。多项宏观政策与物流领域专项政策组合发力，有效提振物流需求，赋能物流园区发展稳中向好。

资金保障方面，2024 年《政府工作报告》提出，发行专项用于国家重大战略实施和重点领域安全能力建设的超长期特别国债，为高质量做好“两重”建设、扩大有效投资提供了有力支撑。截至 12 月，用于“两重”建设的 7000 亿元超长期特别国债已分三批全部安排到项目。国家对“两重”建设的支持也推动了物流基础设施建设发展，牵引带动了物流枢纽与园区投资强度增加。中国物流与采购联合会发布的《〈第七次全国物流园区（基地）调查报告〉(2024)》（以下简称《调查报告》）显示，2024 年，运营园区平均投资强度为 176.6 万元/亩，较 2022 年调查的 156.5 万元/亩增加了 12.8%。

提质增效降本方面，近年来，国家高度重视物流行业提质增效降本工作，为物流枢纽与园区发展创造了良好的政策环境。11 月，中共中央办公厅、国务院办公厅印发《有效降低全社会物流成本行动方案》（以下简称《行动方案》），从全局和战略高度对推动有效降低全社会物流成本行动作出全面部署，系统性提出健全国家物流枢纽与通道网络的重点任务。此外，《自然资源部关于加强自然资源要素保障促进现代物流高质量发展的通知》《交通物流降本提质增效行动计划》等文件分别从加强自然资源要素保障、推动交通物流降本提

质增效方面，对有效降低全社会物流成本进行了细化部署，加强了物流枢纽与园区高质量发展的要素保障。财政部、海关总署、税务总局联合印发《关于扩大启运港退税政策实施范围的通知》，进一步降低企业资金占用成本，同时有效赋能物流枢纽与园区运行质效提升。数据显示，2024 年我国社会物流总费用与 GDP 的比率降至 14.1%，达到自 2006 年建立统计以来历史最低值，反映了我国物流发展从规模扩张向质量效率提升的深度转型。

尽管政策红利不断释放，物流枢纽与园区整体发展态势良好，但是仍存在深层次的结构性问题。《调查报告》显示，38.3% 的园区反映同质化竞争制约其发展，25.6% 的园区反映有效需求不足，33.1% 的园区反映运营成本高企。大多数物流园区仍以提供运输、仓储、装卸、配送等基本服务功能为主，存在多式联运转运设施不足、信息平台互联互通不够、数智化水平不高等问题，符合市场需求的有效供给短板突出，面临着增量趋于饱和、同质化竞争加深等压力。

（二）网络布局完善，重点项目持续推进

一方面，物流枢纽与园区数量稳定增长，规模总体适应，区域布局进一步优化。《调查报告》显示，2024 年，规模以上物流园区已发展到 2769 家，比 2022 年第六次调查的 2553 家增长 8.5%。我国物流园区建设从极度短缺到基本适应阶段，总体规模基本适应经济发展需要。物流园区存量资源效能持续释放，处于运营状态的园区占 76.8%，较 2022 年的调查提升 2.2 个百分点。从园区分布情况来看，中、西部地区物流园区发展较快，2024 年中部地区、西部地区物流园区数量相较 2022 年的增幅分别达 9.4% 和 13.7%，区域布局趋于合理。四大经济区域物流园区数量及建设状态情况如表 1 所示。

表 1　四大经济区域物流园区数量及建设状态情况　　单位：个

区域	调查年份	规划数量（占比）	在建数量（占比）	运营数量（占比）	合计
东部地区	2024	30（3.1%）	113（11.7%）	820（85.2%）	963
	2022	48（5.3%）	97（10.6%）	765（84.1%）	910
中部地区	2024	48（6.5%）	145（19.8%）	540（73.7%）	733
	2022	83（12.4%）	125（18.6%）	462（69.0%）	670
西部地区	2024	90（10.0%）	181（20.0%）	631（70.0%）	902
	2022	106（13.4%）	148（18.6%）	539（68.0%）	793
东北地区	2024	6（3.5%）	29（17.0%）	136（79.5%）	171
	2022	15（8.3%）	25（13.9%）	140（77.8%）	180

另一方面，国家重点物流基础设施项目快速布局。国家发展改革委等部门继续从国家层面推进物流基础设施重点项目布局建设。2024 年，国家发展改革委发布“第六批国家物流枢纽建设名单”“2024 年国家骨干冷链物流基地建设名单”，公布了新一批共计 26 个国家物流枢纽、20 个国家骨干冷链物流基地建设名单。至此，已有 151 个国家物流枢纽、86 个国家骨干冷链物流基地纳入重点建设名单，实现 31 个省（自治区、直辖市）和新疆生产建设兵团全覆盖。此外，各地也按照《城郊大仓基地建设实施方案》，开展城郊大仓基地建设布局，推动形成“平时服务、急时应急”的“国家物流枢纽（国家骨干冷链物流基地）+城郊大仓基地”的生活物资物流设施网络。交通运输部、财政部发布“2024 年国家综合货运枢纽补链强链支持城市名单”，将 12 个城市纳入 2024 年国家综合货运枢纽补链强链支持范围，国家综合货运枢纽补链强链项目实现国家综合立体交通网“6 轴 7 廊 8 通道”主骨架全覆盖，服务 150 余个国家级产业园区。

（三）互联互通加强，建立有效联系机制

2024 年，物流枢纽与园区加强业务协同、政策协调、运行协作，推进互联互通、合作共赢。

一是加力畅通物流通道。2024 年，物流枢纽与园区积极响应《“十四五”现代物流发展规划》中有关加快推动互联成网的要求，加强铁路专用线、联运转运设施建设，强化多式联运组织能力，组织干线运输密切对接。各地物流枢纽和园区增加稳定开行的铁路联运班列数量，畅通枢纽间物流通道，加强贸易往来。沿海港口型物流枢纽持续加强与内陆地区枢纽、园区的服务衔接、功能延伸，通过内陆港建设、海铁联运物流通道的开通，助推两地经济贸易发展。

二是推进标准规则建设。二十届三中全会通过的《中共中央关于进一步全面深化改革　推进中国式现代化的决定》（以下简称《决定》），提出完善流通体制，健全一体衔接的流通规则和标准。2024 年，物流枢纽和园区的标准化建设也取得了新进展。5 月，《物流园区服务规范及评价指标》（GB/T 30334—2024）发布，为物流园区服务提供、服务保障、管理要求及相关评价改进提供了规范参考；8 月，国家标准《物流园区数字化通用技术要求》（GB/T 44459—2024）发布，为园区的数字化建设和改造升级提供了指引；11 月，行业标准《国家物流枢纽统计分类》（WB/T 1139—2024）发布，为国家物流枢纽经济活动的统计和监测提供了指标参考。

三是推动园区交流合作。中国物流与采购联合会积极发挥桥梁纽带作用，在促进物流枢纽、园区互联成网方面不断努力，于今年举办了“2024 年国家物流枢纽建设推进会”“第 21 次物流园区工作年会”等大型行业会议，为枢

纽、园区及企业代表提供了交流平台。此外，中国物流与采购联合会还与山东省港口集团一起，携手山东省有关省直部门、地市、单位，沿黄流域政府物流工作部门、行业协会、海关、铁路及重点物流企业，共同发起《关于共建沿黄陆海大通道·融入全国统一大市场的倡议》，聚焦服务黄河重大国家战略，推动沿黄省区互联互通、深化合作。

（四）运营效益提升，集聚效应逐渐显现

2024 年，在国家一系列提振资本市场、降低全社会物流成本的政策扶持下，物流园区运营取得了较好的经济、社会和生态效益，集聚效应逐步显现，为区域经济发展和产业升级提供了有力支撑。

经济效益方面，物流园区收入来源呈现多元化特征，服务产业的能力也逐步提升。《调查报告》显示，2024 年，80.3% 的园区运营管理单位有物流业务收入，31.8% 的园区从事商品贸易，10.9% 的园区开拓了金融物流业务，54.3% 的园区有其他收入来源。同时，物流园区积极开展多式联运业务，助力运输结构优化，推动物流运行降本增效。2024 年，约 23.3% 的运营物流园区开行了铁路货运班列，13.8% 的运营物流园区开展了集装箱铁水联运业务。

此外，物流园区吸引带动产业集聚发展，“物流枢纽 + 产业集群”模式初步形成。一方面，枢纽与园区加强招商引资，加深与产业链、供应链上下游企业的协同合作。2024 年，全国运营物流园区平均入驻企业数为 297 家，较 2022 年增长了 10.8%。入驻企业类型广泛，产业多元化发展。76.3% 的园区有商贸企业入驻，52.7% 的园区有电商企业入驻，39.4% 的园区有加工制造企业入驻。另一方面，园区依托周边产业园区，发展枢纽经济，深化“港产城”融合。截至 2024 年，全国在建和运营的物流园区中，77.9% 的园区周边 20 公里范围内建有产业园区。

社会、生态效益方面，物流园区充分发挥示范作用，积极创造社会效益和生态效益价值。一是承担社会责任，稳定提供就业岗位。《调查报告》显示，全国物流园区平均提供就业岗位 2959 个，发挥了就业稳定器的作用。二是提升应急物流韧性，完善社会保障体系。按照《城郊大仓基地建设实施方案》的要求，各地陆续推进“平急两用”公共基础设施建设。龙头企业也发挥引领作用，为枢纽与园区提供应急物流建设的经验。如中国物流与采购联合会与顺丰集团等单位，将应急物流相关运营经验沉淀为团体标准《突发公共卫生事件应急物资中转站服务能力和运营管理要求》。三是维护生态环境，创造长期价值。不少园区探索开展绿色低碳改造，为城市绿色生态建设作出贡献。

（五）国际业务稳定，“一带一路”合作深化

2024 年，尽管地缘政治紧张局势对全球外贸市场的正常运行造成了一定程度的影响，我国国际物流仍表现出了较强的韧性，园区对国际业务拓展的积极性不减。2024 年，我国货物进出口实现较快增长，贸易结构持续优化，国际贸易重心向“一带一路”国家转移。全年进出口货运量达 56 亿吨，同比增长 5.0%；货物进出口总额达 438468 亿元，同比增长 5.0%。其中，对共建“一带一路”国家进出口额增长 6.4%，占进出口总额的比重为 50.3%。

一方面，物流枢纽和园区积极加快国际货运航线、跨境班列、跨境公路货车等线路的开通，推动国际物流通道建设。航空货运方面，2024 年国际航线货邮运输量达 360.6 万吨，同比增长 29.3%。铁路运输方面，2024 年中欧班列共开行 1.94 万列、发送货物 207.7 万标箱，同比分别增长 10.7% 和 9.2%；其中，国家物流枢纽承载城市开行的中欧班列总列数，占全国中欧班列总开行量的 98.2%，占比较 2023 年的 97% 增长 1.2%。中老铁路全年运输货物总量达到 1960 万吨，日均保持在 5 万吨以上，累计货物运输总量突破 5000 万吨。

另一方面，枢纽与园区积极发展跨境电商，探索跨境电商与海外仓等外贸基础设施的协同联动。布局建设海外仓能够缩短交货周期、提高流通效率、提升规模效应，有利于促进外贸结构优化和规模稳定，打造国际经济合作新优势。根据商务部统计数据，截至 2024 年第二季度，全国已布局海外仓超 2500 个，仓储面积超 3000 万平方米，主要分布在北美、欧洲、亚太等地区。国家也陆续出台便利政策鼓励海外仓业务快速发展。2024 年 6 月，《商务部等 9 部门关于拓展跨境电商出口推进海外仓建设的意见》提出，以市场化方式设立产业发展基金，加强对跨境电商海外仓企业的支持。11 月，海关总署公告 2024 年第 167 号《关于进一步促进跨境电商出口发展的公告》提出，开展跨境电商出口海外仓业务的企业，无须向海关办理出口海外仓业务模式备案。

（六）数智绿色转型，推动技术性降本增效

物流枢纽与园区数字化、智能化转型步伐加快，数智基础设施建设投资扩大。《调查报告》显示，2024 年运营园区智慧物流投入占比平均值为 12.4%，比 2022 年增长 3.2%。在智慧物流设施设备投入方面，68.3% 的运营园区已配置智慧物流设施设备，其中，84.4% 的运营园区安装了智慧闸口，42.0% 的运营园区配置了自动分拣设备。在数字化运营管理方面，约 67.1% 的运营园区建有公共信息平台，可提供信息发布、信息咨询、库厂管理等服务。不过，目前大部分枢纽、园区可提供的数字化管理服务覆盖面仍然较窄，数据互联互通水平有待提升。多数园区的公共信息服务平台功能停留在园区信息处理层面，仅

半数的园区平台能实现货物跟踪，37.5%的园区平台支持数据交换。总体而言，我国物流园区数智化转型仍处于起步阶段，面临前期投入成本高、见效慢、管理标准不统一等发展困境。

绿色化水平提升，低碳零碳园区建设加速推进。物流枢纽和园区作为物流活动的主要集中场所，是物流领域碳排放的重要来源，其低碳、绿色转型对物流行业的可持续发展的影响深远。2024年，全国运营物流园区中，配置充电桩、太阳能光伏、加气站的园区占比分别为45.7%、24.5%和11.3%；近30%的运营园区已开始应用新能源货车，平均保有量为142辆。

二、2025年物流枢纽及园区展望

2025年是“十四五”规划的收官之年，也是现代物流迈入高质量发展的关键之年。随着《行动方案》的深入推进，物流枢纽与园区将进一步提升规模化、网络化、数字化、绿色化发展水平，在降低物流成本、提升服务效率、推动产业升级中发挥关键作用。

（一）枢纽经济加速培育

2024年2月，第四次中央财经委工作会议要求“统筹规划物流枢纽，优化交通基础设施建设和重大生产力布局，大力发展临空经济、临港经济”。《行动方案》进一步明确依托现有国家物流枢纽建设若干国家物流枢纽经济区。目前，依托物流枢纽和园区发展枢纽经济的条件已趋于成熟。随着物流业务不断丰富，产业集聚水平逐渐提高，枢纽与园区采取不同模式切入供应链，向采购、生产、销售、回收等环节延伸，提升产业链价值链能级。未来，物流枢纽与园区将进一步探索“物流枢纽+产业集群”的协同发展模式，因地制宜制定枢纽产业发展政策，打造各具特色的枢纽经济。

（二）网络布局建设更加完善

完善以国家物流枢纽为核心的骨干物流基础设施网络，建设“通道+枢纽+网络”运行体系，是《“十四五”现代物流发展规划》的主要目标之一。2025年年初，国家发展改革委印发《国家物流枢纽布局优化调整方案》，按照“结合实际、动态调整、有进有退”的原则，对部分国家物流枢纽规划布局进行优化调整，并对高质量推进国家物流枢纽网络建设提出要求。2025年，国家物流枢纽、国家骨干冷链物流基地等重大物流基础设施布局建设将继续推进。另外，随着“枢纽+通道+网络”现代物流运行体系的不断完善，物流基础设施布局优化将不再局限在自身网络和服务层面，还将扩展至对生产力优化布局的空间支撑层面，逐步构建现代物流与生产力布局协同发展新模式，物流网络布局与产业融合将迈上新台阶。

（三）海外流通设施布局优化

一是国际物流基础设施布局将更加系统化。《决定》要求支持各类主体有序布局海外流通设施，支持有条件的地区建设国际物流枢纽中心。随着相关布局工作的开展，无论对打造具有国际竞争力的国际物流枢纽中心，还是对统筹优化海外流通基础设施布局，都将是新的指引。二是海外业务结构进一步调整。尽管眼下国际形势尚不明朗，但从近年的趋势来看，亚太地区仍将是全球经济增长的关键引擎。2024 年亚太区域经济加权增速约为 4.6%，高于全球 1.4 个百分点，对全球经济增长的贡献约为 60%。预计 2025 年，亚太地区将继续保持强劲增长态势，成为物流园区拓展海外业务的重点区域。

（四）标准化建设持续加强

《行动方案》提出实施物流标准化行动，并明确指出要建立协同衔接、系统高效的现代物流标准体系，加强标准宣传、实施、评价。2025 年，物流枢纽与园区将继续推动标准化建设工作。第一，围绕物流枢纽与园区的发展趋势，完善数字化、智能化、绿色化等关键领域的物流标准以及专业的物流标准。第二，研究制定推动多式联运“一单制”“一箱制”创新发展的管理制度和技术标准，建立健全内贸集装箱多式联运体系，推进各运输方式间的规则衔接、物流设施匹配、物流载具标准化，完善服务技术标准体系。第三，提升国际物流供应链服务保障能力，研究国际物流行业的发展趋势，借鉴国际先进经验，推进与国际标准的衔接。

（五）低碳智慧园区建设加快

物流园区数智化、绿色化转型已成发展共识，既是政策部署的要求，也是市场需求驱动的必然选择。2024 年 8 月，《中共中央 国务院关于加快经济社会发展全面绿色转型的意见》要求推进产业数字化智能化同绿色化的深度融合；《行动方案》要求加快智慧物流枢纽、智慧物流园区等新型设施发展。同时，加强数智化、绿色化建设也符合园区现阶段的发展预期，多数园区已经将绿色数智改造列入园区发展战略规划。《调查报告》显示，56% 的物流园区未来三年内将投资进行自动化、数字化、智慧化升级改造。2025 年，低碳智慧园区的建设将跑出新速度，新质生产力将进一步赋能物流枢纽与园区发展。

（中国物流与采购联合会物流枢纽与园区专委会　杨宏燕　宫士博）

参考文献

[1] 新华社新媒体.7000 亿元超长期特别国债已全部安排到“两重”项目 正加快实施 [EB/OL]. https://baijiahao. baidu. com/s? id = 1817751390446640202&wfr = spider&for = pc.

[2] 中国政府网.2024 年我国社会物流总费用与 GDP 的比率降至历年最低 [EB/OL]. https://www. gov. cn/lianbo/bumen/202502/content_7002382. htm.

[3] 中铁集装箱运输有限责任公司.2024 年 12 月中欧班列开行信息按境内城市统计 [EB/OL]. https://www. crexpress. cn/#/single - news.

[4] 交通运输部. 中老铁路货运量突破 5000 万吨 [EB/OL]. https://www. mot. gov. cn/jiaotongyaowen/202501/t20250109_4162234. html.

[5] 海关总署. 截至目前，中国已在世界各地建设海外仓超过 2500 个——“外贸驿站”创造更多商机 [EB/OL]. http://shantou. customs. gov. cn/customs/xwfb34/mtjj35/5910693/index. html.

[6] 光明日报.2025 年全球九大趋势展望 [EB/OL]. https://news. gmw. cn/2025 - 01/24/content_37816637. htm.

2024 年物流地产业发展回顾与 2025 年展望

2024 年，全球经济增长在复杂多变的局势下步伐略显迟缓。在全球经济格局深度调整、国内经济持续转型升级的大背景下，中国经济展现出了强大韧性与活力，GDP 首次突破 130 万亿元，按不变价格计算，比上年增长 5.0%，实现了经济增长预期目标，经济总量跃上新台阶。然而，国内外局势的变化以及发展新质生产力和建设全国统一大市场的要求，都对物流地产的发展提出了更高的要求。物流地产作为连接生产与消费、推动经济高效循环的关键力量，正经历着前所未有的变革与发展。

2024 年，面对复杂多变的宏观经济形势、快速迭代的市场需求以及日益激烈的行业竞争，物流地产行业展现出独特的发展态势。从投资的冷热不均，到物流园区的蓬勃兴起；从市场需求的微妙变化，到政策的强力驱动与城郊大仓基地的异军突起，每一个领域都蕴含着机遇与挑战。这些元素交织在一起，共同勾勒出 2024 年物流地产行业的全景图。2025 年，国际形势的不稳定、不确定因素将显著上升，各种突发事件可能接踵而至，物流地产行业的发展机遇与挑战并存。

本报告首先回顾 2024 年中国物流地产业的发展现状，然后对 2025 年的发展趋势进行预测和分析。

一、2024 年物流地产业发展回顾

（一）物流地产投资呈总体增长但领域内部分化的态势

2024 年，物流相关行业固定资产投资呈现出复杂且多元的发展格局。从宏观层面来看，整体投资增速虽有所放缓，但依然维持着增长的趋势；然而，微观层面的物流地产领域出现了较为显著的降温现象。

国家统计局数据显示，2024 年全国固定资产投资完成额（不含农户）达 51.44 万亿元，按可比口径计算，同比增长 3.2%。其中，交通运输、仓储和邮政业固定资产投资完成额为 8.65 万亿元，可比口径下同比增长 5.9%（见图 1）。尽管这一增速较 2023 年略有下降，但该行业整体仍处于扩张阶段。尤其值得关注的是，2024 年仓储业固定资产投资完成额累计同比增速高达 12.3%，大幅领先于全国固定资产投资平均增速以及交通运输、仓储和邮政业的增速。

这一数据表明，仓储业在当前物流相关行业固定资产投资增长中发挥着关键的推动作用，成为行业增长的重要引擎。

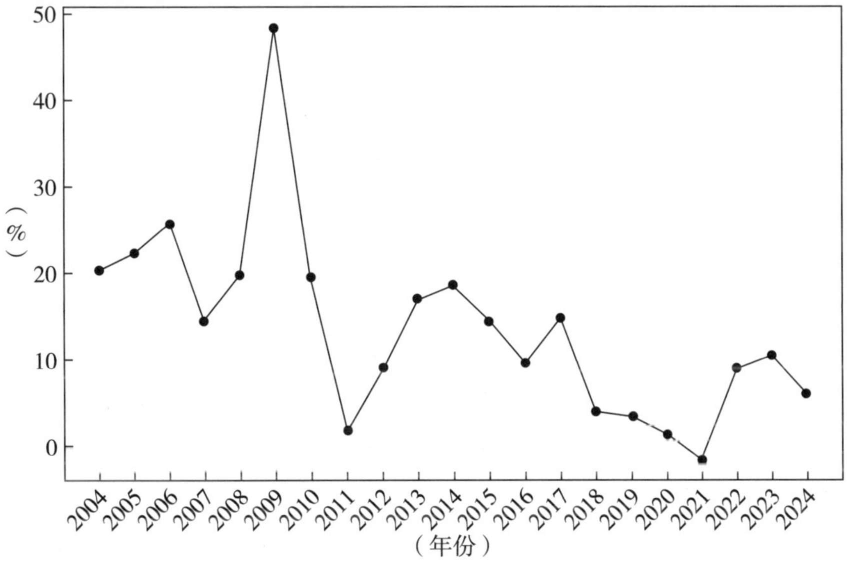

图 1　2004—2024 年交通运输、仓储和邮政业固定资产投资完成额同比增长情况

在仓储物流供应方面，受宏观经济因素，特别是房地产市场低迷的影响，中国仓储物流新增供应量明显下滑。据世邦魏理仕数据，2024 年，以几十个代表城市为统计样本，中国仓储物流市场新增供应量约为 791 万平方米，与 2023 年的历史高位相比，大幅下降约 35%，已接近 2020 年的水平（见图 2）。这清晰地反映出，当前仓储物流市场受市场环境波动影响较大，市场供需结构正在

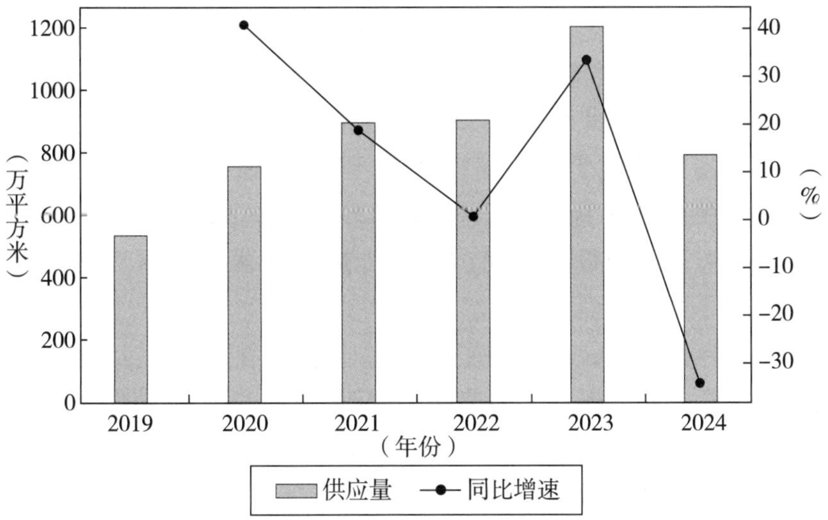

图 2　2019—2024 年中国仓储物流市场新增供应情况

数据来源：世邦魏理仕。

发生变化。这种变化可能导致仓储物流资源的竞争更加激烈。企业需要更加注重资源的优化配置和运营效率的提升，以应对市场的挑战。

（二）物流园区数量显著增长，运营质量明显提升

我国物流园区建设近年来发展迅速，成为物流行业发展的重要支撑。中国物流与采购联合会发布的《〈第七次全国物流园区（基地）调查报告〉(2024)》显示，全国物流园区总数已达2769家，相较于2022年第六次调查时的2553家，增长了8.5%，保持着稳定的增长态势。其中，处于运营状态（已开展物流业务）的园区有2127家，占比76.8%，较2022年调查时的74.6%提高了2.2个百分点；处于在建状态（开工建设但尚未开业运营）的园区有468家，占比16.9%，较2022年调查时的15.5%提高了1.4个百分点。这些数据充分表明，我国物流园区的运营情况良好，行业发展前景较为乐观。

从地域分布来看，东部、中部和西部地区的物流园区数量均有所增加，其中西部地区物流园区数量增加最多，增幅达13.7%，反映出西部地区物流行业发展迅速，对物流基础设施的需求不断增大，这也得益于西部地区经济的快速发展以及国家对西部地区物流建设的政策支持。而东北地区园区数量略有减少，可能与当地的经济结构调整、产业转移等因素有关。东北地区物流行业的发展面临一定的挑战，需要进一步优化产业布局和提升物流服务水平。

在运营质量上，我国物流园区也有了显著提升。运营园区的平均物流运营面积占比达到66.4%，相比2022年调查时的64.6%提升了1.8个百分点。这意味着运营规模在不断扩大，物流园区的承载能力和服务能力得到增强，能够更好地满足市场对物流服务的需求。

在智慧物流投入和应用方面，运营园区智慧物流投入占比平均值为12.4%，较2022年调查时的9.2%增长了3.2个百分点，超过半数的园区智慧物流投入占比超过5%。此外，68.3%的运营园区配备了智慧物流设施设备，约67.1%的运营园区搭建了公共信息平台。这些数据表明，我国物流园区在智慧物流建设方面取得了积极进展，越来越多的园区意识到了智慧物流的重要性，并加大了在这方面的投入，通过引入先进的技术和设备，提升物流运营效率和服务质量，增强市场竞争力。

在增值服务能力方面，除传统的存储、运输、配送、转运等业务外，开展贸易、信息服务等业务的园区占比均超过50%。在园区增值服务中，能提供综合物流与供应链解决方案的园区占比达到44.5%，设施设备租赁、商品展示等业务发展良好，占比超过30%；保险、仓单质押等金融物流业务也日益丰富，提供这些服务的园区占比均接近20%。在国际服务方面，19.6%的物流园区提供国际运输服务。这表明物流园区的增值服务能力不断提升，国际化服务水平

逐步提升，能够更好地适应市场多元化的需求，为企业创造更多的价值。

在整体运营管理能力方面，当前园区平均物流强度达到538.6万吨/平方公里·年，相较于2022年调查时的500.8万吨/平方公里·年，增长了7.5%，这体现了物流园区运营效率的提升。但同时也应注意到，45.7%的运营园区物流业务年收入不足1亿元，近七成运营园区物流业务年收入不足4亿元，这表明中小规模的物流园区在行业中占比较高，物流枢纽的集约性还有待加强。这种结构可能导致物流资源分散、运营成本较高，影响行业的整体竞争力。因此，行业需要进一步整合资源，推动大型物流枢纽的建设和发展，提高物流枢纽的集约性和协同性。

在园区入驻情况方面，运营园区平均入驻企业数为297家，平均就业人数为2959人，物流园区的集聚效应进一步显现。这不仅有助于降低企业的运营成本、提高其资源利用效率，还能促进企业之间的交流与合作，形成良好的产业生态，推动物流行业的创新发展。

（三）物流地产需求边际改善，但市场压力并存

2024年，我国物流地产需求呈现出边际改善的趋势，但整体压力依旧较大。物联云仓数据显示，2024年12月，全国通用仓库平均租金为23.21元/平方米·月，较去年同期的23.25元/平方米·月，略有下降；空置率为16.44%，相比去年的16.53%也有所降低。在重点监测的41个城市中，通用仓库平均租金为23.78元/平方米·月，同比下降2.011%；空置率为14.94%，同比下降0.26个百分点。这表明物流地产市场供需关系正逐渐调整，需求端虽有所改善，但市场活跃度仍有待进一步提升。

从地域分布来看，各地区表现差异显著。重庆、武汉、西安、北京等城市的物流地产市场有所改善，其中，武汉市的空置率大幅下降4.26个百分点，重庆的空置率下降6.3个百分点，西安市和北京市的空置率分别小幅下降0.34个和0.71个百分点。然而，海口、深圳、佛山等部分城市面临空置率明显上升的问题，海口空置率暴涨18.86个百分点，达到历史性高位，深圳和佛山的空置率分别大涨9.75个和7.04个百分点。仓库平均租金方面，除广州等少数城市有所上涨外，大部分城市尤其是部分二、三线城市呈现下降趋势。这一系列数据反映出当前物流地产需求存在较高的波动性和一定的随机性，不同城市受经济发展水平、产业结构调整、市场供需变化等多种因素影响，市场表现分化明显。

（四）物流地产政策驱动力增强，助力物流地产提质增效

2024年，中央政府积极出台多项政策，为物流地产的发展注入强劲动力。

2024 年 4 月，财政部办公厅和商务部办公厅联合发布《关于支持建设现代商贸流通体系试点城市的通知》，旨在构建城乡融合的商贸流通体系，增强物资保供能力。该政策从多维度支持物流地产发展，如升级骨干市场设施、推进标准化菜市场改造、建设区域冷链物流基地以及推动冷链仓储发展等。同时，鼓励物流标准化和智慧化改造，为物流地产智能化转型指明了方向。在生活必需品保供方面，通过完善储备调控体系、优化仓储设施布局，让物流地产在保障民生中发挥更重要的作用。

2024 年 10 月，自然资源部发布《关于加强自然资源要素保障促进现代物流高质量发展的通知》，明确提出要降低全社会物流成本。从增加物流发展空间供给、加大自然资源要素保障、推进物流用地提质增效、提升要素支撑服务效能四个方面协同发力，保障物流地产用地。这是国家层面针对物流用地用海要素保障出台的首个专项文件，对推动物流地产行业可持续发展意义重大。

2024 年 11 月，中共中央办公厅、国务院办公厅印发《有效降低全社会物流成本行动方案》，要求全面推动包括仓储成本在内的物流成本实质性下降，为增强产业核心竞争力、畅通国民经济循环提供有力支撑。文件提出，整合提升物流枢纽设施工程，构建规模化、一体化的物流集散网络；稳步推进“平急两用”公共基础设施建设，科学布局城郊大仓基地等大型仓储物流设施，完善分级物流配送体系；研究制定物流园区高质量发展指引；推动国际供应链提质增效，支持建设国际物流枢纽中心；加快物流绿色化转型，开展绿色物流企业对标达标行动；加强物流仓储用地保障和要素支持。

这些政策措施全方位、系统性地推动物流地产行业向高质量方向发展，将有效提升行业的新质生产力水平。

（五）城郊大仓基地持续推进，成为当前物流地产领域的一大亮点

2023 年年底，国家发展改革委印发《城郊大仓基地建设实施方案》，旨在加快城郊大仓基地建设布局。统筹发挥城郊大仓基地贴近消费市场、综合服务能力强，以及国家物流枢纽、国家骨干冷链物流基地资源集聚和辐射优势，构建“平时服务、急时应急”的生活物资物流设施网络，提高超大特大城市物流体系的“平急转换”能力，增强城市生活物资和消费品保障能力。该方案推动了物流地产在城郊区域的布局优化，带动了土地利用、设施建设和运营模式的创新，从而更好地服务于城市生活物资保障。

在这一大背景下，2024 年，我国城郊大仓基地建设成果显著。2024 年，超大、特大城市已基本完成本地区的城郊大仓基地建设方案，并积极推进相关项目落地实施，如北京市平谷区依托京平综合物流枢纽铁路及农业资源，试点建设“平急两用”城郊大仓基地，不仅实现了紧急状态下物流与商贸资源的高

效调配，还优化了城市物流生态，整合了存量仓储物流设施，促进了区域经济发展。杭州市的“东郊仓配一体化中心”作为全国首个新建的“平急两用”城郊大仓项目，计划于2025年年底主体建成，2026年年底全面投入使用。该项目集仓储、配送、信息管理等多元功能于一体，致力于打造全省乃至全国的标杆，将有效提升杭州市的物流效率和服务水平。

在建设要点和发展趋势上，2024年城郊大仓基地建设注重规模效应与效率提升。一方面，确保大仓基地具备充足的物资储备能力，满足城市日常及应急需求，成为物流配送组织中心，优化物流网络；另一方面，坚持多品类储备，满足城市多样化消费需求，秉持存量与增量结合的原则，避免重复建设。在技术创新方面，积极引入物联网、大数据、人工智能等前沿技术，提升物流效率、降低运营成本。同时，探索多元化运营模式，如“1＋n＋m”建设模式，以实现平时服务与急时应急的快速转换，提升服务和应急能力。政府也加大了政策扶持力度，吸引更多资本参与建设和运营，为城郊大仓基地的持续发展提供坚实保障。

二、2025年物流地产业展望

2025年是“十四五”规划收官之年，也是为下一个发展阶段奠定基础的关键一年。在2024年年底的中央经济工作会议精神的指引下，2025年经济发展将坚持“稳中求进、以进促稳、守正创新、先立后破、系统集成、协同配合”的方针，聚焦高质量发展，扎实推进各项经济工作。国际货币基金组织在最新的《世界经济展望》报告中指出，全球经济在2025年将面临地缘政治紧张局势加剧、部分地区债务风险上升以及新兴市场增长动能减弱等多重挑战。联合国发布《2025年世界经济形势与展望》，称全球经济在2024年保持了韧性，在多轮冲击下并未出现全面经济倒退，预测2025年全球经济增长率将维持在2.8%，与2024年持平。中国经济在复杂的全球环境下，凭借强大的内需市场、持续的产业升级以及稳健的政策调控，预计2025年经济增长率有望保持在5.0%左右，高于亚洲新兴经济体平均增速（4.8%）。中国社会科学院发布的《2025年中国经济形势分析与预测》报告指出，预计2025年固定资产投资增速约为2.9%；社会消费品零售总额增长约为3.2%；物价延续低位运行态势，全年居民消费价格指数（CPI）涨幅约为1.4%。

在这样的宏观经济背景下，预计2025年全年，物流行业固定资产投资将继续保持扩张态势，物流地产业将迎来新的发展机遇与变革。随着国内消费市场的进一步复苏，区域内跨境贸易交流频繁，消费结构持续升级，推动物流地产业快速发展。2025年物流地产业将在多元化与协同化发展的道路上大步迈进。企业间的产业协同与合作共赢也将达到新高度，以便共同应对激烈的市场竞争。与此同时，技术创新将持续赋能物流地产业，物联网、人工智能、大数据等先进技术将在物流地产项目中得到更广泛的应用，实现从货物存储、分拣到运输配送的全流程智能化管理，从而大幅提升运营效率与服务质量。此外，二三线城市及县域市场的潜力将进一步释放，物流地产企业将加大在这些区域的投资布局，建设现代化物流园区与仓储设施，以满足当地产业发展需求，推动物流地产业在2025年实现高质量发展。

（一）物流行业固定资产投资稳健增长

基于当前物流地产业的发展态势以及市场需求的持续扩张，预计2025年物流行业固定资产投资将保持稳健增长。2024年11月，交通运输部与国家发展改革委联合印发了《交通物流降本提质增效行动计划》。在此背景下，各地积极响应，陆续出台了有效降低全社会物流成本实施方案、土地优惠政策、税收减免政策以及专项财政补贴政策等，这些政策将吸引更多社会资本投入物流地产领域。

2025年浙江省交通运输工作会议提出，紧扣高质量发展建设共同富裕示范区核心任务，完善世界一流强港和交通强省体制机制改革。全年确保完成交通投资3500亿元，力争达到3600亿元。河北计划完成固定资产投资1160亿元，创建“美丽农村路”2000公里。吉林力争全年交通投资增长6%左右，实现国家高速公路“71118”主线吉林省境内段全部开工，新改建农村公路2700公里。湖北将聚力畅通大通道、构建大枢纽，加快建设综合立体交通走廊，发挥全国重要物流枢纽作用，确保完成公路水路交通固定资产投资2000亿元，力争达到2200亿元。湖南全年计划完成公路水路固定资产投资超890亿元，推进“一湖四水”港航提升工程。贵州交通运输系统将围绕“一确保、三建成、五提升”的目标，确保完成全省综合交通投资900亿元，建成高速公路500公里，全省高铁通车里程突破1900公里。陕西计划完成综合交通投资700亿元，加大资金精准投向力度，加快畅通高铁大通道、优化公路交通网络、提速民航水运建设、推进交通物流降本提质增效。新疆2025年计划完成公路交通投资800亿元，同比增长13.5%。

此外，2025年1月，上海出台仓储物流支持方案，提出支持符合条件的物流仓储设施项目通过发行基础设施领域不动产投资信托基金（REITs）募集资金，鼓励金融机构加大对优质仓储企业的信贷支持力度，以优化物流仓储设施及服务。南京为提升港口能级，在物流地产相关的港口建设方面计划投入约10亿元，助力优化进江通航环境，推动进江大型船舶吃水深度增加，提升单船载货量，降低运输成本，促进物流运输效率的提升。

（二）智慧绿色物流地产时代来临

2024年的政府工作报告提出，大力推进现代化产业体系建设，加快发展新质生产力。物流数据和人工智能赋能将成为物流地产企业优化运营的关键手段。2025年，《国家发展改革委等部门关于开展物流数据开放互联试点工作的通知》，要求破除“信息孤岛”“数据烟囱”，打通政府部门、相关企业及港口、公路、铁路、航空等业务系统数据，创新物流数据交互模式和解决方案，打造一批有代表性的示范项目。物流数据的开放互联还将为物流地产企业拓展业务领域提供有力支持。物流地产企业可以基于丰富的数据资源，开发新的增值服务。此外，试点工作还致力于创新物流数据交互模式和解决方案，并打造一批具有代表性的示范项目。这为物流地产企业提供了绝佳的技术创新与实践平台。物流地产企业可以积极参与这些示范项目，与政府部门、科研机构以及其他企业展开深度合作。一方面，借助各方资源，研发适合自身业务特点的物流数据应用技术，实现智能化管理；另一方面，通过与其他企业的交流与合作，学习借鉴先进的物流数据管理经验和运营模式，不断提升自身的竞争力。

物联网技术将在物流地产领域得到更为广泛和深入的应用。通过在仓库设施、货物包装以及运输设备等环节部署大量的传感器，物流地产企业实现对物流全过程的实时感知和数据采集。这些数据能够实时反馈货物的位置、状态、环境条件等信息，帮助企业实现精准的库存管理和高效的运营决策。自动化仓库系统将在仓储环节得到进一步普及，AGV、自动化分拣设备、智能仓储货架等将大幅提高仓库的空间利用率和作业效率。

随着全球对环境保护和可持续发展的关注度不断提高，绿色节能技术在物流地产领域的应用将继续保持增长趋势。在2025年，物流地产项目将更多地采用节能照明、智能温控、太阳能光伏发电等绿色节能设备和技术。优化建筑设计和布局，提高建筑物的能源利用效率，减少能源消耗和碳排放。一些物流园区已经开始建设分布式太阳能发电系统，为园区内的仓库、办公设施等提供清洁能源，降低对传统能源的依赖，实现节能减排的目标。绿色包装材料也将得到更广泛的应用，减少包装废弃物对环境的污染。

（三）下沉市场与国际化布局加速

近期，国家推动了一项重大举措，推进东部产业向中西部地区转移，在各大中城市科学规划建设一批集仓储、分拣、加工、包装等功能于一体的城郊大仓基地。一方面，为了支持产业转移，政府加大了对中西部地区交通、能源、通信等基础设施的投资。中西部城市的潜力得到释放。由于一二线城市仓储用地供应的持续缩减，加上中国进一步扩大内需和消费升级的推动，未来物流地产竞争的焦点将逐渐向二三线城市乃至县域城市转移。这些城市和地区的经济发展迅速，消费市场潜力巨大，但物流基础设施相对薄弱，对高标仓等优质物流地产的需求迫切。物流地产企业可以加大在二三线城市及县域市场的投资布局，建设现代化的物流园区和仓储设施，满足当地电商、制造业、零售业等产业的发展需求。一些企业已经开始在中西部地区的二三线城市以及经济发达的县域建设物流基地，通过提供优质的物流地产服务，吸引产业集聚，推动当地经济的发展。另一方面，物流地产企业应积极响应国家号召，承担城郊大仓基地建设运营工作，改造升级现有仓储设施，叠加平急两用功能，同时在交通枢纽周边高标准新建大仓，吸引电商等企业入驻。

随着“一带一路”倡议的深入实施和全球贸易的不断增长，物流地产企业的国际化布局将进一步加速。在 2025 年，更多的中国物流地产企业将走出国门，在海外市场投资建设物流园区和仓储设施，为中国企业的海外拓展提供物流支持，同时积极参与全球物流地产市场的竞争。一些领先的物流地产企业已经在东南亚、欧洲、非洲等地区开展了项目布局，通过与当地企业合作，利用当地的资源和市场优势，打造具有国际竞争力的物流地产项目。国际化布局将为企业带来新的市场机遇和利润增长点，还有助于提升企业的国际影响力和品牌知名度。

（四）产业朝多元化与协同化发展

在 2025 年，物流地产行业将更加注重安全与发展，并强调产业链供应链协同与合作共赢。物流地产企业将与电商企业、物流企业、制造业企业等建立更加紧密的合作关系，通过资源共享、信息互通、业务协同，实现产业链上下游的深度融合，实现资源的优化配置。同时，为了满足不同客户的多样化需求，物流地产企业需要不断探索多元化的运营模式。除传统的仓库租赁业务外，物流地产企业将更加注重提供增值服务，如供应链金融、物流信息服务、货物加工与包装、电商代运营等。通过整合产业链资源，物流地产企业为客户提供一站式的物流解决方案，实现从单纯的地产运营商向综合物流服务提供商的转变。一些物流地产企业与金融机构合作，开展供应链金融业务，为租户提供融资支持，帮助企业解决资金周转难题。物流地产企业还利用自身的物流信息平台，为客户提供实时的物流信息跟踪和数据分析服务，提升客户的物流管理水平。

[本项研究获国家社科基金重大项目（20&ZD053）的支持；并得到过程控制与效率工程教育部重点实验室、中国（西安）数字经济发展监测预警基地、全球贸易与供应链大数据联合实验室的支持]

（西安交通大学管理学院　刘祺　刘昀皓　冯耕中）

2024 年应急物流发展回顾与 2025 年展望

2024 年，我国应急物流在法律法规、标准规范、基础设施、人才培养等方面均取得了显著进展。在总体国家安全观和新发展理念的引领下，各类法规标准、规划政策落地实施，以及新技术的推广应用，推动应急物流高质量发展迈上新台阶。

展望 2025 年，随着应急物流体系建设国家顶层决策部署的推出，应急物流将迎来前所未有的重大发展机遇。

一、2024 年应急物流发展回顾

（一）法规政策和标准规范建设走深走实

过去的一年，应急物流相关的一系列国家法律法规、政策文件和标准规范密集出台实施。1 月 20 日，国务院办公厅印发《国家自然灾害救助应急预案》（国办函〔2024〕11 号）。1 月 31 日，国务院办公厅印发《突发事件应急预案管理办法》（国办发〔2024〕5 号）。6 月 28 日，第十四届全国人民代表大会常务委员会第十次会议修订颁发《中华人民共和国突发事件应对法》（以下简称《突发事件应对法》），自 2024 年 11 月 1 日起施行。

1.《突发事件应对法》修订全面补齐体系短板，进一步优化完善应急物资保障

《突发事件应对法》是我国突发事件应对领域的基础性、综合性法律。此次修订进一步完善了应急管理领域的基本法律制度，加强了对突发事件应对管理与指挥体制的规定，明确了各方责任，并设专章对应急物资储备保障制度、应急运输保障体系等作出规定，为应急管理事业高质量发展提供了有力的法治保障。修订后的《突发事件应对法》健全了应急保障相关规定，在应急物资保障方面新增、充实、优化了多个条款，对完善应急物资保障制度作出具体安排，主要体现在以下条款：

第四十五条，明确要求“国家按照集中管理、统一调拨、平时服务、灾时应急、采储结合、节约高效的原则，建立健全应急物资储备保障制度，动态更新应急物资储备品种目录，完善重要应急物资的监管、生产、采购、储备、调拨和紧急配送体系，促进安全应急产业发展，优化产业布局”。同时，规定应急物资储备规划应当纳入国家储备总体发展规划，并划定了中央各部门在物资储备上的职权边界：国务院发展改革部门会同国务院有关部门拟订国家储备物资品种目录、总体发展规划；国务院应急管理等部门依据职责制定应急物资储备规划、品种目录并组织实施。

第四十六条，对健全地方应急物资保障制度作出了细化要求，强调企业应当按照县级以上政府要求，提供应急物资生产和供应服务，并确保产品质量。同时，鼓励公民、法人和其他组织参与社会储备工作，为企事业单位参与应急物资保障工作提供了明确的法律指导和规范。

第四十七条，要求国家建立健全应急运输保障体系，强调对各类运输和服务方式进行统筹，确保应急物资、装备和人员的及时运输。同时，对地方政府以及社会力量开展应急运输保障工作提出了明确要求。

2. 国家相关政策指导文件进一步强化应急抢险救灾物资保障体系与能力建设目标

10 月 23 日，《国家防灾减灾救灾委员会办公室关于进一步加强应急抢险救灾物资保障体系和能力建设的指导意见》颁布，提出构建“大安全、大应急”框架、健全重大突发公共事件处置保障体系的要求，涵盖提高应急物资实物储备能力、提高应急物资多元保障能力、提高应急物资快速投送能力、提高应急物资统筹管理能力等多个方面。

在应急抢险救灾物资保障体系方面，提出了多项具体措施，强调通过增加储备物资的种类和数量、优化储备布局、健全储备管理与处置更新轮换机制，确保应急物资总量稳定、性能良好，保证在灾害发生时能够迅速调拨、及时到位。明确提出到 2025 年年底，力争实现全国县级储备库（点）覆盖率达到 100%，以及 2030 年前实现多灾易灾地区乡镇级储备库（点）全覆盖的目标。相关举措还包括推动政府储备与社会储备相结合，鼓励引导企事业单位、社会组织和个人参与应急物资储备，依法依规引导社会捐赠活动，形成多元化的储备格局等。

在提高应急物资快速投送能力和统筹管理能力方面，明确指出要健全国家、省、市、县四级应急物资调拨体系和调拨规程，建立健全跨部门应急物资调拨协调机制；加强交通、物流等基础设施建设，统筹加强应急物资储备设施和应急物流设施的衔接，构建应急物资快速投送网络，确保在紧急情况下能够迅速将物资送达灾区。同时，指导意见还指出要加强对应急物资的统筹管理，实现信息共享、资源互补，提高物资使用的效率和效益。

11 月 8 日，《国家防灾减灾救灾委员会办公室关于进一步强化救灾物资管理工作的通知》发布，着眼于当前救灾物资管理中存在的实际问题，提出了系统性的解决方案。通知强调，要通过明确救灾物资需求信息的掌握、健全常态化救灾物资采购与轮换管理制度、完善救灾物资储备体系、加大应急资源管理平台推广使用力度、健全救灾物资调运与接收发放制度，以及加快建立应急物资保障队伍等一系列措施，全面提升救灾物资管理的规范化、信息化和高效化水平。相关举措的实施，不仅能够确保救灾物资在灾害发生时迅速、准确、高效地调配到位，有效保障受灾群众的基本生活需求，还能减少因管理不善引发的负面舆情，维护灾区社会稳定。

上述政策指导文件的出台，不仅彰显了我国政府在应急管理领域的决心和力度，也为各地加强应急抢险救灾物资保障体系、完善防灾减灾救灾体系和加强应急管理能力建设指明了方向，对于提升我国应对自然灾害和其他突发公共事件的能力具有重要意义。

3. 应急物流、应急（救灾）物资相关标准规范建设取得显著进展

在国家标准方面，2024 年虽然没有出台直接针对应急物流整体行业领域的标准规范，但应急物流的发展得到了广泛关注和推动。不同领域针对自身在应急物资保障方面存在的短板，着手制定并补充了相应的标准规范。例如，交通运输部发布《公路交通应急装备物资储备中心技术规范》，作为公路工程推荐性行业标准，自 2024 年 6 月 1 日起施行。2024 年 9 月 1 日开始实施的《危险化学品单位应急救援物资配备要求》（GB 30077—2023），旨在确保危险化学品单位在应对突发事件时能够充分配备应急救援物资，从而保障安全生产。该标准的实施对于指导危险化学品单位科学配备应急救援物资，提升应急保障能力和应急准备水平具有积极推动作用，有助于提升危险化学品单位的应急响应能力和事故处置效率。

应急物流相关行业标准和地方标准也呈现出积极向好的态势。随着应急物流行业的快速发展，越来越多的行业标准和规范正在逐步建立与完善，涵盖采购、储备、调拨、运输、出入库、报废、结算等应急物流生命周期，有助于完善应急物流体系、推动应急物流产业发展、促进区域协同发展。

各地政府不断探索并加强应急物流体系建设，结合地域自然条件、经济社会发展状况等实际情况，制定了针对性的地方标准，对国家标准中未涉及的相关技术细节和具体操作进行了细化补充。这些地方标准对于增强地方应急响应能力、促进应急物资体系完善、提升应急物流服务质量等方面具有重要价值。例如，山东省市场监督管理局发布实施的《社区应急物资配备指南》。该指南给出了社区应对突发事件先期应急处置所需应急物资配备的基本原则、物资配备标准种类和清单、物资储备和存放、出入库管理、物资报废回收和补充更新等方面的指导。作为全国首个社区应急物资配备地方标准，该标准的出台对于提升基层应急准备能力、先期处置能力和快速响应能力具有重大推动作用。

湖北省市场监督管理局发布实施的《应急物资储备库建设规范》，规定了应急物资储备库建设的总则、储备库建设内容与规模、选址与规划布局、建筑与结构、配套工程、储备物资等主要内容，为提升省、市、县三级应急物资储备库的设计、建设与管理的科学化和合理化提供了依据，有助于地方提升应对“全灾种、大应急”的应急物资保障能力。

上海市市场监督管理局发布的《救灾物资储备库运行管理基本要求》，规定了救灾物资储备库运行管理的原则以及救灾物资管理、库区运行管理、安全管理、应急管理、评价与改进要求等。

浙江省市场监督管理局发布实施的《消防应急救援装备物资配备及编码规范》，规定了消防应急救援装备物资的保障结构分级和装备物资分类、配备和编码要求等。

（二）应急物流基础设施建设统筹融合

过去一年，各地以及相关行业和领域坚持总体国家安全观，统筹发展与安全，积极探索将应急物资保障工作融入新发展格局的有效路径，加快推动现代化应急物流基础设施等体系建设，使其更好地服务于经济社会发展全局需要。

在基础设施建设方面，“平急两用”已成为我国应急物流体系建设的重要方向。通过政府引导和社会资本的参与，“平急两用”物流基础设施建设加速推进。各地政府积极推动“平急两用”仓储物流设施建设，优先选择城市周边的高标准仓、第三方公共仓库等存量物流仓储设施进行改造升级，多个地方的“平急两用”项目正在建设或陆续建成运用。例如，北京市平谷区创造性地提出建设国家“平急两用”发展先行区，“平急两用”京平综合物流枢纽规划了5000 亩物流产业用地，建设现代物流高标库面积达 560 万平方米，其将成为北京市最大的物流设施集聚地和城郊大仓基地，可保障北京市民 30 天的基本生活需求。该枢纽集仓储加工、生鲜冷链、运营结算等多种功能于一体，“平”时可作为民用物流仓储设施和配送中心，“急”时可按需迅速转化为应急物资调配中心，为首都城市应急物资供应提供有力保障。

在政策支持方面，国家开发银行加大了对“平急两用”公共基础设施项目的贷款投放力度，支持各地政府和社会资本开展“平急两用”设施的建设和运营，全年为北京、深圳、福州等地的 136 个“平急两用”公共基础设施项目发放贷款 204 亿元。

（三）应急物流科研学术和人才培养向上向好

在科研学术方面，以应急物流、应急物资保障、应急供应链为主题的相关课题研究、科研平台等进入国家决策和部署，相关研讨会、论坛也日益繁荣，形成诸多具有广泛社会影响的成果。

8 月，由应急管理大学（筹）华北科技学院牵头，应急管理部紧急救援促进中心、中国科学技术大学合作共建的“应急仓储物流与救灾物资保障应急管理部重点实验室”成功获批建设。该实验室聚焦应急仓储物流与救灾物资保障体系与能力建设，开展基础理论与技术创新，致力于打造具有重要决策影响力、社会影响力和国际影响力的高端智库，成为具有精湛辅助决策和实战能力的战略支援基地，以及具有示范引领作用的专业人才培养基地。

10 月，由中国物流与采购联合会应急物流专业委员会、应急管理部应急仓储物流与救灾物资保障重点实验室、重庆市国防与应急物流技术创新战略联盟编著的《中国应急物流发展报告（2014—2024）》正式出版发行。该报告基于对行业的全面总结、深度洞察和趋势展望，为全面深入了解和“把脉”中国应急物流行业发展提供基本依据和行动指南。该报告由军地双方的众多行业专家学者共同撰写，对 2014 年以来中国应急物流行业领域分场景、分系统进行重点梳理、系统分析和全面报告，并对应急物流领域的一些重要创新成果、典型案例，以及相关法规、规划、政策、预案、标准等进行重点汇编，同时对近十年来中国应急物流相关的大事予以摘要记录，是全面反应近十年中国应急物流行业发展的“百科全书”。作为中国应急物流行业发展的第二个十年报告，该报告是中国应急物流行业发展的“蓝皮书”，在国家全面推进应急物流体系建设和我军新时代军事物流体系建设 5 周年的关键时期隆重推出，对于军地协同推进应急应战物流保障能力建设，推动军事物流和应急物流高质量发展具有重要意义，受到行业广泛好评。

11 月 3 日至 5 日，国防大学联合勤务学院会同中国物流与采购联合会应急物流专业委员会、应急管理部应急仓储物流与救灾物资保障实验室等单位，在上海成功举办 2024 年军事（应急）物流研讨会。近 300 名代表围绕“发展物流新质生产力，提升应急应战保障力”这一主题，展开了深入研讨交流。多家中央媒体对研讨会进行了报道，高度评价此次会议，认为其在全面推进应急物流体系建设、无人智能物流、物流数智化建设等方面形成了一系列新见解、新成果，并指出该研讨会已成为业界引领理论创新、协同推进中国物流现代化发展、促进军事（应急）物流能力提升的重要平台。

此外，《中国安全科学学报》《中国应急管理科学》《灾害学》等期刊也发表了诸多关于应急物流的研究论文和报告，为我国应急物流的发展提供了理论支撑和政策建议。

在应急物流人才培养方面，部分高校和科研机构开设了应急物流管理、应急物流技术等专业课程，积极促进专业化应急物流人才培养。同时，政府以及各企事业单位也加大了对应急物流人才的引进和培养力度，通过举办培训班、研讨会等方式提高应急物流人员的专业素养和实战能力，不断提升应急物资管理标准化、规范化水平，加强应急物流体系建设。例如，湖北省红十字系统在孝感市举办应急物流能力培训班，重点对应急物资保障政策、仓库日常管理等内容进行了授课，并就灾害管理数字物流信息调度平台、重大灾害捐赠物资管理场景等进行了现场演示和实操。

（四）基层应急物资保障能力提升开创新局

加强基层应急能力建设是防范化解重大安全风险、及时应对处置各类突发事件的固本之策。9 月 21 日，中共中央办公厅、国务院办公厅发布《关于进一步提升基层应急管理能力的意见》，从组织指挥、风险防范、救援实战、应急处置、支撑保障、组织实施六个方面提出强化基层应急基础和力量的指导意见。意见强调，市县两级政府应综合考虑本地灾害事故特点、人口分布等因素，优化应急物资储备布局，鼓励引导企事业单位、社会组织和家庭开展必要的应急物资储备，健全直达基层的现代应急物资调配体系和基层应急救援用车保障机制。

10 月 23 日，《国家防灾减灾救灾委员会办公室关于进一步加强应急抢险救灾物资保障体系和能力建设的指导意见》发布指出，各级应急物资储备数量将根据风险评估结果进行动态调整，中风险及以上地区应确保储备满足二级应急响应所需物资，并留有一定余量。随着应急物资保障体系的不断完善，各地特别是基层储备的应急物资种类将更加多样化，包括抢险救援保障物资、应急救援力量保障物资和受灾人员基本生活保障物资等。基层地区的应急物资储备将更加充足、科学，能够在灾害发生时迅速提供必要的救援物资。应急资源政社协同保障机制的日益完善，将进一步提升基层应急物资供应水平，提高应急物资保障的效率和覆盖率。

上述相关意见的出台为强化基层应急物资保障能力提供了政策指导，有助于建立健全更加高效、科学的应急物资保障体系。与此同时，物联网、大数据、人工智能等新技术的应用，使应急物流信息化、智能化水平不断提高，实现了应急物资的实时追踪、智能调度和精细化管理，提高了应急物流的响应速度和准确性。

2024 年，我国继续完善应急资源管理平台的推广应用和功能优化，实现了应急物资的采购、储备、调运、使用等环节的全程信息化管理和监控。无人机、无人车等新型应急物流装备，以及智能仓储管理系统等已在部分地区开展试点或局部应用，进一步提高了应急物资的配送效率，扩大了覆盖范围，特别是在偏远地区和复杂地形条件下，显著增强了应急物资保障能力。

此外，《国家防灾减灾救灾委员会办公室关于进一步提升基层应急管理能力的意见》明确提出，要加强对基层应急管理人员的专业培训。在系列文件的指导下，各地政府进一步推动基层应急物资保障队伍建设与管理，通过定期组织基层应急物资保障和应急物流演练活动，检验并提升相关人员的应急响应能力和实际操作水平。湖北武汉、江苏南京、甘肃张掖、四川自贡等多地政府和基层组织，开展包括应急帐篷搭设在内的应急保障技能比赛。新疆维吾尔自治区防灾减灾救灾委员会办公室协调国家防灾减灾救灾专家委员会，选派国家级专家与自治区级专家共同组成帮扶指导组，对伊犁、塔城、阿勒泰、博州等地区开展防灾减灾救灾帮扶指导。帮扶工作聚焦应急救援、物资保障、资源优化等重点事项，对提升地方应急管理工作制度化、规范化、现代化水平起到了重要推动和示范引领作用。

综上所述，2024 年，从政策引领与顶层设计、基层实践与探索、科技支撑与智慧应急、基层应急保障培训体系建设等角度来看，我国在基层应急物资保障能力提升方面开创了诸多新局面，并取得了初步成效。2024 年也因此成为基层应急物资保障能力提升的关键元年。

（五）各类突发事件应急物流保障高效有力

进入汛期以来，我国多地遭遇暴雨洪涝和地质灾害，部分灾区出现断路、断电、断网以及村庄失联问题。为尽快掌握灾情、排查险情，转移安置灾民、打通生命线，应急管理部调度无人机开展汛期灾害应急监测和救援，及时为灾害应急抢险救援提供信息保障。

6 月 24 日至 25 日，湖南省多地遭遇强降雨，受灾严重，菜鸟等物流企业迅速启动应急物流机制，支持相关政府部门和公益机构的应急救援工作。

二、2025 年应急物流展望

2025 年是“十四五”规划的收官之年，也是“十五五”规划的谋划与启动之年，对于我国未来五年的发展具有至关重要的意义。在这一新的历史节点，应急物流服务的质量、效率、安全性等方面面临着更高要求。2025 年，我国有望推出应急物流体系建设的国家顶层文件，这将为加快推进我国应急物流高质量发展提供全面有力支撑。

（一）应急物流标准制度持续优化完善

随着应急物流行业的快速发展，标准的构建与提升已成为驱动行业服务保障能力跃升的关键要素。行业内对制定和完善应急物流国家、行业标准已达成共识，视其为行业发展的必然路径。地方标准的建立与完善则更加侧重于结合地方特色与实际需求，为应急物流服务的本地化、特色化发展提供有力支撑。地方标准不仅细化国家、行业标准在地方层面的具体实践，还将促进地方应急物流体系与区域发展战略的深度融合，增强地方应对突发事件的能力。

《中华人民共和国标准化法》的出台，为国家、行业标准和地方标准在应急物流领域的建立健全提供了坚实的法律保障。在此框架下，我国应急物流领域的国家标准、行业标准、团体标准以及地方标准，将得到系统性的发展与完善，为我国应急物流事业的繁荣发展奠定坚实的基础。

在《突发事件应对法》以及《中华人民共和国标准化法》等法律法规的指引下，我国应急物流正沿着法治化、标准化、规范化的道路稳步前行，实现了平时运营与应急响应、区域特色与全局协同的高效结合。2025 年，应急物流设施设备建设、应急物流队伍认证评估、应急物流服务成本构成与核算等相关标准的研究或制修订工作将陆续启动。我国应急物流工作将更加注重行业标准和地方标准的融合创新，通过持续优化标准体系，加强标准的宣传普及、专业培训及实施监督，推动应急物流行业向更加规范化、专业化、智能化的方向迈进，为构建高效、安全、可靠的应急物流网络贡献力量。

（二）应急物流与应急供应链加速融合

贯彻落实党的二十届三中全会精神，构建高效、可靠、富有韧性的应急供应链体系，既是维护国家安全和发展的战略需要，也是提升国家综合实力、增强国际竞争力和构建新发展格局的重要举措。当前，我国在应急供应链体系核心能力建设方面不断推进，包括提高战略物资储备能力、应急生产能力、应急运输保障能力、应急管理的信息化水平和科学决策能力、应急供应链网络的韧性和可持续发展能力，以及应急供应链科技创新能力。这些核心能力的提升将为应急供应链基础框架的形成提供有力支撑。

从产业领域来看，在全球产业格局深刻变革的背景下，京东物流等供应链核心企业正引领产业链上下游实现协同发展，并与物流、采购、金融等服务业深度融合，不断推动产业链供应链模式创新与价值提升。与此同时，数字供应链的快速发展、现代信息技术的广泛应用以及智能制造新范式的创新进阶，极大地提升了产业链供应链的运行效率。在此情境下，应急供应链与产业链之间的协同合作日益深化，联系越发紧密且高效，引领应急物流行业向与产业链对接、供应链贯通、价值链创造的方向转型升级。

2025 年，我国将进一步完善应急供应链基础框架，优化顶层设计和基础制度建设，全面推进应急物资储备体系优化，显著提升关键领域应急生产保障能力，初步形成适应“全灾种、大应急”需求的应急供应链体系。

（三）应急物流技术加快升级迭代

随着创新驱动发展战略的不断深入推进，以及网络化、数据化、智能化时代的全面到来，5G、物联网、大数据、云计算、区块链、人工智能及移动互联网等一系列新技术不断创新与加速应用。国家数据集团的组建运营，以及DeepSeek等国产大模型的推出，为应急物流领域的应用场景带来了极大拓展。

在此基础上，智能驾驶、无人配送系统、无人货机、无人码头以及物流机器人等“无人化”技术装备将得到更为广泛的推广与应用。这些技术装备与网络货运、数字仓库、无接触配送及即时配送等“互联网+”高效物流的新模式、新业态相结合，为应急物流的保障方式带来了前所未有的创新。

2025年，“交通强国”战略将稳步前行，国民经济和社会发展五年计划等一系列规划持续实施。同时，“万亿国债应急项目”也将加大投入力度，以进一步推动国家物流枢纽城市、骨干冷链物流基地、示范物流园区、多式联运场站、城市郊区大型仓储基地以及基层应急物资储备库的建设，物流行业将实现更高水平的自动化和智能化。

在应急物流领域，无人机、无人车等无人化应急物流装备将加速普及，实现更高效、快速的应急物资配送。同时，5G、物联网、大数据等技术将进一步深度融合，构建更加智能的应急物流管理系统，实现对应急资源的精准调度和高效利用。随着技术的不断进步，更多创新的应急物流解决方案将被开发和应用，如基于AI的智能预测系统、自动化的仓储管理系统等，这些都将进一步提高应急响应速度和效率。此外，物流数据的实时分析和利用也将成为常态，为决策者提供更加精准和及时的信息支持。

（四）应急物流人才支持不断强化

近年来，国家高度重视高校应急管理人才培养及应急管理学科和专业建设。《中共中央办公厅　国务院办公厅关于进一步提升基层应急管理能力的意见》明确指出，支持有条件的高校、职业学校开设应急管理相关学科专业。

随着应急物流行业的快速发展和需求的不断增长，应急物流领域的人才培养及教育科研工作将呈现以下特点：

一是培养体系更加完善。应急物流领域的人才培养体系将更加完善，涵盖高等教育和职业教育，全方位满足不同层次、不同岗位的人才需求。

二是人才培育更加专业化。全国多所高校设立应急管理、应急技术与管理等专业，旨在培养具备应急管理技能的高素质人才。相较于管理、安全等领域的其他相关专业，这些专业的学生更注重专业化和精细化，有助于综合素质和创新能力的养成，能够掌握应对各类突发事件的方法和技能。2025年，随着应急仓储物流与救灾物资保障应急管理部重点实验室的设立和运行，应急物流等应急管理细分领域的人才培养工作将得到进一步加强。依托这些平台，相关人才培育工作将涵盖应急物流的理论基础、操作流程、技术应用等多个方面，确保培养的人才具备全面的应急物流知识和技能。应急物流领域的人才结构将更加优化，有望涌现出更多具备跨学科知识和综合能力的复合型人才。

三是研究方向更加明确。应急物流领域的科研工作将更加注重解决实际问题和应用创新，研究方向将涵盖应急物流的信息化、智能化、协同化等多个方面，以推动应急物流行业的快速发展。应急物流专业平台将为这些研究方向提供专业化的环境支持和充分的资源保障。应急物流领域的合作与交流将更加频繁，科研工作将加强与行业的紧密结合，确保研究成果能够迅速转化为生产力。

（应急仓储物流与救灾物资保障应急管理部重点实验室　汪翔　燕波涛；
中国物流与采购联合会应急物流专业委员会　范学兵）

2024年绿色物流发展回顾与2025年展望

2024年是中华人民共和国成立75周年，也是实现“十四五”规划目标任务的关键一年。这一年，党的二十届三中全会胜利召开，吹响了进一步全面深化改革的号角。

2024年，《中华人民共和国能源法》《中共中央　国务院关于加快经济社会发展全面绿色转型的意见》《国务院办公厅关于印发〈加快构建碳排放双控制度体系工作方案〉的通知》《关于印发〈关于建立碳足迹管理体系的实施方案〉的通知》等围绕温室气体排放计量、核算和管理，以及能源节约和绿色发展等方面提出了整体指引和要求。此外，《有效降低全社会物流成本行动方案》和《交通物流降本提质增效行动计划》两份物流领域的顶层行动方案聚焦绿色物流如何助力降本提质增效，给出了清晰的方向和有力的支撑保障。

一、2024年中国社会经济和物流发展形势

2024年，俄乌冲突仍在持续，巴以冲突爆发，地缘政治问题使能源、粮食等原材料供应受到影响，海运线路面临风险，增加了供应链的物流成本和交付风险。同时，中美战略竞争持续，两国在贸易、科技、外交等诸多领域存在分歧与竞争，以美国为代表的西方国家通过设置关税、非关税壁垒、制裁措施等多种手段，试图重塑全球供应链，以减少对中国的依赖。

根据联合国贸易和发展会议的报告，2024年全球货物贸易量同比增长2.7%，全球贸易增长主要由中国、美国、印度三国出口推动，其中绿色能源、人工智能等新兴行业的贸易增长强劲。

根据《中华人民共和国2024年国民经济和社会发展统计公报》，2024年中国GDP达到134.9万亿元，比上年增长5.0%。这一年，绿色发展理念更加深入人心，绿色低碳循环发展经济体系不断构建，绿色先进技术加快推广应用，经济发展的“含绿量”持续提升。2024年，我国新能源汽车产量达1317万辆，成为世界上首个新能源汽车年产量超千万的国家，带动产业链条上的充电桩、汽车用锂离子动力电池等产品的产量快速增长。清洁能源投资持续加大，新型能源体系加快构建，2024年风电、光伏总装机规模超13亿千瓦。

二、2022 年中国物流业能源消耗和二氧化碳排放发展形势

在第 29 届联合国气候变化大会（COP29）期间发布的《全球碳预算》报告显示，2024 年，全球二氧化碳排放总量将从 2023 年的 406 亿吨增至 416 亿吨，创历史新高。这些碳排放主要来自化石燃料的燃烧，其中煤炭、石油和天然气的排放量分别增长了 0.2%、0.9%和 2.4%，总计达到 374 亿吨。国际航空航运产生的二氧化碳排放量增加了 7.8%。如果以 2024 年的二氧化碳排放水平为基准，从 2025 年开始，要将全球变暖限制在比 1980—1900 年的水平高 1.5℃、1.7℃和 2℃的可能性为 50%时，那么全球碳预算将分别减少至 650 亿吨、1600 亿吨和 3050 亿吨，相当于分别在 6 年、14 年和 27 年内耗尽。

中国作为全球最大的碳排放国，在维持 5.0%经济增速的背景下，化石燃料二氧化碳排放量仅增加了 0.2%，并提前 6 年兑现了中国在联合国气候雄心峰会上的承诺。这得益于中国坚定的绿色发展政策和行动。

鉴于分行业能源消耗数据的发布比国家统计年鉴数据晚两年，本文重点分析了 2022 年中国物流业的能源消耗和二氧化碳排放数据。2022 年，在经济发展对物流的高需求驱动下，我国物流业能源消耗量达 4.07 亿吨标准煤，二氧化碳排放量为 9.20 亿吨，同比增速分别为 -3.61%和 -3.02%。能源消耗和碳排放分别占全国总量的 7.53%和 8.50%。在物流业的碳排放来源中，运输及配送活动占 82.27%，装卸搬运及仓储活动占 12.90%，辅助生产活动占 4.83%。

三、2024 年中国绿色物流发展回顾

1. 国际应对气候变化共识增强，推进绿色物流落实降本增效

2024 年 8 月 25 日，全球 195 个国家在联合国气候变化峰会上共同签署了《绿色复兴公约》，承诺在 2050 年前实现碳中和，并设立严格的排放标准与跨国监管机制。

2024 年 11 月，《联合国气候变化框架公约》第二十九次缔约方大会呼吁各国应为共同利益团结合作，共同应对气候变化的挑战，携手构建更加绿色、低碳、可持续的未来。

2024 年 7 月，金砖国家第十四次经贸部长会议召开，各方达成《金砖国家第十四次经贸部长会议联合公报》，通过《金砖国家环境和气候相关贸易措施声明》，强调反对单边主义和绿色保护主义。各方就加强绿色技术交流、促进绿色产品标准合作等达成共识，同意开展绿色产品标准和最佳实践案例汇编，

这将为金砖国家进一步加强新能源汽车、锂电池、太阳能电池等产品的标准对接和合作打下重要基础。

中国积极参与全球气候治理，推动构建人类命运共同体，共谋全球可持续发展，坚定走绿色发展之路。2024 年伊始，《中共中央　国务院关于全面推进美丽中国建设的意见》发布，提出统筹产业结构调整、污染治理、生态保护、应对气候变化，协同推进降碳、减污、扩绿、增长。在交通物流领域，重点提出要大力推进“公转铁”“公转水”，加快铁路专用线建设，提升大宗货物清洁化运输水平。推进铁路场站、民用机场、港口码头、物流园区等绿色化改造和铁路电气化改造，推动超低排放和近零排放车辆规模化应用、非道路移动机械清洁低碳应用。到 2027 年，新增汽车中新能源汽车占比力争达到 45%，老旧内燃机车基本淘汰，港口集装箱铁水联运量保持较快增长；到 2035 年，铁路货运周转量占总周转量比例达到 25% 左右。

2024 年 2 月 23 日，习近平总书记在中央财经委员会第四次会议上强调，物流是实体经济的“筋络”，连接生产和消费、内贸和外贸，必须有效降低全社会物流成本，增强产业核心竞争力，提高经济运行效率。

2024 年，绿色物流被首次正式纳入《绿色低碳转型产业指导目录（2024 年版）》。11 月，中共中央办公厅、国务院办公厅印发《有效降低全社会物流成本行动方案》，同期，交通运输部、国家发展改革委印发《交通物流降本提质增效行动计划》。上述文件均提出加快物流绿色化转型，包括制定绿色物流重点技术和装备推广目录，支持物流枢纽场站、仓储设施、货运工具等绿色化升级改造；开展绿色物流企业对标达标行动；支持开展物流领域碳排放核算及相关认证工作，构建物流碳排放计算公共服务平台；扩大新能源物流车在城市配送、邮政快递等领域的应用；研究中重型货车零碳排放技术发展路径；持续推进物流包装绿色化、减量化、可循环；推动建立船用清洁燃料供应保障体系；研究开展双挂汽车列车运输测试等。

2. 标准制修订与实施，推进物流行业对标达标行动

标准是经济活动和社会发展的技术支撑，是国家基础性制度的重要方面。完善绿色物流标准工作体系是指导物流行业推进绿色物流标准化工作的顶层抓手。

2024 年，我国在绿色物流领域取得了显著成就，作为 ISO/TC 344 创新物流技术委员会国内技术对口单位，中国物流与采购联合会正在组织由鞍山钢铁集团有限公司牵头编制的 ISO 技术报告《绿色物流活动应用案例 Use Cases for Green Logistics Activities（ISO/TR 25326）》和由上海第二工业大学牵头编制的 ISO 标准《创新物流—物流 ESG—框架与要素 Innovative logistics – ESG for Logistics – Framework and Factors（ISO/NP 25403）》。这标志着我国在绿色物流标准国际化方面取得了重要突破。

由中国物流与采购联合会牵头的国家标准《物流行业能源管理体系实施指南》（GB/T 44054—2024）和《物流企业能源计量器具配备和管理要求》（GB/T 44854—2024）正式发布实施。这两项标准是能源计量和管理工作在物流行业的具体实践指导，是物流企业开展节能降碳和能源管理体系建立、实施与认证的依据，也是物流行业落实《中华人民共和国能源法》的重要支撑。

由中物联牵头的国家标准《绿色产品评价 物流周转箱》（GB/T 43802—2024）和《绿色产品评价 托盘》（20242773 - T - 602）分别发布实施与立项成功。这两项标准是基于物流周转箱和托盘全生命周期理论，结合国际国内绿色要求制定的产品评价指标，是国家绿色产品工作在物流领域的实践，是指导物流装备开展绿色产品认证、物流企业实施绿色采购的依据。

此外，2024 年，国家标准《基于项目的温室气体减排量评估技术规范 动力电池梯次利用》和《物流企业碳排放数据的数字化管理指南》，行业标准《物流企业碳排放管理体系实施指南》《物流订单温室气体排放的量化和报告》《物流企业环境、社会和公司治理（ESG）评价指南》均已报批、立项成功，绿色物流体系进一步完善。

在标准实施层面，2024 年 12 月，中国物流与采购联合会按照自愿、公开、公平、公正的原则，依据《物流企业绿色物流评估指标》（WB/T 1134—2023）行业标准，在行业范围内开展绿色物流星级评估工作，决定将其纳入中物联系列评估工作体系内，作为 A 级物流企业评估工作的延伸统筹推广。这是企业绿色物流对标达标行动的重要体现，旨在全面、系统地反映我国企业绿色物流服务能力，提高服务质量，加强行业自律，推动物流与供应链领域绿色低碳的高质量发展。

2024 年 6 月，SGS（通标标准）依据 GLEC V3.0、ISO 14083：2023 等物流领域的国际碳排放核算标准，对顺丰自主研发的全链路物流碳足迹管理系统——“丰和可持续发展平台”展开了全面评估、核查和认定。2024 年年底，中国外运和京东物流开发的物流货运碳足迹管理平台成为中国首批经智慧货运中心授权认可的符合全球物流排放理事会（GLEC）框架的计算工具和平台。

3. 物流行业公共碳排计算器升级为物流行业碳管理平台

2023 年 12 月，中国物流与采购联合会牵头发布了针对物流组织、物流订单、绿色低碳项目三个层级的公共碳排计算器，旨在为物流行业提供科学全面、公益实用、国际互认的碳排放计算工具。为进一步让物流从业人员和物流行业企业了解国内外绿色物流政策、标准、技术和装备等信息，2024 年 12 月，中国物流与采购联合会在物流行业公共碳排计算器的基础上，正式发布了升级版“物流行业碳管理平台”。该平台集成“碳资讯、碳计算、碳披露、碳技术、碳培训”五大核心业务板块。

在碳资讯方面，平台梳理物流行业绿色低碳发展的相关政策、标准以及报告，面向行业征集“绿色物流优秀案例”，为行业低碳发展提供优秀解决方案。

在碳计算方面，平台针对物流组织、订单、项目减排三个层级的碳排放计算，支撑物流组织层级碳计算功能模块开发及基于 WB/T 1135 和 ISO 14064 – 1 的符合性评估。未来，平台将进一步加强订单和项目减排两个层级的碳计算功能模块开发。

在碳披露方面，平台上线了物流组织碳披露、碳达峰物流园区披露和碳中和物流园区披露三大业务，引导行业企业开展碳排放信息披露和持续改进。

在碳技术方面，平台遴选了一批绿色物流技术目录，为物流行业绿色转型提供了关键技术指引。

在碳培训方面，平台从职业介绍、社会需求、人才培养多个维度整合绿色物流大讲堂知识讲座内容，为物流行业实现“双碳”目标提供人才保障。

4. 欧盟航运碳税启动，驱动航运设备和燃料清洁低碳发展

作为服务内外经济双循环、促进经济全球化的重要桥梁和纽带，远洋货运承担着世界海运贸易 90% 以上的运输量。航运减碳受到国内外高度关注，推动船舶绿色、低碳、智能发展已成为新趋势。自 2024 年 1 月起，航运业正式纳入欧盟碳排放交易体系，航运企业在欧盟范围内航行需对全部碳排放量付费，需支付的排放量百分比在 2024—2026 年分别为 40%、70% 和 100%。其中，欧盟范围内的排放全额征收，欧盟境外的部分征收 50%。

美国政府发布了以净零排放为目标的长期战略规划，推动建设了 12 条“绿色航运走廊”。日本计划投资约 2072 亿美元，按照每年 100 艘的目标，更新其目前运营的 2240 艘商船，以实现船队的净零排放。韩国计划在 2050 年之前将 5000 总吨及以上的国际航线船舶全部更换为新能源动力船舶。

航运设施设备绿色化、生态化、智能化发展主要体现在以下四个方面：

（1）船用清洁燃料供应保障体系建设方面。各地方政府及企业通过政策引导、资金投入和技术创新，构建覆盖全国的船用清洁燃料供应网络，涵盖液化天然气（LNG）、液化石油气（LPG）、甲醇、液氨、氢动力、电动船等。2024 年 4 月，辽宁省交通运输厅、中国船级社等 11 家企事业单位共同发起成立了东北亚绿色船燃供应链联盟，东北三省一区产供链企业共同打造“一中心、两基地、一平台”绿色船燃供应链体系。2024 年 11 月，上海市发布了《上海市推动国际航运燃料绿色转型工作方案》，目标是到 2030 年形成内外共济的航运绿色燃料供应体系，并加快建设供应充足、服务便捷、技术领先的国际航运绿色燃料加注中心。截至目前，我国已建成新能源、清洁能源船舶配套基础设施约 80 座，投入运营移动加注船 5 艘，其中，LNG 加注船 4 艘，甲醇加注船 1

艘。上海港、深圳盐田港、舟山、广州港等国内多个港口已实现保税 LNG 供应加注，清洁燃料加注建设取得更大突破。

2024 年 4 月，国内首艘营运的甲醇燃料加注船“海港致远”轮为靠泊在洋山深水港冠东码头的大型甲醇动力集装箱船舶“阿斯特丽德马士基”轮成功加注 504 吨绿色甲醇，这是国内首次为大型集装箱船舶进行绿色甲醇加注，也标志着上海港成为全国首个拥有绿色甲醇“船 - 船”同步加注能力的港口。

（2）老旧船舶报废更新方面。2024 年 6 月，交通运输部等十三部门出台了《交通运输大规模设备更新行动方案》，提出加快高能耗、高排放老旧营运船舶报废更新，大力支持新能源动力运输船舶的发展，计划未来五年内淘汰老旧船舶万余艘，新建新能源船舶千余艘。中远海运已订造 LNG 和甲醇动力远洋船舶 17 艘，并积极发展内河纯电动集装箱船。招商集团正在开展长江航运全产业链应用 LNG 的试点，推动甲醇在内河及远洋船舶上的应用。地中海航运、达飞轮船分别已订造 LNG 动力、甲醇动力船舶 91 艘和 86 艘，马士基订造甲醇动力船舶 25 艘，三大班轮公司均在探索推进氨燃料在船舶上的应用，航运绿色低碳转型已进入快车道。

（3）绿色生态构建方面。2024 年 7 月，中远海控旗下中远海运集运向京东方颁发了首个基于 GSBN 区块链验证的 Hi - ECO 绿色航运证书，打造了绿色低碳转型的行业生态示范效应。2024 年 11 月，零排放联盟和全球海事论坛联合发布了最新的《2024 年绿色航运走廊年度进展报告》。报告显示，全球范围内，绿色航运走廊项目数量持续增长，从去年报告中的 44 个项目增加到 62 个，增长了 41%。绿色航运走廊为所有价值链参与者提供了参与空间，为替代燃料供应商提供了确定性，支持港口方对零碳排放燃料基础设施的必要投资。

（4）绿色智能航运和港口建设方面。航运业在智能航线规划、自动驾驶技术和能效管理系统上的成熟应用，推动更大规模的节能减排。交通运输部将中远海运智能船舶发展应用列入交通强国建设试点工作。2024 年，山东港口日照港建成全球领先、亚洲首个真正意义上的全自动化集装箱码头和以“远控自动化岸桥 + 无人集卡 + 自动化轨道吊”为基本布局的全自动化码头。

5. 绿色低碳货运工具创新应用，货物运输结构低碳化发展

推进货运领域节能降碳是绿色物流的重中之重。全球一直致力于推进货运工具绿色低碳和智能化发展，推动不同运输方式合理分工、有效衔接，降低空载率和不合理客货运周转量。

2024 年，我国新能源汽车呈爆发式增长，渗透率快速提升，几与燃油车分庭抗礼。2024 年全年，新能源汽车国内销量达 1158. 2 万辆，同比增长 39. 7%，占汽车国内销量的 45. 3%。其中，新能源商用车国内销量为 53. 2 万辆，同比增长 28. 9%，占商用车国内销量的 17. 9%。自动驾驶技术也是公路货运领域的主要发力点。例如，中国外运积极探索构建“AI + 物流”新模式，构建自主可控的核心技术体系，提供国内首个自动驾驶跨省高速货运服务，自动驾驶商业运营里程突破 240 万公里。

铁路电气化、集装化、智能调度系统、运输组织模式以及绿色货运场站建设是铁路绿色低碳发展的重要内容。2024 年 9 月，宝武集团中南钢铁中南股份物流部的铁路运输智能调度系统正式上线。该系统可提升铁路运输调度的智慧化水平，实现计划自动生成、进路自动办理、信号自动开放、强化运输安全等功能，为提高铁水运输效率、实现铁水运输智能化奠定了坚实基础。

航空物流在全球经济中扮演着至关重要的角色。其快速、高效的特点使其成为国际贸易、电子商务和供应链管理的核心。航空物流节能降碳主要聚焦于新型高性能飞机、燃油管理系统、地面设备电动化以及可持续航空燃料（SAF）应用等方面。2024 年 12 月，顺丰航空一架加注了 SAF 的 B737 型全货机从宁波起飞之后落地鄂州花湖国际机场。这标志着国内全货机成功实现首次可持续航空燃料商业飞行，顺丰航空也成为国内首个使用 SAF 进行全货机自主商业飞行的货运航空公司。

2024 年，国家继续推进货物运输结构调整优化，大力推进“公转铁”“公转水”和多式联运“一单制”“一箱制”发展。多式联运业务快速发展，截至 2023 年年底，国家多式联运示范工程已建成 116 条示范线路，涵盖公铁联运、铁水联运、国际铁路联运等多个领域，为形成覆盖全国的 125 个国家物流枢纽打下了坚实基础。这一枢纽体系不仅优化了运输网络布局，还显著提升了各类运输方式的协同效率。

2024 年，集装箱铁水联运量约为 1150 万 TEU，同比增长 15% 左右；中欧班列开行 1.9 万列、发送 207 万 TEU，同比分别增长 10% 和 9%。此外，“一单制”“一箱制”模式在多式联运中的应用不断推进。2024 年 11 月，国铁集团乌鲁木齐局和中谷物流签发了全国首张集装箱多式联运“一单制”运单，这标志着中国多式联运“一单制”工作取得了历史性突破。

6. 碳达峰和碳中和园区试点启动，低碳物流园区建设加速

物流园区作为产业链上下游企业的空间集聚地，是物流业务的集中发展区域，集成了多种运输方式和物流设施，也是物流行业碳排放的主要来源。物流园区绿色低碳举措主要聚焦于建设智慧能源管理系统、部署分布式能源系统、推广新能源运输工具、实施绿色建筑标准、提升绿化覆盖率、采用雨水收集和循环利用系统、整合上下游资源并发展绿色低碳全产业链等。

2023 年 10 月，《国家发展改革委关于印发〈国家碳达峰试点建设方案〉的通知》（发改环资〔2023〕1409 号）提出，要在全国范围内选择 100 个具有典型代表性的城市和园区开展碳达峰试点建设，探索不同资源禀赋和发展基础的城市与园区碳达峰路径。中国物流与采购联合会绿色物流分会积极落实国家碳达峰建设任务，2024 年，牵头编制《碳达峰物流园区建设方案和评价实施细则》（以下简称《细则》），并依据该《细则》为浙江省烟草公司台州分公司和湖州分公司开展《碳达峰物流园区建设规划》研究，并在中国物流与采购联合会“物流行业碳管理平台”上启动“碳达峰物流园区披露”项目。

2024 年 12 月 12 日，中央经济工作会议强调，要协同推进降碳减污扩绿增长，加紧经济社会发展全面绿色转型，建立一批零碳园区，推动全国碳市场建设，建立产品碳足迹管理体系和碳标识认证制度。这是中央经济工作会议中首次提到“零碳园区”的概念。截至目前，北京、上海、江苏、山东、四川等多地均提出了零碳园区的建设标准或试点建设方案。2025 年 2 月，交通运输部发布《近零碳交通设施技术要求　第 1 部分：货运枢纽（物流园区）》行业标准，为该工作提供了理论支持。中国物流与采购联合会绿色物流分会高度重视碳达峰、碳中和、零碳物流园区建设，现已联合多家合作伙伴启动相关标准和技术文件编制，将于 2025 年重点推进碳达峰、碳中和、零碳物流园区建设。

7. 物流行业大规模设备更新，《物流行业绿色低碳技术和装备目录（2024 年版）》重磅发布

2024 年年初，国务院印发《推动大规模设备更新和消费品以旧换新行动方案》。2025 年伊始，《国家发展改革委　财政部关于 2025 年加力扩围实施大规模设备更新和消费品以旧换新政策的通知》（发改环资〔2025〕13 号）进一步推进该工作。2024 年 6 月，《交通运输部等十三部门关于印发〈交通运输大规模设备更新行动方案〉的通知》（交规划发〔2024〕62 号）也提出，加快淘汰更新老旧营运柴油货车，有序推广新能源营运货车，加快高能耗、高排放老旧运输船舶报废更新，大力支持新能源、清洁能源动力运输船舶发展完善新能源、清洁能源动力运输船舶配套基础设施，加快老旧机车淘汰，鼓励新能源机车更新，开展邮政快递末端配送车辆更新，支持老旧分拣设备更新。同时，鼓励国家物流枢纽、国家骨干冷链物流基地、国家级示范物流园区、城郊大仓基地范围内的多式联运场站和转运设施设备升级改造。物流行业大规模设备更新使更多绿色、低碳、节能的设备和产品融入物流行业，进一步提升行业绿色低碳发展水平。例如，截至 2024 年 9 月，浙江省邮政管理局推进干线运输车辆更新 612 辆、分拣设备更新 138 套，提前完成了 2027 年的总目标任务。

国家发布了加快经济社会全面绿色转型的指导意见，并连续推进了近 200 项具体措施。2024 年，国家发展改革委等部门发布了《绿色低碳转型产业指导目录（2024 年版）》和《绿色技术推广目录（2024 年版）》，推广了 112 项绿色技术和 47 个绿色低碳先进技术示范项目。2024 年，中国物流与采购联合会绿色物流分会紧密结合物流行业绿色转型的需求，积极推动绿色低碳技术和装备的应用与推广，收集并梳理出600余项物流行业绿色低碳技术和装备，覆盖运输、仓储、包装、信息平台等关键领域，结合技术先进性、应用成熟度和节能减排效果等综合因素，遴选出80项重点技术和80个重点装备，形成了《物流行业绿色低碳技术和装备目录（2024年版）》。该目录不仅为企业绿色化升级改造和政府制定支持政策提供了重要参考，还初步构建了绿色物流领域的技术和装备标准化框架，为建立绿色物流技术和装备的长效推广机制奠定了基础。

8. 物流包装绿色化和智能化发展，物流集装器具绿色产品蓄势待发

为推动环境保护和资源循环利用，减少包装废弃物的产生，提高包装废弃物的回收和再利用率，2024年12月16日，欧盟理事会正式通过并发布《包装和包装废物法规》（*Packaging and Packaging Waste Regulation*，简称PPWR）。该法规于2025年2月11日生效，同时给予了制造商18个月的过渡期，到2026年8月12日将全面实施。PPWR覆盖包装的整个生命周期，规定了包装定义、可持续性要求、标签与信息、生产者责任、废弃物管理等多方面内容。

中国高度重视物流包装绿色化和智能化发展。2024年，中国邮政巩固深化快递包装治理成效，稳妥推动绿色低碳发展。截至2024年11月底，规范包装操作比例为98.8%，采购使用符合标准的包装材料比例为97.6%；邮政企业同城使用可循环包装邮件量占比超过10%，邮政企业电商快件不再二次包装率为98.1%。中国邮政加强无害化管控，强化源头治理，积极推进塑料污染治理，积极研发推广一次性塑料包装物替代方案，发布《邮政用缓冲包装纸袋技术要求》，这是快递行业首次制定此类要求，为落实塑料污染治理提供了创新思路。

同时，国家强化绿色消费引领，提出要完善绿色产品评价标准，加强绿色产品认证与标识体系建设，建立产品碳足迹管理体系和产品碳标识认证制度，进而加大绿色产品供给，优化政府绿色采购政策，拓展绿色产品采购范围和规模，适时将碳足迹要求纳入政府采购。2024年7月，国家标准《绿色产品评价 物流周转箱》（GB/T 43802—2024）正式实施，国家标准《绿色产品评价 托盘》立项成功。两项标准将有力支持建立统一的物流周转箱/托盘绿色产品标准、认证、标识体系，有效降低物流成本，提高经济运行效率。

2024年11月27日，由中国物流与采购联合会和欧洲托盘协会（EPAL）共同主办的2024年“一带一路”托盘共享行动（BRAPS）会议上，来自10多个国家的代表们聚焦托盘行业数字化和绿色化发展进行交流，不仅加强了中欧间托盘标准衔接，更对高质量共建“一带一路”、国际经贸合作和供应链全球化的高质量发展有着积极的推动作用。

9. 中国ESG制度化进程加速，绿色金融助力绿色物流发展

ESG不仅帮助企业识别和管理气候变化等环境风险，还对提升企业全球竞争力至关重要。尤其在出口导向型企业进入欧盟市场时，ESG 合规已成为不可或缺的基本要求。2024 年是联合国提出 ESG 概念的 20 周年。这一年，中国三大交易所（上海证券交易所、深圳证券交易所、北京证券交易所）发布了《上市公司可持续发展报告指引（试行）》及《上市公司可持续发展报告编制指南（征求意见稿）》。这是我国内地首次由监管机构正式推出的可持续发展信息披露指南，明确了上市公司在环境、社会和治理方面的信息披露要求。

2024 年 11 月，在 COP29 大会上，ISO 发布了全球第一部 ESG 国际标准：ISO ESG IWA 48《实施环境、社会和治理（ESG）原则框架》，旨在为全球各类组织提供一套全面的 ESG 实施框架和指导原则。同月，物流领域 ESG 标准化进程加快，由中国提出的 ISO 国际标准《创新物流—物流 ESG—框架与要素 Innovative Logistics – ESG for Logistics – Framework and Factors（ISO/NP 25403）》在 ISO/TC 344 创新物流标准化技术委员会立项；行业标准《物流企业环境、社会和公司治理（ESG）评价指南》也已立项成功。

随着全球气候变化的加剧，企业对绿色融资的需求愈加迫切，碳资产管理和碳市场的完善将成为碳金融需求增长的主要推动力。2024 年 3 月，中国人民银行等七部门发布了《关于进一步强化金融支持绿色低碳发展的指导意见》，支持信用评级机构将 ESG 因素纳入信用评级方法与模型，进一步强化金融对绿色低碳发展的支持。2024 年 5 月，生态环境部等部门印发的《关于建立碳足迹管理体系的实施方案》提出，鼓励金融机构在依法合规、风险可控的前提下，基于碳足迹信息丰富金融产品和服务。同时，鼓励投资机构和评级机构将产品碳足迹纳入 ESG 及可持续发展尽职调查。2024 年，国内融资租赁行业 ESG 债券共计发行 137 只，发行规模达 1378.83 亿元，较 2023 年发行只数同比增长 23.42%，发行规模同比增长 21.90%，其中，绿色债券始终是该行业发行 ESG 债券的主要选择。

2023 年，物流业共获得超过 200 亿元的绿色贷款，主要用于电动化车辆采购、绿色仓储改造以及碳管理系统的建设。其中，电动物流车的推广是绿色金融支持的重要领域。同年，物流业碳交易量达到 500 万吨，交易额近 10 亿元。2024 年全国物流企业共采购了 30 万辆新能源物流车，其中 80% 的采购资金来自绿色贷款和碳金融工具。顺丰控股在 2023 年发行了 30 亿元的绿色债券，并在 2024 年通过供应链绿色金融项目获得了约 50 亿元的绿色贷款，主要用于建设智能化仓储设施和电动化物流车队。2024 年，菜鸟通过与上游制造商合作，在供应链中导入碳排放认证系统，并通过绿色贷款和碳交易机制激励供应商进行绿色改造。具体表现为，菜鸟的供应链伙伴获得了 15 亿元的绿色融资，用于改造工厂和生产设施，使其碳排放符合最新的绿色标准。这一举措不仅帮助供应商降低了碳排放，还提升了供应链的整体运营效率，预计供应链碳排放总量将减少 10%，进一步推动物流业的绿色升级。

10. **绿色物流人才培养加速，《物流行业碳排放管理员培训教材》启动编制**

据测算，当前我国物流行业绿色低碳相关岗位人才需求量至少为 5 万个，绿色低碳人才可直接助力物流企业节能降碳、降本增效。2024 年 11 月，上海海事大学、上海海事局、上海国际港务（集团）股份有限公司及交通运输部水运科学研究院四方，在上海海事大学港湾校区共同启动了 2024 年绿色航运人才培养项目。该项目旨在通过资源共享、优势互补，解决当前使用气体或其他低闪点燃料船舶船员高级培训合格证的换证难题，并创新性地建立新能源、清洁能源船舶船员培训、见习、发证一体化模式，以培养具备绿色理念和技术的高素质船员。

2024 年，辽宁科技大学金玉然教授开发的“绿色物流虚拟仿真实验”课程的国际版本发布，有助于培养具有国际视野的绿色物流人才，促进全球绿色物流协同发展。2024 年 11 月，中国物流与采购联合会成功在全国范围内组织并举办了物流管理与供应链运营 1 + X 职业技能等级证书的统一考试。此次考试涵盖了绿色物流领域的知识内容，旨在培养行业所需的高质量绿色物流人才。

2023 年 9 月，中国物流与采购联合会作为主要审定单位的国家职业标准《碳排放管理员》由人力资源和社会保障部、生态环境部发布。2024 年，中国物流与采购联合会绿色物流分会重点围绕物流行业碳排放核算员、碳排放咨询员两个工种，编写了《物流行业碳排放管理员培训教材》。该教材为从事绿色低碳相关工作的人员提供了具有物流与供应链行业特点的碳排放管理知识与技能，以及丰富的企业实践案例等，为后续开展物流行业碳排放管理员认证项目提供了重要依据。

四、2025 年中国绿色物流展望

根据世界气象组织的预测，2024 年全球平均气温将首次突破工业化前 1.5℃的关键阈值，极端天气频发，气候危机的紧迫性日益凸显，全球各国需进一步积极努力采取行动促进绿色低碳发展。2025 年是“十四五”规划的收官之年，中国绿色物流展望如下：

1. **政策驱动与标准化建设**

在积极有效的政策指引和支持下，物流行业将加速实现全面绿色转型。未来的政策可能深化碳达峰、碳中和、零碳物流园区建设，强化能源与碳排放管理，推动绿色物流技术应用，以及促进新能源汽车在物流领域的实践应用，还可能激励物流企业在节能降碳、资源循环利用等领域进行更多的创新尝试。同时，政府也可能加大对绿色物流项目和企业碳管理的支持力度，通过财政补贴、税收优惠等激励措施，为绿色物流的发展提供强大动力。

在标准化建设方面，中国有望进一步完善绿色物流标准体系，并加强与国际标准的接轨，以提升绿色物流的标准化水平。这将有助于规范物流行业的操作流程，提高物流效率，减少能耗和排放，推动绿色物流可持续发展。

2. 技术创新与智能化应用

技术创新是推动绿色物流发展的核心动力。未来，随着人工智能、大数据、物联网等技术的快速发展，绿色物流将更加注重智能化应用。例如，通过智能算法优化运输路径，实现精准配送；利用大数据分析客户需求，提供个性化服务；通过物联网技术实现物流信息的实时监控和追踪，提高物流效率。这些智能化应用将进一步提升绿色物流的智能化水平，推动其向更加高效、便捷的方向发展。

3. 多式联运与绿色货运工具推广

多式联运是绿色物流发展的重要方向之一。整合公路、铁路、水路、航空等多种运输方式，实现物流资源的优化配置和高效利用。政府将加大对新能源和清洁能源运输装备的推广力度，如电动汽车、氢能汽车等，以减少物流运输过程中的碳排放。此外，政府还将鼓励企业采用多式联运方式，降低物流成本，提高物流效率。这将有助于推动绿色物流向更加低碳、环保、高效的方向发展。

4. 绿色包装与循环利用

绿色包装是绿色物流的重要组成部分。未来，绿色包装将得到更广泛的应用。政府将鼓励企业使用可降解材料制作包装物，减少塑料等难以降解材料的使用。同时，政府还将推动循环包装的发展，鼓励企业回收再利用包装废弃物，降低环境污染。此外，政府还将加强对绿色包装材料的研发和推广，为绿色物流的发展提供有力支持。这将有助于降低物流过程中的环境污染，推动绿色物流可持续发展。

5. 国际合作与全球供应链优化

国际合作是推动绿色物流发展的重要力量。中国将积极参与国际物流标准的制定和完善，加强与国际物流企业的交流与合作，共同推动绿色物流技术的发展和应用。同时，中国将优化全球供应链布局，实现物流资源的全球优化配置和高效利用。这将有助于提升中国绿色物流的国际竞争力，实现国际化、全球化的发展。此外，通过国际合作，中国还可以借鉴其他国家的先进经验和技术，为绿色物流的发展提供新的思路和方向。

（中国物流与采购联合会绿色物流分会，物资节能中心　赵洁玉
刘哲　崔丹丹　曹惠蕾　张庆环　刘然　蒋浩）

2024 年供应链发展回顾与 2025 年展望

近年来，全球供应链正面临深度重构，其区域化、多元化、碎片化的特征日益显著，未来的发展仍面临诸多挑战。从外部来看，世界经济复苏乏力，经济全球化遭遇逆流，国际格局复杂演变，贸易保护主义及地缘政治博弈持续加剧，全球供应链发展正由效率优先向效率与安全兼顾转变；从内部来看，周期性问题与结构性问题叠加，有效需求不足，重点领域与关键技术的“卡脖子”问题尚在，供应链风险日益凸显。

面对复杂交织的国际环境和国内经济恢复进程中的诸多困难挑战，在积极推动创新链、产业链、资金链、人才链深度融合的背景下，加快供应链的转型升级与高质量发展成为未来中国供应链发展的主旋律。

一、2024 年供应链发展回顾

总体来看，构建安全稳定、畅通高效、开放包容和互利共赢的产业链供应链体系是我国 2024 年供应链发展的重点。强化产业链、创新链、资金链与人才链的深度协同能力，形成供应链高效创新的竞争优势；提升韧性和安全保障能力，实现供应链自主可控。运用数字化手段提升价值创造能力，加快供应链转型升级；推进绿色低碳可持续发展，打造供应链 ESG 治理新范式；加强供应链在安全、绿色、科技等方面的标准化建设，引领供应链快速高质量发展。

（一）供应链生态协同创造全新的价值

全球政治和经济环境错综复杂，供应链管理面临“既要、又要、还要”的多维目标，供应链的协同变得日趋重要。通过供应链内外部系统的有机协同来创造新价值和新优势，成为现代供应链的关键制胜因素。供应链需要保障内外部各个部分协调运营，从而使整体效益最大化，实现“1 + 1 > 2”的作用。生态协同是供应链发展的高级形态和主旋律，其系统演进将为企业、社会带来全新的价值。

国家通过深入推进“一带一路”建设、加快推进“新质生产力”发展，拓展自由贸易区、加强产业链供应链互联互通基础设施建设、加大吸引外商投资力度、加快国际高标准经贸规则对接、构建人类命运共同体等举措，推动更高层次、更前沿的开放型经济发展。充分利用各国的资源禀赋和产业特点，提升跨国产业链的运作效率和价值地位，拉动整体经济效益。

产业链链长制在实践中不断发展和完善，通过科学制定产业发展战略、实施产业重大任务、培育产业创新生态等措施，推动产业链有序链接和资源共享，带动产业新质生产力提升，增强产业国际竞争力。同时，行业协会也将进一步发挥平台作用，增进产业链高水平交流，共享先进发展技术，促进产业链生态各节点企业、研究机构等各方的通力合作。

领先的企业通过扁平化组织架构、对流程进行重新编排和再造、建立生态合作机制等手段，消除壁垒、构建信任，大幅提升供应链协同效率。成功的协同将帮助组织增强供应链韧性、拓展新市场、降本增效、提升客户满意度以及实现可持续发展目标等。例如，采购商与供应商通过联合创新，找到降本的新方法、新策略，突破内卷；企业与高校深度合作，促进教育链、人才链与产业链、创新链的有机衔接，攻克重大难题；通过构建生态协同平台，简化交易，共享数据资源，提升客户体验与黏性，实现价值变现。

尽管供应链协同的概念已被广泛认可，但在当前实践的过程中仍面临诸多挑战。对外，面临经济结构调整、国际形势复杂等客观环境的影响；对内，面临组织壁垒、机制僵化、数字化转型困难等固有格局的限制。为实现高效的协同与价值最大化，组织需要开展协同战略顶层设计，搭建系统化的协同体系，重构供应链组织及运营模式，进一步加强数智协同平台建设等。

此外，供应链协同的类型和主体正变得日益多元化。协同不再局限于传统的甲乙双方之间，组织还有可能与其竞争对手协同。随着数智时代生产工具的升级，人机协同、机器与机器协同也将变得越来越常见。如何处理好组织、人员、技术之间的多维协同关系成为新的挑战。

深度参与国际供应链合作，促进国内国际双循环，加深各国原料供应商、生产制造商、经销商、分销商以及为其提供服务的金融机构和物流公司间的交流往来，有利于加快技术进步，集聚要素资源，加强企业间的沟通协作，推动产业结构升级，为发展新质生产力添薪蓄力。唯有充分发挥产业链、供应链的协同作用，才能形成更大的合力，在不确定性的商业环境中获取新优势，创造新范式，共拓新增长。

（二）供应链韧性与安全的重要性更加凸显

当前世界正在经历百年未有之大变局。经济全球化遭遇阻力，贸易保护主义有所上升，全球治理体系发生深刻变革，各种不确定性、不稳定性、不可预见性事件显著增多。在全球范围内，供应链中断危机频发。供应链韧性作为应对供应链中断风险时的反应和恢复能力，近年来受到了我国政府和各行业企业的高度重视。然而，目前部分企业在保障供应链韧性方面存在一些问题，例如盲目储备大量冗余库存、分散所有原材料的供应商分布、在全国乃至全球大范围增设新工厂等，以牺牲成本和效率的方式来换取供应链韧性。因此，2024年，供应链韧性平衡式增长受到了更多关注，具体包括以下要点：

1. 极简的供应链韧性，平衡冗余与成本

在保持供应链简洁的同时，确保其能够抵御外部冲击和内部变化。实时感知供应网络的变化，精准预测需求与风险，科学地找到成本和冗余之间的平衡点，实现供应链韧性的健康增长。

2. 精益的供应链韧性，平衡风险防控与运营效率

提倡新型的"JIR（just－in－resilience）韧性精益模式"，充分融合"JIT（Just－in－time）准时制"和"JIC（just－in－case）备货制"两种模式的优势。这种模式既能控得住风险，又能保障运营效率、减少浪费。在保持JIT模式的及时供应、高效生产、按时交付优势的同时，借鉴JIC模式的抵御风险和稳定运营优势，通过适量的库存、产线、多元供应商等资源储备，增强对突发风险冲击事件的适应和恢复能力，从而实现既韧性又精益的供应链管理。

3. 成长的供应链韧性，应对风险与学习成长并重

供应链韧性不仅体现在面对风险事件的反应和恢复能力，还体现在恢复后的成长，即在应对风险干扰的过程中，企业积累知识与经验，实现新的改进。例如，在经历过不同类型的风险事件后，企业可以通过建立对不同风险事件发生概率的分布认知、刻画供应链恢复过程中不同企业的运营状态和恢复速度等方式，不断优化供应链结构和运作流程，从而实现企业绩效不降反增。

4. 数智的供应链韧性，重视科技创新与赋能

全球的人工智能、数字孪生、物联网、区块链等数智化技术正在快速发展，我国企业应当充分进行科技创新，赋能数智化供应链的构建与应用，实现风险实时感知与预警、跨企业风险传导可视化、不同响应策略结果推演以及短期应对与长期规划的智能决策，以新质生产力促进供应链韧性的高质量增长。

（三）供应链智慧化升级成为发展主流

近十年来，我国经济面临着增长速度换挡期、结构调整阵痛期和前期刺激政策消化期"三期叠加"的复杂局面。这意味着传统的发展模式亟待变革，以适应新时代的需求。党的二十大报告提出了全面贯彻新发展理念、加快构建新发展格局、着力推动高质量发展的新要求。

随着全球市场竞争的日益激烈和消费者需求的不断变化，传统的供应链模式已经面临诸多挑战和限制。在过去的供应链模式中，信息传递效率低下、库存管理不精确、供应链各环节难以协同等问题时常出现，给企业带来了巨大的经济损失，制约着企业的发展和竞争力。在这样的背景下，供应链智慧化升级已经成为企业发展的必然选择。智慧供应链体系能够通过感知技术、网络通信技术等物联网技术，实现供应链各环节的实时监控和数据采集；通过大数据分析技术，实现供应链数据的精准分析和预测；通过人工智能技术，实现供应链决策的智能化和自动化。这不仅可以帮助企业优化供应链运作、提高生产效率，还能够更好地满足消费者的个性化需求，提升企业的竞争力和市场份额。

当前，全球正在经历一场新一轮的科技革命和产业变革。这不仅在宏观层面上重塑着世界格局，也在微观层面上推动着企业的转型升级。党的二十大报告提出，把发展经济的着力点放在实体经济上，推进新型工业化，建设制造强国、质量强国、航天强国、交通强国、网络强国、数字中国。《中国制造 2025》更进一步明确了以促进制造业创新发展为主题，以推进智能制造为主攻方向，走中国特色新型工业化道路。其中，智能制造的核心和中枢就是智能工厂。

加速推进供应链智慧化升级已经成为当前全球供应链管理的重要趋势和发展方向。供应链智慧化升级的驱动力源自对智能制造的迫切需求。智能工厂的建设不仅是为了提高生产效率和产品质量，更是为了实现供应链的数字化、网络化、智能化，从而提升供应链整体运作效率和灵活性。因此，推动供应链智慧化升级的驱动力在于实现智能制造的目标，以适应当前科技革命和产业变革的新要求，为企业持续发展和赢得未来竞争优势奠定坚实基础。供应链智慧化升级是指利用大数据、云计算、人工智能、物联网等信息技术，对企业内部和供应链上下游企业的各环节进行全方位、全过程的数字化、智能化改造和升级，实现供应链的自动化、可视化、可预测和优化决策。其目标是提高整个供应链的透明度、协同性、灵活性和响应速度，实现供应链的可持续发展。

在供应链智慧化升级的进程中，政策推动发挥了至关重要的作用。政府部门通过出台一系列政策文件，为供应链的智慧化转型提供了明确的方向和支持。市场需求的多样化和个性化趋势要求供应链能够快速响应市场变化，提供定制化的产品和服务。这促使企业通过智慧化升级来增强供应链的灵活性和敏捷性，以满足客户需求。数字经济也对供应链智慧化升级起了关键的驱动作用。数字经济是当今世界科技革命和产业变革的前沿阵地，统筹推进数字经济与实体经济的深度融合是实现高质量发展的重要抓手。供应链智慧化升级是科技创新和研发投资推动下的必然趋势。成本压力也是推动企业进行供应链智慧化升级的重要因素之一。为了保持竞争力和提高盈利能力，企业必须不断寻求降低运营成本的方法，智能化手段提供了一种有效的解决方案，能够帮助企业优化库存管理、物流配送等关键环节。

（四）供应链 ESG 发展形成行业共识

气候变化和环境问题已成为全球关注的焦点，推动可持续发展和绿色经济已成为全球共识。随着社会对 ESG 问题的关注度日益提高，企业供应链的 ESG 管理与发展已成为不可忽视的重要议题。供应链 ESG 管理不仅能够帮助企业更好地进行风险管理，提升供应链的稳定性，也能助力提升企业形象并增强企业竞争力。通过在供应链 ESG 领域持续创新与改进，企业能够获得更多的市场机会和投资者支持，引领企业创造更多价值。

目前，越来越多的企业将 ESG 理念融入传统供应链管理的各个环节，从原材料采购、生产制造到物流配送等，都体现了环境友好、社会发展可持续和治理透明的追求。企业不仅对治理架构、员工福利、利益相关者管理、碳排放情况、环境效益和危机管理等提出更多考核要求，同时开始向端到端供应链 ESG 建设全面转型，从企业战略的高度对供应链进行全局性规划，以更好地降低潜在的贸易、政策、气候、产业转型等风险，提升企业市场竞争力。

整体来看，供应链 ESG 管理呈现出以下趋势和特点：

（1）可持续供应链的崛起与战略管理。随着消费者对环境和社会问题的关注度不断提高，供应链的可持续性已成为各行业创造长期价值的差异化因素。企业正努力确保其在供应链各环节的可持续性，包括构建端到端的可持续供应链，减少碳排放、提高能源效率，以及确保公平的劳工待遇等。

（2）供应链透明度的提高。在公众和监管机构对企业的期望不断增加的背景下，企业需要对其供应链进行更全面的披露。这包括公开供应商的运营情况、产品质量、劳工待遇等信息。

（3）ESG 投资的增长。越来越多的投资者将 ESG 因素纳入投资决策过程，这促使企业更加重视供应链的 ESG 表现。这不仅有助于提高企业的财务表现，还有助于建立良好的企业声誉，吸引更多投资者的关注和支持。

与此同时，企业发展供应链 ESG 时还面临成本、数字化治理、利益相关者等多方面的挑战，需要有前瞻性的视野和灵活应变的策略来应对。

（1）法规和标准的多样性导致成本增加的风险。全球各地的 ESG 法规和标准各不相同，这给企业在全球范围内实施一致的供应链 ESG 政策带来了挑战。由于实施可持续的供应链管理和提高供应链透明度可能会增加企业的成本，企业需要在确保 ESG 合规性和成本控制之间找到平衡。在充分合理解读供应链 ESG 法规标准的基础上，企业应将可持续发展原则与理念融入采购、生产制造、物流等各环节，从而实现供应链 ESG 的高质量管理。

（2）ESG 数据的收集与整合的挑战。企业需要收集和整合来自供应链各个环节的数据，以评估其 ESG 表现。然而，由于供应链的复杂性，数据收集和整合可能是一项具有挑战性的任务。企业应通过科技赋能供应链 ESG 管理，将低碳环保等可持续指标纳入考量范围，设计与价值链同步的供应网络，从而实现供应链绿色可持续发展目标。

（3）利益相关者的期望差异。不同利益相关者对 ESG 问题的关注点可能存在差异。企业需要与利益相关者沟通，了解他们的期望并努力满足其需求。同时，企业应积极进行跨领域人才的培养，在各利益相关者之间充分发挥协调作用，以促进供应链动态平衡发展。

供应链 ESG 发展是一个复杂而重要的议题。面对各种挑战，企业既需要进行全面的战略管理与规划，还需要基于自身的行业特征及属性对供应链 ESG 能力进行核查，建立与之匹配的可持续、透明的供应链。企业应对标世界一流企业的先进实践经验，利用数字化手段，将 ESG 管理融入供应链的各个环节，带动供应链上各利益相关方的深度合作，形成良性发展的闭环管理，从而在竞争激烈的市场中取得持续竞争优势。

（五）供应链标准体系建设成为当务之急

当前，国际标准化组织比较注重供应链安全和风险管理的标准化工作。国际标准化组织对供应链标准的研究侧重于安全管理和风险方面。例如，ISO/TC 292 安全与韧性技术委员会发布了 ISO 28000 供应链安全管理体系系列标准，指导企业建立、实施、维护和改进供应链安全管理体系，并成立了供应链安全工作组（ISO/TC/292/WG8），负责供应链安全领域标准的研制和推广应用。此外，ISO/TC262 风险管理技术委员会发布了 ISO 31000 风险管理系列标准，指导企业建立和改进风险管理机制，更好地识别和应对风险，同时成立了供应链风险工作组（ISO/TC262/WG4），负责供应链风险相关标准的研制和推广应用。

我国“供应链”的标准化工作刚刚起步，更多侧重于供应链安全和绿色供应链，数字化方向开始受到关注。全国标准信息公共服务平台数据显示，2019 年至 2024 年 11 月，“供应链”国家标准共发布 26 项，其中供应链安全体系相关国家标准 10 项（等同采用 ISO 标准 7 项，自主制定 3 项），占比 38.5%；绿色供应链的标准 8 项，占比 30.8%，均为自主制定标准。

业界已经认识到，建设和完善供应链标准体系建设，发挥各类标准的引领作用，已经成为我国打造世界一流供应链体系的当务之急。未来，供应链能力的打造将成为一种隐形国力。供应链的协同能力、韧性与安全能力、数字化能力、ESG 发展能力与供应链标准化建设能力必将促使产业链、价值链、供应链不断延伸拓展，为经济发展提供持续强劲动能。

二、2025 年供应链展望

未来数年，外部环境将更加纷繁复杂，从宏观经济到产业环境，变化成为新常态。随着全球化的不断深入和科技的迅猛发展，我国供应链正站在一个新的历史起点上。展望 2025 年，我国供应链的发展将呈现六大显著趋势。这些趋势不仅将重塑行业的未来，也将对全球经济格局产生深远影响。

（一）开拓供应链出海征程：机遇与挑战并存，探索全球市场的新征程

2025 年，供应链出海是我国企业在全球经济格局下的重要战略选择。一方面，全球贸易保护主义抬头，欧美相关政策调整促使我国企业必须积极应对。另一方面，新兴市场的崛起以及新兴产业的发展，为供应链出海带来了广阔机遇，如拉美、东南亚地区的消费潜力增长，为企业提供了新的市场空间。数字化转型和智能化升级将成为我国企业 2025 年供应链出海的关键驱动力。通过数智化相关技术，企业能够更加精准地预测需求、优化库存、提升效率、降低成本，从而构建更完善的供应链及服务体系。

此外，企业需注重出海地的合规运营。建立本地团队，以更好地适应当地文化并满足服务需求，确保出海的可持续发展。

（二）打造卓越供应链韧性：企业在变革时代的领航灯塔

在当今全球化与科技飞速发展的时代，企业所处的商业环境充满了不确定性与变数。传统供应链在这样的环境中屡屡遭受冲击，从贸易摩擦造成供应中断，到自然灾害引起物流梗阻，再到突发公共卫生事件带来的市场需求骤变，每一次危机都如同一记重锤，让依赖传统供应链模式的企业陷入困境。

传统供应链多以效率为核心追求，在稳定的市场环境下，这种模式能够通过精益生产、即时配送等手段降低成本、提高效益。然而，当面临突如其来的外部冲击时，其脆弱性便暴露无遗。传统供应链的线性结构与有限的缓冲机制难以应对复杂多变的现实挑战。

然而，危机之中也蕴含着转机，强化供应链韧性成为企业在这动荡时代破局突围、迈向卓越的关键战略。其核心在于对不确定性的全新认知与积极应对。企业通过识别脆弱性，精准找出供应链中的薄弱环节，利用构建冗余和选择权，多源采购、合理设置安全库存以及开发多条物流路线等措施，使供应链在面临不确定性的时候，可以维持运营的连续性。同时，企业采用杠铃策略，平衡核心业务与创新业务、稳健型与风险型供应商合作以及保守型与激进型决策，既稳固现有的供应链根基，又积极探索新机遇，在不确定性中实现成长。

在前沿技术的强力赋能下，全方位强化供应链韧性以有效应对冲击，不仅是应对危机的有效手段，更是企业在动荡市场环境中保持竞争力、实现可持续发展的必然要求。它能帮助企业将危机转化为契机，从波动中汲取力量，增强自身的适应能力与韧性，在激烈的市场竞争中立于不败之地。

（三）驱动新质供应链变革：创新驱动供应链价值增长与产业集群升级

在风云激变的时代，不进则退。新质生产力与供应链管理的深度融合，将成为推动产业升级和经济转型的关键力量。

1. 技术创新驱动下一代生产力

技术创新作为推动生产力飞跃的核心，深刻改变着供应链管理的面貌。通过推进新材料的技术攻关、制造工艺的突破、5G通信技术的应用、高端装备的升级及各项数智技术的融合创新，供应链能够以更少的投入产出更多的价值，包括更高的生产效率、更低的运作成本、更好的产品质量及更少的能源消耗。

2. 产业集群的升级与演进

在全球供应链重构的大背景下，我国的产业集群在基于地区资源禀赋的基础上，通过高水平的协同化和平台化，正在发生深度的转型升级。例如，生物医药、新能源汽车及部分新材料等产业集群，通过有效地整合上下游企业，形成创新的生态价值系统。政府部门也更加重视产业集群的科学谋划与发展培育。那些能够有效利用产业集群优势的企业，将在竞争中获得更大的发展空间。

3. 供应链组织模式的革新

面对日益激烈的竞争和快速变化的市场需求，勇于创新的供应链组织正寻求模式上的积极改变。面向内部，打破传统的物理边界，建立灵活、动态和协同的组织架构，赋能员工创造力的开发，实现供应链资源的优化配置和高效利用。面向外部，进一步开放合作网络，拓展与高校、研究所、行业协会、生态伙伴的合作，激发创新活力，实现新的价值创造。

4. 培育新型供应链人才

新质生产力的发展对供应链新型人才的需求日益增长。领先的企业正在为面向未来的供应链人才做准备，包括知识体系的迭代、人才结构的改变以及培养模式的转型。那些具备扎实的供应链领域知识、较高的数字素养、拥抱变化及敏捷创新的复合型人才，成为新时代供应链人才发展的焦点。

在新的经济周期和技术周期下，供应链需要不断探索新的发展路径，与时代发展同向而行，与国家战略同频共振，塑造更具创新力、更高附加值、更可持续的现代化产业体系，激发经济社会发展的新动能。

（四）共建绿色供应链生态：数智融合驱动绿色供应链降本增效

在我国绿色低碳发展的大背景下，企业的环境政策风险增大，客观上要求供应链绿色化转型。如何结合数字化和智能化的变革实现供应链的提质变绿、降本增效已经成为提升企业竞争力的重要抓手。

（1）数智化提升绿色化水平。供应链环节的冗长和复杂增大了供应链绿色化转型的难度。企业通过数字化平台和物联网有效提升对供应链上下游的信息互联和追溯能力。企业运用数智化的手段方法，深入挖掘供应链的绿色化转型潜力，并通过数据追踪不断审核和评价绿色供应链的绩效改进。

（2）低碳供应链的目标和路径。企业的碳排放不仅包括生产过程的直接排放（范围一）和间接排放（范围二），而且包括供应链上下游的碳排放（范围三）。越来越多的企业制定了范围一、二、三的碳减排目标和实现的路径，并将其作为企业发展战略的重要组成部分。企业通过碳减排，可以将市场机制有效转化为竞争优势和品牌价值。

（3）供应链伙伴的绿色价值共享。绿色供应链的持续深化是供应链上下游之间价值认同、商业信任和协同推进的结果。在绿色转型过程中，商业模式的创新将创造更大的绿色价值空间，并且将绿色价值转化为共同增值的价值链，增加彼此的黏合度和市场份额。

（五）加速供应链标准建设：筑根基，强引领，以标准推动供应链优化升级

供应链标准化工作将以《国家标准化发展纲要》为根本遵循，进一步发挥基础性、引领性作用，全面推动供应链更高质量转型升级。

1. 筑根基：推进现有标准体系优化升级

加速构建供应链标准体系，主要关注点包括：构建绿色供应链标准体系，强化供应链安全体系，推动供应链数字化、网络化、智能化发展，促进产业链供应链协同发展以及应对国际环境和地缘政治冲突影响。

2. 强引领：标准供给能力大幅提升

标准供给方向将受到技术进步、全球事件和消费者期望变化的共同影响。这些因素包括：AI 驱动的决策、透明度与区块链、可持续供应链、供应链数字孪生、供应链服务外包、近岸外包、网络安全和风险管理。

3. 重应用：标准实施应用不断深化

标准实施应用的重点是推动标准宣贯与应用、强化标准实施指导、开展标准化试点示范工作、完善对标达标工作机制、强化标准应用效果的跟进与评估，探索遴选一批标准应用的试点项目、优秀案例和典型场景。

（六）全面构筑数智供应链：发挥数据要素×人工智能的集成效应

随着新一轮科技革命和产业变革的深入发展，数据作为关键生产要素，

已经发挥出一定的效益。然而，海量数据的效能释放仍显不足，亟须与智能化技术的深度集成协同创新。发挥数据要素×人工智能的集成效应，可以更好地促进生产要素的创造性重组、产业的深度转型升级，进而推动我国经济高质量发展。供应链作为链接商品制造与流通的重要基础设施，面对当前越发复杂的内外部环境，数智化转型升级需求尤为迫切。构建数智化供应链，将有助于打造更具创新力、附加值更高、更安全可靠的生态协同“共赢链”。

（1）数智化供应链以数智技术为基础。党的二十届三中全会首次提出“数智技术”，并支持企业用数智技术来改造提升传统产业。“数智技术”是有机集成数字化和智能化技术的统称，强调物联网、云计算、大数据分析、数字孪生、人工智能等技术的深度融合。它以数据为驱动，通过数字化手段实现信息的采集、存储、传输和处理，并利用人工智能算法挖掘数据价值，以支持供应链中的决策制定、流程优化和效率提升，通过数智融合的迭代方式推动企业和产业升级优化。

（2）数智化供应链以数智场景为核心。一方面，传统供应链中的典型业务场景在数智化供应链中将升级为数智场景。例如，在需求预测场景中，可通过实时分析多渠道销售数据、宏观环境数据、竞品特征数据等，调用智能预测模型，动态预测未来需求。在生产场景中，通过智能传感器收集产线中的多维异构数据，利用边缘设备中的智能算法识别异常，并提示产品问题和设备故障。另一方面，数智技术的跨行业跨领域复用，有望催生新的场景生态。例如，通过数智技术打造端到端自动化履约场景，形成无人工厂和无人配送等新模式。

（3）数智化供应链以价值创造为目标。数据要素与人工智能的集成协同将有助于两者相互促进的价值涌现。人工智能推动数据要素的进一步挖掘和利用，同时数据要素的规模化也将反哺人工智能的算法性能提升。具体在数智化供应链中，数智融合最终将实现经济价值、韧性价值、可持续价值创造。在经济价值方面，数智化供应链将实现企业与生态伙伴的降本增效、利润提高目标。在韧性价值方面，数智化供应链将实现采购、制造、物流等多环节的应对风险能力提升目标。在可持续价值方面，数智化供应链将实现规模化复用、节能减排、公平绩效等可持续发展目标。

（中国物流与采购联合会采购与供应链管理专业委员会　彭新良
刘婷婷　马潇宇　岳文　陈啸风　侯海云　李岩　张栩凡　马天琦）

2024 年公共采购市场发展回顾与 2025 年展望

2024 年是我国“十四五”规划的关键之年，也是公共采购市场稳中求进、蓄势赋能的发展之年。这一年，党的二十届三中全会胜利召开，吹响了我国公共采购市场奋进新征程的时代号角；这一年，我国公共采购市场制度建设持续推进，废旧立新的步伐更加坚定有力。这一年，我国公共采购领域营商环境进一步优化，以数字化为引领的数字交易、数字监管、数字服务，让公共采购更加阳光透明；这一年，我国对绿色采购的探索步伐加快，随着试点城市和项目的增多，绿色采购实现了从理念到实践的实质性跨越。这一年，公共采购继续高举创新大旗，采购向供应链管理转型的理念开始深入人心。

一、2024 年公共采购市场发展回顾

（一）公共采购资金持续收紧

面对复杂多变的国际环境和繁重的改革发展任务，节约开支成为常态，并成为预算安排和执行中自觉坚守的原则。近年来，经济增长速度有所放缓，公共采购规模小幅缩紧成为“过紧日子”的具体体现。

根据《中国公共采购发展报告（2023）》，2023 年全国公共采购总额为 46 万亿元，同比下降 4.16%。2024 年公共采购总额在这一基础上略有回落，这一趋势在公共采购市场的几个重要板块上均有体现。

国家信息中心统计数据显示，2024 年 1—10 月，全国公共资源交易平台汇集了工程建设项目招标投标、政府采购、土地使用权和矿业权出让、国有产权交易四大板块项目，交易数约为 139 万个，交易额约为 15 万亿元，从地方交易平台和中央有关平台汇集的公共资源交易数据的 3000 余万条。2023 年全国公共资源交易平台四大板块全年交易数量为 176 万个，交易额为 21.9 万亿元。

2024 年工程招投标市场形势不容乐观。国家统计局数据显示，2024 年全国具有资质等级的总承包和专业承包建筑业企业利润为 7513 亿元，比上年下降 9.8%，其中国有控股企业利润为 3669 亿元，下降 8.7%。全年房地产开发投资为 100280 亿元，比上年下降 10.6%。其中，住宅投资为 76040 亿元，下降 10.5%；办公楼投资为 4160 亿元，下降 9.0%；商业营业用房投资为 6944

亿元，下降13.9%。

2024年政府采购规模持续下滑。近年来，在财政收支平衡压力持续增大、加力空间有限的情况下，政府公共支出紧缩已成为一种常态。尤其是区（县）级财政，将大量资金优先分配给“三保”等刚性支出项目。

（二）推动公共采购制度创新与政策优化

2024年，我国公共采购市场持续深化“放管服”改革，推动公共采购领域的制度创新和政策优化。

首先，加快废旧政策的清理工作。2024年1月20日，财政部印发《财政部关于公布废止和失效的财政规章和规范性文件目录（第十四批）的决定》，对截至2022年12月底发布的现行财政规章和规范性文件进行了全面清理，确定废止和失效的财政规章和规范性文件共718件，包括信息安全产品、节能环保采购相关文件，减少政策冗余，增强市场主体参与活力。

其次，在“辞旧迎新”的基础上，持续优化工作，确保紧跟公共采购市场发展的步伐。2024年，公共采购市场适应发展形势的需要，一系列新政策接连出台。在“科技创新引领现代化产业体系建设”的号召下，政府采购不再局限于传统模式，而是积极探索与多元主体的合作创新，提升项目科技含量，激发市场创新活力。财政部适时出台了《政府采购合作创新采购方式管理暂行办法》。合作创新采购方式允许采购人与供应商合作研发，共担研发风险，并根据研发合同约定购买创新产品。该办法旨在通过合作创新采购方式支持科技创新、促进科技创新产品的市场化，多方联手，共同推动产业升级和高质量发展。未来，随着科技创新的深化，合作创新采购将成为主流趋势，为经济社会发展注入新动力。

面对央企采购中的困惑和痛点问题，国务院国资委、国家发展改革委也在2024年出台重磅政策——《关于规范中央企业采购管理工作的指导意见》（也称53号文）。此前，除在政府采购领域的《政府采购非招标采购方式管理办法》中明确非招标采购方式外，其他采购领域尚未出台权威的关于非招标采购方式的明确规定。53号文首次明确了询比采购、竞价采购、谈判采购和直接采购四种非招标采购方式的定义及适用范围。此举有助于改变央国企“逢采必招”的固有模式，为央企、国企的非招标采购提供了明确的依据和坚实的制度保障。

此外，针对当前支持科技创新的大背景，53号文也对如何从采购环节支持科技创新作出了明确规定，指出央企要对三类创新产品进行优先采购，即原创技术策源地企业、创新联合体、启航企业等的创新产品，首台（套）装备、首批次材料、首版次软件，以及《中央企业科技创新成果推荐目录》成果。

（三）持续加码绿色采购

当前，“双碳”理念已从理论迈向实践，广泛渗透至社会生产生活的各领域，并日益成为社会主流。2024 年，国家对绿色采购持续“加码”，厚植高质量发展的生态底色。

党的二十届三中全会指出，要健全绿色低碳发展机制，实施支持绿色低碳发展的财税、金融、投资、价格政策和标准体系，发展绿色低碳产业，健全绿色消费激励机制，促进绿色低碳循环发展经济体系建设；优化政府绿色采购政策，完善绿色税制。

2024 年 7 月，国务院办公厅印发了《政府采购领域“整顿市场秩序、建设法规体系、促进产业发展”三年行动方案（2024—2026 年）》，旨在通过三年的努力，解决政府采购领域存在的问题，规范市场秩序，建设完善的法规体系，并促进产业发展。从国家层面提出了未来三年政府采购重点改革任务的路线图。方案指出，对获得绿色产品认证或符合政府绿色采购需求标准的产品实施优先采购或者强制采购，促进绿色低碳发展；要扩大政府采购支持绿色建材促进建筑品质提升政策实施范围，由 48 个城市（市辖区）扩大到 100 个城市（市辖区），规定医院、学校、办公楼、综合体、展览馆、保障性住房及旧城改造项目等政府采购工程项目，必须采购符合标准的绿色建材，并适时探讨进一步扩大政策覆盖范围的可能性。加强对政策实施城市的考核督导，确保政策要求落到实处。

为推动绿色新能源汽车的使用，财政部办公厅印发了《关于进一步明确新能源汽车政府采购比例要求的通知》，要求采购人应当加强公务用车政府采购需求管理，带头使用新能源汽车。若新能源汽车能满足实际使用需求，则年度公务用车采购总量中，新能源汽车的占比应原则上不低于 30%。其中，对于路线相对固定、使用场景单一、主要在城区行驶的机要通信等公务用车，原则上 100% 采购新能源汽车。采购车辆租赁服务的，应当优先租赁使用新能源汽车。

2024 年 8 月，《中共中央　国务院关于加快经济社会发展全面绿色转型的意见》印发，提出要积极扩大绿色消费，健全绿色消费激励机制。优化政府绿色采购政策，拓展绿色产品采购范围和规模，适时将碳足迹要求纳入政府采购。引导企业执行绿色采购指南，鼓励有条件的企业建立绿色供应链，带动上下游企业协同转型。

作为实现“双碳”目标的主力军和排头兵，中央企业纷纷践行各自的社会责任，从多方面推进绿色供应链建设。

第一，推进绿色采购工作，搭建采购平台，实现招标采购全流程线上采购。

第二，强化需求侧对绿色产品的偏好，制定详尽的绿色采购目录清单，以此驱动原材料及设备的采购向绿色低碳方向转型。

第三，从供给侧加强绿色供应商建设，完善供应商绿色评价体系。

第四，加大对低碳、零碳及负碳技术的研发力度，以此引领并推动绿色低碳技术的重大突破。能源领域的中央企业正积极布局风电、核电、氢能、新能源汽车等绿色低碳技术装备的研发攻关任务，同时加速智能电网、储能、氢能及碳捕集等前沿技术的研发与应用进程。以国家电网为例，为适应绿色采购工作的开展，国家电网启动了采购标准换版修编工作。新版采购标准创新性融入碳足迹管理等绿色低碳要求，完成613条绿色属性识别，涉及438项采购标准修编，包括通用标准193项、专用标准245项。

（四）优化营商环境行动持续深入

在公共采购市场上，破坏营商环境的行为屡禁不止，如指定或限定使用特定经营者提供的商品和服务，要求企业必须在本地登记注册，设置不同的资质要求和评审标准，对投标人所在地、所有制形式、组织形式等进行限定等。2024年，公共采购市场采取“降低门槛、优化服务、缩减成本、强化监管”等措施，持续优化营商环境。

2024年4月，国家发展改革委等8部门联合印发了《招标投标领域公平竞争审查规则》（以下简称《规则》）。该《规则》针对招标投标实践中易发常见的各类不合理限制，规定了具体的审查要求，重点破除资格预审、评标方法、评标标准、定标标准、信用评价、保证金收取等方面的交易壁垒。针对经营主体集中反映的共性问题，《规则》提出了七方面40余项审查标准。同时，《规则》还健全了审查机制，明确了政策制定机关在公平竞争审查中的主体责任，并对审查的工作机制、流程以及结论的确定等进行了详细规定，强调政策措施应当在提请审议或者报批前完成公平竞争审查。此外，《规则》还强化了监督管理，要求相关部门定期开展政策措施评估清理，建立招标投标市场壁垒线索征集机制，动态清理废止各类有违公平竞争的政策措施，切实推动公平竞争审查制度落地见效。

国家发展改革委印发的《全国统一大市场建设指引（试行）》（简称《指引》）指出，各地区、各部门不得未经公平竞争审查或违反审查标准，起草关于市场准入和退出、产业发展、招商引资、招标投标、政府采购、经营行为规范、资质标准等涉及经营主体经济活动的法律、行政法规、地方性法规、规章、规范性文件以及具体政策措施。《指引》强调要加力破除地方保护和市场分割：各地区不得妨碍经营主体依法平等准入、退出和迁移，不得要求经营主体必须在某地登记注册，不得以备案、注册、年检、认定、认证、指定等形式设定或者变相设定准入障碍；不得强制要求经营主体在本地登记注册、设立子公司、分公司、分支机构等，或者以在本地设立法人机构、进行产业配套、投资额纳入统计等作为申请相关扶持政策、开展相关业务、享受相关补贴的前提条件，不得在土地出让时违规设置竞买条件搞定向出让；各地区、各部门不得在招标投标和政府采购中违法限定或者指定特定的专利、商标、品牌、零部件、原产地、供应商，违法设定与招标采购项目具体特点和实际需要不相匹配的资格、技术、商务条件，违法限定投标人所在地、组织形式、所有制形式，或者设定其他不合理的条件以排斥、限制经营者参与投标采购活动。

除了祭出招投标公平竞争审查、统一大市场建设的政策利剑，各地的招投标领域专项审查工作也有序开展。针对当前政府采购领域反映突出的采购人设置差别歧视条款、采购代理机构乱收费、供应商提供虚假材料、供应商围标串标等四类违法违规行为，财政部门持续开展专项整治工作。以内蒙古自治区为例，2024 年对全区 654 家代理机构（含 1 家集中采购机构）的 5539 个采购项目进行了抽查。

工程项目招投标领域因权力高度集中、资金流动密集、资源丰富，成为权力寻租和腐败问题频发的重点区域。针对工程领域的专项整治也在持续发力。2024 年以来，河南严厉打击工程项目招投标领域的腐败和违法犯罪行为，发改、住建、交通、水利等行政监督部门开展了全面自查和监督抽查。截至目前，河南全省共自查项目 8 万余个，抽查项目 2. 8 万个，发现问题 6015 个。

（五）采购标准化工作逐步推进

党的二十大报告强调，要构建全国统一大市场。标准化建设是构建全国统一大市场的基础。2024 年，公共采购市场的标准化工作纵深推进。

在政府采购领域，财政部发布了《政府采购货物买卖合同（试行）》，规范合同签订与执行流程。这一标准化合同模板涵盖了各类常见的采购项目，如货物采购、工程建设、服务采购等，为各级政府单位提供了统一的合同格式和条款。同时，财政部等还印发了《物业管理服务政府采购需求标准（办公场所类）（试行）》《专利商标代理服务政府采购需求标准（试行）》，以提升办公场所物业管理服务需求、专利商标代理服务的标准化水平。

在国有企业采购领域，央国企的采购标准化建设工作也在如火如荼地开展。央国企全面推进采购流程、文件、需求、合同、供应商评价及评审专家评价等标准化工作，显著加速了企业标准化进程。

（六）数智支撑赋能新质生产力发展

当前，数字技术日新月异，数实融合持续拓展，数智一体进程加快，数字经济正成为我国发展新质生产力的重要支点。根据中国信息通信研究院发布的《中国数字经济发展研究报告（2024 年）》，2023 年，我国数字经济规模达到 53.9 万亿元，较上年增长 3.7 万亿元，数字经济对 GDP 增长的贡献率达 66.45%。权威分析机构预测，2024 年，我国数字经济规模将进一步增长至 57 万亿元。

在政府层面，发展高效协同的数字政务成为时代发展的必然。数字经济丰富拓展了政府治理的作用机制和作用路径，数据和信息一跃成为关键生产要素。公共资源数据“一网共享”、交易“一网通办”、服务“一网集成”、监管“一网协同”，数字政务工作持续深化。

2024 年，公共资源交易领域的数智化应用场景更加丰富，交易场所已全面实现“智能引导、智能调度、智能见证、智能分析、智能总控及智能管理”功能。各种数字评审技术也日新月异，智能辅助评审技术和“机器管招投标”模式在公共采购领域得到了广泛应用。海南、湖南等地试点“机器管招投标”系统，实现评标全程留痕、自动扣税，减少人为干预风险。该系统凭借智能化监控手段，有效减少了人为干预，显著提升了采购活动的公正性和透明度。

在企业层面，树立数字化思维，重视数字资产，加快数字技术的应用场景工作不断深化。中国移动陕西公司依托管理创新，积极开发和推广数智化平台与工具。中国移动陕西公司开发和应用了招标采购领域的 AI“数字员工”。目前，数字人已替代人工完成开标会议主持、组织评审以及实时回答评审过程中的疑难问题等工作。在开标会议中，由数字人自动宣布截标、组织开标、唱标、记录开标异议等。在评标会议中，数字人承担了介绍项目概况、宣布评审纪律、询问专家回避等评审流程引导以及评审疑难问题全语音问答等工作。

（七）联合采购、融合发展理念不断强化

2024 年，公共采购市场联合采购、融合发展的理念不断强化。政府层面和企业层面都在积极探索“联合”带来的新“福利”。

在政府层面，联合采购已成为一种常态。一些区域正在探索建立跨区域联合发展机制。2024 年 10 月，上海市住房和城乡建设管理委员会、江苏省住房和城乡建设厅、浙江省住房和城乡建设厅、长三角生态绿色一体化发展示范区执行委员会联合发布了《关于长三角生态绿色一体化发展示范区房屋建筑和市政基础设施工程跨区域一体化招标投标改革的实施意见》。该意见计划于 2024 年年底前，在示范区基本确立跨域一体化招标投标协商机制，并正式实施跨省远程异地评标及试点项目的跨域招投标，标志着一体化招标投标工作流程的初步成型。

2024 年 10 月，天津市人民政府政务服务办公室、天津市交通运输委、河北省数据和政务服务局、河北省交通运输厅、天津市公共资源交易中心、河北

省公共资源交易中心等六部门联合印发《河北—天津水运工程建设项目评标专家资源共享工作指引（试行）》。该指引详细规定了津冀区域内水运工程建设项目评标专家的跨地区入库、共享、抽取、使用及管理流程，有效缓解了水运工程评标专家资源分配不均的现状。

在企业层面，联合采购、融合发展的理念也在不断探索中。受原材料价格波动、市场供需关系不稳定以及企业自身采购规模有限等因素的影响，企业采购过程中常面临供应商供货延迟、采购价格波动显著等问题。为缓解这些问题，企业间自发地推进联合采购工作。中海油、中石化等企业主导了石油装备材料、炼油化工装备材料以及海洋石油装备材料的联合采购工作，并经过协商，确定了首批包含47个品类的联合采购目录。

中国交通建设集团有限公司、中国能源建设集团有限公司、中国化学工程集团有限公司、中国中铁股份有限公司、中国铁建股份有限公司、中国电力建设集团有限公司、中国安能建设集团有限公司等七家建筑央企共同倡议发起成立中国建筑业供应链合作发展联盟，着力于进一步整合供应链上下游资源，探索源头采购和集中配供新模式，推动区域内大宗物资联合采购和集中配送走深走实，引领集中品类和采供模式双创新。

二、2025年公共采购展望

面对新时代，我国公共采购市场也应抢抓新机遇、展现新作为，为推动经济社会的高质量发展做好以下五方面的工作。

（一）加速构建科学的公共采购理论体系

相较于国外200多年的公共采购经验，我国公共采购市场虽然起步较晚，但改革开放40多年以来，我国走出了一条自主探索、自主总结、自主创新的公共采购发展之路。我国率先在多边和双边的赠款、贷款项目及工程建设领域试行招投标制度，随后又相继在机电产品进口、中央投资、技术改造、政府采购、国有企业采购、军事采购和医疗采购等领域，逐步以市场化的方式替代高度集中的计划方式配置资源。可以说，我国的公共采购实践已远远领先于我国的公共采购理论建设，亟须对现有经验进行总结、概括、提炼，形成一套具有概括性、普遍性和实用性的公共采购理论，从而为公共采购从业人员提供清晰的职业指导。

（二）深度践行绿色低碳公共采购创新理念

以新理念、新思路、新举措、新方式构建绿色采购生态新格局，是新时代下公共采购义不容辞的责任和使命。

当前，与国际公共采购规则要求和一些发达国家的公共采购实践相比，我国的公共采购活动对绿色低碳发展理念的贯彻才刚刚开始。我国公共采购活动仍存在绿色低碳采购的标准不够明确、指导和监督绿色低碳采购实施的机制不够健全、绿色低碳采购的意识尚未广泛形成等问题。我国应将绿色低碳理念从概念口号具化为实际工作，让公共采购成为绿色消费的执行者和绿色潮流的引领者。

（三）全面构建公共采购国际化市场

公共采购是消费市场的重要组成部分。当今世界，经济全球化不可逆转，生产要素的跨国跨地区流动有赖于构建共享的国际公共采购市场，从而助推要素的全球化市场化配置。

建立共享的国际公共采购市场是全球经济高质量发展的重要体现。要构建国际公共采购市场，我国还需要内外兼修做好以下四方面的工作：

第一，坚持深化改革，对接国际公共采购制度和规则，探索和试点建立一套与国际规则相兼容的公共采购制度和体制，实现由程序化采购到专业化采购的转变。

第二，加快建设全国统一大市场，打造市场化、法治化、国际化营商环境，打破流通障碍，降低制度性交易成本。

第三，积极加快政府采购协议（GPA）进程，充分发挥我国超大规模市场优势和内需潜力，推动构建国内国际双循环相互促进的新发展格局。

第四，推动我国企业积极参与国际采购，依托“一带一路”倡议，构建互利共赢、安全开放的公共采购体系。

（四）加快开展公共采购数字化变革步伐

当前，我国正推进网络强国建设，加快建设数字经济、数字社会、数字政府，以数字化转型整体驱动生产方式、生活方式和治理方式变革。公共采购市场作为数字化转型的先锋，正处于从扩面增量向提高质量转变的关键时期，亟待加快推进数字化转型、信息化应用。近年来，借助人工智能、大数据、物联网、云计算、区块链等信息技术，我国公共采购进行了有益的数字化探索。下一步，还需要在数字化转型上奋楫笃行：第一，需要继续推进全国范围内公共采购平台的互联互通，推动交易主体注册登记资格、资质、业绩、信用等信息互认共享，加快实现公共采购领域数字证书的全国互认。第二，深化数据治理，拓展数据应用场景，使数字技术在需求精准预测、供应商智能选择、采购流程敏捷自动化、付款流程安全快捷等方面发挥更加显著的作用。三是加快推进数字监管。创新公共采购数字化监管方式，推动现场监管向全流程数据监管转变，推动行政监督部门建立数字化执法规则和标准。

（五）着力推动产业链供应链优化升级

党的十九大以来，党中央、国务院做出了提升供应链现代化水平和自主可控能力、提高供应链稳定性和国际竞争力等系列决策部署，要求着力打造具有更强创新力、更高附加值且更加安全可靠的供应链。2023 年，国资委印发《关于中央企业在建设世界一流企业中加强供应链管理的指导意见》，要求广大央企作为公共采购的主要组成部分，以采购管理为切入点，加快推进供应链管理体系建设。

未来，应以提升供应链管理精益化水平为导向，打通研发、采购、生产、消费、流通等重要环节，不断优化供应链组织方式和业务流程。推进跨区域、跨企业供应链环节的统筹管理，探索建立区域联采工作机制，进一步提高采购集约化水平。持续增强供应链弹性韧性，为加快建设世界一流企业提供有力支撑。

（中国物流与采购联合会公共采购分会　冯君　常朝晖　彭新良）

第二章

产业物流与供应链

2024 年制造业物流发展回顾与 2025 年展望

一、2024 年制造业物流发展主要特点

2024 年是我国经济持续复苏、加快转型升级的重要一年。制造业持续优化升级，整体保持稳中有进的良好态势，并呈现以下几个特征。

（一）工业生产增势较好，新质生产力稳步发展

2024 年，我国工业生产保持稳中有进的发展态势，新质生产力稳步发展，为经济的高质量发展提供了有力支撑。

2024 年全国规模以上工业增加值同比增长 5.8%，工业生产增势较好，装备制造业和高技术制造业增长较快。在外部压力加大、内部困难增多的复杂严峻形势下，我国工业经济发展保持稳中向好，工业体系完整、品种丰富、规模庞大的优势进一步巩固。近五年我国工业增加值同比增长情况见图 1。

高技术制造业作为新质生产力的代表，展现出强劲的发展动力。2024 年，规模以上高技术制造业增加值同比增长 8.9%，智能车载设备制造、智能无人飞行器制造等行业增加值分别增长 25.1% 和 53.5%。新兴产业进一步壮大，未来产业积极布局。2024 年制造业技改投资同比增长 8%，明显快于整体投资的增速，产业转型升级加快。规模以上数字产品制造业增加值增速明显快于规模以上工业，反映了数字经济的进一步发展。

装备制造业作为工业经济的“压舱石”，其稳定发展为整体工业利润的恢复

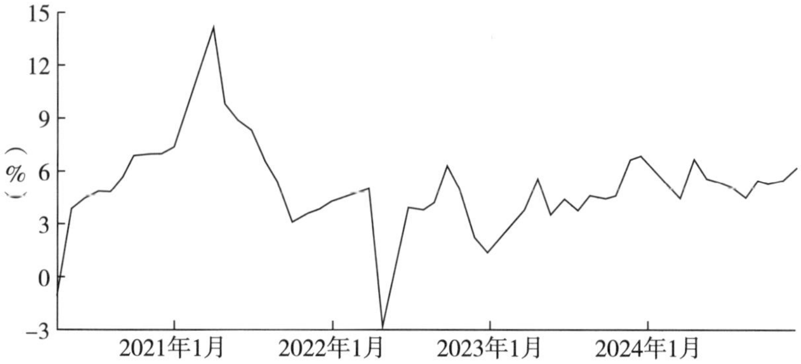

图 1　近五年我国工业增加值同比增长情况

提供了重要支撑。2024 年，装备制造业中的铁路、船舶、航空航天和其他运输设备制造业利润同比增长 21.5%；仪器仪表制造业增长 3.5%；电子设备制造业增长 3.4%。此外，专用设备和通用设备制造业在大规模设备更新政策的带动下，第四季度利润同比分别增长 18.4%和 1.8%，较第三季度的下降态势有明显改善。

消费品制造业也呈现出稳定增长的态势。在一系列扩内需、促消费政策的推动下，2024 年，消费品制造业利润同比增长 3.4%。其中，化学纤维制造业增长 33.6%；酒、饮料和精制茶制造业增长 7.1%；食品制造业增长 6.3%；文化、教育、工艺美术、体育和娱乐用品制造业增长 4.8%。

（二）PMI 持续稳中向好，政策效能逐步释放

2024 年，中国制造业采购经理指数（PMI）多次维持在荣枯线以上，显示出制造业活动的持续扩张，同时，政策的持续加码也在不断释放效能。

2024 年制造业 PMI 全年呈现“前低后高”的特征（见图 2），其中，10 月，PMI 上升至 50.1%，为 6 个月以来首次回到扩张区间。[①] 11 月，PMI 进一步上升至 50.3%[②]，12 月，虽略微回落至 50.1%，但仍处于扩张区间，连续 3 个月位于荣枯线以上。[③] 第四季度产能利用率提升至 76.2%，较第三季度上升 1.1 个百分点[④]，显示出在政策效力持续释放下，市场信心回暖。从季度数据

① 国家统计局. 2024 年 10 月中国采购经理指数运行情况［EB/OL］.（2024 - 10 - 31）［2025 - 02 - 17］. https：//www.stats.gov.cn/sj/zxfb/202410/t20241031_1957214.html? os = slie1&ref = app.

② 国家统计局. 2024 年 11 月中国采购经理指数运行情况［EB/OL］.（2025 - 11 - 31）［2025 - 02 - 17］. https：//www.stats.gov.cn/xxgk/sjfb/zxfb2020/202411/t20241130_1957624.html.

③ 国家统计局. 2024 年 12 月中国采购经理指数运行情况［EB/OL］.（2024 - 12 - 31）［2025 - 02 - 17］. https：//www.stats.gov.cn/sj/zxfb/202412/t20241231_1958118.html.

④ 国家统计局. 2024 年四季度全国规模以上工业产能利用率为 76.2%［EB/OL］.（2025 - 01 - 17）［2025 - 02 - 17］. https：//www.stats.gov.cn/sj/zxfb/202501/t20250117_1958324.html.

来看，四季度在设备更新、出口退税优化等政策的刺激下，通用设备、汽车等行业的生产指数提升至54%以上，专用设备行业利润同比增长18.4%，医疗仪器设备制造利润增长32.9%，政策精准发力效果显著。

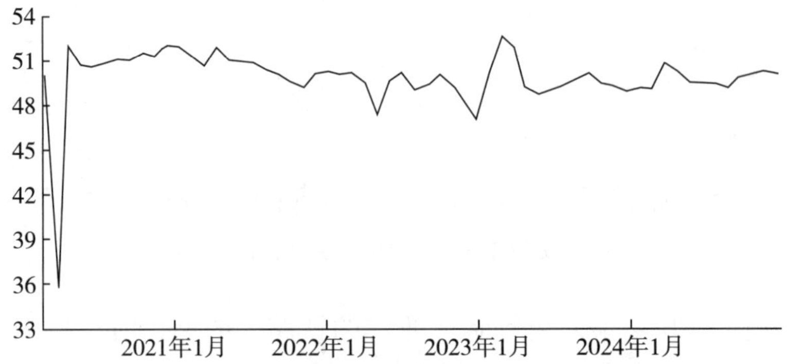

图2　近五年中国制造业PMI指数趋势

数据来源：国家统计局，https：//www. stats. gov. cn。

出口韧性对制造业形成重要支撑。12月工业企业出口交货值同比增长8.8%，创年内新高，新能源汽车、集成电路等产品出口分别增长38.7%和22.2%，有效对冲内需不足压力。但外需波动风险仍然存在，10月新出口订单指数降至47.3%，反映出海外需求回落压力；小型企业PMI仅为47.5%，显著低于大型企业（51.5%），需进一步优化融资支持和技术帮扶政策。

政策端持续加码。工业和信息化部推动制造业重点产业链高质量发展行动，实施大规模设备更新和消费品以旧换新政策。2024年四季度，电气机械行业利润同比增长11.3%，家用制冷电器具制造利润增长174.9%，政策红利持续释放。

（三）工业新动能支撑明显，绿色制造体系加速构建

2024年，在复杂严峻的经济形势下，我国工业企业营业收入保持增长，高技术制造业凸显出强劲的发展动力。绿色制造体系建设加速推进，为工业经济的高质量发展提供了坚实支撑。

从工业企业利润来看，国家统计局1月27日发布的数据显示，2024年规模以上工业企业实现营业收入137.77万亿元，比上年增长2.1%，实现利润总额74310.5亿元。[①] 尽管全年规模以上工业企业利润总额较上年下降3.3%，但在一揽子增量政策及时出台后，工业经济呈现生产持续回升、效益不断恢复的

① 国家统计局.2024年全国规模以上工业企业利润下降3.3%［EB/OL］.（2025-01-27）［2025-02-17］.https：//www. stats. gov. cn/sj/zxfb/202501/t20250127_1958485. html.

态势。12 月，全国规模以上工业企业利润由 11 月同比下降 7.3% 转为增长 11.0%；营业收入同比增长 4.2%，较 11 月加快 3.7 个百分点。四季度工业企业利润稳步恢复，降幅较三季度大幅收窄 12.7 个百分点。

从行业结构来看，高技术制造业凸显发展动力，利润较上年增长 4.5%，高于规模以上工业平均水平 7.8 个百分点，拉动规模以上工业利润增长 0.8 个百分点。其中，光电子器件制造、航天器及运载火箭制造等高端装备制造行业利润较上年分别增长 66.9% 和 13.4%；智能无人飞行器制造、智能车载设备制造等智能化领域行业利润分别增长 164.7% 和 112.8%；锂离子电池制造等绿色制造行业利润增长 48.5%。[①]

2024 年我国绿色制造体系加速构建。工业和信息化部发布的 2024 年度绿色制造名单显示，新培育国家层面绿色工厂 1382 家、绿色工业园区 123 家、绿色供应链管理企业 126 家。[②] 截至 2025 年 1 月，国家层面累计培育 6430 家绿色工厂，产值占制造业总产值的比重超过 20%，能耗和水耗整体达到行业先进水平。近三年实施绿色低碳改造升级项目万余项，总投资超过 2500 亿元。国家层面累计培育 491 家绿色工业园区，单位工业增加值能耗为全国平均水平的 2/3，万元工业增加值用水量为全国平均水平的 1/4，平均工业固废处置利用率超过 95%。[③] 从绿色制造产业成果来看，新能源汽车产销量突破 1200 万辆，新能源汽车新车销量占汽车新车总销量的 40.9%，较 2023 年提高 9.3 个百分点。[④]

（四）创新生态全面跃升，科技赋能推动产业高端化

2024 年，我国制造业创新生态持续优化，在全球科技竞争与合作中不断取得新突破，为工业高质量发展提供了坚实的科技支撑和充足的创新动力。

2024 年，我国持续优化创新生态，激发全社会创新活力。规模以上工业企业研发经费投入同比增长 10.5%，企业积极开展技术创新和产品创新，成为创新的主力军。高校和科研机构在基础研究和关键技术研发中发挥重要作用，产

① 国家统计局．国家统计局工业司统计师于卫宁解读工业企业利润数据［EB/OL］．（2025－01－27）［2025－02－17］．https：//www.stats.gov.cn/sj/sjjd/202501/t20250127_1958494.html.

② 工业和信息化部办公厅．工业和信息化部办公厅关于公布 2024 年度绿色制造名单的通知［EB/OL］．（2025－01－22）［2025－02－18］．https：//wap.miit.gov.cn/jgsj/jns/gzdt/art/2025/art_c22ac44ddc194588a0dc9c51eb977493.html.

③ 新华网．2024 年度新培育国家层面绿色工厂 1382 家［EB/OL］．（2025－01－23）［2025－02－18］．http：//xinhuanet.com.cn/fortune/20250123/d51bb31252dd4577a86ad10258e36846/c.html.

④ 央视网．超 3100 万辆、突破 1200 万辆 数据见证我国汽车产业实现跨越式发展［EB/OL］．（2025－01－13）［2025－02－18］．https：//news.cctv.com/2025/01/13/ARTIF9WidaiA63ImL69pAtwZ250113.shtml.

学研合作更加紧密，科技成果转化效率不断提高。政府出台了一系列鼓励创新的政策，如税收优惠、财政补贴、知识产权保护等，营造了良好的政策环境。各类创新创业大赛、科技成果交易会等活动频繁举办，为创新者提供了展示和交流平台。专利产业化促进中小企业成长计划、专利密集型产品认定等工作不断推进，取得了显著成效。更多专利走出“实验室”，进入“产业链”。截至2024年年底，我国国内企业有效发明专利超过350万件，占国内有效发明专利总量的73.7%，较上年提高2.6个百分点。国内企业有效发明专利产业化率连续5年保持稳步增长，2024年，企业发明专利产业化率达到53.3%，创新成果加快向现实生产力转化。①

2024年，我国制造业以高新科技为驱动，在关键核心技术领域持续突破，推动产业高端化进程。在航空航天领域，C909飞机累计安全运行突破50万小时，C919商业飞行累计超过1.7万小时，安全载客突破100万人次。② 无人机配送快递邮件约270万件；在高端装备制造方面，徐工XCA3000全地面起重机出口50多个国家和地区；在高端芯片领域，中芯国际14纳米工艺实现量产，良品率超95%；在新材料领域，中国宝武新型高强韧钢铁材料强度提升30%，重量减轻15%；在汽车行业，比亚迪2024年新能源汽车销量突破300万辆，出口至40多个国家和地区，高端车型在欧洲市场颇受青睐。

二、2024年制造业物流发展主要特点

2024年，我国物流业需求持续扩张，运行总体保持稳中有进，物流活跃度进一步提高，并呈现出以下特征。

（一）物流需求稳健增长，物流业景气水平企稳回升

2024年，物流需求总量持续扩张，市场规模优势进一步巩固。受政策激励和多样化需求等因素的驱动，新旧发展动力加速融合与转换，呈现出更加显著的回升趋势，物流需求的增长模式正迅速从粗放型向高质量方向转型。2024年我国物流业运行总体平稳，社会物流总额增速稳中有升。全年全国社会物流总额为360.6万亿元，按可比价格计算，同比增长5.8%，增速比2023年提高0.6个百分点，显示出物流需求的持续恢复态势。从季度数据来看，一至四季度分别增长5.9%、5.7%、5.3%和5.8%，呈现良好、稳定、放缓、回升的态

① 人民日报.2024年我国共授权发明专利104.5万件 更多专利走出实验室走向产业链［EB/OL］.（2025－01－16）［2025－02－18］.https：//www.gov.cn/lianbo/bumen/202501/content_6998906.htm.

② 新京报.C919商业飞行累计超过1.7万小时，载客超百万人次［EB/OL］.（2024－12－23）［2025－02－18］.https：//news.qq.com/rain/a/20241223A07PUY00.

势，全年物流需求增速稳中有进。[①] 综合来看，2024 年我国物流业保持向好的基本面，发展动力稳健。

物流业景气水平保持企稳回升态势，显示出物流行业的强大韧性和内生动力。2024 年 12 月，中国物流业景气指数为 53.1%，环比上升 0.3 个百分点（见图 3）。主要指标中，业务总量指数、新订单指数、库存周转次数指数、资金周转率指数、设备利用率指数、固定资产投资完成额指数、从业人员指数和业务活动预期指数均处在扩张区间，反映出物流业务量保持平稳回升。从全年来看，物流业景气指数尽管年初有较大波动，但整体呈现“前稳后升”的格局。业务总量指数、库存周转次数指数、资金周转率指数、设备利用率指数和从业人员指数在 2024 年下半年保持连续上升势头，四季度指数均值分别较三季度上升 1.2 个、1.1 个、1.3 个、0.8 个和 1.4 个百分点，物流高质量和高效率供给能力持续提升[②]。

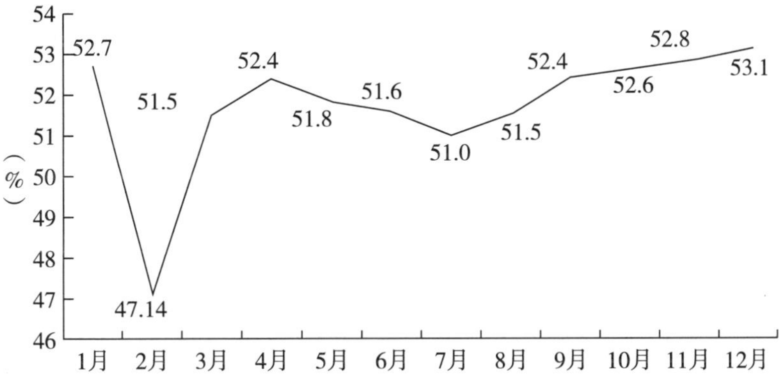

图 3　2024 年中国物流业景气指数 LPI

数据来源：中国物流信息中心，http：//www. clic. org. cn/。

（二）工业品物流需求稳步回升，供应链一体化持续推进

物流运行总体平稳向好，工业品物流需求稳步回升。2024 年，工业品物流总额达到 318.4 万亿元，按可比价格计算，同比增长 5.8%，增速较 2023 年提高 1.2 个百分点。同时，物流行业的结构持续优化，传统产业物流进一步调整转型，新质产业的稳步发展成为推动工业品物流高质量发展的新动力。智能制造、高技术制造等高端产业保持高速增长，集成电路、光电子器件等高技术产

① 中国物流与采购联合会．物流运行稳健 发展效能提升：2024 年物流运行情况分析［EB/OL］.（2025 - 02 - 11）［2025 - 02 - 18］. http：//www. chinawuliu. com. cn/lhhzq/202502/11/644821. shtml.

② 中国物流与采购联合会．物流景气指数回升［EB/OL］.（2025 - 01 - 15）［2025 - 02 - 18］. http：//tradeinservices. mofcom. gov. cn/article/news/gnxw/202501/172095. html.

品物流量增速超过15%，服务机器人、工业机器人等智能产品物流量分别增长15.6%和14.2%，成为工业品物流高质量发展的突出亮点。

供应链上下游协同效应持续改善，物流各环节有序运行，产业链运行效率不断提高，跨运输方式一体化整合持续提升。从需求增量来看，政策引导物流与产业链供应链融合发展，推动构建涵盖采购、库存、生产、销售、逆向回收等环节的供应链体系，为物流需求进一步拓展提供较大增长空间。从数据层面来看，2024年全年物流业总收入达到13.8万亿元，同比增长4.9%，物流收入规模总体延续扩张态势（见图4）。同时，重点物流企业供应链服务订单量增速超过10%，重点工商企业物流业务外包比重超过65%，大型制造企业和物流企业供应链战略合作关系日益紧密，通过流程优化、设施共享、信息对接等手段共同推进全链条物流成本的降低和效率的提升。①

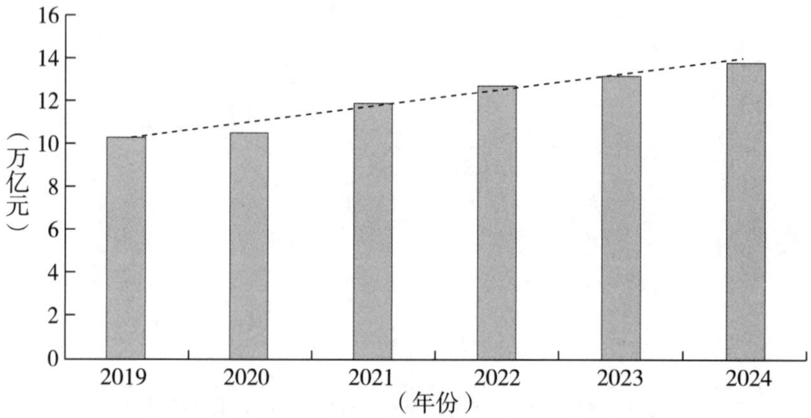

图4　2019—2024年中国物流业总收入

数据来源：中国物流与采购联合会，http：//www.chinawuliu.com.cn/xsyj/tjsj/。

（三）市场利润空间压缩，物流业降本效果显著

由于国内市场需求持续疲软，国际经济下行压力较大，我国制造业产品市场价格持续走低，致使市场利润空间进一步压缩。2024年，全国规模以上工业企业经营面临较大挑战，利润空间受到明显挤压。从数据来看，2024年，全国规模以上工业企业实现利润总额74310.5亿元，比2023年下降3.3%；实现营业收入137.77万亿元，比2023年增长2.1%；发生营业成本117.31万亿元，比2023年增长2.5%；营业收入利润率为5.39%，比2023年下降0.30个百分点。2024年各月累计利润率与每百元营业收入中的成本如图5所示。总体来

① 中国物流与采购联合会．物流运行稳健 发展效能提升：2024年物流运行情况分析［EB/OL］.（2025-02-11）［2025-02-18］．http：//www.chinawuliu.com.cn/lhhzq/202502/11/644821.shtml.

看，成本上升与价格下行的双重压力叠加，工业企业盈利空间持续收窄，经营压力进一步加大，需加快转型升级，优化成本结构，提升产品附加值，以应对利润空间压缩带来的长期挑战。

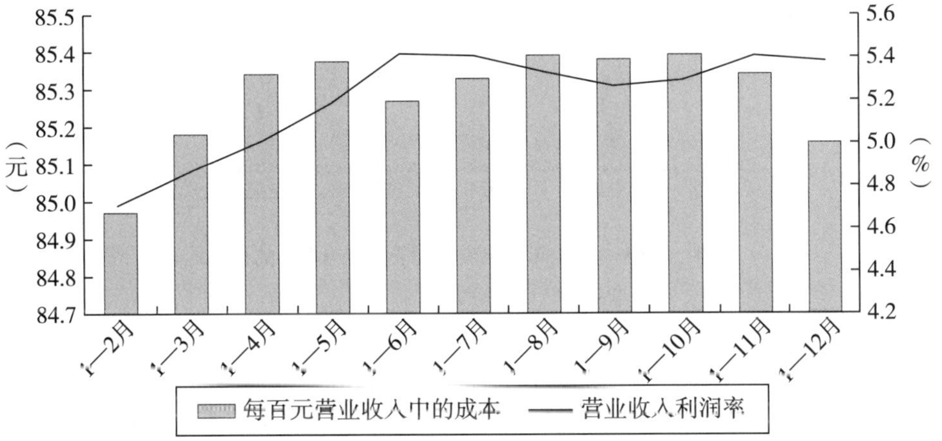

图5 2024年各月累计利润率与每百元营业收入中的成本

数据来源：国家统计局，https：//www. gov. cn/lianbo/bumen/202501/content_7001385. htm。

2024年，《有效降低全社会物流成本行动方案》的印发与实施助力我国在降低全社会物流成本方面取得了显著成效。2024年，社会物流总费用与GDP的比率为14.1%，比2023年下降0.3个百分点（见图6），降至2006年正式建立统计以来的最低水平。一季度、上半年、前三季度分别为14.4%、14.2%和14.1%，年内呈稳步回落态势。同时，各环节物流费用比率均有所下降，运输费用与GDP的比率为7.6%，比上年同期下降0.2个百分点，管理费用与GDP的比率为1.7%，比上年同期下降0.1个百分点，保管成本与GDP的比率为4.8%，与上年同期基本持平。[①] 这表明有效降低全社会物流成本行动扎实推进，全社会物流资源配置不断优化，对实体经济的服务保障能力持续增强。

（四）产业链外迁转移加速，国际物流市场格局变化明显

近年来，我国部分产业链外迁至越南、印度、墨西哥等国，产业链外迁规模不断扩大。在手机制造领域，越南成为全球第二大手机出口国，我国的光伏企业隆基绿能、天合光能、晶澳科技等在越南投资工厂，其产能在一定程度上替代了中国向美国的出口。在电池产业领域，宁德时代、亿纬锂能、欣旺达等中国电池厂商纷纷到匈牙利建厂，投资金额达数百亿元。外迁的主要原因包

① 中国物流与采购联合会．物流运行稳健 发展效能提升：2024年物流运行情况分析［EB/OL］．（2025－02－11）［2025－02－18］．http：//www. chinawuliu. com. cn/lhhzq/202502/11/644821. shtml.

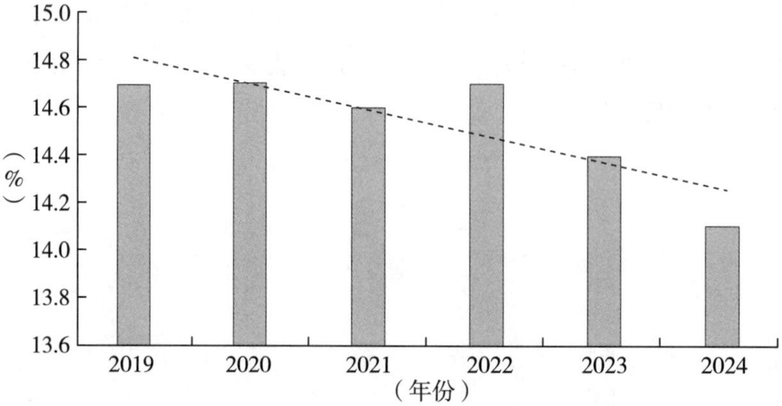

图 6　2019—2024 年社会物流总费用与 GDP 的比率

数据来源：中国物流信息中心，http：//www. clic. org. cn/。

括：一是成本因素的驱动。随着劳动力、土地等生产要素成本的不断攀升，中国在劳动密集型产业的成本优势逐渐减弱，企业为降低成本，将部分产业转移至成本更低的地区。二是中美等贸易摩擦不断升级，贸易保护主义抬头，部分国家提高关税、设置贸易壁垒，企业为绕开这些阻碍，将产业链转移到东南亚、印度、墨西哥等地。三是国内市场竞争激烈，促使部分企业外迁寻求更广阔的发展空间，将产业链向海外拓展以提升国际竞争力。

新冠疫情导致的全球供应链困境、运价波动和运力调整以及地缘政治冲突（如苏伊士运河堵塞事件），加剧了运力紧缺和集运价格上升。然而，随着多国采取经济恢复措施，一定程度上缓解了国际物流压力。2024 年，国际物流市场格局变化显著：从市场规模来看，全球物流行业在 2023 年达 8. 5 万亿美元，以 5% 的年复合增长率持续增长。2019—2023 年，中国跨境物流市场规模呈逐年递增态势。其中，2023 年中国跨境物流市场规模约为 3. 88 万亿元，同比增长 19. 75%，2024 年市场规模达 4. 49 亿元。这背后的增长动力，一方面源于全球经济的持续发展与国际贸易的日益频繁，另一方面源于跨境电商的兴起和快速扩张。

（五）两业融合创新步伐持续加快，深度融合助力降本增效

制造业与物流业深度融合创新发展是增强制造业核心竞争力的重要途径。数字技术、人工智能、工业互联网等新兴技术成为两业融合的核心驱动力。到 2024 年年底，全国累计建成工业互联网平台超过 1000 个，连接工业设备超过千万台。智能制造普及率显著提升，其中规模以上工业企业数字化研发设计工具普及率达到 85%，关键工序数控化率达到 60%。企业通过优化供应链管理、提高物流效率、降低库存成本等方式，全方位降本增效。

2024 年 4 月，由全国物流标准化技术委员会（SAC/TC 269）提出并归口

的国家标准项目《物流业与制造业融合 物流企业业务流程融合指南》（项目计划编号 20240907－T－469）获得正式立项。经起草单位前期调研和起草工作，2025 年 2 月已形成征求意见稿，预计 2025 年 12 月即将发布。在该标准发布后，还将陆续发布两业融合的系列标准，进一步引领两业融合发展。

截至 2024 年年底，作为两业融合的重要载体支撑，国家物流枢纽总数增至 151 个，初步形成覆盖全国的物流枢纽网络。新增枢纽强化了多式联运、信息集成等综合服务能力，实现跨方式、跨区域、跨领域的高效衔接与融合，推动产业与物流的集聚发展，提升了物流资源配置效率。供应链上下游企业越来越多地倾向于通过风险共担、利益共享共同探索转型升级新路径，这种从全链视角出发的高效协同新生态，将大大推进两业融合步伐。

为贯彻落实《国务院办公厅关于积极推进供应链创新与应用的指导意见》《"十四五"现代物流发展规划》等的部署要求，加快实施制造业供应链提升工程，推动现代供应链体系深度嵌入制造业产业链，工业和信息化部办公厅、交通运输部办公厅、商务部办公厅组织编制了《制造业企业供应链管理水平提升指南（试行）》，并于 2024 年 5 月 20 日发布。该指南旨在通过多方协作提升制造业企业供应链管理水平，助力制造业高质量发展，推进制造业与物流业深度融合。

三、2025 年制造业物流展望

2024 年，制造业物流发展取得显著成就，但未来的发展仍将受到智能化转型中的技术瓶颈、全球政治经济不确定性增强等因素的限制。预计 2025 年将呈现以下几个特点。

（一）数智化与平台经济双轮驱动，引领制造业物流智能化跃迁

自 2021 年国家发布《"十四五"现代物流发展规划》，提出加快现代物流数字化、网络化、智能化发展，推动物流业与制造业深度融合，打造现代物流体系以来，我国制造业物流积极与数字技术进行有机融合，依托人工智能、大数据、物联网等技术，实现更高水平的效能提升。同时，我国网络货运平台呈现规模化发展趋势。截至 2024 年年底，获得网络货运经营资质的企业已达 3286 家①，较往年大幅增长，头部企业的规模效应愈加明显。物流平台经济快速发展，通过整合资源、优化组织方式，构建创新驱动的生产模式和运行机

① 央视新闻.3286 家取得经营资质 我国网络货运企业数量不断增加［EB/OL］.（2024－01－29）［2025－02－17］. https：//jingji. cctv. cn/2024/12/19/ARTIgSzPeSuwejrakJmt9aTr241219. shtml.

制，为物流行业注入新动能。

面向 2025 年，数智化与平台经济的协同共进还将衍生更多创新业态，引领制造业物流智能化跃迁。一方面，数智化技术将与现代供应链组织方式深度融合，构建灵活高效、随需应变的数智供应链，推动制造业物流服务向高端化、智能化转型。另一方面，平台经济为制造业物流注入全新活力，平台经济的蓬勃发展将打破供需信息壁垒，使制造企业可以寻找最优的物流合作伙伴，实现运力资源的高效配置。平台的聚合效应催生了物流服务的标准化、规范化，以契合制造业日益严苛的物流服务需求。同时，凭借平台的数智化管控能力与资源整合优势，制造业物流能够打造柔性供应链，从而快速响应市场变化。

（二）制造业物流业融合持续深入，供应链升级加快提速

国家发展改革委等 14 部门联合印发的《关于推动物流业制造业深度融合创新发展的实施方案》提出，到 2025 年，物流业在促进实体经济降本增效、供应链协同、制造业高质量发展等方面的作用显著增强，两业融合水平显著提升。2024 年，我国制造业与物流业的融合持续加深，众多企业积极探索新的融合路径，涌现出一批创新模式与成功案例。例如，在第十六届制造业与物流业联动发展年会上，安得智联提出的“一盘货”统仓统配解决方案，通过建立共享仓实现统仓统配，以数字化手段助力客户全渠道运营，从而提升制造业柔性化、敏捷化生产能力，成功入选 2024 年度制造业与物流业联动发展优秀案例。①

面向 2025 年，随着产业高端化趋势显现，制造业将持续深化两业融合创新实践，推动制造业供应链升级换挡提速，全方位赋能产业发展。一方面，制造业物流服务模式将继续向一站式全链条服务升级转型，基于客户需求精准定制专业化、一体化、集成化的供应链解决方案，以此增进与客户的战略互信，满足客户的多样化需求。另一方面，制造业与物流企业将依托战略互信与资源共享，协同构建弹性强、响应快、成本优的供应链体系，助力我国产业在全球价值链中迈向高端，提升国际竞争力，进而为我国经济高质量发展筑牢坚实根基。

---

① 中国日报．安得智联入选制造业与物流业联动发展优秀案例，助力“两业”融合［EB/OL］．(2024－09－26)［2025－02－17］．https：//caijing. chinadaily. com. cn/a/202409/26/WS66f4f05fa310b59111d9b4b9. html.

（三）海外市场扩展带来国际物流机遇，全球供应链韧性加速重构

2024年，中国制造业的全球化布局推动国际物流需求激增，但政策波动成为跨境贸易的主要挑战。根据国家邮政局数据，2024年我国国际及港澳台快递业务量同比增长25%，突破1700亿件，其中跨境电商订单占比超过40%。①以圆通航空为例，其新增覆盖中东和欧洲的20条国际航线，助力服装、电子等制造业产品快速通达全球。同时，海外仓网络加速扩张，中国物流企业已累计建成297个境外分拨中心和333个海外仓，覆盖71个国家和地区。②然而，美国市场对中国跨境电商的关税政策反复调整，直接冲击了传统直邮小包模式，物流企业被迫在短时间内调整关税预缴机制和运输路径。③以东南亚为代表的新兴市场成为转移风险的热点，中老铁路常态化班列的开通推动了云南跨境物流枢纽的崛起。欧洲市场则面临地缘冲突导致的陆运通道受阻，中欧班列部分线路改道土耳其—巴尔干走廊，推动伊斯坦布尔成为欧亚物流新节点。

预计2025年，全球供应链将在动荡中加速重构，企业需通过多元布局和技术创新应对政策不确定性。尽管美国政府于2月7日恢复"最低限度"免税政策，但美国商务部明确表示将建立关税征收系统，未来小额包裹免税待遇可能终结。根据麦肯锡的预测，东南亚、中东将成为中国制造企业海外仓布局的新热点：至2025年年末，中国在RCEP成员国的智能仓储面积预计突破1200万平方米，其中越南隆安—中国（深圳）数字孪生物流枢纽已启动建设，通过5G物联网实现中越两地库存同步率达到98%。④以宁德时代为例，其匈牙利工厂采用"欧洲本地仓+中欧班列干线+氢能卡车配送"的三级物流网络，使动力电池交付周期从45天压缩至22天，欧洲市场占有率提升至31%。⑤预计到2025年年末，采用"海外仓+直发"混合模式的企业将增长40%，跨境物流综合成本下降10%~15%，全球供应链"多中心化"格局初步形成。

---

① 新华社.2024年我国快递业务量突破1700亿件[EB/OL].（2025-01-08）[2025-02-11].https://www.gov.cn/lianbo/bumen/202501/content_6997075.htm.

② 央视网.物流企业加码"出海"2024年我国国际和港澳台地区快递业务量增速达25%[EB/OL].（2025-01-09）[2025-02-11].https://news.cctv.com/2025/01/09/ARTImhWFDy0myPPdHNS1SZIN250109.shtml.

③ 新浪财经.特朗普2.0的"歧视性关税"框架[EB/OL].（2025-02-10）[2025-02-16].https://finance.sina.com.cn/cj/2025-02-10/doc-ineixfvu4902186.shtml.

④ 霞光社.2025中国企业出海洞察及全球趋势展望[EB/OL].（2024-12-16）[2025-02-16].https://www.36kr.com/p/3075205784567557.

⑤ 新浪财经.冲击"A+H"上市，宁德时代强势布局海外[EB/OL].（2025-02-12）[2025-02-16].https://finance.sina.com.cn/tech/roll/2025-02-12/doc-inekfwyy9139759.shtml.

（四）多式联运优化运输结构，制造业物流降本增效显著

2024 年，制造业物流在运输结构优化方面取得突破。国家发布《有效降低全社会物流成本行动方案》，明确提出到 2027 年，社会物流总费用与国内生产总值的比率力争降至 13.5% 左右。综合交通运输体系改革取得新进展，货物运输结构进一步优化。[①] 以京东物流为例，其基于算法模型的“公转铁”解决方案成功入选政策典型案例，通过公铁联运，干线运输成本降低超过 15%，同时减少碳排放 20%。此外，多地试点“公铁水”多式联运枢纽，如武汉阳逻港实现了铁水联运的无缝衔接，全年货物吞吐量增长 12%，有效推动了区域制造业物流效率的提升。[②]

预计 2025 年，多式联运将进一步深化，成为制造业物流降本的核心路径。《交通物流降本提质增效行动计划》明确提出，要深入推进多式联运提质扩面，加快培育 30 家左右具有跨区域联通和全过程管控能力的多式联运企业。[③] 此外，顺丰计划依托鄂州航空枢纽新增 5 条国际货运航线，强化“空铁联运”能力，为高端制造业提供时效保障。[④] 同时，中通冷链等企业将加码多式联运冷库布局，通过“铁路干线 + 城市冷链配送”的模式，降低生鲜和医药制造业物流成本 30% 以上。随着多式联运网络的进一步完善，预计 2025 年，制造业物流成本有望再降 5% ~8%，尤其在汽车、电子等高时效行业效果显著。

（五）绿色低碳转型加速推进，制造业物流可持续发展深化

2024 年，绿色发展理念进一步渗透制造业物流体系。国家陆续出台了一系列绿色物流相关政策。《绿色低碳转型产业指导目录（2024 年版）》将绿色仓储和新能源运输工具纳入重点支持领域。[⑤] 上海、广州等地推出“两新”政策，补贴企业更换节能设备，深圳则为空压机节能改造提供最高 300 万元补

---

① 新华社. 中共中央办公厅 国务院办公厅印发《有效降低全社会物流成本行动方案》[EB/OL]. (2024-11-27) [2025-02-16]. https://www.gov.cn/zhengce/202411/content_6989622.htm.

② 前瞻产业研究院. 预见 2024:《2024 年中国物流行业全景图谱》[EB/OL]. (2024-05-11) [2025-02-11]. https://www.qianzhan.com/analyst/detail/220/240511-a1c4b868.html.

③ 中国政府网. 交通运输部 国家发展改革委关于印发《交通物流降本提质增效行动计划》的通知 [EB/OL]. (2024-11-09) [2025-02-11]. https://www.gov.cn/zhengce/zhengceku/202411/content_6989629.htm.

④ 国家发展和改革委员会经济贸易司，南开大学现代物流研究中心. 中国现代物流发展报告 2024 [M]. 北京：中国社会科学出版社，2024.

⑤ 人民日报海外版.《绿色低碳转型产业指导目录（2024 年版）》发布：引导产业迈向绿色发展 [EB/OL]. (2024-03-04) [2025-02-19]. https://www.gov.cn/zhengce/202403/content_6935934.htm.

助。在政策的推动下，制造业企业加速应用新能源车辆和循环包装。例如，菜鸟与宝钢联合试点“零碳园区”，通过电动重卡和光伏仓储实现碳排放减少40%；京东物流推广的“青流箱”循环包装覆盖3C电子制造业，年减少一次性包装使用量超1亿件。①

预计2025年，制造业物流的绿色转型将向系统化、深度化方向加速突破。一方面，能源革命将贯穿物流全链条，清洁能源基础设施的网络化布局成为重点，光伏–氢能–储能一体化供应体系将在更多运输场景中得到应用，从港口装卸、短途配送到跨境干线的全流程脱碳能力持续增强。与之配套的绿色能源调度平台逐步成熟，实现跨区域、多能源形式的智能调配，保障物流作业的稳定性与低碳性。另一方面，数字技术驱动低碳运营向精准化发展，基于人工智能的碳排放预测模型广泛应用，通过实时监测运输能耗、路径效率及设备状态，智能生成全局最优的减排方案。

[本文受国家社科基金重大项目“物流业制造业深度融合创新发展的政策与路径研究”（No. 22&ZD139）资助]

（天津大学管理与经济学部 刘伟华 李哲 王钰杰 王琦 王宏鑫 王玥 安则旭）

① 中研网.2024年物流行业市场现状与发展趋势预测报告［EB/OL］.（2024–11–12）［2025–02–11］. https：//www. chinairn. com/news/20241112/091323150. shtml.

2024 年钢铁行业物流发展回顾与 2025 年展望

2024 年，我国外部环境变化带来的不利影响加深，经济运行面临不少困难和挑战，钢铁行业的稳定运行受到较大压力。钢铁行业供需进一步失衡，呈现“供给保持高位、需求结构调整、出口增长强劲、价格持续下降、效益不断挤压”的特征，部分企业亏损严重，生产经营难度和风险不断加大。面对严峻的市场形势，钢铁物流业以技术创新作为行业发展的关键驱动力，以标准化、智能化、绿色化、供应链融合发展以及国际化为重点发展方向，推动行业可持续发展，展现出了强大的韧性和适应性，为未来的长远发展奠定了坚实基础。

一、2024 年钢铁行业物流发展回顾

（一）钢铁行业运行情况[①]

1. 行业内卷竞争加剧，企业经营持续承压

（1）投资总体基本平稳，产业加快转型升级。

2024 年，黑色金属冶炼和压延加工业固定资产投资累计同比增速为 1.8%，较去年同期增长 1.6 个百分点，但低于制造业固定资产投资累计同比增速。黑色金属冶炼和压延加工业固定资产投资累计同比增速见图 1。

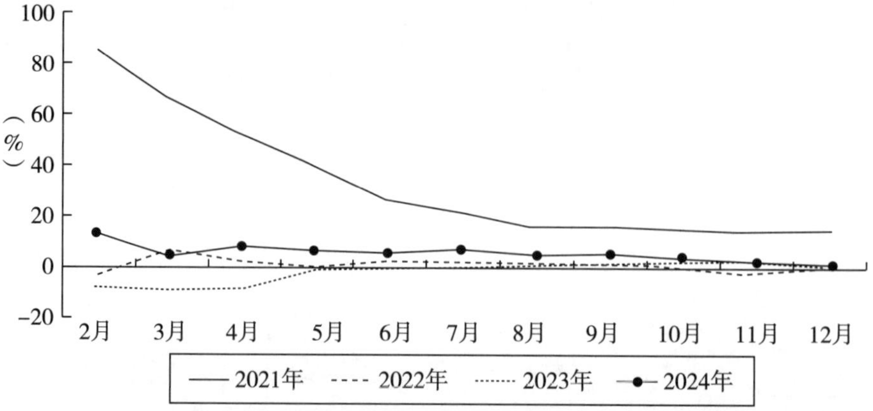

图 1　黑色金属冶炼和压延加工业固定资产投资累计同比增速

数据来源：国家统计局。

（2）生铁、粗钢产量同比下降，但钢材产量出现增长。

2024 年，我国生铁和粗钢产量分别为 8.5 亿吨和 10.1 亿吨，同比分别下降 2.3% 和 1.7%；钢材（含重复材）产量为 14.0 亿吨，同比增长 1.1%。粗钢月度日均产量及产量累计增速见图 2。

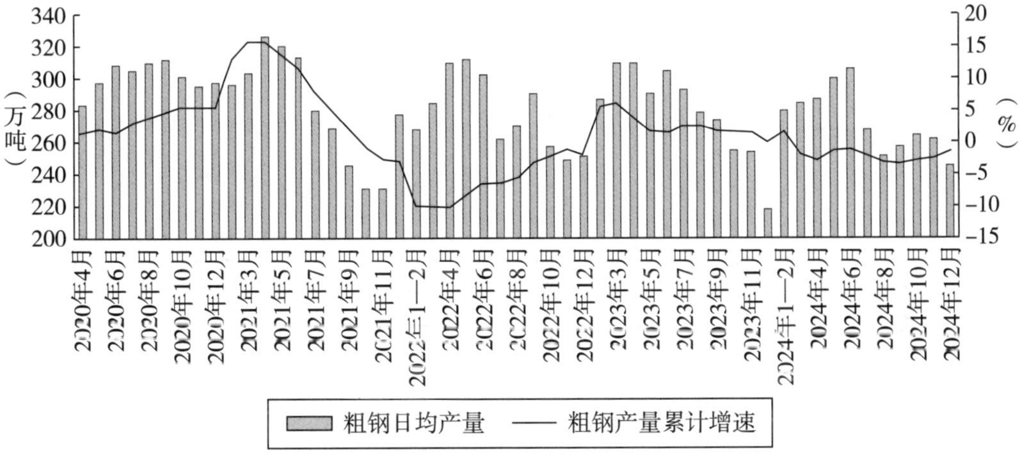

图 2　粗钢月度日均产量及产量累计增速

数据来源：国家统计局。

（3）钢材出口突破亿吨，价格下行走势明显。

2024 年，钢材累计出口 1.11 亿吨，同比增长 22.7%，创下 2015 年以来的新高；出口均价为 5374 元/吨，同比下降 18.2%。钢材累计进口 681.5 万吨，同比下降 10.9%；进口均价为 12013 元/吨，同比增长 3.05%。钢材出口数量与价格变化情况见图 3。

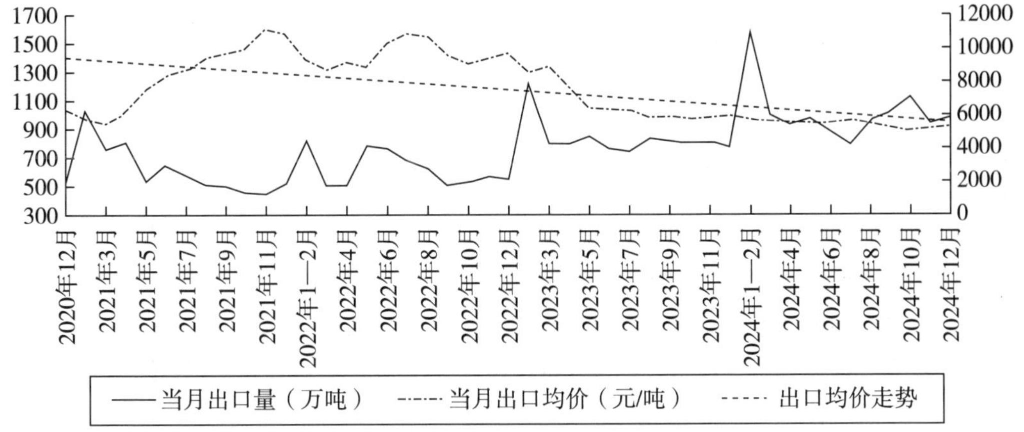

图 3　钢材出口数量与价格变化情况

数据来源：海关总署。

（4）库存同比明显降低，低库存策略明显。

2024 年年底，钢材库存合计为 1896 万吨，同比下降 3.5%，其中社会库存为 659 万吨，同比下降 9.6%；重点钢厂库存为 1237 万吨，同比下降 0.1%，见图 4。

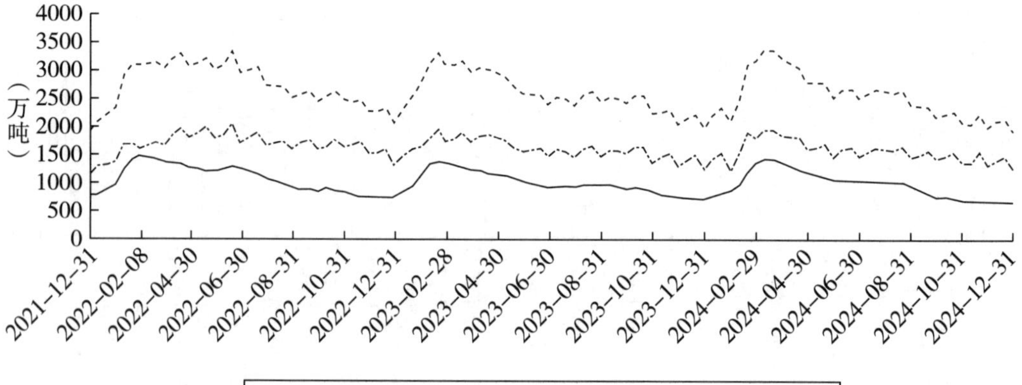

图 4 主要产品社会库存和重点钢厂库存及库存合计变化情况

数据来源：我的钢铁。

（5）钢材价格中枢下移，企业盈利难度加大。

中国钢铁工业协会钢材综合价格指数从 2024 年年初的 113.56 点下降至 12 月 27 日的 97.47 点，较年初下降 16.09 点，降幅为 14.2%，同比下降 15.43 点，降幅为 13.7%。2024 年钢价平均值为 102.47 点，同比下降 9.39 点，降幅为 8.4%。中国钢铁工业协会钢材综合价格指数趋势线见图 5。

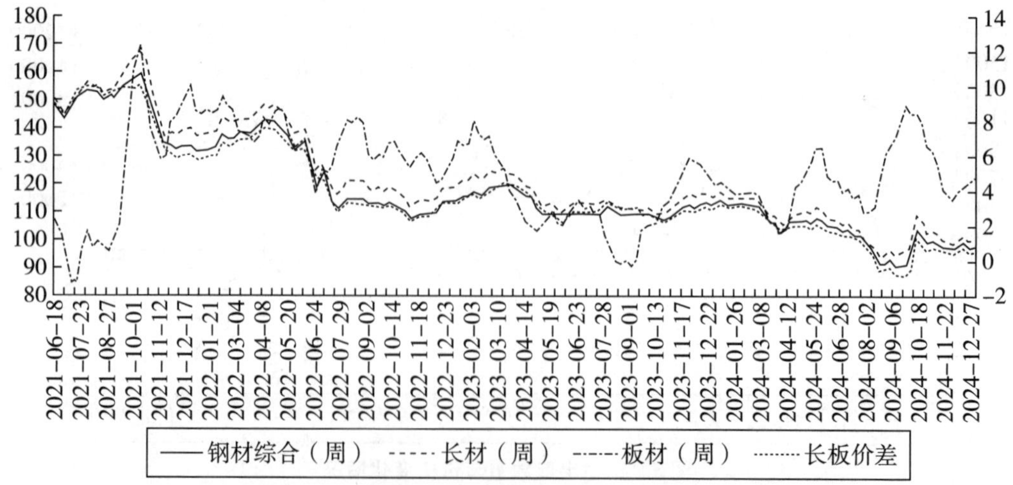

图 5 中国钢铁工业协会钢材综合价格指数趋势线

数据来源：中国钢铁工业协会。

分品种看，长板价差大幅震荡，两次走扩后有所收窄。2024 年 12 月 27 日，长材和板材综合价格指数分别为 100.22 点和 95.55 点，价差为 4.67 点。

冷热价差宽幅震荡。以冷轧卷（1.0mm）与热轧卷（3.0mm）价差为例，从年初开始震荡下行，最低为 9 月 29 日的 348 元/吨，之后价差持续扩大。2024 年 12 月 31 日，冷热价差为 667 元/吨，见图 6。

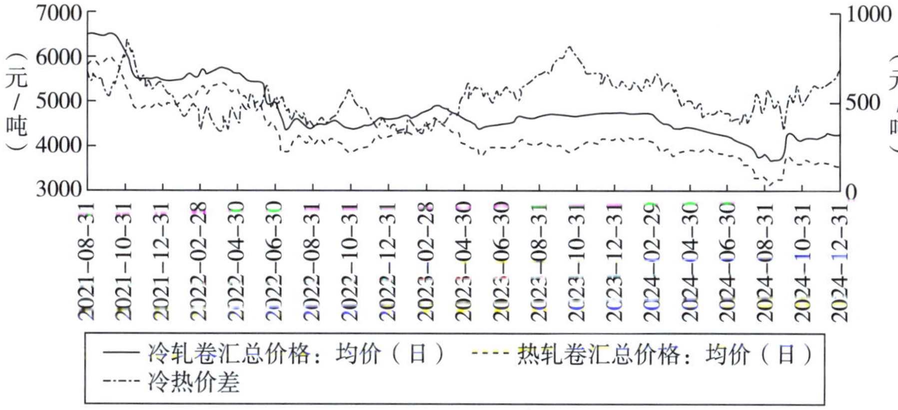

图 6　冷轧卷与热轧卷代表产品价差变化情况

数据来源：我的钢铁。

（6）行业效益保持低位，企业亏损面进一步扩大。

2024 年 1—11 月，黑色金属冶炼和压延加工业实现营业收入 7.39 万亿元，同比下降 6.8%；营业成本为 7.09 万亿元，同比下降 6.4%；利润总额由 1—10 月的亏损 233.2 亿元转为盈利 78.6 亿元，但同比下降 83.7%；销售利润率和成本利润率均为 0.11%，同比分别下降 0.44 个和 0.42 个百分点，见图 7。

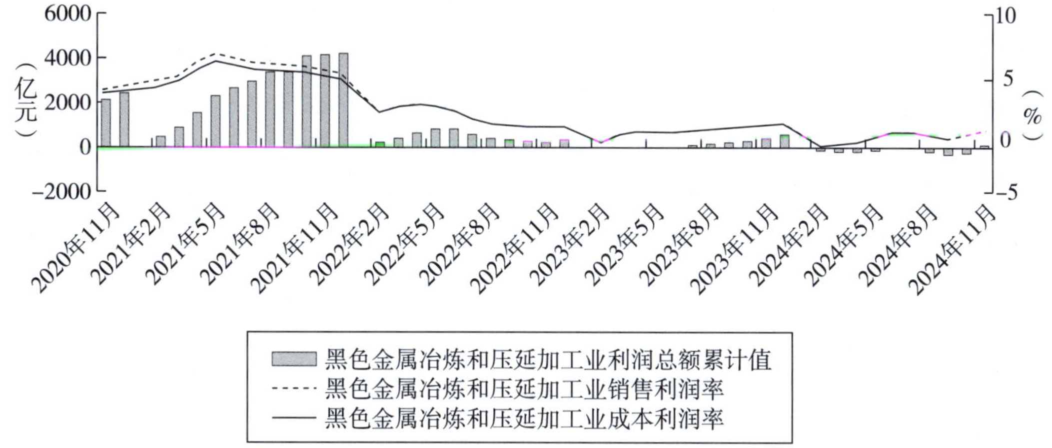

图 7　黑色金属冶炼和压延加工业收入利润变化情况

数据来源：国家统计局。

2. 上游原燃料价格持续走弱，均低于去年同期水平

（1）铁矿石宽松格局未改，价格震荡下行。

2024 年，铁矿石维持宽松格局。海运铁矿石发货量和国内原矿产量同比分别增长 3%和 1.9%，但由于铁水产量下降，港存同比增长 26.7%。

价格震荡下行，62%品位普氏价格指数季度均价分别为 123.6 美元/吨、111.8 美元/吨、99.7 美元/吨和 103.4 美元/吨。四季度，价格整体窄幅波动。2024 年 12 月 31 日，价格指数为 100 美元/吨，同比下降 28.8%。2024 年均价为 109.5 美元/吨，同比下降 10.3 美元/吨，降幅为 8.6%。铁矿石 62%品位普氏价格指数走势见图 8。

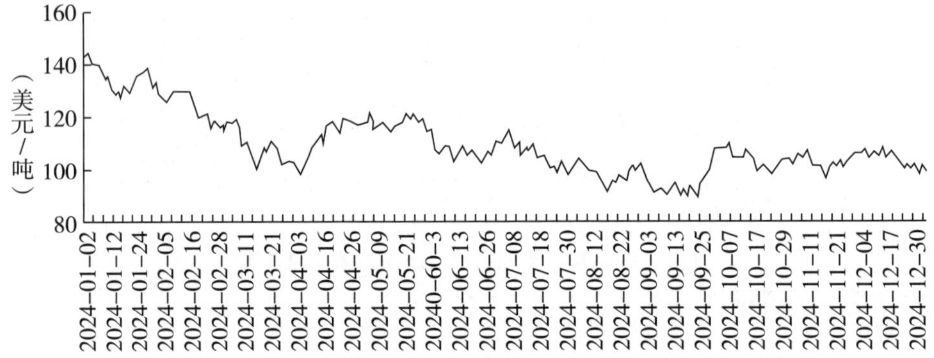

图 8　铁矿石 62%品位普氏价格指数走势

数据来源：wind。

（2）“双焦”供需双弱，价格下降明显。

炼焦煤：2024 年，国内炼焦煤供应同比下降，但炼焦煤进口量同比上涨 22.5%。受需求下降影响，炼焦煤价格震荡下行。唐山炼焦煤季度均价分别为 2290 元/吨、1961 元/吨、1819.7 元/吨和 1748.8 元/吨。2024 年 12 月底，价格降至年内低位 1605 元/吨，同比下降 36.7%。2024 年全年均价为 1947.9 元/吨，同比下降 230 元/吨，降幅为 10.6%。炼焦煤价格走势见图 9。

焦炭：2024 年，总体保持供需双弱的格局。价格震荡下行，唐山准一级焦季度均价分别为 2392 元/吨、2138 元/吨、1993 元/吨和 1950 元/吨。2024 年 12 月底，价格为 1860 元/吨，同比下降 34.1%。2024 年全年均价为 2113.1 元/吨，同比下降 413.3 元/吨，降幅为 16.4%。焦炭价格走势见图 10。

（3）废钢需求偏弱，价格弱势下行。

2024 年，钢厂废钢到货量、消耗量均处于低位，同比分别下降 7%、6%。2024 年，废钢价格震荡下行（见图 11）。江阴重废季度均价分别为 2581 元/吨、2453 元/吨、2250 元/吨和 2205.5 元/吨。2024 年 12 月底，废钢价格为 2230 元/吨，同比下降 15.9%。2024 年全年均价为 2370 元/吨，同比下降 228

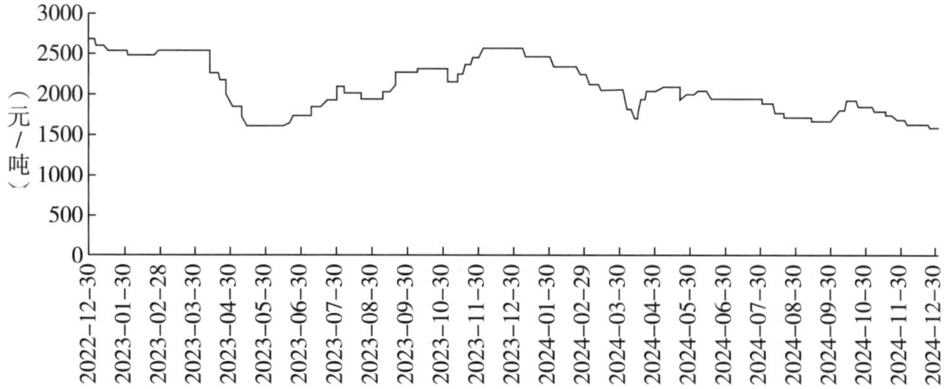

图 9　炼焦煤价格走势

数据来源：我的钢铁。

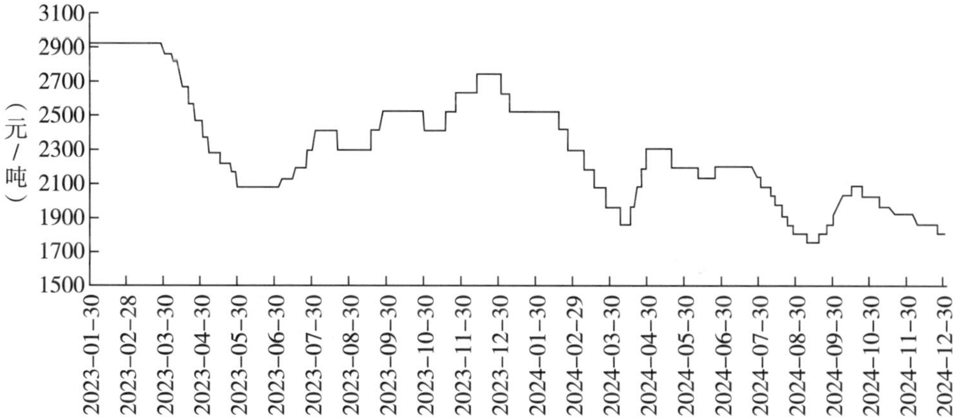

图 10　焦炭价格走势

数据来源：我的钢铁。

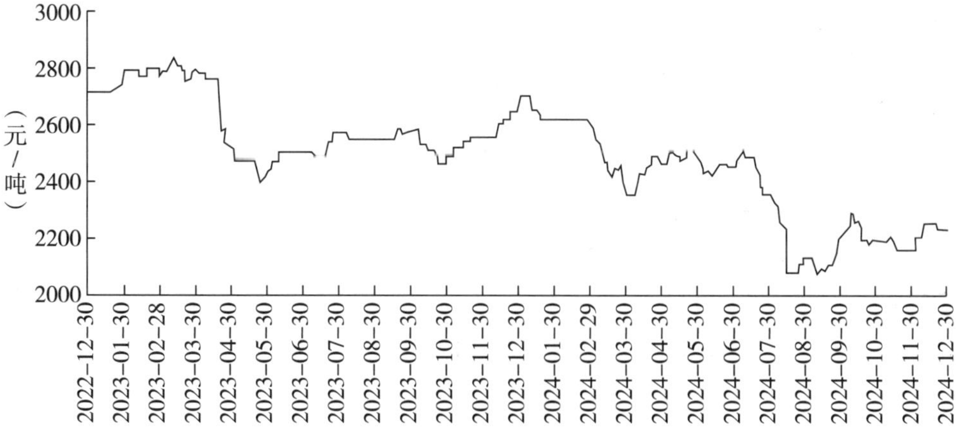

图 11　废钢价格走势

数据来源：我的钢铁。

元/吨，降幅为 8.8%。

3. 下游需求继续结构性调整，行业间分化明显

（1）基建行业基本稳定，保持一定发展规模。

2024 年，基建投资累计同比增速为 4.4%，环比增长 0.2 个百分点。其中，水利管理业投资增长 41.7%，航空运输业投资增长 20.7%，铁路运输业投资增长 13.5%。高铁、地铁和机场的投资出现放缓，水利投资对基建投资的支撑作用在不断增强。近年来基础设施投资增速变化情况见图 12。

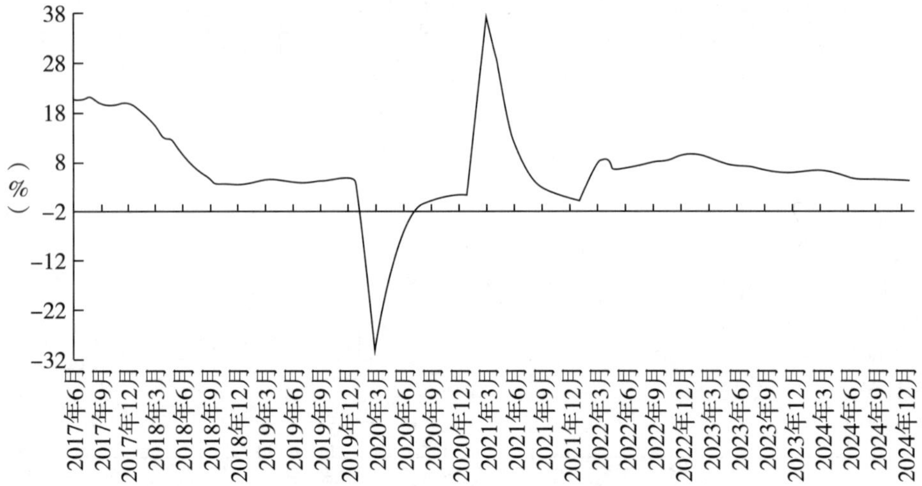

图 12　近年来基础设施投资增速变化情况

数据来源：国家统计局。

（2）房地产行业仍在筑底，销售出现短期回暖。

2024 年，房地产开发投资完成额、新开工面积、施工面积、销售面积累计同比增速分别为 -10.6%、-23.0%、-12.7% 和 -12.9%，投资、新开工和施工指标继续下滑。竣工仍在探底过程中，降幅不断扩大，累计竣工面积同比增速为 -27.7%，为历史新低。目前，房企拿地意愿依然不足，投资降幅创年内新低。价格增速连续 19 个月环比负增长，去库存压力仍在历史高位，市场深度调整的格局并未改变。房地产部分主要指标增速情况见图 13。

（3）汽车行业持续向好，产销实现双增。

2024 年，汽车产销量分别为 3128.2 万辆和 3143.6 万辆，同比分别增长 3.7% 和 4.5%。新能源汽车年产销量首次跨越 1000 万辆大关，累计产销量分别为 1288.8 万辆和 1286.6 万辆，同比分别增长 34.4% 和 35.5%，市场渗透率达 40.9%。汽车累计出口 585.9 万辆，同比增长 19.3%，其中新能源汽车累计出口 128.4 万辆，同比增长 6.7%。自“以旧换新”补贴政策实施以来，效果持续显现，购车需求不断释放。汽车月度产销量及同比增长变动趋势见图 14。

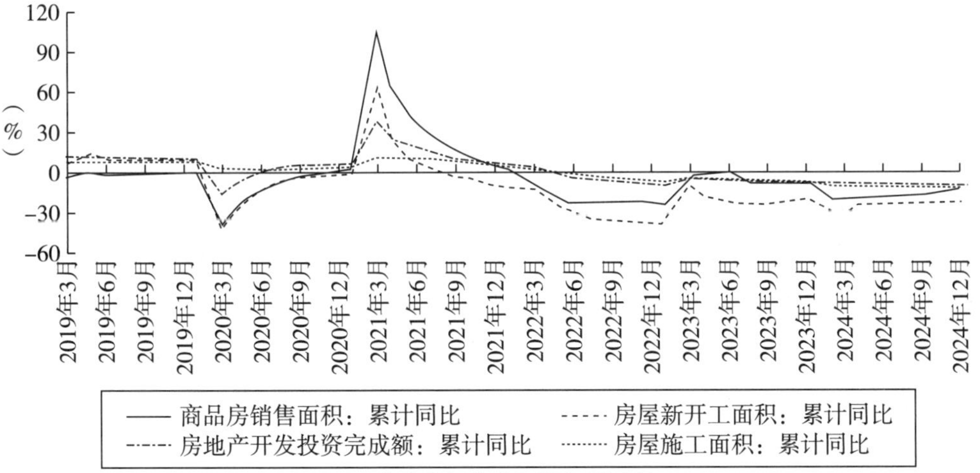

图 13　房地产部分主要指标增速情况

数据来源：国家统计局。

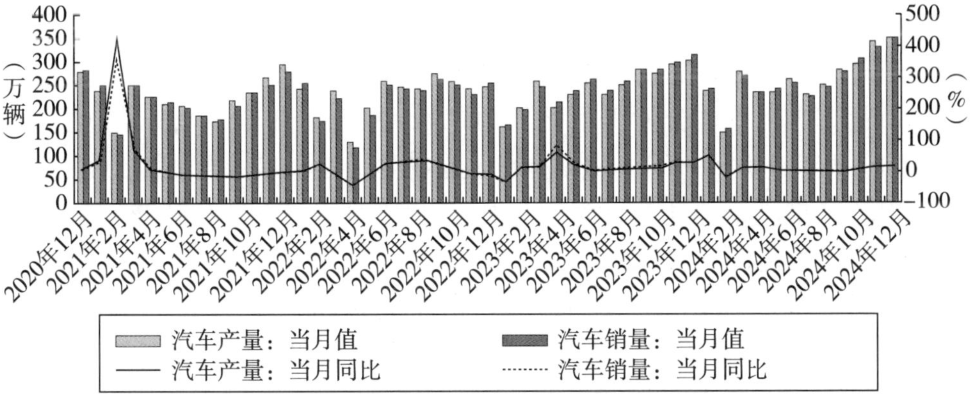

图 14　汽车月度产销量及同比增长变动趋势

数据来源：中国汽车工业协会。

（4）家电行业内外共振，保持稳定增长。

2024 年，在国家相关政策的支持下，家用洗衣机、空调、家用电冰箱和彩色电视机累计同比均有所增长（见表 1）。家电累计出口 44. 8 亿台，同比增长 20. 8%。“以旧换新”政策带动 8 大类家电产品实现销售量 6200 多万台，直接拉动消费近 2700 亿元。

表 1　　2024 年主要家电产品产量

	12 月（万台）	累计（万台）	比上年同期增长（%）	
			12 月	累计
家用洗衣机	1226. 5	11736. 5	27. 9	8. 8
家用电冰箱	899. 1	10395. 7	10. 30	8. 3
空调	2369. 5	26598. 4	12. 9	9. 7
彩色电视机	1967. 1	20543. 5	13. 4	4. 6

数据来源：国家统计局。

（二）钢铁行业物流发展的主要特点

1. 依托标准领航行动，服务新质生产力

一是建设钢铁物流标准化技术组织。2024 年，为加强钢铁行业物流领域的标准化工作，规范和引导我国钢铁物流水平的提升，根据《全国专业标准化技术委员会管理办法》的有关规定，全国钢标准化技术委员会拟筹建物流标准化工作组。该工作组主要负责组织开展钢铁领域物流标准的制修订工作，秘书处挂靠单位为冶金工业信息标准研究院。该组织的建设将加快构建推动钢铁行业物流高质量发展的标准体系，以先进适用标准更好地服务中国式现代化建设，贡献标准化力量。

二是加强钢铁物流领域标准研制，以高标准引领高质量发展。2024 年，钢铁物流国际标准成绩卓著，钢铁物流人主导了 ISO TR 25326 绿色物流活动应用案例，发布了 IEEE 3145—2024《智能工厂辅助仓库通用技术要求》，参编了 ISO 21763《钢铁行业智能制造指南》、ISO/TR 25088《钢铁企业低碳技术应用指南》和 IEEE P2879《智能工厂评价通则》；国内标准方面，作为执笔人编制并发布了 GB/T 44054—2024《物流行业能源管理体系实施指南》、GB/T 44854—2024《物流企业能源计量器具配备和管理要求》，参编并发布了 GB/T 44459—2024《物流园区数字化通用技术要求》、GB/T 43802—2024《绿色产品评价 物流周转箱》和《绿色产品评价 物流周转箱》英文版、GB/T 41834—2022《智慧物流服务指南》英文版、GB/T 42501—2023《逆向物流服务评价指标》英文版、GB/T 28580—2023《口岸物流服务质量规范》英文版、WB/T 1141—2024《数字化仓库 数据分类与接口要求》、T/CISA 362—2024《钢铁行业 智能工厂评价导则》、T/CFLP 0072—2024《物流业与制造业融合 物流项目融合水平评价指南》等，展现了钢铁物流的价值创造能力，促进产业链上下游标准有效衔接，推进标准化助力钢铁物流业的建设与发展。

三是强化标准实施应用，提升钢铁物流标准化水平。加快标准实施应用后的科技成果总结，拓宽标准实施应用后的推广范围，助力中小微企业应用相关标准提高发展水平。例如，2024 年鞍山钢铁集团有限公司（以下简称“鞍山钢铁”）积极开展被国标委、工信部评为国家级标准应用试点的“钢铁行业智慧供应链方向智能制造标准应用”项目。这有利于钢铁物流业发挥标准支撑引领作用，凝聚智能供应链发展共识，汇聚智能供应链发展资源，洞察智能供应链发展规律，推动智能供应链在更广范围、更深程度、更高水平上创造新价值。

2. 推进绿色低碳发展，发展新质生产力

在交通运输部“运输结构调整优化”的政策指导下，钢铁物流积极推进变

革，创造绿色价值。例如，鞍山钢铁积极实施运输结构调整优化，践行绿色低碳发展理念，其提升清洁运输比例项目入选交通运输部办公厅公布的第一批绿色低碳交通强国建设专项试点任务名单，成为钢铁行业及辽宁省唯一入选项目。该项目着眼于运输结构调整优化，大宗物料和产品长距离运输优先采用铁路、水运等清洁运输方式，推进散改集和多式联运（含“一箱制”）；将短途汽运倒运车辆更新为纯电动汽车、插电式混合动力汽车及燃料电池汽车。

再如，敬业集团积极构建绿色低碳物流体系，开通铁路专用线实现“门到门”运输。该集团改变了以往的公路运输方式，通过铁路专用线把成品钢卷运送至黄骅南站。这条铁路专用线总投资47亿元，全长22.5公里，是敬业集团连接国能朔黄铁路的货运专用线。与公路运输相比，电气化铁路运输减少了运输能源消耗和空气污染物排放。据统计，该集团实现每年“公转铁”物料运输达4500万吨，减少约130万辆次重型货车通行，减少约40万吨二氧化碳排放。

此外，钢铁物流行业坚守底线思维，构建资源保障体系，确保钢铁物流绿色可靠。针对铁矿石的资源保障问题，中国钢铁工业协会于2024年3月28日组织了“铁矿石通道建设研究”课题开题会。该项目旨在联通多方力量，实施铁矿石通道建设，打造“矿山＋港口＋航运＋物流”的全产业链合作模式，构建绿色安全、智能高效的端到端供应链物流体系，保障铁矿石产业链供应链的安全稳定。

3. 激活智能技术潜能，赋能新质生产力

钢铁物流依托数字技术，在科技创新、管理创新等方面取得了显著成果。在科技创新方面，中冶京诚工程技术有限公司主导的“冶金原料场绿色数智管控关键技术的研发与应用”项目、鞍山钢铁主导的“鞍钢智慧物流冶金运输调度指挥系统的开发应用及其标准化”项目、哒哒智运（黑龙江）物联科技有限公司主导的“钢铁智慧物流园区及厂内物流智能化应用”项目、河北物流集团金属材料有限公司主导的“面向金属材料仓储的智能化管控关键技术研发及产业化应用”项目、机科发展科技股份有限公司主导的“智慧冶金重载钢卷输送系统关键技术研究、成套装备研制及应用”项目、普大物流技术有限公司主导的“钢材绿色物流智能存储系统”项目、大连中集特种物流装备有限公司主导的“多式联运可折叠集装化装备”项目获得省部级科技进步奖。

在物流数字化优秀案例方面，鞍钢钢水无人化运输系统达到行业领先水平，为冶金行业及相关企业铁路运输提供全新方案。本钢首次将无人驾驶技术应用于厂内短途倒运，实现降本增效，开创国内钢企先河。攀钢数智化物流一体化管控平台实现了跨区域协同、全要素资源统筹、辅助决策等，为高质量发展提供了强大物流保障，大幅提高物流效率，为钢企保供、保产、降本提供强力支撑。鞍钢集团工程技术有限公司提出采用预应力管桁架与网架相结合的三连跨钢结构，解决超限大规模钢结构建筑的难题，设计计算程度复杂，采用AI识别、智能高效超细雾炮等技术构建原料场粉尘超低排放智能化控制系统，智能化抑尘降尘满足国家环保超低排放要求，为鞍钢股份鲅鱼圈打造“外控内抑”一体化超大智能环保料场提供了有力支撑，对钢铁行业实现绿色低碳具有重要意义。

在管理创新成果方面，欧冶链金再生资源有限公司主创的“构建珠三角地区加工废钢与目标钢厂高质量循环回收模式的探索与实践”项目（含逆向物流）、山东泰山钢铁集团有限公司主创的“基于三重定位技术的车辆大数据风险控制与管理”项目、青岛特殊钢铁有限公司主创的“基于数字底座的智能物流高效协同平台”项目、德邻陆港供应链服务有限公司主创的“打造钢铁产业‘全链条、一站式’现代供应链服务体系的探索与实践”项目、马钢集团物流有限公司主创的“构建‘安全、智慧、整洁、绿色’基地物流服务新模式的实践与应用”项目、宝山钢铁股份有限公司主创的“打造极致效率的物流运输体系建设的管理创新”项目获得冶金企业管理现代化创新成果奖。河钢物流公司主创的“智慧铁运系统在钢铁物流业务整合中的应用”项目、“大型钢企新建码头生产作业管理与优化”项目、“港口企业绿色低碳高效发展模式的构建与实施”项目、“以保障生产物资供应为核心的物流管理模式创新与实践”项目获得河北省管理创新成果奖。

4. **深化供应链融合发展，驱动新质生产力**

2024 年，钢铁物流业与钢铁业实施供应链深度融合创新，开展有效降低全社会物流成本活动。在国家发展改革委经济贸易司的指导下，中国物流与采购联合会公布了全国首批 22 个具有较强创新性、可复制可推广的有效降低全社会物流成本典型案例。鞍山钢铁申报的“钢铁供应链融合创新发展，有效降低全社会物流成本”案例成功入选。鞍山钢铁以“一箱制”综合运输服务为核心驱动，深度聚焦协同化、标准化、数字化、绿色化、国际化五大维度，全面提升钢铁供应链的韧性与安全保障水平，有效降低全社会物流成本。

在创新实践中，协同化运输攻克了全球卷钢运输难题，成果已在全国推广；标准化作业开展多式联运，并主导标准制定与执行；数字化转型实现物流全程在线协同，重塑产业生态与服务模式；绿色化发展优化运输结构，推动企业环境绩效显著提升；国际化探索通过技术、产业、标准多层面创新，拓展全球市场空间。

项目实施后，显著降低了钢铁企业、海运企业、铁运企业、汽运企业、多式联运企业、物流企业、造箱企业、保险公司等社会多行业企业的物流成本和相关成本，并成功在钢铁行业（卷钢）、有色行业（铝卷）、造纸业（纸卷）等多行业的卷钢类企业中推广应用，现已推广至国内 9 个铁路局、数十个港口、21 家钢厂企业以及多家铝卷和纸卷企业。其经验在完善供应链体系架构、拓展供应链专业服务范畴等方面提供了极具价值的借鉴范式。

5. 加强国际交流合作，构筑新质生产力

2024 年，钢铁物流国际交流活动丰富多样，不仅促进了钢铁物流行业的国际合作与发展，也为行业未来的创新和可持续发展奠定了坚实基础。

第一，2024 年 3 月 22 日，第十三届中国钢铁物流高峰论坛在上海正式开幕。此次论坛以“下沉、融合、穿越”为主题，旨在推动钢铁行业的健康可持续发展。论坛汇聚了政府、协会和大宗商品领域的专家学者以及众多钢铁生产、贸易、物流、仓储、金融、终端等产业链上下游企业的精英。论坛上，来自不同国家和地区的嘉宾就供应链在全球化背景下的优势和价值创造、钢铁物流技术及中国钢铁行业高质量发展趋势分析等多个领域进行了深入探讨。

第二，随着“一带一路”倡议的深入推进，中国钢铁物流企业积极参与国际产能合作，与沿线国家开展钢铁项目合作，共同构建全球钢铁供应链体系。这种合作不仅有助于提升中国钢铁物流企业的国际竞争力，也促进了沿线国家钢铁产业的发展。

第三，进军国际海运行业。2024 年 5 月 31 日，宝武旗下所属宝船航运有限公司正式完成接收了一艘名为“东山”轮（BNS DONGSHAN）的 18 万吨级好望角型（Capesize）干散货船舶，实现了从无船承运人向船东的转变，这也意味着全球航运市场又多了一家好望角型干散货船船东。该轮主要服务于宝武资源澳大利亚“丝路粉”矿山项目的远洋运输。下一步，“东山”轮也将为西芒杜项目的铁矿石运输提供支持，为铁矿石稳定回运提供更加可靠的解决方案，进一步保障宝武资源海外矿山项目的远洋运力。宝船公司也将紧抓市场机遇，通过不断提高船队实力和航运服务水平，坚持技术创新，进一步扩大市场份额，助力物流航运业可持续发展。克拉克森证券的分析师表示，西芒杜铁矿石项目进入投产期，将为航运业提供大量铁矿石供给，这将大幅推动 2025 年海岬型散货船的需求增长。

二、2025 年钢铁行业物流展望

2025 年 1 月 23 日下午，习近平总书记考察了辽宁省本溪市鞍钢集团旗下的本钢板材冷轧总厂。考察期间，习近平总书记指出，要在以科技创新引领产业创新方面下更大功夫。对于改造提升传统产业的方向，总书记给出了清晰答案——“高端化、智能化、绿色化”。习近平总书记的重要讲话，为我国制造业发展指明了方向。制造业是实体经济的基础，也是国计民生命脉所系，是我国的立国之本、强国之基。高端化体现制造业产业实力和产品竞争优势，智能化、绿色化能够极大提升制造业综合竞争力。推动制造业高端化、智能化、绿色化发展，是让传统产业焕发新的生机和活力，推动制造业高质量发展的关键路径。提高产品科技含量和附加值，则是企业转型升级、增强市场竞争力的重要途径。钢铁行业在制造业中占据重要地位，是国民经济的基础性产业，也是新质生产力的重要组成部分。在奋力谱写中国式现代化宏伟篇章中，钢铁物流从业者有责任、有义务以科技创新推动产业创新，不断增强核心功能、提高核心竞争力，助力钢铁产业在建设现代化产业体系中挺起“钢铁脊梁”。

（一）牢牢咬住高端化，攻坚关键技术，提升核心能力

一是服务模式创新与优化。提供定制化服务，根据客户的个性化需求，提供定制化的物流解决方案，涵盖钢材的加工、配送、包装等环节。例如，为汽车制造企业提供特定规格和材质的钢材，并按照其生产计划进行定制化配送。拓展供应链服务，结合钢铁物流的特点，开展供应链延伸服务，为客户提供融资支持、风险控制等增值服务。

二是网络布局与资源整合。优化物流网络，根据市场分布和客户需求，合理布局物流节点，建设现代化的仓储中心、配送中心和运输枢纽，扩大物流服务的覆盖范围，提高响应速度。整合社会资源，加强与钢铁生产企业、贸易商、运输企业、仓储企业等上下游企业的合作，整合各方资源，实现优势互补和协同发展。建立战略合作伙伴关系，共同打造高效、稳定的钢铁物流供应链。

三是强化人才培养与引进。一方面，加强专业培训，针对钢铁物流行业的特点，制订系统的培训计划，加强对员工的专业技能培训，提高其业务水平和综合素质。培训内容可包括物流管理、信息技术、市场营销等方面的知识和技能。另一方面，积极引进高端钢铁物流人才，如物流规划师、数据分析师、供应链专家、钢铁物流标准化专家等，为企业的发展提供智力支持。同时，营造良好的人才发展环境，吸引和留住优秀人才。

（二）用好智能化手段，用数字技术对传统产业进行全方位、全链条改造

一是基础设施建设与数据采集。首先，部署物联网设备，在钢铁生产、仓储、运输等各个环节广泛部署物联网传感器，如温度传感器、湿度传感器、定位传感器等，实时采集货物状态、环境信息和运输位置等数据。例如，在钢材仓库中安装温湿度传感器，实时监控钢材存储环境，防止钢材因环境因素生锈或变质；在运输车辆上安装 GPS 定位系统，实时掌握车辆位置和行驶轨迹。其次，建设数据中心，搭建集中化的数据中心，整合来自各个环节的数据，包

括生产计划、库存信息、订单数据、运输数据等，为数据分析和决策提供支持。例如，某钢铁企业通过建设数据中心，实现了对全国各仓库库存信息的实时掌握，能够根据销售情况及时调整生产和配送计划。

二是数字化供应链协同。首先，建立供应链平台，搭建数字化供应链协同平台，连接钢铁生产企业、供应商、物流企业、经销商和客户等各方，实现信息的实时共享和协同作业。通过平台，各方可以及时了解订单进度、库存情况、运输状态等信息，提高供应链的透明度和协同效率。例如，某钢铁电商平台整合了上下游企业的资源，供应商可以在平台上发布产品信息，采购商可以在线下单，物流企业可以根据订单信息安排运输，实现了供应链的无缝对接。其次，加强合作伙伴关系管理。利用数字技术对合作伙伴进行评估和管理，根据合作历史、服务质量、信誉等因素，选择优质的合作伙伴，并建立长期稳定的合作关系。通过共享数据和信息，合作伙伴共同优化供应链流程，提高整体竞争力。例如，钢铁企业与物流公司建立战略合作伙伴关系，双方共享库存数据和运输计划，物流公司可以根据钢铁企业的生产计划提前安排车辆和人员，提高运输效率。

三是做好物流智能服务。首先，开发在线销售平台和移动应用程序，为客户提供便捷的下单渠道和订单查询服务。客户可以通过平台随时随地提交订单、查询订单状态、跟踪货物运输进度等。例如，某钢铁企业的客户可以通过手机 App 查看自己订购的钢材的生产进度、发货时间、预计到货时间等信息，以便合理安排生产和使用计划。其次，引入智能客服系统，利用自然语言处理技术和机器学习算法，实现客户咨询的自动解答和服务。智能客服可以根据客户的问题快速给出准确的回答，解决客户的疑问，提高客户服务效率。例如，当客户咨询某种钢材的价格时，智能客服可以根据系统中存储的价格信息和优惠政策，立即为客户报价并提供详细的价格说明。

（三）既要打造绿色产业链，也要推进物流模式的低碳转型，实现经济效益和生态效益双赢

一是优化运输方式。首先，深入实施运输结构调整优化，大力发展铁路和水路运输，减少公路运输的比例。铁路和水路运输具有大运量、低能耗、低污染的特点，适合钢铁这种大宗货物的长距离运输。钢铁企业应加强与铁路部门和港口的合作，建设专用的铁路线和码头设施，提高铁路和水路运输的效率和便捷性。其次，推广多式联运模式，整合铁路、公路、水路等多种运输方式的优势，实现货物在不同运输方式之间的无缝衔接和高效转运。优化运输路线和配送计划，提高物流效率，降低运输成本和碳排放。

二是提升钢铁物流数字化绿色化水平。首先，建立智能化的钢铁物流平

台，整合供应链上下游企业的物流信息资源，实现信息共享和实时监控。物流公司通过大数据分析、物联网等技术手段，对物流需求进行精准预测，优化物流资源配置，减少空驶率和等待时间，提高物流运作效率。其次，应用智能运输管理系统（TMS）和仓储管理系统（WMS），对运输车辆和仓库进行精细化管理。实时跟踪车辆位置、货物状态和运输路线，合理安排装卸作业和仓库存储空间，提高物流运营的透明度和可控性，降低能源消耗和碳排放。

三是发展绿色包装与仓储。首先，推广可循环使用的包装材料，如金属周转箱、塑料托盘等，替代一次性纸质包装或木质包装，减少包装废弃物的产生。其次，优化包装设计，在保证货物安全的前提下，尽量减少包装材料的使用量和体积，降低包装成本和运输能耗。最后，建设绿色仓储设施，采用节能型的照明、通风、空调等设备，提高仓库的能源利用效率。合理规划仓库布局，提高仓库空间利用率，减少货物存储过程中的损耗和能源消耗。

（鞍山钢铁集团有限公司　侯海云）

2024 年汽车物流行业发展回顾与 2025 年展望

一、2024 年汽车物流行业发展回顾

2024 年是实现“十四五”规划目标任务的关键一年。在党中央、国务院的坚强领导下，各级政府主管部门持续优化政策措施，广大汽车与汽车物流行业企业同心聚力，取得了令人瞩目的成绩，多项指标再创佳绩。汽车全年产销稳中有进，表现出强大的发展韧性和活力，成为拉动经济增长的重要引擎。随着汽车市场的增长，2024 年汽车物流行业整体运行稳定，主要表现在以下几个方面。

（一）我国汽车物流市场运行总体稳定

一是全年汽车产销继续保持增长。据中国汽车工业协会统计，我国汽车产销总量连续 16 年稳居全球第一。2024 年，尽管国内消费信心仍旧疲软，国际贸易保护主义趋势越发严峻，行业内的竞争也日益激烈，但得益于一系列政策的持续推动与显著成效，以及各地补贴政策的切实执行和企业促销活动的持续升温，这些综合措施共同作用于我国汽车市场，有效激活了终端消费市场。因此，汽车市场在稳定中展现出向好的态势，产销量继续保持在 3000 万辆以上。2024 年，汽车产销分别完成 3128.2 万辆和 3143.6 万辆，同比分别增长 3.7% 和 4.5%，完成全年预期目标。

纵观 2024 年的汽车市场，汽车产销态势稳健且有所推进。上半年，汽车产销整体略显低迷，汽车工业经济运行面临库存积压和消费动力不足的双重挑战，导致供给端和市场需求端均承受较大压力。进入三季度，随着政策扶持力度的加大，市场终端展现出积极的发展势头；四季度这一良好态势得以延续，月度产销均维持在较高水平。作为汽车产业的重要支撑，受汽车市场的影响，2024 年我国汽车物流市场运行总体稳定。

二是乘用车产销持续增长。我国乘用车产量连续 2 年保持在 2500 万辆以上。自 2020 年以来，乘用车销量呈现稳步增长的态势。据中国汽车工业协会统计，2024 年上半年，乘用车市场表现欠佳，下半年在政策利好下，乘用车市场产销发力回升，终端市场表现更为突出，有效拉动汽车行业整体增长。全

年，乘用车产销分别完成 2747.7 万辆和 2756.3 万辆，同比分别增长 5.2% 和 5.8%。其中，中国品牌乘用车销量为 1797 万辆，同比增长 23.1%，销量占有率为 65.2%，较上年同期上升 9.2 个百分点。另外，智能化、新能源化转型给中国汽车品牌进入高端市场带来了机会，国内生产的高端品牌乘用车销量完成 473.8 万辆，同比增长 2.3%。

三是新能源汽车市场保持产销两旺。我国新能源汽车产业已连续 10 年稳居全球首位。2024 年，在政策的有力支持、产品供给的多样化、价格的下降以及基础设施的不断优化等诸多积极因素的共同推动下，新能源汽车产业继续保持强劲的增长势头，其产销量成功跨越 1000 万辆大关。2024 年，新能源汽车产销分别完成 1288.8 万辆和 1286.6 万辆，同比分别增长 34.4% 和 35.5%，新能源汽车新车销量达到汽车新车总销量的 40.9%，较 2023 年提高 9.3 个百分点。其中，纯电动汽车销量为 775.8 万辆，占新能源汽车的比例为 60%，较去年下降 10.4 个百分点；插混汽车销量为 512.5 万辆，占新能源汽车的比例为 40%，较去年提高 10.4 个百分点。插混汽车增长迅速，成为带动新能源汽车增长的新动能。近年来，在政策引导与市场需求的双重驱动下，新能源汽车产业在 2024 年实现了持续增长，市场占有率更是攀升至 35% 以上，成为引领全球汽车产业转型升级的关键力量。随着充电与换电基础设施的不断优化与完善，新能源汽车迎来了前所未有的发展机遇，也为新能源汽车物流领域的蓬勃发展提供了广阔的空间和更大的机遇。

四是商用车市场表现疲弱。近年来，我国商用车市场销量波动大。2020 年受多重因素拉动，大幅增长至峰值；2021 年市场需求下降；2022 年跌至 2009 年以来的最低水平；2023 年受经济回暖、消费复苏及政策利好影响，市场从谷底回弹，实现恢复性增长。2024 年，由于投资减弱以及当前运价依然偏低，终端市场换车需求动力不足，商用车市场表现仍相对疲弱。全年，商用车产销分别完成 380.5 万辆和 387.3 万辆，同比分别下降 5.8% 和 3.9%。在商用车主要品种中，客车市场好于货车。2024 年，货车产销分别完成 329.7 万辆和 336.2 万辆，同比分别下降 6.8% 和 5.0%；客车产销分别完成 50.8 万辆和 51.1 万辆，同比分别增长 2.0% 和 3.9%。

五是二手车市场活跃度上升。据中国汽车流通协会统计，2024 年二手车累计总交易量 1961.42 万辆，同比增长 6.52%。全年二手车市场呈现出 U 形趋势。在细分市场方面，基本型乘用车累计交易 1130.94 万辆，同比增长 3.79%；SUV 共交易 264.09 万辆，同比增长 11.04%；MPV 共交易 124.98 万辆，同比增长 9.50%；交叉型乘用车共交易 47.40 万辆，同比增长 31.40%。商用车方面，载货车共交易了 157.76 万辆，同比增长 5.37%；客车 108.64 万辆，同比增长 1.28%。此外，2024 年新能源二手车交易量突破 100 万辆大关，达到 112.8 万辆，同比增长47.97%。全年二手车转籍总量达到572.5万辆，同比增长14%。

2024年，消费者对二手车的选择更加多元化、跨区域化，二手车市场的活跃度在不断提升。与国际上二手车交易体系成熟、市场活跃的发达国家相比，我国二手车交易占比相对较低。但随着我国汽车保有量的持续增长和消费者观念的逐步转变，二手车市场正处于快速崛起阶段。随着二手车市场的不断扩大，跨区域化发展趋势明显，二手车市场对高效、专业的物流服务需求也将随之增加，这也为汽车物流企业提供了更多的发展机遇。

（二）整车物流运输结构持续优化

近年来，我国在整车运输领域持续推动结构优化，公路、铁路及水路运输充分发挥其特有优势，相互协同，逐步构建一个既高效又节能的汽车整车综合运输网络体系。2024年，汽车整车铁路发运量超过756万辆，同比增长了11.2%，占乘用车市场运量的27.4%左右。汽车整车滚装运输量为325万辆，同比下降了6.8%，占乘用车市场运量的11.1%左右。公路运输主要集中在短途支线运输，其在干线运输的份额逐渐缩减，且平均运距进一步缩短。

公路运输方面，2024年，中国物流与采购联合会汽车物流分会对行业内整车物流承运商的自有运力进行了调查，共有90家整车物流承运商参与统计调查。经统计，90家调查样本共有19044辆自有车辆运输车，其中平头车1150辆，约占调查总车辆的6.04%，占比下降1.26%；尖头车1365辆，约占调查总车辆的7.17%，占比下降1.44%；中置轴车16531辆，同比增长38.4%，约占调查总车辆的86.8%，占比增长2.7%。年发运量超过100万台车的企业有6家，约占调研企业数量的6.7%；年发运量在50万~100万台车的企业有8家，约占调研企业数量的8.9%；年发运量在10万~50万台（不含）车的企业有46家，约占调研企业数量的51.1%；年发运量在5万~10万台（不含）车的企业有16家，约占调研企业数量的17.8%；年发运量在5万台车以下的企业有14家，约占调研企业数量的15.6%。

在企业自有车辆数量方面，拥有400台以上车辆的企业，约占调研企业数量的14.44%；拥有200~400台车辆的企业，约占调研企业数量的20.00%；拥有100~200台（不含）车辆的企业，约占调研企业数量的18.89%；拥有50~100台（不含）车辆的企业，约占调研企业数量的22.22%；拥有50台以下的企业，约占24.44%。调研中，有57%的企业其单车单趟平均运距小于500公里，较去年增长了约2%。未来，将有越来越多的整车物流承运商将业务集中在短途支线运输，公路运输在干线运输中的份额将逐渐缩减。

铁路运输方面，截至2024年年底，作为我国整车铁路运输的主要承担者，中铁特货物流股份有限公司在全国拥有商品汽车装卸作业点200余个、65个物流基地，总面积超 500 万平方米。目前，该公司拥有 JSQ5、JSQ6、JSQ7、JSQ8、JNA1 等商品汽车专用运输车近 2 万辆，能够匹配各类商品汽车运输需求，年运输能力达 700 万台以上。

水运方面，截至 2024 年年底，我国共有长江滚装船 59 艘，共计 4.62 万车位数；沿海船 18 艘，共计 3.65 万车位数；由中国船东运营的远洋船 37 艘。其中，2024 年新增下水船舶 14 艘，无船舶退出市场。此外，滚装船在建工程 39 艘，受中国汽车出口强劲增长影响，远洋滚装船的需求极为迫切，目前滚装船在建工程全为远洋滚装船，总计约 31.4 万车位，计划 2025 年交付 25 艘，2026 年交付 12 艘。

随着铁水运输装备数量的逐年增加和运能的持续扩大，我国整车物流综合运输体系将快速发展。

（三）汽车供应链服务体系日益完善

随着我国汽车产业的蓬勃发展，汽车供应链管理服务需求持续增长。零部件物流作为汽车生产制造流程中的重要环节，其效率与稳定性直接影响到整个汽车产业的竞争力。然而，汽车零部件种类繁多，按功能划分可分为发动机部件、底盘系统、电气设备、车身内外饰件等。这些零部件具有形状各异、尺寸不一、重量不等的特点，且对包装、运输和存储条件有着严格的要求。例如，发动机部件多为重型且精密，需要采取特殊的防震、防压包装；车身内外饰件则多为轻质且易损，需要采取防刮、防撞措施。因此，如何针对零部件的不同特点，构建一个更安全、更稳定、更高效的汽车零部件供应链服务体系，确保零部件的准时、准确、无损送达，已成为行业企业亟待解决的重要课题。

一是快速变化的汽车零部件供应商格局。2024 年，我国零部件供应商在全球舞台上的表现再创佳绩，共有 15 家企业跻身全球零部件百强企业名单，相较于去年增加了 2 家。新上榜的中国零部件企业包括国轩高科和三花汽零。它们的上榜与中国新能源汽车产业的崛起有着密不可分的关系。其他上榜的 13 家中国企业为宁德时代、延锋、均胜电子、北京海纳川、中信戴卡、宁波华翔电子、德昌电机、德赛西威、敏实集团、诺博汽车系统、宁波拓普集团、精诚工科汽车系统以及安徽中鼎密封件。其中，宁德时代更是位列榜单第 4 名，是前 10 家企业中唯一的中国企业。其他前 4 名的企业是博世、采埃孚、麦格纳国际和电装。

近年来，我国汽车零部件产业规模持续稳步扩大，产品质量实现了显著提升，正逐步向全球汽车价值链的中高端领域坚定迈进。这一进步不仅体现在国内市场份额的稳步增长上，更在于技术创新能力的提升和国际竞争力的增强。在这一背景下，我国汽车零部件物流市场迎来了前所未有的发展机遇。一方面，新能源汽车市场的快速增长带动了零部件需求的激增，为物流市场提供了广阔的发展空间；另一方面，零部件供应链的复杂化也对物流服务提出了更高的要求，促使物流企业不断创新服务模式，提升服务质量和效率。

二是汽车零部件物流智慧化发展。随着工业物联网、云计算、大数据及人工智能等前沿技术的不断成熟与广泛应用，汽车零部件物流行业正加速迈向智能化。通过借助这些新技术与新装备，汽车零部件物流行业不断提升服务品质，实现数字化与智能化的高效运作。近年来，行业内涌现了许多通过无人驾驶技术、自动化立体仓库、自动装卸系统以及关节式机器人等机械化、自动化设备提高零部件物流效率与服务质量的成功案例。这些创新技术的应用，极大地提升了物流作业的效率与准确性。面对行业变革，汽车零部件物流企业积极投身创新实践，不断探索智慧化转型的新路径，以实现汽车零部件供应链的高效整合与资源的最优配置。这不仅推动了汽车零部件物流行业的整体进步，也为全球汽车产业的供应链优化提供了有力支持。

三是汽车售后服务备件物流市场持续扩大。随着汽车产业的快速发展，汽车保有量持续攀升，汽车后市场迎来了前所未有的发展机遇。其中，售后服务备件物流作为连接汽车制造商、经销商与消费者的重要桥梁，其重要性日益凸显。根据公安部的统计，截至 2024 年，全国机动车保有量已达到 4.53 亿辆，其中汽车数量达到 3.53 亿辆，我国已成为全球汽车保有量最大的国家。这一庞大的汽车存量市场为汽车售后服务备件物流提供了广阔的市场空间。然而，汽车售后服务备件供应链管理非常复杂。备件种类繁多，且汽车个性化趋势越发明显，单品种消费频率相对较低。同时，地域、分销渠道、消费观念及汽车本身的快速变化，都增加了汽车售后服务备件需求预测的难度。这要求物流企业具备强大的供应链整合能力，确保备件供应的及时性和准确性。高效的售后服务备件物流不仅能够确保备件的及时供应，提升客户满意度，还能降低物流成本，提高企业的竞争力。

（四）拓展海外汽车市场，提升国际物流服务能力

在全球汽车产业全球化趋势日益显著、分工不断细化、高端价值环节竞争愈发激烈的背景下，我国积极融入全球汽车产业分工体系，持续提升自主研发实力与服务水平。与此同时，汽车物流企业在确保汽车产业链与供应链顺畅运作的过程中，全面增强了自身的国际竞争力，为我国汽车产品走向世界市场提供了坚实的物流保障服务。

一是海外汽车市场创历史新高。海关总署数据显示，2024 年我国汽车出口 641 万辆，同比增长 23%，我国已成为全球最大的汽车出口国，有效拉动了行业整体的增长。另据中国汽车工业协会数据，分车型来看，2024 年我国乘用车

出口量为495.5万辆，同比增长19.7%；商用车出口量为90.4万辆，同比增长17.5%。从燃料驱动形式来看，2024年传统燃料汽车出口量为457.4万辆，同比增长23.5%；新能源汽车出口量为128.4万辆，同比增长6.7%。2024年我国汽车出口量前十的国家分别是俄罗斯、墨西哥、阿联酋、比利时、沙特阿拉伯、巴西、英国、澳大利亚、菲律宾和土耳其。2024年整车出口量前十的企业分别是奇瑞、上汽、长安、吉利、长城、比亚迪、北汽、特斯拉、江汽和东风汽车。其中，奇瑞整车出口辆最高，达114.4万辆，市场份额为19.5%。上汽、长安分别排名第二和第三，出口量分别为92.9万辆和53.6万辆，市场份额分别为15.9%和9.1%。2024年我国汽车零部件类产品出口金额累计达1056.1亿美元，同比增长6.8%。整车出口的强劲态势带动相关零部件走出国门，为我国汽车国际供应链发展提供了广阔的市场空间。

2021年以来，我国车企海外开拓持续见效，出口数量快速提升，成为拉动我国汽车产销总量增长的重要力量。2024年汽车出口呈现新能源汽车出口增长显著、自主品牌表现突出、出口市场多元化等特征，表明我国汽车产业在国际市场上的竞争力不断提升。

未来，随着全球经济的复苏和消费者购买力的提升，以及我国汽车企业不断加大研发投入、提升产品质量和品牌影响力，我国汽车出口将迎来更加广阔的发展前景。

二是持续提升汽车供应链国际服务能力。在我国汽车出口取得显著成绩的同时，我们也应清醒地认识到，我国汽车出口仍面临一些挑战和困难。

一方面，当前我国汽车出口的增长主要是阶段性的，发展质量和效益仍有较大提升空间。在运输保障、金融服务、海外售后等方面，我国汽车出口企业还需进一步完善服务体系，提升服务质量。尤其是我国海运能力不足。与超600万辆的汽车出口数量相比，无论从船舶数量还是年运输能力来看，我国汽车出口在海运上正面临“供小于求”的局面。全球滚装船的运力份额主要在日本、挪威、韩国、以色列等国家手中。由于我国汽车长期以国内贸易为主，过去对滚装船的需求量并不大。但随着汽车出口的快速增长，加之滚装船的生产周期较长，导致目前我国滚装船数量无法满足当前的海运需求。运力不足和船期的不确定性，对我国汽车企业的海外交付周期、生产计划和海外战略产生了严重影响。

为此，要加强我国滚装船建设，加大滚装船的投资和建设力度，提高滚装船的数量和运力。同时，加强与国际航运公司的合作，共同开拓汽车海运市场。除此之外，还需要加强汽车国际运输设施配套建设，完善集装箱提货和装卸处理设施，加强中欧班列与铁路笼车（JSQ型）运输形式的发展，充分发挥各自运输方式的特点与优势，为我国汽车出口提供重要的支持与保障。

另一方面，随着中国汽车在海外的热销，汽车产业链加速实施“走出去”战略。我国汽车品牌在东南亚、欧洲及新兴市场形成多点开花之势。在东南亚，泰国已汇聚比亚迪、上汽名爵、长城汽车、哪吒汽车、广汽埃安、长安汽车、奇瑞汽车、福田汽车八大品牌；马来西亚有吉利汽车、哪吒汽车、奇瑞汽车、长城汽车布局；印尼市场则吸引了哪吒汽车、上汽通用五菱、比亚迪、奇瑞汽车、长城汽车入驻；越南作为重要节点，主要由奇瑞汽车和长城汽车深耕。在欧洲，奇瑞在西班牙拓展布局，匈牙利成为比亚迪欧洲战略要地。在中亚，比亚迪大力发展乌兹别克斯坦和土耳其市场。在南美巴西市场，奇瑞、比亚迪、长城汽车形成了三足鼎立的格局。从东盟到欧亚大陆，我国汽车品牌正以多元化矩阵实现全球化突围。

然而，如何在海外市场建立稳定的供应链体系，提升本地化能力，应对文化差异、法规差异、物流基础设施建设差异等各种风险挑战，仍是我国汽车出口企业需要面对的重要课题。我国汽车出口企业需要通过加强本土化运营、深化与本地企业合作、优化物流成本、加强人才引进和培养、提升跨文化沟通能力、推动市场整合与资源共享、加强基础设施建设以及建立物流资源整合平台等措施，推动汽车产业链在海外的落地与持续发展。

（五）汽车物流标准体系不断完善

2024 年，汽车物流行业标准工作持续推进。团体标准《乘用车集装箱装箱与拆箱作业规范》（T/CFLP 0068—2024）完成报批，正式发布实施；国标《汽车零部件物流塑料周转箱尺寸系列及技术要求》（项目编号 20242352 – T – 469）、团体标准《汽车整车多式联运物流信息交换规范》（项目编号 2024 – TB – 001）正式立项，开始编写工作；对行业标准《汽车零部件物流器具分类及编码》（WB/T 1058 – 2015）进行了实施情况评估，并依据《中华人民共和国标准化法》以及国家发展改革委《关于对开展物流行业标准复审工作的复函》的相关规定，完成了标准复审。汽车物流标准体系的持续完善，有利于推动汽车物流行业健康有序发展。

二、2025 年汽车物流行业展望

2025 年作为“十四五”规划的收官之年，同时也是推动全社会物流成本有效降低的关键节点。我国宏观经济整体将保持稳中求进、以进步促稳定的良好态势。随着经济内生动力的逐步稳固，显现行业对未来发展的良好预期。现代汽车物流体系的建设是提升我国汽车产业国际竞争力的关键一环。我们要以构建高效、现代的汽车物流体系为目标，不断推进我国汽车物流行业向更高质量的方向发展。

（一）汽车市场稳中向好，汽车物流发展迎来机遇

汽车产业是我国国民经济的战略性、支柱性产业。2024 年，我国汽车产业秉持创新驱动与绿色发展的核心理念，全年汽车产销量达到了前所未有的高度，尤其是新能源汽车的年产量，历史性地迈过了千万辆大关。展望 2025 年，汽车行业站在了一个全新的十字路口，从价格战的调整到智能驾驶的落地，从新能源技术的突破到全球化布局的深化，这些趋势将重塑行业格局。得益于中央“稳中求进”的工作总基调以及“超常规逆周期调节”等强有力的政策扶持，我国汽车产业预计将保持强劲的发展势头，继续为国家的经济稳定、智能绿色转型、科技创新推进、产业链自主可控以及开放合作格局的构建等方面，做出更为显著的贡献。作为汽车产业的重要支撑，2025 年汽车物流行业将抓住机遇，全面提升自身的服务能力，确保汽车供应链能够稳定且顺畅地运行，为汽车产业的高质量发展贡献力量。

（二）汽车供应链加码补链强链

2025 年，汽车产业正步入电动化、智能化、网联化、低碳化的快速转型期，这一进程将引发汽车供应链的结构性变革。一方面，汽车供应链将进一步垂直整合，推动供应链关系向更为复杂的网状结构演变。在此过程中，具备核心竞争力的零部件企业将脱颖而出，扩大配套规模，从而在汽车供应链动态调整中实现重新定位，构建更为适宜的零整配套关系。另一方面，汽车产业将致力于构建能够快速适应市场和技术变化、具备可靠性和抗压能力的汽车供应链。汽车供应链上下游企业将形成紧密相连、高效协同的合作关系，实现资源的快速精准调配，提升整体抗风险能力。

（三）车企加速海外扩张步伐，推动汽车物流行业的转型升级

我国汽车产业正处于从出口驱动向全球化发展的关键阶段。近年来，得益于新能源汽车技术的蓬勃发展以及产业链优势的逐步累积，我国在 2023 年成功超越了日本，目前已连续 2 年居全球汽车出口国首位。一方面，车企的海外布局推动了汽车物流行业的跨国化发展，促进了全球物流资源的整合和优化；另一方面，车企对本地化服务的需求也促使汽车物流行业不断提升服务质量，满足不同地区的市场需求。为了进一步拓展汽车国际市场，我国企业正积极探索在海外建设制造基地的新路径，并不断优化其全球渠道布局与增强本地化生产能力。同时，我国汽车物流企业也将提升自身的国际服务能力，为汽车国际物流供应链的畅通运行保驾护航。

（四）汽车供应链智慧升级

近年来，我国经济以高质量发展为引领，聚焦数字产业化和产业数字化两大核心方向，全力推进数字基础设施的建设进程。在此过程中，数字经济领域的新业态与新模式如雨后春笋般涌现，数字经济与实体经济的深度融合正逐步成为激发我国经济发展新活力、打造新动能、塑造新优势的关键力量。以物联网、大数据、云计算、人工智能等为代表的前沿数字技术，正全方位、深层次地嵌入汽车供应链之中，持续为产业发展注入强大动力。未来，汽车物流将沿着专业化、协同化、智能化、绿色化的方向快速发展，推动汽车产业链供应链实现高质量发展。

（五）推进绿色低碳的汽车供应链体系建设

随着全球经济的飞速发展和环境问题的日益严峻，汽车产业作为国民经济的重要支柱，其供应链体系的绿色转型已成为实现高质量发展和“双碳”目标的关键。近年来，消费者环保意识的提升、政府环保法规的加强以及技术的不断进步，共同推动了汽车供应链向绿色低碳方向的转变。汽车供应链是一个复杂而庞大的系统，涉及原材料采购、零部件生产、整车组装、销售与售后服务等多个环节。目前，汽车供应链相关企业通过实施绿色供应链管理，优化资源配置、采用绿色技术和材料、实施节能减排措施等手段，推动实现供应链全过程的绿色化。

（中国物流与采购联合会汽车物流分会　王萌　宋夏虹）

2024 年冷链物流市场发展回顾与 2025 年展望

一、2024 年冷链物流市场发展回顾

1. 冷链物流行业市场情况

（1）行业市场。

2024 年，我国冷链物流市场整体处于承压前行、需求逐步企稳回升的震荡发展局面。冷链物流需求总量约为 3.65 亿吨，同比增长 4.30%。2020—2024 年我国食品冷链物流需求总量如图 1 所示。

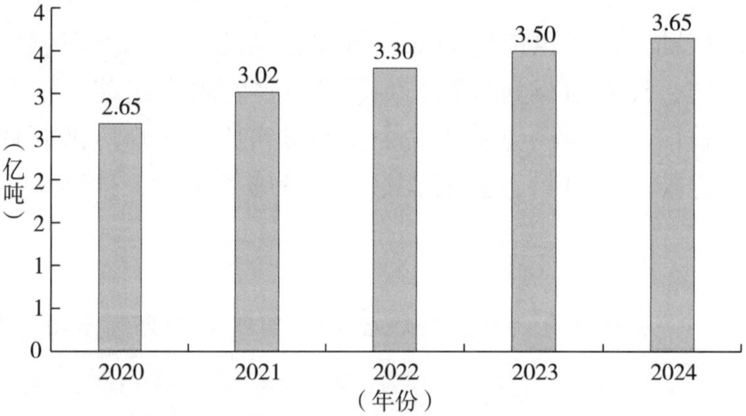

图 1　2020—2024 年我国食品冷链物流需求总量

资料来源：中国物流与采购联合会冷链物流专业委员会。

2024 年，我国冷链物流总额为 9.26 万亿元，同比增长 4.0%。2020—2024 年我国冷链物流总额如图 2 所示。

2024 年，我国冷链物流总收入为 5361 亿元，比 2023 年增长 191 亿元，同比增长 3.7%，仍保持相对稳定的增长态势。2020—2024 年我国冷链物流总收入如图 3 所示。

（2）冷库市场。

2024 年，全国冷库总容量约为 2.53 亿立方米，较上年增长 0.25 亿立方米，同比增长 10.96%。2020—2024 年我国冷库总容量如图 4 所示。全年冷库项目资金投入为 474.14 亿元，涵盖了预制菜（食品）产业园、物流园区、冷

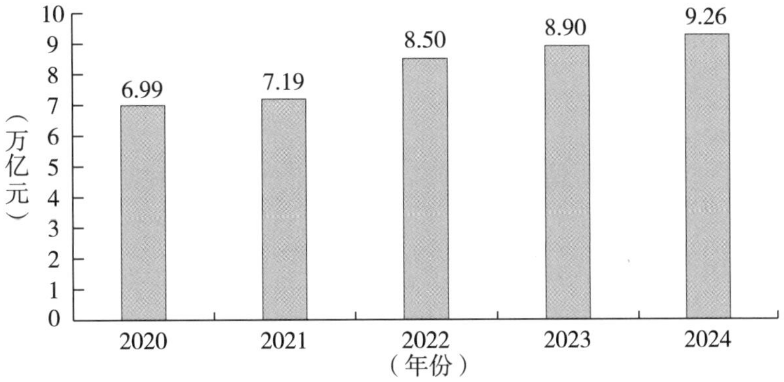

图 2　2020—2024 年我国冷链物流总额

资料来源：中国物流与采购联合会冷链物流专业委员会。

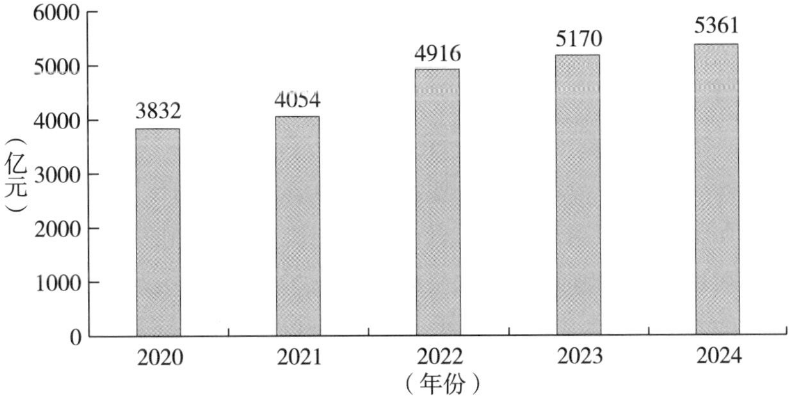

图 3　2020—2024 年我国冷链物流总收入

资料来源：中国物流与采购联合会冷链物流专业委员会。

链物流园区等多种类型，其中预制菜（食品）产业园项目最多，共计 221 个，占比为 38.2%。

据不完全统计，受冷链物流需求增长的带动，全年冷库求租量为 1759.53 万立方米，同比增长 16.51%，出租量为 3653.71 万立方米，同比增长 33.44%，供需剪刀差进一步拉大。大部分城市冷库价格较去年同期有所下降，空置率呈增长态势，部分地区存在以价换量的现象。冷库行业市场竞争激烈，冷库去存量化问题越发严峻。

在冷库求租地域分布方面，华东地区以 52% 的占比位列榜首，紧随其后的是华南地区和华北地区，占比分别为 17.2% 和 10.9%。这三大地区的求租占比总和超过了 80%，在冷库求租市场中占据绝对主导地位。冷库出租区域分布也呈现出明显的地域特征，华东、华中、华南地区的冷库出租库容位于前三位，占比分别为 40.6%、24.3% 和 17.2%。这三大区域的经济发展水平较高，城市和产业发展成熟，大量人口聚集，居民的消费能力和意愿较强。

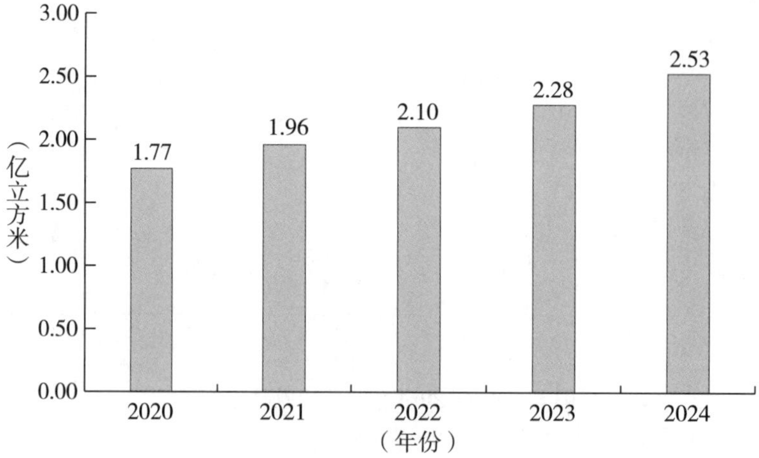

图4　2020—2024 年我国冷库总容量

资料来源：中国物流与采购联合会冷链物流专业委员会。

（3）冷藏车市场。

2024 年，全国冷藏车市场保有量达到 49. 50 万辆，较上年增长 6. 3 万辆，同比增长 14. 58%。2020—2024 年我国冷藏车保有量如图 5 所示。2024 年冷藏车销量为 62956 辆，同比增长 16. 29%；柴油冷藏车仍占据垄断地位，全年销售 36895 辆，同比下降 16. 06%，占总销量的 58. 6%；纯电动冷藏车得到爆发式增长，跃居冷藏车销量次位，全年共销售 16940 辆，同比增长 502. 22%，占总销量的 26. 91%；汽油冷藏车退居第三位，全年共销售 4693 辆，同比下降 13. 81%，占总销量的 7. 45%。年初，冷藏车市场略显低迷，随着第二、三季度冷链物流需求进入旺季，冷藏车销量企稳回升。7 月底出台的新购新能源城市冷链配送车辆补贴利好政策，极大提高了企业购置新能源冷藏车的积极性。在年底政策截止的窗口期，受新能源冷藏车的强劲拉动，第四季度的冷藏车销量得到了爆发式增长，达到 21575 辆，同比增长 80. 97%。

从区域市场冷藏车流入情况来看，2024 年华东地区冷藏车销量最高，为 17200 辆，占全国销量的 27. 32%，持续保持高位水平。华中和华南地区销量位列第二和第三，分别为 10334 辆和 9594 辆，占全国销量的 16. 41% 和 15. 24%。从各省份冷藏车市场流入分布情况来看，2024 年广东和山东冷藏车销量位列前两位，销量分别为 7250 辆和 5590 辆，占比分别为 11. 52% 和 8. 88%。与 2023 年相比，吉林和广东的销量增长迅速，分别增长 131. 97% 和 73. 2%。

全年新能源冷藏车销量为 21368 辆，同比增长 350. 8%，新能源冷藏车渗透率为 33. 9%，同比增长 25. 2 个百分点。主要流入区域是华南和西南地区，销量分别为 5456 辆和 4387 辆，占总销量的 25. 53% 和 20. 53%。其中，纯电动冷藏车在华南地区销量最高，为 5097 辆；燃料电池冷藏车在华北地区销量最

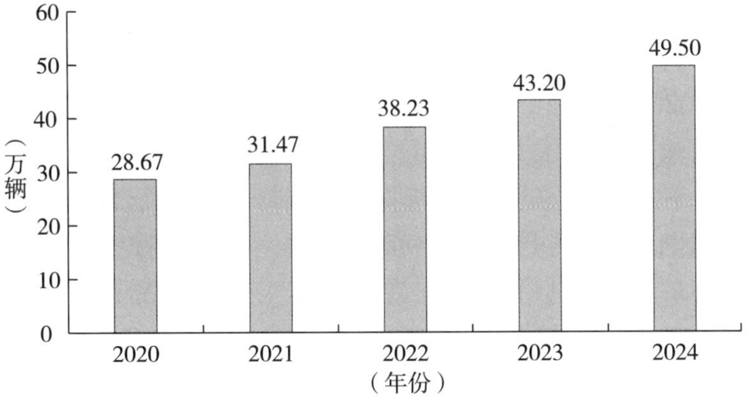

图 5　2020—2024 年我国冷藏车保有量

资料来源：中国物流与采购联合会冷链物流专业委员会。

高，为 719 辆；混动冷藏车在东北区域销量最高，柴油混动冷藏车全年销量为 340 辆。

2. 冷链物流行业分析

（1）冷链物流行业发展十大特征。

①中共中央办公厅、国务院办公厅出台《有效降低全社会物流成本行动方案》，冷链物流发展提升到新高度。

回顾我国冷链物流降本增效政策历程，“十一五”期间，冷链物流起步；“十二五”期间，物流行业快速发展，推进大型物流枢纽建设，强调企业应当注重物流降本增效；“十三五”时期，全面启动全链条冷链物流体系建设，首次提出通过鼓励和引导企业创新管理、改进工艺、节能节材等降低成本；“十四五”时期，聚焦促进物流全链条降成本以及推进结构性降成本两个方面。其中，2024 年 11 月 27 日，《有效降低全社会物流成本行动方案》的出台为行业发展提供了强有力的政策支持和战略指引。通过引入物联网、大数据、人工智能、自动化、新能源等先进技术，不断创造新技术、新材料、新设备和新工艺，升级管理模式，行业将迎来新的发展机遇，实现成本降低、效率提升和服务优化。未来，冷链物流将在保障民生、促进消费和推动经济高质量发展中发挥更加重要的作用。

②多项政策聚焦食品安全和流通监管，凸显冷链民生属性。

在产业政策方面，2024 年 3 月，市场监管总局等 6 部门联合发布《关于加强预制菜食品安全监管　促进产业高质量发展的通知》，聚焦预制菜范围、标准体系建设，强化食品安全监管，促进预制菜产业（生产加工、冷藏冷冻和冷链物流等）健康发展，保障民众食品安全。2024 年 9 月，《国务院办公厅关于践行大食物观构建多元化食物供给体系的意见》明确提出，坚守质量安全底线，提升食品全链条质量安全保障水平，切实保障“舌尖上的安全”；提升食物加工流通（含冷链物流）产业水平。

在标准制修订方面，基于“油罐车混装食品油事件”，市场监管总局（国家标准委）于2025年2月1日正式实施强制性国家标准GB 44917—2024《食用植物油散装运输卫生要求》。

在市场监管方面，国家层面市场监管总局修订通过行政规范性文件《食品经营许可审查通则》；地方层面，江苏、四川、贵州等省份修订《食品安全条例》；深圳、青岛等城市也纷纷发布关于食品生产、食品流通、餐饮服务、食品抽检安全监管工作要点等政策文件。

③我国主导首个国际冷链物流标准发布，国际影响力显著提升。

2024年11月，中国物流与采购联合会组织中国标准化研究院、中国水利电力物资集团有限公司等单位制定的《冷链物流无接触配送要求》（ISO 31511：2024）国际标准正式发布。该标准是中国在冷链物流领域发布的首个国际标准，标志着中国在冷链物流领域的技术实力和国际影响力得到了显著提升，对于增强中国在全球冷链物流规则制定中的话语权具有重要意义。具体而言，一是中国具备了技术领导力，包括现有实践认识和未来趋势的预见性。二是中国企业将更容易进入国际市场，并可能因此获得更多的行业交流和商业机会。三是有助于简化跨境交易流程，减少差异障碍，提高国际贸易便利性。

④大环境压力层层传导，倒逼冷链物流企业求新求变。

冷链需求方为了降本增效，寻求自身市场生存盈利空间，主要采取以下措施：一是通过不断创新产品，提高市场占有率，如推出混搭产品、大单品/爆品；二是减少物流环节和降低物流成本，如开设电商平台、直营店；三是商贸零售类企业不断开辟新模式，簇生冷链新业态，如无人零售、即时零售、闪电仓。

相应地，冷链物流企业应运而生冷链新模式新业态，例如，一件代发、BC一体、统仓共配、区域物流企业联动、按流量计费等。设施设备类企业为了满足物流企业降本增效和绿色低碳等要求，不断进行技术突破和创新，进而促进技术和设备的迭代升级。

⑤新消费迭代新需求，孕育冷链发展新链路。

一是新消费激发新需求。消费者，尤其是中产阶级和年青一代消费者，愿意为高品质、有机、无添加等健康食品支付更高的价格，对全程冷链提出更高要求。年轻人喜欢便捷化的网上消费，银发经济注重健康和品质，中间群体更注重高效性和性价比消费渠道。二是冷链物流转型升级孕育新链路。2024年，新签约、启动施工及在建的大规模冷库项目大多集中于预制菜/食品产业园、冷链物流园区、食品加工配送中心、中央厨房、冷链供应链枢纽和多温区冷库群等业态。三是商流新需求推动冷链迭代升级。餐饮类深耕二三线市场，抢占四五线城市要求冷链仓配下沉；生鲜电商、直播带货、新零售等激增了C端消费；餐饮冷/热配送、特殊人群专用冷链产品等簇生了定制化配送；“最后一公里”即时配成为新趋势；上下游企业抱团出海形成新需求。四是AI、人工智能、数字科技等新技术叠加绿色低碳可持续发展新要求将加速驱动冷链新需求。

⑥产业融合发展不断深化，行业进入生态化发展时代。

冷链生态圈协同发展步入黄金期，这不仅是技术进步和市场需求驱动的结果，也是政策支持和企业创新共同努力的成果。各环节各主体间横向加强竞合、纵向加深融合，通过抱团发展，协同共赢，优化升级冷链供应链体系，有效实现降本增效。一方面，冷链需求方拓展物流板块，提高自身供应链韧性和稳定性；另一方面，冷链物流企业向前延伸生产端，向后拓展服务端，提高冷链一体化服务能力。例如，2024年7月22日，华鼎冷链科技被锅圈实业全资收购，这一举措将进一步强化锅圈食汇的供应链能力，解决最后一公里配送难题，保证县乡门店货品供应，推动锅圈食汇业务扩张和国际化战略，提升品牌影响力，为万店锅圈进一步扩张提供“硬支撑”。快行天下在专业提供多温仓配、定制端到端流通的基础上，自建生鲜加工中心，延伸提供来料加工、备货加工、定制加工等业务。

⑦国内由增量发展进入存量发展阶段，冷链出海在行动。

国内冷链市场竞争激烈，已进入存量发展阶段，市场上超过80%的冷链物流企业仍在争夺有限的存量市场，利润率下降。为了寻求第二增长曲线，一方面，企业需要更加注重服务质量、成本控制和技术升级，通过差异化竞争来获取市场份额。另一方面，企业需要积极寻求海外新增量市场。

在冷链上游端，餐饮企业通过布局原料直采基地、连锁店等形式拓展海外市场；食品生产、零售企业通过协同经销商及贸易商、并购当地企业、设立研发生产基地等进行海外扩张。2024年，中游冷链物流企业通过收购、合资共建、加盟、自建、协同上游供货商等形式寻求海外新增量。

在下游端，冷库、冷藏车、配套等设施设备类企业通过海外建厂、代理经销商等实现“产品出海”和“制造出海”，不断增强“中国制造”的影响力。

⑧政策与市场双驱动，冷链新能源发展迎来加速度。

2024年，冷藏车销量为62956辆，同比增长16.29%。其中，新能源冷藏车销量为21368辆，同比增长350.8%。其中，纯电动冷藏车得到爆发式增长，跃居冷藏车销量次位，全年共销售16940辆，同比增长502.22%，占总销量的26.91%。暴增的主要原因有新能源车补贴、氢能源试点、路权优势以及充电桩等基础设施不断完善等。例如，《交通运输部 财政部关于实施老旧营运货车报废更新的通知》明确，对仅新购新能源城市冷链配送货车补贴标准为3.5万元/辆。北京市交通委员会、市公安局交管局、市商务局、市生态环境局联合印发《关于本市五环路内新能源物流配送车辆优先通行的通告》，明确发放新能源货车昼运通行证及给予时段性通行便利。随着技术进步、基础设施完善、政策支持和市场需求的共同作用，新能源冷藏车有望在未来几年内实现更快速的发展，成为冷链物流行业的重要增长点。

⑨ESG 正成为企业发展“新名片”，可持续发展任重而道远。

在冷链物流领域，ESG 不仅是一种社会责任，而且已成为部分客户遴选合作供应商的必要条件。相较于美冷（Americold）等全球 TOP10 企业中 90% 已进行 ESG 实践，例如，使用氨制冷剂，其全球变暖潜能值（GWP）为 0，中国冷链行业的 ESG 体系实践，仅局限于部分头部企业的部分环节。2024，万纬物流、荣庆物流相继发布企业首份 ESG 方面的报告。但由于行业日益内卷，上游需求方卷价格、卷原材料及人工成本，首先会波及冷链领域。冷链物流费用被一压再压，ESG 的实施更是难上加难。此外，中国物流与采购联合会冷链物流专业委员会 ESG 工作组正式成立，并发布《中国冷链物流企业推进 ESG 工作管理倡议书》，将为冷链物流行业的 ESG 发展注入新的动力。

⑩产教融合和科教汇融双驱动，推动人才培养创新发展。

过去 20 年，冷链物流从出道到出圈，随着产地预冷、原材料保鲜、预制菜产业、食品加工、生鲜电商、社区团购、直播带货、即时零售等渠道的不断升级，生产性冷链服务市场的需求急速增长，不断簇生冷链物流新场景、新业态、新模式、新赛道。与此同时，冷链人才缺口极大，无法有效匹配行业急速发展新需求。当前正在从校企合作共建实训基地、双导师制度、定制化课程开发、用人对接等产教融合方面着手，从联合科研、智能化仿真教学、建立创新实验室等科教汇融方面，加强冷链物流从产地端到销地端的科学研究、学科教育及产业适配三方协同发展，做好冷链采购与供应链管理、冷链运营、冷库管理、冷链运输、质量控制、物流信息管理及流程优化等全方位人才培养。

（2）冷链物流行业存在的问题。

一是从运行体系来看，缺乏科学统筹规划，冷链基础设施资源浪费和分布不均并存；覆盖全国的骨干冷链物流网络尚未完全形成，三级冷链物流节点设施网络化运行程度不够，与“通道 + 枢纽 + 网络”现代物流运行体系融合不足。

二是从行业链条来看，产地端缺预冷设施和运营，商品化处理设施滞后；传统农产品批发市场等流通端的信息化程度低，管理缺失，运输设施设备和作业专业化水平有待提升；销地端保鲜设施水平参差不齐，大中城市的冷链物流体系不健全，缺乏有效监管。

三是从企业经营角度来看，冷链物流仓储用地审批难，冷藏车市内路权受限、上保险难，冷库液氨制冷剂使用批复难等问题普遍存在；同质化服务普遍，业务创新不够；专业化、规模化发展程度不高，国际竞争力不强；运营成本较高，科技创新亟待升级。

四是从监管角度来看，当前存在多头监管、监管责任划分不明确、监管缺位等问题。标准体系中强制性标准少，推荐性标准多，部分标准缺失，衔接不够，导致行业规范程度不高，标准落地难。冷链物流环节多，涉及链条主体复杂，劣币驱良币现象突出。

二、冷链物流 2025 年展望

在国家发展层面：以高质量发展为核心，乡村振兴、制造强国、自主创新、美丽中国、数字中国、区域协调发展、降低全社会物流成本等战略深入实施，推动冷链物流作为基础性、战略性、先导性产业，深入融合到我国现代农业、食品工业等的产业转型与升级发展中，推进中国式现代化建设。

在全球竞合层面：可持续发展已成为全球共识，中国通过“一带一路”倡议、RCEP、双循环发展、数字丝绸之路、国际产能合作等战略拓展国际发展空间，促进全球贸易稳定、国际合作和地缘政治平衡。

2025 年是《“十四五”冷链物流发展规划》实施的收官之年，冷链物流高质量发展即将进入“新冷链”时代。在这一时代背景下，冷链物流关键要素将得到升级和重构，即以设施设备及网络化建设日益完善为基础，以互联网、物联网、人工智能、云平台、大数据、移动支付等新技术成熟为支撑，以供应链数字化协同共享发展为关键，同时结合机械化、自动化与标准化等传统要求，充分调动资源，满足个性化即时性新需求，有效支持现代农业、食品、医药医疗、化工等产业的生产、加工、流通、销售等各个环节的商业创新，推动冷链行业绿色、高效、安全和可持续运行。

在国内国际双循环新发展格局下，在政策与市场双轮驱动下，在创新理念引领下，冷链物流作为朝阳产业，将朝着以下方向发展。

第一，智能化。AI 将广泛应用于需求预测、路径优化和库存管理，提升冷链物流效率和精准度；大数据将帮助企业更好地理解市场需求和供应链动态；物联网将实时监控温度、湿度、位置等数据，提高透明度和可追溯性，确保货物在运输和存储过程中的品质与安全；自动化仓储系统、无人驾驶卡车和无人机配送将逐步普及，降低人工成本并提高效率。

第二，绿色化。整个行业将要从冷链设计、材料使用、（车/库）装备制造和使用、园区建设、运营管理等全生命周期全方位开展节能减排，实现从源头减碳—过程降碳—末端固碳的全过程绿色低碳发展，助力冷链物流高质量发展。其中，新能源冷藏车，尤其是电动冷藏车和氢能冷藏车发展势头迅猛；低碳冷库和零碳园区等是重要抓手。

第三，一体化。冷链生态圈协同发展步入黄金期，各环节各主体间横向加强竞合、纵向加深融合，通过抱团发展，协同共赢，优化升级冷链供应链体系，有效实现降本增效。冷链物流企业将加快向一体化综合服务商转型，提供从仓储、运输、配送到加工、包装、信息管理等一站式服务，满足客户多元化需求，提升服务质量和客户黏性。

第四，平台化。冷链物流平台将加速崛起，整合行业资源，打破信息孤岛，实现资源共享和协同发展。具体通过整合冷链物流资源（如冷库、冷藏车、配送网络等），实现资源共享和高效利用，满足客户多样化需求；为中小型冷链物流企业提供技术、资源和市场支持，帮助其提升竞争力；为客户提供增值服务，如市场洞察、供应链金融等。

第五，国际化。随着“一带一路”高质量发展和 RCEP 等深入推进，中国冷链生态圈上下游企业以原材料及产品出海，海外建厂，代理商、经销商及零售商，技术设备出海等形式加快“走出去”步伐，拓展海外市场，构建全球冷链物流网络，促进供应链出海，积极参与国际竞合，提高我国在全球的供应链韧性和竞争力。

第六，定制化。生鲜食材、食品、医药等不同行业对冷链物流的需求各异；冷链物流企业将根据不同品类、不同客户的需求，提供个性化的解决方案，满足不同场景下的冷链物流需求；客户需求多样化，消费者对产品新鲜度、安全性的要求不断提高，对冷链物流服务提出了更高要求；针对不同国家的法规，提供定制化外贸通关和冷链服务。

第七，社区化。社区便利店、社区团购、社区直通车、生鲜电商、直播电商等快速发展，将推动冷链物流向社区延伸；社区医疗、家庭健康管理等需求增加，推动医药冷链物流向社区下沉；前置仓、社区（共享）冷柜等末端冷链设施的加速布局，将不断满足消费者即时性、便捷性的消费需求。此外，供应链产销渠道下沉三四五线城市和村镇，持续提高城乡居民的社区便利化消费。

第八，品质化。冷链物流的品质化发展是行业适应消费升级、技术进步和市场竞争的必然选择。冷链物流企业通过全流程、全环节、全场景的高标准设施设备、温控精度、时效性和服务质量的精细化运营和管理，保障产品新鲜度和安全性，同时推动行业向更高效、更安全、更可持续的方向发展。

第九，标准化。未来将会加强对冷链物流过程的标准化管理，提高冷链物流的服务质量和效率。包括建设标准化的农产品冷链物流设施，提高物流效率和安全性；建立健全服务标准体系，规范物流服务行为，提高服务质量；优化物流流程，提高物流效率和降低运营成本；建立完善的质量追溯系统，实现对冷链产品生产、加工、储存、运输等各个环节的质量控制和可追溯，提高产品的质量安全水平，提高客户信任度，以规范冷链物流市场秩序，提高整体水平。

第十，人才化。人才是推动冷链行业发展的第一动力。《“十四五”冷链物流发展规划》明确，要加大复合型冷链物流人才培养力度，完善政产学研用结合的多层次冷链物流人才培养体系。除此之外，还应该做好引进人才、留下人才和使用人才等工作，提升行业人力资源整体水平。

（中国物流与采购联合会冷链物流专业委员会　秦玉鸣）

2024 年医药物流市场发展回顾与 2025 年展望

2024 年是全面贯彻落实党的二十届三中全会精神的开局之年，是实施“十四五”规划的关键一年。党的二十大报告明确指出要推进健康中国建设，把保障人民健康放在优先发展的战略位置，扎实推进大健康产业规范、快速、可持续发展，为中国式现代化筑牢健康根基。在此背景下，医药产业驶向高质量发展快车道，医药物流行业迎来新的发展机遇与挑战。

一、2024 年医药物流市场发展回顾

（一）医药供应链主要发展特点

1. 医药工业市场规模回归常态

2024 年，在国家宏观政策发力、经济结构向优及科技产业融合发展等多重因素的驱动下，医药行业市场规模恢复向好，但医药工业发展仍面临诸多挑战，急需克服困难重回稳定增长的轨道。根据国家统计局数据，2024 年规模以上医药制造企业营业收入达 25298. 5 亿元，基本与去年持平（见图 1）；利润总额达 3420. 7 亿元，同比下降 1. 1%。

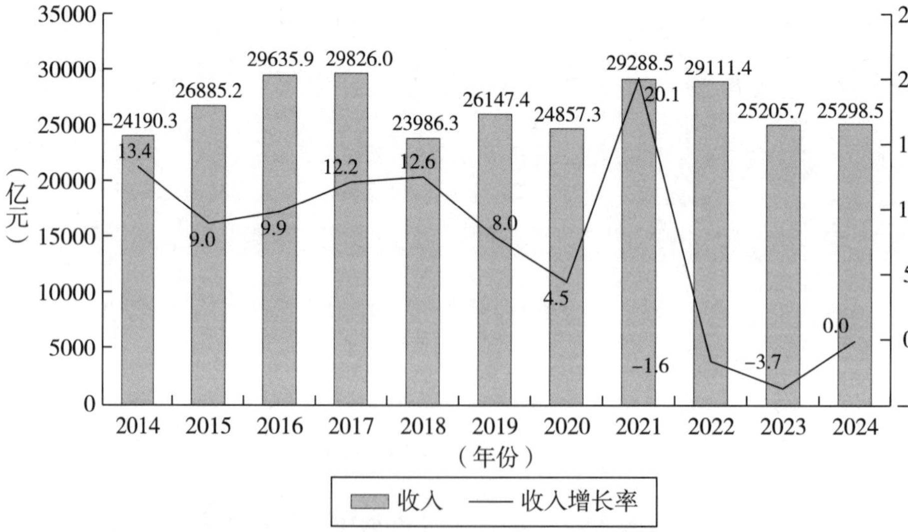

图 1　我国规模以上医药制造企业收入增长情况

注：增长率按可比口径计算。

数据来源：国家统计局。

2. **医药流通行业平稳发展**

商务部数据显示，2023 年全国医药流通市场销售总额为 2.93 万亿元，扣除不可比因素同比增长 6.50%，预计 2024 年全国医药流通市场销售总额将达 3 万亿元，同比增长 3.00%，增速有所下降（见图 2）。我国医药流通市场迈入平稳发展阶段，行业不断整合优化，预计集中度达 46%，但相较发达国家，我国的集中度仍较低。

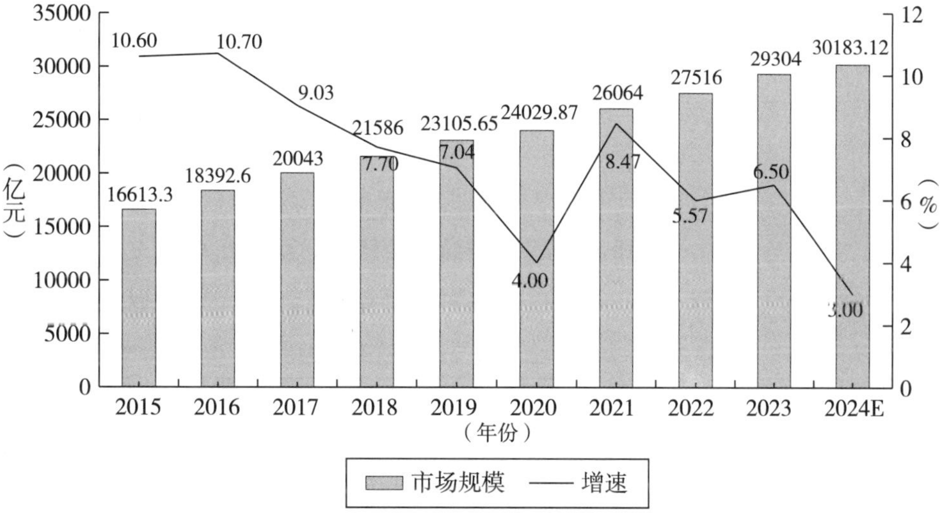

图 2　我国医药流通市场规模及增速统计

数据来源：商务部、中国物流与采购联合会医药物流与供应链分会。

3. **医药终端市场中公立医院仍居于绝对主导地位**

米内网数据显示，2024 年我国三大终端药品销售总额约为 18638 亿元，同比下降 1.2%。其中，公立医院药品销售额占比约为 59.8%，同比下降 1.5 个百分点；零售药店药品销售额占比为 30.8%，同比增加 1.5 个百分点；公立基层医疗药品销售额占比为 9.4%，与去年持平，三大终端市场销售结构仍以公立医院为主（见图 3）。

4. **零售药店市场中网上药店销售额大幅增长**

2024 年，预计零售药店终端药品销售额约为 5739 亿元，同比增长 3.7%（见表 1）。其中，实体药店市场药品销售额达 4981 亿元，同比增长 2.3%，网上药店市场药品销售额达 758 亿元，同比增长 14.3%。

5. **医药电商市场规模高速增长**

2023 年，我国医药电商行业迎来里程碑时刻——国家《"十四五"全民健康信息化规划》明确支持"互联网 + 医疗健康"的发展，叠加处方外流、医保在线支付试点扩容等政策，医药电商赛道正以年均超 10% 的增速狂飙突进，市场迎来巨大增量。预计 2024 年医药电商市场交易规模达 2600 亿元，同比增长 4.5%（见图 4）。

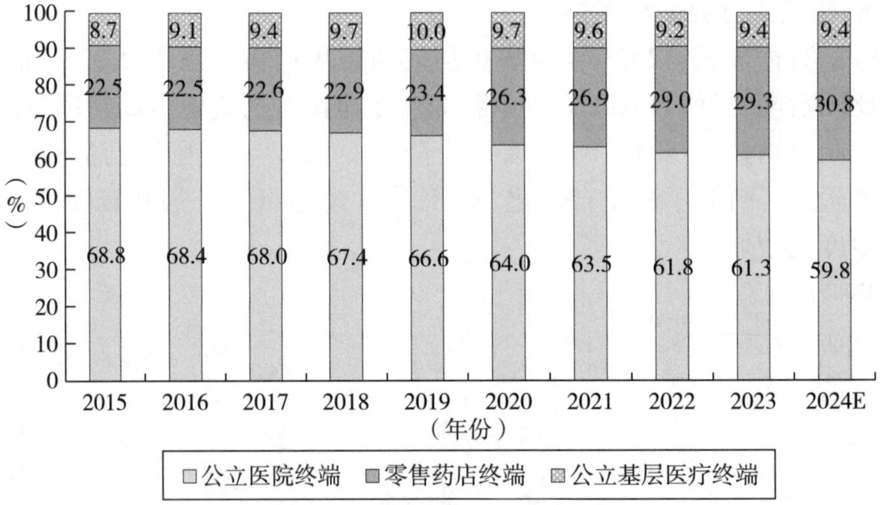

图3　三大终端药品销售额占比

数据来源：米内网。

表1　　2016—2024年三大药品终端销售额及增速

年份	零售药店终端		其中：实体药店		其中：网上药店	
	销售额（亿元）	增速（%）	销售额（亿元）	增速（%）	销售额（亿元）	增速（%）
2016	3375	8.5	3327	8.1	48	50.0
2017	3647	8.1	3577	7.5	70	45.0
2018	3919	7.5	3820	6.8	99	41.4
2019	4196	7.1	4058	6.2	138	39.4
2020	4330	3.2	4087	0.7	243	76.1
2021	4774	10.3	4405	7.8	368	51.5
2022	5209	9.1	4702	6.7	507	37.6
2023	5533	6.2	4870	3.6	663	30.8
2024E	5739	3.7	4981	2.3	758	14.3

数据来源：米内网。

（二）新格局下医药物流发展变化

1. 医药物流总额持续增长

随着医药行业市场运行回归常态，医药物流逐步趋于稳定。预计2024年我国医药物流费用总额约为1050亿元，同比增长4.99%（见图5）。

2. 医药物流基础设施投资更加理性

为提高医药物流效率和质量，我国大力推进医药物流基础设施建设。目前

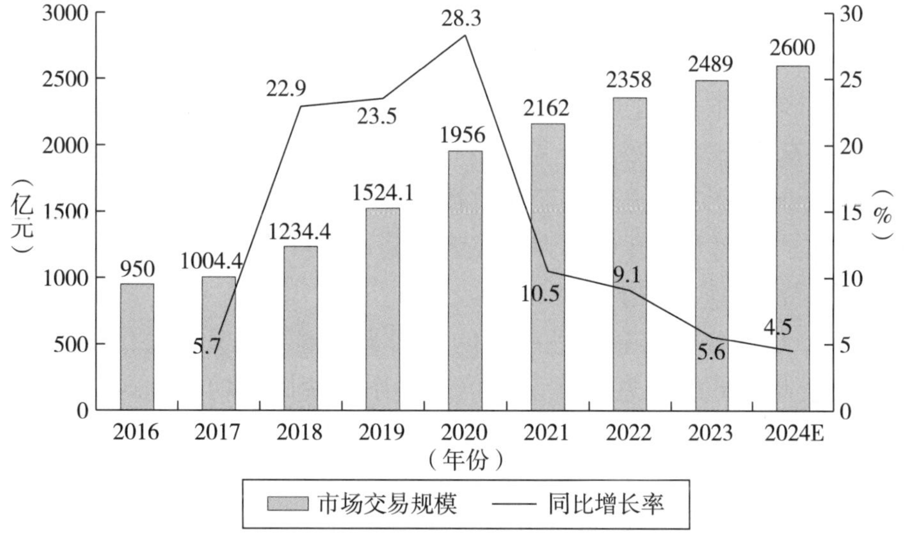

图 4　2016—2024 年我国医药电商市场交易规模统计及增长情况

数据来源：中国物流与采购联合会医药物流与供应链分会。

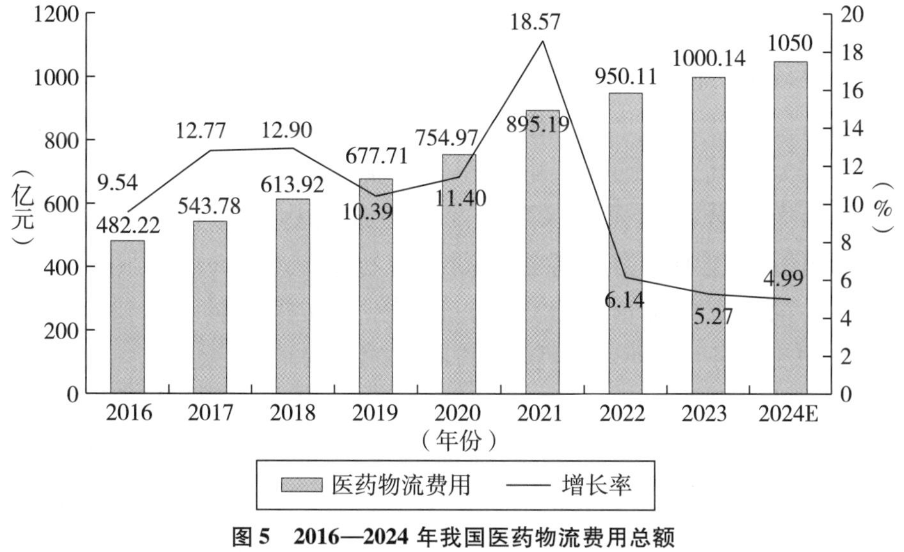

图 5　2016—2024 年我国医药物流费用总额

数据来源：中国物流与采购联合会医药物流与供应链分会。

已形成了以医药物流中心、仓储设施、运输车辆、信息系统等为主体的医药物流体系。

（1）医药物流中心。

商务部数据显示，全国医药物流直报企业中，不同类型的医药物流中心数量逐年递增，但增速有所下降。预计到 2024 年，医药物流中心数量将达到 1320 个，主要分布在京津冀、长三角、珠三角、中部等地。初步预计 2024 年我国医药物流仓储面积约为 2550 万平方米，同比增长 2%，主要为仓库改建新增面积。

（2）医药物流车辆。

我国医药物流运输能力持续增强。2024年，预计我国医药物流运输自有车辆数量约为45800辆，同比增长2.2%左右，车辆市场逐步趋于饱和，增速较小。其中，我国医药自有冷藏车数量为16000辆，占比为34.93%，冷藏车比重的增加也凸显了行业企业对冷链药品运输重视程度的持续提升。此外，新能源车辆的优势逐渐显露，应用力度开始加大，成为医药运输行业的一大发展趋势。

（3）医药物流信息系统。

2024年，预计各类信息管理系统的使用率将继续提升。整体上，行业企业已基本完成企业内部的信息化建设，信息化系统使用率均超过60%。但是，信息化系统覆盖率有待进一步扩大，只有进一步提高医药物流整体的信息化水平，才能实现行业整体的高效率、高水平发展。

3. 药品第三方物流行业稳步发展

自2016年国务院出台《国务院关于第二批取消152项中央指定地方实施行政审批事项的决定》取消了“从事药品第三方物流业务批准”的行政审批事项以来，药品第三方物流行业快速发展。药品第三方物流监管是确保药品质量安全的重要环节，国家药品监督管理局负责制定监管政策及规范，对全国范围内的药品第三方物流企业进行指导和监督。各省级药品监督管理部门负责辖区内药品第三方物流企业的准入审批和日常监管，并开展监督检查、飞行检查等工作，确保企业合规运营，保障药品在流通过程中的安全性和有效性。然而，在实际监管过程中，由于各省区间存在标准缺失、标准尺度不一等问题，对受托的药品第三方物流企业的资质、软硬件、机构人员等的要求不同，导致药品第三方物流业务尚未形成全国性的运营模式。

2023年，国家市场监督管理总局发布《药品经营和使用质量监督管理办法》（以下简称《办法》）为推动药品流通行业高质量发展，构建全国统一大市场，《办法》明确了委托储运、异地设库等工作要求，在坚持属地监管原则的基础上，进一步强化跨省监管协同。《办法》明确，从事药品第三方物流业务必须具备现代物流条件，必须具有相应的软硬件设备和信息系统；企业可以跨省开展委托储运业务，且《办法》明晰了监管责任。随着《办法》的正式实施，国内将有一批省份和企业面临药品现代物流体系升级的问题，药品第三方物流业务也将在全国层面成为一种常态化的经营模式。未来，随着政策的不断完善和技术的持续进步，药品第三方物流将朝着更加规范化、智能化的方向发展。

4. 医药冷链物流总额持续增长

近年来，我国医药冷链产品的需求不断增加，市场规模不断扩大，拉动我国医药冷链行业向专业化、一体化方向发展。经分会不完全统计，2024年，预计我国医药冷链市场规模约为6500亿元，同比增长7.8%，增长动力主要来自生物制药、疫苗等高附加值药品需求的激增，以及新药研发加速带来的冷链物流需求的扩张。据分会预测，2024 年，我国医药冷链物流费用总额为 310 亿元，其中医药流通冷链物流费用为 273 亿元，同比增长 5.0%（见图 6），医药研发冷链物流费用为 37 亿元，同比增长 10.5%。

在政策、技术与市场需求的多重驱动下，医药冷链物流行业正进入高速发展期。未来需持续强化技术应用、优化成本结构、完善区域布局，并依托国际合作提升全球竞争力，以实现高质量可持续发展。

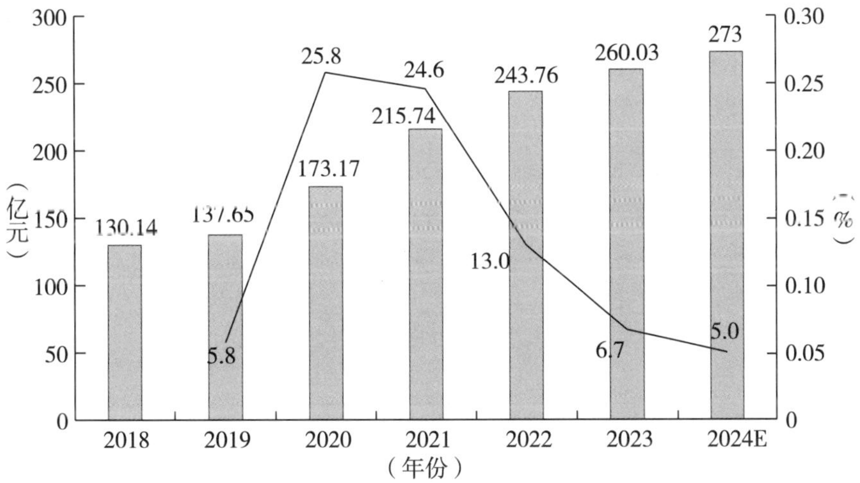

图 6　2018—2024 年我国医药流通冷链物流费用总额

数据来源：中国物流与采购联合会医药物流与供应链分会。

5. 医药物流行业标准化建设日趋完善

截至目前，全国物流标准化技术委员会医药物流分技术委员会已牵头制修订 15 项医药物流标准，涉及设施设备验证、药品物流、冷链物流、医药冷藏车、阴凉箱、保温箱、质量管理审核、医药物流人才等方面（见表 2）。通过以上标准的发布、实施、修订，我国医药物流标准化实现了从无到有、从有到优的发展历程，有效提高了我国医药物流标准化水平。

表 2　中国物流与采购联合会医药物流与供应链分会医药冷链相关标准制修订情况

标准类型	标准名称	标准编号（项目编号）	制定情况（发布日期）	实施日期
国家标准	《医药产品冷链物流温控设施设备验证 性能确认技术规范》	20232423 – T – 469	修订阶段	—
	《药品冷链物流运作规范》	GB/T 28842—2021	2021 – 11 – 26	2022 – 06 – 01
	《药品物流服务规范》	GB/T 30335—2023	2023 – 09 – 07	2023 – 09 – 07
	《医药物流质量管理审核规范》	GB/T 42502—2023	2023 – 03 – 17	2023 – 03 – 17
	《药品冷链物流追溯管理要求》	20232390 – T – 469	制定阶段	—

续 表

标准类型	标准名称	标准编号（项目编号）	制定情况（发布日期）	实施日期
行业标准	《药品阴凉箱的技术要求和试验方法》	WB/T 1062—2016	2016-10-24	2017-01-01
	《药品冷链保温箱通用规范》	WB/T 1097—2018	2018-07-16	2018-08-01
	《道路运输 医药产品冷藏车功能配置要求》	WB/T 1104—2020	2020-05-11	2020-06-01
	《疫苗储存与运输服务规范》	WB/T 1144—2024	2024-11-04	2024-12-01
	《网络零售药品配送服务规范》	WB/T 1146—2024	2024-11-04	2024-12-01
	《药品物流 货物安全保障要求》	303—2024-001	制定阶段	—
	《试验用药品物流服务规范》	303—2024-002	制定阶段	—
团体标准	《医药冷藏车温控验证性能确认技术规范》	T/CFLP 013—2018	2018-04-11	2018-05-01
	《医药物流从业人员能力要求》	T/CFLP 0034—2022	2022-04-11	2022-04-20
	《质量分级及“领跑者”评价要求 药品冷链物流服务》	T/CFLP 0045—2022 T/CSTE 0119—2022	2022-09-01	2022-09-05

数据来源：中国物流与采购联合会医药物流与供应链分会。

（三）医药物流面临的挑战

在政策和市场的双轮驱动下，我国医药供应链发展形势总体向好，但仍面临挑战，诸如药品信息化追溯体系建设待健全、缺乏统一的验证标准和规范、医药物流专业人才短缺、医药冷链物流区域发展失衡、新技术应用与企业转型难度大等。

1. 药品信息化追溯体系建设待健全

药品追溯码是药品被赋予的唯一标志信息。目前，我国药品追溯体系已覆盖超99%的医药生产企业，在实现来源可查、去向可追方面发挥了重要作用，但药品信息化追溯体系建设仍有待健全。一是各环节标准不统一，不同企业或地区采用的追溯编码规则、数据格式、信息采集方式等存在差异，导致各环节数据对接困难，信息流通不畅，难以实现全链条追溯。二是追溯码标识方式不统一，目前市场上存在中国药品电子监管码、码上放心追溯码等多种药品追溯码，标注形式多样，增加了追溯的复杂性。三是追溯信息覆盖不全面，部分追溯码未能覆盖药品的生产批号、有效期等关键信息，影响了追溯的准确性和完整性。四是国际追溯能力不足，现有追溯体系未充分考虑国际药品交易问题，无法实现全球追溯，增加了进口药品的追溯难度。

2. 缺乏统一的验证标准和规范

国内不同地区、不同企业执行的标准参差不齐，行业内部缺乏统一的操作规范和技术标准，导致不同企业之间的操作存在差异，药品质量存在潜在风险，且难以形成统一的管理和监管。此外，不同国家或地区对冷链药品温度范围、验证流程等的要求存在差异，跨国运输时易引发合规风险，影响国际化发展进程。在验证方面，由于药品冷链物流设施设备的类型、品牌、型号、使用环境等因素的不同，其验证标准和要求也不同，存在重复验证的现象，从而导致验证成本较高、及时性差等问题。

3. 医药物流专业人才短缺

医药物流涉及医药、物流、管理等多个领域的知识，随着科学技术的飞速发展，医药物流企业需要既懂医药物流业务又掌握相关技术的复合型人才，如熟悉人工智能、大数据分析、自动化设备操作与维护的人员。然而，高校缺乏对口专业、行业教育培训体系不完善、人才培养周期长、人才培养滞后等因素，导致行业人才供不应求。随着医药物流行业的快速发展，专业人才短缺的问题日益突出，这限制了医药物流企业服务水平和管理能力的提升。

4. 医药冷链物流区域发展失衡

我国已建立了覆盖全国的医药冷链物流网络，冷藏库、冷藏车等基础设施建设能满足大多数药品的储运需求，但区域性发展失衡，各省市在基础设施、经济水平、政策支持等方面的发展存在显著差异。东部沿海地区经济发达，冷链设施完备，冷库、冷藏车数量多，医药产业集聚，需求旺盛，能吸引众多大型与专业冷链企业入驻。相比之下，中西部地区经济发展滞后，冷链建设资金匮乏，基础设施薄弱，冷库覆盖率远低于东部，导致当地运营与管理水平受限，区域差距进一步拉大。

5. 新技术应用与企业转型难度大

随着新技术的不断涌现，医药物流企业需要持续投入资金和资源进行技术更新升级和企业内部的转型升级，如引入自动化设备、智能仓储系统、大数据分析平台等，但由于成本高且技术更新换代快，企业可能面临设备和技术过早淘汰的风险。另外，新技术的应用将产生大量的数据，如药品信息、物流轨迹、客户信息等，医药物流企业要保障数据安全，防止数据泄露、篡改，同时，需要对海量数据进行有效管理和分析，挖掘数据价值以用于决策优化。因此，医药物流企业面临数据存储、加密、备份及数据分析处理能力的挑战。

二、重点政策对医药物流行业的影响

2024 年，中共中央办公厅、国务院、商务部、国家药监局、国家医保局、国家中医药局等相关部委发布了一系列医药行业相关政策，旨在建立全面、系统、科学且适合医药行业发展需求的政策体系，以保障人民群众的用药需求，推动医药产业高质量发展。2024 年医药供应链相关重要政策见表 3。

表 3　2024 年医药供应链相关重要政策

类别	名称	发文/成文月份	发文机构
新药研发及审评审批	《关于优化药品补充申请审评审批程序改革试点工作方案的通知》	2 月	国家药监局
	《优化已在境内上市的境外生产药品转移至境内生产的药品上市注册申请的申报程序》	4 月	国家药监局
	《国家药监局关于进一步优化临床急需境外已上市药品审评审批有关事项的公告（征求意见稿）》	6 月	国家药监局
	《全链条支持创新药发展实施方案》	7 月	国务院
	《健康中国行动 2023 年工作要点》	3 月	国家卫健委
医疗保障与支付	《按病组（DRG）付费分组方案 2.0 版和按病种分值（DIP）付费病种库 2.0 版》	7 月	国家医保局
	《关于做好 2024 年城乡居民基本医疗保障有关工作的通知》	8 月	国家医保局、财政部、国家税务总局
	《关于进一步加强异地就医直接结算管理服务的通知》	6 月	国家医保局、财政部
	《国家基本医疗保险、工伤保险和生育保险药品目录（2024 年）》	11 月	国家医保局、人力资源社会保障部
药品集采	《关于加强医药集中带量采购中选产品供应保障工作的通知》	1 月	国家医保局
	《医药集中采购平台服务规范（1.0 版）》	2 月	国家医保局
	《第十批国家组织药品集中带量采购产生拟中选结果》	12 月	国家药监局
药品监管	《药品监督管理行政处罚裁量适用规则》	2 月	国家药监局
	《关于加强医疗监督跨部门执法联动工作的意见》	3 月	国家卫健委等 9 部门
	《全国公立医疗卫生机构药品使用监测管理标准》	5 月	国家卫健委
儿童用药	《关于推进儿童医疗卫生服务高质量发展的意见》	1 月	国家卫健委
	《关于开展儿童参加基本医疗保险专项行动的通知》	3 月	国家医保局
	《第五批鼓励研发申报儿童药品清单》	9 月	国家卫健委等 3 部门
中药行业	《地区性民间习用药材管理办法》	5 月	国家药监局、国家中医药局
	《中药标准管理专门规定》	7 月	国家药监局
	《中药生产监督管理专门规定（征求意见稿）》	11 月	国家药监局

数据来源：官方网站。

如《药品监督管理行政处罚裁量适用规则》全面推行药品行政裁量基准制度，旨在推进药品安全治理体系和治理能力现代化，规范药品行政处罚裁量权，进一步提升药品监管行政处罚裁量适用的科学性、系统性和规范性。《关于加强医疗监督跨部门执法联动工作的意见》提出深入推进跨部门综合监管要求，要求相关部门主动履职、密切配合，防止出现监管空白，以提升监管的精准性和有效性。

国家高度重视医药产业的高质量发展，并为其提供了良好的政策环境。2024 年，国家层面涉及医疗、医药、医保、医改等相关政策近 270 条，省级层面发布相关政策 1300 余条。这些政策涵盖医保目录、药品集采、新药研发、审评审批、儿童用药等细分领域。完善的政策基础对于持续推动我国医药行业稳健增长，构建安全稳定、畅通高效的医药供应链体系发挥了重要作用。

三、医药物流 2025 年展望

医药物流作为我国医药行业的重要组成部分，在保障药品质量与安全方面发挥了重要作用。新时代背景下，医药物流呈现出以下发展趋势。

1. 合规发展成主旋律

近年来，医药行业的政策持续完善，监管水平持续提高，国家对医药物流行业的监管将更加严格，从药品质量追溯、冷链运输管理到物流企业资质审核等方面，都将出台更加细化的政策法规，从而促使医药物流企业加强内部管理，提升合规运营水平。面对压力，企业将积极主动地提升自身综合实力，优化企业内部管理制度，建立完善的质量管理体系、风险防控体系和人员培训体系。

2. 物流供应链协同联动

近年来，国家高度重视物流业与多种业态的深度融合创新发展，致力于提升物流业在促进实体经济降本增效、供应链协同、制造业高质量发展等方面的作用。医药物流企业将顺应发展趋势，加大与药品生产企业、批发企业、零售企业等供应链上下游企业的深度合作，通过建立战略合作伙伴关系，共同优化物流流程，降低物流成本，提高药品供应的及时性和稳定性，实现资源共享、信息互通，营造物流与产业互促发展的新生态，提高供应链的协同效率和竞争力。

3. 创新技术应用加速

科技是物流业发展的重要引擎。未来，医药物流行业将加快推动大数据、人工智能、物联网等前沿技术的应用，提升数智化水平，培育医药物流行业新质生产力。随着智能科技的广泛应用，医药物流企业将持续完善基础设施建设，积极布局无人车、无人机、智能分拣设备、自动化立体仓库、自动拆垛/码垛机等先进技术设备，持续增强行业运输转运能力，逐步完善网络体系，显著提升服务效率和质量，为医药产业的健康发展筑牢坚实基础。

4. 专业分工更加明确

为提高物流资源利用率，不同地区的医药物流企业将加强合作与协同，形成区域一体化的物流网络。在此背景下，医药市场格局加速重构，越来越多的医药生产企业和医疗机构选择将物流业务外包给专业的第三方医药物流企业，从而降低运营成本，提升物流效率。第三方医药物流企业凭借专业的物流设施、先进的管理经验和广泛的配送网络，将在市场中占据更大的份额。

5. 绿色可持续发展

随着环保理念的深入人心，绿色发展成为医药物流企业的长期战略目标。将绿色理念融入重点领域改革，能有效降低物流成本，提高运输效率，推动医药物流行业绿色转型。如包装层面采用环保包装材料，减少包装废弃物的产生，降低资源消耗；运输层面加快淘汰高排放冷藏车，鼓励新能源车型的应用，优化运输路线，减少空驶里程，降低能源消耗和碳排放，同时发展多式联运，提高运输效率，降低运输成本；仓储层面对在用冷库及低温加工装备设施进行节能改造，逐步淘汰老旧高能耗设备。

6. 跨境物流服务能力增强

在全球化背景下，“一带一路”倡议深入推进，新兴国际市场需求逐渐增加，医药物流国际化发展市场空间广阔。在此背景下，我国医药产业的国际化进程加快，药品进出口贸易将不断增加，对跨境医药物流的需求持续增长。医药物流企业将加强与国际物流企业的合作，积极探索多种合作模式，布局全球业务，拓展国际市场，提高跨境物流服务能力。医药物流企业通过国内外的信息交流与业务协作，掌握国际物流行业的最新动态和先进技术，提升国际市场竞争力。

（中国物流与采购联合会医药物流与供应链分会　郭威）

2024 年危化品物流市场发展回顾与 2025 年展望

一、2024 年危化品物流市场发展回顾

2024 年是石化行业经济运行筑底企稳的一年，全行业经营业绩特别是效益是“十四五”期间的谷底。2024 年石油化工行业实现营业收入 16.28 万亿元，同比增长 2.1%（上年同比下降 1.1%），利润总额为 7897.1 亿元，同比下降 8.8%（上年同比下降 20.7%），进出口总额为 9488.13 亿美元，同比下降 2.4%（上年同比下降 9.0%）。大多数石化企业乃至全行业，都存在“增产增收不增利”的现象。

（一）2024 年危化品物流市场分析

作为物流行业的重要组成部分，危险化学品物流在化工产业链中占据着核心服务地位。其主要职责是通过提供高效的仓储、运输等解决方案，积极响应并充分满足化工行业对化学品流转的特定需求。据分会预测，2024 年我国化工品物流总额约达到 27.1 万亿元。这一数字不仅反映了化工行业的蓬勃生机，也预示着物流行业在化工品流通中的巨大潜力。化工品物流总额由三大板块构成：生产领域、进口以及批发流通。其中，生产领域以约 16 万亿元的额度占据主导地位；进口部分紧随其后，约为 3 万亿元；批发流通部分达 8.1 万亿元。化工品物流的费用支出也颇为可观，预计将高达约 2.7 万亿元，这凸显了化工品物流行业所需投入的高成本。

在当前国内经济增速放缓及国际形势复杂多变的宏观背景下，2024 年危险化学品物流市场的增长将较为有限，预计增长率将维持在 2% 至 3% 之间，整体市场规模预计将达到约 2.44 万亿元（见图 1）。

我国危险货物运输市场情况基本与去年持平，运输总量保持在 18 亿吨左右，其中道路运输占比仍超过 60%，是主要运输方式，航空运输量非常少。2024 年危险货物市场各类运输方式运量构成见图 2。

（二）危化品物流行业成本分析

物流业务收入较高的企业主要集中在化工品综合物流、水运等领域。这些

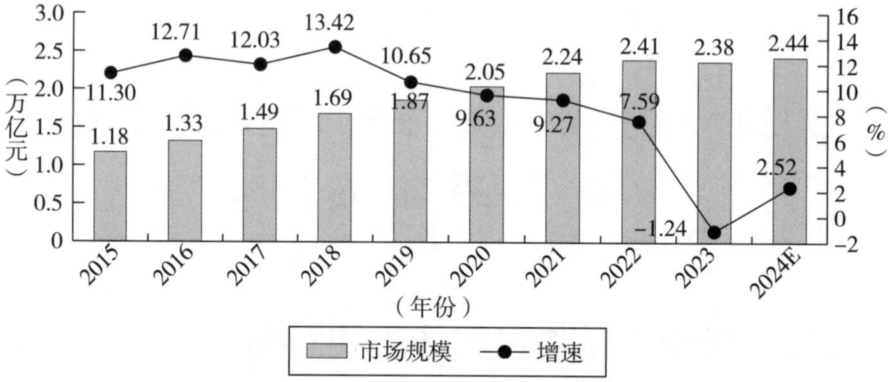

图1　2015—2024 年危化品物流市场规模及增长情况

数据来源：中国物流与采购联合会危化品物流分会。

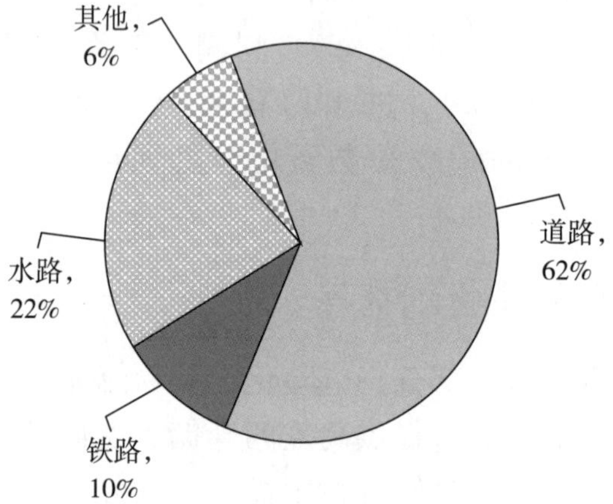

图2　2024 年危险货物市场各类运输方式运量构成

数据来源：中国物流与采购联合会危化品物流分会。

企业凭借其完善的物流网络、专业的物流设施和优质的服务能力，在市场上占据了重要的地位。例如，某些领先的化工物流头部企业通过提供全方位的物流服务，包括运输、仓储、装卸、包装等，满足了客户多样化的需求，实现了业务的持续增长。

近年来，危化品物流行业的重要性日益凸显。然而，相较于普通货物运输，危化品物流行业的成本普遍较高，这背后蕴含着多重复杂因素：

（1）设备成本高昂。危险化学品物流需使用符合严格安全标准的专用设备，这些设备具备防腐蚀、防爆破、防泄漏等特殊性能，导致其成本高于普通物流设备。

（2）安全成本增加。危化品运输费用不仅包括燃料费、路桥费和人工费，还涉及安全成本。例如，车辆需安装 GPS 和监控设备，驾驶员和押运员需接受特殊培训，这些都增加了物流总成本。

（3）人工费用与管理成本上升。危化品物流要求从业人员具备高专业素质和丰富经验，因此薪酬较高，是主要成本之一。企业还需投入资源进行车辆维护、安全检查和驾驶员培训等日常管理，这些费用同样重要。

（4）政策与法规成本增加。随着国家对危化品运输监管力度的不断加大，相关政策和法规的出台也进一步提高了运输成本。企业需要投入更多资源以满足政府部门的监管要求，如办理各种许可证、接受定期的安全检查等。这些额外的合规成本增加了企业的运营负担。

（5）市场需求与供给关系失衡。市场需求和供给关系显著影响危化品物流成本。需求旺盛时，企业可能提价以补偿成本上升；供给过剩时，企业可能降价以争夺市场份额。危化品物流成本高且特殊，市场价格通常稳定，不易通过市场调节降低成本。同时，市场集中度低，小规模和分散现象提高了物流成本。

（6）技术进步与成本优化空间有限。技术进步虽有助于降低危化品物流成本，但由于行业特性和技术限制，成本优化空间相对有限。高昂的初始投资和维护费用让许多中小企业难以承担。同时，新能源技术在危化品运输中的应用尚处于初级阶段，未实现规模效应。

（三）危化品道路运输市场发展情况

我国危险货物运输市场的情况基本与去年持平。其中，我国从事危险货物道路运输的户数共计 14954 户，与上年相比增长 391 户。危险货物运输驾驶员 90.03 万人，押运员 95.41 万人，装卸管理员 5.20 万人，分别占比47%、50%和3%（见图3）。

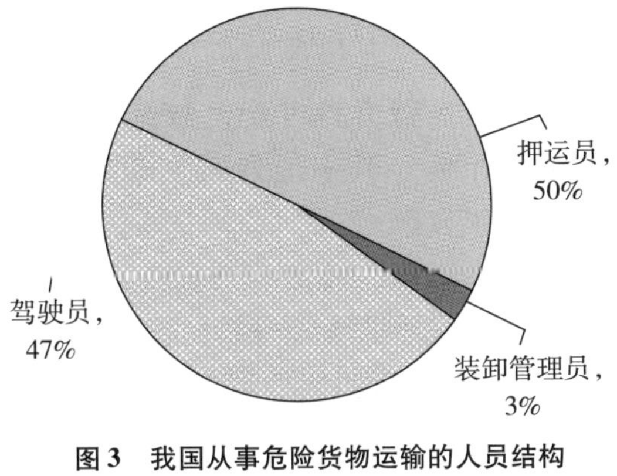

图3　我国从事危险货物运输的人员结构

我国道路危险货物运输车辆数量总计超过 44 万辆，与上年同比增长 3.5%。其中，经营性道路危险货物运输货车合计 17.63 万辆，总吨位合计 152.47 万吨。按车辆数量排序，前三名为陕西、广东、安徽。我国经营性道路危险货物运输挂车合计 26.60 万辆，前三名为山东、辽宁、江苏。

今年我国危险货物道路运输行业发展较为低迷，市场景气度不足，发展面临诸多挑战。

（1）需求不振与货主压缩成本。市场需求不足，货主为了降低成本，进一步压缩运输费用，使运输企业利润空间被进一步压缩。被调研的企业反映，2024 年运价较 2023 年普遍下降，平均下降 10% 左右，部分企业的运价甚至下降 20% 以上。

（2）利润空间压缩。据分会调研，道路运输 TOP50 企业的利润率仅为 3.6%，显示出利润空间的合理性严重不足。市场环境“内卷”严重。行业内竞争激烈，企业为了争夺市场份额，采取低价策略，导致货运运价持续走低。

（3）运力过剩与市场竞争。市场行情低迷，运力过剩加剧了行业压力。市场参与者水平参差不齐，稳定性差，低质量的价格竞争多发，导致企业成长困难。

（4）设备设施利用率低。由于市场需求不足和运力过剩，许多运输企业的设备设施利用率普遍较低。这不仅增加了企业的运营成本（如车辆折旧、维修等费用），还降低了企业的运营效率和服务质量。

（5）服务稳定性差。服务稳定性是衡量危货运输企业服务质量的重要指标之一。当前，许多运输企业的服务稳定性普遍较差，严重影响了客户的满意度和信任度。

（6）驾驶员健康问题。随着社会压力的增加和交通环境的复杂化，驾驶员的身体、心理健康问题逐渐成为运输企业管理运营中面临的重要挑战。这不仅影响了驾驶员的身心健康和工作效率，还可能对运输安全构成潜在威胁。

（四）危险货物运输事故统计分析

2024 年 1—12 月，据可知（有资料可查）数据统计，共发生运输事故 207 起，较 2023 年的 280 起明显下降。其中位列前三的事故分别是侧翻/侧滑（54 起，占比 26.09%）、泄漏（47 起，占比 22.71%）、自燃/起火（25 起，占比 12.08%）（见图 4）。

针对排名靠前的事故，我们做了深入分析：

侧翻/侧滑的主要原因包括路面积雪、结冰、坍塌，道路坡度较大，急转弯，道路较窄等，但多数是驾驶员车速过快、掉以轻心、对路况和驾驶技术过于自信所致。

危化品运输过程中，70% 以上的泄漏是由碰撞、追尾、侧翻等事故造成的。此外，疏于维护和检查，以及天气过冷导致管道或车体冻裂也是泄露的重要原因。

自燃/起火的主要原因是日常检查和维护保养不够，驾驶员及货运公司为

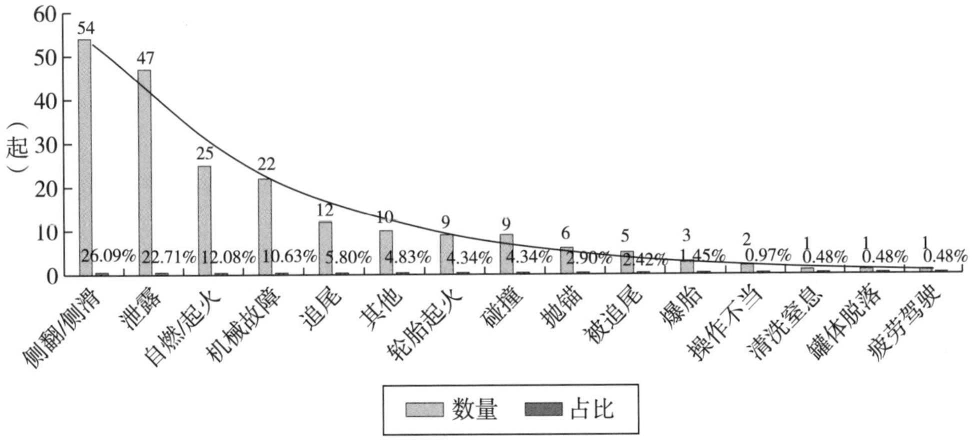

图 4 2024 年 1—12 月运输事故类型及数量

数据来源：中国物流与采购联合会危化品物流分会。

降低成本，对车辆电路、油路泄露等未能及时检查和维护，一般仅是按照国家规定进行最低限度的保养。

从运输事故分布上看，2024 年 1—12 月，华东事故数量最高，为 43 起，占比为 20.77%，其次是华北地区，为 37 起，占比为 17.87%（见表 1）。

表 1 2024 年 1—12 月事故总数及在各省份的分布情况

地区	省份	事故数量（起）	占比	事故数量合计（起）	合计占比
华中	河南	12	5.80%	35	16.91%
	湖北	10	4.83%		
	湖南	13	6.28%		
华北	北京	0	0.00%	37	17.87%
	河北	5	2.42%		
	内蒙古	9	4.35%		
	山西	22	10.63%		
	天津	1	0.48%		
华东	安徽	5	2.42%	43	20.77%
	福建	7	3.38%		
	江苏	11	5.31%		
	江西	3	1.45%		
	山东	12	5.80%		
	上海	4	1.93%		
	浙江	1	0.48%		

续 表

地区	省份	事故数量（起）	占比	事故数量合计（起）	合计占比
华南	广东	14	6.76%	25	12.08%
	广西	9	4.35%		
	海南	2	0.97%		
西北	甘肃	5	2.42%	24	11.59%
	宁夏	3	1.45%		
	青海	5	2.42%		
	陕西	11	5.31%		
西南	云南	8	3.86%	36	17.39%
	贵州	12	5.80%		
	四川	9	4.35%		
	重庆	1	0.48%		
	西藏	4	1.93%		
	新疆	2	0.97%		
东北	黑龙江	1	0.48%	7	3.38%
	辽宁	5	2.42%		
	吉林	1	0.48%		

数据来源：中国物流与采购联合会危化品物流分会。

与2023年相比，华东地区事故减少数量最多，为48起，其次是华中地区，减少8起，但西南地区增加了3起，具体如表2所示。

表2　2023年与2024年1—12月份区域运输事故对比　单位：起

地区	2024年1—12月	2023年1—12月	减少
华中	35	43	8
华北	37	43	6
华东	43	91	48
华南	25	31	6
西北	24	26	2
西南	36	33	-3
东北	7	13	6
合计	207	280	73

数据来源：中国物流与采购联合会危化品物流分会。

华东地区事故数量显著下降、西南地区事故数量有所上升，这一趋势揭示了两种可能的情况：其一，不同地区在运输安全管理上的成效存在差异。华东地区在控制运输事故方面取得了突出的成果，相较于既定的基准或预期，事故数量大幅减少。其二，随着石化产业向西部地区的逐步推进，该地区的业务量呈现增长态势，这有可能引发安全事故风险的上升。

（五）驾驶员从业状态调研

2024 年 7—8 月，中国物流与采购联合会危化品物流分会针对数千名危化品运输驾驶员进行了深入调研。调研内容涉及驾驶员的工作状态、收入情况、遇到的困难与问题以及主要诉求。调研数据显示，22 ~ 34 岁的占 5%，35 ~ 50 岁的占 60%，51 ~ 60 岁的占 35%。与 2021 年相比，驾驶员老龄化趋势明显加重，51 ~ 60 岁的占比从 20% 上升到 35%（见图 5）。

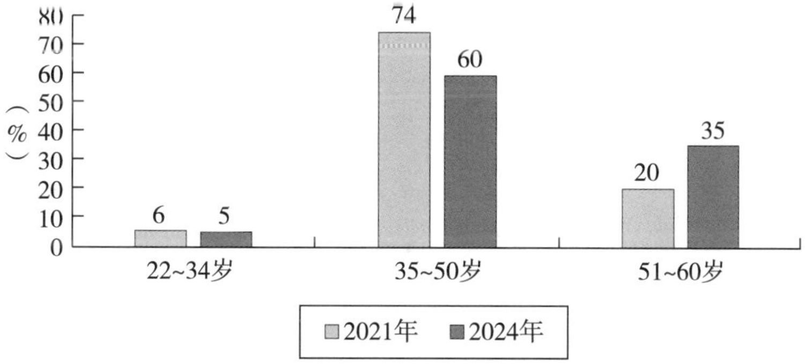

图 5 危化品物流驾驶员年龄分布变化

数据来源：中国物流与采购联合会危化品物流分会。

在学历分布上，2024 年，初中及以下学历占 41%，高中/中专/职高占 47%，大专/高职占 9%，大学本科及以上占 3%；与 2021 年调研数据相比，初中及以下人员占比下降 11 个百分点，高中/中专/职高人员占比上升 6 个百分点，大专/高职占比上升 3 个百分点，大学本科及以上占比上升 2 个百分点，可见驾驶员的学历水平普遍提升，队伍素质普遍提升（见图 6）。

2024 年，危化品物流驾驶员从业时间 1 ~ 3 年（不含）的占 14%，3 ~ 5 年（不含）的占 16%，5 ~ 10 年（不含）的占 16%，10 ~ 20 年的占 29%，20 年以上的占 25%；与 2021 年相比，10 年以内的驾驶员占比普遍下降，而 10 年以上的驾驶员占比普遍上升（见图 7）。这从侧面反映出驾驶员队伍老龄化现象较为明显，且新人补充不足。

被调研的驾驶员中，37% 的人收入在 5000 ~ 7000 元（不含），在 7000 ~ 10000 元（不含）的人也占比 37%，10000 元及以上的驾驶员总计约 14%（见图 8）。

被调研的驾驶员中，2024 年收入普遍下降，下降 30% 以上的占 24%，下

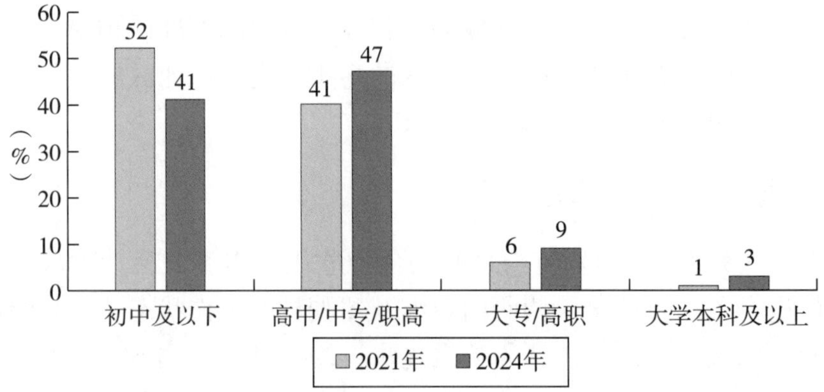

图6　危化品物流驾驶员学历分布变化

数据来源：中国物流与采购联合会危化品物流分会。

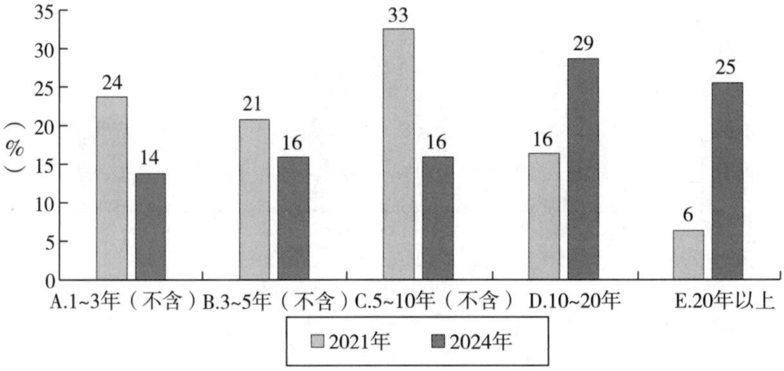

图7　危化品物流驾驶员从业时间

数据来源：中国物流与采购联合会危化品物流分会。

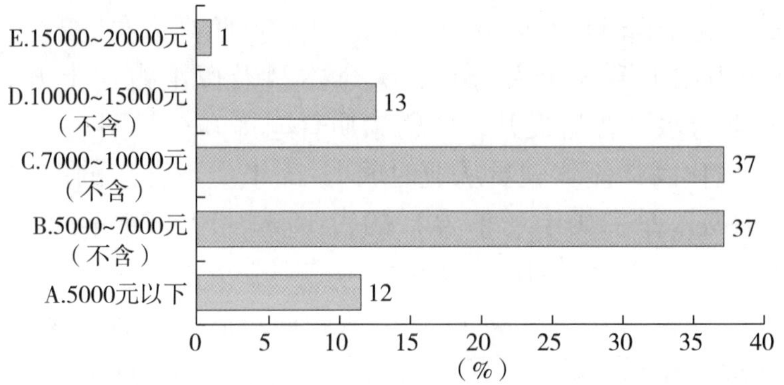

图8　目前平均每月到手工资

数据来源：中国物流与采购联合会危化品物流分会。

降 20% 左右的占 22%，下降 10% 左右的占 22%，基本持平的占 29%，收入增加的仅占 3%（见图 9）。

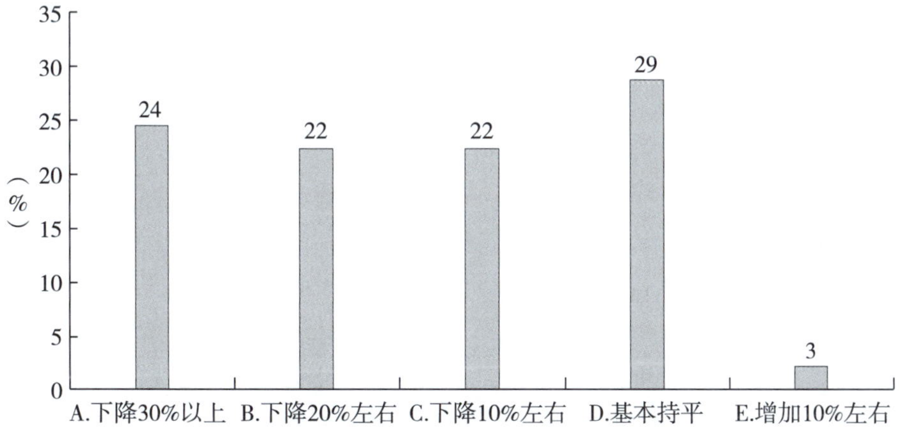

图 9　危险品驾驶员收入较上一年变化

数据来源：中国物流与采购联合会危化品物流分会。

被调研的驾驶员提出了以下意见与建议：

（1）减少形式主义：建议不要搞形式主义，切实减轻司机的负担。

（2）培训与考试：加强危货运输驾驶员和押运员的入职前培训，提高从业资格证考试难度。

（3）运价与竞争：呼吁避免车辆运价恶性竞争，保障驾驶员的合法权益。

（4）社会保障与福利：希望国家完善驾驶员的社会福利保障体系，切实保障其权益。

（5）政策统一与管理：呼吁各省市统一政策，减少多头管理，降低企业规范管理的成本。

（6）技术与操作：关注驾驶员在操作各种小程序、App 等方面的困难，建议简化相关流程。

（7）优化管理：解决行业管理过严、不超载情况下超限不合理等问题。

（8）降低费用：建议降低高速公路过路费，并统一化工园区备案和石化企业装卸货标准。

（六）我国化工物流仓储（第三方）企业分布情况

今年，本分会执行了 2024 年度化工物流仓储（第三方）分布图的调研任务。调研内容涵盖两个主要类别：一是固体库，细分为甲类、乙类和丙类；二是化工储罐，重点在于罐体容量，主要涉及存储产品的经营，以及码头、停靠船型和堆场等辅助设施。此次调研共收集到 196 家企业的数据，涉及 254 个库区。

数据显示，在企业经营类别中，化工品仓储区现有108个，分布区域为：华东71个，华南12个，华北8个，东北6个，华中5个，西南4个，西北2个（见图10）。

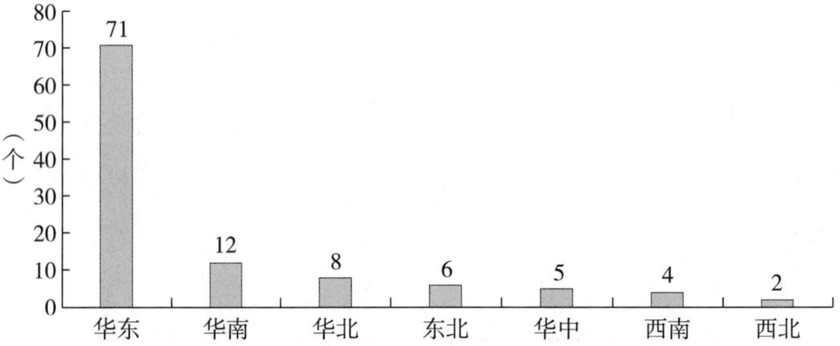

图10　被调研企业化工品仓储区区域分布

数据来源：中国物流与采购联合会危化品物流分会。

据统计，甲类仓库的面积为384416.555平方米，乙类为584792.22平方米，丙类为1061986.55平方米。其中，2024年新增面积为：甲类为6300.475平方米，乙类为5110平方米，丙类为7256平方米。

化工品储罐区现有173个，分布区域为：华东108个，华南34个，华北13个，东北9个，华中6个，西南3个（见图11）。化工品储罐总容量为4511.643万平方米，2024年新增52.8立方米。

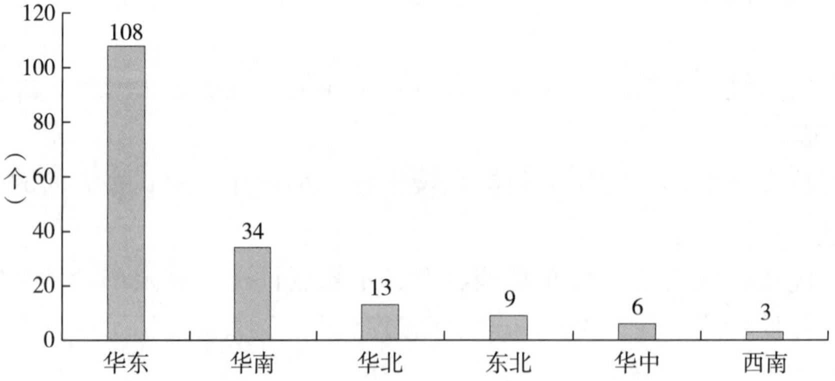

图11　被调研企业化工品储罐区区域分布

数据来源：中国物流与采购联合会危化品物流分会。

从化工品储罐企业数量与容积分布来看：

（1）100万立方米以上的企业数量占比为2.9%，总容积占比为16.3%，企业储罐平均容积为147.1万立方米；

（2）50万（不含）~100万立方米的企业数量占比为11.0%，总容积占比为 30.2%，企业储罐平均容积为 71.6 万立方米；

（3）10 万立方米以下的企业数量占比为 37.0%，总容积占比为 6.3%，企业储罐平均容积为 4.4 万立方米。10 万～50 万立方米的企业的具体情况如图 12 所示。

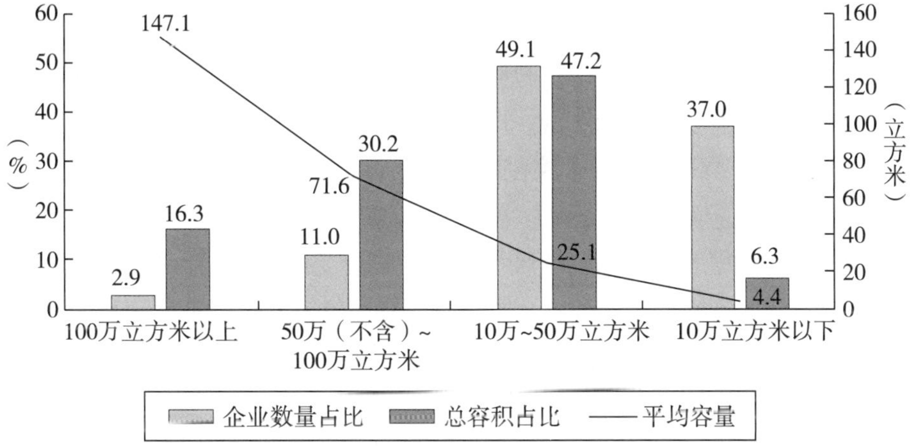

图 12　化工品储罐企业数量与容积分布

数据来源：中国物流与采购联合会危化品物流分会。

（七）我国危化品仓储企业发展反馈

1. 租金及空置率

据持续统计监测，2024 年我国主要化工物流节点城市第三方危险化学品包装货仓库租金稳中有降，单独依靠仓库租金作为主营收入的企业所拥有的仓库的租金降幅较大。受供应链上游订单减少、进出口货量减少及同行业竞争加剧的影响，一些地区出现了仓库空置的情况。

全国危险化学品仓库租金按照防火等级及平方米计费模式计算，具体如下：

甲类仓库租金为每月每平方米 80～210 元；乙类仓库租金为每月每平方米 60～120 元；丙类仓库租金为每月每平方米 30～75 元。同时，受地缘因素、供需关系以及业务场景和模式的影响，租金浮动范围较大。

2. 企业调研反馈

被调研的企业中，表示仓库不够用的仅占 6%；仓库利用率在 80% 以上的占 50%，利用率为 50%～80% 的企业占 38%，有 6% 的企业反映仓库利用率在 30%～50%（不含）。

对未来 1～2 年整个行业对仓储需求的判断，50% 以上的企业认为未来仓储需求将基本保持平稳；9% 的企业认为需求将会大幅（10% 及以上）增加；6% 的企业认为需求会小幅（10% 以内）增加；13% 的企业认为需求会小幅（10% 以内）减少，22% 的企业认为需求会大幅（10% 及以上）减少。

3. 2024 年行业企业经营业绩不容乐观

2024 年，行业企业的经营业绩普遍面临挑战。尽管化学品仓储企业，尤其是危险化学品仓库企业的运营状况相较于其他类型仓储企业表现尚佳，但与往年相比，其营收仍预计将呈现下滑趋势。因此，可以预见 2024 年危险化学品仓储企业的整体营收情况将不甚理想。

具体到企业业绩，沿江、黄海区域以及化工产业集中区的仓储企业展现出相对强劲的发展态势。这主要得益于这些地区坚实的化工产业基础、完善的仓储设施及服务体系。特别是长江沿线的企业，与 2023 年相比，实现了约 30% 的增长，彰显了其蓬勃的发展动力。

然而，部分沿海地区的化工仓储企业面临库容和效益下滑的困境。这可能是受到全球经济形势的不确定性、贸易政策的调整以及产业结构的深刻变革等多重因素的共同作用，导致仓储需求减少或发生转移。此外，沿海地区还额外承受着环保压力加大和土地成本攀升的挑战。

整体来看，与 2023 年相比，化工仓储行业的整体营收预计将下滑约 15% ~ 20% 。这一预期清晰地反映了当前市场需求的疲软以及行业内竞争的日益激烈。

面对严峻的市场环境，化工仓储企业需采取积极措施应对挑战，并积极探索新的增长点。例如，通过提升服务质量、优化库存管理流程、拓展新兴业务领域（如环保型仓储、智能化仓储等），以及加强与相关产业的合作，来增强自身的市场竞争力。同时，企业还需紧密关注市场动态和政策导向，灵活调整经营策略，以更好地适应市场的变化和发展趋势。

（八）沿海散装液体化学品水运市场情况

面对复杂的国际环境和国内经济恢复进程中的诸多困难与挑战，我国国民经济呈现结构趋优、质效提升的特点。沿海散装液体化学品水运市场整体稳定。受产能结构调整及部分化学品船龙头企业经营策略的影响，部分航线运价较去年同期小幅下挫。2024 年，我国沿海炼化产能一体化进程加速，散装液体化学品市场相对平稳。在“双碳”目标背景下，化工新材料迎来前所未有的发展机遇，新产能和新装置陆续投产。航运大数据服务机构“油化 52Hz”5 月发布的报告显示，内贸沿海液体化学品船水运市场总体景气度正逐步回升。

1. 需求总体保持稳定

近年来，化工市场面临上游能源价格高企和下游需求疲软的双重挤压，整体市场价格和行业利润有下降趋势。市场分析认为，由于液货危险品航运行业的发展与化工产品的市场供需情况紧密关联，液货危险品水路运输周转量及运价受到一定程度的影响。

沿海散装液体化学品船市场主要装卸港口格局保持稳定，包括宁波、舟山、大连、江阴、泉州、东莞、上海、连云港、烟台和福州港。整体沿海散装液体化学品水运市场将延续供需弱平衡的态势。活跃内贸化学品船舶装卸港口分布见图13。

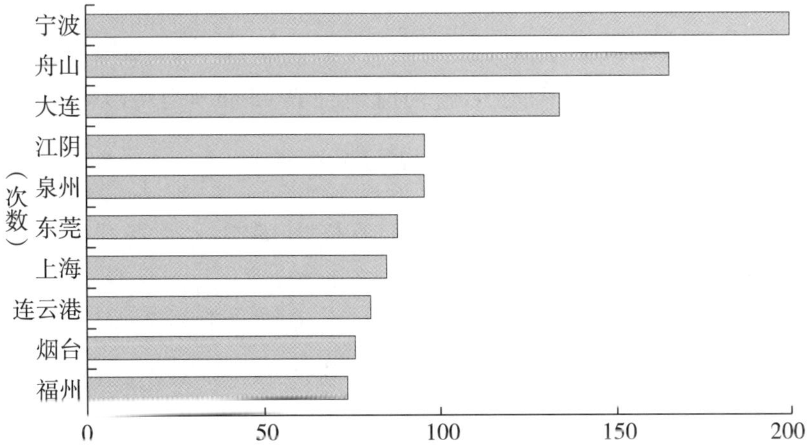

图13　活跃内贸化学品船舶装卸港口分布

2. 运价整体保持平稳

2024年，我国沿海散装液体化学品水运市场整体稳定，受产能结构调整及部分化学品船龙头企业经营策略的影响，部分航线运价较去年同期小幅下挫。未来，随着更多纯电动化学品船进入市场运行，有望逐步带动沿海散装液体化学品船市场实现绿色化转型。2024年5月内贸主要航线运价概况见表3。

表3　2024年5月内贸主要航线运价概况

主要航线	主要船型（吨）	运价范围（元/吨）	同比（元/吨）
大连—江阴	2000	210～225	-10～-5
	3000	195～205	0～5
江阴—大连	2000	160～170	-15～-10
	3000	140～150	-10～0
江阴—宁波	2000	135～150	0～5
	3000	125～140	0～5
大连—东莞	2000	305～320	-40～0
	3000	285～295	-25～0
江阴—东莞	2000	225～240	-20～-15
	3000	215～230	-20～-15
泉州—江阴	2000	170～180	-5～0
	3000	165～175	-5～0

数据来源：交通运输部。

二、危化品物流市场 2025 年展望

目前，我国危化品物流行业正处于变革与创新的交汇点，正经历产业链结构的优化、产业模式的提升、信息技术与人工智能技术的迅猛发展以及盈利模式的持续创新。2025 年，我国危化品物流行业将面临哪些趋势呢？

（一）从需求侧、供给侧及市场稳定性来看

需求侧分析：危化品物流行业与化工万亿市场空间紧密挂钩，消费升级趋势明显。随着大炼化国产替代进程加快，产业集群向沿海地区集聚。2019 年发改委规划七大石化产业基地后，民营大炼化沿海装置持续投产，推动运输需求增长。大炼化项目均于沿海区域投产，水运渗透率提升，沿海化学品运输量增速较快。

供给侧分析：碳中和目标将引领能源结构转型，推动可再生能源和清洁能源的发展。环保政策将更加严格，促进绿色低碳技术的创新与应用。国家对关键核心技术的研发投入将进一步加大，支持高新技术企业和创新型企业的发展，推动传统产业转型升级，提升产业链供应链的稳定性和竞争力。

行业整体呈现向头部集中的趋势，但格局仍较分散。供给侧各环节高度分散，头部水运、仓储、道路运输格局整体向头部企业集中。合规管理能力决定企业经营的可持续性，不合规产能及企业在强监管压力下有出清压力。

市场稳定性分析：化工物流行业景气度受石化行业强周期波动的传导，短期成长存在波动性，目前石化行业的发展处于稳定期。随着全球化工行业产业结构的调整，危化品物流的跨境运输需求持续增长。国际物流网络的完善将提升运输效率，降低成本，为企业提供更广阔的市场空间。

（二）从 2025 年各地政府工作报告来看化工物流行业的发展机遇

1. 绿色与安全：政策驱动的核心方向

安全生产与应急管理强化。在化工物流事故频发的背景下，各地政府工作报告更加强调安全监管的细化。例如，运输车辆安全标准的升级、危险品全流程监控系统的普及，以及区域性应急处理中心的建设。部分地区可能试点“智慧安全监管平台”，通过物联网技术实时追踪危化品运输状态。

环保法规趋严推动绿色物流升级。多地政府将“双碳”目标纳入发展规划，化工物流行业面临更严格的环保要求。例如，国家层面《危险化学品安全管理条例》的深化实施，促使企业采用清洁能源运输工具（如 LNG 车辆）、环保储罐及优化运输路线以降低碳排放。在地方政策方面，长三角地区、珠三角

地区等经济发达区域可能加大对环保技术应用的补贴力度，推动行业绿色转型。

2. 技术赋能：智能化与数字化转型

智慧物流网络加速布局。多地政府将“新基建”作为重点，支持化工物流企业引入人工智能、区块链和大数据分析技术。例如，网络货运平台（如货拉拉）通过智能匹配降低空驶率，提升运输效率；部分沿海城市（如宁波、青岛）推动港口智能化改造，实现集装箱铁水联运“一单制”管理。

（三）区域协同与“一带一路”机遇

西部与内陆地区的物流网络完善。随着西部大开发战略的推进，新疆、四川等地的化工产业园区配套物流设施的建设需求不断增加。政府工作报告强调铁路专用线进园区、多式联运枢纽建设。例如，重庆、西安作为中欧班列节点城市，将受益于化工品跨境运输需求的增长。

“一带一路”沿线市场拓展。沿海省份（如广东、福建）依托港口优势，推动化工品出口至东南亚、中东地区。政府可能通过税收优惠支持企业参与国际标准对接，并建立海外仓以降低跨境物流成本。

（四）产业结构调整与细分市场机会

新能源与新材料物流需求激增。锂电池、氢能源等新兴产业对特种化工品的运输需求上升，带动专业化物流服务的发展。例如，宁德时代、比亚迪的电池原料运输需求，可能推动长三角、珠三角地区布局新能源化工物流专区。

传统化工品物流的集约化整合。石油、化肥等大宗商品物流向规模化发展，政府可能通过兼并重组政策提升行业集中度。例如，山东、辽宁等化工大省可能培育区域性龙头企业，整合中小型运输企业资源。

（五）降本增效与供应链协同

“公转铁”“公转水”政策深化。京津冀、长江经济带等重点区域将推进大宗化工品运输结构调整。例如，唐山港、宁波舟山港的铁水联运比例提升，降低公路运输依赖。预计到2025年，港口铁水联运量年均增长15%。

供应链金融与一体化服务。地方政府可能支持物流企业与制造业深度融合。例如，京东物流的“多区域分仓”模式，通过供应链金融缓解中小企业资金压力。此类模式可能在内陆产业转移区（如江西、湖南）得到复制。

（中国物流与采购联合会危化品物流分会　刘宇航）

2024 年服装物流市场发展回顾与 2025 年展望

2024 年，随着国内消费市场的持续复苏与消费升级趋势，服装物流迎来了新的业务增长契机。直播带货销售模式的蓬勃发展，改变了服装产品的流通路径和物流需求结构。同时，服装企业加快出海步伐，这也对服装物流的跨境运输能力、海外仓布局以及供应链协同管理水平提出了更高要求。

一、2024 年服装物流市场发展回顾

（一）2024 年服装行业经济运行情况

2024 年，面对复杂严峻的发展环境，我国服装行业充分激发发展潜力，在国家系列存量增量政策效应持续释放、国内外市场需求逐步恢复等积极因素的支撑下，内销市场稳中承压，出口压力与韧性并存，行业生产、投资、效益等主要运行指标明显改善，行业经济运行总体平稳。

1. 服装生产平稳回升

2024 年，在国内外市场需求有所恢复和产品结构调整等因素的带动下，我国服装生产平稳回升。根据国家统计局数据，2024 年 1—12 月，服装行业规模以上企业工业增加值同比增长 0.8%，增速比前三季度加快 0.4 个百分点，比 2023 年同期提升 8.4 个百分点；规模以上企业完成服装产量 204.62 亿件，同比增长 4.22%，增速比前三季度放缓 0.19 个百分点，比 2023 年同期提升 12.91 个百分点。

2. 内销市场保持增长

2024 年，在国家促消费政策逐步显效、新型消费新业态新模式激发市场活力等因素的支撑下，服装内销市场保持增长，但受消费意愿不足、市场竞争加剧等因素影响，终端消费内生动力不足，内销增速有所放缓。根据国家统计局数据，2024 年 1—12 月，我国限额以上单位服装类商品零售额累计 10716.2 亿元，同比增长 0.1%，增速比 2023 年同期放缓 15.3 个百分点；穿类商品网上零售额同比增长 1.5%。

3. 服装出口保持增长

2024 年，在国际市场需求复苏动能偏弱、地缘政治冲突加剧、贸易保护主

义盛行及汇率波动等风险挑战交织叠加的影响下，我国服装出口仍保持韧性，产业链竞争力持续释放。据中国海关数据，2024 年 1—12 月，我国累计完成服装及衣着附件出口 1591.4 亿美元，同比增长 0.3%，增速比 2023 年同期提升 8.1 个百分点。

4. 投资保持较快增长

2024 年，服装企业投资信心逐步恢复，行业固定资产投资保持较快增长，产业创新态势持续增强，转型升级不断深化。根据国家统计局数据，2024 年 1—12 月，我国服装行业固定资产投资完成额同比增长 18.0%，增速比 2023 年同期提升 20.2 个百分点，高于纺织业和制造业整体水平 2.4 和 8.8 个百分点。企业投资涉及智能化生产、商业模式创新、品牌建设、渠道布局等多领域，以提升供应链管理效率、优化生产流程、提高产品质量和降低运营成本。

5. 营业收入和利润总额实现恢复性增长

根据国家统计局数据，2024 年 1—12 月，我国服装行业规模以上（年主营业务收入 2000 万元及以上）企业 13820 家，实现营业收入 12699.15 亿元，同比增长 2.76%，增速比 2023 年提升 8.16 个百分点；利润总额为 623.81 亿元，同比增长 1.54%，增速比 2023 年提升 4.93 个百分点；营业收入利润率为 4.91%，低于 2023 年同期 0.06 个百分点，但比前三季度提高了 0.67 个百分点。

总体上看，2024 年，服装市场活力持续提升，服装生产、销售保持稳定增长，服装物流市场需求较稳定。

（二）服装电商物流需求快速增长

近年来，我国电商行业迅猛发展，在 618、双十一、双十二等购物节电商活动的带动下，以及直播电商的快速发展，服装电商销售市场保持增长，服装电商物流需求快速增长。星图数据发布的《2024 年双十一全网销售数据报告》显示，2024 年双十一大促期间，综合电商平台与直播电商平台的服装销售额为 1684 亿元，同比增长 21.4%，鞋子及箱包的销售额为 770 亿元，同比增长 14.8%。同时，受电商平台“7 天无理由退货”的常态化、消费者的冲动消费及其他外部因素的影响，电商销售的服装退货率不断增加，行业退货物流需求增加。目前，服装行业的整体退货比例达到 70%，有个别女装品牌的退货比例高达 90%。品牌作为消费者退货的直接责任人，高退货率给整个品牌供应链造成了相当大的困扰。如何高效处理退货服装，使其快速进入再次销售环节成为品牌关注的焦点。从物流服务的角度来看，高退货率意味着退货物流订单的增加，服装退货物流的需求进一步扩大。从整个行业来看，如何实现仓运配的高效协同、退货物流的顺畅处理以及供应链各环节的紧密合作成为行业关注的焦点。

（三）服装直播物流与供应链备受关注

随着直播电商、直播课堂和社交电商等新兴业态和模式的快速发展，服装产业链从消费端到生产端经历了全面的变革。与传统的电商平台大促相比，直播带货的特点是订单量难以预测，且直播时间更加灵活。这要求品牌方具备更强的生产和备货能力。同时，直播平台和主播对商品的揽收、发运、中转和配送时间提出了更高的要求，并制定了相应的惩罚机制，物流时效直接影响品牌方的收益。

服装直播供应链面临着需求难以预测、服装产品生命周期缩短、退货率增长、物流履约要求增高等挑战。具体来讲，服装直播的带货模式具有突然性，如果直播效果好，会瞬间带来数万件订单。这非常考验商家的供应能力，如果难以承接突然出现的爆单，会对自身品牌造成不利影响。服装直播使产品的生命周期缩短，一款产品一旦成为爆款，大量同类产品就会迅速跟进，进入低价竞争，产品生命周期被压缩。以外，消费者购物习惯的变化、物流门槛的降低，以及电商决策模式的迭代，都在加速这一现象。外部因素导致退货率上涨，高退货率给整个供应链造成相当大的困扰。如何建立柔性供应链体系，有效处理供需平衡问题，提高企业对商品备货、库存的处理能力，提升物流配送的效率，成为行业关注的焦点。

（四）服装企业加快出海步伐，服装物流国际服务能力提升

随着国内服装市场增长逐渐趋缓，市场竞争愈发激烈，众多服装品牌纷纷将目光投向海外市场，出海意愿强烈。东南亚地区凭借其与国内相近的服装板型、风格喜好，以及鞋服消费仍以线下渠道为主的市场特点，成为中国服装品牌出海的首选目的地。例如，安踏在2024年以东南亚市场为切入点，深入推进集团全球化战略。在成立东南亚国际事业部后，在新加坡、菲律宾等国的核心商圈积极开展直营零售业务，进一步拓展市场版图。海澜之家近年来大力押注品牌出海，截至2024年上半年，已在东南亚开设约60家门店，业务覆盖马来西亚、泰国、新加坡、越南、菲律宾等国家。森马服饰也在2024年积极布局海外市场，于越南顺化开设越南首店，并计划加速在越南的布局，截至2023年年末，森马已开拓70家海外及中国香港地区店铺。除了东南亚，其他地区也有中国服装品牌的身影。歌莉娅2024年在新加坡市场集中发力，连续开设3间地标店铺，歌莉娅目前的线上业务已覆盖近60个国家的购买用户以及188个国家和地区的粉丝，并在澳大利亚、新加坡、西班牙等的地标商业街区部署了多家海外线下旗舰店。

在2024年国际形势和外部环境复杂多变的情况下，中国服装出口能实现

稳定增长，充分彰显了中国纺织服装产业链、供应链的坚韧与牢固。中国服装品牌出海步伐加快，也带动了跨境物流需求的快速增长，推动服装物流国际服务能力提升。菜鸟国际快递在8月正式推出跨境服装专线，通过优化全链路的各环节，如减少货物计抛、增加重货配比等操作，在保障时效的前提下，进一步优化成本，减少单个包裹的物流履约费用，缩短商家库存周期，货物的全程可追踪也提高了供应链的透明度和管理效率。目前，菜鸟跨境服装专线已覆盖海外多国。极兔速递通过与国际物流公司合作，建立了覆盖全球的物流网络，为国内服装品牌提供一站式的跨境物流解决方案。此外，顺丰物流、京东物流等许多物流企业也在不断扩大其国际物流网络，建立更多的海外仓和配送中心，以提高跨境物流的效率和可靠性。跨境物流的快速发展不仅为中国服装品牌打开了新的市场空间，也为物流企业带来了新的增长点。

（五）服装物流向自动化、数字化、信息化方向升级

随着直播电商的快速发展，服装销售渠道更加多元化，企业线上线下销售触点越来越多，交付形式也越来越多样。服装销售的订单碎片化、大促峰值高、退货率高的特点越发凸显，这对服装行业的供应链管理形成了巨大压力。鞋服品牌针对 ToB 及 ToC 等各渠道，物流的流程及应用场景虽不同，但对供应链及快速交货能力的要求越来越高。碎片化消费订单的增加使消费者对鞋服企业的供应链响应能力和快速交货能力提出了更高要求。此外，因销售渠道的改变，服装退货量不断增加，退货处理难度加大，如何应用自动化设备完成退货物流也成为服装企业必须考虑的问题。通过提高物流服务品质来提升客户体验成为企业发力的方向之一，企业不断升级物流设备，将自动化仓储、搬运、拣选、机器人、人工智能、大数据等新技术应用到服装物流的各个场景，以高效应对业务增长。

例如，班尼路上线德马科技的核心产品——i－G5 模块化箱式输送线和高速环形交叉带分拣机组成的智能输送分拣系统，为班尼路智慧物流中心的上线运营提供强有力的支持和保障。该项目正式上线后，班尼路物流中心正逆向物流的时效性和精准度大幅提升。系统处理能力达上万件/小时，日均收货数万箱，日均发货数十万件，逆向退货处理峰值达50000＋件/天，相比人工拣货效率提升40%～50%。

艾莱依引入海柔创新的 HaiPick System 3 超高密度智能拣选新模式，配置勾取式 ACR 机器人，实现双深位料箱前后零间距贴合，左右箱间距仅为40毫米。同时，在仓库净空高度为9米的情况下，部署8.7米高、16层的货架，巷道5.4米以上部署天桥货架，每平方米存储29个标准料箱，以近乎“实心”存储的方式大幅提升仓库的空间利用率。仓库实现全自动化的高效

管理，羽绒服得以高密度、精细化存储，以超高效率提升物流服务质量，确保把握需求旺季。艾莱依通过仓库的数智化升级，优化仓库的利用率及商品出入库效率，为线上线下全渠道业务提供更及时的物流服务。

二、服装物流市场 2025 年展望

（一）国内外服装市场需求改善，服装物流市场稳定增长

2025 年，从国内市场来看，随着国内经济回升向好、消费信心和市场活力逐渐增强，国内需求有望内生改善。预计 2025 年我国服装内销市场将呈现平稳向好态势，内销增速或将有所回升，内销市场对服装行业发展的压舱石作用进一步增强。多重利好因素将支撑服装内销市场持续回暖：一是扩内需、促消费、惠民生等政策持续发力，居民收入提升和资产价格企稳，有助于消费能力提升和消费意愿增强。二是以 Z 世代、新中产为代表的新消费群体崛起，运动、国潮、绿色等新消费增长点结合线上线下融合发展的新零售模式持续激发市场活力。消费场景和消费品质创新升级，成为满足新时代更高层次精神文化追求及情绪价值的主引擎。三是县域市场展现出巨大的消费潜力和消费变革需求，国货品牌和电商平台加速布局下沉市场，带动服装消费需求持续释放。四是随着促消费及改善营商环境等政策的协同发力，服装品牌和企业将加强产品开发和场景创新，通过文化赋能、科技支撑等强化品牌价值创造，促进产品价格回升和企业效益修复，激发企业内生动力，助力服装内销市场持续回暖。

从国际市场来看，虽然出口压力短期内不会缓解，但是我国完善的服装产业链优势、现代化制造能力和多元化市场的强大韧性，以及跨境电商、海外仓、跨境物流等新模式新业态的有力拉动，使我国服装出口仍然存在较强支撑。2025 年我国服装出口态势将趋于稳健。

总体来看，2025 年，国内外市场需求改善将有利于市场回升，消费规模将稳步提升，行业整体销售端表现和经营质量将呈现稳步向好的趋势。服装市场规模将小幅增长，服装物流市场将加速恢复。

（二）跨境物流迎来新机遇与挑战

随着中国服装出口业务的不断增长和“一带一路”倡议的深入推进，2025 年中国服装跨境物流将迎来新的发展机遇。同时，全球贸易形势的不确定性以及国际物流市场的竞争加剧，也将给服装跨境物流带来诸多挑战。

在机遇方面，“一带一路”沿线国家和地区的市场潜力巨大，为中国服装

出口提供了广阔的空间。随着基础设施建设的不断完善和贸易便利化水平的提高，中国与“一带一路”沿线国家和地区之间的物流通道将更加畅通，物流成本将进一步降低，这将为服装跨境物流企业拓展业务提供良好的机遇。同时，跨境电商的快速发展也将带动服装跨境物流需求的增长。越来越多的中国服装品牌通过跨境电商平台将产品销售到全球各地，这需要高效、便捷的跨境物流服务来支持。

在挑战方面，全球贸易形势的不确定性增加了服装跨境物流的风险。国际物流市场的竞争日益激烈，国际物流企业凭借其先进的技术、丰富的经验和完善的全球网络，在跨境物流市场占据了一定的优势。中国服装跨境物流企业需要不断提升自身的竞争力，加强国际合作，优化物流网络布局，提高服务质量和效率，以应对来自国内外的竞争挑战。

（三）物流服务个性化与定制化

随着消费者需求的多样化和个性化，以及消费者对物流服务体验要求的不断提高，物流企业需要提供更加灵活和定制化的服务来满足不同客户的需求。例如，针对高端服装品牌，物流企业可以提供专属的 VIP 配送服务，包括定时送达、试穿体验和退换货便利等。同时，通过大数据分析，物流企业可以更好地了解消费者的购物习惯和偏好，从而提供个性化的配送方案和增值服务。个性化与定制化的物流服务不仅能够提升客户满意度，也将成为物流企业差异化竞争的重要手段。

（四）市场竞争加剧，行业整合加速

2025 年，中国服装物流市场竞争将进一步加剧，行业整合将加速。随着市场规模的不断扩大和发展前景的日益广阔，越来越多的企业将进入服装物流市场，市场竞争将更加激烈。在激烈的市场竞争中，一些规模较小、实力较弱的物流企业将面临生存压力。大型物流企业将通过不断拓展业务领域、优化服务网络、提升服务质量和降低成本等方式，进一步增强自身的竞争力。

此外，服装物流市场的竞争将不局限于物流企业之间，还将涉及服装品牌企业、电商平台等上下游企业之间的竞争与合作。服装品牌企业和电商平台为了提高自身的供应链管理效率和市场竞争力，可能会加大对物流业务的投入和整合力度，甚至自建物流体系。这将对传统物流企业的市场份额和业务发展产生一定的影响，也将促使物流企业与上下游企业之间加强合作，实现互利共赢。

（五）科技赋能服装物流行业发展

随着5G、人工智能、物联网、大数据等现代化信息技术的不断进步，科技已经成为推进服装物流发展的强大动力。服装物流行业正在逐渐向自动化、智能化方向转型升级。在此过程中，服装物流企业将在仓储、运输、配送等作业环节中进一步加强物流系统、智能仓储、自动化分拣、智能搬运、大数据、区块链等物流技术与装备的应用与创新。通过科技赋能，企业能够提高物流效率，降低物流成本。

未来，在智能化、数字化技术的加持下，服装物流将迎来新的发展机遇。

（中国物流与采购联合会服装物流分会　施伟　胡晶艳）

2024 年粮食物流市场发展回顾与 2025 年展望

随着全球人口增长、城市化进程加快、消费结构升级及全球粮食安全形势日益复杂，粮食物流作为连接粮食生产与消费的关键环节，其重要性越发凸显。粮食物流关系到国民经济的稳定发展，现代化的粮食物流体系通过优化运输、储存、配送等环节，能够显著降低粮食在流通过程中的损耗，确保粮食从产地到餐桌的高效、安全流转。作为世界粮食生产的主要国家，中国的粮食物流对于确保国家粮食供应稳定、促进农业产业升级以及满足日益增长的市场需求具有重要意义。

在粮食物流领域，诸多学者已开展了一定数量的研究工作，但主要聚焦于物流线路的优化策略以及粮食物流体系建设的具体路径等领域。然而，截至目前，尚未有学者对 2024 年粮食物流的发展现状展开系统性总结，同时，关于 2025 年中国粮食物流发展趋势的前瞻性研究也处于空白状态。本研究从粮食产购、应急保障、服务、智能化等方面对 2024 年中国粮食物流的发展情况进行回顾，以全面、客观总结该行业在 2024 年的发展状况；并从政策法规，人才培养模式，行业的数智化、AI 化及绿色化以及国际合作等方面对 2025 年中国粮食物流的发展态势进行展望，为相关人员分析行业发展趋势提供参考。

一、2024 年粮食物流市场发展回顾

2024 年，全球经济形势严峻，单边主义、保护主义抬头，地缘政治冲突加剧，对全球粮食贸易和产业链供应链稳定构成严峻挑战。面对如此巨大的冲击，中国在农业政策上持续发力，强化农业科技支撑，高效实施了增面积、增单产、防灾减灾等一系列有力措施，中国粮食产量迈上了新台阶。2024 年，中国粮食总产量达到 70650 万吨，比 2023 年增加 1109 万吨，首次突破 7 亿吨，再创历史新高，且粮食总产量连续 10 年稳定在 65000 万吨以上（见图 1），较好地满足了“夯实粮食安全根基”与“确保中国人的饭碗牢牢端在自己手中”等要求。

2024 年，中国粮食物流在很好地支持粮食生产和流通的同时，在应急保障、服务、智能化等方面也取得了进一步发展。

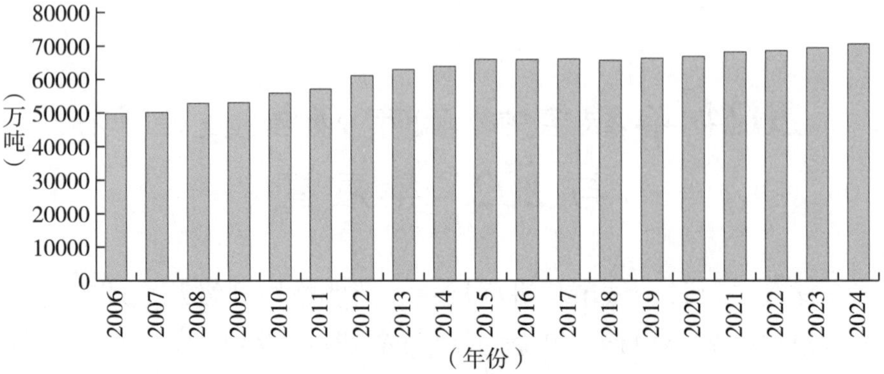

图1　2006—2024 年中国粮食总产量

1. 着眼于粮食产购与应急保障的粮食安全保障能力进一步增强

为了加强粮食生产、储存、流通等各个环节的管理，确保国家粮食安全，《中华人民共和国粮食安全保障法》于2024年6月1日起正式实施，为粮食安全提供了强有力的保障。与此同时，国家采取了一系列具有创新性的措施，保证了国内粮食供给的稳步增长，对突发事件的应急响应更加快速高效。

特别是在粮食生产方面，中国高度重视耕地保护，实行了严格的耕地保护制度，实现了耕地面积“三连增”，有效地遏制了耕地面积不断下降的势头，为提高粮食生产能力提供了强有力的支持。为了提高耕地质量，湖南省持续加大了酸化农田治理力度，开展了有机物质改良工程，省内的“三普”工作也在有条不紊地进行。同时，湖南省通过高质量推进高标准农田建设，农田基础设施条件得到大幅改善，全省累计建成高标准农田293.13万公顷，粮食生产能力大幅提升，为粮食产量稳定在3050万吨以上提供了坚强支撑。

在粮食收购方面，有关部门加快了收购步伐。目前，河南、江苏和安徽等多个省份纷纷启动了中晚稻最低收购价执行预案，共设立228个储备仓库，既满足了农户的粮食销售需求，又稳定了市场预期。

从应急保障的角度看，粮食应急保障能力稳步提高，主要体现在三个方面，即粮食应急保障企业的数量稳步增长，粮食应急日处置能力持续提高，响应各类突发事件的速度逐渐加快。具体而言，截至2024年，全国已有68000家粮食应急保障企业，每天的粮食应急处理量超过170万吨。面对严重的自然灾害，国家粮食和物资储备局在2024来累计调拨了59批、92.4万吨的应急物资，相较于2023年增加了28批、20.3万吨。

2. 着眼于节粮减损的优质粮食工程建设项目深入推进

2021年，财政部、国家粮食和物资储备局联合印发《关于深入推进优质粮食工程的意见》，聚焦粮食绿色仓储、品种品质品牌、质量追溯、机械装备、应急保障能力和节约减损健康消费“六大提升行动”。2024年，国家继续深化优质粮食工程的建设，节粮减损工作已见成效。

在粮食生产方面，宿州市大力提倡机收减损，2024 年全市四个县区的玉米平均机收损失率为 2.17%，同比减少 0.41%；小麦平均机收损失率为 0.917%，同比减少 0.026%。

在粮食仓储方面，黑龙江省开展了粮食仓储绿色提升工程建设，改建了 214.57 万吨高标准绿色仓容，使粮食绿色存储能力得到了极大的提高，储存期限得以延长，同时也使粮食的损失得到了进一步的减少。

在粮食运输方面，重庆市积极推广先进的运输组织方式，推进多式联运示范工程建设，现已建立了 3 个国家级多式联运示范工程和 2 个市级多式联运示范工程。

在粮食加工方面，云南军粮集团通过对生产工艺的持续优化，对原材料质量进行严格控制，对仓储调配进行优化，达到了节粮减损的目的。这不但使粮食加工的效率与品质得到了提升，而且使集团主体成为粮食加工产业精细化管理的楷模。

3. 着眼于高效性与便捷性的粮食物流服务体系更为完善

在粮食产业链日益完善的背景下，打造高效便捷的粮食物流服务体系已成为粮食流通领域的新趋势。为充分调动农户种粮的积极性，打造粮食收购服务生态链，嘉兴市在线下线上均作出了巨大努力。在线下，嘉兴市积极构建现代粮食收购服务体系，推动粮食烘干中心、大米加工企业、粮食收购企业等多家主体联合建立现代粮食收购服务联盟。在线上，嘉兴市推出了“支付宝”“浙里办”等 App 在线预约功能，农民可以便捷享受“烘干、清理、去糙、质检、运输”一站式服务。

在粮食生产方面，粮食产后服务体系建设也得到了进一步的发展，产后服务中心规模不断扩大。通辽市依托现有产后服务中心为农民提供“五代”服务，帮助农民增加粮食产量和种粮收入，真正实现让广大农民群众省时省力又省心。上海市崇明区为保障粮食在库安全以及有效应对粮食产后加工环节的专业化、社会化需求，全面推进“1 +6”粮食产后服务体系建设，启动规划建设 6 个粮食产后服务中心，持续提升粮食产后服务水平。为安顿好丰收粮，吉林省注重收购资金等保障措施，搭建社会化、专业化的粮食产后服务新体系，确保有人收粮、有钱收粮、有仓收粮。

4. 着眼于数智融合的智慧粮食物流飞速发展

在粮食物流领域，随着物联网、人工智能等高科技手段的广泛应用，传统的粮食物流管理模式正在逐步转变，粮食物流的运作效率不断提高，粮食物流行业的智能化和数字化进程不断加快。低空经济的蓬勃发展推动了无人机技术在农业领域的应用。浙江省平湖市在开展农业低空作业的同时，采用无人机进行农药喷洒、播种等作业，秭归县则采用无人机运输脐橙，不仅提高了作业的效率，还节省了果农的总成本。浙江省积极推进“未来粮仓”建设，浙江省储备粮管理集团有限公司、航天信息智慧科技股份有限公司、北京铁木牛智能机器科技股份有限公司共同研发出散粮无人运粮车，并在浙江成功试点。该设备采用最新的人工智能技术、传感技术，能够对运输过程中发生的各类问题进行自动监控与处理，提高了运输的效率与安全性。四川省商业投资集团积极推进“天府粮网”工程，打造“天府粮仓数字化中心”，通过物联网等手段提高粮食生产的智慧化程度，同时积极构建生产区域物联网监控网络，努力建设省级物流平台和“川流天下”网上平台，从而提高了四川省粮食物流的智能化水平。

二、粮食物流市场 2025 年展望

1. 支持性政策与法规将得到进一步完善

粮食物流是关系到国家粮食安全的重要环节。近几年来，中国政府出台了一系列政策法规，以推动我国粮食物流产业的发展。《中共中央　国务院关于学习运用“千村示范、万村整治”工程经验有力有效推进乡村全面振兴的意见》已于 2024 年 2 月 3 日发布，其内容包括：加强农业基础设施建设、提高粮食及重要农产品的调控能力、深化节约粮食和促进健康消费等。《粮食流通管理条例》《中华人民共和国粮食安全保障法》等一系列法律、法规的相继出台，使我国粮食物流行业呈现出规范化和标准化的发展态势。然而，随着中国粮食贸易行业市场的扩大和中国粮食消费结构的升级，粮食物流产业的发展也面临着严峻的挑战。因此，为了不断提高粮食物流业的质量、效率和竞争力，进一步完善粮食物流业的支持性政策和法规尤为重要。

未来，中国政府将积极采取以下措施：第一，鼓励企业采用先进的工艺，以减少浪费，提高生产效率。第二，加大对粮食物流的投资，使粮食物流的基础设施建设更加现代化。第三，鼓励和支持粮食物流公司采用先进的科技手段，让物流运作变得更加智能化和自动化，提高整个流程的透明度和可追溯性。第四，加强农资质量监管，建立粮食价格风险保障机制，从而规范和促进粮食物流行业健康发展。第五，继续落实税收补贴、财政支持、金融扶持等政策措施，为粮食物流行业发展营造良好的市场环境。

2. 校企合作人才培养模式将得到进一步重视

统筹推进教育、科技、人才体制机制一体改革，对于发展新质生产力具有至关重要的作用。为确保“大国粮仓”和“大国储备”的安全稳定，必须构建一支规模庞大、技艺精湛、素质全面的专业技能人才队伍。近年来，国内许

多院校与物流企业紧密合作，共同探索出多种卓有成效的人才培养方式。例如，广西工商职业技术学院与广西粮油物流集团有限公司联合打造“智慧粮食储藏与配送校企合作典型生产实践基地”，帮助学生在实践中学习和掌握物联网、大数据等信息技术。当前，随着粮食物流行业对人才需求的日益多元化，粮食物流这一传统行业的高质量发展需要更多的企业与高校联合攻关，实现技术进步与工程应用的齐头并进，为行业培养更多的优秀人才。未来，院校和企业将更加重视校企合作人才培养模式，主要体现在实践、课程两大方面。在实践方面，院校与企业双方可共同开发、出资组建研发平台，实现资源互通、协同研发以及成果转化。除此之外，院校一方也可结合企业实际需求为其提供理论方面的指导。对于突破核心技术所面对的困难，校企双方亦可联合申请校企研发项目，并让学生与企业人员充分参与其中，实现技术攻坚克难与工程应用的一体化。在课程设置方面，院校可以针对不同的培养目标开发校企融合的特色课程，培养更加符合企业需求的专业人才。例如，对于复合型人才的培养，院校应注重粮食仓储、加工、安全等基础课程与信息、物流、管理等专业课程的有机结合；对于创新型人才的培养，院校应注重增设研发类课程，培养学生的创新能力。

3. 粮食物流的数智化、AI化、绿色化将得到进一步发展

从数字化与智能化的角度来看，随着大数据、5G通信、物联网、云计算等现代科技的深入运用，粮食物流数字化与智能化已是大势所趋。而在“绿色”这一层面，随着人类社会对可持续发展的日益重视，绿色化已经成为产业发展的必然选择。近日，随着DeepSeek冲击效应的不断发酵，以人工智能、物联网、大数据和云计算为核心技术驱动的粮食物流供应链深度融合，推动我国粮食物流向数字化、网络化和智能化方向发展。为响应我国经济社会发展的全面绿色转型，我国实施了财政补贴、税收优惠等一系列政策措施，加强了智慧仓储设施的建设，在物流领域大力推广新能源汽车，鼓励企业使用绿色包装材料，这对促进粮食物流产业的绿色化发展具有重要的意义。

从长远来看，在粮食运输方面，以节能减排为目标的电力货车将成为我国粮食物流的主力装备；在粮食存储领域，仓库的标准化、集成化、智能化和系统化的发展趋势将越来越明显；在粮食包装方面，生物可降解包装材料、可回收材料和可再利用的包装设计将得到更广泛的使用；在科技方面，DeepSeek + R1的粮食物流供应链运作大模型建设研究与运用交接将得到重视。

4. “一带一路”国际物流合作与多元化贸易将得到进一步发展

随着国际政治经济形势的变化和全球粮食需求的增长，加强粮食物流的国际合作与推动多元化贸易成为保障粮食安全、促进农业可持续发展的关键路径。一方面，共建“一带一路”国际合作将得到深化与创新。粮食物流企业需要加强国内外仓储物流基础设施建设，包括港口、仓库、运输线路等，以提高物流效率。粮食物流企业通过与“一带一路”国际合作伙伴共同投资、建设和运营物流基础设施，实现资源共享和优势互补是实现战略制胜的必然选择。与国际同行开展技术交流与合作，共同研发适用于“一带一路”广大地区粮食物流的新技术和新设备，或引用先进的物流技术，提高物流作业的自动化和智能化水平，将成为粮食物流企业未来的重要发展方向。通过数字化、AI化建立国际粮食物流信息共享平台，实现物流信息的实时共享和协同管理，优化物流资源配置，降低物流成本，提高物流效率，促进粮食物流向供应链管理+工程技术的供应链工程转型，有望得到加速推进。

另一方面，“一带一路”倡议下的国际粮食多元化贸易将得到进一步拓展。未来，粮食物流企业将积极拓展多元化贸易渠道，不仅关注传统渠道的稻谷、小麦、玉米等粮食品种，而且重视线上线下结合的多贸易创新方式，满足国内外大粮食市场的多样化需求。同时，粮食物流企业将加强与更多的国家和地区的贸易往来，建立长期稳定、韧性增强的合作关系，为不确定性下的世界粮食市场增加确定性和导向性。

三、结语

回顾2024年，中国粮食生产能力不断提升，粮食收购工作顺利进行，应急保障能力显著增强，极大地保障了我国的粮食安全。深入推进优质粮食工程建设项目，不仅减少了粮食损失，而且促进了粮食产业的进一步稳步发展。粮食物流服务体系更为高效便捷，智慧粮食物流发展迅速，中国粮食物流产业的现代化水平进一步提高。

展望2025年，中国粮食物流将迎来更加广阔的发展前景。中国将进一步完善支持性政策法规，为粮食物流业的健康发展提供制度保障；进一步注重校企合作等新型人才培养模式，为粮食物流业培养更多优秀人才；进一步推动粮食物流的数智化、AI化和绿色化发展，创造更大的经济效益和社会效益；进一步加强与“一带一路”沿线国家及其他国际伙伴在粮食物流领域的合作，共同推动全球粮食产业的繁荣发展。

（南京财经大学营销与物流管理学院、江苏一带一路研究院、
江苏省现代粮食流通与安全协同创新中心　吴志华　李尚霖）

参考文献

[1] 王柯静．推进粮食物流体系现代化的阻滞困境与实践路径［J］．粮食问题

研究，2024（5）：48－51.
[2] 罗浩轩，郭栋．大食物观下超大规模城市粮食安全保障路径研究：以成都市为例［J］．重庆工商大学学报（社会科学版），2025，42（2）：120－132.
[3] 梁嘉伟．湖南：农业农村发展稳中有进［N］．农民日报，2025－01－06（001）．
[4] 陈晨．我国粮食安全保障能力进一步提升［N］．光明日报，2024－12－27（002）．
[5] 吴志华，任星宇．中国粮食物流2022年回顾与2023年展望［J］．粮食科技与经济，2023，48（3）：63－67.
[6] 吴焕，施亚利．粮食安全保障农业强国建设研究［J］．粮食科技与经济，2024，49（2）：1－4，8.
[7] 吴志华，李尚霖．中国粮食物流发展回顾与后期展望［J］．中国粮食经济，2024（9）：43－45.
[8] 胡增民，刘志娟．“大咖”汇聚扬州畅谈粮食物流行业数智化绿色化发展［N］．粮油市场报，2024－12－03（B04）．
[9] 程峥，庄莹辉，李怡涛，等．粮食制品包装研究现状及未来发展趋势［J］．粮食科技与经济，2024，49（5）：70－73，89.

2024 年食材供应链发展回顾与 2025 年展望

2024 年是我国食材供应链行业深度调整与转型升级的关键年份。面对消费需求结构变化、国际供应链波动加剧、成本压力持续攀升等挑战，行业在政策引导、模式创新和自我革新中展现出强劲韧性，行业规模稳步提升，迸发出新活力。

一、2024 年食材供应链发展回顾

（一）政策环境与标准建设

1. 行业政策演变

通过梳理我国食材供应链行业的政策演变，中国物流与采购联合会食材供应链分会将食材供应链行业的政策发展分为以下四个阶段：

（1）早期阶段。

20 世纪末至 21 世纪初，国家政策导向上开始大力推动农业产业化经营，鼓励发展农产品加工业，培育各类农业产业化龙头企业，提高农产品附加值和商品化率，为普通消费者和餐饮企业提供了更丰富、更稳定的食材来源，增强了食材供应链的基础支撑。

1995 年，《中华人民共和国食品卫生法》实施，首次建立食品生产加工环节卫生标准体系；2009 年该法升级为《中华人民共和国食品安全法》，强化全链条监管责任，对食品生产、加工、流通、消费等环节进一步进行规范，从各个环节保障了食材的安全，为食材供应链的稳定发展奠定了基础。

（2）中期阶段。

2010 年以来，政府出台了一系列政策支持冷链物流基础设施建设，如 2010 年发布了《农产品冷链物流发展规划》，推动了冷链物流技术的进步升级，保障了生鲜食材在运输和储存过程中的品质，延长了食材的保鲜期，拓展了供应链的覆盖范围。

2012 年，国务院办公厅发布了《国务院办公厅关于加强鲜活农产品流通体系建设的意见》，提出要加强农产品流通基础设施建设，创新农产品流通模式，提高农产品流通效率，促进了食材供应链的优化升级。

（3）完善阶段。

2015 年前后，国家出台了一系列鼓励连锁经营、支持中小企业发展的政策

措施，推动了餐饮企业的连锁化、规模化发展，促进了餐饮企业的品牌化建设和标准化管理。餐饮企业对食材的采购规模和品质要求不断提高，从需求侧推动了食材供应链的整合与优化。

2017 年，国务院办公厅印发了《国务院办公厅关于积极推进供应链创新与应用的指导意见》，将食材供应链作为重点领域之一，推动“生产基地 + 中央厨房 + 餐饮门店”模式的创新，鼓励企业运用现代信息技术、创新供应链管理模式，完善食材供应链体系，提升服务供给质量和效率。

（4）提升阶段。

疫情后，餐饮业成为提振消费的重要力量，政策集中在培育消费新场景，支持餐饮领域的创新模式和新业态发展。同时，政府积极出台了一系列政策，促进食材供应链上下游企业之间的深度合作与协同发展，发展特色产业集群，鼓励企业通过建立战略合作伙伴关系、共享资源、联合创新等方式，实现优势互补，提高整个供应链的竞争力。

近年来，食品安全问题受到社会各界的高度关注，政府不断加大食品安全监管力度，完善食品安全溯源体系，实现食材来源可追溯、去向可查证、责任可追究，进一步保障了食材供应链的食品安全。

2023 年，随着出海成为浪潮，政策开始支持、鼓励餐饮企业积极开拓海外市场，进而带动食材供应链出海。

2. 2024 年主要政策方向及重点政策解析

中国物流与采购联合会食材供应链分会通过对 2024 年的 57 项与行业相关度较高的国家级政策进行梳理，整理出了五大政策方向。

（1）产能调控。

政策方向：从加大猪、牛产业的产能调控入手，稳定生产、平抑物价波动，保护产业发展。

重点政策：《农业农村部 国家发展改革委 工业和信息化部 财政部　中国人民银行 市场监管总局 金融监管总局关于促进肉牛奶牛生产稳定发展的通知》。

政策解读：一方面，守住母畜存栏“基本盘”，稳定奶业生产、扶持经营主体，切实帮助企业和农户纾困解难；另一方面，提升肉牛奶牛产业高质量发展的效益水平，延伸产业链条、创新金融政策，从供需两方面同时发力，推动解决当前养殖者面临的现实困难，维持肉牛产业的稳定发展。

（2）保障食材供给。

政策方向：主要从构建多元化供给体系、通过实施智慧农业助力农产品提质增产增收等方面着手，提高食材供给的多样性，筑牢粮食安全底线。

重点政策：《国务院办公厅关于践行大食物观构建多元化食物供给体系的

意见》。

政策解读：政策的出台一方面可以加强粮食安全保障，通过提高国内粮食生产的自给率，减少对外部粮食市场的依赖，从而有效抵御国际粮食市场的波动和供应链中断的风险；另一方面，可以满足城乡居民食物消费升级的需求，通过建立多元化的食物供给体系，为城乡居民提供更加营养健康的科学饮食保障。

（3）促进食材流通。

政策方向：从完善流通体系、降低流通成本、促进内外贸一体化等方向精准施策，有效畅通了内外部食材流通链路。

重点政策：《关于完善现代商贸流通体系推动批发零售业高质量发展的行动计划》。

政策解读：政策的出台从四个方面给农产品流通行业带来利好。一是完善城乡商贸流通网络，实施农村市场升级工程，有利于降低农村食材流通成本，提高配送效率，使特色农产品迅速走向全国甚至国际市场，扩大农产品销售半径。二是实施零售业创新提升工程和批发业高质量发展工程，有助于进一步提升流通组织力。三是实施供应链创新提升工程和商贸物流数智赋能工程，提高托盘标准化率，健全再生资源回收体系等，有助于推动食材供应链的数智化、标准化和绿色化发展，提升行业整体水平。四是商贸流通开放融合发展，有利于供应链各环节要素之间形成深度整合、高效协作的关系，从而优化资源配置。

（4）培育新消费。

政策方向：聚焦创新餐饮、零售消费新场景，打造差异化消费体验，促进食材和餐饮消费。

重点政策：《关于打造消费新场景 培育消费新增长点的措施》。

政策解读：为食材供应链行业持续创新消费新场景提供新动力。该政策通过开拓餐饮消费细分领域、提供高适配用餐服务、推进餐饮与多业态融合发展以及餐饮经营主体的数字化改造等措施，进一步明确了未来消费新场景创新的主要方向：个性化、特色化、智能化、沉浸式、品质化与绿色化。基于此，该政策建议食材供应链企业打造新场景，挖掘潜在的增长点，以顺应消费趋势的发展。

（5）促进产业高质量发展。

政策方向：促进餐饮等服务业高质量发展，制修订相关行业标准规范。

重点政策：《关于促进餐饮业高质量发展的指导意见》。

政策解读：该政策的出台推动并规范了餐饮业的发展，强调发展特色小吃产业，培育知名餐饮品牌，发展乡村休闲餐饮，鼓励餐饮企业出海，进一步扩展了餐饮企业的发展空间。此外，政策也有助于推动餐饮企业更好地通过资本市场进行融资，同时推动餐饮企业规范自身的治理体系和经营标准。

3. 标准建设情况

2024 年，我国食材供应链行业标准建设日趋完善，各类标准的制定与实施，如“预制菜国标”和“团餐运营管理服务规范”的起草，进一步规范了行业行为，促进了行业规范化发展。

经中国物流与采购联合会食材供应链分会不完全统计，2024 年制定和实施的国家标准共计 86 项、行业标准 66 项、团体标准超 600 项。这些标准覆盖了餐饮运营管理规范、菜肴烹饪工艺、生产加工技术、质量规范、食品安全、预制菜等关键领域，为食材供应链行业的健康发展提供了有力支撑。

在食品安全领域，《食用植物油散装运输卫生要求》强制性国家标准的发布，在保障流通环节食用植物油的质量安全、规范行业发展、维护消费者权益等方面发挥了关键作用。

2024 年，《食品安全国家标准 预制菜》国家标准的编写、研讨、征求意见等工作也在有序推进中。未来，该国家标准的发布实施也将进一步引导预制菜产业的标准化、规范化发展。

（二）食材供应链行业发展历程

在 30 多年的发展历程中，我国食材供应链行业经历了从无到有、从粗放到精细的变革，不断进行自我革新和完善。从早期的粗放式运作到标准化发展，再到多样化竞争，目前已经迈入精细化运营的新时代，每一步都扎实而坚定。

1. 第一阶段：粗放式发展时代（20 世纪 90 年代初—21 世纪初）

在打破计划经济的束缚后，历经 10 余年的市场化探索，企业供应链意识开始觉醒。这一阶段，食材流通以农批市场、农贸市场、个体商贩为主，供应链各环节相对割裂，信息透明度较低。在管理方面，企业主要依靠手工记账和纸质单据对采购、生产、物流、销售等数据进行管理，信息化程度较低。

2. 第二阶段：标准化发展时代（21 世纪初—2011 年）

这一阶段，企业开始注重效率与质量的提升，通过建立标准化的作业流程、体系化的管理标准来加强供应链管理。

2011 年，中央厨房的概念被提出，并逐渐兴起。中央厨房的出现使团餐和社餐企业在食材的标准化方面有了很大的改善，统一的加工和配送也推动了品质和效率的提升。

“农超对接”模式的出现，推动了食材流通效率的提高和流通成本的节约。

这一阶段，信息化开始普及，头部企业纷纷引入信息化系统，实现了订单电子化管理，但中小型企业仍以人工调度为主。

3. 第三阶段：多样化竞争时代（2012—2023 年）

在这一阶段，参与竞争的主体日益多样化。生鲜电商蓬勃发展，以叮咚买菜、美团买菜（小象超市）等为代表的 2C 生鲜电商平台和以美菜网、快驴、掌厨网等为代表的 2B 生鲜电商平台不断涌现，极大地改变了普通消费者和餐饮商家的食材采购习惯。同时，以蜀海供应链、绝配供应链等为代表的社会化食材供应链服务企业兴起，其专业化的集采集配服务模式替代了部分餐饮商家的自采自配模式。这种模式一方面满足了餐饮企业对食材采购成本、质量和配送效率的需求，另一方面有效地支撑了餐饮门店的扩张。

产地直采、前置仓等新模式的出现为食材供应链带来了新的发展动力。随着经济的发展和人民生活水平的提高，消费者对食材品质的要求越来越高。越来越多的供应链企业、餐饮企业、零售企业开始向上游布局，通过大单品产地直采、工厂直连等方式控制成本、保障质量。

物联网和大数据技术的快速发展，为食材供应链行业带来了数字化转型的机遇。相较于信息化，数字化可以更好地助力企业了解消费者需求，优化库存管理，提高配送效率。同时，数字化转型还促进了资源的优化整合。企业可以通过数据分析，更好地协调供应链各个环节，提高资源利用效率，也为供应链上下游企业间的合作提供了更多机会，促进了行业的协同发展。

4. 第四阶段：精耕细作时代（2024 年至今）

我国经济进入中速发展的新常态，行业产能过剩，居民消费预期持续走低，消费者对极致质价比的追求促使企业更加关注产品品质、服务质量和用户体验，市场竞争也变得异常激烈。这就要求企业的供应链管理和运营必须足够精细化和专业化，更加注重供应链的优化整合，以提高供应链的效率和稳定性。

在企业运营方面，企业将逐渐回归生意本质，不再简单追求规模的扩张，而是更加注重效益的提升。通过聚焦产品的价值创造和商业模式创新，企业能够提高自身的竞争力和盈利能力。

在精耕细作时代，市场竞争更加激烈，企业持续出清将成为食材供应链行业发展的必然趋势。当供应链逐渐成为企业的核心竞争力和护城河时，那些仍然以传统的、粗放的方式进行供应链管理的企业将逐渐被淘汰。虽然持续出清对于相关企业而言是致命的，但这一过程也有助于优化行业结构，提高行业的整体竞争力。

数智化将成为精耕细作时代的重要特征。企业将更加广泛地应用人工智能、大数据、物联网等技术，实现智能化生产、智能化管理和智能化服务。数智化转型能促进企业之间的协同发展，提高食材供应链行业的整体效率。

（三）2024 年食材供应链发展概况

1. 生产端

根据已披露数据，2024 年我国粮食总产量为 70650 万吨，猪牛羊禽肉总产量为 9663 万吨，禽蛋总产量为 3588 万吨，均保持一定程度的增长。然而，受乳制品消费低迷、产能调控等因素影响，2024 年我国牛奶产量为 4079 万吨，较上一年有小幅下降。2016—2024 年主要食材产量见表 1，2016—2024 年主要食材产量增速见图 1。

表 1　　2016—2024 年主要食材产量　　单位：万吨

食材 \ 年份	2016	2017	2018	2019	2020	2021	2022	2023	2024
粮食	66044	66161	65789	66384	66949	68285	68653	69541	70650
蔬菜	67434	69193	70347	72103	74913	77549	79997	82868	—
水果	24405	25242	25688	27401	28692	29970	31296	32744	—
水产品	6379	6445	6458	6480	6549	6690	6866	7116	—
猪牛羊禽肉	9137	9288	9346	9456	9567	9698	9603	9641	9663
禽蛋	3161	3096	3128	3309	3468	3409	3456	3563	3588
牛奶	3064	3039	3075	3201	3440	3683	3932	4197	4079

数据来源：国家统计局。

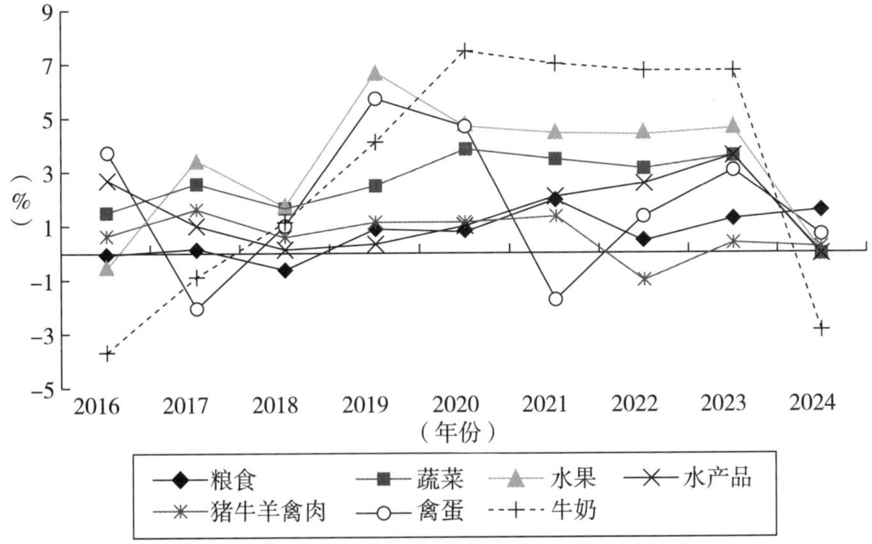

图 1　2016—2024 年主要食材产量增速

数据来源：国家统计局。

食材作为老百姓日常的刚需消费品，其价格波动备受关注。2024 年，粮食、蛋类、水产品、鲜果等大部分食材的价格指数处于正常波动区间，但鲜菜和畜肉类的价格指数出现异常变化（见图 2）。

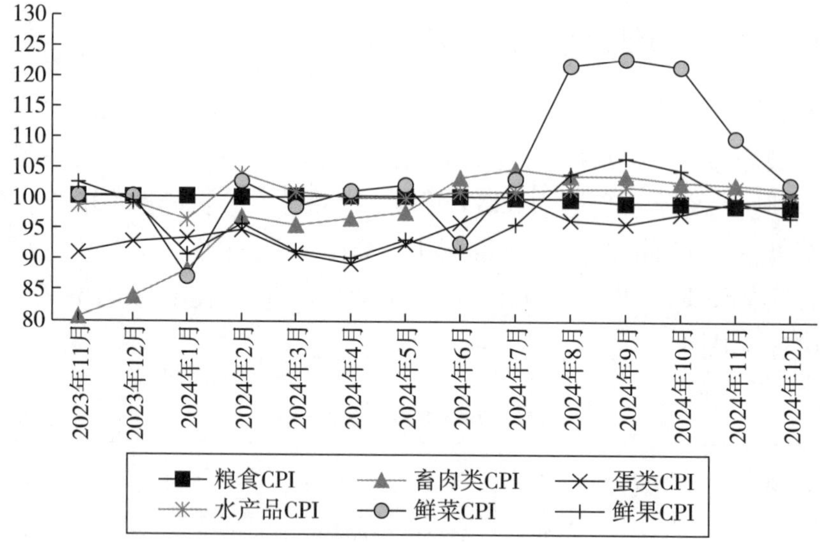

图 2　主要食材 CPI（上年同月 =100，当期值）

数据来源：国家统计局。

牛肉价格从 2021 年 3 月开始进入下跌周期，2024 年跌幅更是达到 13.82%，跌至五年来最低水平。从供给端来看，2020 年以来产能和进口持续增长，加之 2023 年奶牛进入淘汰周期，导致 2023—2024 年供给阶段性过剩；从需求端来看，2023 年肉类消费需求进入调整期，消费需求低迷导致供需宽松的局面；从牛肉进口来看，2024 年牛肉进口量达到 287 万吨，创历史高位，大量低价牛肉进口导致国内牛肉价格体系受到了严重冲击。2023 年 1 月至 2024 年 12 月牛肉批发市场均价与进口均价走势见图 3。

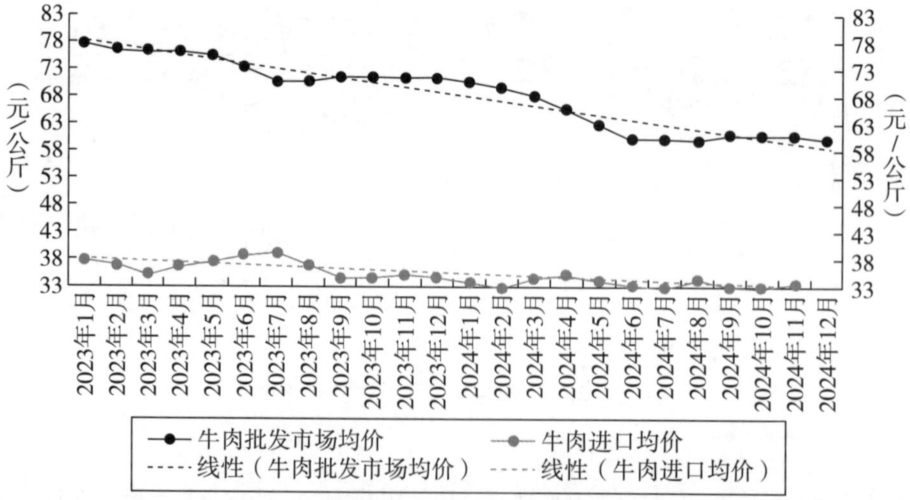

图 3　2023 年 1 月至 2024 年 12 月牛肉批发市场均价与进口均价走势

数据来源：农业农村部。

2. **加工端**

根据农业农村部数据，2024 年我国规模以上农产品加工企业营收超 18 万亿元，农产品加工业产值与农业总产值比达到 2.61，农产品附加值的提升更进一步。可食用农产品（食材）加工作为农产品加工的重要组成部分，2024 年的发展喜忧参半。

（1）食材加工业产能利用率下降，行业进入扩张型产能过剩阶段。

2024 年，我国食材产业处于转型升级的关键阶段。在新旧动能的转变、预制食材的快速发展和健康功能性等新食材需求预期的稳定性等因素的共同作用下，农食加工业投资回暖，产能供给增加，产能利用率降低，行业进入扩张型产能过剩阶段。

根据国家统计局数据，自 2021 年起，我国制造业整体产能利用率和食品制造业的产能利用率开始逐渐走低。2021 年我国食品制造业的产能利用率为 73.9%，截至 2024 年第三季度，食品制造业产能利用率为 69.5%，降幅超过 4 个点。与此同时，食品制造业和农副食品加工业固定资产投资增速从 2021 年开始下降，但 2023—2024 年增速回升，这表明企业对市场需求仍持乐观预期。然而，一方面是企业的生产能力增加，另一方面是消费需求未能达到预期，造成了产能闲置。行业固定资产投资增速与产能利用率见图 4。

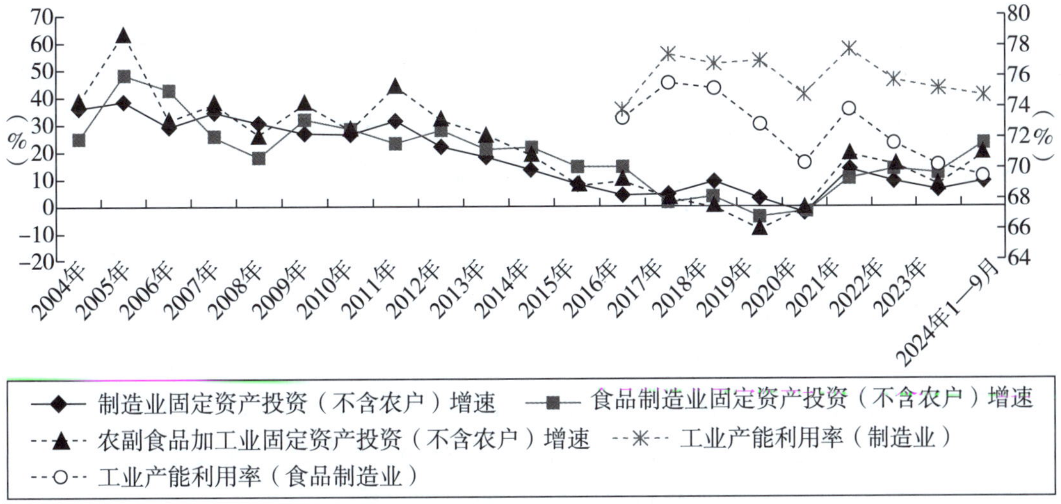

图 4 行业固定资产投资增速（左轴）与产能利用率（右轴）

数据来源：国家统计局。

（2）企业平均盈利空间缩小。

中国物流与采购联合会冷链物流专业委员会食材供应链分会梳理了重点上市企业的利润率数据。截至 2024 年第三季度，除得利斯外，安井食品、三全、海欣、千味央厨、惠发等企业的盈利情况均发生了一定程度的恶化（见图 5）。

得利斯虽归母净利率有所上涨，但仅刚刚跨过了盈亏平衡点。

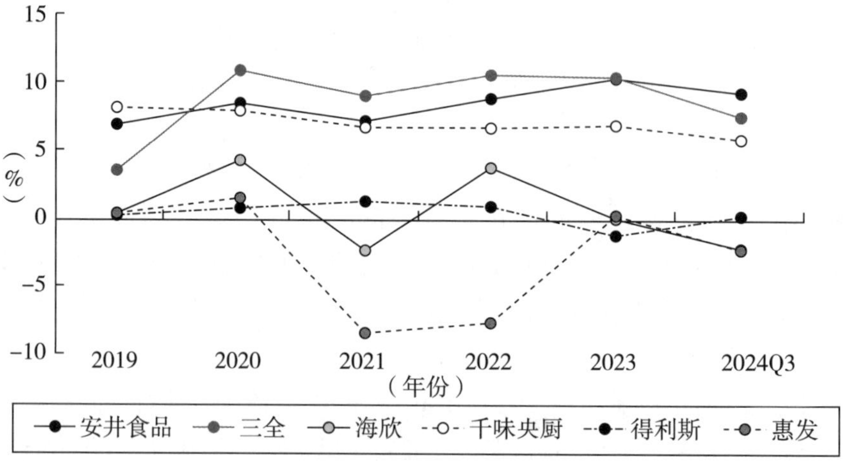

图5　重点上市企业归母净利率

数据来源：企业年报。

企业盈利能力的下降受到多方面因素的影响，如成本因素、行业竞争以及自身经营等。首先，企业的运营成本增加，原料成本的波动、劳动力成本和房租成本的上涨均给企业增加了运营负担。在营收增长有限的情况下，成本的增加进一步挤压了利润空间。其次，行业竞争激烈，众多企业涌入市场。企查查数据显示，2024 年 1—10 月，新增食材加工企业 3. 77 万家，企业数量的增加带来的是产品缺乏创新、同质化严重。企业为争夺市场份额纷纷采取低价策略，限制了利润增长。最后，部分企业盲目扩张或战略决策失误。在市场需求未达预期后，这些企业出现了产能过剩问题，影响了企业资金流转和盈利能力。

（3）食材加工业数字化自动化水平提升。

截至 2024 年，我国已累计培育 421 家国家级智能制造示范工厂，其中食材产业相关工厂为 15 家，涵盖速冻食品生产、粮油生产、调味品生产、乳制品生产和食品包装生产等领域。利用数字化技术和自动化技术，企业能显著提升运营效率，降低运营成本。智能化是新一轮产业革命的最大变量，也必将成为推动我国食材加工业发展和转型升级的强力助推剂。

3. 流通端

经初步测算，2024 年我国食材流通市场规模为 6. 14 万亿元，较 2023 年增长 0. 7%，增长幅度大幅收窄。2024 年，食材流通呈现出以下发展特征。

（1）区域龙头型食材供应链企业（服务型）向全国扩张。

以蜀海供应链、绝配供应链等为代表的服务型食材供应链企业在食材流通中承担着越来越大的责任。服务型食材供应链企业以区域型为主，聚焦服务某一地区的社餐、团餐客户。2024 年众多龙头型的企业开始通过合伙制等方式向区域外扩展。龙头型服务型食材供应链企业的跨区扩展，将对整个食材供应链行业产生深远影响。首先，加剧了市场竞争，促使企业不断提升自身的服务质量和创新能力。企业需要在保持原有区域优势的基础上，不断优化供应链管理，提高服务的标准化程度，以适应不同区域客户的需求。其次，有助于推动行业的整合与升级。龙头型企业通过跨区扩展，将先进的管理经验、技术和设备带到新区域，促进当地食材供应链企业的发展，推动行业整体水平的提升。

（2）经销商转型迫在眉睫。

2024 年，食材流通渠道经历了较大的变革。虽然批发市场仍是主要的流通渠道，但线上渠道发展势头迅猛，挤占了线下渠道的空间，传统经销商渠道更是面临着“不破局就出局”的严峻局面。

2024 年，传统的食材经销商们面临着前所未有的困境，生存空间被压缩，经营压力增大。过去，经销商主要依靠采购与销售之间的价差盈利。但如今，市场竞争加剧，信息透明度提高，上下游对价格的把控更精准，“价差”红利随之消失。加之运营成本如物流、仓储、人力等持续上升，传统经销模式的利润越来越薄。“转型”成为 2024 年食材经销商们的关键词，向供应链转型、平台转型和渠道转型或成传统经销商的突围之路。

4. 消费端

经初步测算，2024 年我国食材消费规模为 9.34 万亿元，其中，餐饮食材消费规模为 2.23 万亿元，零售食材消费规模为 7.11 万亿元。2024 年我国餐饮收入为 5.57 万亿元，增长 5.3%，推动了餐饮食材消费规模的增长。

餐饮和零售作为食材供应链的下游，直接触达消费者，可以敏锐地感知消费需求的变化，并做出相应的调整。2024 年，食材消费端展现出以下变化。

（1）餐饮连锁化率持续提升，市场集中度提高。

我国餐饮连锁化率持续提升，从 2018 年的 12% 提升至 2023 年的 21%（见图 6），预计 2024 年为 22%。据中国物流与采购联合会冷链物流专业委员会食材供应链分会的专家调研，未来我国餐饮连锁化率有望超过 50%。

餐饮连锁化率的提升带来的是市场集中度的提高，越来越多的中小商家被迫出局。据企查查数据，截至 2024 年 12 月，倒闭的餐饮企业数量高达近 300 万家。餐饮连锁化率的提升，对餐饮企业的供应链提出了更高的要求。如何通过供应链的协同创新保证餐饮食材的稳定供给、产品的推陈出新、食材的品质与安全，以及实现降本增效、提质增效成为重要课题。连锁餐饮企业因其规模化、组织化的管理，在供应链管控上明显更具优势。

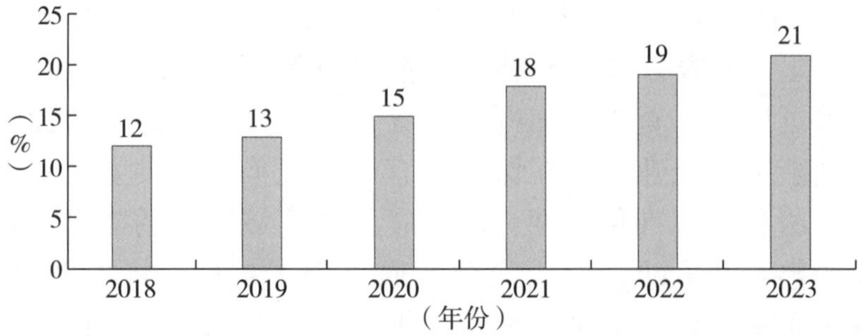

图 6　我国餐饮连锁化率

数据来源：美团。

（2）线下门店持续优化调整，提高发展质量成为主旋律。

面对消费市场低迷所带来的挑战，食材零售企业从加速扩张阶段转向注重品质经营的新阶段。对 13 家上市的食材零售企业关店情况进行分析发现，2023 年上半年，沃尔玛、永辉超市、红旗连锁等 13 家零售上市企业关闭了总计 322 家超市门店，且这一关店趋势在 2024 年依然持续。为实现降本增效，食材零售企业主动对业绩不佳的尾部门店进行了优化处理，同时从品类结构的优化、性价比的提升、服务质量的强化等多个维度出发，对门店进行全面而深入的改造。企业通过对卖场面积的科学规划、商品陈列的合理调整、业务流程的精简优化以及管理系统的升级换代，提升门店运营效率，力求在激烈的市场竞争中占据有利地位。

（3）跨界融合，业务边界逐渐模糊。

2024 年，跨界融合正成为一股不可忽视的潮流，业态边界正逐渐模糊。餐饮与零售跨界融合，线下商超纷纷下场做餐饮，商超餐饮化趋势显著。永辉、物美、盒马鲜生、华联、贵州合力、美特好、三江购物、合家福等商超均推出了食堂服务。公开资料显示，在成都，约 30 家永辉超市开设了“永辉食堂”。这种融合不仅为消费者提供了便利，也增加了商超的客流量，延长了消费者停留时间。消费场景的融合也带来了全新的体验。菜市场代炒菜就是一个典型的例子。菜市场代炒菜让消费者从单纯的食材购买者转变为烹饪体验的参与者，也为菜市场增添了烟火气与活力，吸引了更多年轻消费者。

多业态融合发展整合了不同业态的资源与优势，实现了协同效应。通过跨界融合，企业能够突破传统业态的局限，开辟新的市场空间，寻找新的盈利增长点，在激烈的市场竞争中实现可持续发展。

（4）企业加速出海。

数据显示，目前海外中国餐饮门店已经发展到近 70 万家，市场规模近 3 万亿元，门店已遍布 180 余个国家和地区。亚洲、北美、欧洲是中国餐饮品牌出海的主要目的地。根据中国物流与采购联合会冷链物流专业委员会食材供应链分会对出海餐饮企业的调研，有 68.4% 的企业选择了亚洲作为出海目的地，57.9% 的企业选择了北美，42.1% 的企业选择了欧洲。

随着作为链主企业的餐饮企业出海进程的加快，很多餐饮企业在海外积极布局成熟的供应链体系，也带动了一批供应链企业出海，如食材加工企业、调味料企业、预制菜企业、冷链物流企业等。这些企业的出海为“中国制造”和“中国味道”赋予了更强的生命力和影响力。

二、2025 年食材供应链展望

（一）产品丰富化，口味多元化

2024 年，伴随山野火锅的流行，山野菜、稀有菌菇等充满地域特色和健康生态元素的食材走进公众视野。各类主题餐厅、特色餐厅的涌现也使小众食材得以被发掘。贵州酸汤锅底采用酸梅、木姜子等特色食材制作而成，在网络上爆火，“贵州酸汤火锅”在美团的搜索量同比增长超 11 倍，相关笔记评价增长超 20 倍。随着消费者对健康、特色食材的需求不断增加，产品丰富化、口味多元化将成为 2025 年食材供应链行业的重要趋势。

消费者对独特口味和特色食材的追求为食材企业和餐饮企业提供了新的发展机遇。企业需要不断挖掘和开发具有特色的食材产品，满足消费者日益多样化的需求。食材产品的推陈出新必须紧密围绕消费者需求展开，精准契合消费趋势，要做到这一点，必须深入一线开展调研，切实了解消费者的真实需求，获得一手数据。同时，上下游企业间、企业和科研院所及机构间要加强紧密协作，实现优势互补、资源共享。餐饮企业对市场流行菜品和消费者口味变化有着敏锐的洞察力，科研院所有着强大的科研实力和丰富的专业知识，食材企业有着规模化的生产能力和专业的生产设备。通过共研共创，各方必能实现互利共赢。

（二）供应链服务模式综合化

未来，供应链服务模式将朝着综合化方向发展，涵盖食材供给、仓储配送、数字化服务、供应链金融、产品研发、选品、食堂运营、社区生鲜零售、物业服务等多个领域。美国餐饮业的发展历程显示，随着行业的成熟，类似 SYSCO 这样的综合型供应链企业应运而生并不断壮大。经过梳理，SYSCO 的高速并购发展阶段与美国餐饮连锁化的高速发展阶段完美匹配（见图 7）。我国餐饮业正处于快速发展阶段，虽然在服务模式和业务特点上已出现类似企业，但在行业影响力和市场占有率方面，与国际领先企业相比仍有较大提升空间。未来，中国有望涌现出更多具有强大影响力和较高市场占有率的综合型食材供应链企业，这类企业将整合产业链资源，提供一站式服务，提升行业整体效率。

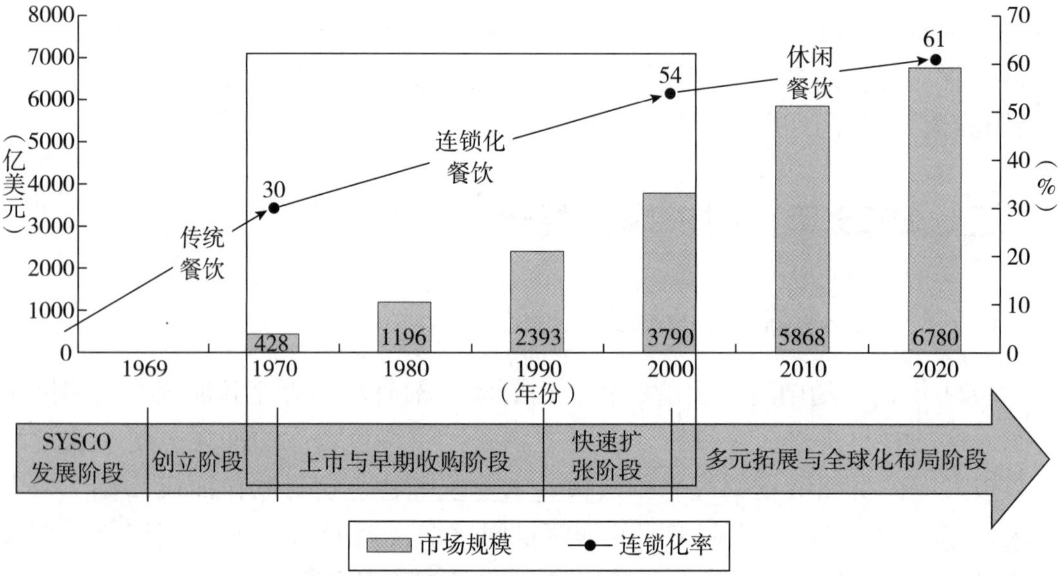

图7　美国餐饮业与SYSCO的发展阶段对比

图片来源：中国物流与采购联合会冷链物流专业委员会食材供应链分会。

（三）下沉市场空间巨大

2024年，国家《政府工作报告》强调发展县域经济，全国31个省市区《政府工作报告》中，“县域经济”的频次为39次，省均频次为1.26次。国家统计局数据显示，在政策引导下，随着县域商业体系建设的不断推进，县乡市场销售规模稳步扩大，1—10月，县乡消费品零售额占社会消费品零售总额的比重为38.8%，比上年同期提高0.5个百分点，彰显了县域消费市场的活力。据麦肯锡数据，预计到2030年，我国个人消费规模将达到65.3万亿元，超66%的增长来自下沉市场，为食材供应链的发展带来了新的增长空间，众多连锁餐饮品牌也将纷纷布局。星巴克明确了2025年在中国市场拥有9000家门店的计划，并将下沉市场视为关键领域，列入战略规划之中；蜜雪冰城、瑞幸、沪上阿姨、塔斯汀等连锁品牌也都在不约而同地增加在低线城市与县城开设新店的比例。2025年，下沉市场将成为食材供应链从业企业竞争的关键领域。

（四）数智化浪潮席卷而来

数智化浪潮正席卷食材供应链行业。根据IDC中国数据，预计到2028年，中国数字化转型支出规模将达到7330亿美元，全球占比约为16.7%，五年复合增长率约为 15.6%；据中国信息通信研究院数据，到 2025 年中国数字经济规模将超过 60 万亿元。

在产业数字化方面，中国第三产业的数字经济渗透率最高，但第二产业的渗透率增速已超过第三产业。企业通过数据采集与分析，优化生产流程，提高生产效率；通过与供应商和客户系统的对接，促进供应链协同；利用在线检测设备实现自动化质量检测；通过收集和分析客户数据，提供个性化服务。2025 年年初，DeepSeek 的横空出世在各个产业引发了巨大反响。作为人工智能领域的重要突破，DeepSeek 所代表的前沿 AI 技术正以前所未有的速度与产业发展深度融合。我们有理由相信，在食材供应链行业，AI 与企业业务运营的结合将为行业带来全新的变革契机。

数智化贯穿食材供应链全环节的趋势越发明显。食材供应链行业将实现智能化、高效化发展，为消费者提供更加优质、安全、便捷的食材产品和服务，同时提升整个行业的竞争力和可持续发展能力，在不断变化的市场环境中开拓新的发展局面，推动行业迈向高质量发展的新征程。

（五）可持续将成为发展主旋律

可持续发展将成为食材供应链行业发展的主旋律。中国食材供应链上下游企业对可持续发展的重视程度不断提高。根据中国物流与采购联合会冷链物流专业委员会食材供应链分会的统计，2024 年食材供应链行业上市企业的 ESG 相关报告披露率为 60.8%，高于 A 股上市企业 41.86% 的披露率。

在低碳转型方面，中国物流与采购联合会冷链物流专业委员会食材供应链分会对 100 家食材供应链企业的调研显示，平均低碳转型投入占企业营业成本的 7% 左右，且 65.5% 的企业带来了成本上的节约。IFDA（国际农业发展基金）数据显示，优先考虑可持续发展的食材供应链企业，其收入和利润增长显著高于在环境项目上投入较少资源的公司。

当可持续发展成为企业提升竞争力、实现长期发展的重要因素时，越来越多的企业将加大在环保、社会责任等方面的投入，推动整个行业向绿色、可持续方向发展。

2025 年，我国食材供应链行业将在挑战与机遇中迈向高质量发展的新阶段。未来的食材供应链将不再是简单的物流网络，而是一个集创新、协同、韧性、柔性于一体的生态系统。在政策引导与市场驱动的双重作用下，行业有望实现从规模扩张向价值创造的历史性跨越，书写食材供应链发展史上浓墨重彩的一笔。

（中国物流与采购联合会食材供应链分会　秦玉鸣）

2024 年医疗器械供应链发展回顾与 2025 年展望

一、2024 年医疗器械供应链发展回顾

（一）工业市场发展回顾

1. 工业市场规模

从 2020 年到 2024 年，我国医疗器械工业市场稳步发展，2024 年我国医疗器械工业市场规模约为 11809.85 亿元，与 2023 年数据基本持平，同比增长 0.08%（见图 1），整体增速放缓，市场仍处于调整期。

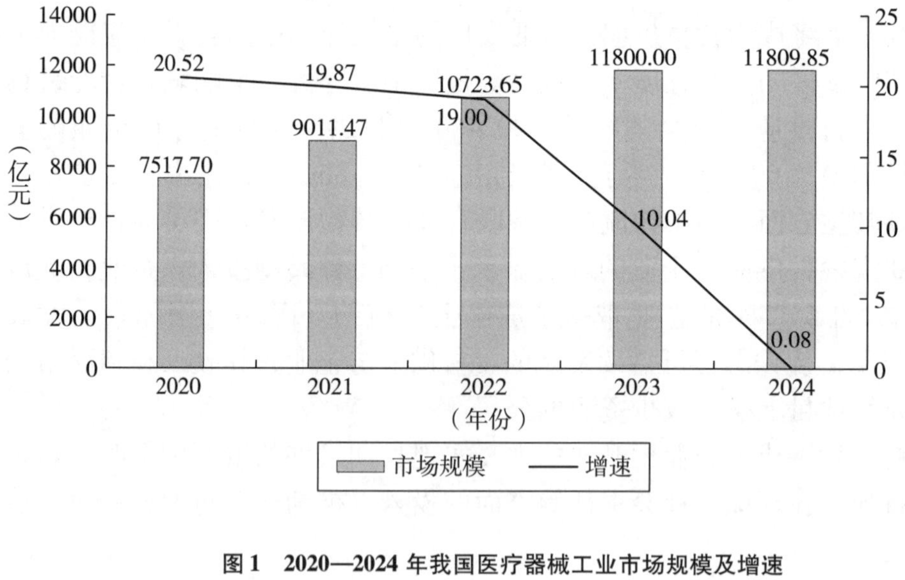

图 1　2020—2024 年我国医疗器械工业市场规模及增速

数据来源：中国物流与采购联合会医疗器械供应链分会。

2. 生产企业概况

2022 年至 2024 年，我国医疗器械生产企业数量呈现波动增长态势。截至 2024 年年底，我国共有医疗器械生产企业 32752 家，同比上升 1.36%（见图 2）。

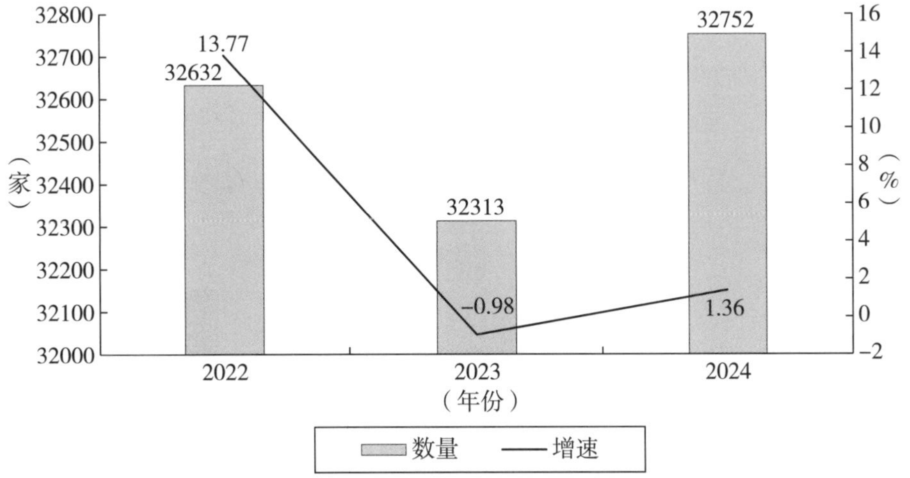

图 2　2022—2024 年我国医疗器械生产企业数量及增速

数据来源：国家药监局、《医药经济报》，中国物流与采购联合会医疗器械供应链分会整理。

其中，可生产一类医疗器械产品的企业数量为 21025 家，可生产二类医疗器械产品的企业数量为 17575 家，可生产三类医疗器械产品的企业数量为 3258 家（见图 3）。

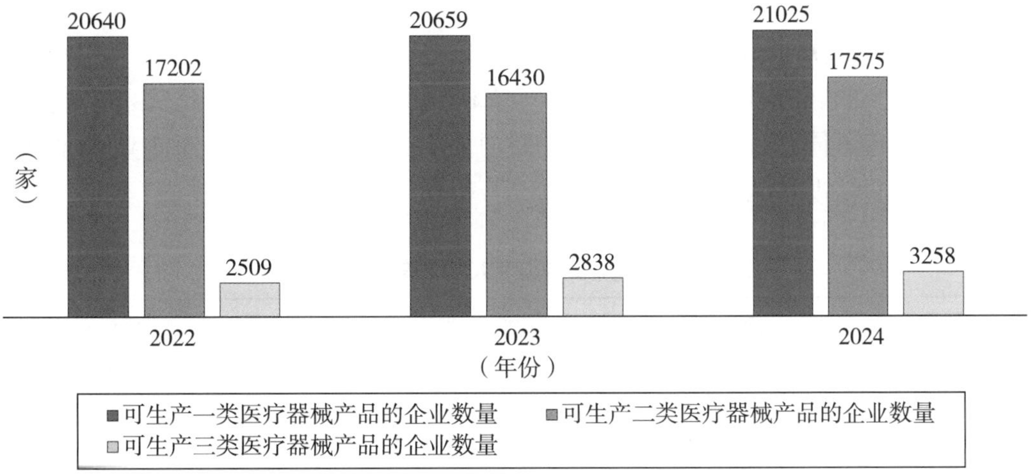

图 3　2022—2024 年我国医疗器械各类生产企业数量

数据来源：国家药监局、《医药经济报》，中国物流与采购联合会医疗器械供应链分会整理。

（二）流通市场发展回顾

1. 经营企业概况

全国医疗器械经营企业数量稳步上升。截至 2024 年年底，全国二、三类医疗器械经营企业数量共 142.96 万家，同比增长 3.91%。其中，同时经营二、三类医疗器械产品的企业共 41.12 万家，仅经营二类医疗器械产品的企业共

93.22 万家，仅经营三类医疗器械产品的企业共 8.62 万家（见图 4）

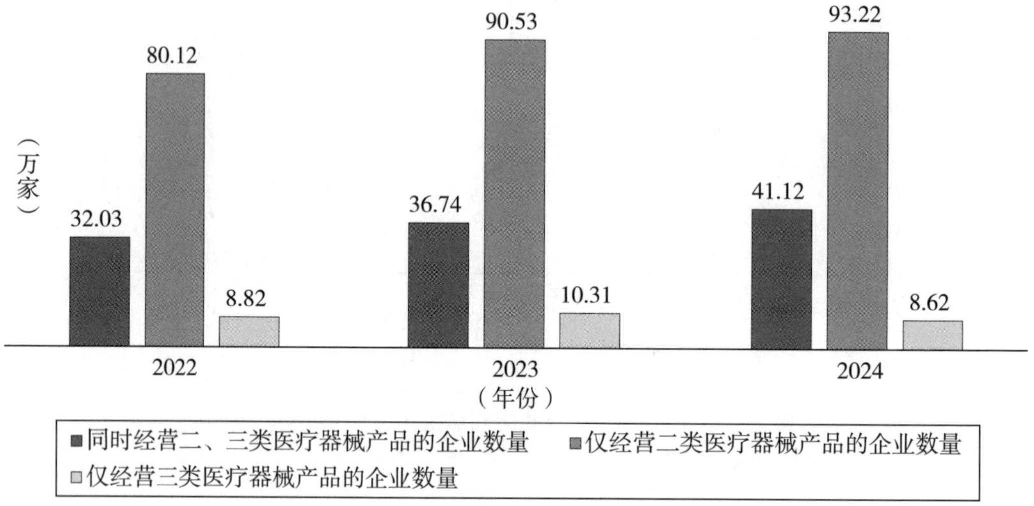

图 4　2022—2024 年我国医疗器械经营企业数量分布

数据来源：国家药监局、《医药经济报》，中国物流与采购联合会医疗器械供应链分会整理。

2. 头部企业经营现状

2024 年，国药控股营业收入及归母净利润双下滑，华润医药营业收入同比上升，但归母净利润呈现下滑，上海医药表现亮眼，实现了营业收入和归母净利润双增长。国药控股营业收入及归母净利润分别为 5845.08 亿元和 70.50 亿元，规模虽有不同程度的下降，但依旧稳居第一。三大国有流通企业营业收入及归母净利润情况如表 1 所示。

表 1　　三大国有流通企业营业收入及归母净利润情况

企业名称	营业收入（亿元）	营收增长率（%）	归母净利润（亿元）	净利增长率（%）
国药控股	5845.08	-2.02	70.50	-22.13
上海医药	2752.51	5.75	45.53	20.83
华润医药	2576.73	5.30	33.51	-13.05

数据来源：各企业 2024 年度报告，中国物流与采购联合会医疗器械供应链分会整理。

医疗器械业务方面，2024 年，国药控股医疗器械板块营业收入同比下降，上海医药和华润医药医疗器械板块营业收入实现增长（见图 5）。从规模来看，国药控股医疗器械板块业务依旧占据领先地位，但增速最低，且医疗器械板块业务营业收入增幅达 -9.45%，远低于公司整体营业收入增幅的 -2.02%；上海医药医疗器械板块营业收入增速表现亮眼，增幅达 10.50%，在领先于其他

2 家企业医疗器械板块营业收入增速的同时，远高于自身整体营业收入 5.75% 的增幅；华润医药医疗器械板块营业收入达 334 亿元，同比增长 5.00%。

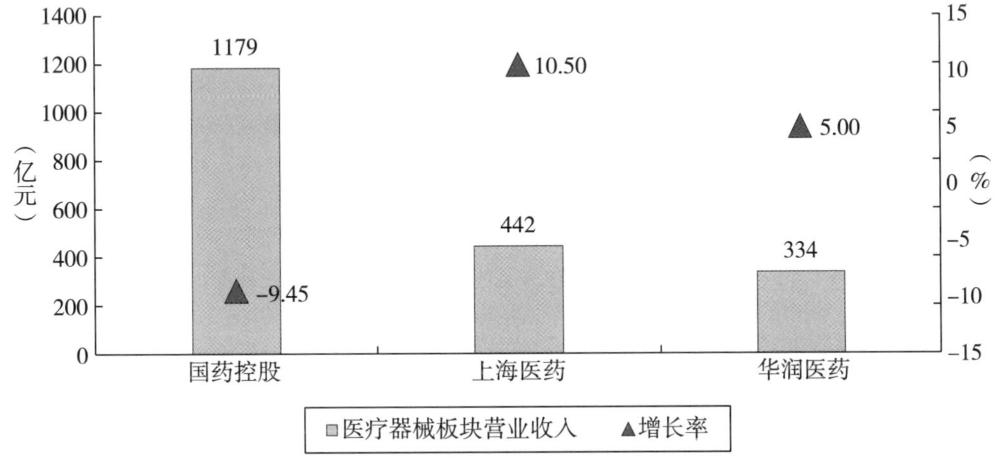

图 5　2024 年三大国有流通企业医疗器械板块营业收入及增长率

数据来源：各企业 2024 年度报告，中国物流与采购联合会医疗器械供应链分会整理。

3. 网络交易第三方服务平台概况

截至 2024 年年底，全国医疗器械网络交易服务第三方服务平台数量达 1450 家，其中 2024 年新增 731 家，同比增长 101.67%（见图 6）。

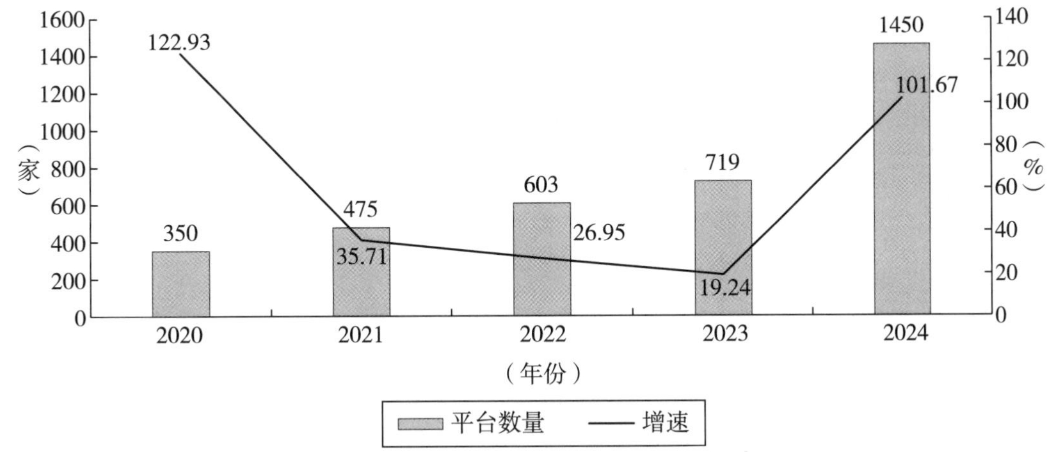

图 6　2020—2024 年我国医疗器械网络交易服务第三方服务平台数量及增速

数据来源：国家药监局，中国物流与采购联合会医疗器械供应链分会。

截至 2024 年年底，北京市共有 414 家医疗器械网络交易服务第三方服务平台，位居全国第一，浙江省、广东省分别以 319 家和 191 家排名第二、第三，部分省市的医疗器械网络交易服务第三方服务平台数量如图 7 所示。

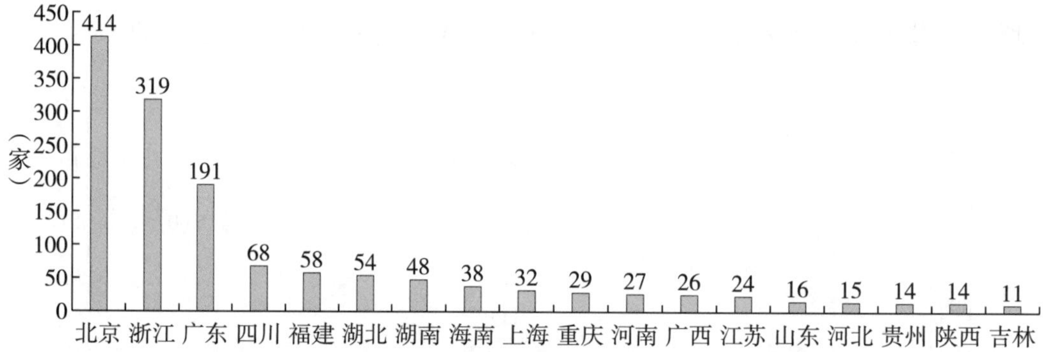

图7　2024年我国医疗器械网络交易服务第三方服务平台部分省份分布

数据来源：国家药监局，中国物流与采购联合会医疗器械供应链分会。

（三）终端市场发展回顾

1. 医疗卫生机构发展概况

截至2024年年底，我国共有医疗卫生机构108.8万家。其中，医院共3.9万家，基层医疗卫生机构104.0万家，专业公共卫生机构0.9万家（见图8），基层医疗卫生机构数量占我国医疗卫生机构整体的比重超95%。近年来，我国医疗卫生机构数量呈稳步增长趋势，2024年同比增速达1.96%。

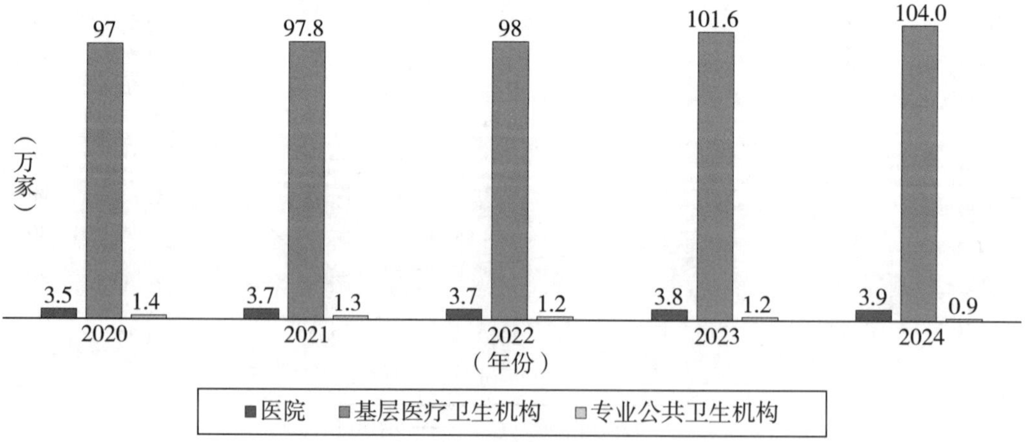

图8　2020—2024年我国医疗卫生机构数量

数据来源：国家卫健委、国家统计局，中国物流与采购联合会医疗器械供应链分会整理。

从床位数来看，我国医疗卫生机构床位数每年保持稳定增长。截至2024年年底，我国医疗卫生机构共有床位数1037.00万张，同比增长1.93%。其中，医院床位数占医疗卫生机构整体的比重高达79%，为818.0万张，同比增长2.19%。2020—2024年我国医疗卫生机构床位数情况见图9。

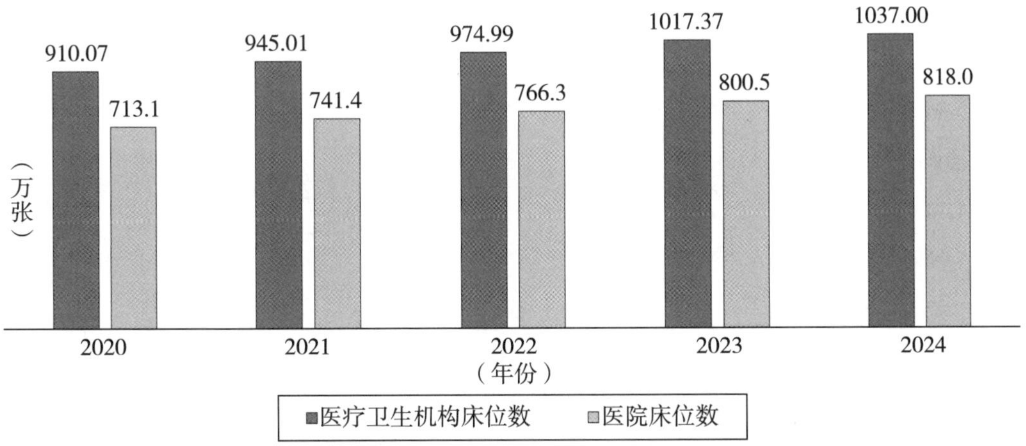

图 9　2020—2024 年我国医疗卫生机构床位数情况

数据来源：国家卫健委、国家统计局，中国物流与采购联合会医疗器械供应链分会整理。

2. 医疗卫生机构诊疗概况

根据国家统计局数据，2024 年我国医疗卫生机构总诊疗人次达 101.1 亿人次，较 2023 年增加 5.6 亿人次，同比增长 5.86%（见图 10）；我国医疗卫生机构入院人次达 3.10 亿人次，同比增长 2.65%（见图 11）。医疗卫生机构诊疗、入院人次均稳步提升。

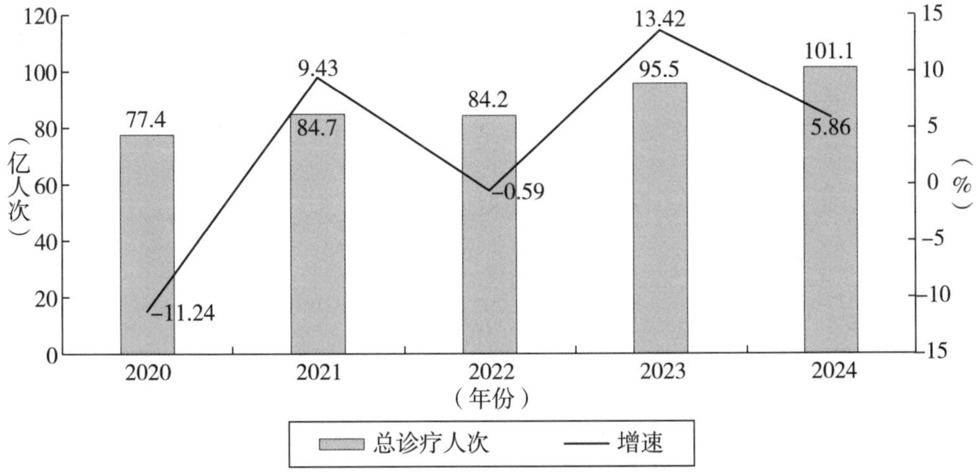

图 10　2020—2024 年我国医疗卫生机构总诊疗人次及增速

数据来源：国家卫健委、国家统计局，中国物流与采购联合会医疗器械供应链分会整理。

（四）物流市场发展回顾

1. 物流市场规模

2024 年，我国医疗器械物流市场规模稳步上升，但增速进一步下滑。据分会不完全统计推算，2024 年我国医疗器械物流总费用约为 271.49 亿元，同比

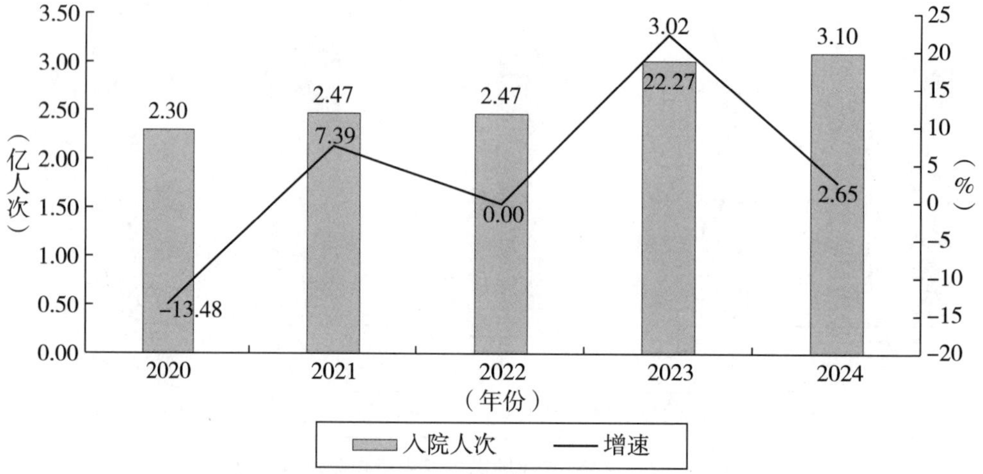

图 11　2020—2024 年我国医疗卫生机构入院人次及增速

数据来源：国家卫健委、国家统计局，中国物流与采购联合会医疗器械供应链分会整理。

上升 3. 28%（见图 12）。其中，医疗设备领域的物流费用最高，达 105. 29 亿元；体外诊断物流费用紧随其后，达 85. 69 亿元；高值耗材物流费用为 38. 16 亿元；低值耗材物流费用为 42. 35 亿元（见图 13）。

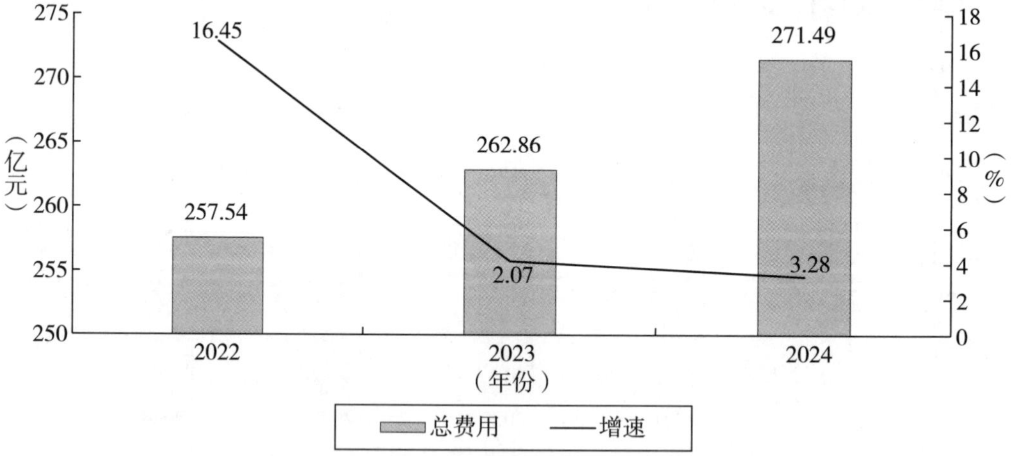

图 12　2022—2024 年我国医疗器械物流总费用及增速

数据来源：中国物流与采购联合会医疗器械供应链分会。

2. 物流仓储概况

据分会不完全统计推算，截至 2024 年年底，我国医疗器械物流仓储总面积为 2358. 08 万平方米，同比增长 0. 80%（见图 14）。

聚焦仓库各温区面积情况，我国医疗器械常温库占比最高，约为 62%；其次为温控库，占比约为 29%；冷藏库占比约为 8%；冷冻库占比最小，约为 1%（见图 15）。

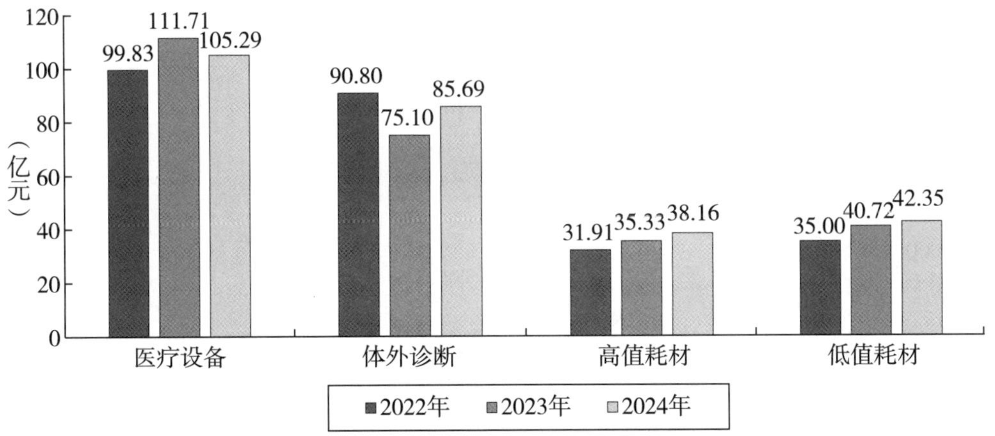

图 13　2022—2024 年我国医疗器械细分领域物流总费用

数据来源：中国物流与采购联合会医疗器械供应链分会。

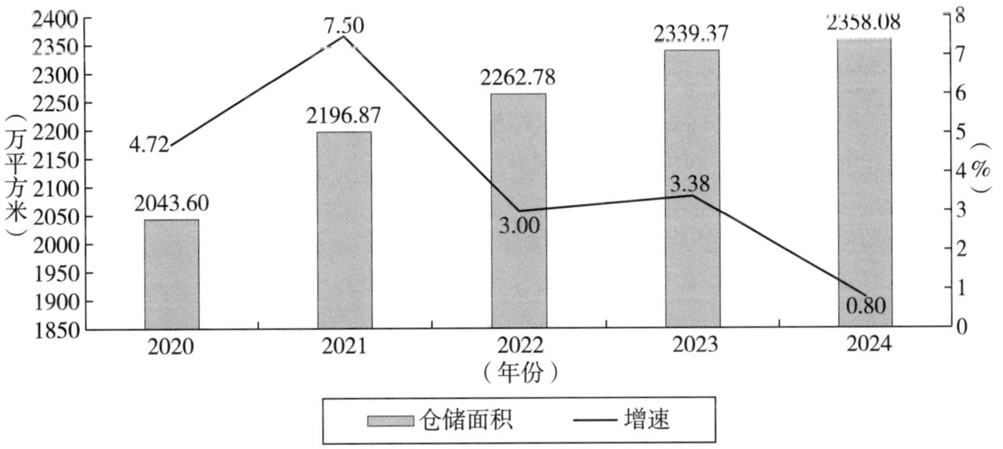

图 14　2020—2024 年我国医疗器械物流仓储面积

数据来源：中国物流与采购联合会医疗器械供应链分会。

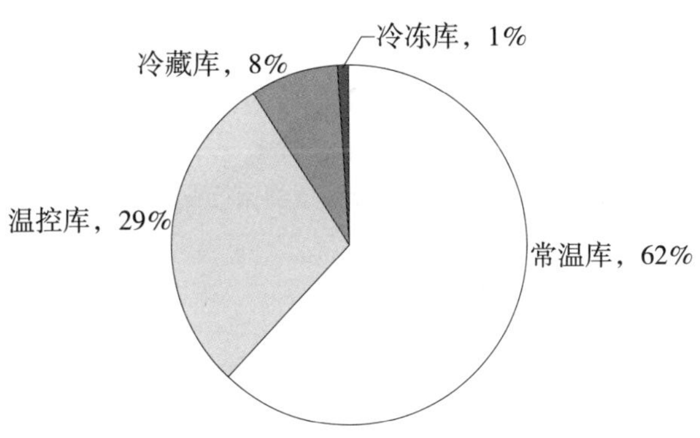

图 15　2024 年我国医疗器械物流仓库各温区面积占比

数据来源：中国物流与采购联合会医疗器械供应链分会。

3. **物流运力概况**

据分会不完全统计推算，截至2024年年底，我国医疗器械物流行业自有运输车辆总数约为40114台（见图16），同比增长0.8%。其中，自有冷藏车总数约为4999台（见图17），同比增长2.0%。

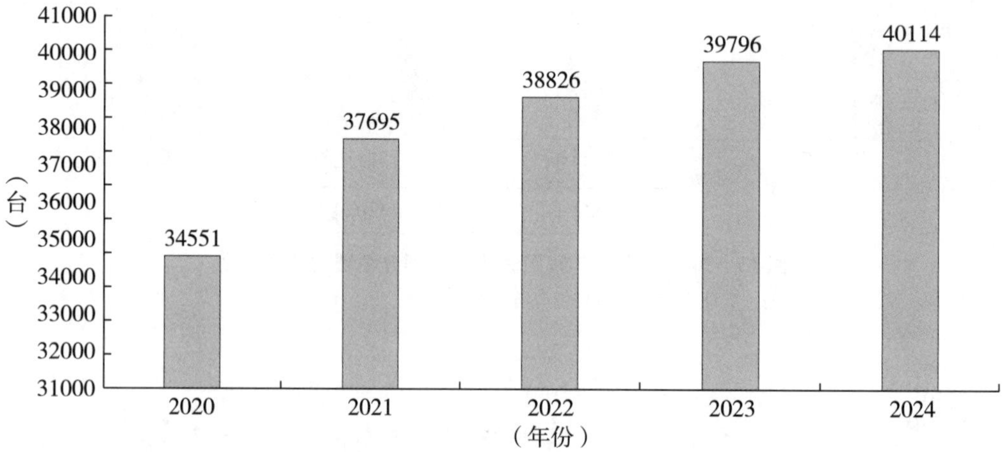

图16　2020—2024年我国医疗器械物流行业自有运输车辆数量

数据来源：中国物流与采购联合会医疗器械供应链分会。

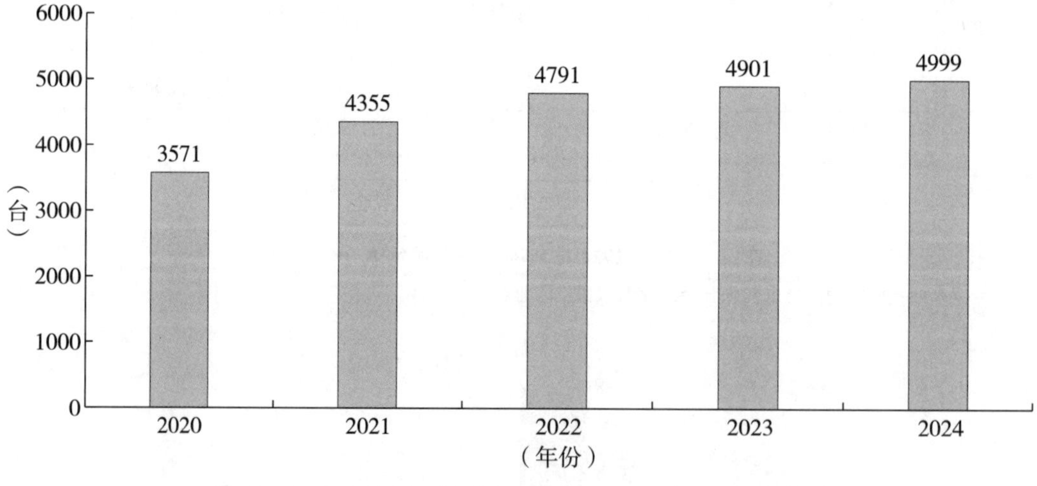

图17　2020—2024年我国医疗器械物流行业自有冷藏车数量

数据来源：中国物流与采购联合会医疗器械供应链分会。

二、2025年医疗器械供应链展望

（一）调整重塑

一方面，带量采购政策深化落实，促使医械产品价格不断下探；耗材挂网全国联动，引导各地耗材价格向全国最低价靠拢。另一方面，国家持续推进医疗服务价格治理活动，2024 年先后开展了三个批次的医疗服务价格治理。截至 2025 年 4 月，累计印发了 24 项医疗服务价格项目立项指南，推进地区间医疗服务价格向全国中位价、平均价等低值目标价靠拢。同时，叠加公立医院高质量发展以及按疾病诊断相关分组（DRG）/按病种分值（DIP）付费改革等政策的实施，倒逼医疗机构降低上游医疗器械采购成本，进一步压低产品价格。在此背景下，医疗器械行业面临调整重塑，整体增速趋缓。

（二）法规日臻

2024 年，国家药监局已完成《中华人民共和国医疗器械管理法（草案征求意见稿）》。这标志着医疗器械监管即将提升至法律层面。此外，国家药监局还出台多项医疗器械监管政策，发布医疗器械国家标准 49 项、行业标准 90 项，进一步强化了行业法规体系建设，推动行业有序发展。

2025 年伊始，国务院办公厅印发《国务院办公厅关于全面深化药品医疗器械监管改革促进医药产业高质量发展的意见》。该意见提出，到 2027 年，药品医疗器械监管法律法规制度更加完善，全生命周期监管显著加强，质量安全水平全面提高。这将在当前及未来一段时间内指导医疗器械监管体系的持续完善以及科学监管水平的不断提升。

（三）集采优化

2024 年，医疗耗材集中带量采购进一步提质扩面。耗材类别不断扩围，涵盖人工耳蜗、外周介入等外资品牌占据主要市场份额的领域。组织形式，在省际联盟的基础上，进一步增加了全国联盟。

2025 年，国家医保局已在相关会议上表态，国家层面将在 2025 年下半年开展第 6 批高值医用耗材集采。同时，地方层面将开展具备专业特色的全国联盟采购，预计达到 20 个左右，包括中成药、中药饮片以及高值耗材等领域。集中带量采购工作将进一步深入推进。此外，相关部门将积极推进医保与医药企业直接结算。2025 年，全国基本实现集采药品耗材、国家医保谈判药品的直接结算，以缓解医药企业的回款难题，赋能医药企业的经营发展。

（四）基层扩容

2024 年，《关于加强首诊和转诊服务 提升医疗服务连续性的通知》《关于进一步健全机制推动城市医疗资源向县级医院和城乡基层下沉的通知》等多项政策相继印发，分级诊疗政策体系不断完善。

2025 年，《政府工作报告》将促进优质医疗资源扩容下沉和区域均衡布局，实施医疗卫生强基工程作为重点工作内容之一，随着基层医院能力的不断补强，以及医学检验、医学影像、心电诊断、病理诊断等区域共享中心的建设不断推进，将会提升相关医疗设备的基层配置需求。诊疗人次的上升也将进一步释放基层耗材及其他医疗器械的使用需求，从而推进基层医疗器械市场的扩容。

（五）创新引领

高质量发展已成为医疗器械行业发展的总基调，医疗器械创新是我国实现由“制械大国”向“制械强国”跨越的关键举措。国家创新支持政策不断为企业创新保驾护航，审评审批资源不断向临床急需的重点创新药、创新医疗器械倾斜，加速产品从研发到上市的转化进程。

集采提质扩面促使产品价格不断下探，中美贸易战升级挑战供应链稳定性，这些因素都将倒逼企业加大研发投入，提升自主创新能力。随着相关支持政策持续释放红利，企业在激烈的市场竞争环境下，创新意愿和积极性提升。未来，创新发展仍将作为行业发展的主旋律，促进医疗器械行业向高质量发展迈进。

（六）医保严管

2024 年，医保基金监管维持高压态势。飞行检查、专项整治力度不断加大，监管手段持续创新，多部门形成合力，重拳打击欺骗诈保行为。

2025 年，国家医保局公开表示将一以贯之、持续加强医保基金监管，深入推进专项整治、飞行检查、定点医药机构自查自纠等工作，持续完善全领域、全流程、全链条智能监管系统。2025 年，定点医药机构自查自纠已扩充至 9 个领域，范围不断扩大。同时，叠加医药机构从业人员“驾照式记分”管理、社会监督员制度的持续实施，医保基金监管将更加严格和透明。

（七）数智赋能

2024 年，多项数字化顶层政策提出强化远程医疗服务供给能力，加强智慧医疗设备创新与应用等要求。《卫生健康行业人工智能应用场景参考指引》为医疗领域“人工智能 +”指明了创新方向。

2025 年，《政府工作报告》再次提及新质生产力，强调要加快制造业数字化转型、激发数字经济创新活力、持续推进“人工智能 +”行动。在政策引导和技术发展的推动下，融合人工智能技术的医学影像设备、手术机器人、辅助诊断系统等医疗器械创新产品不断上市，提升了医疗服务的可及性和准确性。同时，采购、生产、物流、使用等环节的数字化升级，也将助力企业和医疗机构提升决策和运营效率，赋能医疗器械供应链发展。

（八）出海提速

中国医疗器械市场的调整重塑与竞争加剧，驱使企业积极出海寻求突破。与此同时，海外新兴市场人口增长及健康意识的加强，孕育出更多医疗器械市场机会，促使国内企业出海进程不断提速，据药智医械数据，2024 年我国医疗器械出口贸易同比增加 14.44%。

2025 年，美国单边霸凌政策将使企业进一步意识到供应链多元化布局的重要性。未来，医疗器械行业将在贸易出海的基础上，进一步向供应链出海转移，以增强供应链稳定性。

（九）银发瞩目

随着人口老龄化进程的加快，国家密集出台一系列政策，加速推进银发产业发展。2024 年，《国务院办公厅关于发展银发经济增进老年人福祉的意见》提出，要发展健康管理类、养老监护类智能养老设备，大力发展康复辅助器具产业，开发老年病早期筛查产品和服务。

2025 年，《中共中央 国务院关于深化养老服务改革发展的意见》提出，推广智慧健康产品，加快养老科技和信息化发展应用。养老需求的提升以及国家政策的有力支持，将进一步引导适老化医疗器械产品的开发和应用，助力银发经济的蓬勃发展。

（十）绿色低碳

政府通过税收优惠、财政补贴等激励措施鼓励企业践行绿色低碳经营模式。生产企业通过采用可再生材料和节能技术，有效减少资源消耗和污染物排放；流通企业通过引入新能源车辆、优化运输路线，积极践行低碳运输模式。绿色技术创新推动医疗器械供应链产业降本增效，助力实现经济与环境效益双赢。

（中国物流与采购联合会医疗器械供应链分会　秦玉鸣）

2024 年电子产业物流发展回顾与 2025 年展望

一、2024 年电子产业物流发展回顾

2024 年，中国电子产业物流发展呈现出强劲的增长态势和显著的转型升级特征。电子产业生产规模持续扩大，出口市场不断拓展，投资力度显著加大，技术创新成为推动产业升级的核心动力。在数字化转型的赋能下，供应链协同效率大幅提升，绿色可持续发展理念贯穿全产业链，出海战略加速向新兴市场拓展。总体而言，电子产业物流在技术创新、数字化协同、绿色转型和全球化拓展等方面取得了重要进展，为行业的高质量发展和国际竞争力提升提供了有力支撑。

（一）电子产业发展的主要特点

1. 电子产业生产增长较快

市场需求旺盛。2024 年，全球电子产品市场需求旺盛，特别是新兴市场国家对电子产品的需求增长迅速。我国作为电子产品制造大国，凭借强大的生产能力和明显的成本优势，积极拓展国际市场，出口量持续增长。例如，东南亚、非洲等地区的消费者对智能手机、平板电脑等电子产品的需求不断增加，为我国电子产业的出口提供了广阔的空间。

据工业和信息化部数据，2024 年，我国规模以上电子信息制造业增加值同比增长 11.8%（见图 1），增速分别比同期工业、高技术制造业高 6 个和 2.9 个百分点，显示出电子信息制造业在技术创新和产业升级方面取得的显著成效，进一步巩固了其在工业领域的领先地位。2024 年 12 月，规模以上电子信息制造业增加值同比增长 8.7%。在主要产品中，手机产量达 16.7 亿台，同比增长 7.8%，其中智能手机产量为 12.5 亿台，同比增长 8.2%；微型计算机设备产量为 3.4 亿台，同比增长 2.7%；集成电路产量为 4514 亿块，同比增长 22.2%。这些数据体现了我国在半导体制造领域的技术进步和产能扩张，也反映出电子信息产业对核心零部件的巨大需求。

营业收入和利润总额等均实现稳健增长，行业经济效益持续提升。据工业和信息化部数据，2024 年，我国规模以上电子信息制造业实现营业收入 16.19

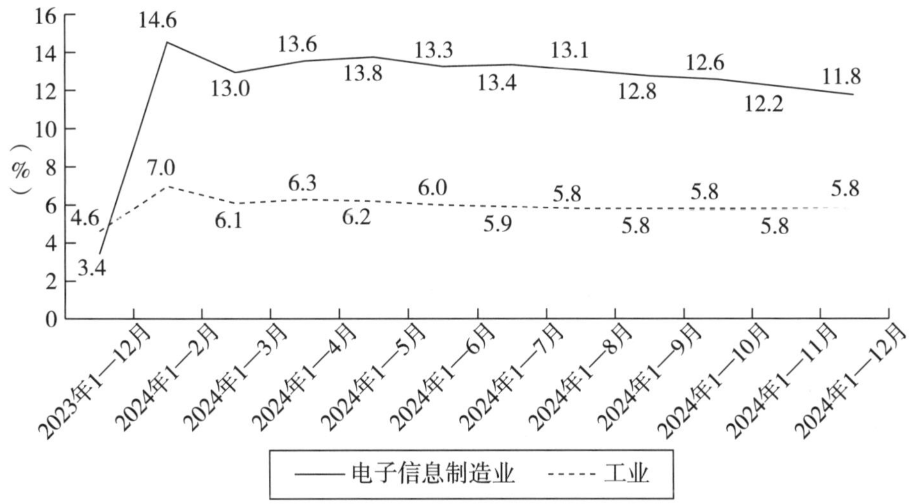

图1　电子信息制造业和工业增加值累计增速

万亿元，同比增长7.3%，显示出该行业在市场拓展和业务增长方面的强劲动力；营业成本为14.11万亿元，同比增长7.5%，高于营业收入增速，反映出企业在原材料采购、生产运营等方面的成本压力有所上升；实现利润总额6408亿元，同比增长3.4%；营业收入利润率为4.0%，较1—11月提高0.04个百分点。12月，规模以上电子信息制造业营业收入为1.74万亿元，同比增长8.4%。电子信息制造业营业收入和利润总额累计增速见图2。

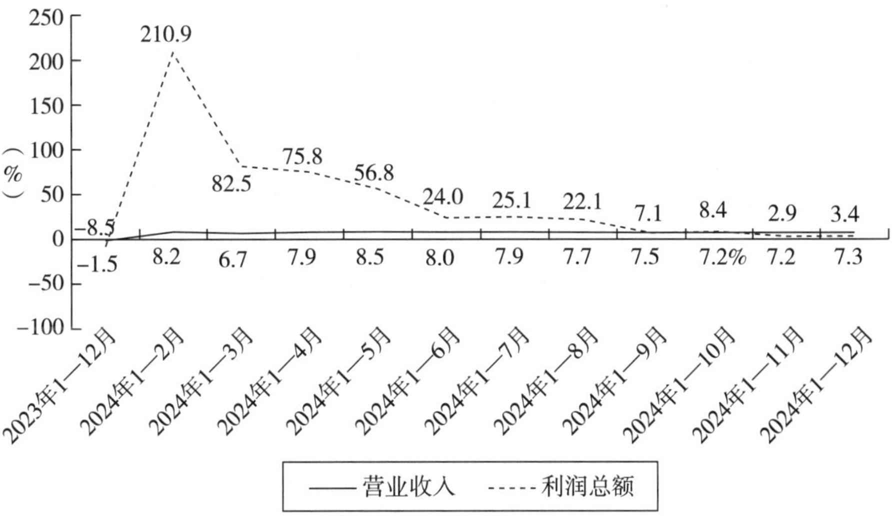

图2　电子信息制造业营业收入和利润总额累计增速

2. 电子产业出口持续提升

贸易政策助力出口增长。2024年，我国出台了一系列贸易便利化政策，为电子产业出口提供了有力支持。海关总署发布《关于进一步促进跨境电商出口发展的公告》，简化跨境电商出口流程，提高通关效率；国家税务总局发布《跨境电商出口海外仓出口退（免）税操作指引》，简化出口退税流程，提高退税效率；福建省出台外贸出口优势产业提升行动方案，支持电子信息产业优化出口产品结构，提升高附加值产品出口比例。同时，我国积极参与多边和双边贸易合作，与多个国家和地区签订了自由贸易协定，进一步拓展了电子产业的国际市场。

产品附加值提高。我国电子产业不断优化产品结构，提高产品附加值。《电子信息制造业2023—2024年稳增长行动方案》指出，2024年，我国手机市场5G手机出货量占比要超过85%，75英寸及以上彩色电视机市场份额要超过25%。同时，电子企业加大了对产品研发和创新的投入，提高了产品的技术含量和品质，进一步提升了我国电子产业在国际市场上的竞争力。

新兴市场开拓成效显著。2024年，我国电子产业在开拓新兴市场方面取得了显著成效。我国通过“丝路电商”合作机制，与33个伙伴国加强合作，推动电子产品的出口。我国企业在印度、巴西等新兴市场国家投资建厂，实现了本地化生产，降低了生产成本，提高了市场响应速度。同时，我国电子企业还通过与当地企业合作、开展品牌推广活动等方式，积极拓展新兴市场，取得了良好的效果。

电子信息制造业出口持续增长。据工业和信息化部数据，2024年我国规模以上电子信息制造业出口交货值同比增长2.2%，较同期工业出口交货值低2.9个百分点，较1—11月提高0.9个百分点（见图3）。据海关统计，2024年，我国出口笔记本电脑1.43亿台，同比增长1.7%。出口手机8.14亿台，同比增长1.5%。在全球手机市场竞争激烈的情况下，我国手机品牌凭借高性价比、先进技术（如5G、人工智能等）以及完善的售后服务，赢得了众多海外消费者的青睐。特别是在新兴市场国家，我国手机品牌凭借强大的品牌影响力和产品竞争力，进一步扩大了市场份额。出口集成电路2981亿块，同比增长11.6%。近年来，我国政府和企业加大对集成电路产业的投入，推动了产业的快速发展。我国集成电路企业不断突破技术瓶颈，提高产品性能和质量，逐渐在国际市场上占据一席之地。

3. 电子产业投资增势明显

政策引导投资方向。2024年，国家出台了一系列政策，引导电子产业投资方向。2024年3月，国务院印发《推动大规模设备更新和消费品以旧换新行动方案》，推动大规模设备更新和消费品以旧换新。2024年5月，国家大基金三期成立，注册资本3440亿元，超过前两期总和，重点关注半导体产业链国产化率较低的环节以及前沿工艺方向，如高带宽存储器（HBM）、AI芯片、先进制造与先进封装等领域。同时，政策还鼓励企业加大对智能制造、绿色制造等

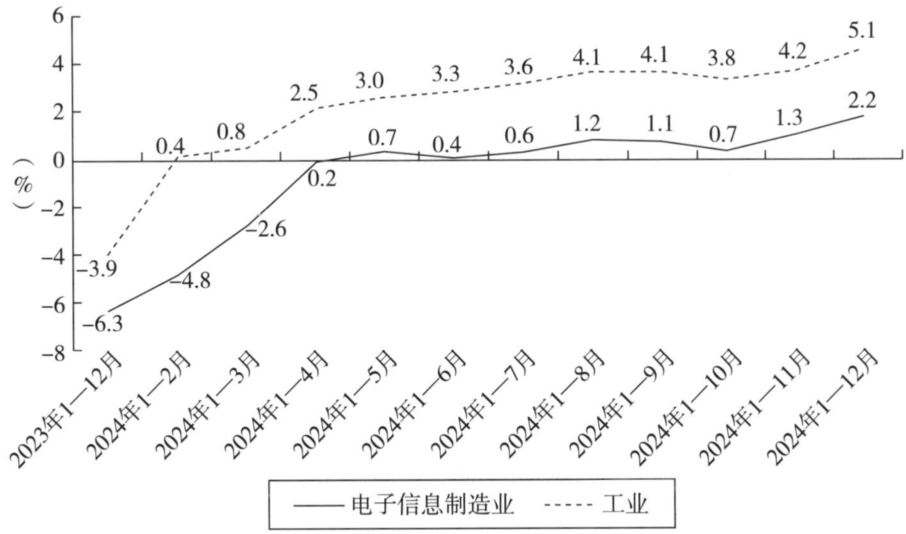

图3　电子信息制造业和工业出口交货值累计增速

领域的投资，提高了电子产业的整体发展水平。

新兴技术领域投资活跃。2024 年，我国电子产业在新兴技术领域的投资十分活跃。根据中国工程院数据，2024 年 8 月，中国战略性新兴产业股权投资市场共计发生 317 笔交易，交易总额达 243. 2 亿元，交易规模同比增加 26. 7%。

电子信息制造业投资规模持续增长。据工业和信息化部数据，2024 年，电子信息制造业固定资产投资同比增长 12. 0%（见图 4），显示出电子信息制造业在扩大生产规模、提升技术水平以及优化产业结构方面持续发力。2024 年全年，电子信息制造业固定资产投资增速较 1—11 月的增速回落 0. 6 个百分点，这可能与企业投资策略的调整、市场环境的变化以及宏观经济政策的影响等多种因素有关。与此同时，该增速比同期高技术制造业投资增速高 5 个百分点，这凸显了电子信息制造业在高技术制造业中的投资活跃度较高，显示出电子信息制造业作为高技术制造业的重要组成部分，在技术创新和产业升级方面的投资力度较大，对于推动我国高技术制造业的整体发展以及提升电子信息制造业在全球产业链中的地位具有重要意义。

（二）电子产业物流和供应链发展的主要特点

1. 技术创新驱动供应链升级

我国电子产业供应链的核心驱动力之一是技术创新。技术创新推动了我国芯片设计行业的快速发展。据中国半导体行业协会数据，2024 年我国芯片设计行业的销售总额预计达到 6460 亿元（约合 909. 9 亿美元），同比增长 11. 9%，显示出强大的增长潜力。在 5G 通信领域，技术创新也发挥了重要作用。截至 2021 年年底，国产 5G 芯片在我国的市场占有率已超过 60%，显示出我国在

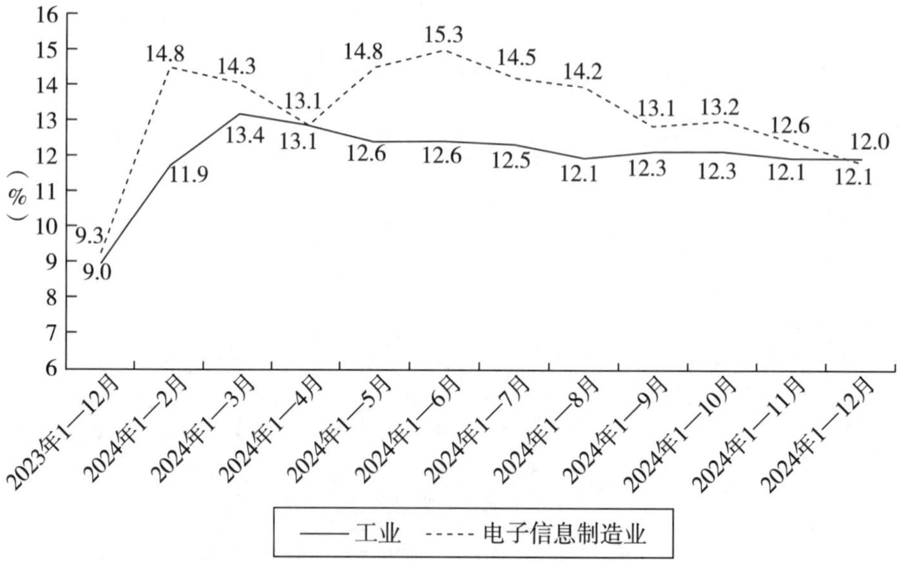

图4　电子信息制造业和工业固定资产投资累计增速

5G芯片技术上的快速进步和市场竞争力。这种技术创新不仅推动了5G通信设备的国产化，还提升了整个5G产业链的供应链韧性。

技术创新推动了我国电子产业供应链的多元化发展，提升了其国际竞争力。在家电领域，我国已形成明显的全球竞争优势，主流家电企业凭借核心技术、制造能力和品牌优势，实现了较高的运营效率。在通信领域，尽管面临外部压力，但我国通信设备厂商凭借技术创新，保持了较高的全球5G市场占有率。此外，湖北等地通过技术创新，推动光电子产业迈向万亿级规模，成为全国光电子信息科技创新的策源高地。这些成就表明，技术创新不仅提升了我国电子产业的国际竞争力，还为应对外部挑战提供了有力支撑。

技术创新还增强了我国电子产业供应链的抗风险能力。面对复杂的外部环境，我国通过多元化采购、建立战略储备和优化库存管理等措施，提升了供应链的韧性。据湖北省经济和信息化厅相关资料，湖北通过“芯光链”平台整合供应链资源，服务超过1000家企业，交易额达到9亿元。此外，国家政策的支持也为供应链升级提供了保障，如《中共中央关于进一步全面深化改革、推进中国式现代化的决定》强调打造自主可控的产业链供应链。这些措施不仅提升了供应链的稳定性，还为我国电子产业的持续发展奠定了坚实基础。

2. 数字化转型加速供应链协同

数字化技术赋能供应链协同效率提升。数字化技术已成为2024年我国电子产业供应链发展的关键赋能因素。通过大数据、人工智能和物联网技术的广泛应用，电子产业供应链的协同效率大幅提升。据《“十四五”智能制造发展规划》，到2025年，力争70%以上的规模以上制造业企业基本实现数字化、网络化。在生产计划环节，企业借助数字化系统能够实时获取订单信息并进行智能排产，优化生产流程，减少生产等待时间。在物流配送方面，物联网技术实现了货物运输的实时跟踪与监控，提高了物流配送的准确性和及时性。库存管理也因大数据分析而更加精准，企业可以根据市场需求预测合理控制库存水平，降低库存成本。

数字化平台助力供应链协同合作。数字化平台促进了上下游企业之间的信息共享和协同合作，供应链的响应速度和灵活性大幅提升。在传统的电子产业供应链中，上下游企业之间的信息传递往往存在延迟和不准确的问题，导致供应链的协同效率低下。而数字化平台的出现，打破了这种信息孤岛的局面。通过构建基于工业互联网平台的多级供应商采购管理系统，企业可以实现供应链信息的实时共享。上游供应商能够及时了解下游企业的需求变化，提前调整生产和供货计划；下游企业则可以根据供应商的生产进度和库存情况，灵活调整采购订单。这种信息共享和协同合作的模式，使供应链各环节之间的衔接更加紧密，能够快速响应市场变化，为产业的高效发展提供了有力支撑。

政策支持推动供应链数字化转型加速。2024 年，相关部门出台了一系列政策支持电子产业供应链的数字化转型。工业和信息化部等 3 部门联合印发《制造业企业数字化转型实施指南》，明确提出要引导企业构建基于工业互联网平台的多级供应商采购管理系统，基于模型优化供应资源结构，及时备份关键供应节点，保障供应持续稳定。政策的支持为电子产业供应链的数字化转型提供了良好的政策环境和发展机遇。在政策的引导下，越来越多的电子制造企业加大了对数字化技术的投入，积极探索数字化转型的路径和模式。这不仅有助于提升企业的核心竞争力，也为整个电子产业供应链的协同发展注入了新的动力，加速了数字化转型的进程。

3. 绿色可持续发展成效显著

绿色制造推动电子产业可持续发展。2024 年，我国电子产业供应链在绿色可持续发展方面迈出了重要步伐，绿色制造成为推动产业可持续发展的关键力量。据工业和信息化部有关数据，2024 年电子制造行业的绿色工厂认证数量同比增长 20%，截至 2024 年年底，累计超过 1000 家电子制造企业获得绿色工厂认证。例如，中国长城被授予“国家级绿色供应链管理企业”称号，其在绿色制造方面的成就标志着企业在可持续发展和环境保护方面的卓越表现。这些数据和案例表明，电子产业通过绿色制造不仅实现了节能减排，还提升了企业的市场竞争力和社会责任感，为行业的可持续发展奠定了坚实基础。

电子废弃物的回收利用成效显著。据国家发展改革委数据，2024 年报废机动车回收量达到 846 万辆，同比大幅增长 64%；废旧家电回收量超过 63 万吨，自 7 月开始连续 6 个月保持正增长态势，全年废旧家电规范化拆解数量同比增长超过20%；回收设施建设方面，2024年全国新增智能化社区回收设施达到1.1万余个。此外，随着“互联网+”的快速融合，电子废弃物创新回收模式不断涌现，如“绿色消费+绿色回收”“两网融合回收”等，进一步推动了电子废弃物的高效回收和利用。

政策支持与市场需求推动绿色转型。2024年，我国电子产业供应链的绿色转型得到了政策和市场需求的双重推动。工业和信息化部等相关部门通过制定《绿色工厂梯度培育及管理暂行办法》等政策文件，推动电子产业供应链的绿色化发展。同时，绿色贸易的快速发展也促使企业更加注重绿色产品的生产和供应。2024年，我国绿色贸易领跑全球，绿色产品丰富供给，成为外贸增长的新亮点。此外，消费者对绿色产品的需求不断增加，推动企业加大绿色技术研发和应用的投入，进一步提升了电子产业供应链的绿色化水平。

4. 出海与全球化呈现新特点

全球贸易格局深刻调整，我国电子产业出海面临新的挑战与机遇。2024年，美国等西方国家对我国高科技产业的贸易限制不断升级，如美国将140家我国半导体相关企业列入“实体清单”，并加强对半导体设备、软件和高带宽存储器（HBM）等的出口管制。这些措施对我国电子产业的全球供应链布局产生了较大冲击。然而，我国与东盟等新兴经济体的贸易合作不断深化，2024年，我国与东盟的贸易总值达到6.99万亿元，同比增长9.0%，占我国外贸总值的15.9%。东盟国家在半导体、新能源和电动汽车等领域与我国形成产业互补，为我国电子产业出海提供了新的机遇。我国电子产业应积极拓展新兴市场，优化全球供应链布局，降低贸易风险。

我国与东南亚国家在电子产业领域优势互补，合作潜力巨大。据海关总署数据，2024年我国出口机电产品15.1万亿元，同比增长8.7%，其中对东盟出口增长迅速。东南亚国家在半导体封装测试、新能源汽车零部件制造等领域具有成本优势，而我国在芯片设计、高端装备制造、人工智能等核心技术领域处于领先地位。双方通过加强产业合作，可以实现资源优化配置，提升区域产业链供应链的稳定性和竞争力。我国企业可以在东南亚国家投资建设生产基地，利用当地的劳动力和资源优势，降低生产成本；同时，东南亚国家可以引进我国的技术和管理经验，提升自身产业水平。这种优势互补的合作模式，不仅有助于我国电子产业拓展海外市场，也为东南亚国家的经济发展注入了新动力。

面对复杂的国际形势，我国电子产业的出海战略需要加快转型，加速国际化布局与产业升级。一方面，企业应积极扩大内需，降低对外部市场的依赖，同时加快国际化出海布局，寻求新的市场增长点。例如，一些领先的电子制造企业已经开始在东南亚、非洲等新兴市场建立生产基地和销售网络，提升产品的市场覆盖率。另一方面，企业应加大研发投入，提升产品附加值和技术含量，推动产业升级。在人工智能、5G 通信、新能源汽车等新兴领域，我国企业应发挥技术优势，积极参与国际竞争，打造具有全球影响力的知名品牌。通过加速国际化布局与产业升级，我国电子产业可以在全球市场中占据更有利的位置，实现可持续发展。

二、2025 年电子产业物流趋势展望

2025 年，电子产业物流将持续提升智能化、绿色化、协同化、国际化和个性化等程度。智能化物流通过物联网和大数据技术，实现货物实时跟踪与仓储自动化管理，提升物流效率。绿色物流成为发展重点，物流企业将采用环保措施，推动节能减排。供应链协同物流将强化上下游资源整合，优化各环节运作，增强供应链稳定性。跨境物流加速拓展新兴市场，优化运输网络，加强海外仓建设，助力企业国际化布局。物流服务更加数字化和个性化，满足客户多样化需求，提供定制化配送服务。总体而言，电子产业物流将在技术创新和市场需求的驱动下，迈向高质量发展的新阶段。

1. 电子产业物流加速推进智能化

2025 年，智能化物流系统将在电子产业供应链中加速普及，成为提升物流效率和降低成本的关键手段。随着电子产业的快速发展，其对物流的时效性和准确性要求越来越高。智能化物流系统通过物联网、大数据和人工智能技术，能够实现货物的实时跟踪、智能调度和自动化仓储管理。例如，智能仓储系统可以利用机器人和自动化设备实现货物的自动存储和检索，提高仓储空间利用率和货物出入库效率。同时，通过大数据分析和机器学习算法，物流系统能够根据市场需求预测和订单数据，优化运输路线和配送计划，减少运输时间和成本。这种智能化物流模式不仅能够提升电子产业供应链的响应速度，还能降低物流成本，增强企业的市场竞争力。

2. 绿色物流成为行业发展的必然选择

随着环保政策的加强和企业社会责任意识的提升，电子产业物流将更加注重节能减排和资源循环利用。企业在绿色制造方面已经取得了显著进展，物流环节的绿色化将成为下一步的重点。物流企业将广泛采用电动车辆和混合动力车辆进行货物运输，减少碳排放。同时，物流企业将通过优化运输路线和提高车辆装载率，进一步降低运输过程中的能源消耗。在仓储环节，绿色物流将推动企业采用环保包装材料，减少包装废弃物，并通过智能仓储管理系统优化库存管理，降低库存积压和损耗。这些绿色物流措施不仅有助于减少电子产业对环境的影响，还能提升企业的社会形象和市场竞争力。

3. 供应链协同物流提升整体效率

2025 年，电子产业物流将更加注重供应链协同，通过整合上下游资源，提升整个供应链的效率和稳定性。电子产业供应链涉及多个环节，包括原材料采购、零部件生产、组装、销售和售后服务。通过建立协同物流平台，企业可以实现信息共享和资源整合，优化供应链各环节的物流运作。这种供应链协同物流模式不仅能够提升电子产业的整体效率，还能增强供应链的韧性和抗风险能力。

4. 出海和跨境物流拓展新兴市场

电子产业跨境物流将加速拓展新兴市场，成为企业出海战略的重要支撑。随着全球贸易格局的变化，我国电子产业的出海战略正在从传统的欧美市场向东南亚、非洲、南美洲等新兴市场转移。新兴市场对电子产品的消费需求不断增长，为我国电子产业提供了新的市场机遇。跨境物流将通过优化国际运输网络、提升通关效率和加强海外仓建设，支持企业的国际化布局。例如，物流企业可以通过建立海外仓，提前将货物存储在目标市场附近，缩短配送时间，优化客户体验。同时，通过与当地物流合作伙伴的紧密合作，企业能够更好地适应当地市场的需求和法规，降低物流成本。

5. 物流服务的数字化与个性化

电子产业物流服务将更加数字化和个性化，满足客户的多样化需求。随着电子产品的更新换代速度加快，消费者对产品的个性化需求越来越高。物流企业将通过数字化平台提供更加灵活的物流服务，支持定制化订单和小批量、高频次的配送。例如，通过智能物流系统，企业可以根据客户的订单需求，实时调整物流计划，提供个性化的配送服务。同时，物流企业将利用大数据和人工智能技术，优化客户服务体验，提供实时物流信息查询和售后支持。这种数字化和个性化的物流服务模式不仅能够提升客户满意度，还能增强企业的市场竞争力。

（中国物流与采购联合会电子产业供应链分会　潘海洪）

2024 年白酒行业物流发展回顾与 2025 年展望

一、2024 年白酒行业物流发展回顾

（一）白酒的主要产品类型

根据《白酒工业术语》（GB/T 15109—2021），白酒是“以粮谷为主要原料，以大曲、小曲、麸曲、酶制剂及酵母等为糖化发酵剂，经蒸煮、糖化、发酵、蒸馏、陈酿、勾调而成的蒸馏酒。”目前，全国白酒共有 12 种主要香型，包括浓香型、酱香型、清香型、米香型、凤香型、豉香型、芝麻香型、特香型、兼香型、老白干香型、董香型和馥郁香型。

各类香型的白酒在原材料处理、制曲、发酵、蒸馏、陈酿和勾调等工艺上具有一定的相似性，但在酿酒原材料选择、酒曲品种、工艺控制特性、生产流程与循环上各有特点。白酒制酒原材料主要包括高粱、玉米、大米、小麦、青稞、薯类、豆类和糖蜜等，常用辅料包括粗谷糠、稻壳、高粱壳和玉米芯等。在糖化发酵剂中，南方大曲多采用小麦，北方大曲多采用大麦和豌豆；小曲主要采用精白度不高的籼米或米糠；麸曲主要采用小麦外表皮。酒母指人工酵母培养物或培养液，一般采用玉米粉或薯干粉制作。12 种香型白酒的原料类别、糖化发酵剂、发酵工艺及代表性品牌如表 1 所示。

表 1　我国主要香型白酒原料类别、糖化发酵剂、发酵工艺及代表性品牌

白酒香型	原料类别	糖化发酵剂	发酵工艺	代表性品牌
浓香型	粮谷	浓香大曲	泥窖固态发酵	五粮液 泸州老窖 剑南春
酱香型	粮谷	高温大曲	固态发酵	茅台 郎酒 习酒
清香型	粮谷	大曲、小曲、麸曲、酒母	缸、池固态发酵	汾酒 红星二锅头

续 表

白酒香型	原料类别	糖化发酵剂	发酵工艺	代表性品牌
米香型	大米等	小曲	半固态发酵	桂林三花酒
凤香型	粮谷	大曲	固态发酵	西凤酒
豉香型	大米、预碎大米	大酒饼	原料蒸煮后糖化发酵	玉冰烧
芝麻香型	粮谷、麸皮	大曲、麸曲	堆积后固态发酵	景芝
特香型	大米	面粉、麦麸、大曲	红褚条石窖池固态发酵	四特酒
兼香型	粮谷	一种或多种曲	固态发酵、分型固态发酵	白云边
老白干香型	粮谷	中温大曲	地缸固态发酵	衡水老白干
董香型	高粱、小麦、大米	添加中药材的大曲、小曲	固态法大窖、小窖发酵	董酒
馥郁香型	粮谷	大曲、小曲	泥窖固态发酵	酒鬼酒

（二）白酒产业发展现状

近年来，随着市场供需结构的调整，我国白酒产业正处于长周期韧性发展阶段。据国家统计局数据，2016—2023 年白酒产业产量、利润、营业收入及规上企业数量如图 1 所示。2023 年我国白酒产量为 629 万千升，与 2016 年相比下降 53.68%；白酒产业营业收入为 7563 亿元，与 2016 年相比增长 23.46%；白酒产业利润为 2328 亿元，与 2016 年相比增长 116.56%；白酒产业规模以上企业数量为 969 家，与 2016 年相比下降 38.6%。白酒行业总体呈现产出规模稳中有降、产出效益逐步提升的特征。随着白酒市场需求的下降，市场竞争和区域竞争不断加剧，规模以上白酒企业数量逐年下降，市场资源向优势企业集中。

从区域分布来看，中国白酒行业企业主要分布在四川地区，其次是贵州、云南、湖北、辽宁、山东等地区。白酒产量排名第一的是四川省，2023 年产量为 174.1 万千升，市场份额为 27.7%；山西省排名第二，产量为 33.8 万千升，市场份额为 5.4%；贵州省排名第三，白酒产量为 30.5 万千升，市场份额为 4.8%；北京市排名第四，白酒产量为 24.8 万千升，市场份额为 3.9%；湖北省排名第五，白酒产量为 24.2 万千升，市场份额为 3.8%。白酒产量头部五省合计酿酒产量为 287.4 万千升，占总产量的 45.7%。

从酒类企业产量来看，2023 年产量最高的是汾酒，达 20.5 万千升，其次是洋河，为 16.6 万千升，五粮液为 15.9 万千升，古井贡酒为 11.83 万千升，泸州老窖为 9.6 万千升，茅台为 7.3 万千升。从销售额来看，2023 年茅台销售

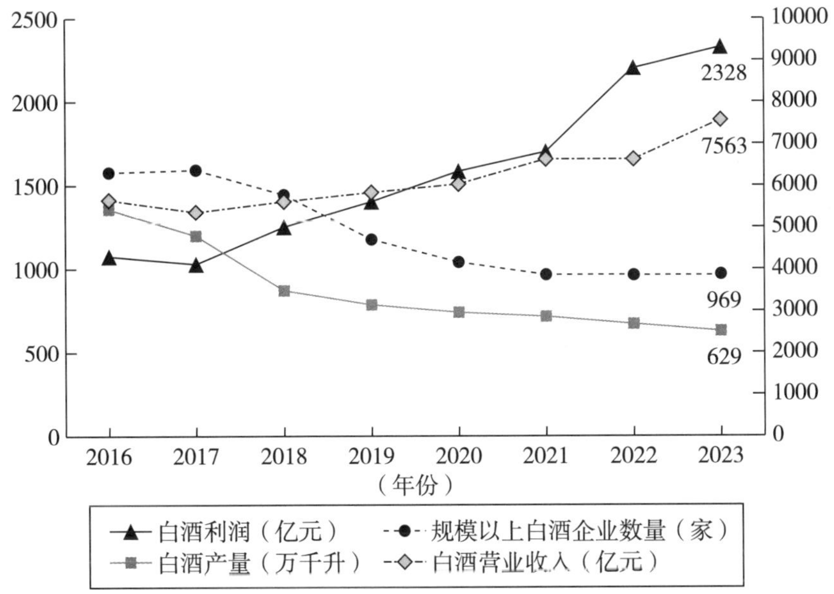

图 1　2016—2023 年白酒产业产量、利润、营业收入及规模以上企业数量

资料来源：国家统计局。

额最高，为 1505 亿元，第二为五粮液，销售额为 832 亿元，第三为洋河，销售额为 333 亿元，第四为汾酒，销售额为 319 亿元，第五为泸州老窖，销售额为 302 亿元。其中，茅台的销售额已经达到了行业的 20.91%。从全国人均消费来看，2023 年茅台最高，为 107.5 元，五粮液为 59.5 元，洋河为 23.7 元，汾酒为 22.8 元，泸州老窖为 21.6 元。这些数据表明，虽然近年来白酒产量保持下跌状态，但白酒总体的客单价在持续提升，尤其是以头部企业及上市公司的主力销售单品为代表，进一步推动了白酒销售规模的扩容和增长。

（三）白酒供应链的流程介绍

白酒物流供应链是以白酒制造企业为核心，由上游的粮食、包装材料等供应商和下游的经销商、直销商等终端销售渠道共同组成的完整链条。白酒物流供应链的主要职能为负责白酒商品从生产领域向销售领域流动的全过程，包括采购、生产、储运、批发、销售以及增值服务等一系列活动。结合供应链结构，白酒供应链的一般流程可划分为三个环节，分别是上游的原料、辅料、包材、基酒等的采购环节，中游以白酒生产企业为核心的生产环节，以及下游包括传统线下经销和线上经销两种主要模式的分销销售环节。白酒供应链的三个环节间联系紧密，具有双向流动、复杂程度较高以及市场波动性大等特点。其整体流程如图 2 所示。

1. 采购环节

高粱、玉米、小麦、大麦、大米、糯米、豌豆、青稞等是酿造白酒的主要

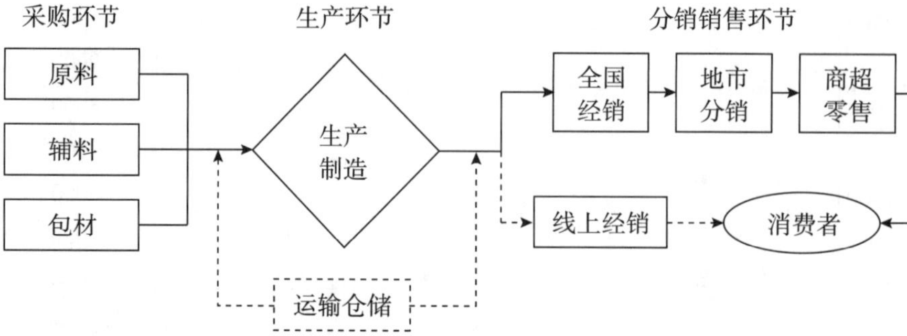

图2　白酒供应链的一般流程

原料。辅料主要包括稻壳、谷糠、麦麸、酒曲等。白酒的包材主要包括酒瓶（玻璃瓶、陶瓷瓶、金属瓶、塑料瓶等）、酒箱/盒（纸盒、塑料盒、木盒、纸箱等）、瓶盖（金属瓶盖、塑料瓶盖等）、标签（纸质标签、不干胶标签等）以及其他包装材料（手提袋、泡沫等内垫、酒盒防护网套等）。

关于采购模式，原辅料采购多采用供应商采购模式和定制种植采购模式。在供应商采购模式中，供应商多为国内一线粮食企业，负责原辅料的干线运输，白酒企业则按照到岸价进行支付结算。具体而言，白酒企业根据自身的生产计划和质量要求，通过与原料供应商签订采购合同，明确采购品种、质量标准、到岸价格、交货时间和交货地点等条款。在定制种植采购模式中，白酒企业根据自身的原料需求，与农户或农业合作社签订订单农业合同。白酒企业会提出原料的品种、种植技术、质量标准等要求，农户按照企业要求进行种植。一般而言，白酒企业会提前支付一部分定金给农户，并且在收获后按照合同约定价格收购全部合格原料。包材采购多采用向包材生产商进行定制化采购的模式，通过采购合同明确所需包材的类型与规格、采购数量、质量标准、交付方式等。

由于原辅料、包材的采购多采用到岸价模式，从供应商到白酒企业的干线运输多由供应商承担。运输方式包括直接运输到酒厂生产线用于生产，或运输到酒厂周边仓库暂存后再参与生产。

2. 生产环节

白酒的生产制造过程主要涉及七个工艺流程，分别为制曲环节、蒸料环节、发酵环节、蒸馏环节、陈酿环节、勾兑环节以及灌/包装环节。生产过程中的物流活动伴随白酒酿造工艺流程展开，可分为装卸搬运和短途运输两类。

装卸搬运主要包括原辅材料的装卸、转运及入库过程，主要涉及粮/曲粉料以及糠壳等的物流。对于粮/曲粉料，酿酒班组会根据生产计划确定次日所需的粮/曲粉用量。物流公司或部门根据需求派货车从磨粉车间和制曲车间装运粮/曲粉至各个酿酒车间。货车到达车间后，搬运人员将粮/曲粉卸车并转运至班组指定位置堆放，酿酒车间不进行粮/曲粉的长期储存。对于糠壳，每个车间都设有一定数量的糠壳库。糠壳运送至车间卸货后存放于糠壳库，再根据每日的蒸糠需求将所需糠壳搬运至各个班组。

短途运输包括原辅料运输、基酒运输、废弃物运输以及包材内转等。原辅料运输主要涉及粮粉、曲粉、糠壳、酒糟、窖泥从供应车间到各使用车间的运输，以及各类物资在各车间内部的转运。基酒运输方面，酿酒车间先将基酒存于车间的酒库内，定期将基酒送至勾调车间。废弃物运输中，生产过程中产生的黄水、尾水、废水等需用罐车运输至废水处理站。包材内转主要是包装车间的瓶盖、酒瓶、标签、酒盒等材料的内部转运。

在行业政策和市场需求的引领下，众多酒企在秉承传统工艺的基础上，通过科技赋能，开始进行酿造过程的机械化、自动化及智能化改造，逐步由传统酿造向智能酿造转型升级。然而，在白酒蒸馏过程中，熟练工人的经验对白酒产量、品质的稳定性和优质率影响巨大，因此现阶段是否对这一环节实现机械化、自动化、智能化仍存在较大争议。目前，大部分酒企优先对影响较小、劳动强度大的摊晾、制曲、拌曲、润粮、入窖等环节进行机械化、自动化和智能化改造，在灌装、分拣、包装、物流、销售等方面优先实现自动化和数字化管控，而蒸馏环节仍以人工操作为主。

3. **分销销售环节**

不同白酒企业的目标群体、产品价格存在差异，因此其销售模式也各不相同。此外，白酒企业也会在不同的发展阶段调整销售渠道策略。目前，白酒销售渠道主要分为线下渠道和线上渠道。其中，大部分白酒企业的大部分销量是由线下渠道承载的，白酒在线上渠道的销量处于增长阶段。

线下销售渠道一般经过全国经销、地市分销、商超零售等环节到达最终消费者；线上销售渠道则通过电商平台销售给消费者。白酒企业也多通过自营或外包给第三方物流公司管理销售物流。目前，五粮液采用自营物流加第三方物流外包的管理模式；泸州老窖、舍得、郎酒、剑南春、水井坊采用第三方物流外包管理模式。第三方物流公司主要有中国物流、京东、顺丰、百世、安得等。线下销售模式的运输配送主要依托整车、零担、快运和快递等方式，涉及公路、铁路、航空等运输方式。线上销售模式则主要依托快递实现从仓库到消费者之间的流动。

（四）白酒物流供应链发展现状

近些年，国家陆续出台相关政策促进并规范酒类物流流通企业的发展。2017 年，商务部发布《商务部关于“十三五”时期促进酒类流通健康发展的指导意见》，指出到2020年建立结构优化、布局合理、模式创新、融合发展的新型酒类流通体系，推动建成全国追溯查询系统并覆盖60%的酒类流通企业。2021年，商务部发布《商务部关于“十四五”时期促进酒类流通健康发展的指导意见（征求意见稿）》，指出到2025年，培育千亿级酒类流通企业1家，百亿级酒类流通企业5家，50亿级酒类流通企业10家。

目前，我国酒类流通企业数量众多，市场集中度低，处于充分竞争阶段。2023年，我国酒类流通行业市场规模约为1.1万亿元。分不同品类来看，白酒市场规模占比最大，市场占比达70%。

由于白酒产品的价值较高，白酒企业对物流服务的要求也相对较高。随着白酒产业发展格局的调整，白酒企业在白酒运输、仓储、配送、包装、专业物流服务以及绿色物流方面都提出了新的改进需求。这些改进主要聚焦在工厂物流智能化提升和供应链数字化建设两个方面。

在工厂物流智能化提升方面，泸州老窖、古井贡酒、衡水老白干等酒企通过实施智能化包装中心技改项目、酿酒生产智能化技术改造项目等全面实现包材库、成品库的自动化升级。这些升级不仅提升了物流运作效率、厂房空间利用率和盘点准确率，还实现了生产流程的数字化、动态化管理，并大幅降低了成本。

在供应链数字化建设方面，贵州茅台、劲牌、贵州珍酒等酒企纷纷着手进行数字化转型，通过上线信息化系统等数字化手段解决供应链相关痛点，实现数字化升级和降本增效。

除此之外，白酒企业也需要加强与物流企业的合作，建立高效的物流网络和服务体系以满足市场需求，并采用绿色物流解决方案以减少对环境的影响，符合可持续发展的要求。

（五）白酒物流供应链发展痛点

1. 采购环节的发展痛点

价格波动大。原粮和包材的价格受市场供求、气候变化、政策调控等因素的影响，难以保持稳定，给酒类企业的成本管理带来困难。

质量稳定性不足。原粮和包材的质量直接影响酒类产品的品质，但由于原料来源多样、标准不一、监管不足等原因，导致原粮和包材的质量参差不齐，给酒类企业的品质保证带来风险。

采购可靠性差。原粮和包材的供应受季节性、地域性、运输能力等因素的制约，酒类企业在采购过程中常遇到供应不足、延期交货、断货等问题，影响生产计划和市场需求。同时，各工厂间供应商管理平台未统一，导致信息不互通，集中采购管理难，采购分析难，采购管理成本高。

信息透明度低。原粮和包材的市场信息缺乏有效的收集、整合和传递机制，导致酒类企业在采购过程中缺乏对原料市场的全面了解和准确判断，难以做出合理的采购决策。

2. 生产环节的痛点

人工作业效率低。传统工艺的人工作业采用非标准化生产方法，生产效率低于自动化作业。踩曲制曲属于重复性体力劳动，需要大量人力参与其中，且人工码曲、转运等劳动强度大，现有条件下人工制曲生产效率难以大幅提升。

生产自动化程度低。当前酒类生产环节中多个关键工序，如原料处理、发酵监测、蒸馏等高度依赖人工操作，存在质量不稳定、误差大、效率低等问题。这主要是因为酒企自动化设备投入不足，关键工序自动化改造缓慢，难以实现标准化、数字化、智能化生产。智能生产设备及配套工业软件的相关技术水平仍处于早期阶段，功能有待升级完善。

产品质量波动大。由于人工操作环节多，部分酒企生产标准化程度仍较低，产品质量存在波动，导致口感差异，产品良率不稳定，容易出现质量安全隐患。

生产环境不佳。在高温高湿的生产环境下，高强度、重复性的体力劳动会造成员工的健康隐患。同时，传统工艺高耗能、高排放，需要耗用大量的能源及其他资源，释放大量的二氧化碳等温室气体和有毒废气，并且会产生废水、废渣、重金属等污染物，严重污染环境。若处置不当，甚至会威胁到当地居民的健康，引发社会问题。

3. 市场营销环节的痛点

假货窜货现象严重。高端酒类产品高昂的价格和诱人的利润吸引不法商贩制假售假，严重困扰消费者。低价窜货问题频发，使品牌形象受损，使经销商利益和消费者利益受损。

线上线下市场竞争激烈。线上线下产品同质化现象严重，线上渠道使市场价格越来越透明，线下渠道中间商的利润空间被不断压缩。同时，线下渠道的扁平化改革对线上市场予以冲击，线下渠道逐渐缩小与线上电商的价格差距，市场竞争越发激烈。

经济增长放缓与市场融合降速。线上渠道企业的红利期依旧在延续，努力挖掘新型方式拓展销售，如抖音带货；线下渠道企业秉承高端酒保真的理念，以线下消费体验场景作为支撑拓展获客渠道。

营销费用高昂。中国酒类市场竞争激烈，企业需投入大量的营销费用进行市场推广。高价的电视、报刊以及新媒体营销费用增加了营销成本。

物流设施及规划薄弱。物流设施陈旧且不适用导致搬运及运输环节中产品的破损与丢失现象频发。多层级物流保障体系，层级多、环节多，容易导致物流时效性差、渠道库存积压和周转问题。

4. 物流服务环节的痛点

仓库防火等级不达际。部分仓库不能满足高度酒防火等级的高标准要求。成品酒存储仓库按火灾危险等级应划分为丙一类（闪点不小于60℃的液体），但目前国内酒类商品主要储存在丙二类仓库（可燃固体）或等级更低的仓库中。目前，酒类应存放的丙一类以上专业物流园区和专业存储仓库数量极少，远远满足不了行业需求。

物流安全尚不能满足多层次、高标准的新要求。变质、破损、丢失、串货、窜货等安全问题在仓储、搬运、运输中转及配送过程中时有发生。不同仓库的库内、库外设施和设备及人员操作的非标准化，导致作业过程中因温度和湿度等环境条件变化、搬运碰撞、运输颠簸、包装等级等原因出现货品损坏、丢失等安全问题。串货、窜货问题则因缺乏对货品的统一管理和追踪溯源机制。

酒类供应链缺乏统一的物流服务管理标准。单个仓储服务商和配送及快运服务商无法针对每个酒企的标准进行统一管理。此外，服务商在进行技术更新时也无法做到面面俱到。尽管托盘、货架、高站台库等现代化仓储设施在高端酒仓库中已基本普及，但大量的经销商仍采用地堆码放的方式，管理粗放。末端配送车辆样式五花八门，运输服务标准不统一，存在安全隐患。

仓储作业受淡旺季影响。酒类产品淡旺季特征明显，对仓储作业带来了巨大挑战。酒类销售主要集中在春节及其他节假日期间，时间段主要归集于第四季度，寻常时期，仓储库容量及作业量较小，一旦进入旺季，库存及作业量呈现爆发式增长。企业在租赁仓库时以寻常状态租赁面积，旺季期间进行临时扩容，由此导致旺季期间人工、仓库、车辆等多种要素难以配置齐全，成本增加，效率反而下降。

物流装备智能化水平亟待提升。物流装备及设备的智能化水平低，已成为影响物流作业效率的关键因素之一。目前，仓储服务商的扫喷码操作主要依赖于手持PDA、喷码机等简易机械设备，未实现自动化作业，容易出现故障而导致作业不连贯。酒商与仓储服务商的信息系统的不匹配造成无法实现一体化管理，作业效率低下。在酒企商业保密的背景下，扫描、喷码、追溯等环节的信息传递主要依赖于客户的自有系统，造成无法及时与仓储服务商的信息系统对接，信息的融合处理需要额外的人工进行二次操作，增加了人力成本和出错风险。

（六）白酒物流供应链发展路径

1. 采购环节发展路径

对供应商进行严格的审核及评估，确保其具备必要的认证和品质控制措施。与优质可靠的供应商建立长期良好的合作关系，确保优质且稳定的原材料供应渠道通畅。制订长远的原材料采购计划。对于需要季节性原料的酿酒企业来说，应与供应商进行跨周期联系，确保有足够的时间采购和准备原材料。

面对卡脖子痛点和大环境窘境，国产酿酒粮食的种植须尽力争取政府政策的支持。加强产业协同，繁育良种，提高产能产量，加快工业化进程，提高劳动生产率，增加收益。

探索开发多样化的供应渠道，避免单一的供应风险和价格波动。密切关注酿造环节和包材环节原材料市场的价格波动，进行预估和成本管理。同时，寻找替代品或降低生产成本的方法。

大力发展本土酿酒设备产业。鼓励国内企业在研发上投入更多资源，减少对进口设备的依赖。采用技术适用而价格适中的酿造设备，降低企业的经营成本。

2. 生产环节发展路径

改善酿酒企业生产车间的环境和条件，加大智能化产线的投入，以替代部分劳动力，降低用工成本。加大对高级技师的培养力度，培养梯队人才，扩充人才队伍，促进产业良性发展。

生产流程标准化。在可操作范围内，利用设备替代人工进行标准化作业。智能生产设备和工业软件企业应加大研发力度，与酒企开展深度合作，精准对接关键设备及软件的需求，提升软、硬件的功能协同性，研发出满足企业现实需求和前瞻需求的功能。研发出产品升级方向明确、标准化程度高且兼容性强的新型智能工具，减少人工非标作业，提升生产效率，提高数据的收集、分析和处理水平，促进产业高质量发展。

妥善处理生产过程中产生的气体、液体和固体废弃物，减少对环境造成的污染。将绿色环保理念深度嵌入企业降本增效和社会责任的考核体系中，淘汰落后产能，减少污染与浪费，加速产业转型升级。

3. 市场营销环节发展路径

加强市场管理，提高对渠道的管控能力。利用数字化工具对渠道进行监控和预警，防止假货窜货行为，对违法和扰乱市场的行为及时上报有关部门处理，净化市场环境，保护从业者和消费者利益。

推进多渠道融合发展。根据企业自身特点改善渠道结构，实现线上线下融合，形成企业特色；降低渠道综合成本，形成差异化竞争格局，减少同质化竞争，营造良性竞争的市场环境。

结合企业自身特点，梳理战略规划。根据市场发展实际情况和专业判断，拓宽融资渠道，完善市场布局，进行线上、线下投资。无论是深耕现有市场还是拓展新市场，都要做到有的放矢、实事求是，落实战略规划。

提高广告投放精准度。利用数据分析工具提高广告投放精准度，降低无效曝光量，有效控制营销费用。优化媒介组合，适当采用价格更合理的营销手段。

通盘规划供应链。升级物流硬件和软件设施。根据计划和市场需求，合理规划仓储空间布局和运输配送路径，缓解渠道季节性爆仓问题，提升仓储配送效率。

4. 物流服务环节发展路径

开发运营酒类专业物流园区。鼓励第三方物流服务商、物流地产服务商规划建设酒类专业物流园区，提升酒类仓储标准，消除重大事故隐患，防止安全事故发生。结合仓储智慧化设备的应用，打通酒企、物流服务经销商与客户之间的信息链条。吸引酒类经销商、新零售商等入驻园区，由园区运营单位提供物流一站式服务，带动业务发展，强化与客户的互动黏性，提高客户业务量。

保障物流安全。升级物流设施，提升库内及库外设施的智能化水平，加强物流过程的监控和追踪，实行严格的质量检验和验收制度，防止产品品质下降或损坏，打击违规操作或欺诈行为。降低人力运营比例，应用数字化技术，有效防止货品变质、破损、丢失、串货等问题发生。酒水储存对仓库的温度、湿度和作业环境有较高要求，需要将环境和基础设施升级，建设自动化立体库、标准化货架和托盘。采用一物一码技术，对产品的物流信息统一采集，确保产品追踪的准确性。实施全过程物流信息可视化追溯，利用区块链技术的去中心化和不可篡改的特性，提高供应链的透明度和可信度，通过将供应链的各个环节记录在区块链上，有效跟踪产品的来源、生产过程和配送情况，避免串货、窜货现象的出现。

推广“六共一同”业务模式。建立统一的管理机制，通过科学合理的规划，优化仓储位置、面积、配套设施和干线及配送运输路线的布局。建立信息共享机制，充分整合及利用域内资源，将同一需求区域的物资交由统一服务单位的车辆进行统一装载、运输、配送到点，搭建起“六共一同”业务模式——共用仓配中心、共用配送车辆、共享网络信息、共享站点资源、共享供应链数据、共遵作业标准和同城配单的“统仓统配业务模式”，实现不同酒品的共同配送，提升配送效率。

二、2025 年白酒物流行业展望

2024 年，中国酒业浪潮汹涌，行业格局持续变化，市场竞争越发激烈。行业全面进入深度调整期，库存压力加大，电商与传统渠道的矛盾加剧，行业分化持续演进……

在行业深度调整与市场格局重塑的关键时期，白酒物流供应链正站在变革的十字路口。技术创新、渠道变迁、消费升级与绿色发展交织并进，推动物流体系向更智能、高效、低碳的方向迈进。如何提升供应链协同效率、优化库存管理、加强数字化应用，成为酒企和物流企业共同面对的课题。展望2025年，白酒物流供应链将迎来哪些新趋势？

（一）数字化转型与智能化升级

酒类行业正积极融入数字化与智能化的浪潮。据统计，已有13家白酒企业将数字化转型列为2024年度的核心战略任务之一，彰显出行业对数字化、智能化的前瞻布局。这一趋势不仅体现在生产、销售等各个环节的全面升级上，还将推动整个供应链、产业链向更加高效、智能、可持续的方向发展。

（二）线上线下融合与全渠道营销

酒类行业正加速推进全渠道销售战略，以满足消费者的多元化购物需求。通过全渠道融合，酒企打造无缝购物体验，确保服务的一致性和便捷性。通过整合线上线下资源，实施库存共享、会员互通、营销协同等创新举措，酒企能够提升运营效率和顾客忠诚度。线上，利用数字平台的优势进行品牌推广与精准营销，引导顾客进行线下体验；线下门店则强化服务体验，促进顾客线上互动，形成良性循环。

（三）绿色低碳与可持续发展

随着我国“双碳”战略的部署与实施，酒类企业积极响应，推广绿色物流、升级冷链物流，并推动绿色技术的应用和数字化转型，以减少碳足迹、提升资源利用效率。酒类企业纷纷将绿色低碳作为重要战略方向。绿色低碳不仅意味着减少生产与物流过程中的碳排放，还涵盖了包装材料的环保化、运输方式的绿色化以及废弃物的有效处理等多个方面。例如，白酒包装正逐步向绿色化转型。通过源头设计减少包装材料用量，采用薄壁化、结构优化等措施，在确保包装功能的同时减少材料用量，降低物流成本；构建后端回收的设计体系，通过重复使用、材料循环、能量回收、有机循环等方式，促进包装循环利用。

（四）供应链协同与整合

在酒类行业中，供应链协同与整合不仅是提升运营效率、降低成本的关键，更是增强市场竞争力、满足消费者多元化需求的重要途径。随着酒类市场的不断扩大和消费者需求的日益多样化，加强供应链协同，整合物流功能，实现信息共享和协同作业，成为酒类行业发展的必然趋势。

（五）国际化与跨境物流

在“一带一路”倡议下，中国酒以其深厚的文化底蕴和独特风味，稳步迈向世界舞台。各大酒企通过国际赛事参与、展览展示及国际酒类峰会等形式多样的推广活动加快国际化步伐，大幅提升了中国酒类产品在国际舞台上的知名度。品牌故事与传统文化，成为中国酒类产品国际化进程中的重要推手。

近年来，中国白酒出口金额实现翻番，从 2015 年的 4.49 亿美元跃升至 2023 年的 8.04 亿美元，全球市场的竞争力进一步提升，国际化战略取得一定的成效。头部酒企通过融合传统工艺与现代科技，不仅坚守品质与风格，还精准对接国际市场需求，实现品质升级。

（六）个性化服务与定制化生产

个性化服务与定制化生产已成为酒类行业的重要发展趋势。这种趋势不仅满足了消费者的多样化需求，还推动了酒类企业的技术创新和品牌建设。个性化服务与定制化生产也对酒类企业的供应链管理提出了更高要求，推动了柔性供应链的发展，提高了企业的响应能力和灵活性。通过优化供应链管理、提高生产效率和质量水平等措施，酒企可以更好地满足消费者的个性化需求并提升市场竞争力。

（七）风险管理与应急响应

酒类行业在风险管理与应急响应方面正不断加强自身的能力建设。面对复杂多变的市场环境和消费者需求的变化，酒企需要建立更加完善的风险管理体系和应急响应机制，以应对各种潜在风险和市场变化。

酒类行业供应链复杂，涉及原粮种植与贸易、包装定制与采购、酒品酿造、仓储物流、流通销售等多个环节。此外，酒企还面临着食品安全风险。任何一个环节出现问题都可能对酒企造成重大影响。而酒类消费场景复杂，甚至碎片化，市场竞争激烈。为了更好地应对市场变化和突发情况，酒企必须重视风险管理与应急响应。

（八）标准化与规范化

酒类行业的标准化与规范化是行业长期健康发展的基础。酒企通过统一物流标准、提升服务质量和推动供应链标准化与规范化建设等措施，能够提升自身的竞争力和市场地位。同时，这些措施也有助于提升消费者的购买体验和满意度，促进酒类行业的健康发展。

（九）政策引导与人才培养

政策引导与人才培养是酒类物流供应链发展的重要支撑。政府通过出台一系列政策措施，为酒类物流供应链的发展提供了有力的支持和保障。同时，加强人才培养工作也是推动酒类物流供应链持续发展的关键。校企合作、建立培训体系、激励人才成长等方式，可以不断提升酒类物流供应链领域的人才素质和专业技能水平。这将有助于降低物流成本、提高物流效率、促进酒类物流供应链的健康发展。

（十）科技应用与创新

酒类产业正在通过应用人工智能、大数据与区块链等科技手段强化其市场竞争力。这些技术的应用不仅重构了供应链管理体系，提升了作业效率，还保障了产品的真实性、可追溯性，提升了消费者的信任。通过挖掘销售、客户及市场等多维度数据，酒企能够敏锐洞察市场脉搏、产品销售态势及消费者偏好的微妙变化，进而依托人工智能辅助制定更为精准、前瞻的战略规划。借助大数据分析预测市场需求走向，酒企能够灵活调整生产计划与库存管理策略，有效控制库存成本。此外，区块链技术的应用，则为酒类供应链带来了前所未有的透明度与安全保障，确保了每一瓶酒都能追溯其根源，极大地增强了消费者的信赖感。

总的来看，未来白酒产业将继续保持稳定增长，并逐渐向高端化、品牌化、个性化方向发展。现代物流技术将在白酒产业结构调整过程中得到广泛应用，并进一步促进白酒产业进入新的发展时代。

（中国物流与采购联合会酒类物流供应链分会　李鸿宝、鲁文森）

2024 年农业产业供应链发展回顾与 2025 年展望

2024 年，中国农业产业供应链在复杂多变的国内外环境中，彰显出强大的韧性与蓬勃的创新活力。面对全球粮食安全形势日益严峻、气候异常现象频发及国际贸易规则深度调整的挑战，中国以“数字化、绿色化、全球化”为主线，全面推进农业产业链现代化升级。全年农林牧渔业总产值突破 15.2 万亿元，同比增长 6.2%，主要农产品产量稳居世界前列，粮食产量连续 13 年稳定在 1.3 万亿斤以上，为经济社会的高质量发展筑牢了根基。

一、2024 年农业产业供应链发展回顾

1. 宏观调控体系完善，政策驱动全链协同

2024 年，中国农业产业供应链的顶层设计持续完善，政策体系以“数字化、绿色化、全球化”为核心导向，通过强化政策供给、优化资源配置、健全服务体系等举措，推动农业供应链向高效、安全、可持续的方向升级。

在政策实效方面，资金撬动与社会资本协同效应显著。2024 年，涉农信贷余额突破 20 万亿元，同比增长 15%，其中农业供应链金融产品占比达 32%。蚂蚁集团旗下的“大山雀”系统为农户提供数字化信贷服务，累计发放贷款超 2000 亿元，惠及超 1000 万户农户；拼多多“农地云拼”模式，通过需求预测优化库存周转率，降低损耗至 5%，助力陕西苹果农户的利润率从 15% 跃升至 35%。山东省财政拨款 3.5 亿元，支持“寿光模式”智慧农业推广至全国 20 个省份，黑龙江北大荒集团启动 16 个智慧农场建设项目，累计投入 2.47 亿元，改装无人驾驶农机具 343 台（套），覆盖 1.5 万亩耕地，全面实现耕种管收全流程无人化作业，人力成本节约达 600 万元/亩。

在区域协同机制深化方面，跨区域资源整合成效凸显。上海、江苏、浙江联合建立“跨省农产品应急保供联盟”，共享 200 万吨仓储容量，确保长三角地区实现 24 小时调拨响应；广深港三地共建跨境冷链物流枢纽，通关效率提升 40%，生鲜货物通关时间缩短至 4 小时以内，有力保障了粤港澳大湾区“菜篮子”供应的稳定。

此外，中西部地区通过“飞地经济”模式引入东部技术资源，如四川眉山猕猴桃产业与广东农科院合作，推广智能温室技术，亩均产值提升 25%。

2. 供应链韧性增强，全链路流通效率与抗风险能力显著提升

2024 年，中国农业供应链通过数字化、绿色化技术的广泛应用，显著提升了全链路流通效率与抗风险能力，全链路综合损耗率同比下降 28%，达到 16%，创历史新低。

冷链网络下沉，破解“最后一公里”难题成效显著。农业农村部推动产地冷链设施建设项目，优先支持 832 个脱贫县布局冷链设施，单个项目最高可享受 500 万元的补贴。截至 2024 年年底，全国产地冷链设施县级覆盖率已超过 70%，冷链运输覆盖率达 57%，较 2020 年提升 11 个百分点。京东物流云南鲜花冷链中心通过“中心仓 + 前置仓”模式，实现昆明至北京、上海全程 48 小时冷链直达，损耗率从 35% 降至 10%，年处理鲜花超 2 亿枝；拼多多“农地云拼”模式压缩流通环节至 2 级，借助 AI 技术预测需求，指导果农进行分级包装，使陕西苹果农户的利润率提升 133%，销售周期缩短 40%。

数字技术重构生产与流通格局。山东寿光蔬菜产业集团部署 5G 传感器、AI 水肥系统和无人机巡检，构建“空天地一体化”监测网络，亩均产量提升了 30% 至 10.4 吨，水肥利用率达 80%，人力成本降低了 50% 至 600 元/亩。黑龙江北大荒集团建三江无人农场，实现 1.5 万亩全程无人化作业，依托卫星遥感、AI 算法生成种植方案，配套区块链记录生产数据，对接下游加工企业，节约成本 880 万元，单产较传统农场提高 22%。全国已建成 12 个农业数字孪生试点园区，如北京平谷的智慧果园通过虚拟仿真技术优化种植密度与灌溉策略，减少了 30% 的试错成本。

绿色转型降低环境负荷成效显著。京东物流推广新能源货车（纯电动和氢能源车辆占比达到 30%），所减少的碳排放量相当于种植了 120 万棵树木。长三角、珠三角地区构建的分布式能源网络（光伏冷库 + 氢能运输车）覆盖了 120 个冷链节点，实现全程减排 42%。生物降解技术取得突破，2024 年可降解冷链包装材料成本下降至传统聚乙烯（PE）材料的 1.2 倍，市场渗透率达 25%，每年可减少塑料污染 5 万吨。有机废弃物资源化利用率达 85%，畜禽养殖废弃物综合利用率同比提升 10 个百分点，秸秆还田率稳定在 70% 以上，农业面源污染治理成效显著。

3. 产业强国建设提速，全链增值能力凸显

2024 年，中国农业供应链通过技术创新与模式创新，推动产业向高端化、品牌化、国际化迈进。农产品电商交易额达 2.9 万亿元，预制菜市场规模突破 8500 亿元，头部企业市场份额达 35%。

数字技术驱动产业升级。农业生产智能化水平持续提升，全国农业数字经济规模达 1.26 万亿元，占农业增加值的比重为 23.4%。智能农机具渗透率提升至 45%，无人机植保覆盖率超过 60%，服务面积突破 100 亿亩次。供应链金融创新产品层出不穷。

绿色品牌价值释放推动产业增值。绿色农产品认证数量突破10万个，溢价率达20%～30%。其中，江苏宿迁“黄河故道”生态大米通过区块链溯源实现全程可查，单价提升40%至8元/斤；浙江安吉白茶通过绿色生产认证，出口量增长25%，单价提高12%。消费端变革加速，盒马鲜生“订单农业+中央厨房”模式实现了从田间到餐桌的48小时直达，库存周转率提升40%，损耗率降至5%以下；社区团购激活下沉市场，陕西苹果通过拼单模式减少中间环节，农户的利润率从15%跃升至35%，销售半径扩展至全国28个省份。

全球化布局深化拓展国际空间。2024年，中国农产品进出口额达2.3万亿元，水产品出口额同比增长8%，蔬菜、干鲜瓜果出口量价齐增，分别增长12%和15%。中粮集团经营量达1.7亿吨，全球加工能力为1.2亿吨，在印尼、巴西建设12个海外仓储基地，保障粮食供应链稳定性。技术标准输出取得突破，中国在东南亚建成12个智慧农业示范基地，推广杂交水稻、智能温室技术，培训当地农民超2万人次；RCEP框架下，冷链标准互认体系初步形成，跨境流通效率提升40%，泰国榴梿进口量增长45%，价格低于国内同类产品30%。国际认证加速，52家中国企业通过欧盟有机认证，2024年有机农产品出口额同比增长45%；茅台集团在“一带一路”沿线国家开设30家海外仓，酱酒供应链时效提升50%，欧洲市场占有率提升至12%。

4. 依法治理强化，安全屏障持续夯实

2024年，中国农业供应链法治化进程加速推进，通过完善法规标准、强化质量监管、健全追溯体系，不断筑牢粮食安全底线。

立法修规取得实质性进展。《中华人民共和国粮食安全保障法》确立了“产购储加销”全链条的安全责任，明确规定粮食储备企业需承担社会责任储备义务；《中华人民共和国农产品质量安全法》要求生产经营者采用现代信息技术手段对生产经营信息进行采集、留存。地方立法实践同步推进，福建省出台《福建省粮食安全保障办法》，明确地方政府对本行政区域粮食安全的主体责任；江苏省将《江苏省粮食流通条例》纳入立法审议，强化粮食流通市场准入与退出机制。

质量监管体系全面升级。农业农村部建成国家农产品质量安全追溯平台，覆盖15.6万家生产经营主体，实现了主要农产品从生产到消费的全程可追溯，抽检合格率连续5年超98%。绿色认证整合成效显著，绿色食品、有机农产品、地理标志产品认证标准逐步统一，市场准入门槛提高，绿色农产品溢价率稳定在20%～30%。2024年，全国绿色食品产量突破1.2亿吨，有机农产品销售额达2800亿元。

技术赋能风险防控能力显著提升。区块链存证应用覆盖全国10.2万家农业企业，在砀山酥梨、潍坊郭牌西瓜等典型案例中，消费者扫码查询率超60%，投诉率下降60%。AI风险预警系统提前72小时发布病虫害、干旱等风险提示，覆盖农田面积超5亿亩次，减灾损失超120亿元。转基因作物监管严格遵循“实质性派生品种（EDV）”制度，国内转基因种子市场份额控制在5%以内，严防非法扩散风险。

国际合作与标准互认取得新突破。中国推动国际植物检疫标准与国内接轨，减少贸易壁垒。全球农业治理参与度提升，中国在联合国粮农组织发起“数字农业南南合作倡议”，向发展中国家提供智慧农业技术培训，覆盖50个国家、300万农户。

二、2025年农业产业供应链展望

2025年，在中央一号文件首次提出“农业新质生产力”的背景下，中国农业产业供应链将加速向科技驱动、绿色低碳、全链协同的方向转型，呈现出以下新变化：

1. 科技驱动供应链全环节升级

生物育种与种业振兴。文件明确推进生物育种产业化，加速转基因玉米、大豆等突破性品种的商业化应用。通过种源核心技术攻关和种质资源创新，提升作物单产（如玉米单产可提高10%～15%），推动种子供应链从依赖进口向自主可控转型。

智能装备与数字技术渗透。北斗导航、无人机、智能农机等技术的广泛应用，将实现精准播种、施肥、灌溉和病虫害防治，大幅提升生产效率。例如，东北平原推广无人化农场体系，西南山区发展微型智能装备，沿海地区布局AI养殖工厂，形成差异化技术应用场景。

智慧农业平台整合资源。农业农村大数据平台、智慧农机管理系统等数字化工具，将优化供应链的信息流和物流，实现从种植到销售的全程可追溯管理。例如，科大国创等企业的智慧农业服务平台已在多地应用。

2. 绿色低碳供应链体系加速构建

资源效能提升与循环利用。文件强调盐碱地改良、旱作节水技术推广及畜禽粪污资源化利用，推动农业废弃物转化为有机肥，减少资源浪费和环境污染。例如，秸秆还田和有机肥替代化肥模式的普及，将降低供应链的碳足迹。

生态农业与绿色认证。在“大食物观”下，供应链向多元化、高附加值农产品延伸，如有机食品、绿色认证产品等，满足消费升级需求。梯田保护与良种良法结合，也强化了传统农业的生态价值。

3. 县域经济驱动供应链整合与下沉

产地直采与就近加工。政策支持县域产业链整合，鼓励农产品加工企业向主产区集中，减少中间环节损耗。例如，预制菜产业依托县域资源实现“从田间到餐桌”的短链供应，降低物流成本。

农村电商与数字化服务。农村电商平台和冷链物流设施的完善，将推动农产品上行和工业品下行。博彦科技等企业的数字化农业服务，助力农产品供应链对接全国市场。

4. 政策赋能与市场机制协同

财政支持与金融创新。文件提出加大农业科技和基础设施的财政投入，并通过贷款贴息、补贴优化降低生产成本。农业交易开放式指数基金（ETF）等金融工具（如易方达 562900）吸引社会资本进入农业科技领域，加速供应链现代化进程。

国内国际双循环联动。依托“一带一路”和金砖合作，拓展特色农产品进口渠道（如热带水果、水产品），同时推动中式预制菜出口，形成内外联动的供应链网络。

5. 产业链韧性增强与风险防控

供需平衡与库存优化。通过单产提升和品质改进，缓解粮食库存压力，优化供需结构。例如，文件提出深入推进粮油作物大面积单产提升行动，推动高产技术从试验田向大田转化。

风险预警与调控机制。利用大数据和人工智能监测市场波动，提前预判价格风险。生猪、肉牛等畜牧业的产能调控政策，将稳定供应链基础产能，避免周期性波动。

总体而言，2025 年，中国农业供应链将在“农业新质生产力”的引领下，形成科技赋能、绿色转型、县域协同、政策护航的新格局。这一转型不仅提升供应链效率与韧性，还将通过全链增值助力农民增收和乡村振兴。未来需重点关注技术普及的城乡差异、资金投入的持续性以及国际市场的波动风险。

（中国物流与采购联合会农业产业供应链分会　李琦　陈林　陈中涛）

第三章

技术与装备市场

2024 年托盘市场发展回顾与 2025 年展望

2024 年是实现“十四五”规划目标任务的关键一年，中国物流行业在政策引导与市场驱动下，呈现出稳中有进的发展态势。尤其是中央首次针对物流领域发布的《有效降低全社会物流成本的行动方案》，标志着物流行业进入以降本增效为核心、以深化产业链供应链融合为重点的新阶段。

在新质生产力、绿色低碳和高质量发展的背景下，我国托盘行业展现出强劲的发展韧性与活力，呈现出稳中向好的态势。2024 年，托盘年产量扭转了此前两年的下降趋势，重拾增长态势，保有量稳中有升，托盘池规模飞速发展；以托盘共享行动（BRAPS）为代表，托盘国际合作取得了新进展；以数字化创新为引领，托盘产业新质生产力加速构建；以践行绿色发展理念为责任，可持续原材料得到推广，绿色产品的应用逐步普及；以积极构建开放、共享的托盘循环共同体系为愿景，多场景下带板运输深入推进；以高质量发展为目标，创新研发力度加大，新材料托盘逐渐应用，设备向高端化、智能化、绿色化方面升级换代……托盘企业积极应对各种风险挑战，展现出蓬勃的生机与坚韧的勇气，对 2025 年托盘市场的发展前景充满信心。

一、2024 年托盘市场发展回顾

（一）托盘市场规模重拾增长态势，托盘池规模呈现爆发式扩张

2024 年，世界经济持续复苏，随着国内外贸易的逐步回暖，制造业和服务

业加快融合，物流需求大幅提升，新质生产力动能强劲。作为供应链中的基础单元，托盘的需求量不断提升，促使托盘市场规模呈现上升态势。2024 年，我国托盘年产量约为 3.87 亿片，同比增长 9%，扭转了此前两年的连续下降趋势，重拾增长态势，基本恢复到 2021 年的水平（见图 1）；托盘市场保有量持续保持增长态势，达到 18.2 亿片，同比增长 4%（见图 2），增长率较 2023 年也有所提升。

托盘循环共用企业持续加大战略布局和产品类型投入力度，加强数字化创新，践行绿色可持续发展理念，推广带板运输和供应链一体化发展，完善运营服务网络，不断扩大带板运输应用场景，满足不同客户在不同场景下的应用，致力于有效降低全社会物流成本，2024 年，我国循环共用托盘池保有量呈现爆发性增长，已突破 5000 万片，比 2023 年增加了 1000 多万片，同比增长 27.00%（见图 3）。塑料托盘使用场景和应用范围持续扩大，市场占有率逐年提升，木托盘市场占有率略有降低，木托盘和塑料托盘总市场占有率在 90% 以上（见表 1）。

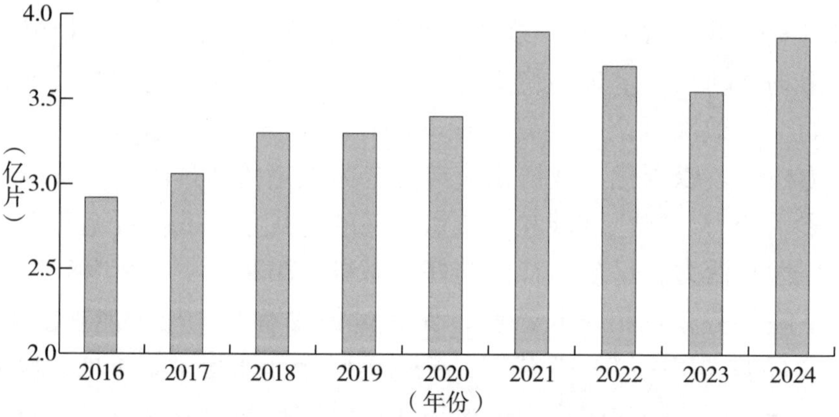

图 1　2016—2024 年托盘年产量

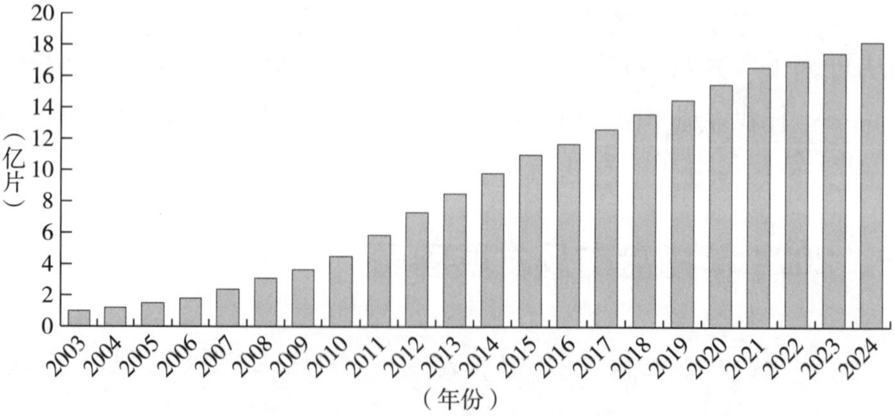

图 2　2003—2024 年我国托盘保有量

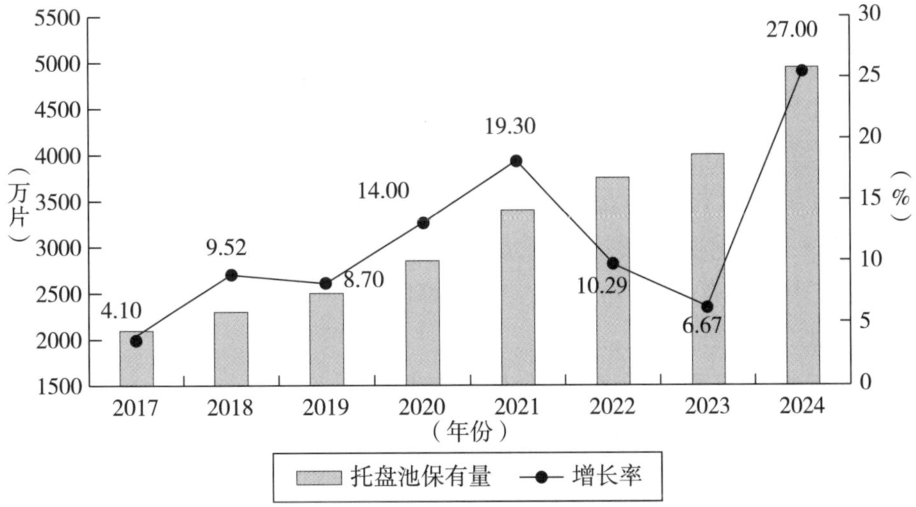

图 3　2017—2024 年我国循环共用托盘池保有量及增长率

表 1　个别年份不同材质托盘市场占有率

年份	木托盘	塑料托盘	纸托盘	金属托盘	复合材料托盘
2012	80%	12%	5%	2%	1%
2016	78%	15%	4%	2%	1%
2020	74%	16%	5%	4%	1%
2024	74%	18%	4%	3%	1%

（二）以政策为引领，助推托盘行业高质量发展

2024 年，党的二十届三中全会胜利召开，吹响了进一步全面深化改革的号角，有效降低全社会物流成本的战略部署被纳入三中全会的《中共中央关于进一步全面深化改革—推进中国式现代化的决定》。2024 年，中共中央办公厅、国务院办公厅印发了《有效降低全社会物流成本行动方案》（以下简称《方案》）。降低全社会物流成本是提高经济运行效率的重要举措，对构建高水平社会主义市场经济体制、加快构建新发展格局、推动高质量发展具有重要意义。《方案》在健全国家物流枢纽与通道网络部分中指出，要加快健全多式联运体系，包括培育多式联运经营主体，发展集装箱公铁、铁水联运，加快推进一单制、一箱制，推广带托盘运输等集装化运输模式，创新打造稳定运行、品牌化的多式联运产品。在加强创新驱动和提质增效部分中，《方案》指出要推动物流数智化发展，加快物流绿色化转型，实施物流标准化行动。《方案》的实施，开启了深化产业链供应链融合、降低全社会物流成本的新征程。

（三）依托行业基础标准研究，推动国内外托盘行业协同发展

中国物流与采购联合会托盘专业委员会（简称中物联托盘委）作为全国物流标准化技术委员会托盘分技术委员会（SAC/TC269/SC2）秘书处承担单位和国际标准化组织托盘技术委员会（ISO/TC51，Pallets for unit load method of materials handling；单元货物搬运用托盘）国内技术对口单位的联络部门，一直致力于物流系统中托盘的设计、生产、应用等国际、国家、行业、团体标准的制修订、宣传和推广应用等工作。

1. 完善标准体系建设，引领托盘行业发展

托盘行业国际标准、国家标准、行业标准、团体标准等标准体系不断完善，为托盘行业的发展奠定了坚实基础。我国托盘标准体系中，将托盘标准按类型分为托盘基础标准、通用技术标准、产品标准和服务及管理标准。其中，通用技术标准包含通用技术基础标准和信息技术标准，覆盖了现有的国家标准、行业标准和团体标准。ISO/TC51 发布的 15 项国际标准和 1 项正在制定的国际标准中，以托盘基础标准、通用技术标准（通用技术基础标准）和产品标准为主。

2. 稳抓标准质量，开展国家标准制修订工作

国家标准作为市场发展的基石，对推动行业发展、提升产品品质、开展技术创新、促进经济发展具有积极意义。2024 年，中物联托盘委和全国物流标准化技术委员会托盘分技术委员会开展了四项托盘基础国家标准（见表 2）的修订工作，其中，《平托盘　性能要求和试验选择》（GB/T 4995）、《平托盘　试验方法》（GB/T 4996）两项标准是 ISO 的转化标准，也是托盘试验的基础性标准。目前，国内托盘的生产、检测均依照这两个标准的试验方法和性能要求进行。标准的修订对我国与国际标准化接轨，提高托盘设计、生产与检验水平，提升我国托盘质量具有重要意义。《一次性托盘》（GB/T 20077）、《塑料平托盘》（GB/T 15234）是两项产品标准，是托盘产品标准体系的重要组成部分。标准的修订对规范我国相关托盘产品的性能和质量，提高托盘设计、生产、检测、使用和管理水平，保障承载货物的安全具有重要的意义。

表 2　　2024 年托盘基础国家标准修订情况

序号	标准名称	标准编号	在制情况
1	《平托盘　性能要求和试验选择》	GB/T 4995	报批阶段
2	《平托盘　试验方法》	GB/T 4996	报批阶段
3	《一次性托盘》	GB/T 20077	报批阶段
4	《塑料平托盘》	GB/T 15234	报批阶段

由中国物流与采购联合会冷链物流专业委员会绿色物流分会主导，中国物流与采购联合会提出，全国物流标准化技术委员会（SAC/TC 269）和国家绿色产品评价标准化总体组双归口的国家标准《绿色产品评价　托盘》（计划号：20242773－T－602）顺利通过立项，正式进入起草阶段，托盘分技术委员会（SAC/TC269/SC2）作为该标准的执行单位。该标准的制定对完善托盘绿色产品标准，开展绿色产品认证，引导托盘生产绿色低碳，降低物流活动碳排放强度具有重要意义。

3. 深入参与 ISO 国际标准化工作，牵头组织开展国际标准修订工作

多年来，中物联托盘委持续推进国内国际标准的协同发展，2024 年在 ISO 国际标准工作方面取得了重大突破。经向国家市场监督管理总局标准创新管理司申请、ISO/TC51 秘书处投票，2024 年 8 月 ISO/TC51 秘书处正式批准了由我委秘书长孙熙军先生担任 ISO/TC51/WG6 Pallet dimensions and terminology（托盘尺寸和术语）工作组的新召集人，并重启该工作组的工作，同时 ISO 445 Pallets for materials handling—Vocabulary（搬运货物用托盘术语）的修订也正式启动。该项国际标准是托盘领域中第一个由我国牵头进行修订的国际标准，实现了中国在该领域中国际标准制修订方面零的突破。此项工作的开展不仅增强了我国在国际托盘标准化领域的影响力，将我国托盘行业的技术优势和实践经验融入国际标准，同时进一步提升我国在未来国际标准化工作中的参与深度，为我国托盘产品和服务走向世界创造有利条件。

4. 加强专家队伍建设，积极参加 ISO 国际标准化工作

中物联托盘委作为 ISO/TC51 国内技术对口单位的联络部门，始终与英国、韩国等 ISO/TC51 成员国的联系人保持密切联络，积极参与 ISO 相关工作。2024 年，在承担 ISO/TC 工作方面取得了显著进展。

在托盘行业快速发展的进程中，加强专家队伍建设至关重要。专家作为行业知识与技术的核心载体，其专业素养和国际视野直接影响着托盘行业的发展高度。ISO/TC51 目前有 3 个工作组处于活跃状态，为更好地参与国际标准化工作，完善相关工作组专家团队建设，2024 年中物联托盘委共计推荐 26 位行业内不同领域的优秀专家分别在 4 个工作组注册成为专家，保证每个工作组都有中国专家的参与。截至 2024 年年底，中物联托盘委已累计推荐了 31 人（见表 3）成为注册专家，各工作组的专家凭借其专业优势，准确把握行业发展趋势，推动国际标准的制定与完善，为托盘行业发展提供技术支持和决策参考。

同时，中物联托盘委还鼓励和支持专家代表中国积极参加 ISO 国际标准化工作。6 月 18 日，托盘委组织工作组注册专家通过线上形式参加了 ISO/TC51/WG2 工作组会议。在此次会议上，我国专家就正在修订的两项国际标准

表 3　ISO/TC51 工作组专家注册情况

工作组编号	工作组名称	累计注册专家（人）	2024 年注册专家（人）	备注
WG2	托盘试验方法工作组	7	2	
WG6	托盘尺寸和术语工作组	10	10	含召集人和项目负责人
WG8	带上部结构的托盘和轮式托盘工作组	5	5	2024 年 10 月解散
WG9	石化行业塑料平托盘工作组	9	9	

ISO 8611 – 1 *Pallets for materials handling—Flat pallets—Part 1*：*Test methods*（《搬运货物用托盘 平托盘 第 1 部分：试验方法》）和 ISO 8611 – 2 *Pallets for materials handling—Flat pallets—Part 2*：*Performance requirements and selection of tests*（《搬运货物用托盘 平托盘 第 2 部分：性能要求与试验选择》）中的部分技术内容展开深入交流探讨，对 DIS 过程中的意见处理提出了各自的观点。10 月 22—23 日，ISO/TC51 全体大会及工作组会议在韩国召开。这是 ISO/TC51 秘书处自 2019 年以来，时隔 5 年再次组织的全体会议，中物联托盘委组织国内托盘企业负责人及相关工作组专家成立代表团，赴韩国参加此次会议。会议同期召开了 ISO/TC51/WG2 和 WG9 的工作组会议，相关注册专家通过线上线下的形式积极参与讨论，提出宝贵的意见和建议。

5. 宣传“领跑者”企业先进经验，积极开展企业标准“领跑者”申报与评估工作

为贯彻落实《市场监管总局等八部门关于实施企业标准“领跑者”制度的意见》、中国标准化研究院发布的《企业标准“领跑者”实施方案（试行）》以及市场监管总局发布的《2022 年度实施企业标准“领跑者”重点领域》的相关要求，中物联托盘委依托《质量分级及“领跑者”评价要求 平托盘》（T/CFLP 0038—2023）和《质量分级及“领跑者”评价要求 托盘租赁服务》（T/CFLP 0039—2022）两项团体标准，广泛宣传“领跑者”企业先进经验，继续开展企业标准“领跑者”申报及评估工作。

2024 年，托盘行业共有 22 家企业（含 7 家复核企业）荣获企业标准“领跑者”称号，其中木托盘企业 13 家、塑料托盘企业 2 家、纸托盘企业 2 家、钢托盘企业 3 家、托盘租赁企业 2 家。该项工作的开展，有利于企业打造品牌、提高优秀产品和服务市场的认知度和占有率，通过企业标准“领跑者”引领市场高质量发展，对标准化工作改革和培育一批具有创新能力的排头兵企业具有重要作用。

（四）加强托盘循环共用体系建设，助力供应链降本增效

在当今竞争激烈的市场环境中，供应链的高效运作对于企业的成功至关重要。托盘作为基础物流载具，通过带板运输的广泛应用，可有效降低成本、优化作业流程、提升供应链效率、减少碳排放。2024 年，我国托盘池规模呈现飞速发展的态势，数字化托盘比例不断增加。这一变化不仅反映了国内市场对托盘需求的持续增长，也体现了用户单位从自购托盘到租赁托盘意识的逐渐转变，更彰显了行业整体向上的发展势头，为我国物流产业的高效运转提供了坚实支撑。

2024 年是共建“一带一路”第二个金色十年的开局之年。中物联托盘委依托托盘共享行动（BRAPS）的开展，持续加深与欧洲托盘协会（EPAL）的合作，促进企业间相互学经验、拓视野、谋提升，为推动全球托盘行业的高质量发展贡献力量。BRAPS 的开展带动了“一带一路”沿线国家和地区托盘的标准化、共享化、数字化和绿色化发展，促进了更广阔的国际托盘市场发展，建立了面向全球的开放型国际托盘共享平台，形成了国际跨境托盘循环共用体系，对“一带一路”经贸合作和供应链全球化的高质量发展起到了积极的推动作用。

中物联托盘委与中铁集装箱联合开展的“铁路多式联运场景托盘共享新模式构建研究”顺利通过结题验收。在新质生产力和高质量发展的背景下，开展以铁路为核心的多式联运托盘共享研究，对支撑铁路多式联运场景下构建托盘共享新模式具有指导作用，进一步推动了托盘在铁路中的应用，促进了铁路的多式联运发展，提升了服务能力。在课题研究的基础上，在实践中不断总结经验并进行复制推广，有助于构建全社会规模的数字化托盘池，积极推动物流行业高质量发展。

自《有效降低全社会物流成本行动方案》发布以来，广大企业积极响应并贯彻落实。路凯（大中华）作为我国托盘循环共用的龙头企业，一直致力于推动托盘等载具循环共用与带板运输模式在企业间的推广应用，积累了一批可复制推广的成功经验及模式，凭借申报的“单元化物流助力全社会物流成本优化”入选首批《有效降低全社会物流成本优秀案例》，在行业内发挥了示范引领作用。

2024 年，乐橘、普拉托、小蚁托盘、托享云、中集载具等托盘运营企业，不断更新托盘池产品类型，扩大各自的托盘池规模，加强数字化建设，完善运营网络布局，提升服务能力，以适应多行业、多场景协同发展。托盘运营企业不断推出具有特色的增值服务，积极推动带板运输，加强上下游企业联动，提升供应链效率，有效地促进了产业链、供应链协同发展，加快构建托盘循环共

用生态体系，推动行业绿色可持续发展，为行业创造了更多可持续发展价值。

中物联托盘委组织国内企业赴美国和韩国进行考察，与美国木托盘与包装箱协会（NWPCA）和韩国托盘与物流箱协会（KPCA）负责人进行了深入交流，学习了解国外托盘循环共用体系构建的先进经验；组织召开“托盘循环共用发展论坛”，聚焦托盘行业绿色化、数字化、智能化、标准化发展，探讨新技术、新模式在我国开放式托盘循环共用体系构建中的经验做法以及发展趋势。

国外托盘运营企业持续加强各自的托盘循环共用体系建设，积极深耕中国市场。韩国众力物流集团（LOGISALL）是以韩国托盘共用公司为核心的综合物流集团公司，其下属的 KPP、KCP、KLP 构成了韩国唯一的物流共用化系统。LOGISALL 致力于构建全球供应网的亲环境共享系统，在全球 21 个国家设有 75 个支部，共计 200 个服务点，为全球各行业的 800 余家客户提供可回收再利用塑料托盘（RRPP）全球租赁服务。通过在整个供应链中重复使用 RRPP，LOGISALL 与全球客户共同创造双赢的 ESG 环境。众力物流设备租赁（上海）有限公司作为 LOGISALL 在上海投资成立的独资公司，积极推进 RRPP 的循环使用。

日本托盘租赁公司（JPR）是日本最大的托盘租赁供应商，积极推广托盘化应用，以应对 2024 年的物流挑战；加强海外布局，提供跨境托盘租赁业务，鼓励进口国客户使用循环托盘，减少一次性托盘的使用；通过数字化技术革新，将托盘与电子单据相结合，代替传统纸质单据，优化作业流程，提升供应链效率。JPR 在中国市场经营多年，与深圳市顺航通供应链物流有限公司保持着良好的合作关系。

（五）托盘原材料价格略有下降，但仍处于高位

1. 进口原材料价格

2024 年，中国木材累计进口量持续呈现下降态势，总量达 6284 万立方米，较上年同期下降 4%。其中，原木进口总量为 3610 万立方米，同比下降 5%，锯材进口总量为 2674 万立方米，同比下降 4%。以托盘为代表的木质包装，主要使用针叶材作为原材料。2024 年，中国针叶原木进口总量为 2612 万立方米，同比下降 7%；针叶锯材的进口总量为 1663 万立方米，同比下降 8%。

在当今复杂多变的市场环境下，国内市场需求动力不足，木材市场面临激烈的竞争，且越来越多的中国企业选择使用供应稳定、价格适中、性能符合国家标准要求的国产木材。2024 年，托盘用进口原材料（原木、锯材）价格整体基本保持平稳，但仍处于高位。除部分木材受到欧洲原木价格上涨影响外，全年整体价格呈下降趋势，略低于 2023 年。中物联托盘委从 1 月到 12 月统计的数据（部分托盘用进口原材料）如图 4 至图 9 所示。

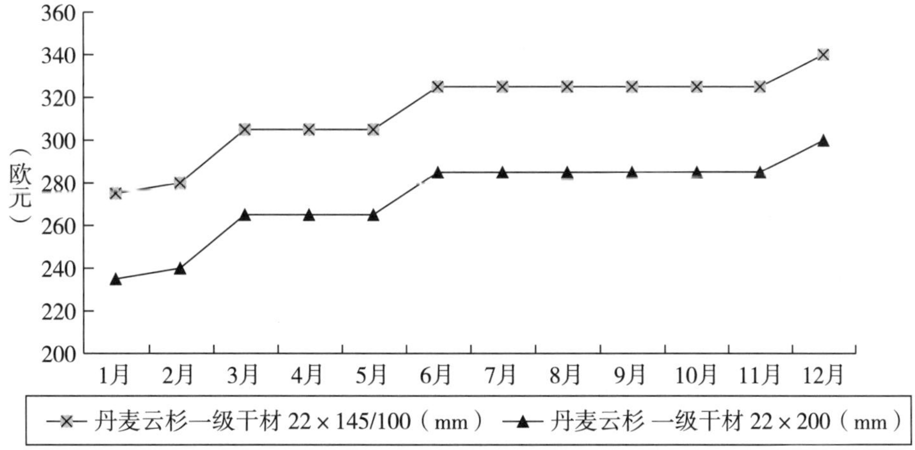

图 4　2024 年丹麦云杉一级干材价格走势

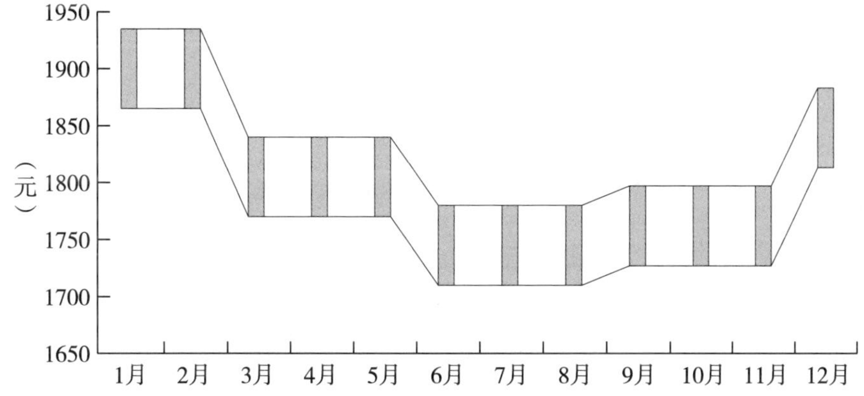

图 5　2024 年德国 4/6 级云杉价格走势

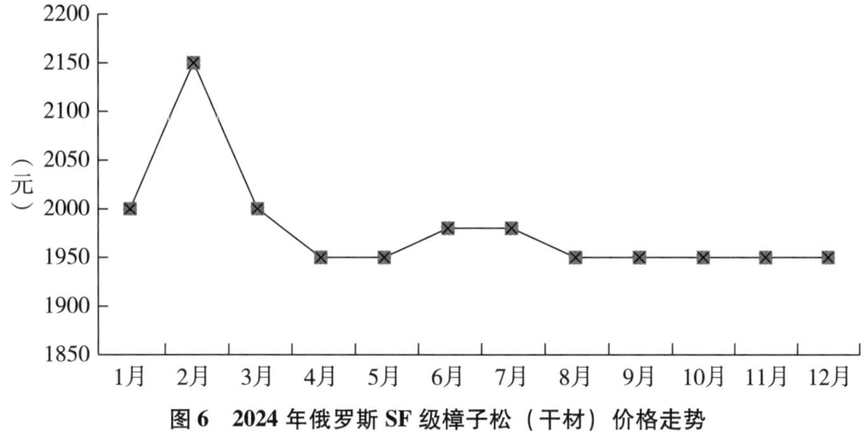

图 6　2024 年俄罗斯 SF 级樟子松（干材）价格走势

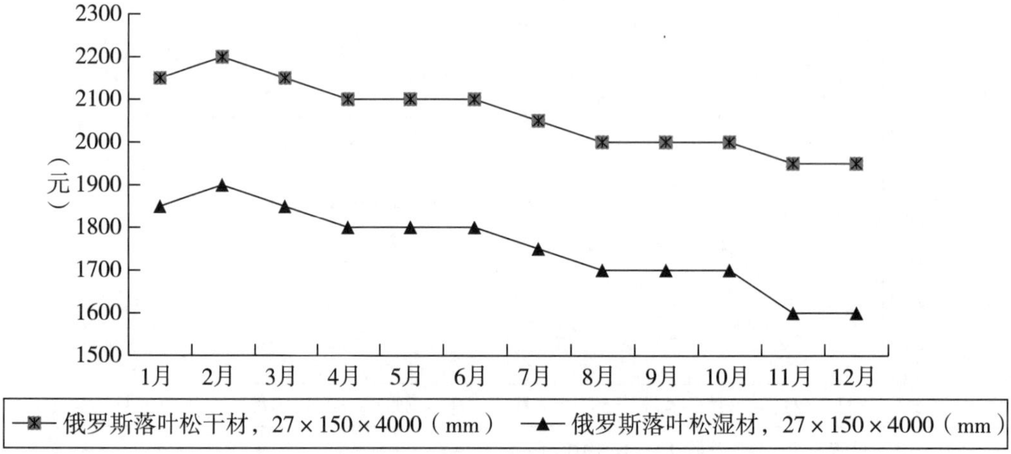

图7　2024年俄罗斯进口SF级落叶松价格走势

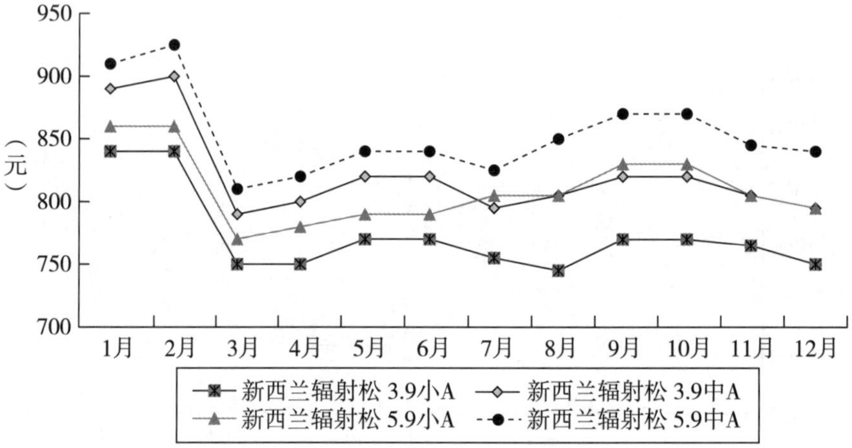

图8　2024年新西兰辐射松原木价格走势

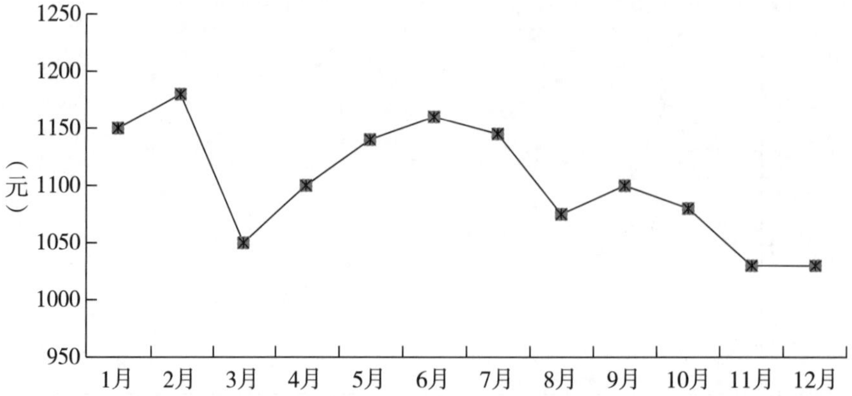

图9　2024年德国11.8米云杉原木价格走势

2. 国内锯材价格

2024 年，托盘行业国内锯材（托盘材料）价格依旧保持高位，全年价格保持平稳，整体略有下降。12 月价格较 2020 年最低点上涨 34.19%。2024 年全年价格与 2023 年全年价格相比整体略有下降。中物联托盘委从 1 月到 12 月统计的数据如图 10 至图 11 所示。

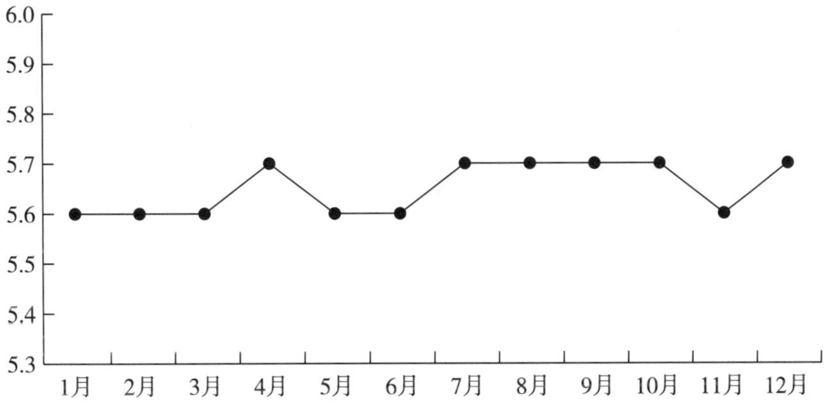

图 10　2024 年 1—12 月托盘行业国内锯材（托盘材料）价格趋势

注：价格趋势数据是以国内木材的价格为基数换算所得，只显示价格曲线，不代表真实价格。

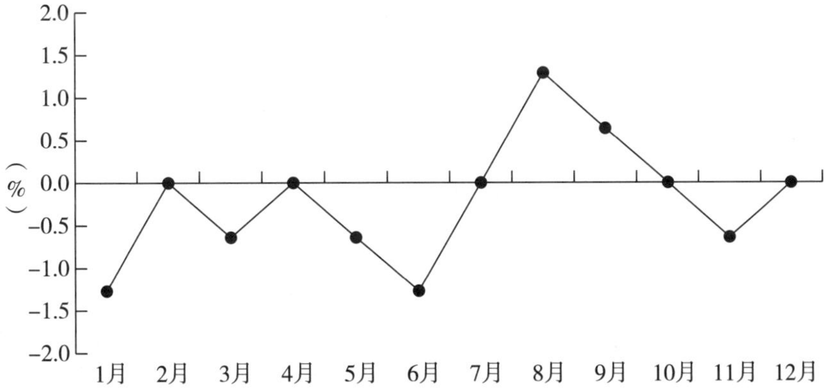

图 11　2024 年和 2023 年托盘行业国内锯材（托盘材料）价格每月同比增长率

注：价格趋势数据是以国内木材的价格为基数换算所得，只显示价格曲线，不代表真实价格。

（六）强化数字化技术创新，加快构建托盘产业新质生产力

发展新质生产力是推动行业高质量发展的内在要求和重要着力点。技术创新作为培育新质生产力的主导动力，通过以数字化、智能化为主要特征的新一轮技术革命，推动从传统生产力到新质生产力的根本跃迁。托盘作为传统产业，正面临转型升级的挑战，必须加快形成托盘产业的新质生产力。

随着 AI 大爆发时代的到来，数字化技术的创新成为托盘供应链发展的重要驱动力，增强了整个供应链的灵活性和响应能力，引领托盘行业迈向全新的

发展阶段。数字化技术从多维度的规划设计、材料选择、生产工艺、作业流程、用户体验、回收维护，到可持续发展等方面提供了全方面支持。在托盘设计环节，数字化技术带来了前所未有的变革；在生产制造环节，数字化技术使其焕然一新；在运营服务方面，数字化技术搭建起了高效的信息桥梁；在设备研发领域，数字化技术提供了全新的视角和解决方案；在回收维护方面，数字化技术提高了资源的循环利用率；在可持续发展方面，数字化技术助力企业评估和优化生产过程中的能源消耗与环境影响，推动托盘行业向绿色可持续发展方向前进。

1. 数字化托盘的创新应用

数字化托盘不仅是货物的被动承载者，更是物流生态系统中的积极参与者。传统的数字化托盘通常以加装标签和芯片为主。2024 年，EPAL 埃帕二维码托盘在欧洲正式落地，每个 EPAL 埃帕智能欧标托盘的二维码中都嵌入了一个唯一的序列号，可与托盘所运输的货物进行关联。通过扫描智能托盘上的二维码，可以实现全透明化的物流运输追踪，从而优化货物和托盘的仓储管理。7 月，EPAL 埃帕亚洲首个二维码托盘制造先锋项目在山东鲁杰包装集团有限公司开题，未来将有更多的 EPAL 埃帕二维码托盘出现在中国市场，加入开放式 EPAL 托盘池中进行循环使用。小蚁托盘通过加装低功耗设计的有源芯片，在动态租赁时可感知托盘使用状态，进而合理调配托盘，减少托盘闲置率，提升托盘周转次数和使用效率，其定位功能可减少托盘丢失，有效保障资产。

2. 数字化管理平台的应用

数字化管理平台的应用为企业带来了诸多好处。托盘运营企业和信息化技术服务企业积极拥抱数字化转型，充分利用数字化管理平台的优势，实现可持续发展。路凯（大中华）深耕数字化战略，2024 年正式发布路凯智慧云 2. 0 版本。通过路凯智慧云一站式综合管理平台，客户可在线随时进行订单查看、商务对账、电子支付、库存跟踪等，实现电子订单全流程高效管理。普拉托长期深耕物流包装及智慧物流领域，拥有集托盘结构设计、材料改性、物联网应用于一体的综合研发能力。在惠州动工建设的“高分子托盘材料及智慧托盘项目”建成后，预计可年产 250 万片新材料智能托盘。上海包小二信息技术致力于通过互联网的发展极大地降低社会协作的成本，通过自主研发的 SaaS 平台，可有效解决单位人效与流程效能、物料规划、智能裁剪以及不同商业模式适配等问题，助力包装企业智能化可持续发展。

3. 木托盘的数字化转型

在托盘保有量中，木托盘占有很高的市场份额。木托盘的生产方式经历了多次技术变革，从早期的人工生产，到自动化设备应运而生的半自动化时代，再到现在的自动化生产线，实现了整个生产流程的高度自动化。木托盘生产设备也在不断地迭代更新，不仅提升了生产效率，更是对产品供货速度和品质质量的有力保障，满足市场对高质量木托盘的严格需求。青岛赛帆作为国内木托盘生产维修设备的领头羊企业，不断深耕木托盘生产设备的数字化转型，致力于将设备的控制系统与客户办公系统进行对接，使客户能够实时获取设备的运行数据、生产进度以及维护提醒等关键信息，实现生产管理的可视化与智能化。

4. 塑料托盘生产的数字化创新

随着近些年塑料托盘需求的不断增加，客户对塑料托盘生产工艺实效性、模具、注塑设备自动化、作业联动性以及节能减排等绿色化的需求不断断升。我国塑料托盘设备制造和模具生产企业在近几年都得到了长足发展，加大数字化创新研发，不断改进工艺，为客户提供一站式解决方案，以适应行业发展的新需求。海天深耕机械装备领域的智能制造，为客户提供一站式智能化解决方案，实现了托盘生产全流程自动化管控。博创不仅生产物流托盘专用注塑机，2024 年在工厂整体规划和模块化升级方面有了新的突破。博创可为客户提供数智化注塑工厂一站式解决方案，优化车间设施布局，通过工厂智能化控制，实现塑料托盘在整个注塑生产期间的无人化控制效果。此外，博创还可以对塑料托盘智能生产线进行模块化升级。凯华物流科技大力实施智能制造，通过技术的不断创新，促进生产模式转型升级。凯华 KDMS 数字化管理体系在模具生产过程中可将自动化程度提升至最优，缩短产品制作周期，设备稼动率从 75% 提升至 98%，减员 80%，实现了黑灯工厂。

（七）践行绿色低碳理念，推动托盘行业可持续发展

绿色发展理念贯穿于托盘行业的发展始终。在大力倡导绿色发展的时代背景下，托盘行业作为物流供应链的重要环节，践行绿色低碳理念、推动可持续发展不仅是顺应时代潮流的必然选择，也是行业自身实现长远发展的内在要求。

国际方面，《包装和包装废弃物法规》（*Packaging and Packaging Waste Regulation*，*PPWR*）取代了实施近 30 年的旧指令，作为欧盟绿色新政（European Green Deal）的关键支柱，不仅将重塑欧洲市场，更可能引发全球产业链的连锁反应。《欧盟零毁林法案》（*European Union Zero Deforestation Regulation*，*EUDR*）自 2023 年 6 月生效以来，现已进入缓冲期，预计将在 2025 年年底正式实施。该法案旨在减少欧盟对全球毁林、森林退化、温室气体排放和生物多样性丧失的影响，保护森林资源，促进可持续消费，增加欧盟对合法和“零毁林砍伐”商品和产品的需求与贸易，确保进入欧盟市场的产品不会导致毁林和森林退化。

PPWR 法规主要侧重于包装行业，*EUDR* 法案则与托盘行业息息相关。*EUDR* 法案的发布实施，有助于从源头塑造绿色的供应链系统，与供应商建立更紧密的合作关系，满足可持续发展的市场需求。在缓冲期，制造商和贸易商需要重新检查和组织供应链，梳理并筛选合规的供应商，确保符合要求的原材料来源。中国的企业作为欧盟运营商的供应商，也需要积极响应，配合提供无毁林的证据，做好充足准备来应对 *EUDR* 法案的要求。

国内方面，托盘产业链上下游企业深入践行绿色低碳的发展理念，将这一理念贯穿至托盘产业链的每一个环节。企业制定相关标准，开展绿色产品评价；坚持使用可持续原材料，减少对环境的负面影响；推广绿色产品应用，通过技术创新和工艺改进，生产出更加环保、耐用的托盘产品；推动托盘循环共用的发展，扩大其使用场景；完善企业运营网络，优化托盘回收模式，开展维修以延长托盘的使用寿命；加强企业间的合作与协同，提高托盘的周转效率，减少一次性托盘的使用。这些绿色举措不仅符合国家对环境保护的要求，也满足了市场对可持续发展产品的需求，提升了企业的社会形象和市场竞争力。

以标准化建设引领行业绿色可持续发展。由全国物流标准化技术委员会（SAC/TC269）提出并归口的《绿色产品评价　物流周转箱》国家标准（GB/T 43802—2024）将自 2024 年 7 月 1 日起正式实施。该标准的实施有助于引领物流周转箱产品的绿色升级，有利于建立统一的绿色产品标准、认证、标识体系，有效降低物流成本，提高经济运行效率。为结合我国关于建立统一绿色产品体系、开展托盘绿色产品推广的战略部署，满足多样化市场需求，《绿色产品评价　托盘》国家标准已通过立项，正式进入起草阶段。

托盘运营企业作为物流供应链中的关键一环，积极践行绿色可持续发展理念，肩负着重要使命，为推动行业绿色转型贡献力量。企业构建绿色循环经济体系，推动循环经济标准化建设；推广托盘循环共用模式，打造高效低碳供应链，实现绿色物流；利用物联网技术，致力于将载具碳排数据从可视化走向可控化。路凯（大中华）持续聚焦 ESG，完善基于带板运输特定场景的循环载具碳计算平台，打造高效协同的绿色低碳生态体系，与中外运深度协同，共同打造专业的循环载具碳计算引擎，在路凯智慧云平台上实现一站式“双碳”数字化服务。乐橘烟台工厂正式投产，与万华化学共同推进绿色循环包装，助力客户实现绿色化转型，充分挖掘和激活当地的新质生产力。普拉托“负碳工厂”的开工建设，是积极响应国家绿色发展战略、推动产业转型升级的具体实践。小蚁托盘专注于使用循环共享托盘为企业智能仓储和带板运输提供解决方案，凭借“小蚁托盘智能共享循环利用国家循环经济标准化试点”成为国家循环经济标准化试点项目。

随着塑料托盘的广泛应用，注塑机生产企业将绿色可持续发展理念深度融入设备的创新研发，为客户提供低碳节能解决方案。海天作为注塑行业的领军企业，在绿色节能生产方面，通过多重技术创新，为客户提供更加节能低碳的解决方案，节能效果提升20%～40%；通过发泡技术，生产轻量化托盘，减轻托盘产品自重，降低锁模力，在提升产能和产品品质的同时也缩短了生产周期；通过高性价比原料循环注塑方案（DCIM），工艺还可以实现将衣物纤维、麻布纤维、回收塑料等多种回收料进行再利用，符合绿色循环的概念。

（八）加强创新研发，扩宽新材料托盘产品的应用领域

在托盘产品中，传统的木托盘和塑料托盘占据主导地位，此外还有部分纸托盘、金属托盘等。“双碳”目标提出后，循环经济发展的需求日益凸显，社会大众对低碳环保、节能减排以及循环利用的认知日益加深，环保理念不断增强。在这样的大环境下，为促进循环经济发展，实现资源高效和循环利用，助力实现“双碳”目标，越来越多的企业将目光投向了新材料托盘的研发。

相较于传统托盘，新材料托盘展现出诸多显著优势。它们具备高性能，能够更好地适应复杂多变的物流运输环境；成本可控性高，有效降低了企业的运营成本；产品长效耐用，减少了因质量问题频繁更换托盘带来的资源浪费；材质轻量化，有助于提高物流运输效率，降低能源消耗。凭借这些特性，以风电叶片、农林秸秆、废旧纺织品等为原料生产的模压托盘、粉煤灰托盘、竹木复合材料托盘、镁合金托盘等众多不同类型的新材料托盘正陆续推向市场，并逐步扩大应用范围。

（九）依托资本市场，共建托盘行业生态圈

当前，托盘市场保持高速增长，企业的稳步发展离不开资金的支持。多层次资本市场可为企业提供多元化的融资渠道，帮助企业快速获得资金支持，保障并促进企业加强技术研发、产品创新、市场拓展、规模提升和服务升级。依托资本市场的强大力量，打造一个完整、高效、协同的托盘行业生态圈，是一个多方共赢、协同发展的过程，成为推动托盘行业转型升级、实现可持续发展的关键路径。

在这个生态圈中，各方充分发挥自身优势，实现资源共享、信息互通、风险共担、利益共享，提升整个行业的竞争力和抗风险能力，为企业的稳定发展、物流行业的高效运作和经济社会的发展提供有力支撑，共同推动托盘行业朝着规模化、标准化、智能化、数字化、绿色化、共享化的方向发展。企业也将承载这份信任与使命，为行业贡献更多优质的解决方案。

（十）实施精益化管理，提升企业核心竞争力

精益生产管理作为一种先进的生产管理理念与模式，以客户需求为驱动，围绕消除浪费、持续改善这两大核心要点展开，旨在助力企业通过最少的投入，实现成本的有效控制以及运作效益的大幅提升。精益生产管理强调客户对时间和价值的要求，以科学合理的制造体系组织为客户带来增值的生产活动，缩短生产周期，从而显著提高企业适应市场变化的能力。

在时代持续发展、市场竞争日益激烈的大背景下，托盘企业的管理模式也在不断演进。从早期较为粗放的管理方式，逐步向具备一定规模效应的企业管理模式转变，如今更是朝着精细化、高效化的精益管理方向迈进。中和智能包装率先采用 JIT、TPS 和生产过程物联网管理，不仅有效地保证了产品品质的稳定性，还降低了人工成本，提升了产能。凯华物流科技持续推进并优化 KMS/KMVE 管理体系，降低运营成本。其中，KMS 精益管理系统有效解决了因设计不合理、制造周期过长、试模次数过多、加工工艺不合理等造成的九大浪费，精益求精，尽善尽美；KMVE 价值工程管理系统通过创新驱动，大幅降低成本，取得了显著成效。

二、2025 年托盘市场展望

展望 2025 年，“十四五”规划迎来收官之年，这不仅是对过去五年努力成果的全面检验，也是为“十五五”规划谋篇布局的关键节点，更是推进有效降低全社会物流成本工作的关键之年。

2025 年的物流运行将保持温和增长态势。新质生产力对产业转型升级赋能、开放式国际托盘共享平台的构建、带板运输的深入推进、数字化转型的加速开展、自动化设备的更新迭代以及绿色发展理念的切实贯彻等产生重要的影响。产业的更新迭代再发展会重塑托盘使用需求，为托盘行业发展带来新机遇、注入新动能、开辟新局面，同时也对托盘行业高质量发展提出了更高要求。

为此，我们要准确把握托盘在全球化发展过程中的基本定位，特别是在全球贸易、产业链、供应链发展过程中的重要作用。为应对新格局，托盘企业应持续创新，对产品与服务发展进行全方位统筹规划，深入应用场景，叠加技术创新，提供梯度产品，贯穿全链服务，在标准化、共享化、数字化和绿色化四个方面着力推动托盘行业高质量发展，为供应链产业链高效稳定运行提供重要支撑。

（一）应用场景日益成熟，托盘循环共用迈入新阶段

多年来，国家相关政策大力推广托盘循环共用和带板运输，致力于有效降低全社会物流成本。随着企业聚焦“双碳”目标、共谋绿色发展理念的稳步推进，以及托盘共享行动（BRAPS）的有序开展，托盘循环共用向高速发展阶段快速迈进。未来，企业要进一步打造托盘共享生态，深化托盘循环共用理念，培育跨区域、跨行业的托盘循环共用模式，加强国内国际托盘循环共用体系构建。托盘运营企业也将持续加强企业间的交流与合作，加大业务开发和投入力度，运用数字化手段，发挥托盘共享行动机制的作用，开展国内和国际托盘共享，充分发挥托盘在供应链中的纽带服务作用，推动新一轮具有中国特色的托盘循环共用发展，助力供应链降本增效。

（二）行业社会多元驱动，带板运输迎来机遇

随着供应链的创新发展，托盘的需求持续增长，将有更多的托盘走出仓库和物流园区，在公、铁、水等多种运输方式上推广使用。充分发挥托盘在供应链中的连接作用，通过带板运输，推动仓储、运输、配送环节高效衔接，将托盘的使用贯穿于采购、生产、销售、配送等各个环节，实现供应链各节点的信息共享与协同作业。随着货运车型标准化程度的提高，物流企业的竞争将从单车运力转向货物周转效率，而托盘是实现快速装卸搬运的有效工具。受人工成本不断上升、劳动力人口老龄化加剧、重体力劳动力资源逐渐被替代的影响，企业迫切需要借助自动化、智能化和机械化手段替代人工劳动，托盘作为货物移动的基础单元不可或缺。数字化和智能化的发展推动了无人物流时代的到来，要求实现货物单元化。当前，中国制造业加速出海，促进了跨境带板运输业务量的提升。托盘运营企业着力发展物流载具国际循环业务，建立完善的托盘循环共用体系和托盘回收服务体系，让托盘更加高效地流转起来，提升供应链效率，更好地展现托盘的集装化应用价值。

（三）数字化技术创新升级，智能服务全面渗透

加快科技创新与智能化、数字化应用，聚焦托盘产业新质生产力发展。未来，数字化托盘将在物流和供应链中得到更加普及的应用。托盘企业将不断提升各自在供应链领域的数字化服务能力，使托盘从单一承载货物的单元化物流器具，转变为多功能的数字化管理工具，更多地应用于货物管理、资产管理、货物在途监测等领域，连通上下游，实现数字驱动、协同共享。托盘企业通过数字化管理平台，整合与分析数据，挖掘数据背后的价值。托盘企业也将加大自动化、智能化和数字化设备的创新与研发力度，不断优化产品设计，提高产

品质量、性能和市场竞争力，提升企业综合实力，为托盘行业提供高效的整体解决方案，努力培育一批具有国际竞争力的制造型企业，跟随“中国制造”走出去，更好地服务于全球市场。此外，随着物联网、大数据、人工智能等技术的发展，智能化、数字化技术将进一步渗透于托盘设计、维修与检测等多个领域，为托盘行业注入新的活力。

（四）深化绿色发展理念，构建可持续发展体系

绿色创新不仅有利于节约资源和保护环境，也符合绿色发展的新要求。托盘行业应将绿色环保理念贯穿行业发展全链条，提升行业的可持续发展能力。托盘行业应推动绿色创新，大力发展绿色技术，严格把控原材料来源，推广使用绿色可持续的原材料，提高资源和废料回收利用率，加强托盘维修保养，建立完善的回收体系，有效实现社会绿色可持续发展。

绿色新材料托盘的应用，不仅扩大了托盘的使用场景和应用范围，也为环保事业做出了贡献。因此，提高绿色化、轻量化复合新材料的研发能力，扩大新材料托盘的规模化生产和应用，是未来托盘行业的重要发展方向。

（中国物流与采购联合会托盘专业委员会　孙熙军　王芮）

2024 年物流技术装备市场发展回顾与 2025 年展望

2024 年，我国物流行业蓬勃发展，物流技术装备市场在政策驱动与技术迭代的双重作用下呈现出结构性变革特征。2024 年，我国社会物流总额突破 360 万亿元，多年稳居全球最大物流市场地位。当前，物流技术装备智能化水平显著提升，自动导引车（AGV）、机器人、自动化仓储等智能设备广泛应用，无人仓、无人机、无人车、智能管理系统已成为行业标配。与此同时，绿色物流技术装备发展迅速，绿色包装、新能源重卡、绿色托盘等装备升级，成为节能减排的重要力量。应用场景不断丰富，末端无人配送车已从快递配送拓展至生鲜外卖、商超零售等多个领域。行业全年在智能仓储系统升级、自动化分拣设备渗透率提升、多式联运装备标准化等领域取得突破性进展。

一、2024 年物流技术装备市场发展回顾

2024 年，我国物流技术装备市场呈现智能化持续提升、绿色化发展良好、应用场景丰富及创新产品不断涌现的特点。集成化与系统化、定制化与个性化、数字化与网络化以及服务化延伸特点显著。随着《有效降低全社会物流成本行动方案》的全面实施，行业呈现出智能硬件迭代与绿色装备普及的双轮驱动格局。装备制造商通过数字孪生技术重构设备运维模式，实现全链路效率提升，带动社会物流总费用占 GDP 的比重下降。

（一）政策引领下的结构性变革

随着《有效降低全社会物流成本行动方案》的推进，物流行业正发生全方位变革。在体制机制方面，铁路重点领域改革促使铁路货运向现代物流转型，铁路运输与调度生产组织方式革新，货运价格调整与清算机制完善，铁路专用线成本降低且实现共用。公路货运市场致力于解决经营主体“小、散、弱”问题，提升组织化程度和效率，优化货车通行监管与收费公路政策。同时，物流数据开放互联机制逐步建立，整合物流各环节的信息流与资金流。在政策引领下，铁路货运量占比提升至 9.3%，公铁水联运系统效率提升 12%，推动社会物流总费用占 GDP 的比重降至 14.1% 的历史低位。

（二）技术迭代催生新质生产力

2024年，物流技术装备领域技术迭代正有力催生新质生产力，重塑行业发展格局。智能化成为贯穿全年的核心主题，随着人工智能、物联网、大数据等新兴技术加速向物流领域渗透，物流装备愈发智能。

绿色化技术迭代同样成效显著。新能源技术在物流装备中的应用不断革新。以新能源叉车为例，从早期续航短、充电慢的铅酸电池，升级为续航能力大幅提升、快充性能良好的锂电池，充电时间缩短一半以上，续航里程延长60%，且运行过程零排放。这一技术进步既降低了运营成本，又符合环保要求，拓展了物流作业的应用场景，在对环保要求严苛的室内仓储及城市配送等场景中发挥关键作用，推动物流行业绿色生产力的发展。

在跨界融合方面，物流装备与低空经济的深度融合推动了技术迭代，催生了新的生产力模式。无人机物流配送技术经过不断完善，载重能力提升、续航里程增加，且飞行稳定性和安全性大幅提高。在偏远地区或交通不便区域，无人机可快速、高效地完成最后一公里配送，打破传统物流配送的地理限制，极大地提升配送时效性，成为物流配送新的生产力增长点，为物流服务范围的拓展和服务质量的提升注入新动力。技术迭代从效率提升、成本降低到服务范围拓展等多维度推动物流装备升级，持续赋能物流行业高质量发展。

（三）市场格局重构与生态进化

1. 头部企业优势强化

在2024年的物流装备市场中，头部企业凭借技术、品牌、规模等优势，进一步巩固了市场地位。例如，国内某知名物流装备企业，通过持续加大研发投入，推出一系列具有自主知识产权的智能物流装备产品，并依托完善的销售与服务网络，为客户提供一站式解决方案，市场份额逐年提升。同时，头部企业积极通过并购、战略合作等方式，整合资源，拓展业务领域，增强综合竞争力。例如，部分企业通过收购智能物流软件开发商，实现硬件与软件的协同发展，为客户提供更全面的物流系统集成服务。

2. 新势力企业带来新活力

随着物流装备市场的智能化、绿色化转型，一批新势力企业崭露头角。这些企业大多聚焦于新兴技术领域，如人工智能、新能源等，凭借技术创新与灵活的市场策略，迅速在市场中占据一席之地。一些专注于研发智能仓储机器人的初创企业，通过与电商、快递企业合作，快速推广产品，获得了较高的市场认可度。新势力企业的崛起，加剧了市场竞争，也推动了行业的技术创新与变革。这一年，物流装备市场在智能升级与绿色转型中构建了高质量发展新范式，为2025年量子计算调度、自适应机器人集群等颠覆性技术的规模化应用奠定了坚实基础。

二、物流技术装备市场概况

2024年，我国仓储行业在市场规模扩张与技术升级的双重驱动下保持稳健增长，运营效率和管理能力实现双突破。

（一）仓储技术装备市场

1. 规模增长

随着电商、快递、制造业等行业的快速发展，对仓储技术装备的需求持续攀升。2024年，仓储技术装备市场规模呈现稳步增长态势。

2024年智能仓储市场规模达1760.5亿元，同比增长14.8%，近五年的年均复合增长率超14%。

传统仓储向智能化转型加速，自动化设备（如AGV、分拣机器人）的渗透率突破40%，头部企业单仓分拣效率达20万件/小时。

2024年中国仓储指数走势见图1。

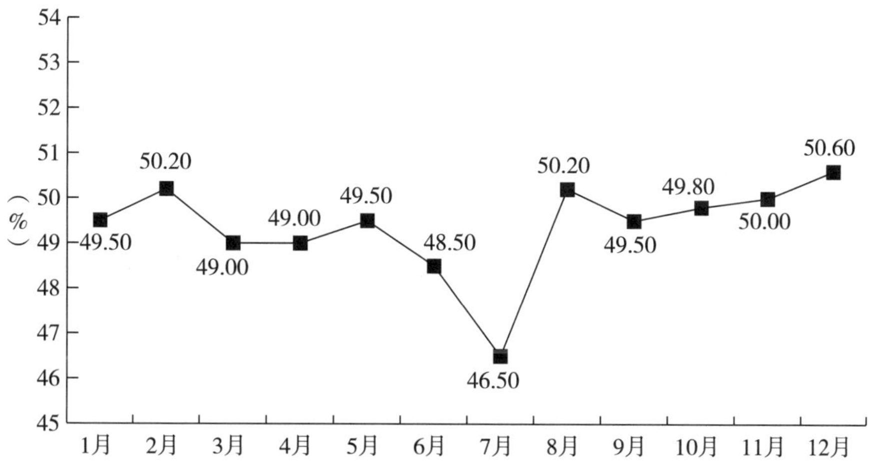

图1　2024年中国仓储指数走势

资料来源：中国物流与采购联合会。

这一增长的背后，电商行业的蓬勃发展起到了重要推动作用。电商企业订单量的爆发式增长，使对高效仓储系统的需求极为迫切，企业纷纷投入资金升级仓储设施，以提升订单处理速度和库存管理效率。

2. 应用领域拓展

仓储技术装备的应用领域不断拓展。在电商领域，智能仓储系统广泛应用于各大电商仓库，实现了货物的快速存储、拣选与分拣，大幅提升了发货效率。如部分头部电商企业采用了先进的自动化立体库和智能分拣系统，订单处理时间缩短了50%以上。在快递快运行业，自动化分拣设备的应用大大提高了包裹的分拣效率，降低了人工成本。在制造业领域，企业为了实现精益生产和高效供应链管理，积极引入先进的仓储技术与装备，如自动化存储系统、智能搬运机器人等，以优化生产流程，提高生产效率。

3. 技术创新

（1）自动化与智能化升级。

自动化和智能化成为2024年仓储技术发展的核心趋势。自动化立体库的功能和类型更加多样。例如，米亚斯创新性研发的抽拉式伸缩货叉，通过精准定位实现变频器产品在库位内自动通电测试，同时，优化物料存放空间，提高存储密度。中鼎集成推出的多穿堆垛车系统，兼具多层穿梭车与堆垛机的优点，出入库效率优于堆垛机，成本显著低于多层穿梭车系统，填补了中等流量料箱密集型存储系统的空白。

在智能化方面，AI算法在仓储管理中的应用进一步深化。AI创新模型用于多种场景下堆垛机高架库的实时盘点工作，实现了货物品规和数量的自动识别以及过程管理的数智化，大幅提高了盘点效率。

（2）机器人技术的应用。

机器人技术在仓储领域的应用取得了显著进展。京东“地狼”机器人通过二维码导航和高精度伺服控制算法，能将目标货物所在货架运到拣货员作业区，实现了“货找人”模式，使一名拣货员每小时完成的订单量提升至250个，拣选效率相比传统方式提升了3倍。“天狼”系统中的智能穿梭车可在立体货架间快速穿梭取货，通过提升机和输送系统将货物送到指定地点。相比传统人工拣货，效率提升了7～8倍，且该系统的占地面积为2700平方米，存储了超过43000个库存单位（SKU）的100多万件商品。

兰剑智能发布的全新一代“货到人”解决方案——料箱壁虎机器人系统，采用自主研发的壁虎机器人，可与传统辊道输送或料箱级AGV灵活配合，部署简单，柔性化程度高，检修维护方便。蜘蛛料箱机器人系统也实现了料箱自动入库和出库，相比传统多穿库系统，操作灵活性和效率大大提高，出入库对接更加柔性高效。海康机器人推出的STRP和SGTP方案及适配行业的新产品同样备受瞩目。STRP方案通过任务解耦让不同设备实现更高效用；SGTP方案则适配物料多尺寸、仓库层高一般的场景，搭配智能仓储管理系统和机器人控制系统，高效完成各项业务。

4. **市场竞争格局**

仓储技术装备市场竞争激烈，企业纷纷通过技术创新、产品升级和服务优化来提升竞争力。

传统的物流设备提供商如日本大福、德马泰克、昆船集团等，凭借深厚的技术积累和丰富的项目经验，在市场中占据重要地位。

由物流设备软件开发商演变而来的今天国际、瑞仕格、兰剑智能等企业，在系统集成和软件应用方面具有优势，通过将先进的软件技术与硬件设备相结合，为客户提供定制化的智能仓储解决方案。

新兴的科技企业凭借在人工智能、机器人技术等前沿领域的技术优势，迅速抢占市场份额。例如，一些专注于仓储机器人研发的企业，通过推出高性能、低成本的机器人产品，满足了中小企业对智能化仓储的需求，在市场中崭露头角。

在仓储机器人市场，由于技术更新换代快，市场竞争更加激烈，企业之间的市场份额差距较小，呈现出百花齐放的竞争态势。

5. **叉车**

从整体市场表现来看，叉车行业呈现出稳健增长的格局。相关数据显示，2024 年上半年，我国叉车行业规模达到 66.21 万台，同比增长 13.09%，彰显出良好的发展势头。

从技术发展趋势来看，电动化成为 2024 年叉车领域的突出趋势。全球环保意识的增强以及环保政策的趋严，促使叉车行业加速向电动化转型。电动叉车凭借其低排放、低噪声、能耗低等显著优势，市场份额逐步扩大。2024 年，新能源叉车销量占叉车总销量的比例已超过 20%，且增长势头强劲。相较于传统的内燃叉车，电动叉车在室内仓储等对环境要求较高的场景中应用愈发广泛。部分物流园区明确规定，入园叉车必须为新能源车型，这进一步推动了电动叉车的普及。众多叉车生产企业加大在电动叉车技术研发上的投入，不断提升电池续航能力、充电速度以及叉车的整体性能。

智能化与自动化也是 2024 年叉车发展的重要方向。随着人工智能、物联网、自动驾驶等技术的不断进步，叉车正朝着智能化、自动化方向大步迈进。未来的叉车将配备更多先进的传感器与智能化系统，实现自主导航、路径规划、障碍物识别等功能。在一些大型智能仓储中心，叉车能够通过与仓储管理系统的信息交互，自动完成货物的搬运与存储任务，大大提高了物流效率。部分叉车已经具备简单的自动避障功能，在复杂的作业环境中能够保障自身与周围人员、设备的安全。企业通过智能化技术的应用，不仅提升了叉车的操作便捷性，还降低了人工操作带来的失误风险。

6. AGV/AMR

2024 年，我国移动机器人（AGV/AMR）市场规模持续增长，销售数量预计达 15.39 万台，销售规模约 289 亿元，同比增长约 20%。预计到 2025 年，这一增长趋势有望延续，各行业对智能化物流及生产辅助设备的依赖程度日益提高，为 AGV/AMR 市场规模的进一步扩大提供了有力支撑。

在电商物流领域，随着消费市场的持续繁荣以及消费者对配送时效要求的不断提高，物流仓储中心需要大量的 AGV/AMR 提升货物分拣、搬运效率，缩短订单处理周期，这将直接拉动 AGV/AMR 的市场需求。

当前，制造业正处于深度智能化转型阶段，从汽车制造、电子信息到机械加工等细分领域，AGV/AMR 不再仅仅承担物料搬运任务，而是深度融入柔性生产系统，根据生产订单的实时变化，灵活调整物料配送路径与节奏，实现生产环节的高效协同。

2025 年，AGV/AMR 将借助 AI 大模型、边缘计算、5G 通信等前沿技术，实现智能化水平的飞跃。AI 大模型赋予 AGV/AMR 更强大的环境理解与决策能力，使其能够在复杂多变的场景中快速学习并适应新的任务与环境。通过边缘计算，设备可在本地实时处理大量的传感器数据，减少数据传输延迟，提升响应速度。

7. 系统集成

2024 年，物流技术装备系统集成领域呈现出蓬勃发展的态势，在技术创新、产品应用以及市场拓展等多方面取得了显著进展。

从市场环境来看，尽管全球经济形势复杂多变，复苏进程缓慢，但我国物流业依然保持着平稳发展的势头。物流技术装备系统集成企业既面临着成本压力与市场竞争加剧的挑战，也迎来了在新兴领域拓展业务、借助技术创新提升竞争力的机遇。许多企业积极探索新的市场领域，开拓海外市场，同时通过优化内部管理、提升技术水平等方式降低运营成本，增强自身的抗风险能力。

技术创新成为 2024 年物流技术装备系统集成领域的核心驱动力。例如，北自科技在数字孪生技术领域持续深耕，其自主研发的 IntelliTwin 平台成为行业内极具影响力的解决方案。该系统通过数字技术与智能物流的深度融合，以行业痛点为切入点，打通数字基础设施与数据资源的流通渠道。在车间物流产线中，它实现了三维可视化监控与虚实交互的自动化生产作业，能对装备及产线进行故障诊断与预测、生产作业策略自适应调度优化，还支持增强现实远程运维协作以及虚拟现实沉浸式培训，从而实现复杂物流装备全生命周期的智能管控。IntelliTwin 数字孪生系统架构涵盖物理实体层、虚拟镜像层、孪生数据层、智能管控层和数据互联层。孪生数据层作为数据基础，汇聚各类实时、历史及仿真数据，用于分析、预测和优化物理与虚拟层面的行为性能；智能管控层作为业务终端，包含可视化管理、虚拟培训等多个业务平台，实现对生产过程的精准把控；数据互联层则承担通信重任，连接各层级与相关系统，保障数据实时传输与共享。该系统具备卓越的集成能力，拥有自主研发的数据中心，融合物联网、大数据、接口集成等技术，支持多种协议，可与仓储管理系统（WMS）、办公自动化（OA）、仓库控制系统（WCS）、企业资源计划系统（ERP）等系统对接，实现数据融合与预处理。同时，它拥有丰富的工业设备孪生模型库，模型种类繁多、质量高且复用性强，能够快速搭建虚拟场景，满足用户多样化、个性化定制需求，还按照相关国家标准提供标准化的数据资产管理服务，保障数字资产管理安全。

2024 年，物流技术装备系统集成在技术创新的引领下，不断拓展应用领域，加强企业合作，在复杂的市场环境中努力前行，为物流行业的高效、智能发展奠定了坚实基础。

（二）物流运输技术装备市场

运输作为现代物流体系的核心环节之一，其技术的创新与变革始终是推动物流行业转型升级的关键力量。在数字化、智能化浪潮的席卷下，5G、大数据、人工智能等前沿技术与运输领域深度融合，为运输技术的创新发展注入了强大动力，引领载运工具、无人驾驶、新能源物流车等细分领域持续快速发展。这些技术进步不仅提升了物流行业的整体智慧化水平，而且为实现物流提质增效降本提供了有力支撑。

随着运输技术的不断迭代升级，物流领域正经历着深刻变革。新型载运工具的不断涌现，有效提高了物流运输效率，降低了物流成本，减少了碳排放，显著改善了运输服务质量，为物流行业的可持续发展提供了坚实保障。

1. 新能源物流车

近年来，得益于电商和快递行业的快速发展，新能源物流车已经迅速崛起，成为新增长极。与此同时，我国新能源重卡市场也呈现出蓬勃发展的态势，在矿山、港口、钢铁厂等领域的应用不断拓展。

国家邮政局数据显示，2024 年我国快递业务量达到 1745 亿件，快递业务收入为 1.4 万亿元，同比分别增长 21% 和 13%。2024 年，全国社会物流总额为 360.6 万亿元，同比增长 5.8%，增速比上年提高 0.6 个百分点。2024 年，社会物流总费用为 19.0 万亿元，同比增长 4.1%。社会物流总费用与 GDP 的比率为 14.1%，比上年回落 0.3 个百分点。

在矿山、港口、钢铁厂等场景中，新能源重卡的需求持续增长。以矿山为例，随着绿色矿山、零碳矿山、无人矿山的深度推进，对新能源矿卡的需求不断增加。新能源矿卡凭借其环保、低噪等优势，在矿区内的物料运输等工作中逐渐替代传统燃油重卡。在港口，新能源重卡可以实现零排放作业，有助于港口提升环保水平，满足日益严格的环保要求，同时其运营成本相对较低，能够为港口降低运营成本。在钢铁厂，新能源重卡用于厂内的原料运输、成品配送等环节，既减少了碳排放，又降低了噪声污染，改善了厂区环境。

在“双碳”战略的持续推动下，城市交通管理和环保政策不断鼓励新能源物流车和新能源重卡在城市配送及特定场景的应用。例如，多地赋予新能源物流车更多路权优势，部分大城市中新能源轻卡可在高峰时段进入市区。对于新能源重卡，许多矿山、港口、钢铁厂所在地区出台了补贴政策，鼓励企业使用新能源重卡，以加快减排进程。

2024 年，《交通运输部　国家发展改革委　财政部关于实施老旧营运货车报废更新的通知》提出，补贴标准依照报废车辆类型、提前报废时间和新购置车辆动力类型等实施差别化设定。购新能源重卡最高补 14 万元（报废补贴 + 新购补贴），国六重卡最高补 11 万元（报废补贴 + 新购补贴）（见表 1 与表 2）。

表 1　　提前报废老旧营运柴油货车补贴标准

车辆类型	提前报废时间	补贴标准（万元/辆）
中型	满 1 年（含）不足 2 年	1.0
	满 2 年（含）不足 4 年	1.8
	满 4 年（含）以上	2.5
重型	满 1 年（含）不足 2 年	1.2
	满 2 年（含）不足 4 年	3.5
	满 4 年（含）以上	4.5

表 2　　新购营运货车补贴标准

车辆类型		新购国六排放标准营运柴油货车补贴标准（万元/辆）	新购新能源营运货车补贴标准（万元/辆）
中型		2.5	3.5
重型	2 轴	4.0	7.0
	3 轴	5.5	8.5
	4 轴及以上	6.5	9.5

资料来源：《交通运输部　国家发展改革委　财政部关于实施老旧营运货车报废更新的通知》。

2024 年 11 月 27 日，中共中央办公厅、国务院办公厅印发《有效降低全社会物流成本行动方案》，提出扩大新能源物流车在城市配送、邮政快递等领域的应用，加快物流绿色化转型。

据统计，2024 年，中面车型成为市场上最受欢迎的车型，占全年总销量的

36.72%，且销量同比增长54.81%。其次是轻卡车型，占比21.20%，销量同比增速更是高达125.38%，展现出了强劲的增长势头。然而，微面车型的销量则呈下降趋势，同比下降37.35%。

新能源轻卡方面，充电类车型仍占主体，但占比有所下降；混合动力轻卡车型同比大涨，成为领涨的细分车型；燃料电池轻卡车型同比增长，但占比变化不大；换电类车型同比下降。从车型用途看，新能源载货车占据主体地位，但占比略有下降，新能源冷藏车成为领涨的细分车型。

2024年，新能源重卡市场呈现爆发式增长，共销82723辆，电动重卡依然是用户的首选，销量为77809辆（占比94.06%）。其中，纯电动重卡（不含换电）实销49115辆（占比59.37%），为第一大补能车型；换电重卡实销28694辆（占比34.69%）；燃料电池重卡实销4460辆（占比5.39%）；插电式混动重卡实销454辆（占比0.55%）。

从市场应用情况来看，氢燃料重卡的应用场景得到进一步拓展。在物流运输项目中，其在重载运输方面表现尤为突出，在钢铁、煤炭、建筑垃圾、港口物流等领域的运输应用更受青睐，还在商品车运输领域实现了新的突破。

2024年，多地政府出台政策支持氢能车辆的发展。山东、陕西、吉林、四川、内蒙古鄂尔多斯等地相继宣布，暂免收取氢能车辆高速公路通行费。10月，湖北省经济和信息化厅发布相关行动方案，对在省内高速公路行驶且安装楚道ETC装备的氢能车辆，省级财政给予为期3年的高速公路通行费全返补贴支持。

2. 无人驾驶

2024年，我国无人驾驶卡车市场展现出蓬勃发展的态势。自2019年商业化以来，无人驾驶商用车市场规模快速增长。虽然干线物流无人驾驶商用车发展稍缓，但其未来前景广阔。

在技术层面，自动驾驶级别不断提升，L3级自动驾驶重卡已商业化，L4级处于路测和验证阶段。随着人工智能等技术的成熟，无人驾驶卡车的环境感知能力显著增强，端到端自动驾驶技术成为研究热点。

从产业链来看，上游企业推动技术创新，中游自动驾驶系统集成商与重卡制造商合作紧密，下游物流等终端用户对无人驾驶卡车的接受度和需求不断攀升。

政策环境上，政府出台了一系列支持智能交通、智能物流的政策，加速无人驾驶卡车的推广，同时加强监管，为无人驾驶卡车的发展营造了良好的政策环境。

在应用场景上，港口物流中无人驾驶卡车实现了集装箱自动化运输，提升了作业效率。2024年，多个港口进一步扩大了其应用规模。矿区运输方面，企业竞争激烈，市场占有率提升，矿卡安全员“去除”趋势显现，作业效率提高。干线物流领域，智加科技等企业积极推进无人驾驶技术的商业化应用，通过不断迭代升级智加领航技术，提升了系统的稳定性和适应性，优化了复杂路况下的应对能力，提高了运输效率。例如，在一些长距离的干线运输中，搭载智加领航技术的无人驾驶重卡能够根据路况和运输需求自动调整行驶速度和路线规划，有效减少能源消耗和时间浪费。智加科技还积极参与行业标准的制定和推广，推动干线物流无人驾驶技术的规范化和普及化。通过与科研机构、行业协会的紧密合作，智加科技将自身在实践中积累的经验和技术优势融入行业标准的制定过程中，为整个行业的健康发展贡献力量。

3. 卡车后市场

2024 年，我国卡车后市场呈现出多维度的发展态势。

在市场规模与销售方面，虽然卡车整体销量未达年初预期，但卡车保有量的增加使后市场规模持续扩大，不过增长速度有所放缓。

在市场竞争格局上，企业间的竞争异常激烈。头部整车企业与卡车新势力纷纷发力，通过优化产品和服务争夺市场份额，同时，产业链上下游企业更加注重协同合作，以提升供应链效率和整体竞争力。

在技术发展与创新领域，新能源化进程加速，国六重卡保有量的增长带动了相关后市场需求的变革，如驻车空调市场持续增长；智能化、数字化趋势明显，企业积极拥抱转型机遇，利用技术提升服务水平。

政策环境方面，排放标准升级促使相关企业提升技术和服务水平，二手车政策的放宽则活跃了二手车后市场。

在客户需求与服务质量上，客户需求更加多样化和个性化。他们不仅要求高质量的产品和维修服务，还对服务的便捷性、及时性和智能化提出了更高要求。企业也在不断提升服务质量以满足客户的需求。以一站车福为例，其经过多年的探索，创新出了独特的商业模式。它与生产企业、流通企业以及终端的物流运输企业深度融合，实现了与产业链上下游的协同，摒弃了传统买卖形式下的博弈关系，积极顺应产业互联这一未来行业大趋势。在此基础上，一站车福自主研发了车队后市场管理平台。该平台整合了数据采集、维修保养及运维等多方面信息，为车队、维修企业、货运平台乃至整车厂提供数据支持，在降低成本的同时，有效提升了故障诊断与处理的精准度，充分发挥了其在经济效益与车辆运维管理上的重要作用。

发展机遇与挑战并存。机遇在于出口与国际化、新能源车市场发展前景广阔，且公路建设和物流市场的发展为后市场提供了充足的空间；挑战则是市场竞争激烈导致成本上升、利润空间压缩，同时，技术创新和智能化发展对企业的技术研发能力和专业卡车后市场人才储备提出了更高的要求。

4. **国际化市场**

2024年，全球卡车市场在多种因素的综合作用下呈现出复杂的发展态势。2024年，我国卡车的出口量为78.56万辆，与上一年相比增长了17%。显示出全球对中国高质量商用车的强烈需求。

（1）国际市场需求增长。

全球化的持续推进使国际贸易和跨国投资依然保持活跃，运输需求在整体上呈稳定增长态势。新兴市场经济的进一步发展以及基础设施建设的不断完善，对卡车的需求持续旺盛，如巴西今年前11个月新卡车上牌数达到113485辆，同比上涨了16.2%，其中重型以及中重型卡车成为巴西道路运输的“主力军”。

在发达国家，尽管经济增长速度有所放缓，但物流行业的升级以及对高效运输的追求，促使其对高端、智能化卡车的需求增加。

（2）技术创新驱动。

2024年，人工智能、物联网、大数据等技术在卡车领域的应用更加深入。例如，戴姆勒卡车开发的新型车载电子数据平台提供了20倍的数据处理能力，通过传感器的深度融合，更好地感知周围环境，从而更准确地识别危险，进而避免事故的发生。

新能源卡车市场继续稳步增长，特别是电动重卡，其销量在全球部分地区的增长显著。苇渡科技的纯电重卡在2024年5月完成了单程3100公里的欧洲路测，成功应对大雨、大雾等复杂路况以及阿尔卑斯山的最高峰勃朗峰的考验，并测试了20多个高速路公共充电桩，展示了中国新能源卡车在长续航和适应复杂路况方面的能力。

（3）国际竞争加剧。

国际卡车市场竞争愈发激烈，不同国家和地区的制造商纷纷加大在技术创新、产品质量和性能提升方面的投入。欧洲的沃尔沃、戴姆勒、斯堪尼亚等品牌在高端卡车市场持续占据领先地位，不断推出新款车型，如沃尔沃的FH Aero系列和FM Low Entry低入口卡车等。

（4）政策支持与合作。

各国政府为推动卡车行业的发展和国际化进程，出台了一系列政策支持措施。如中国政府对卡车出口给予一定的补贴和优惠政策，鼓励企业拓展海外市场；欧盟也出台了零排放商用车及充电基础设施激励推广政策法规，尽管实施过程中存在一些问题，但总体上对新能源卡车的发展起到了一定的推动作用。

国际间的合作也日益密切，企业之间通过建立战略合作伙伴关系、联合研发项目等方式，共同应对市场挑战和技术难题。例如，在2024年IAA德国汉诺威车展上，众多企业展示了各自的最新技术和产品，促进了国际间的技术交流与合作。

（5）挑战与机遇并存。

不同国家和地区的市场需求、技术标准、法律法规等差异依然是企业面临的重要挑战。例如，欧盟的充电基础设施不足以及政策补贴的变化，导致电动卡车市场出现了一些波动；在一些新兴市场，对卡车的价格敏感度较高，对产品的适应性和售后服务要求也较为严格。

贸易保护主义和地缘政治风险在一定程度上影响了卡车的国际贸易。部分国家之间的贸易摩擦可能导致关税增加、市场准入限制等问题，给企业的国际市场拓展带来了不确定性。

然而，随着全球经济的逐步复苏和贸易的增长，以及新能源、智能化等技术的不断发展和应用，卡车市场的国际化发展仍然具有巨大的潜力和大量的机遇。企业可以通过加强自身的核心竞争力，积极适应市场变化，不断创新和优化产品，以抓住机遇并应对挑战。

三、2025年物流技术装备市场展望

2025年是“十四五”规划目标任务的收官之年，先进制造业与现代服务业的融合发展持续深入，“双碳”目标不断推进。物流技术创新应用成为培育与发展物流领域新质生产力的关键力量，是推动可持续发展的关键支撑，也是降低全社会物流成本的重要抓手，对大力推进现代化产业体系建设有着重要意义。

（一）仓储技术装备市场展望

1. 市场规模持续扩张，需求结构多元升级

2024年，我国社会物流总额突破360万亿元，多年稳居全球最大物流市场地位。在这一增长进程中，物流技术装备的创新发展起到了推动作用。2025年作为关键节点，物流技术装备市场规模大概率会延续增长态势，各行业需求的增长也将拉动市场规模扩大。制造业为实现精益生产与降本增效，对自动化仓储、智能搬运等技术装备的需求持续攀升；电商行业随着业务拓展，订单量激增，对高效的分拣、存储及配送技术装备的需求永不止步；快递快运行业为应对海量包裹，需要不断升级自动化分拣设备与智能运输装备。

2. 技术创新引领发展，智能化成为核心趋势

2025年，人工智能大模型在物流领域的应用将更为深入。其强大的数据处理与分析能力，能够对物流全流程数据进行实时分析，为物流决策提供更精准、高效的支持。在仓储环节，可通过大模型优化库存布局、预测货物出入库流量，实现智能补货；在运输环节，能够基于实时路况、车辆状态等信息，智

能规划最优运输路线，提升运输效率，降低能耗。同时，人工智能与物联网技术的深度融合，将使物流设备具备更强大的感知与交互能力。物流机器人、自动导引车等设备能够更加智能地感知周围环境，实现自主避障、任务协同，与其他设备和系统进行无缝对接。

无人驾驶技术经过多年的发展，正逐步从实验室走向实际应用。2025 年，预计全球将迎来无人驾驶汽车规模性产业化的发展契机。在物流运输领域，无人驾驶卡车、配送车将逐步投入商业运营。它们能够实现 24 小时不间断运输，减少人工疲劳导致的事故风险，降低人力成本。在港口、园区等封闭或半封闭场景，无人驾驶技术的应用将更为广泛和成熟，实现货物的自动装卸、运输，提升物流作业效率。此外，低空经济与物流技术的结合，将推动无人机物流配送的快速发展。无人机可用于偏远地区的快递配送、紧急物资运输等场景，为物流配送开辟新的路径，扩大物流服务的覆盖范围，提升服务及时性。

随着环保意识的增强以及相关政策的推动，绿色物流技术与装备将成为市场发展的重要方向。在仓储方面，采用节能灯具、智能通风与温控系统等，能够降低仓储设施的能耗；在运输方面，新能源车辆，如电动卡车、氢燃料电池货车等，将逐渐替代传统燃油车辆，以减少尾气排放。同时，可降解包装材料、循环包装技术等也将在物流包装环节得到更广泛的应用，以减少包装废弃物对环境的污染。

3. 应用场景持续拓展

化工行业在国家利好政策的大力扶持下，迎来高质量发展机遇。随着化工行业加速向高端化、智能化、绿色化转型发展，其对智慧仓储物流系统的需求越发迫切。以特种橡胶仓储为例，传统仓库存在空间规划不合理、信息化水平低等问题，难以满足橡胶产品的存储需求。而自动化立体仓库采用高层立体货架，引进智能装备和应用传感器技术，可实现特种橡胶原材料、半成品及成品的分类存储，提高空间利用率。自动化立体仓库通过 WCS 调度四向穿梭机器人、堆垛机、轨道式自动导引车（RGV）等智能装备，实现 24 小时连续存取作业，遵循“先进先出”的管理原则，解决产品自然老化、积压等问题，进而保障产品质量。未来，化工行业将不断深化对物流技术与装备的应用，实现生产与仓储物流的高效协同。

末端无人配送市场正处于快速发展阶段，无人配送车的应用场景不断拓展。从最初的快递配送，扩展到生鲜外卖、商超零售等多个领域。消费者对配送及时性、便捷性的要求不断提高，促使企业探索多元化的末端配送模式。除了无人配送车，智能快件箱、即时配送平台与众包配送模式的结合等，都将在 2025 年得到进一步发展，以满足不同消费者群体的需求，提升末端配送的服务质量和效率。

4. 市场竞争格局重塑

我国智能物流装备行业整体竞争充分，竞争格局较为分散，行业龙头尚未形成。但随着市场竞争日益激烈，智能仓储物流装备行业将加速整合。部分规模较小、技术实力较弱的企业，由于缺乏创新能力和市场竞争力，将面临被淘汰的风险。而具有强大竞争力和影响力的龙头企业，将通过兼并重组等方式实现规模扩张和资源整合。这些龙头企业在技术研发、产品质量、项目实施和售后服务等方面具有优势，能够更好地满足客户多样化的需求，也能够通过整合市场资源，提升整个行业的集中度和服务水平。

随着全球化进程的推进，国内物流技术装备企业在满足国内市场需求的同时，也将积极拓展海外市场。一些企业通过建立分支机构、开展国际合作等方式，实现全球范围内的业务拓展和服务覆盖。与此同时，国外的物流技术装备企业也将加大对中国市场的投入，带来先进的技术和成熟的解决方案。这将导致国内市场的国际化竞争加剧，促使国内企业不断提升自身技术水平和创新能力，以在国际竞争中占据一席之地。

2025 年，物流技术装备市场充满机遇与挑战。在市场需求增长、技术创新驱动、产业整合加速以及全球化竞争加剧等多重因素的作用下，行业企业需把握市场趋势，加大技术研发投入，积极拓展市场渠道，强化品牌建设与服务能力，以实现可持续发展，在全球物流技术装备市场的竞争中脱颖而出。

（二）物流运输技术装备市场展望

在货运技术装备方面，受益于技术创新、市场需求变革、政策导向调整以及全球经济格局演变等利好因素，2025 年物流运输技术装备市场将呈现蓬勃发展态势，有望突破传统格局，迈向新的发展阶段。

1. 技术创新飞跃

预计 2025 年，卡车技术将迎来突破。自动驾驶技术在复杂场景下的应对能力将会有所提升，从特定场景的应用向更广泛的道路运输拓展，实现更多路段的高度自动化驾驶。同时，电动化技术持续升级，电池续航里程增加，充电速度加快，甚至固态电池技术有望在部分高端卡车上实现应用，提升整体运营效率。此外，车联网技术深度融合，实现车辆与基础设施、其他车辆以及物流系统的实时、高效数据交互，进一步优化运输路线规划与调度管理。

2. 市场需求革新

随着全球供应链的持续优化以及消费者对个性化、即时化配送需求的增长，物流运输模式不断创新。对卡车的需求不再局限于基本的货物承载，更注重其灵活性、定制化以及与智能化物流体系的无缝对接能力。小型化、多功能的智能电动卡车将在城市配送领域大显身手，满足“最后一公里”配送的多样化需求；而大型长途运输卡车则朝着更高效、更节能的方向发展，以适应全球贸易量的增长。

3. 政策导向明确

为实现碳减排目标，政府将进一步加大对绿色物流运输的支持力度。出台更符合市场需求的引导政策，推动传统燃油卡车向新能源卡车转型。同时，通过补贴、税收优惠等政策手段，鼓励企业购置和使用新能源、低排放的卡车。此外，对智能交通系统建设的政策扶持，也将为自动驾驶卡车的试点和推广营造良好的政策环境。

4. 基础设施升级

充换电和加氢基础设施建设将提速。在城市和主要交通干道沿线，充换电站和加氢站的布局将更加密集，充电速度和加氢效率将大幅提升，解决新能源卡车的里程焦虑问题。同时，智能交通基础设施建设将进一步完善，高精度地图、车路协同技术广泛应用，为自动驾驶卡车的运行提供更可靠的环境感知和支持。

5. 市场竞争加剧

市场参与者日益多元化，不仅传统卡车制造企业持续加大研发投入，提升产品竞争力，而且新兴的科技企业、互联网巨头也纷纷跨界入局，带来新的技术和商业模式。在这种竞争环境下，企业需要在技术创新、产品质量、售后服务以及成本控制等方面全面发力，通过差异化竞争策略抢占市场份额。

6. 新兴市场拓展

随着经济的快速发展和城市化进程的加快，对物流运输技术装备的需求呈现增长趋势。尤其是在“一带一路”倡议的推动下，沿线国家的基础设施建设不断完善，为卡车市场的拓展提供了广阔空间，也为我国卡车企业“走出去”提供了良好机遇。

2025 年，物流运输技术装备市场机遇与挑战并存。市场参与者唯有紧跟技术发展趋势，把握市场需求的变化，积极顺应政策环境，方能在激烈的市场竞争中脱颖而出。

（中国物流与采购联合会物流装备专业委员会　张嘉雪
王坤　左新宇）

2024 年物流信息服务平台发展回顾与 2025 年展望

党的二十届三中全会明确指出，要健全因地制宜发展新质生产力的体制机制，健全促进实体经济和数字经济深度融合的制度，健全提升产业链供应链韧性和安全水平的制度。今年的《政府工作报告》也提出要深入推进数字经济创新发展，促进数字技术和实体经济深度融合。物流信息服务平台是行业内数实融合的典型代表，是新质生产力的具体体现，在智能技术应用、上下游协同、优化运输组织方式和运输结构以及降低全社会物流成本等方面都发挥了积极作用。

本报告首先回顾了 2024 年物流信息服务平台的发展现状，然后对物流信息服务平台未来的发展趋势进行了预测和分析。

一、2024 年物流信息服务平台发展回顾

1. 物流与供应链平台助力物流行业提质、降本、增效

2024 年 11 月，交通运输部、国家发展改革委联合印发了《交通物流降本提质增效行动计划》，提出要坚持系统谋划、重点施策，市场为主、政府引导，目标导向、问题导向，扎实推进、务求实效，加快推进交通物流结构性、系统性、制度性、技术性、综合性、经营性降本提质增效，更好服务经济社会高质量发展。物流与供应链平台的发展是助力交通物流降本增效的有效工具和手段，主要体现在以下六个方面：

（1）在结构性降本方面，2019 年，交通运输部、国家税务总局联合印发了《网络平台道路货物运输经营管理暂行办法》，网络货运平台成为道路运输行业平台经济新业态。2024 年，《江苏省交通运输厅　国家税务总局江苏省税务局关于开展网络平台水路货物运输试点工作的通知》印发，开展网络水运试点工作，这是平台经济向水运领域的延伸，有利于通过平台发展公水联运等多式联运。

（2）在系统性降本方面，公路、水路等运输方式通过平台实现数字化转型，通过电子提单、电子运单、电子回单等线上化管理方式实现全流程线上化管理，有利于实现多式联运“一单制”、单证电子化应用等，降低系统性协同成本。

（3）在制度性降本方面，平台型物流企业具有全流程的业务数据及车辆、驾驶员资质信息库，这为建立行业统一的信用评价体系提供了有力支持，为建立健全基于信用评价的分级分类差异化监管模式奠定了良好的基础。同时，平台型物流企业在资质审核方面具有严格的监管要求，网络货运业态已经在交通、税务联合监管方面做出了有益尝试。

（4）在技术性降本方面，网络货运平台、网络水运平台可通过强大的技术底座实现平台间的信息交换及互联互通，共同探索数据要素在交通物流领域的应用场景，释放数据价值，助力降本增效。

（5）在综合性降本方面，平台型物流企业沉淀的业务数据是金融机构针对物流企业建立适用于新业态的金融风控模型的重要支撑，也是供应链金融落地实施的关键要素，有利于解决物流企业融资难、融资贵的问题，进而降低企业融资成本。

（6）在经营性降本方面，供应链平台可通过链接上下游企业，加强采购、生产、流通等环节的信息实时采集与互联共享，实现物流资源的高效共享和过程协同，提高生产制造和物流服务的一体化运行水平，形成技术驱动、平台赋能的物流业制造业融合发展新生态，实现经营性降本。

综上所述，物流与供应链平台在降低全社会物流成本方面发挥着至关重要的作用。

2. 平台型物流企业的主要经营情况

据中国物流与采购联合会物流信息服务平台分会（以下简称平台分会）在全国范围内开展的调查统计，2024 年我国平台型物流企业主要经营情况如下。

从运输货物品类看，70.35% 的平台型物流企业涉及矿产、建材等大宗商品运输业务，其比例高于传统物流企业（见图 1），说明平台型物流企业在大宗商品运输方面与传统物流企业相比具有较大的资源聚集优势。与 2023 年相比，从事快递电商产品及冷链运输的平台型物流企业的占比有所提高，总体占比甚至超过传统物流企业。这说明平台型物流企业正在各垂直细分领域向专业化、精细化方向发展，依托全程透明、可控的数字化管理能力，在专业细分领域的核心竞争力正逐步赶超传统物流企业。

由于《网络平台道路货物运输经营管理暂行办法》明确指出网络货运平台禁止承运危化品，因此暂未统计危化品承运情况。

从营业收入看，年营业收入在 100 亿元及以上的平台型物流企业占比与上年度相比基本持平，说明头部企业已形成规模效应，运营情况较为稳定。年营业收入在 5 亿元及以上的平台型物流企业占比进一步提升，结合运输品类的变化分析，部分细分领域的专业化平台型物流企业的规模正逐步扩大。规模在 3 亿元以下的中小型企业占比相比去年进一步降低，由于难以依靠平台实现规模

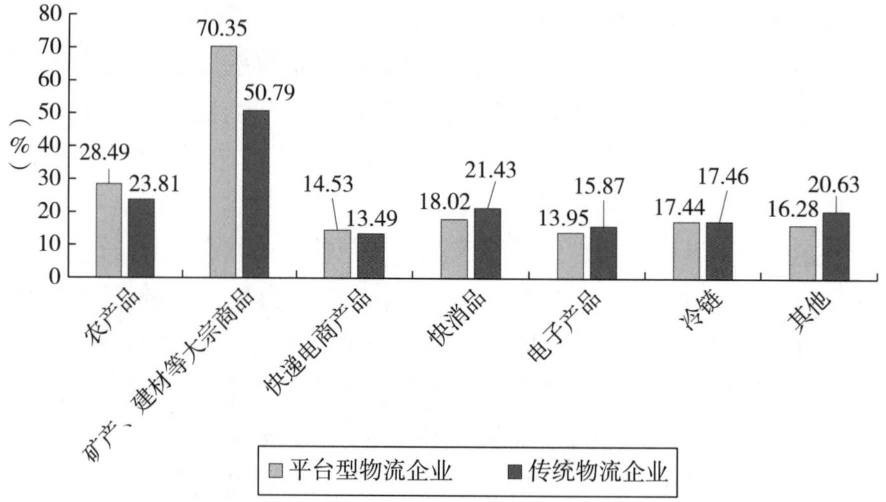

图1　从事各类运输货物品类企业占比

效应，甚至有部分企业放弃网络货运经营资质，行业内的收购、并购现象频发。平台型物流企业年营业收入见图2。

从营业收入构成看，网络货运业务收入占比连续两年呈下降趋势，说明平台在开展网络货运业务的基础上逐步丰富服务内容，收入构成日益多元化，盈利能力逐步增强。金融保险、ETC等增值服务收入占比连续两年呈上升态势。占比较高的“其他业务”主要为其他类型的服务平台提供的油、气等车后市场服务。平台型物流企业营业收入构成见图3。

从平台注册车辆数看，77%的平台注册车辆数达到1万辆以上（见图4），与2023年相比进一步提升，而仅有不到15%的传统物流企业自有车辆数能达到1000辆，绝大多数传统物流企业自有车辆数在100辆以下。可见与传统物

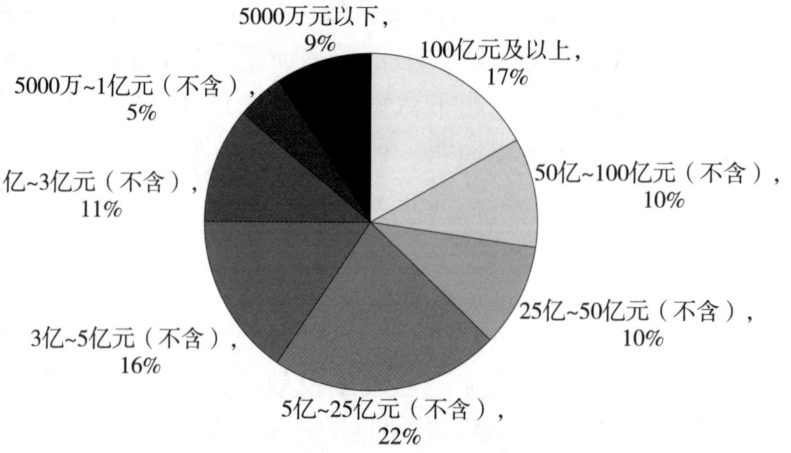

图2　平台型物流企业年营业收入

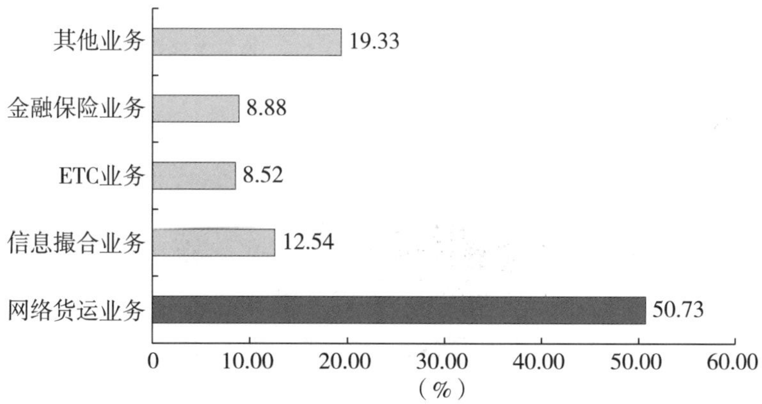

图 3　平台型物流企业营业收入构成

流企业相比，平台型物流企业在运力资源整合方面具有明显的优势，其可调配运力达到传统物流企业的几十倍甚至上百倍，这也为平台型物流企业快速扩张业务规模、实现规模效应奠定了良好的运力基础。

从平台型物流企业注册车辆构成看，平台自有车辆占比达到 21%（见图 5），比例进一步提升。平台自有车辆占比持续提升的主要原因是更多的传统物流企业进行平台化升级，取得网络货运经营资质，将企业自有车辆纳入平台运力池，通过网络货运平台对传统物流业务进行线上化管理。在无车承运人试点期间，政策特别强调运输工具的“非自有属性”，而自 2019 年网络货运的法律地位明确之后，关注重点由“无车”转向“承运”，这为传统物流企业转型升级提供了可能。此外，部分平台型物流企业为提升服务质量、丰富运输产品类型，会通过少量购置自有车辆，采取差异化定价和服务模式，为价格敏感度低、追求服务质量的货主提供时效快、准点率高的高质量运输服务。此外，进项不足也成为部分平台型物流企业考虑购置自有车辆的影响因素之一。

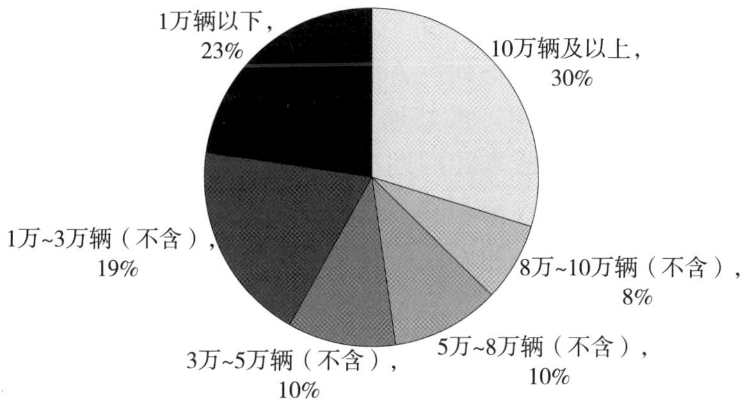

图 4　平台注册车辆数

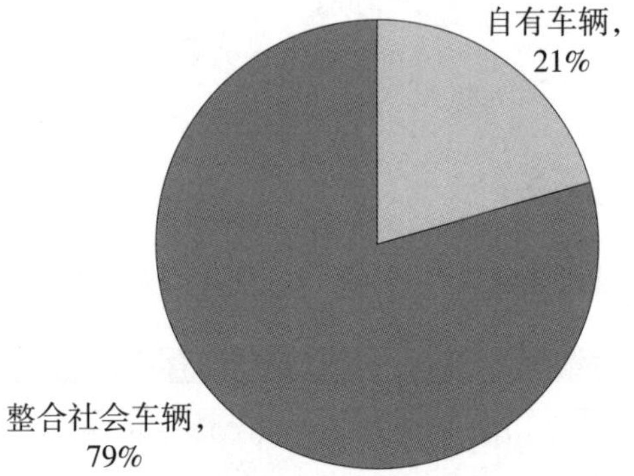

图5　平台型物流企业注册车辆构成

3. 物流行业平台化转型意愿依然明显

据平台分会调查统计，71%的传统物流企业有意愿转型或拓展物流平台业务（见图6），特别是网络货运业务。

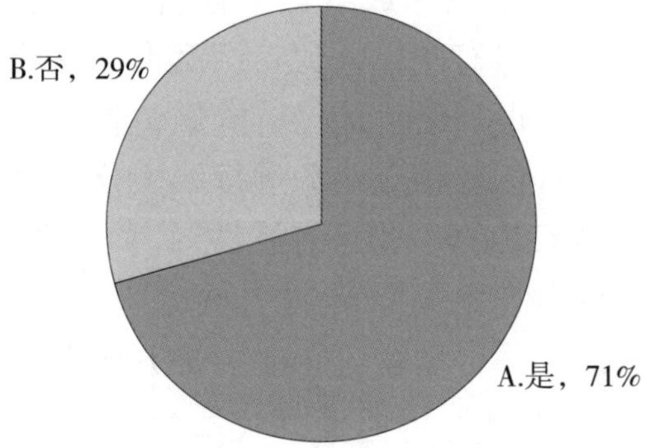

图6　传统物流企业平台化转型意愿

由图7可知，37%的传统物流企业在平台化转型时期望通过SaaS服务搭建服务平台，这一比例与2023年基本持平。原因是传统物流企业虽然在货源、车源组织方面具有成熟的经验，但技术人才储备不足，在平台的搭建及运营方面缺乏相关人才，且成本预估不到位，前期建设一次性投入较大，后期运维及人力成本较高，企业难以负担。虽然通过SaaS服务搭建服务平台可缩短平台建设周期，降低一次性投入成本和后期运维成本，但可能无法满足企业的个性化需求。因此，企业应充分权衡利弊，明确平台化转型的目的，并逐步构建自身的核心竞争力。此外，联合建设及将部分研发工作外包也是企业可以考虑的平台建设方式。

4. 数字货运平台投资关注度持续上升

相关统计显示，2021年到2023年，中国物流行业投融资活动整体呈下降趋势，但2024年上半年中国物流行业并购交易数量和金额都有所增长。并购

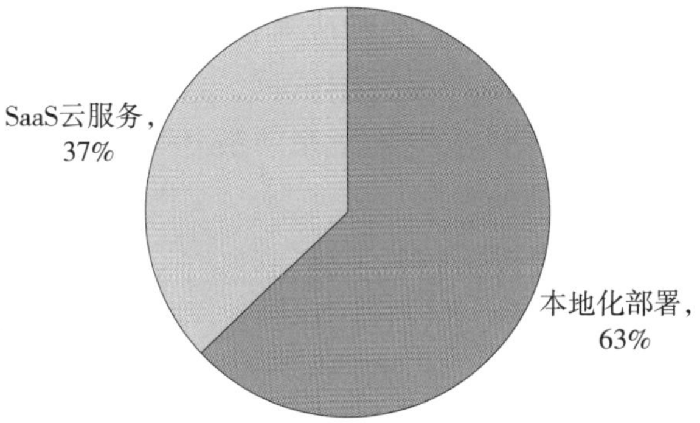

图 7　传统物流企业平台搭建方式

交易金额为 196. 2 亿元，同比增长 41. 3%，显示出行业整体向好的积极态势。投融资事件数量显示出集中化趋势，即少数大型企业或新兴平台吸引了较大的资金注入，这使市场竞争愈加激烈。投融资重点事件主要集中在智能物流、冷链物流和最后一公里配送等领域。投资者对物流信息化行业的关注度从 2019 年到 2024 年上半年大体处于上升态势。随着物联网、大数据、人工智能等技术的应用，物流信息化逐渐成为行业发展的重要驱动力。提升数字化与智能化水平，加强合作与生态建设，关注绿色物流，持续优化用户体验，打造智慧物流运营新模式更能吸引资本关注。

除公开的大额投融资外，平台型物流企业的其他融资需求较上年度也呈现出较为明显的波动。调查显示，近半数的企业暂无融资需求（见图 8），这一比例远高于上年度水平，由此可推测，部分企业资金链紧张的问题已得到一定程度的解决。然而与此同时，有 3000 万元以上大额融资需求的企业占比较上年度增加 5%，这说明部分企业在规模扩张期资金压力依然较大。

从平台型物流企业的融资用途可知，由于物流企业普遍存在 1 ~ 3 个月的账期，而个体司机则大部分要求及时支付运费，因此企业融资主要用于运费预

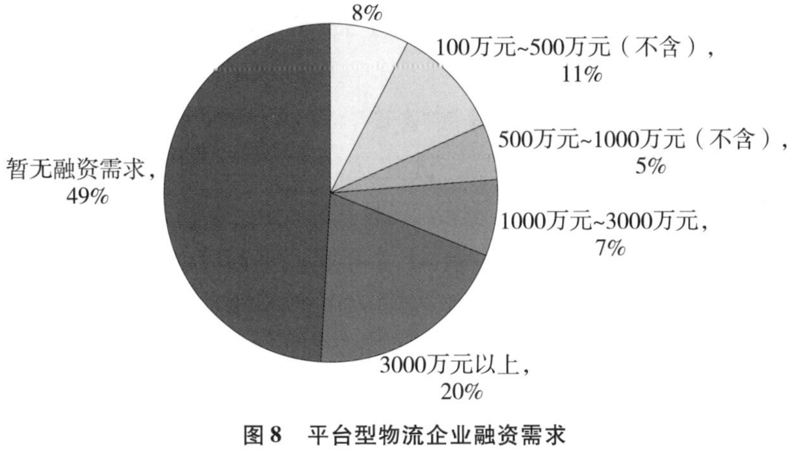

图 8　平台型物流企业融资需求

付和垫付，少部分用于支付人力及运营成本（见图 9）。在传统金融模式下，银行或其他金融机构均以资产质押为授信依据，没有建立适用于平台型物流企业的风控体系，因此需要依靠供应链金融来解决长期以来平台型物流企业贷款难的问题。

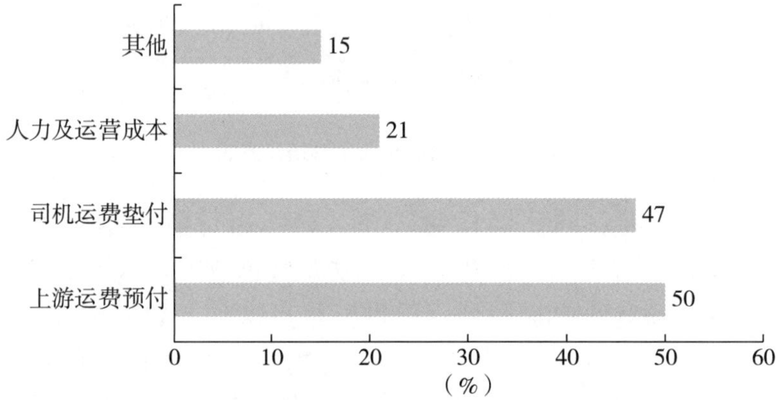

图 9　平台型物流企业的融资用途

5. 平台企业发展预期

2024 年，在《公平竞争审查条例》及《财政部关于清理规范利用财政补贴开展招商引资行为的通知》等政策的影响下，全国各地的网络货运奖补政策出现了不同程度的调整，具体表现为取消、暂停、延后返还以及降低返还比例等情况。

长期以来，网络货运行业的发展存在着税负超高且现行税务政策与新业态不适应的矛盾。据平台分会不完全统计，在奖补力度下降且政策尚未完善的情况下，2024 年头部物流企业运费总额同比下降 30%~40%，2025 年的市场发展情况依然会受到政策变化的影响而有所波动。

二、物流信息服务平台 2025 年展望

1. 供应链平台助力行业发展提质增效

供应链平台通过整合物流资源、优化运输路线、提高信息透明度，助力物流行业发展提质增效。一方面，平台实现了订单集中管理，降低了物流成本，提升了运输效率。特别是供应链平台与网络货运平台的合作，通过聚合货源与多个网络货运平台的运力，实现全国范围内的智能配载，有效降低物流运营成本；另一方面，平台借助大数据分析预测市场需求，指导物流企业合理调配运力，减少空驶率。同时，供应链平台加强了上下游企业间的协同，实现了物流、信息流、资金流的融合，提升了物流行业的服务质量和响应速度，为我国

物流行业转型升级提供了有力支撑。

2. **高标准引领行业高质量发展**

平台分会自成立以来，一直高度重视物流平台领域的标准化建设工作。在顶层设计方面，平台分会牵头制定了物流平台领域的唯一国家标准——《物流公共信息平台服务质量要求与测评》，并于2024年依据新的平台发展格局进行了修订。标准明确了平台的定义与分类，以及不同类型平台的服务质量要求与测评方法，为广大从业者及平台用户提供了参考。在细分领域方面，平台分会围绕网络货运平台、交易撮合平台分别制定了相关团体标准，并依据标准开展企业服务，旨在引导行业健康、规范、可持续发展。未来，平台分会还将在网络水运平台、多式联运平台等更多领域进一步拓展标准化工作。在企业标准建立方面，平台分会组织开展了网络货运领域企业标准“领跑者”评估工作，鼓励企业建立企业服务标准，提供优质服务。

3. **多式联运平台发展迎来新发展机遇**

2024年，江苏省率先开展了网络水运试点工作，参照网络货运的管理模式和监管手段，网络水运平台迎来了新的发展契机。“网络货运+网络水运”的联合发展，通过平台的互联互通与数据交换应用，将加快我国多式联运的创新发展脚步，推进多式联运“一单制”的落地实施。

4. **网络货运亟须丰富盈利手段**

网络货运平台已步入高质量发展期，企业注册总量增速放缓。在运费利润空间持续受到挤压和奖补力度减弱的市场环境下，缺乏核心竞争力的企业生存愈发困难。因此，网络货运企业在严守合规底线的前提下应利用自身的技术、管理、数据优势，探索技术输出、联合运营、数据赋能等产业新模式，探索新的盈利增长点，提升平台自身的造血能力，助力行业可持续发展。

5. **探索新能源在物流平台的应用**

与传统物流企业相比，物流与供应链平台能够从全局优化运输网络，有利于通过大数据分析在特定线路、地区布局新能源运输车队及充换电设施，通过推广新能源车辆等绿色物流方式，实现高质量发展。同时，平台利用大数据分析实现车辆智能调度，提升服务响应速度。新能源运输工具的推广不仅能够提升企业的形象，还能促进物流行业的节能减排，为构建环境友好型社会贡献力量，推动物流行业的绿色转型和高质量发展。

（中国物流与采购联合会物流信息服务平台分会　晏庆华
金妲颖　孙梦晗）

2024 年数字化仓储行业发展回顾与 2025 年展望

2024 年是经济稳步复苏的一年。国家通过发行超长期国债、出台鼓励物流园设备以旧换新政策等方式进行引导，各省市政府对供应链平台、数字化仓库的投资支持力度日益加大，新一轮数字化仓储设施的建设热潮正在全国兴起。各省市供应链平台公司纷纷响应号召，在全国各物流枢纽城市、生产消费城市，积极建设数字化仓库，推广应用电子仓单，开展数字供应链平台业务，打造数字供应链科技产业园，以期在激烈的市场竞争中占据有利地位。

一、2024 年数字化仓储行业发展回顾

（一）行业发展趋势

全年来看，中国数字化仓储指数季度均值分别为 49.4%、48.6%、48.8% 和 50.8%（见图 1）。2024 年四个季度的仓储指数呈现“两头高、中间低”的态势，四季度回升明显。前三季度由于需求增长动力不足，业务收缩，库存持续下降，行业运行面临一定下行压力。四季度，一揽子增量政策有效带动了企业预期上升，中央经济工作会议又为市场注入了更强信心，经济企稳回升，仓储行业运行环境趋稳向好。自然资源部印发《自然资源部关于加强自然资源要素保障促进现代物流高质量发展的通知》，提出了 4 个方面 10 条政策举措，是落实党中央、国务院有效降低全社会物流成本决策部署的重要举措，有效推进降低仓储成本，增强市场活力，四季度仓储需求得到快速释放，业务明显活跃，库存持续上升，行业运行呈现回升向好走势。展望 2025 年，随着更加积极的财政政策和适度宽松的货币政策的落实显效，经济运行的内生动力将进一步巩固，仓储需求有望保持温和增长，行业将延续平稳向好发展态势。

（二）行业发展环境

1. 政策环境进一步优化

（1）国家高度关注数字化仓储行业的发展。

相关政府部门发布多项政策支持数字化仓储行业的发展。《“十四五”现代物流发展规划》中明确提出了推动仓储物流服务数字化、智能化、精准化发展的目标，旨在通过技术创新和模式创新，提升仓储物流行业的服务质量和运

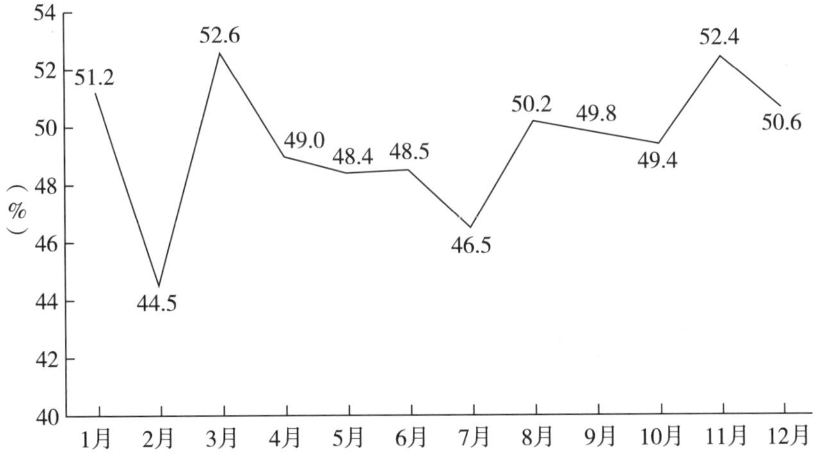

图1　2024 年中国数字化仓储指数走势

资料来源：中国物流与采购联合会、中储发展股份有限公司。

营效率。《商务部等 9 部门关于拓展跨境电商出口推进海外仓建设的意见》的发布，旨在推动跨境电商海外仓高质量发展，支持跨境电商企业利用海外仓扩大出口，促进国内国际双循环。《数字商务三年行动计划（2024—2026 年）》提出，推动商贸流通领域物流数字化发展，打造一批数字化服务平台，加强物流全链路信息整合，推广使用智能仓配、无人物流设备，以提高配送效率，降低物流成本。工业和信息化部等九部门联合发布《原材料工业数字化转型工作方案（2024—2026 年）》，定制开发了一批行业专用的先进过程控制、设备运维、生产管理、运营决策、仓储物流等 App，以提高企业纵向立体管理和横向业务联动能力。交通运输部等十三部门联合发布《交通运输大规模设备更新行动方案》，鼓励国家物流枢纽、国家骨干冷链物流基地、国家级示范物流园区、城郊大仓基地范围内的多式联运场站和转运设施设备升级改造，加快推进智慧物流枢纽、物流园区智能化改造。综上所述，这些政策的出台和实施，为数字化仓储行业的发展提供了良好的政策环境和市场机遇。未来，随着技术的不断进步和政策的持续推动，数字化仓储行业将迎来更加广阔的发展前景。

（2）地方政府大力扶持数字化仓储行业发展。

省市级政府部门发布多项扶持数字化仓储行业建设的政策。主要体现在以下几个方面：

一是推动数字化发展。例如，河南省提出开展智能制造试点示范行动，争创国家级智能化仓储物流示范基地；山西省强调运用新一代信息技术促进物流企业降本、增效、提质。

二是建设数字化仓储设施。例如，山东省积极部署智慧港航基础设施，加快推进山东港口数字化升级工程等项目建设，推动传统仓储基础设施数字化、网络化、智慧化转型。

三是优化供应链金融服务。例如，江西省地方金融监督管理局等五部门正式发布《关于金融支持制造业重点产业链现代化建设“1269”行动计划(2023—2026年)》，拓宽知识产权、仓单、存货、订单、应收账款等抵质押范围，开发批量化融资产品，满足企业的快捷融资需求。

（3）政策鼓励数字化仓储行业发展的方向越发明确。

政策鼓励下的数字化仓储行业发展方向越发明确，未来将在技术创新、市场需求、产业链完善、服务转型、区域协同、国际拓展以及绿色低碳等多个方面取得显著进展。

一是技术创新。随着互联网、物联网、AI、大数据、云计算等新技术的快速发展，数字化仓储行业正朝着运行高效、流通快速的方向发展。新技术的应用不仅提高了仓储的自动化、信息化和智能化水平，还降低了人力依赖，提升了空间利用率和作业效率。

二是市场需求。中国物流总费用与GDP的比率较高，相比发达国家仍有较大下降空间。为了实现新旧动能转化、促进经济高质量发展，降低物流成本成为迫切需求。数字化仓储作为仓储环节降本增效的关键，其应用前景广阔。

三是产业链完善。数字化仓储产业链已经形成较为完善的链条，包括软硬件开发商、系统集成商和应用市场等。随着中游集成商的积极布局，上游玩家的竞争日益加剧，推动了整个行业的技术进步和创新发展。

四是服务转型。在产品多样化、个性化的趋势下，数字化仓储服务商需要提供更加高效、稳定、贴合企业需求的服务。未来，除了产品与技术，服务将成为数字化仓储服务商的重要竞争力。

五是区域协同。各省市积极响应国家政策规划，推动仓储物流行业的发展，这种区域协同发展有助于形成规模效应，实现技术共享。

六是国际拓展。随着跨境电商的兴起，海外仓建设成为新热点。政策鼓励跨境电商海外仓高质量发展，并引导更多社会资本以市场化方式支持跨境电商海外仓等相关企业发展。

七是绿色低碳。在推动数字化仓储的同时，也注重绿色低碳发展。

2. 竞争格局多元化和激烈化

（1）市场参与者类型多样。

国有企业通过加速整合、建立区域物流集团等方式提升数字化仓储行业的集中度和竞争力，并凭借其在网络覆盖、运力保障、服务质量和技术水平等方面的优势，占据了较大的市场份额。民营企业则通过内部资源的高效利用和外部合作机制的建立等方式实现可持续发展。一些民营新兴科技公司凭借强大的技术实力和创新能力，在数字化仓储领域展现出强劲的发展势头，通过提供定制化、一体化的数字化仓储系统，满足客户的多样化需求。外资企业凭借其先进的技术和管理经验在市场中占据一定份额。

（2）技术驱动的竞争格局

随着物联网、大数据、云计算和人工智能等技术的不断发展和应用，物流效率得到提高，运营成本降低。技术创新成为企业竞争的核心要素，仓储物流行业的技术竞争日益激烈。企业纷纷加大技术研发投入，推动仓储的数字化转型，以在竞争中占据优势地位。如数字化仓储系统、无人配送等新技术逐渐普及。

（3）行业集中度有待的提高。

尽管仓储物流市场的规模不断扩大，但行业集中度仍有待提高。市场上存在大量的中小企业，它们规模较小、技术实力较弱、服务能力有限，难以与大型企业竞争。因此，未来仓储物流行业需要通过兼并重组等方式提高行业集中度，形成一批具有强大竞争力和影响力的龙头企业。

（三）市场需求分析

1. 市场需求多元化

（1）电子商务的推动。

随着电子商务的蓬勃发展，仓储行业迎来了前所未有的发展机遇。近年来，仓储物流市场规模不断扩大，特别是仓储行业，其市场规模由2019年的882.9亿元增长至2023年的1533.5亿元，年均复合增长率达到14.8%。预计未来几年，随着电子商务、制造业等行业的快速发展，物流需求将持续增长，为仓储物流行业提供广阔的市场空间。

（2）制造业的需求增长。

一方面，制造业企业越来越注重提高生产效率和降低运营成本，数字化仓储系统作为提高生产效率的重要手段之一，得到了越来越多企业的关注和应用。另一方面，当前全球经济复苏态势不明朗，国内制造业经济面临一定的下行压力，这对仓储业务需求产生了负面影响。然而，随着国家一系列稳增长政策的实施，预计未来经济将逐步企稳回升，这将为仓储行业的发展提供有力支撑。

（3）冷链物流的发展。

冷链物流对数字化仓储行业的需求主要体现在以下几个方面：

一是需要对货物的温度、湿度等环境参数进行实时监控，以确保货物在运输和存储过程中的质量安全，这推动了数字化仓储技术的应用和发展，如物联网技术、传感器技术等。

二是冷链物流涉及多个环节和复杂的操作流程，需要高效的管理系统来协调各方资源，提高运营效率，数字化仓储系统可以实现信息的实时共享和协同作业，提高冷链物流的整体效率。

三是冷链物流企业需要对大量的数据进行分析和挖掘，以优化运营策略、降低成本、提高服务质量。数字化仓储系统可以提供强大的数据分析功能，帮助企业做出更明智的决策。

（4）危险品仓储的发展。

危险品物流对数字化仓储行业的需求主要表现在以下几方面：

一是危险品物流对安全性要求极高，需要严格的安全管理和专业的操作。数字化仓储系统可以实现对危险品的实时监控和追踪，确保其在整个物流过程中的安全。

二是危险品物流在发生事故时需要快速响应和处理，以减少损失和影响。数字化仓储系统可以提供应急预案和快速响应机制，帮助企业及时应对突发事件。

三是危险品物流受到严格的法律法规监管，需要符合相关的合规性要求。数字化仓储系统可以帮助企业实现合规性管理，确保其运营符合相关法律法规的规定。

（5）供应链集成化趋势。

一方面，企业之间的协作趋于集成化，通过信息共享和流程整合提高供应链的整体效率。这种趋势要求仓储行业提供更加多样化的服务能力和解决方案。另一方面，供应链管理的重要性日益凸显。随着供应链的全球化和复杂化，企业对仓储环节的管理要求也越来越高。数字化仓储能够提供实时监控和数据分析功能，帮助企业更好地进行供应链管理。例如，在数字化仓储中，通过应用物联网技术，实现对货物信息的实时感知和监控，为供应链管理提供准确的数据支持。

2. 市场规模持续扩大

数字化仓储行业在市场需求、技术创新、政策支持等多方面因素的共同作用下，市场规模持续扩大。随着行业向数字化、绿色化和服务化转型，以及国际化趋势的显现，其发展前景越发广阔。

（1）市场需求驱动。

我国劳动力资源日趋紧张，劳动力成本显著上升，促使企业通过仓储智能化提高土地利用率，进而节省土地成本。

（2）技术创新引领。

物联网技术的发展使仓储设备能够实时监控和管理库存，大数据分析则帮助企业优化库存管理，提高仓储效率；AI 技术和 5G 技术在数字化仓储中的应用，提高了物流效率，深化了 5G 技术在数字化仓储行业的融合运用。

（3）政策支持促进。

近年来，国务院及相关部门推出多部法规政策支持和鼓励数字化仓储行业的发展，为行业发展提供了良好的政策环境。随着数字化仓储技术的不断发展，相关技术标准陆续出台，推动行业的进一步规范发展。

（4）行业发展趋势。

数字化仓储行业正从集成系统阶段向全流程数字化发展；环保意识的提高和碳排放要求的日益严格将推动数字化仓储行业向绿色化方向发展；在产品多样化、个性化的趋势下，服务将成为新型数字化仓储服务商的重要竞争力。

（5）市场竞争加剧。

当前数字化仓储行业前五名企业市场集中度（CR5）为8.4%，前十名企业市场集中度（CR10）为14.1%，市场集中度较低，处于充分竞争状态；受政策和资本扶持，行业景气度较高，新进入市场者增多，行业迎来爆发式增长；商业配送和工业应用领域的发展引领着行业前行，细分领域发展迅速。

（6）产业链条完善。

数字化仓储产业链的上游专注于软硬件设备的研发、生产与销售；中游的系统集成商深入了解下游客户的需求，使用多种仓储物流硬件设备和软件系统，设计并建造仓储物流集成系统；下游的应用领域广泛将数字化仓储应用于商业配送和工业生产两大领域，包括电商、零售、冷链、汽车制造、烟草、医药等细分场景。

（7）海外仓是数字化仓储发展的需求点。

2024年《政府工作报告》提出优化海外仓布局。在地方两会中，江苏省、浙江省、广东省等10余个省市提出积极布局或大力发展海外仓。例如，上海市支持共建共享海外仓，鼓励跨境电商中小微企业租用海外仓“抱团出海”；陕西省印发《加快跨境电商和海外仓高质量发展实施方案》，引导企业建好、用好海外仓；四川省发布《四川省海外仓高质量发展三年行动方案》，计划到2026年，在国际节点城市建成海外仓10个以上，总面积达到5万平方米；深圳市出台《深圳市推动外贸稳规模稳份额稳增长工作措施》，提出进一步完善海外仓网络。从供应链协同的要求出发，海外仓天然就有数字化仓储的业务需求，故海外仓成为数字化仓储发展的重要需求点。

（四）行业发展特点

1. 指数波动，行业处于持续去库存进程中

2024年1—10月，仓储行业指数整体呈现下降趋势，但企业的未来预期依

然较为乐观。随着宏观经济政策的持续加码和市场需求的逐步恢复，预计未来数字化仓储行业也将逐渐企稳回升。

（1）总体指数变化。

从1月到10月，中国仓储指数经历了多次小幅波动，但整体呈现下降趋势。例如，1月，指数有所回升，而到了4月则因市场消化前期需求导致库存水平下降。

（2）分项指数变动。

新订单指数和平均库存周转次数指数有所下降，表明仓储业务需求放缓，租金价格有所下滑。期末库存指数有所上升，但仍在50%以下，显示库存水平持续回落。收费价格指数与上月持平，业务活动预期指数仍运行在扩张区间，表明企业的未来预期依然较为乐观。

（3）影响因素分析。

宏观经济政策逆周期调节举措的持续增加，特别是加强物流用地用海要素保障的十条举措的推出，对仓储行业产生了积极影响。国庆长假等因素也对仓储行业运行造成了一定扰动。

2. 技术创新，数字化转型走深走实

2024年，数字化仓储行业在仓储管理设备的连接和数据采集、预测性维护、空间优化、补货智能预测、绿色可持续实践方面展开了大量的技术创新，提高了仓储效率和准确性，降低了运营成本，增强了行业竞争力。目前，已有大批仓储企业正在寻求机遇加快物联网相关设施建设。为帮助仓储企业向数字化仓储物流基地转型升级，中国物流与采购联合会冷链物流专业委员会全国数字化仓库企业试点工作已于2020年正式启动。统计显示，目前共有454家企业被纳入试点，覆盖31个省市。

3. 绿色低碳引领行业可持续发展

环保意识的不断提高和碳排放要求的日益严格将推动数字化仓储行业向绿色化方向发展。资源集约、低碳管理、逆向回收等将成为行业发展的重要特征。

（1）资源集约方面。

一是高效理货。数字化仓储行业根据货物属性和作业计划，通过对货物属性（如尺寸、重量）的细致分析，结合实时作业计划和需求预测，优化仓储设施布局和货物存放策略，确保库内空间最大化利用和操作效率。同时，利用路径规划算法，不断学习和优化库内物流路径，减少行程时间和人力资源消耗。

二是库存共享与调拨。数字化仓储企业将全国各地的仓库互联成一个共享网络，各仓库实时更新库存信息。通过这个网络，企业能够迅速确定每个商品的最佳库存位置，确保商品在最短的时间内从最近的仓库发货。企业使用先进的实时调拨系统，综合考虑库存分布、仓库容量、配送距离等因素，自动调配最近且有库存的仓库发货，避免远距离运输和重复调拨。

（2）低碳管理方面。

数字化仓储行业的企业在其仓储智能化过程中引入了先进的温度和湿度控制系统。这些系统通过实时监测和数据分析，确保仓库内部环境始终处于理想状态，以保证存储食品的品质和安全性。系统能够自动调节空调和加湿设备，根据外部气象条件和内部负载情况进行智能化控制，以最大限度地减少能源消耗和运行成本，同时确保库内产品的持久保存和质量稳定。

（3）逆向回收方面。

数字化仓储行业的企业在其仓储运营中广泛使用标准化周转箱。当出现退回物料时，这些专用周转箱被迅速回收，利用 RFID 标签实时追踪退货状态。这些周转箱采用标准化设计，适用于各种类型货物的存储和运输，且便于堆叠，可高效利用空间。此外，数字化仓储行业的企业还使用数字化系统对周转箱从入库到出库的全过程进行管理，确保货物的快速分拣和配送。

（4）环境安全方面。

数字化仓储行业的企业主要通过基于物联网技术的实时监测来保障环境安全。这些企业开发了具备 GPS 定位功能的包裹智能追踪装置。装置能够定期高频率地将位置信息和状态数据发送至云端，确保信息实时更新。通过云平台，邮政部门能够集中监控包裹的位置、运输状态和潜在的延误，及时调整运输策略。这些设备连接到窄带物联网（NB－IoT）网络，利用 4G 信号实现高达 99.4%的覆盖率，而且用电量极低。

二、2025 年数字化仓储行业展望

经过近十五年的快速发展，我国营业性通用仓库面积达到约 12.4 亿平方米，其中，立体库（高标库）面积为 4.3 亿平方米。总体来看，仓库设施已基本满足物流需求，但在设施设备数字化水平、空间利用率等方面仍存在一些问题。

（一）数字化、信息化将成为行业发展重点

当前仓储业中，具备物联网基础能力的仓库占比为 39%，基本实现无纸化的仓库占比为 46%，而具有初步平台化服务能力的仓库占比只有 9%。这表明数字化仓库的发展潜力巨大，但同时也面临着传统行业与数字化技术深入融合的差距。需要进一步提升企业对数字化和数字化仓库的认知，引导仓储业加快

数字化转型，实现仓储业规范化可持续发展。

（二）依托标准领航，优质服务将引领高质量发展

标准体系和指标体系是物流仓储业健康发展的重要依托，科学的指标体系也是政府的决策依据。目前，国家发展改革委发布了《数字化仓库基本要求》和《数字化仓库评估规范》两项行业标准，为仓储业的数字化转型提供了明确的指导和依据。依托这两项标准，中国物流与采购联合会正在开展“企业星级数字化仓库评估”。目前行业正处于高速发展阶段，政府以及行业内部势必会积极推动标准体系与指标体系的建立与完善。同样，两个体系的建立与完善将进一步加快行业的可持续健康发展，两者相辅相成，这将是未来行业的发展趋势。

（三）两业融合，构筑服务新格局基础保障

1. 数字化仓储业务将与先进制造深度融合

2025 年，数字化仓储业务与先进制造深度融合将成为行业发展的核心驱动力，为整个产业生态带来前所未有的变革与突破。

一是智能仓储系统创新。建设数字化仓储管理系统，应用条码、二维码、射频识别等技术，实现物料出入库、存储、拣选的智能化。

二是精准配送与动态调度。部署智能物流设备和管理系统，应用室内高精度定位导航、物流路径动态规划等技术，实现厂内物料配送的快速响应和动态调度。

三是供应链物流智能配送。建设供应链物流管理系统，应用 5G、多模态感知、实时定位导航等技术，实现厂外物流全程跟踪、异常预警和高效处理。

2. 技术创新将与产业升级融合

未来，技术创新与产业升级的深度融合将成为推动行业进步的强大引擎，开启全新的发展篇章。

一是新技术应用。人工智能、区块链、云计算等前沿技术将在仓储和制造业中得到广泛应用，促进产业升级和创新发展。

二是智能制造装备部署。部署工业机器人等智能制造装备，构建人机协同作业单元和管控系统，提高生产效率和安全性。

三是数据驱动与决策优化。数据收集与分析方面，通过物联网、大数据等技术收集仓储和生产过程中的数据，进行深度分析和挖掘，为决策提供支持。供应链协同优化方面，基于数据分析结果，优化供应链协同机制，提高供应链的透明度和协同效率。

（四）围绕数字化仓库，相关利益共同体开展业务协同

在未来的经济格局中，企业间单打独斗的竞争模式将逐渐式微，取而代之的是产业链生态之间的全方位较量。各业务板块不再孤立发展，而是走向深度融合，通过服务集成实现资源共享、相互赋能，构建起紧密协同的产业生态体系。围绕仓储企业核心，汇聚上下游关联产业，打造区域性产业链集群生态，成为顺应时代发展的必然选择，这不仅能强化仓储企业的市场竞争力，还能带动整个区域产业的协同发展，形成强大的产业集群效应，在激烈的市场竞争中抢占先机。

（中国物流与采购联合会数字化仓储分会　石宇彤　吕忠）

第四章

物流与供应链基础工作

2024 年物流标准化工作回顾与 2025 年展望

一、2024 年物流标准化工作回顾

（一）物流标准化相关政策情况

2024 年，围绕以标准升级促进经济高质量发展，物流标准化工作受到前所未有的关注。中共中央办公厅、国务院办公厅印发的《有效降低全社会物流成本行动方案》以及其他政策文件，均涉及物流标准化的要求，为下一步物流标准化工作指明了重点和方向。相关政策内容见表 1。

表 1　物流标准化相关政策

序号	文件名称	相关要求
1	《有效降低全社会物流成本行动方案》	• 实施物流标准化行动。建立协同衔接、系统高效的现代物流标准体系，加强标准宣传、实施、评价。加强专业术语、装载器具、物流单证、信息数据等重要基础标准制定修订。完善数字化、智能化、绿色化等关键领域物流标准以及专业物流标准。加快即时配送、网络货运等新模式新业态标准建设。加强多式联运标准跨部门协同，系统推进各种运输方式、各类设施设备等标准衔接统一。积极参与国际物流标准制定修订 • 推动商品市场优化升级，加快零售业数字化转型，支持商贸流通领域物流设施标准化智能化改造，提高流通组织能力和效率，降低商贸流通领域物流成本

续　表

序号	文件名称	相关要求
1	《有效降低全社会物流成本行动方案》	• 研究出台大容量储能电池、大尺寸光伏组件的仓储和运输相关技术标准，优化完善锂电池运输安全管理规范 • 建立健全多式联运经营主体相关制度，完善业务规则，推广标准化多式联运单证。培育多式联运经营主体，发展集装箱公铁、铁水联运，加快推进一单制、一箱制，推广带托盘运输等集装化运输模式，创新打造稳定运行、品牌化的多式联运产品。统一协同各种运输方式规则标准，加强设施衔接、信息共享、标准协同、安检互认 • 加快水上运输装备大型化、标准化建设。鼓励发展与平台经济、低空经济、无人驾驶等相结合的物流新模式，健全和优化管理标准规范，支持企业商业化创新应用
2	《国务院办公厅关于加快构建废弃物循环利用体系的意见》（国办发〔2024〕7号）	• 建立健全动力电池生态设计、碳足迹核算等标准体系，积极参与制定动力电池循环利用国际标准，推动标准规范国际合作互认 • 细化贮存或处置固体废弃物的环境保护有关标准要求，综合考虑固体废弃物的环境危害程度、环境保护标准、税收征管工作基础等因素
3	《推动大规模设备更新和消费品以旧换新行动方案》（国发〔2024〕7号）	• 对标国际先进水平，结合产业发展实际，加快制定修订节能降碳、环保、安全、循环利用等领域标准。统筹考虑企业承受能力和消费者接受程度，有序推动标准落地实施 • 制修订废弃电器电子产品回收规范等再生资源回收标准 • 建立完善国际标准一致性跟踪转化机制，开展我国标准与相关国际标准比对分析，转化一批先进适用国际标准，不断提高国际标准转化率。支持国内机构积极参与国际标准制修订，支持新能源汽车等重点行业标准走出去。加强质量标准、检验检疫、认证认可等国内国际衔接
4	《关于推动农村电商高质量发展的实施意见》（商流通函〔2024〕39号）	推广标准托盘、周转箱（筐）、智能物流管理系统和可循环包装技术，实现县域商贸物流标准化、智能化、绿色化发展
5	《关于加强预制菜食品安全监管 促进产业高质量发展的通知》（国市监食生发〔2024〕27号）	研究制定预制菜食品安全国家标准。统筹制定严谨、统一的覆盖预制菜生产加工、冷藏冷冻和冷链物流等环节的标准，明确规范预制菜食品安全要求
6	《以标准提升牵引设备更新和消费品以旧换新行动方案》（国市监标技发〔2024〕34号）	提升废旧产品回收利用标准，完善再生材料质量和使用标准，加大回收循环利用标准供给
7	《数字商务三年行动计划（2024—2026年）》	推广使用智能仓配、无人物流设备，加快标准托盘、周转箱（筐）等使用，提高配送效率，降低物流成本

续 表

序号	文件名称	相关要求
8	《关于加快智慧港口和智慧航道建设的意见》	强化科技创新与国际交流合作，包括强化科技和标准支撑、强化协同联动和交流合作 在强化标准支撑方面，要建立健全智慧港口和智慧航道标准体系。制修订出台智慧港口和智慧航道建设相关技术指南和标准规范。鼓励各地方、学会协会、企业先行先试，探索出台地方标准、团体标准、企业标准
9	《交通运输大规模设备更新行动方案》（交规划发〔2024〕62号）	加快推进智慧物流枢纽、物流园区智能化改造。支持高标准仓库、边境口岸铁路换装设施设备及应用自动分拣系统、堆垛机、电动叉车等设施设备的智慧立体仓储设施升级改造。积极推广升级标准化托盘、周转箱等物流装载器具循环共用系统
10	《关于拓展跨境电商出口推进海外仓建设的意见》（商贸发〔2024〕125号）	加快跨境电商领域标准建设。鼓励地方汇聚行业、企业、高校、智库等资源，积极参与跨境电商生产、营销、支付、物流、售后等各领域的标准建设。引导有条件的协会、企业等参与制定跨境电商等外贸新业态领域国家标准、行业标准。推动与跨境电商主要市场开展进出口产品标准对接
11	《关于进一步强化碳达峰碳中和标准计量体系建设行动方案（2024—2025年）的通知》（发改环资〔2024〕1046号）	加快推进电力、煤炭、钢铁、有色、纺织、交通运输、建材、石化、化工、建筑等重点行业企业碳排放核算标准和技术规范的研究及制修订，制定温室气体审定核查、低碳评价等相关配套技术规范，支撑企业碳排放核算工作，有效服务全国碳排放权交易市场建设。制定面向园区的碳排放核算与评价标准 条件成熟时，推动将全国温室气体自愿减排项目方法学纳入国家标准体系，支撑全国温室气体自愿减排交易市场建设和企业环境、社会和公司治理（ESG）信息披露等应用场景 充分利用市场资源，将技术领先、市场成熟度高的团体标准纳入绿色产品评价标准清单
12	《农村客货邮运营服务指南（试行）》（交办运函〔2024〕1574号）	鼓励选用符合农村客货邮融合发展适配车辆选型技术要求的车型以及标准化的物流周转袋（箱），鼓励县级客货邮站点经营者利用自动化分拣设备提高邮件快件等分拣效率
13	《关于加快提升新能源汽车动力锂电池运输服务和安全保障能力的若干措施》（交运发〔2024〕113号）	制定发布动力锂电池运输标准规则，建立动力锂电池运输国际规则国内实施机制，推进动力锂电池运输技术规则国际化
14	《关于加强自然资源要素保障促进现代物流高质量发展的通知》（自然资发〔2024〕218号）	适应物流行业发展需要，合理设定用地条件；加强物流用地全周期管理，促进行业高质量发展。研究制定现代物流业“标准地”工作指引，合理设置物流用地绩效评价指标，引导地方政府以物流强度为导向设置考核指标，科学设置容积率等规划标准，推动物流企业节约集约用地

（二）物流标准化工作开展情况

1. 物流标准化技术组织保障力量进一步加强

2024 年，经国家市场监管总局（国家标准化管理委员会，简称国家标准委）批准，TC268/SC1 全国智能运输系统标准化技术委员会智慧交通物流分技术委员会成立。该分技术委员会主要负责交通运输领域与智能运输系统相关的智慧物流国家标准制修订工作。由交通运输部筹建并担任业务指导单位，秘书处设在交通运输部公路科学研究院。

至此，我国与物流相关的全国性技术委员会的保障力量进一步加强，涵盖了物流管理、物流技术、物流信息、物流设施设备、物流包装、智慧物流、交通运输等方面。具体情况见表 2。

表 2　物流领域相关技术委员会情况

行业主管部门	序号	标准化技术委员会	编号	管理标准层级
国家市场监管总局（国家标准委）	1	全国物流信息管理标准化技术委员会	TC267	国家标准
	2	全国物流标准化技术委员会	TC269	国家标准
	3	全国集装箱标准化技术委员会	TC6	国家标准
国家发展改革委	—	全国物流标准化技术委员会	TC269	行业标准
工业和信息化部	4	全国信息技术标准化技术委员会 自动识别与数据采集技术分技术委员会	TC28/SC31	国家标准/行业标准
	5	全国包装标准化技术委员会	TC49	国家标准/行业标准
	6	全国自动化系统与集成标准化技术委员会	TC159	国家标准/行业标准
	7	全国物流仓储设备标准化技术委员会	TC499	国家标准/行业标准
交通运输部	8	全国道路运输标准化技术委员会	TC521	国家标准/行业标准
	9	全国智能运输系统标准化技术委员会	TC268	国家标准/行业标准
	10	全国智能运输系统标准化技术委员会 智慧交通物流分技术委员会	TC268/SC1	国家标准/行业标准
	11	全国港口标准化技术委员会	TC530	国家标准/行业标准
	12	全国汽车标准化技术委员会 挂车分技术委员	TC114/SC13	国家标准/行业标准
	—	全国集装箱标准化技术委员会	TC6	行业标准
	13	全国综合交通运输标准化技术委员会	TC571	国家标准/行业标准

续　表

行业主管部门	序号	标准化技术委员会	编号	管理标准层级
商务部	14	全国国际货运代理标准化技术委员会	TC489	国家标准/行业标准
国家粮食和储备局	15	全国粮油标准化技术委员会 粮食储藏及流通分技术委员会	TC270/SC3	国家标准/行业标准
国家邮政局	16	全国邮政业标准化技术委员会	TC462	国家标准/行业标准
中国民航局	17	全国航空运输标准化技术委员会	TC464	国家标准/行业标准

在物流国家标准的提出和研制方面，各技术委员会之间的协同更加紧密。如在物流信息化领域，SAC/TC267 与 SAC/TC269 共同完成《物流园区数字化通用技术要求》国家标准项目的编制和报批，开展《物流企业数字化 第 1 部分：通用要求》国家标准计划项目的编制。SAC/TC269 与 SAC/TC571 协商一致并报国家标准委批准，将《多式联运服务质量及测评》国家标准计划项目的第一归口单位调整至该标委会，全国物标委作为第二归口单位参与该标准的技术管理。

此外，在绿色物流领域，与相关领域标准技术组织的合作也越来越多。如 SAC/TC269 配合全国能源基础与管理标准化技术委员会（SAC/TC20）完成了《物流企业能源计量器具配备和管理要求》国家标准计划项目的编制和报批，配合全国碳排放管理标准化技术委员会（SAC/TC548）提出了《基于项目的温室气体减排量评估技术规范 内河货船新能源替代》等国家标准的立项申报工作。

2. 物流标准制修订工作稳步推进，重点领域标准研制进一步加强

据中国物流与采购联合会编辑发布的 2024 版《物流标准目录手册》，截至 2024 年 12 月底，我国现行物流相关领域国家标准 721 项、行业标准 611 项，共计 1332 项。另有用于指导物流标准化工作的标准 45 项。其中，2024 年发布物流国家标准 41 项、标准化工作指导性标准 2 项（见表 3），备案的行业标准 34 项（见表 4），标准制修订工作稳步推进。

表 3　　2024 年发布的物流国家标准汇总

序号	标准编号	标准名称	代替标准
1	GB/T 16472—2024	乘客及货物类型、包装类型和包装材料类型代码	GB/T 16472—2013
2	GB 16994. 5—2024	港口作业安全要求 第 5 部分：件杂货物	
3	GB 16994. 6—2024	港口作业安全要求 第 6 部分：固体散装危险货物	
4	GB/T 20154—2024	低温保存箱	

续　表

序号	标准编号	标准名称	代替标准
5	GB/T 23862—2024	文物包装与运输规范	GB/T 23862—2009
6	GB/T 24861—2024	水产品流通管理技术规范	GB/T 24861—2010
7	GB/T 28843—2024	食品冷链物流追溯管理要求	GB/T 28843—2012
8	GB/T 29912—2024	城市物流配送汽车选型技术要求	GB/T 29912—2013
9	GB/T 30332—2024	仓单要素与格式要求	GB/T 30332—2013
10	GB/T 30334—2024	物流园区服务规范及评价指标	GB/T 30334—2013
11	GB/T 30685—2024	气瓶直立道路运输技术要求	GB/T 30685—2014
12	GB/T 31078—2024	低温仓储作业规范	GB/T 31078—2014
13	GB/T 32151. 30—2024	温室气体排放核算与报告要求 第 30 部分· 水运企业	
14	GB/T 32151. 27—2024	温室气体排放核算与报告要求 第 27 部分：陆上交通运输企业	
15	GB/T 36192—2024	活水产品运输技术规范	GB/T 36192—2018
16	GB/T 43133. 2—2024	运输包装 可重复使用的塑料周转箱 第 2 部分：试验通用规范	
17	GB/T 43668—2024	物流无人机货物吊挂控制通用要求	
18	GB/T 43802—2024	绿色产品评价 物流周转箱	
19	GB/T 43805—2024	邮件快件循环包装使用指南	
20	GB/T 43851—2024	制造物流系统互联互通通用要求	
21	GB/T 43910—2024	物流仓储设备 术语	
22	GB/T 43994—2024	粮食安全储存水分	
23	GB 44019—2024	化学品船清洗舱安全作业要求	
24	GB/T 44054—2024	物流行业能源管理体系实施指南	
25	GB/T 44167—2024	大型货运无人机系统通用要求	
26	GB/T 44339—2024	大宗粮食收储信息管理技术通则	
27	GB/T 44340—2024	粮食储藏 玉米安全储藏技术规范	
28	GB/T 44430—2024	集装箱多式联运运单	
29	GB/T 44432—2024	快件报关信息交换规范	
30	GB/T 44459—2024	物流园区数字化通用技术要求	
31	GB/T 44478—2024	国际贸易术语运输条款运用指南	

续　表

序号	标准编号	标准名称	代替标准
32	GB 44505—2024	危险货物运输包装 救助包装安全技术规范	
33	GB/T 44523—2024	连续搬运机械 安全标志和危险图示通则	
34	GB/T 44705—2024	道路运输液体危险货物罐式车辆罐体清洗要求	
35	GB/T 44744—2024	粮食储藏 低温储粮技术规程	
36	GB/T 44854—2024	物流企业能源计量器具配备和管理要求	
37	GB 44917—2024	食用植物油散装运输卫生要求	
38	GB/T 44968—2024	粮食储藏 小麦粉安全储藏技术规范	
39	GB/T 45096—2024	城市绿色货运配送评价指标	
40	GB/T 45151—2024	城市配送网络体系建设指南	
41	GB/T 45162. 1—2024	物流仓储设备 可靠性试验规范 第 1 部分：输送分拣设备	
42	GB/T 20001. 1—2024	标准起草规则 第 1 部分：术语	
43	GB/T 20000. 6—2024	标准化活动规则 第 6 部分：良好实践指南	

表 4　　　　2024 年备案的物流行业标准汇总

序号	标准号	标准名称	发布单位
1	GH/T 1466—2024	农村电子商务服务站（点）运行评价规范	中华全国供销合作总社
2	GH/T 1472—2024	鲜切果蔬包装通用技术要求	中华全国供销合作总社
3	JB/T 3341—2024	蓄电池托盘堆垛车	工业和信息化部
4	JB/T 11270—2024	立体仓库组合式钢结构货架技术规范	工业和信息化部
5	JB/T 14810—2024	重型移动式货架	工业和信息化部
6	JT/T 382—2024	内河运输船舶评价指标	交通运输部
7	JT/T 421—2024	港口固定式起重机安全要求	交通运输部
8	JT/T 561—2024	港口台架式起重机安全要求	交通运输部
9	JT/T 880—2024	港口牵引车	交通运输部
10	JT/T 1006. 2—2024	交通运输统计分析监测和投资计划管理信息系统 第 2 部分：数据交换内容	交通运输部
11	JT/T 1041—2024	海运散装有毒液体物质分类方法和运输条件评价程序	交通运输部
12	JT/T 1487—2024	空陆联运货物交接区设施设备配置要求	交通运输部
13	JT/T 1488—2024	网络平台道路货物运输服务规范	交通运输部
14	JT/T 1491—2024	散粮港口作业减损技术要求	交通运输部
15	JT/T 1492—2024	散货连续装船机安全要求	交通运输部
16	LS/T 1235—2024	粮食仓房分类分级	国家粮食和物资储备局

续 表

序号	标准号	标准名称	发布单位
17	MH/T 6030—2024	散装货物装载机	中国民用航空局
18	WB/T 1041—2024	自动分拣设备管理要求	国家发展和改革委员会
19	WB/T 1054—2024	餐饮物流服务规范	国家发展和改革委员会
20	WB/T 1139—2024	国家物流枢纽统计分类	国家发展和改革委员会
21	WB/T 1140—2024	新能源汽车废旧动力蓄电池 物流服务质量评价指标	国家发展和改革委员会
22	WB/T 1141—2024	数字化仓库 数据分类与接口要求	国家发展和改革委员会
23	WB/T 1142—2024	医院院内物流服务规范	国家发展和改革委员会
24	WB/T 1143—2024	集装式移动冷库通用技术与使用配置要求	国家发展和改革委员会
25	WB/T 1144—2024	疫苗储存与运输服务规范	国家发展和改革委员会
26	WB/T 1145—2024	农产品产地冷链集配中心基本要求	国家发展和改革委员会
27	WB/T 1146—2024	网络零售药品配送服务规范	国家发展和改革委员会
28	TB/T 30011—2024	路货运检查技术要求	国家铁路局
29	YC/T 398—2024	烟草商业企业物流现场管理规范	国家烟草专卖局
30	YC/T 618—2024	卷烟物流配送中心作业动线管理指南	国家烟草专卖局
31	YC/Z 623—2024	烟草商业企业卷烟物流应急作业指南	国家烟草专卖局
32	YC/Z 624—2024	烟草商业企业卷烟柔性送货服务指南	国家烟草专卖局
33	YZ/T 0194—2024	生鲜品快递包装基本要求	国家邮政局
34	YZ/T 0195—2024	医药冷链快递服务	国家邮政局

2024 年，在基础标准、智慧物流、绿色物流、冷链物流，以及物流业与制造业深度融合、多式联动等重要领域的标准研制进一步加强。这些标准的制定、修订对于推进有效降低全社会物流成本，促进物业行业高质量发展具有重要意义。2024 年立项的国家标准计划项目见表 5。

表 5　2024 年立项的国家标准计划项目

序号	领域	标准项目	项目计划号	制定/修订	归口标委会
1	基础	物流服务合同准则	20240905－T－469	修订	全国物流标准化技术委员会
2		物流单证基本要求	20240906－T－469	修订	全国物流标准化技术委员会
3		汽车零部件物流　塑料周转箱尺寸系列及技术要求	20242352－T－469	修订	全国物流标准化技术委员会

续　表

序号	领域	标准项目	项目计划号	制定/修订	归口标委会
4	基础	综合交通运输术语	20242873 – T – 348	制定	全国综合交通运输标准化技术委员会
5	智慧物流	仓库货物智能监测技术要求	20243519 – T – 469	制定	全国物流信息管理标准化技术委员会
6		电商物流数智化管理通用技术要求	20242555 – T – 469	制定	全国物流信息管理标准化技术委员会
7		国际物流供应链系统 调度信息交换要求	20242045 – T – 469	制定	全国智能运输系统标准化技术委员会智慧交通物流分技术委员会
8		国际物流供应链系统 干散货物流状态监测规范	20242046 – T – 469	制定	全国智能运输系统标准化技术委员会智慧交通物流分技术委员会
9		货运电子铅封及系统技术要求	20240903 – T – 469	制定	全国智能运输系统标准化技术委员会智慧交通物流分技术委员会
10		智慧货运枢纽基本要求	20240904 – T – 469	制定	全国智能运输系统标准化技术委员会智慧交通物流分技术委员会
11	绿色物流	绿色产品评价 托盘	20242773 – T – 602	制定	全国物流标准化技术委员会
12		绿色物流指标构成与核算方法	20243407 – T – 469	修订	全国物流标准化技术委员会
13	冷链物流	冷链运输电子运单技术要求	20242210 – T – 469	制定	全国智能运输系统标准化技术委员会智慧交通物流分技术委员会
14	物流业与制造业深度融合	物流业与制造业融合 物流企业业务流程融合指南	20240907 – T – 469	制定	全国物流标准化技术委员会
15	多式联运	货物多式联运运量计算方法	20240030 – T – 348	制定	全国综合交通运输标准化技术委员会
16	物流装备设备	物流仓储设备 检查与维护规程 第1部分：巷道堆垛机	20243239 – T – 604	制定	全国物流仓储设备标准化技术委员会
17		物流仓储设备 可靠性试验规范 第2部分：存储设备	20241569 – T – 604	制定	全国物流仓储设备标准化技术委员会

续　表

序号	领域	标准项目	项目计划号	制定/修订	归口标委会
18	运输	危险货物道路运输规则 第 1 部分：通则	20241015 – Q – 348	制定	全国道路运输标准化技术委员会
19		危险货物道路运输规则 第 2 部分：分类	20241017 – Q – 348	制定	全国道路运输标准化技术委员会
20		危险货物道路运输规则 第 3 部分：品名及运输要求索引	20241016 – Q – 348	制定	全国道路运输标准化技术委员会
21		危险货物道路运输规则 第 4 部分：运输包装使用要求	20241018 – Q – 348	制定	全国道路运输标准化技术委员会
22		危险货物道路运输规则 第 5 部分：托运要求	20241013 – Q – 348	制定	全国道路运输标准化技术委员会
23		危险货物道路运输规则 第 6 部分：装卸条件及作业要求	20241014 – Q – 348	制定	全国道路运输标准化技术委员会
24		危险货物道路运输规则 第 7 部分：运输条件及作业要求	20241011 – Q – 348	制定	全国道路运输标准化技术委员会
25		道路货运市场运行监测指标与计算方法	20240444 – T – 348	制定	全国道路运输标准化技术委员会
26		综合交通运输一体化评价指标	20241009 – T – 348	制定	全国综合交通运输标准化技术委员会
27	包装	粮油机械 产品包装通用技术条件	20241655 – T – 449	修订	全国粮油标准化技术委员会

3. 物流标准宣贯与实施颇有成效

2024 年，物流标准的宣贯力度进一步加大，通过文字解读、标准视频云课、“一图读懂”、“标准进校园”、企业座谈等多种方式开展。例如，由全国物流标准化技术委员会提出并归口的《绿色产品评价 物流周转箱》（GB/T 43802—2024）被中央电视台、《人民日报》等多家央媒进行了报道。全国物标委持续开展的“中国物流标准大讲堂”活动，全年举办 10 期“中国物流标准大讲堂”，对 9 项国家标准、2 项行业标准进行宣贯。通过“中物联教育培训”视频号、小鹅通直播号等平台参加的人数总计达 25300 余人。其中，经向国家标准委报备，在 10 月 14 日“第 55 届世界标准日”举办了“2024 年世界标准日——‘中国物流标准大讲堂’活动”，对列入“两个方案”的重要标准《物流园区数字化通用技术要求》（GB/T 44459—2024）进行了宣贯，2100 余名行业企业代表、专家、院校学生参加了本次宣贯活动。

2024 年，全国物标委秘书处继续保持每月编辑和公开发布一期“物流标准化动态”电子刊，从相关政府部门、标委会、科研院所收集物流标准化相关的重要政策、新闻资讯、标准动态。

在标准的实施与应用方面，2024 年，依据《物流企业分类与评估指标》（GB/T 19680—2013）开展的评估工作，共评出新评估 A 级物流企业 1001 家，完成复核 A 级企业 1611 家，宁夏地区有了第一家 5A 级企业。至此，我国已累计开展 38 批 A 级物流企业评估，共评估出 10469 家 A 级物流企业。越来越多代表我国物流业发展水平和发展方向的优质物流企业进入了 A 级物流企业行列。A 级物流企业的发展环境、市场占有率、服务功能和服务水平进一步改善和提高，A 级物流企业的品牌得到了政府、企业、市场的广泛认同，其价值稳步提升。

依据《物流企业冷链服务要求与能力评估指标》（GB/T 31086—2014）国家标准，评估出第 17 批次、第 18 批次共 50 家星级冷链物流企业，其中五星级企业 10 家，4 星级企业 30 家，3 星级企业 10 家；贵州省、江西省、重庆市等地相继出台相应奖补政策。

依据《食品冷链物流交接规范》（GB/T 40956—2021）开展标准试点工作，新增 24 家企业试点单位；启动达标工作并评选出首批 11 家达标企业。

依据《通用仓库等级》（GB/T 21072—2021）和《仓储服务质量要求》（GB/T 21071—2021）开展对标工作，2024 年新增 31 个库区达到《通用仓库等级》中四星以上标准，8 家企业达到《仓储服务质量要求》的规定。

依据《药品冷链物流运作规范》（GB/T 28842—2021），新增试点企业 58 家、达标企业共 3 家。此外，新增 10 余个省份的 20 余家终端医疗机构、疾控机构、生产企业将该规范作为招标依据之一。

依据《医学检验生物样本冷链物流运作规范》（GB/T 42186—2022），新增试点企业共 85 家。同时，新增 10 余个省份的 50 余家终端医疗机构、医学检测实验室、企业将该规范作为招投标依据之一。

4. 企业标准“领跑者”范围进一步扩大

2024 年，物流企业进行企业标准备案、参与企业标准“领跑者”工作的积极性进一步提升。中国物流与采购联合会在“物流服务”领域开展综合物流服务、平托盘、托盘租赁服务、零担货物道路运输服务、整车货物道路运输服务、网络货运服务、食品冷链物流服务、药品冷链物流服务等 8 个产品/服务的企业标准“领跑者”评估，开展了 3 批次的评估工作。共有 70 家物流企业获评 2024 年企业标准“领跑者”，其中 24 家为 2024 年新增标准，46 家为复审标准。另外，深圳市标准化协会在快递智能客服领域组织评估出 3 家企业标准“领跑者”。

5. **国际标准化工作稳步推进**

在物流国际标准化方面，目前在 ISO 体系中，与物流相关的技术组织有：

ISO/TC 22 Road vehicles（道路车辆）；

ISO/TC 51 Pallets for unit load method of materials handling（单元货物搬运用托盘）；

ISO/TC 122 Packaging（包装）；

ISO/TC 154 Processes, data elements and documents in commerce, industry and administration（商业、工业和管理中的流程、数据元素和文档）；

ISO/TC 204 Intelligent transport systems（智慧运输系统）；

ISO/TC 268 Sustainable cities and communities（可持续的城市和社区）；

ISO/TC 297 Waste collection and transportation management（废弃物收集与运输管理）；

ISO/TC 315 Cold chain logistics（冷链物流）；

ISO/TC 321 Transaction assurance in E - commerce（电子商务交易保障）；

ISO/TC 344 Innovation logistics（创新物流）。

其中，与物流最为相关的有 ISO/TC 51、ISO/TC 297、ISO/TC 315、ISO/TC 344。

（1）ISO/TC 51 Pallets for unit load method of materials handling（单元货物搬运用托盘）：成立于 1947 年，秘书处设在英国标准协会（BSI），工作范围是以平台装载货物机械化运作的托盘标准化，货物可在其上包装，形成用机械装置处理的单元负载。ISO/TC 51 目前有 21 个 P 成员和 21 个 O 成员。

ISO/TC 51 有 3 个工作组，分别为：ISO/ TC51/WG2 Methods of test for pallets（托盘测试方法工作组）；ISO/ TC51/WG6 Pallet dimensions and terminology（托盘尺寸和术语）；ISO/ TC51/WG9 Flat plastic pallets for petrochemical industries（石化行业塑料平托盘）。

ISO/TC 51 目前已发布 16 项标准（含一项修改单），在制标准 4 项，均为修订项目。

（2）ISO/TC 297 Waste collection and transportation management（废弃物收集与运输管理）：成立于 2015 年，秘书处设在德国工业标准协会（DIN），工作范围是固体和卫生液体废物和可回收物（贵重物品）的收集、临时储存和运输的机器、设备和管理系统的标准化。具体包括术语、工艺、性能、质量、环境方面；安全和人机工程学方面；维修；物流方面；数据管理和服务程序。目前，ISO/TC 297 有 23 个 P 成员和 19 个 O 成员。

ISO/TC 297 有 4 个工作组，分别为：ISO/TC 297/AHG 1　Research and Investigation regarding post - consumer thermoplastics collection and transportation（关

于消费后热塑性塑料收集和运输的研究和调查）；ISO/TC 297/AHG 2　Guidelines for the collection and transportation of used traction batteries（废旧动力电池收集和运输指南）；ISO/TC 297/WG 1　Terminology（术语）；ISO/TC 297/WG 2　Waste collection and transport vehicles（废物收集和运输车辆）。

ISO/TC 297 已发布了 4 项标准，有 1 项标准在制。

（3）ISO/TC 315 Cold chain logistics（冷链物流）：成立于 2018 年，秘书处设在日本工业标准委员会（JISC），工作范围是冷链物流领域的标准化。目前，ISO/TC 315 有 18 个 P 成员和 13 个 O 成员。

ISO/TC 315 有 6 个工作组，分别是：ISO/TC 315/AHG 1　Strategic Business Plan（SBP）Working group（战略业务计划工作组）；ISO/TC 315/CAG Chair's Advisory Group Working group（主席咨询小组）；ISO/TC 315/WG 2 Contactless delivery（非接触式交付）；ISO/TC 315/WG 3　Services between businesses—Storage and Transport（企业之间的服务——储存和运输）；ISO/TC 315/WG 4　Terminology（术语）；ISO/TC 315/WG 5　Validation（验证）；ISO/TC 315/WG 6　Traceability（可追溯性）。

ISO/TC 315 已发布了 3 项标准，有 4 项标准在制。

（4）ISO/TC 344 Innovation logistics（创新物流）：成立于 2023 年，工作范围是物流领域的服务、技术应用和管理的标准化，具体包括将货物从制造商或分销商运送到区域分拨枢纽（RH）、配送中心（DC），最终配送到城市零售商等商业客户的过程，并在该过程中提升物流配送作业质量、安全和效率，增强物流配送的稳定性、灵活性和可持续性。目前，ISO/TC 344 有 14 个参与成员（P 成员）和 13 个观察成员（O 成员）。

ISO/TC 344 成立了 3 个工作组，分别为：ISO/TC 344/AHG1，Structure（结构）；ISO/TC 344/WG1，Sustainability（可持续性）；ISO/TC 344/WG2，Fundamental（基础）。

2024 年，ISO/TC 344 立项了 3 个标准项目。

截至 2024 年年底，以上 4 个 ISO 的技术委员会在制国际标准项目见表 6。

表 6　　在制国际标准项目

序号	所属 TC	项目名称	项目类型	提案国家
1	ISO/TC 51	ISO/WD 445 Flat plastic pallets for petrochemical industries—Terminology 石化行业塑料平托盘　托盘术语	国际标准（IS）	中国

续　表

序号	所属 TC	项目名称	项目类型	提案国家
2	ISO/TC 51	ISO/FDIS 8611—1Pallets for materials handling—Flat pallets—Part 1：Test methods 1 物料搬运用托盘　平托盘　第 1 部分：试验方法	国际标准（IS）	韩国
3	ISO/TC 51	ISO/FDIS 8611—2 Pallets for materials handling—Flat pallets—Part 2：Performance requirements and selection of tests 2 物料搬运用托盘　平托盘　第 2 部分：性能要求和试验选择	国际标准（IS）	韩国
4	ISO/TC 51	ISO/CD 18995 Flat Plastic Pallets for Petrochemical Industries 石油化工行业塑料平托盘	国际标准（IS）	韩国
5	ISO/TC 297	ISO/DIS 13155　Refuse collection vehicles—Terminology of main functional components and performance indicators 垃圾收集车　主要功能部件及性能指标的术语	国际标准（IS）	中国
6	ISO/TC 315	ISO/DIS 31510 Cold chain logistics—Terminology 冷链物流　术语	国际标准（IS）	日本、中国
7	ISO/TC 315	ISO/CD 31513 Temperature validation methods of temperature - controlled storages and road vehicles 温控储存和道路车辆的温度验证方法	国际标准（IS）	韩国
8	ISO/TC 315	ISO/CD TS 31514 Requirements and guidelines for food traceability in cold chain logistics 冷链物流食品可追溯性的要求和指南	国际标准（IS）	中国
9	ISO/TC 315	ISO/WD TR 31515 Cold chain service quality measurement methods for on - demand food delivery 按需食品配送的冷链服务质量测量方法	技术报告（TR）	韩国
10	ISO/TC 344	ISO/AWI TR 25326 Use Cases for Green Logistics Activities 绿色物流活动应用案例	技术报告（TR）	中国
11	ISO/TC 344	ISO/AWI 25403 Innovative logistics—ESG for logistics—Framework and factors 创新物流　物流 ESG　框架和要素	国际标准（IS）	中国
12	ISO/TC 344	ISO/AWI 25414 General requirements and quality inspection methods for unmanned parcel locker 无人包裹储物柜的一般要求及质量检验方法	国际标准（IS）	韩国

2024 年 5 月 30—31 日，中国物流与采购联合会、青岛市市场监督管理局、中国（山东）自由贸易试验区青岛片区管理委员会联合主办了“2024 物流标准化国际大会”，并承办了 ISO/TC 344 第一次全体会议。国际标准化组织（ISO）主席曹诚焕为大会作视频致辞。来自国际标准化组织（ISO）、ISO/TC 344 成员国、亚太物流联盟成员国，以及国家相关部委、行业协会、科研院所、物流企业和媒体的 400 余名代表参加了大会。

会议同期极大地宣传了物流国际标准化工作，提升了我国物流行业的国际影响力，促进了全球标准化专家和物流同行的交流。会议得到了中央电视台（CCTV13 新闻频道和 CCTV4 中文国际频道）、《人民日报》、《经济日报》、《中国质量报》等媒体的广泛报道。

此外，2024 年，全国物标委组织完成了《绿色产品评价 物流周转箱》《物流园区服务规范及评价指标》《食品冷链物流追溯管理要求》《低温仓储作业规范》《仓单要素与格式要求》《物流园区数字化通用技术要求》等 6 项国家标准的外文版翻译，其中前 5 项已获批发布。针对物流领域的国际合作，开展了《口岸物流服务质量规范》《跨境电子商务海外仓运营管理要求》国家标准外文版的应用实施效果分析与研究，为促进国家标外文版的宣贯、销售、实施与应用提供了基础研究。

二、2025 年物流标准化工作展望

展望 2025 年，物流标准化工作方面应积极贯彻落实党的二十届三中全会关于进一步全面深化改革、推进中国式现代化的有关精神，紧密围绕推动经济高质量发展和有效降低全社会物流成本的要求，加强在新质生产力、数字化、绿色化等方面的重要标准项目研究。同时，加大对服务于西部陆海新通道等国家重要战略举措的物流标准化专题调研，开展碳排放、碳计量、绿色物流以及物流园区、物流枢纽、物流数据治理等方面的标准化需求研究，并探索在物流高质量发展的重要领域、物流安全等方面研究提出强制性国家标准。此外，应利用好 ISO/TC 344 的平台，着眼于支撑中国物流行业进入国际市场、促进国际经贸合作、提升国际标准与国内标准的转化，建立国际标准化项目储备并有序规划，加强国内与国际标准化工作的协同，尽快推进战略性、重要国际标准的制定，加大与各国物流标准化专家的交流与合作。

具体而言，可从以下几个方面加强标准化工作：

（一）强化重点领域物流标准项目的提出

贯彻落实相关政策文件要求，组织开展物流基础设施高水平联通、技术装

备数智化和绿色化应用、物流组织高效率运行、物流监测与评价、物流业制造业深度融合等物流标准项目的提出工作。

（二）严把标准制修订质量

严格按照《国家标准管理办法》的要求，在标准制修订过程中，加大行业调研和验证、论证力度，加强对标准专业技术内容、标准结构、标准格式与编写规范的指导，提升标准的科学性、适用性和规范性，切实起到标准引领作用。

（三）加强对标准的宣贯和实施推广

继续开展“一图读懂”、文字解读、云视频、标准大讲堂等多种形式的宣贯活动；依托相关单位开展专业领域的行业标准培训、专题活动，形成国家标准、行业标准成体系、相配套的多样化宣传推广模式。同时，增加实施效果的信息收集、反馈和调研，加强对标准实施的经济效益、社会效益、生态效益的分析，保证标准的时效性、协调性和对行业高质量发展的支撑作用。

（四）稳固推进国际标准化工作

一是组织好在制国际标准项目的研制工作；二是开展国际标准化研究，建立国际标准提案库，为新国际标准提案做好中国方案储备；三是组织开展国际标准化工作规则的学习，总结国际标准化工作流程、经验，提升国际标准化工作能力；四是依据国际标准项目工作进度，推荐更多中国专家注册为国际标准化专家，深度参与物流国际标准制定和其他标准化工作；五是开展与其他国家成员体的双边、多边交流，推动物流领域其他国际组织、相关机构参与和支持中国牵头的国际标准项目。

（中国物流与采购联合会标准化工作部　金蕾　李红梅）

2024 年物流行业教育培训发展回顾与 2025 年展望

2024 年，中共中央办公厅、国务院办公厅联合印发《有效降低全社会物流成本行动方案》。在国家发展改革委等相关部门的政策引导和协调推动下，现代物流政策支持体系不断完善，社会物流总额增速稳中有升，社会物流成本稳步下降。物流与产业加速融合创新，市场规模优势继续巩固，社会物流运行效率稳步提升。随着我国经济结构调整和产业升级的持续推进，物流行业必须加快转型步伐，物流教育培训迎来新的机遇与挑战。因此，物流教育工作应在巩固自身发展基石的同时，接纳智能技术，利用数智能力，共同推动物流人才培养进一步向数字化、科学化、全面化转型。

为迎合行业发展需要，应对加快发展新质生产力这一任务对物流人才培养提出的新需求、新挑战，2024 年物流行业教育培训在服务国家战略、教育教学指导与研究、国际合作及产学研结合工作推进等方面重点开展。

一、2024 年物流行业教育培训发展回顾

（一）服务国家顶层设计，提高行业影响力

1. 发挥主观能动性，推动人才内容完善与职业体系完整

2024 年，中国物流与采购联合会（以下简称中物联）参与了国家“降低全社会物流成本”中关于物流人才部分的调研和建议工作，并承担了教育部、总工会“产业工人求学圆梦计划”物流行业调研任务，为《中共中央 国务院关于深化产业工人队伍建设改革的意见》提供政策建议。同时，推动大件物流员成为物流服务师下增设的第五个新工种，正式列入由人力资源和社会保障部、国家市场监督管理总局、国家统计局联合发布的《中华人民共和国职业分类大典》，并启动了相关国家职业标准编制工作，为新职业的规范化发展提供支持。

2. 履行社会责任，落实乡村振兴与对口帮扶

2024 年，教育部职业教育与成人教育司、职业教育发展中心赴甘肃环县、镇原县、积石山县、临潭县、舟曲县和河北威县调研“乡村振兴”帮扶需求。在物流教育领域，中物联与舟曲职业中等专业学校确定了共建“物流 + 电商 + 双创”的“3 + 2”中高职衔接的中职专业建设、社会培训、援建叉车培训基地等工作任务，并围绕“物流与电子商务专业建设与发展”组织了专场师资培

训活动。同时，完成了两辆叉车（价值18万元）的捐赠工作，支持叉车培训基地建设。另外，全国物流职业教育教学指导委员会（以下简称物流行指委）与中物联根据调研情况和《有效降低全社会物流成本行动方案》的工作要求，面向160个县的通用需求，于11月启动了“农村经营管理”“职业教育赋能乡村振兴系列课程”两门在线课程的开发。

在开展援藏援疆工作方面，为贯彻教育部“组团式”帮扶的工作要求和教育部职教中心对口援藏的工作部署，9月在拉萨召开了对口支援西藏工作座谈会，中物联与物流行指委组织内地10余家中高职院校赴西藏开展精准帮扶调研与对接。另外，根据新疆物流教育与物流业发展现状，启动了“一带一路”背景下新疆现代物流业高质量发展科研专项课题项目，提升新疆院校的物流专业建设与教科研能力。课题项目共收到38项课题申请，其中新疆院校25项，其他地区的院校13项，管理学、财经商贸类为申报的热点领域，目前正在进行课题立项评估。

3. 深化职教出海，服务大国外交

2024年，物流类相关院校积极建设职教出海品牌，如鲁班工坊、海丝学院、丝路学院、郑和学院、班・墨学院、中文工坊等。10月，江苏经贸职业技术学院与柬埔寨财经大学、柬埔寨经济和财政部商业发展中心及柬埔寨中国江苏总商会－南京云开科技等四方合作共建柬中经贸大学。该校于2024年11月开始招生，2025年春季开学，未来将为柬埔寨当地及中资企业培养高素质高水平技术技能人才提供新的输出口。

在产教融合国际化发展方面，2024年共成立了全国现代国际物流产教融合共同体、全国海丝跨境物流行业产教融合共同体、中国—东盟边境物流行业产教融合共同体等与国际合作密切相关的共同体，未来将围绕专业建设、教学改革、人才培养、企业用工等方面开展具体工作。此外，由中物联举办的第三届“中文＋物流职业技能”国际赛于11月完赛，来自泰国、马来西亚、老挝、印度尼西亚等25个国家的318名国际学生报名，范围覆盖了亚洲、非洲、欧洲等多个国家及地区，一定程度上推动了物流职教出海服务“一带一路”建设和大国外交，提升了中国物流职业教育的世界影响力。

在国际专业认证方面，2024年共培养出3名国际采购与供应链管理联盟（IFPSM）全球标准（GS）认证项目评审专家，同时国内4所高校先后开展了GS专业认证，认证工作还通过中物联协助实现了审核全过程的系统化、数字化。除此之外，物流师、采购师、供应链管理师三个项目也同步完成了2024年度的IFPSM国际互认工作。

4. 多渠道拓展，全面推进培训认证体系建设工作

2024年，行业培训认证工作从多渠道、多角度显著提升了其影响力。在培训活动上，与湖北物流所合作完善湖北领军人才计划，与宁夏交通厅合作开展宁夏回族自治区物流行业职业技能人才培育活动等，为地方培训体系的完善做出了积极贡献。在项目创新上，共推出了物流师（医药）、卡车运维管理师、物流行业碳排放管理员等新的职业认证项目。丰富了行业培训认证体系。

5. 搭建合作桥梁，助力高质量就业

全年深入江苏、浙江、上海、安徽、江西、云南、新疆、西藏等地，调研当地物流行业发展态势与物流人才培养现状，为多所院校对接万纬物流、顺丰速运、慧仓、精星、世仓等行业头部企业，满足其技术创新、产学研合作及实习就业等需求；并于4月、9月开展了“数智转型、赋能发展”主题系列沙龙，累计对接近300家物流行业领军企业及其上下游产业链人力资源负责人，为院校与企业开展产教融合、校企合作搭建服务平台。另外，中物联整理形成了《物流企业技能人才培养培训需求调研》等多个报告，上报给人社部、民政部和国家发展改革委，助力物流类专业毕业生实现高质量就业。

（二）聚焦核心任务，助力物流教育优质发展

1. 物流高等教育

2024年，物流高等教育在教育部高等教育司的关心和教育部高等学校物流管理与工程类专业教学指导委员会（以下简称物流教指委）的指导下，在一流专业建设、推动虚拟教研室建设、促进拔尖人才培养、形成工程专业地域性特色等方面取得了显著成效，一定程度上加快了高等教育物流类专业高质量发展的进程。

2024年物流管理与工程类专业布点总体情况如表1所示。物流管理与工程类专业可招生专业点共有768个，其中物流管理专业点525个，物流工程专业137个，采购管理专业6个，供应链管理专业100个。从变动情况来看，供应链管理专业点共新增26个，专业发展态势良好；物流管理专业点新增3个，物流工程专业点撤销2个，采购管理专业点数不变，总体呈现动态平稳态势。

表1　2024年物流管理与工程类专业布点总体情况　单位：个

项目	专业布点总数	物流管理	物流工程	采购管理	供应链管理
2023年专业布点	741	522	139	6	74
2023年通过备案新批准专业点	29	3	0	0	26
2023年撤销专业点	2	0	2	0	0
2024年可招生专业点	768	525	137	6	100

注：以上不包括军事院校、成人继续教育院校开办的物流专业数据。

数据来源：《2023—2024年中国物流高等教育年度报告》。

在新文科背景下一流专业建设方面，4月、6月、7月，湖南工学院、浙江财经大学、武汉理工大学、武汉大学、武汉轻工大学、长安大学等院校召开了新文科背景下一流专业建设系列研讨会。会议组织物流高等教育专家学者对“985工程”“211工程”等各层次高校物流类专业特色与发展痛点、难点进行了调研，围绕专业特色凝练与优势培育、一流专业课程建设以及高质量人才培养目标等内容，形成了观点与初步成果。这些成果为各大高校建设物流类国家级一流专业提供了新的思路，一定程度上推动了物流与供应链管理专业的发展。

此外，《供应链管理专业高质量建设武汉共识》（以下简称《共识》）于6月在武汉正式发布。《共识》提出坚持立德树人、面向未来发展、扎根中国大地、面向国际前沿四大遵循，以及实现一流目标、夯实理论基础、强化实践能力、凸显创新创业、坚持分类推进、提升师资水平、抓实课程建设七大任务。《共识》明确指出，应抓住新文科建设战略契机，落实物流管理与工程类专业新文科建设行动纲领，构建“文工交叉、文理融合”的供应链管理专业人才培养体系，集思广益，至2035年将供应链管理专业建成国家一流专业。《共识》的发布为广大院校开设、建设供应链管理专业指明了新方向。

在推动虚拟教研室建设方面，6月，物流教指委、华中科技大学组织召开了新文科背景下央地融合物流管理专业虚拟教研室暨供应链管理专业建设研讨会。会议围绕央地融合物流管理专业虚拟教研室建设工作与建设成效等内容进行研讨交流。此外，由物流教指委指导，东北财经大学牵头的物流管理专业虚拟教研室、华中科技大学牵头的基于央地融合的物流管理专业虚拟教研室和武汉理工大学牵头的物流工程专业虚拟教研室分别于2月、3月、4月、5月、7月、9月、10月、11月、12月共举办了11场央地融合名师示范教学活动。活动通过线上线下相结合的方式，深入推动虚实融合、科教融合、产教融合和交叉融合，对于加强跨校、跨地域的教研交流，推动高校协同打造精品教学资源、优秀教学案例，推动互联互通、共建共享具有重要意义。

在促进拔尖人才培养方面，7月，北京交通大学组织召开了新文科背景下供应链管理专业拔尖创新人才培养研讨会。会议重点围绕提升产业链供应链韧性和安全水平、新文科背景下供应链管理专业拔尖创新人才培养的重要意义、模式、实现路径等展开专题研讨，并总结出了“探索供应链管理专业拔尖创新人才自主培养体系”“培养实战型的供应链管理专业拔尖创新人才”“将产教融合作为理念和模式融入人才培养”“以数字化和智能化引领教育现代化发展”四个方面的专业建设建议，为加快培养符合行业发展趋势的供应链管理专业拔尖创新人才提供了重要思路与方法。

在形成工程专业地域性特色方面，3月，物流教指委组织形成专家代表团赴西藏林芝参加工程物流网络抗毁能力提升课题专家评审会暨复杂艰险地区工程物流管理研讨会。代表团成员就工程物流管理的重要意义、复杂环境下超级工程物流网络的风险评估、路地联动保通机制建设、复杂艰险地区物流设施网络的鲁棒优化及物流工程专业的特色建设等方面提出建议，并对当地的两个项目工程现场进行了实地考察。此次会议进一步明确了物流工程专业在西藏林芝的地域性特色发展方向。

在加强与民办院校交流协作方面，5 月，在厦门成立了“全国民办高校物流与供应链管理类专业创新发展联盟”（以下简称联盟）。联盟由物流教指委指导，厦门华厦学院、福州外语外贸学院、浙江万里学院、武汉学院、广州工商学院、长春财经学院、重庆人文科技学院、上海中侨职业技术大学等 8 所高校联合发起成立，来自 9 个省、4 个直辖市的 18 所民办高校申请成为联盟的首批委员单位。联盟的成立对促进院校交流、推动资源共享、提升专业建设水平、提高人才培养质量具有重要意义，在推动民办高校物流与供应链管理类专业创新发展、培育符合市场需求的高质量人才等方面发挥重要作用。

2. 物流职业教育

2024 年，物流职业教育在教育部职业教育与成人教育司的指导和物流行指委的推动下，围绕“一体、两翼、三融、四链、五金”战略部署，以专业建设与教学资源发展为主要抓手，开展了一系列具体工作。

根据职业教育物流专业目录，职业教育物流类专业共有 17 个，其中包括 4 个中职专业，10 个高职专科专业和 3 个高职本科专业（见表 2）。供应链管理为 2023 年新增专业，新专业的纳入体现出职业教育物流类专业体系更加科学、完整。

表 2　职业教育物流专业目录

序号	专业名称	专业代码	学科门类（专业大类）	专业类别	类型	备注
中等职业教育专业						
1	物流服务与管理	730801	财经商贸大类	物流类	中职	
2	冷链物流服务与管理	730802	财经商贸大类	物流类	中职	2019 年增设
3	国际货运代理	730803	财经商贸大类	物流类	中职	2019 年增设
4	物流设施运行与维护	730804	财经商贸大类	物流类	中职	2021 年新增
高等职业教育专科专业						
1	物流工程技术	530801	财经商贸大类	物流类	高职专科	
2	现代物流管理	530802	财经商贸大类	物流类	高职专科	2021 年调整
3	航空物流管理	530803	财经商贸大类	物流类	高职专科	2021 年调整

续　表

序号	专业名称	专业代码	学科门类（专业大类）	专业类别	类型	备注
4	铁路物流管理	530804	财经商贸大类	物流类	高职专科	2021 年调整
5	冷链物流技术与管理	530805	财经商贸大类	物流类	高职专科	
6	港口物流管理	530806	财经商贸大类	物流类	高职专科	
7	工程物流管理	530807	财经商贸大类	物流类	高职专科	
8	采购与供应管理	530808	财经商贸大类	物流类	高职专科	
9	智能物流技术	530809	财经商贸大类	物流类	高职专科	2021 年调整
10	供应链运营	530810	财经商贸大类	物流类	高职专科	2021 年新增
高等职业教育本科专业						
1	物流工程技术	330801	财经商贸大类	物流类	高职本科	2021 年调整
2	现代物流管理	330802	财经商贸大类	物流类	高职本科	2021 年调整
3	供应链管理	330802	财经商贸大类	物流类	高职本科	2023 年新增

数据来源：教育部官方数据。

2024 年物流类专业备案审批情况如表 3 所示，物流类专业布点数达 1755 个左右，其中高职专科 1234 个；高职本科 21 个，中职专业布点数波动较大，约为 500 个。整体来看，专业点变化趋势较为平稳。

表 3　　2024 年物流类专业备案审批情况

类别	专业数（个）	2024 年专业布点数（个）	备注
高职本科	3	21	高职本科专业点数据为调研数据
高职专科	10	1234	相比 2023 年新增 6 个专业点；高职专科专业数为院校通过审批的专业备案数（数据为动态调整，数据截止到 2024 年 9 月 19 日）
中职	4	约 500 个	中职物流专业布点数一直处于较大的调整过程中，暂时无准确数据

注：1. 以上不包括技工技师院校、军事院校、成人继续教育院校开办的物流专业数据。

2. 以教育部最新版《职业教育专业目录》中的物流类专业作为统计口径，相关专业如快递运营管理、政府采购管理等不在本次统计中。

数据来源：《2023—2024 年中国物流职业教育年度报告》。

在专业建设方面，物流行指委履行自身职能，为深圳职业技术大学、哈尔滨职业技术大学、浙江经济职业技术学院、临沂职业学院、武汉交通职业技术学院等多所院校开展职教本科建设、双高校建设、课程思政等方面的项目咨询与指导，牵头开展了有关国际物流人才培养的调研，并举办了无人机物流专项研讨，为院校开展生产物流、国际物流、无人机物流等方面的人才培养工作提供了平台与契机。

在课程建设方面，2024 年，共有 12 门物流类课程入选职业教育国家在线精品课程名单，其中高职专科课程 9 门，中职课程 2 门，高职本科课程 1 门。按照教育部“101 计划”的标准和要求，物流行指委指导深圳职业技术大学、宁波职业技术学院开发“数字化物流商业运营”“物流项目管理”等专业核心基础课，并为广西职业技术学院、江苏经贸职业技术学院、广州番禺职业技术学院开发相关数字化教材与课程提供支持，着力推动专业基础课向数字化转型，顺应时代潮流。

在教材建设方面，2023 年启动的基于新专业标准的物流类专业教材建设专项课题研究工作共推动教材开发与教改项目 35 项，目前已有部分教材出版面市。第二批基于新专业标准的物流类专业教材建设专项课题于 2024 年 10 月正式启动，共成功立项 39 个，其中高职层次 29 个、中职层次 10 个。目前，各研究团队已进入课题研究阶段。

（三）贴合行业发展趋势，构建物流行业人才生态链

1. 巩固优化职业能力等级认证及 1 + X 等级认证工作

2024 年，共有一汽物流、河北工业大学、上海海事大学、京邦达信息技术研究院等 26 家单位成为认证项目的新培训机构。物流师、采购师和供应链管理师培训认证人数同比增长 37.02%。1 + X 考试人数突破 2.7 万人，目前全国共有 875 所院校参与试点，建有 794 个考核站点，培养了 2000 多名考评员。项目覆盖除台湾以外的所有省、自治区、直辖市，累计完成考试人数达 17.2 万人。

此外，1 + X 认证与兰州交通大学开展甘肃省高等教育自学考试物流管理专业专升本互认试点，与合肥市经贸旅游学校开展商贸类专业群学业水平测试融合试点考试，全力开拓认证业务发展新模式，与行业发展同频共振。

2. 深入推进产教融合，共筑品牌活动新高地

在赛事活动方面，全国职业院校技能大赛于 2024 年正式升级为世界职业院校技能大赛。本次大赛共设置了智慧物流高职组、供应链管理高职组、智慧物流作业中职组三个赛项，分别由广西职业技术学院、漳州职业技术学院、威海市职业中等专业学校承办。

此外，2024 年中物联共组织开展第八届全国大学生物流设计大赛、第五届全国供应链大赛、首届全国采购大赛等物流相关赛事 4 项。目前，行业大赛体系建设已初步成型，各项赛事的社会影响力与品牌价值持续上升。其中，第八届全国大学生物流设计大赛参与师生近 5 万人，大赛受到了多家媒体的报道。第五届全国供应链大赛于 2024 年首次开设商贸供应链运营赛项，赛事规模完

成了初步扩张。全国采购大赛是面向全国广大企业从业人员和院校师生开展的采购管理与运营实践方面的竞赛活动，是中物联聚焦国家战略和产业发展需求，加快复合型、创新型采购管理人才队伍建设的重要举措。首届全国采购大赛的参赛人数超过 8 万人，赛事潜力可见一斑。

在会议活动上，7 月、9 月，第二十三届全国高校物流专业教学研讨会暨物流与供应链产教融合创新发展论坛、第十五届全国职业院校物流专业教学研讨会暨物流与供应链产教融合创新发展论坛分别在陕西西安和山东烟台召开。会议围绕物流与供应链专业新文科建设、物流专业产学融合、教育数字化智能化转型、教师专业发展和科研能力提升、数字化发展赋能专业体系建设、“职教出海”、援藏援疆与边贸物流发展等内容进行深入研讨。会上还分别发布了《2023—2024 年中国物流高等教育年度报告》《2023—2024 年中国物流职业教育年度报告》。两场会议共计有来自全国各地物流高等院校、职业院校的领导、专业带头人、专业教师，物流行业协会，企业，教育培训机构等近 2000 人参加，会议规模再创新高。

在师资培训上，2024 年 5 月、8 月、11 月，中物联分别在北京物资学院、北京工商大学、深圳技术大学开展主题师资培训。内容涵盖科研思维开拓、写作能力提升、专业建设指导等，并邀请了瑞典林雪平大学、香港理工大学、南开大学等院校的学者进行面对面交流。全年共计培训 200 余位青年教师，在课程安排和形式创新上也更加注重内容与成果产出，致力为参训教师带来更为实际的科研能力提升效果。另外，针对当前行业发展热点内容，全年组织举办了数字化转型与两业融合、智慧物流现场工程师专项师资培训 10 余期，累计培训人数 600 多人次。面向全国 400 多所院校的 1300 多名教师开展了“双师型”公益师资培训，累计为院校节省师资培训经费超 300 万元。

在课题与案例征集上，持续开展物流教改教研课题立项与结题工作。2024 年共立项 266 个课题，并完成了 2023 年 272 个课题的评审结题。另外，中物联、物流教指委、物流行指委于 2024 年首次组织开展全国院校物流类专业教学改革优秀案例征集活动。经征集申报、审核筛选，最终形成 34 篇本科案例、26 篇职教案例并分别成册发布。

3. 剖析企业需求，构建从业人员培训新渠道

中物联围绕中航集团、双星集团、中石油、国铁集团等大型企业展开调研，先后开展航空器材采购流程优化与供应链风险防控、全球采购资源整合与供应链弹性建设、能源物资采购策略与供应链数字化转型等专题培训。此外，中物联与国铁集团合作开展了 3 期近 400 人的国铁集团党组组织部、货运部现代物流专业骨干培训班，与西交利物浦大学联合启动首席供应链高管研修班，为全方位补齐行业培训认证中企业端短板创造了新突破。

4. 丰富人才库领域，增添物流教育研究新血脉

2024年，中国物流、采购与供应链行业高级人才库在物流、采购和供应链领域的基础上，新增物流教育研究领域，并吸纳了58名专家。目前，共计200多名高级人才入库，为行业发展和人才培养提供了智力支撑和人才保障。此外，物流行指委新设立航空物流管理、铁路物流管理、港口物流管理3个专业建设工作组以及职业本科物流类和无人物流2个工作推进组，共计新吸纳近300位行业企业与院校专家，进一步提升了行业指导院校专业建设的能力。

（四）服务专业转型，物流教育培训AI技术取得新突破

2024年是AI应用落地的元年，也是AI教育的元年。以大模型为代表的生成式人工智能（AIGC）掀起了全球人工智能技术发展的新浪潮，推动人工智能成为第四次工业革命的关键驱动力。与以往的技术不同，本轮生成式人工智能技术正加速突破并深度融入千行百业，为各行业带来了变革性的影响，对教育培训的冲击和挑战前所未有。人工智能正在引发第三次教育革命已经成为一种共识。中物联经过认真分析和研判，将AI列为2024年度教育培训最重要的工作重点，全力推动由“数字化+教育培训”向“AI+数字化+教育培训”的转型，推动自身业务管理、产品与服务的全面AI化。

经过近3年的投入与研发，中物联于9月在烟台正式发布首个物流教育领域的人工智能专用大模型——中物灵境。目前，多所高校利用该大模型在知识图谱与能力图谱构建、AI助教、学生自主学习、教材开发、教学资源库建设等方面开展实践应用。此外，中物联正在与多个央企开展合作，为行业企业专用大模型提供知识底座。依托中物灵境，开发了公众号和网站智能客服机器人、会议活动智能助手、新闻写作助手，在教案编写、出题、案例编写等多个应用场景实现“AI+”。同时搭建物流师、采购师、供应链管理师AI大模型培训场景，帮助学员实现个性化7×24小时的终身学习，为学员提供更加系统、全面、便捷的学习体验。在DeepSeek-R1发布的第一时间内，中物灵境全面接入并开发相关应用。依托6710亿参数的DeepSeek-R1超大规模人工智能模型和华为昇腾云服务的强大算力，中物联将进一步提升中物灵境的运算、推理和泛化的能力，也将进一步提升中物灵境跨平台部署和提供服务的能力。

二、2025年物流行业教育培训展望

（一）加强系统学习，促进物流类专业转型升级

1. 继续推进物流类专业升级与数字化改造

2025年，物流行业教育培训将继续全面系统、深入学习党的二十大和二十

届三中全会《中共中央关于进一步全面深化改革、推进中国式现代化的决定》精神，以全国教育大会精神为指引，贯彻落实《有效降低全社会物流成本行动方案》中有关物流行业教育人才培养的工作部署，凝聚物流教育领域各方力量，建立强有力的纽带关系，将教育部的各项要求落实到具体工作中，扎实推进行业人才培养的高质量发展。

同时，继续做好产教融合共同体建设、“职教出海”工作，组织实施物流服务乡村振兴行动计划，促进区域间发展的平衡，补齐地区物流教育的短板。对标国家级一流课程标准与职教 101 计划，组织开发一批具有高阶性、创新性和挑战度的一流核心课程和一流核心教材。利用数字化与人工智能创新手段，推动教学资源向数字化、便捷化、智能化方向深入发展。此外，将启动国际物流、生产物流、无人机物流等专业方向的建设指导方案编制工作，对接物流装备基地和装备企业，开展物流工程技术与智能物流技术专业的提质培优行动计划，切实推动新型物流专业方向建设工作的稳步开展。

2. 继续做好各项品牌活动

下一步，将围绕“双万计划”、新双高建设、创新团队建设、职教本科等建设要求，开展教学研讨、教改课题和师资培训等工作。计划召开多场教学研讨和师资培训活动，以会议、论坛形式搭建教学专业建设工作的交流优质平台，继续开展教改教研课题征集与课程思政相关工作，为物流专业教师提供教科研提升的有效切入口，推动其科研能力与自身思想的进步。同时，将继续深入推进 1 + X、现代学徒制、双师型师资培训基地建设，促进校企合作与产教融合落地见效。

（二）大力发展 AI + 物流教育培训

在现有数字化平台和资源合作的基础上，依托中物灵境进一步打造开放、共生、共赢的教育培训合作新生态。加强各方之间的协同合作，围绕“AI for Science”推动产学研合作，深化教改教研，迎接科研范式变革。同时，做好教育培训以及 AI 技术支撑的后台基础工作，定期开发新产品、新服务，形成多层次、多场景、多模态的应用体系，做好行业大模型的知识与技能底座，为物流教育领域甚至物流行业增添“AI + ”转型新动力。

（中国物流与采购联合会教育培训部　李俊峰　上官士霞）

2024 年物流与供应链数字化发展回顾与 2025 年展望

2024 年 2 月，习近平总书记主持召开中央财经委员会第四次会议时强调，物流是实体经济的“筋络”，连接生产和消费、内贸和外贸，必须有效降低全社会物流成本，增强产业核心竞争力，提高经济运行效率。2024 年全国社会物流总额超过 360 万亿元，增长 5.8%，高技术产品物流量增速超过 15%，服务机器人、工业机器人等智能产品物流量增长显著。整体物流行业在稳步增长，尤其是高端制造业的需求推动了物流的发展。

2025 年是“十四五”规划的收官之年，也是现代物流迈入高质量发展的关键之年。我国经济整体将呈现稳中有进、以进促稳的态势。社会物流需求有望向好，现代物流结构调整、布局优化、创新驱动，效率和质量稳步提升，对社会经济转型升级将发挥更加积极的作用。

一、2024 年物流与供应链数字化发展回顾

（一）国家对物流与供应链数字化工作高度重视

2024 年年初，国家数据局等部门印发《“数据要素 ×”三年行动计划（2024—2026 年）》，指出要推动物流数据共享与应用，提升物流智能化水平，支持区块链、物联网等技术在供应链管理中的落地。

2024 年 1 月，《中共中央　国务院关于全面推进美丽中国建设的意见》印发，指出要推广新能源物流车辆，优化运输结构，推动“公转铁”“公转水”，降低碳排放。2024 年，水运货运周转量占比提升了 1.5 个百分点，航空货运量同比增长 22.1%。

2024 年 2 月，国家邮政局印发《邮政系统安全生产治本攻坚三年行动方案（2024—2026 年）》，指出要推进快递包装绿色化、循环化，加强冷链物流环保标准建设。

2024 年 11 月，中共中央办公厅、国务院办公厅印发《有效降低全社会物流成本行动方案》，文件指出，要加强创新驱动和提质增效，推动物流数智化发展，提高全社会物流实体硬件和物流活动数字化水平，发展“人工智能 + 现代物流”；推进传统物流基础设施数字化改造，加快智慧公路、智慧港口、智

慧物流枢纽、智慧物流园区等新型设施发展；鼓励发展与平台经济、低空经济、无人驾驶等相结合的物流新模式，促进物流平台经济创新发展，鼓励物流技术创新平台和龙头企业为中小物流企业数智化赋能。

2024 年《政府工作报告》特别强调了数字经济和数字技术发展的重要作用，并提出了更高的要求，尤其在数字物流领域，提出要深入推进数字经济创新发展，深化大数据、人工智能等技术的研发应用，开展“人工智能+”行动，适度超前建设数字基础设施，加快形成全国一体化算力体系。《政府工作报告》还指出，今年要实施降低物流成本行动。降低物流成本可通过发展智慧物流、优化运输结构等方式实现，通过物流技术的应用推进供应链优化，从而降低成本，是我国降低全社会物流成本过程中最重要的抓手之一。

2024 年 5 月，财政部办公厅　工业和信息化部办公厅印发《关于做好2024 年中小企业数字化转型城市试点工作的通知》，指出要聚焦企业需求，加快中小企业数字化转型，以中小企业数字化转型为契机，促进数字经济和实体经济深度融合。要发展数字化供应链，推动大企业通过订单牵引、技术扩散、资源共享等方式，赋能供应链上下游中小企业的数字化转型。同时，要充分发挥高新技术产业开发区、中小企业特色产业集群等载体的作用，推进产业集群数字化转型，助力完善现代化产业体系。

2024 年 11 月，交通运输部、国家发展改革委印发《交通物流降本提质增效行动计划》，指出要加快培育新动能，推进技术性降本提质增效。要稳步推进交通物流公共数据资源的开发利用，加快推进交通运输智慧物流创新发展，加快智慧公路、智慧航道、智慧港口、智慧枢纽等建设，推进交通基础设施数字化转型升级。

（二）物流与供应链企业数字化转型高速推进，智能化、精细化、专业化发展成为行业核心驱动力

1. 智慧物流园区管理平台解决传统运输方式局限性与信息孤岛问题，实现数据互联互通，促进运输方式协同发展，提升物流效率

当前，西部地区的传统物流模式相对单一，大型物流平台建设仍相对滞后，暂未建立统一综合的园区管理平台。缺少统筹性的办公自动化（OA）软件、管理软件及业务管理平台，难以支撑复杂、繁重的办公工作，无法大规模开展优质企业服务。在信息共享方面，缺乏可视化信息综合服务平台，物流信息互联互通有待提升，集货能力有待加强。

新疆哈密新恒顺交通物流集团有限公司与上海文景信息科技有限公司合作，推动多元化货物运输，打造哈密陆港中心智慧公路港智慧园区管理平台，

通过该平台整合铁路、公路、仓储等业务单位的信息，为客户提供全程货物跟踪、数据对接等信息服务，实现一站托运、一份单证、一次打印、一次申报、一次结算。基于区块链、云计算、物联网、大数据、数字孪生等技术，平台打通智慧园区内各参与方之间的信息壁垒，无缝对接园区内各流程作业数据信息，搭建可信数据体系，实现信息共享和协同作业，优化物流运作和资源配置，提高园区物流效率。同时，实时监控园区内各项业务数据，实现园区智能化和精细化运营管理，借助现代化信息技术赋能物流园区的智慧化转型，打造智慧、高效、便捷的车路协同体系，提升园区智能服务水平与企业创新服务能力，进而提高园区的经济效益和可持续发展能力。

2. 车队管理系统信息化创新建设，实现运输流程精细化、专业化运营管理模式，有效降低运输成本与运营效率

传统车辆管理模式大多以人工管理为主，易发生数据错漏、丢失，且无法应对大批量车辆数据管理，信息化程度较低；司机管理难度大，管理效率低下；且传统车队车辆配送调度方法单一，灵活性不足，导致货运成本居高不下，物流运输的车后服务散乱无序，严重制约企业的数字化发展。

为解决传统车队管理中出现的车辆管理烦冗、司机管理复杂、调度效率不高、运输成本高等问题，圆通全球集运有限公司搭建了全球集运车队管理平台，在原有运盟承运商系统的基础上，整合了调度系统、考勤系统、时效系统、结算系统等子系统，进行了独立的车队管理平台系统的研发改造升级。系统的实施将传统依靠经验的线下管理模式转变为线上化、数字化管理模式，实现了车队管理业务流程的标准化、运营的数字化、成本的透明化以及管理的精细化，有效解决了物流承运商的车队管理信息化难题。

全球集运车队管理平台可以自动采集车辆、人员、行驶数据、养护信息等内容，实现数字化存录，保障信息的安全性，还具有提醒功能，清除车辆管理盲点。该平台具备车队基础数据配置、资源管理、运行管理、合同管理、结算管理、质量管理、维保管理以及经营分析等功能模块，可高效管理车辆数据、调运、结算以及车队规则制定等，显著提升了车队信息化、数字化管理水平，提升了车队管理运营效率。

3. 数智化物流与供应链创新平台，打造上下游协同的高效供应链网络，加速迈向数字经济时代

数字化转型已成为现代企业管理和运营中提升效率、优化流程、改善客户服务与体验的重要手段。然而，尽管物流与供应链企业在数字化转型方面已取得显著成果，但仍面临数据孤岛、数字技能缺乏、业务流程标准化与自动化程度不足、成本控制水平及供应链协同程度低等诸多挑战。

山东港口陆海国际物流集团发展有限公司作为山东港口的全资子公司，通过打造陆海通数字物流平台，深化数字化应用路径，创新驱动物流行业转型升级。“陆海通”打造数据底座，建立统一的数据看板和客户中台，利用大数据技术整合内外部数据资源，有效打通各个数据通道，实现数据的有效共享和流通，打造一站式箱货动态跟踪平台，实时反馈箱货运输轨迹，大力提升客户服务质量及满意度；同时，建设陆海云链平台，扩大区块链技术在供应链透明度、数据安全性和信任机制上的应用，提升数据共享的效率和安全性，打造数据安全和网络安全平台，优化业务流程及业务成本，提升企业运营效率、业务创新能力和市场竞争力。

顺丰科技有限公司在产业互联网大趋势以及工业 4.0 的背景下，推动行业数字化进程高速发展，提出了一站式、一体化、数实融合的全场景供应链数字化产品解决方案“丰智云”。“丰智云”整合了订单、运输、仓储、结算、大数据等多个系统模块，搭建供应链一体化服务平台，通过兼容软件即服务（SaaS）模式及定制化开发模式，满足不同行业客户和不同业务体量客户在供应链数字化场景上的个性化需求。在技术框架上，“丰智云”采用 B/S 架构的三层或多层体系结构，实现业务与展现层分离，采用低聚合、松耦合机制，同时使用以微服务为基本单位的分布式应用架构，与传统产品常用的 C/S 架构相比，大大提升了业务的可拓展性，降低了系统的维护成本，提升了开发的共享性及敏捷度。“丰智云”通过大数据和云计算，结合供应链的生产数据，实现供应链的数字化和可视化，帮助企业解决供应链需求预测和智能补货建议问题，优化运输路线与成本控制，推动供应链数字化变革，助力供应链向价值链的转变。

中铁物贸集团有限公司（以下简称中铁物贸）致力于构建全方位的数字化供应链体系，在供应链管理全流程信息化集成服务的基础上，围绕大宗物资交易，开展中铁物贸集物平台和数据中台建设工作，以集物平台和数据中台的同步建设为核心，同时完善业财共享平台的功能服务，实现前、中、后台高效贯通的业务—数据—管理运营机制。中铁物贸在数字化创新中打通系统壁垒，构建以业务运营平台为应用层，以数据中台为支撑层，以业财共享平台为基础层的集成式平台，为用户提供集交易、金融、物流、仓储、数据及 SaaS 化服务于一体的解决方案。中铁物贸依托集物平台与建筑业相关的供应链平台加强连接，提高供应链协作运行能力；数据中台通过全链路数据管理，释放数据价值，打造智能化数据服务中台，建成一站式数字能力运营平台，从而提升企业运营效率。业财共享平台则建立流程信息化、数字自动化、管理智能化的业务管理体系，构建更加快捷高效的供应链管理流程。中铁物贸通过网络协同和数据驱动，打造建筑行业智慧供应链体系，与产业链上的合作伙伴共建、共生、共赢，最终形成价值共创的供应链生态系统。

（三）数字化技术赋能生产制造、商贸流通企业供应链数字化转型，为降低企业综合运营成本提供支撑力

集团企业或大型制造企业的物流专业化板块，在生产经营和业务拓展的过程中，不仅需要利用物流数智化手段进一步高效、低成本地保障企业生产的顺行，还需要积累自身优势，在企业所在地或更广泛的区域形成能力覆盖，实现增效增收，从“企业物流”向“物流企业”转型升级。传统大型钢铁企业由于各板块物流业务差异较大、供产销储物流业务管理条块化、业务与财务离散化，缺乏全局性、一体化的物流业务统筹管理平台，制约了物流协同效率。同时，大型钢铁企业物流单元通常沿着从“企业物流”到“物流企业”的路径转型发展，而传统的企业物流业务平台无法有效支撑社会化物流业务的拓展需要。

针对业务痛点，成都西部物联集团有限公司（以下简称西部物联）作为攀钢集团全资子公司，立足西部地区，打造“一站式”智慧物流和供应链服务平台，提供全流程、全要素“一体化”高效服务，通过物流平台整合共享物流资源，打造标准化、产业化和集约化的物流生态圈。

平台融合物联网、云平台、大数据、中台、微服务等技术和理念，构建起立足企业物流组织、同时兼顾社会物流业务拓展的一体化物流业务平台。

西部物联针对集团以定线大宗运输为主、零担和临配运输为辅、汽铁航运多式联运的物流管理特点，按照供应物流、生产物流、销售物流三大业务类型，围绕地域、业务、运输方式三个维度，全面梳理业务线逻辑，规范企业各单元及上下游企业的物流作业流程和标准，全面整合供应链关联业务及物资在途数据，构建了从需求、方案、合同、计划、任务、物资信息（生产、库存、在途、交付）、结算直至成本的供应链全流程业务办理和跟踪协同机制。同时，建立基于物流业务逻辑一体化的业务管控平台，实现物资流、价值流、信息流的全面耦合，解决了供应链上供应商、销售用户、物流服务商/司机、生产单位间物流业务高效协同及物流无人化、在线化、一体化、无纸化办理的共性问题。

此外，西部物联致力于培养和打造物流专业数字化团队，通过“管理＋平台＋人才”三位一体的数字化转型推进措施，全面完成物流业务一体化体系架构和平台建设。西部物联实现内向攀钢集团各制造基地，外向供应链上下游客商、物流相关社会客商、货主提供一站式物流服务的业务框架和能力。在此过程中，物流业务各环节衔接效率、物流调度自动化程度大幅提升，物流业务人员工作强度进一步降低，物流降本增效成果进一步显现。

青岛啤酒股份有限公司（以下简称青啤公司）拥有庞大的运输业务与广泛的运作路线，且已在全国推行了手工发运计划、纸质客户回单管理、运输商绩

效评价等运输标准化工作。然而，因数据量大、覆盖面广、节点多等情况，部分工作推进与监控存在困难，急需信息系统的支撑。

青啤公司的运输数字化管理及订单全过程无纸化作业，是基于公司全国性大网络、大运量、多层级运输管理需求特点，将业务管理理念与数字化相融合的产物。其运输数字化管理以自主设计开发的运输管理系统为主体工具，通过与内部各相关作业系统的互联互通，优化线上作业流程、固化线上管理办法。该系统打通了车辆司机基础信息管理、发运需求安排、车辆配载预约、预约审核、进出厂、装发货、厂内货物交接、在途定位管理、客户端货权交接、运输合同管理、运输费用结算、运输关键绩效指标（KPI）及绩效管理等全运输链条作业环节。在设计应用时，考虑了轻硬件需求的可快速复制设计及全局一体化的数据框架，推广时采用业务自主设计推广、管理要求与信息化一次性推广应用的方式，最终快速实现了全国一体化运输管理数字化转型。

订单全过程无纸化作业通过运输管理系统与经销商移动端门户的打通，借助意愿认证、电子签章、光学字符识别（OCR）、云技术等进行作业流程优化，实现整体订单作业全过程无纸化。同时，将运单唯一动态二维码贯穿作业全过程，打通工厂门卫、仓管、运输商司机、经销商收货人员等现场作业线上环节，在保证货权交接法律安全的基础上，实现了订单全过程无纸化作业，大量节约了各环节的人力物力，还打通了物流运作的可视、高效、精细、一体化管理思路。

青啤公司的运输管理数字化转型推动了运输过程的高效、精细化管理，并实现了总部对全国、平台对区域内工厂作业、工厂对运输商日常作业管理等多层级一体化管理。其通过协同各环节高效运营，优化运输流程，为企业运营效率的提升提供了全新动力。

（四）数字货运平台优化供应链服务层级体系，协同上下游企业推动行业数智化发展

1. 依托工业/产业互联网平台打造现代智慧供应链服务平台

当前，钢铁制造业普遍面临产业集中度低、同质竞争激烈、产业链条长且节点多、价格波动大、供需不匹配等问题。钢铁行业惯性大、启动慢，加之物流业仍存在“散乱差”、门槛低的现象，导致业务效率低、全链路业务不透明等痛点。

德邻陆港依托自主打造的基于“工业互联网平台”的现代智慧供应链服务平台，打通企业内部的各个管理环节，打造数据驱动、敏捷高效的扁平式经营管理体系，实现了管控可视化、市场变化及时响应、资源动态配置优化、战略决策智能分析等全新管理模式。平台服务链条涵盖上下游的供应商、终端客

户、钢贸商、物流仓储企业、物流承运商、银行等各个角色，使其能够参与整个供应链生态的“快速运转”并获益。

在数字化流程中，平台基于工业互联网技术，优化出入库管理、库存安全预警、仓储管理、人机车设备联动、物流规划调度、交付跟踪等，畅通产业链/供应链上下游的商流、信息流、物流等，提升了仓储物流效率，优化了钢铁产品复杂流程与物料管控，为管理者提供精准化数字化流程管理决策。同时，平台通过内置工业互联网设备，实现对仓储物流过程的全方位智能化监测，利用OCR图像识别、云计算、大数据可视化等新型信息技术，实现从“物流需求”到“运输管理”“过程监控”“预警处理”“考核分析”等全链路的运输过程可视化、透明化管理。基于“工业互联网”的广泛连接，平台汇聚了钢铁仓储物流行业的设备、技术、数据、模型、知识等跨区域、跨产业资源，打造了贯通供应链、覆盖多领域的网络化配置体系。通过产供销协同、多基地协同、供应链金融等模式，平台为产业链上下游客户提供网络化协同服务，降低成本，提高效率，为客户提供了更好的服务。

秦岭数字科技有限责任公司（以下简称秦岭数字）围绕大宗商品电子商城、智能物流配送、供应链金融三大核心功能平台以及平台衍生服务、能化行业大数据服务两大创新业务领域，构建了“3+2”的核心业务体系，致力为广大用户提供大宗商品网上交易、销售采购、合同订立、物流配送、支付结算、供应链金融等在线服务，全面打造贯通上下游产业链的能化类大宗商品一站式供应链服务平台。

秦岭数字通过搭建煤炭公路销售无人值守智能物流服务体系——“智能调度”系统，对接打通货主订单数据、矿区磅房数据、司机车辆数据等，完成矿井运力和车辆调度的全局统筹管理，实现了询价透明化、预约线上化、拉运生态优化、入场数字化、预警清晰化、在途可视化、磅单高效化等全新运营模式，提升了物流服务绿色化、数字化、智能化水平。同时，秦岭数字打造煤炭流通新业态，充分利用互联网、5G通信、大数据、云计算、区块链、人工智能等信息技术，使用户足不出户就可完成从购煤交易、合同签订、物流配送到支付结算的全流程线上办理。此外，秦岭数字还构建了“平台+金融”供应链融资新模式，打造“优势银行+金融科技公司+票交所”的供应链金融合作生态圈，并通过技术输出服务、数据服务等提升供应链综合服务能力，持续优化煤炭供应链体系，推动煤炭行业的可持续发展，为能源及产业互联网领域建设中国式现代化提供了崭新广阔的空间。

2. 平台经济赋能网络货运体系高效协同一体化发展，推动行业合规高效发展

随着移动互联网、大数据技术与货运物流行业的深度融合，货运市场涌现出了新的经营模式：通过搭建供应链智能信息平台，整合产、运、销等资源，形成供应链闭环，有效提升运输组织效率，优化市场格局，规范市场主体的经营行为，促使大宗商品供应链行业转型升级，推动“智能化、服务化、协同化”发展新趋势。大宗商品如煤炭、矿石、钢铁、粮食、矿建材料等的物流运输已成为我国物流运力的主力军。对此，西安货达网络科技有限公司（简称货达网络）积极响应加快构建以国内大循环为主体、国内国际双循环相互促进的新发展格局的政策，服务于大宗商品物流行业的转型升级。

货达网络顺应数字经济创新示范变革新趋势，布局大宗商品运输领域研究，通过基于人工智能物联网（AIoT）、云计算、大数据等新一代信息技术自主研发的“货达数智创新平台”，打通大宗商品物流运输全过程信息壁垒，连通盘活大宗物流产业链的各个环节，实现商品跨主体、跨系统的信息互联共享交换、信息资源整合、线上资金流闭环生态，不断将行业应用场景通过机器设备与数据联通，促成数据驱动生产和运营的闭环优化。这不仅实现了能源、化工、发电等生产企业的研发、生产、销售、服务、管理等环节效率的大幅提升，还催生物流运输领域发展的新动能。

平台有效整合了公路运输相关信息，可与铁路运输方式进行有效衔接，建立各部门、各运输方式之间的信息交换与共享机制。这促进了管理与服务从封闭型向开放型转变，从单一推动向综合协同转变，提升了相关部门间工作的协同性，提高了服务水平，促进了综合运输体系的快速发展。同时，平台可为上下游企业提供信息共享服务，进行货物实时查询，提供可视化的监管服务，打通上下游企业之间的信息壁垒，实现企业间“产—运—销”三方信息互联互通。此外，平台还整合、集成社会零散物流资源，更好地服务于大宗生产型企业，共同推动行业合规、高质量发展。

长期以来，钢铁行业流通领域存在着业务管理粗放、从业主体分散、信息化程度低、流通环节多、物流衔接不畅等问题。河钢集团在发展过程中也面临着物流管理分散、链条长、环节多、成本高等问题，这些问题制约着企业管理效能的提升和规模效益的释放。

面对庞大的供应链和物流网络，河钢集团成立全资子公司铁铁智慧物流（天津）有限公司，打造大宗商品供应链智慧物流平台。该平台定位于大宗生产资料物流网络货运平台，依托河钢集团的公路运输体量，以平台化思维快速集聚供应链上下游的物流资源要素。平台集运力招标、电子合同管理、货源发布、智能调度、车辆在线接单/抢单、在途轨迹监控、电子围栏管理、提卸货凭证管理、在线统结算等功能于一体，支持公路运输业务全流程线上规范化运行。

在商业模式上，该平台创新性地提出委托模式（ToB 模式）、合作模式

（ToB + C 模式）和直营模式（ToC 模式）。依托独有的账户清分体系，平台实现运费实时结算至单车，借助网络货运代单车汇总代开票资质和注册地税收返还政策，帮助会员企业大幅降低税赋，规避税务风险。

平台综合应用了全新技术，包括云原生、分布式存储架构、前后端分离技术，以及大数据、北斗定位、人工智能等技术，开展了车货匹配、运输调度、在线监控、单车运价测算模型等方面的研究，实现了运输路线和货物的合理调配，促进了分散运输资源的集约整合、精准配置，提供了车辆实时定位功能，有效协同了物流上下游，提高了物流数据传输速度和信息沟通效率。同时，平台还挖掘数据价值，赋能金融发展。在集成物流全流程数据的基础上，平台打通了采购、物流、销售、金融全环节，构建了采、销、运一体化解决方案。这推动了集团公司实现跨专业平台、多应用场景和全流程数据的互联互通，成功化解了"数据孤岛"现象。

利用大数据技术，平台实现了车辆运营的精细化管理，建立了运输成本模型和价格预测模型，支撑集团优化物流方案、管控费用成本。河钢集团数字化应用与网络货运平台的建设，有效支撑了集团内部物流管理的降本增效。通过构建供应链集成服务，平台赋能实体经济高质量发展，支撑了行业供应链金融建设。借助数字化技术手段，河钢集团利用数字货运向供应链产业链上下游市场和外部市场发力，也为行业供应链金融的发展贡献了力量。

（五）数字技术加速企业实现数字化、智能化运营

1. 供应链数字孪生平台在白酒行业的创新应用

为实现"136"十四五发展战略奋斗目标，力争成为白酒行业智能化示范标杆，泸州老窖股份有限公司通过建立供应链数字孪生平台，实现智能包装中心 3D 场景实时映射。平台接入已有数据并进行实时分析，进而预测并指导优化业务，实现全方位协同，全面赋能供应链。企业利用供应链数字孪生平台将生产过程、设备运行情况、质量跟踪状态实时虚拟化，实现"实体空间"与"虚拟呈现"相融合，完成实体信息、经营管理、生产流程数据的无缝对接，达到信息充分共享，实现车间生产过程的可视化实时监控。同时，通过推进设备运维模式升级，平台实现对数据采集、设备监控、设备维保、故障预测等业务需求的快速分析转化，通过移动应用和全程、实时、可视化的监控与管理，极大地提升了物流保障能力。

此外，借助科学构建的数据模型，平台以大数据结合设备运行趋势及数采工具，对设备关键部件使用情况、生命周期监控以及设备历史故障原因等数据进行分析，预测设备故障，提前通知设备维护人员进行有针对性的保养，从根本上降低设备故障率，切实保障生产，有效提高精益管理水平。

2. 物联网技术实现对高价值在途货物的安全监控

目前，物流管理平台仍停留在传统物流管理水平，尤其在在途运输安全监控管理方面存在明显不足。货物运输过程中的透明度有待提高，导致难以实时掌握货物状态；同时，由于缺乏有效的监控手段，货物运输的安全性无法得到充分保障。针对这些问题，物泊在途运输管控方案通过为货仓安装物泊自主研发的车载智能监控设备——物泊运视 V82，来实现在途运输的安全管控。这款设备集成了先进的 AI 技术，能够实时监控货仓的变化，并配合安全、报警等电子围栏配置进行预警。产生预警后，设备自动抓拍当前场景，并自动保存 15 秒的监控视频，用于追查。此外，用户也可以通过视频回溯功能查看整个运单的监控视频。这有助于货主掌握货物的实时状态以及运输过程中的风险情况，有效保障货运安全，降低运输成本。

物泊运视 V82 采用北斗和 GPS 双模定位技术，能够实时跟踪车辆的行程，并支持轨迹回放。设备可以实时获取运输车辆的图像，通过设备及网络的相互连通，实现视频的存储、传输和播放功能。为了确保数据的安全性和可追溯性，系统会对所有历史数据进行记录和存储。用户可以随时调取和回放过去半年内车辆的视频画面。

在途过程中，若出现“人员入侵”“恶意遮蔽”“篷布开合”“异常侧倾”“异物入侵”等异常现象，系统会及时响应并上报报警数据（报警视频）。监控管理人员可根据报警视频查看并处理有关情况。车辆信息采集系统通过 ADC 技术采集电池电压和车辆电瓶电压数据，根据电压情况控制设备进入休眠状态。设备能实时监测车辆的行驶和停车状态，获取准确的行驶里程和停车时长数据。

3. AI、大模型、ChatGPT 等新技术为采购合规管理带来新机遇

中国移动通信集团陕西有限公司立足采购合规管理业务痛点，以内外部静态与动态数据为基础，以 AI 技术集成应用为核心，迭代形成采购合规领域的 AI 大模型。该模型实现了智慧问答和精准推荐两大核心功能，赋能打造场景化功能体系，助力采购人员、代理人员、评审专家全面实现合规管理效能的提升。

以 AI 技术创新应用为核心，以提升采购合规管控为目标，资质库、采购合规大模型、知识中心、百事通等工具在采购实践中均得到了良好的应用。这些工具不仅有效提升了采购专业管理能力，解决了采购合规管理痛点问题，还提升了公司采购管理效益。

（六）物流装备创新应用

1. 智能装备在商品车零件仓库中的创新应用

商品车零件品种繁多，在传统作业模式下，拣货准确度高度依赖作业人员对零件的熟悉程度。同种零件的不同零件号在“人找货”模式下极易出错，拣

配业务质量受人为因素影响较大。此外，作业人员流失更新频繁，为业务带来不稳定风险。传统物流设备制约物流效率的提升，

在传统库房内，高架库使用高位叉车进行上架与下架操作，下架后由地面负责搬运的叉车将货品移位至分拣区。由于空间和安全等因素的限制，同一时间、同一巷道仅能由单台高位叉车进行作业，同一作业区仅能由单台地面搬运叉车进行作业。受能力制约，单台叉车上下架效率不足20托/小时，高位叉车与地面搬运叉车的作业效率难以同时支撑下架搬运及返架搬运。因此，每日分拣区均存在待返架货品堆积，作业结束后集中返架，作业效率受限，影响了库内面积的有效利用。

为解决以上问题，解放智慧物流公司启动零件智能物流中心项目，以仓库资源集约、物流技术应用、物流模式升级、物流管理提升为目标，建设了东北地区汽车制造业最高的立体库。公司大规模应用先进物流技术与智能装备，引入12台堆垛机的托盘自动化立体库、46台多层穿梭车的料箱多穿库、51台无人搬运车（AGV）组成的托盘货到人超市拣选系统、1套料箱“货到人”拣选系统，通过仓储管理系统（WMS）与仓库控制系统（WCS）、机器人控制系统（RCS）等系统的高效对接，以及IT通信基础设施的全面保障，形成了一体化物流解决方案，加速企业从信息化到智能化的转型。

2. 重载AGV智能无轨运输在铜冶炼行业的应用，开展智慧物流运营新模式

AGV上装备有自动导向系统，能够在不需要人工引航的情况下沿预定的路线自动行驶，将货物或物料从起始点自动运送到目的地。AGV具有柔性好、自动化程度高和智能化水平高的特点。

金冠铜业阳极板智能运输项目利用AGV背负阳极板，经过十字路口运送到电解车间外堆场。运输过程由AGV设备自动完成，整个转运过程统一调度，作业指令自动下发，满足生产运输要求。智能运输系统的转运设备采用室外重载AGV，AGV通过信号传递感知阳极板在机组出铜口，自动到出铜口取货。AGV小车根据指令自动背负阳极板沿指定路线运输到电解车间外堆场。在运输过程中，道口设置的控制系统与AGV调度系统协同工作，确保AGV运输及其他车辆通行的安全。系统内各子系统之间通过信息传递，作为彼此的控制信号，完成全线自动化作业。当一个子系统出现故障并调整为人工干预状态时，系统能提供上下游系统所需的控制信号，确保上下游系统的自动运行。

（七）数据应用在行业的落地场景

1. 航运大数据应用实现航运物流产业链上下游互联互通

我国内河航运产业长期以来存在集中度低的典型特征，除几家大公司外，

均为小微、个体经营。这些企业难以精准掌握信息或精确预测市场，大量货船有效装载率低，处在“等货源、等进港、等过闸”的恶性循环中，严重制约了内河航运物流提质、降本、增效目标的实现。

亿海蓝基于线上客户触达和大数据能力，构建了数字化内贸水运供应链平台，汇集成庞大的货源资源和运力池，为货主、货代和船东提供高效、优质的租船揽货服务以及物流供应链服务。亿海蓝构建了覆盖全球、端到端的供应链数字化平台，提供海运、空运、卡车运输等一揽子可视与协同解决方案。通过实时监控每个节点的计划与实际达成情况，平台能够实现对船期调整、延误、停航、甩港、空班，以及重点海峡、港口拥堵等风险事件的监控，并提供全球供应链物流协同（GTMS）一体化解决方案，为“中国制造”在全球范围内运输顺畅保驾护航。此外，其利用船舶信息、集装箱物流跟踪信息、提单信息和反洗钱黑名单制裁查验策略信息，创新了一整套基于提单的全流程航运供应链验证服务，帮助我国银行业解决了贸易背景真实性调查的难题。

2. “铁水公空仓”五网数据融合赋能多式联运降低物流成本

为加快现代供应链体系建设，湖北组建了湖北供应链物流公共信息服务股份有限公司，以湖北港口集团原“云上多联”平台为基础，建设公共性、普惠性、开放性、共享性的省级供应链物流公共信息平台。作为国内第一个实现“铁水公空仓”五网数据融合的平台，其聚焦数据整合、交易撮合、数字增信、供应链综合解决方案四大核心竞争力，赋能多式联运物流全场景。

通过数据集成共享，利用区块链、大数据及 AI 算法等技术，平台推进各运输方式之间数据无缝对接和共享，推动多种物流资源高效整合。这有效解决了多式联运中的数据流通难、业务协同水平低、数据延伸价值尚未挖掘等问题，实现了一站式综合物流服务、一体化信息资源管理，全面提升了多式联运的整体效率和服务水平。通过公共服务赋能，平台不仅促进了湖北乃至全国物流业的数字化转型升级，还提高了物流组织效率，降低了社会物流总成本。

二、2025 年物流与供应链数字化展望

2025 年是“十四五”规划的收官之年，也是现代物流迈入高质量发展的关键之年。当前，党中央提出有效降低全社会物流成本的战略部署，形成了“1 + N”的政策体系。降低全社会物流成本，绝不是单纯降低物流价格，也不是要压缩物流企业的合理利润，而是通过调整生产组织方式，以降低供应链全链条物流成本为导向，为实体经济赋能、为人民群众服务，助力增强产业核心竞争力。这就要求我们不仅着眼于降低流通领域内的物流成本，还要向上延伸到生产领域、采购领域，向下延伸到最终消费领域。

2025 年，物流与供应链数字化转型将呈现多维度、深层次的变革。结合政策支持、技术突破与市场需求，物流与供应链数字化将向智能化、协同化、绿色化方向加速发展。

1. 技术驱动是实现物流与供应链智能化、数据化的核心

“AI + 物流”新技术取得突破，中远海运、京东物流、菜鸟网络等多家企业推出物流领域的人工智能大模型，在客户服务、线路预测、仓储分拨、城市配送、供应链管理等领域提升运作效率。“数字物流”新模式迭代升级，全国网络货运企业超过 3000 家，它们正在沿着供应链拓展服务功能。智能算法可实时优化物流路径，降低人工成本。同时，AI 驱动的决策系统将逐步取代传统经验管理模式，提升供应链敏捷性。区块链技术通过去中心化特性提高供应链透明度，广泛应用于溯源、合同管理等领域。物联网技术则通过传感器和 RFID 实现全链路实时监控，提高数据采集效率。边缘计算可减少数据处理延迟，5G/6G 技术支持高速数据传输，提升供应链响应速度，尤其在跨境物流中作用显著。

无人机配送迎来发展元年。美团、顺丰速运等企业推出无人机配送商业化线路，全年无人机配送快件近 300 万件。无人驾驶卡车在港口、矿山、干线物流等领域加快落地。“无人物流”新产业发展提速，无人配送车进入常态化试运营阶段，在即时物流、末端配送、厂内物流等领域的投入规模加大。

2. 产业链供应链协同创新发展

大数据、人工智能、区块链等数字化技术，为供应链和产业链的融合提供了强有力的支撑，提升了供应链的韧性和产业链的竞争力。

物流与供应链领域的数字经济蓬勃发展，已经从运输、仓储、配送等单一环节的数字化、智慧化、网络化发展，逐步向数字技术与现代供应链的深度融合转变。数字连接可实现更深层次的资源整合、流程优化、组织协同，使企业与企业之间、产业与产业之间、区域与区域之间在更广的范围内实现全面连接、效率提升、价值创造，打造新型数字供应链。这一转变有利于推动生产组织方式的转型升级，培育新质生产力，提升产业核心竞争力。

3. 平台模式创新将推动行业向更高效、更智能的方向发展

平台经济持续发力，一批数字供应链企业加快涌现，深化供应链组织协同，持续赋能上下游中小企业。国家提出新质生产力，就是要发挥数字经济、平台企业的优势。平台在促进产业链数据资源共享、优化物流与供应链业务流程、降低运营成本、提升供应链产业链协同升级等方面，带来了显著的经济和社会效益。

目前，全国网络货运企业已超过 3000 家，正在沿着供应链拓展服务功能。平台是物流行业数字化转型的关键工具，是实现数字物流的载体，具备天然数字化属性。通过链接上下游企业，加强信息实时采集与互联共享，平台实现物流资源共享和过程协同，提高生产制造和物流服务一体化运行水平。同时，平台广泛应用大数据、云计算、物联网、人工智能等数字技术，进一步提升物流服务的智能化水平，为供应链核心企业提供更加优质、精准的物流服务。

4. 数据要素改革深化，形成数据驱动的生态体系

数据产业正在成为新增长点，“数据要素×”三年行动已启动。数据资产成为经济社会数字化转型进程中的新兴资产类型，正日益成为推动数字中国建设和加快数字经济发展的重要战略资源，也是物流企业未来的核心资源。2024年年底，我国首家数据科技央企——中国数联物流信息有限公司在上海正式揭牌成立。该公司将以公路、铁路、水路、航空、口岸等领域的数据资源共享和开发利用为核心，整合物流与信息流、资金流，构建国家级物流大数据平台，以数字技术提升产业运营效率，服务实体经济发展，有效降低全社会物流成本。

5. 践行绿色理念，聚焦新能源，引领物流业可持续发展

《中共中央　国务院关于加快经济社会发展全面绿色转型的意见》提出，推进交通运输绿色转型。当前，新能源物流车成为市场增长热点，全年新增新能源物流车近40万辆，其中，新能源重卡市场渗透率超过13%，绿色车队规模持续扩大。2025年，新能源产业将进入高质量发展、政策支持和技术创新阶段。为实现全社会物流降本与节能减排的双赢，要持续在新能源装备推广、循环包装应用、多式联运网络建设等方面持续发力，通过技术创新推动物流业的可持续发展。

6. 跨境电商的爆发式增长正在推动全球物流与供应链的深度数字化重构

2024年，跨境电商进出口总额达2.63万亿元，同比增长10.8%。航空货运、货运代理、海外仓等跨境电商配套服务保持较快增长。国际货邮运输量同比增长29.3%，中国企业建设的海外仓已经超过2500个，总面积超过3000万平方米。菜鸟网络、京东物流、中通快运等企业在全球范围内布局快递物流枢纽设施，日均处理跨境包裹量超过千万件。

跨境电商需依赖高效的仓储管理，智能仓储系统（如菜鸟海外仓的AGV机器人集群）可实现订单自动分拣、包装和库存动态优化。某品牌的智能仓通过算法预测爆款商品，提前备货至海外仓，将配送时效缩短至3~7天，订单处理能力提升300%。跨境电商将推动物流与供应链从“跨国链路”向“全球生态网络”跃迁，成为国际贸易数字化转型的核心引擎。

（中国物流与采购联合会物流信息服务平台分会　晏庆华　王盼盼　范唯）

第三篇

资 料 汇 编

2024 年全国物流运行情况通报

国家发展改革委　中国物流与采购联合会

2024 年，物流运行总体平稳，社会物流总额增速稳中有升，社会物流成本稳步下降，物流运行效率有所改善。

一、社会物流总额增速稳中有升

2024 年，全国社会物流总额为 360.6 万亿元，按可比价格计算，同比增长 5.8%，增速比上年提高 0.6 个百分点。物流运行总体平稳、稳中有进，物流需求有所回暖。

从构成来看，农产品物流总额为 5.5 万亿元，按可比价格计算，同比增长 4.0%；工业品物流总额为 318.4 万亿元，同比增长 5.8%；进口货物物流总额为 18.4 万亿元，同比增长 3.9 %；再生资源物流总额为 4.4 万亿元，同比增长 15.7%；单位与居民物品物流总额为 13.9 万亿元，同比增长 6.7%。

二、社会物流总费用与 GDP 的比率稳步下降

2024 年，社会物流总费用为 19.0 万亿元，同比增长 4.1%。社会物流总费用与 GDP 的比率为 14.1%，比上年回落 0.3 个百分点。

从构成来看，运输费用为 10.3 万亿元，同比增长 5.0%；保管费用为 6.4 万亿元，同比增长 3.8%；管理费用为 2.3 万亿元，同比增长 1.3%。

三、物流业总收入增速回升

2024 年，物流业总收入为 13.8 万亿元，同比增长 4.9%，增速比上年提高 1 个百分点。

2024 年物流与供应链领域十件大事

中国物流与采购联合会发布

（二〇二四年十二月三十一日）

1. 党的二十届三中全会《中共中央关于进一步全面深化改革、推进中国式现代化的决定》提出，降低全社会物流成本。中共中央办公厅、国务院办公厅印发《有效降低全社会物流成本行动方案》，各部门、各地方相继出台配套文件。

2. 中央首次召开社会工作会议，要求突出抓好新经济组织、新社会组织、新就业群体党建工作。货车司机、快递小哥、外卖配送员等物流领域新就业群体党建和权益保障得到加强。

3. 国际标准化组织创新物流技术委员会（ISO/TC344）成立大会在青岛召开，秘书处设在中国物流与采购联合会。中国牵头的首个冷链物流国际标准《冷链物流无接触配送要求》（ISO 31511：2024）发布。

4. 财政部、商务部开展现代商贸流通体系试点城市建设工作，共有 20 个城市纳入首批试点名单。商务部、中国物流与采购联合会等 8 部门公布第三批全国供应链创新与应用示范城市和示范企业名单。

5. 我国首家数据科技央企——中国数联物流信息有限公司在上海成立。“人工智能 + 现代物流”加快启动，多家物流企业推出物流大模型，物流无人配送车、自动驾驶卡车和无人机物流配送商业化应用提速。

6. 中吉乌铁路项目启动，中欧跨里海直达快运正式开通，跨里海中欧班列实现常态化开行，跨境电商海外仓建设加速，物流企业加快在新兴市场国家投资布局。

7. 我国 A 级物流企业首次突破万家，代表国内最高水平的 5A 级物流企业超过 500 家，一批具有全球竞争力的现代物流企业涌现，加快向现代供应链企业转型升级。

8. 中共中央、国务院印发《中共中央　国务院关于加快经济社会发展全面绿色转型的意见》，提出推进交通运输绿色转型。新能源物流车成为市场增长热点，可持续航空燃料试点启动，物流行业碳管理平台正式发布。

9. 由中国物流与采购联合会推荐的“复杂装备数字孪生运维管控共性关键技术及标准体系”项目荣获 2023 年度国家科技进步奖二等奖，实现了物流领域科技成果创新的新突破。

10. 铁路持续深化货运改革创新，全国 40 个铁路物流中心挂牌成立，国际联运、高铁快运、多联快车、铁海快线等铁路物流品牌树立，铁路网络货运物流平台上线运行。

2024年物流与供应链相关政策目录

序号	发文单位	发文/政策题目	文号	发布/成文时间
1	交通运输部等9部门	《关于加快推进农村客货邮融合发展的指导意见》	交运发〔2023〕179号	2024年1月
2	财务部等3部门	《关于横琴粤澳深度合作区货物有关进出口税收政策的通知》	财关税〔2024〕1号	
3	交通运输部	《快递市场管理办法》	中华人民共和国交通运输部令2023年第22号	
4	交通运输部	《关于修改〈邮政普遍服务监督管理办法〉的决定》	中华人民共和国交通运输部令2023年第23号	
5	中共中央、国务院	《关于全面推进美丽中国建设的意见》	—	
6	国务院办公厅	《关于促进即时配送行业高质量发展的指导意见》	—	
7	中共中央办公厅、国务院办公厅	《浦东新区综合改革试点实施方案（2023—2027年）》	—	
8	国家邮政局	《邮政快递业安全生产重大事故隐患大排查大整治行动方案》	—	
9	中共中央、国务院	《关于学习运用“千村示范、万村整治”工程经验有力有效推进乡村全面振兴的意见》	—	2024年2月
10	农业农村部	《关于落实中共中央 国务院关于学习运用“千村示范、万村整治”工程经验有力有效推进乡村全面振兴工作部署的实施意见》	农发〔2024〕1号	
11	中央财经委员会第四次会议	习近平主持召开中央财经委员会第四次会议强调：有效降低全社会物流成本	—	

续　表

序号	发文单位	发文/政策题目	文号	发布/成文时间
12	国务院	《推动大规模设备更新和消费品以旧换新行动方案》	国发〔2024〕7号	2024年3月
13	商务部等9部门	《关于推动农村电商高质量发展的实施意见》	商流通函〔2024〕39号	
14	国家发展改革委	《关于印发〈水运中央预算内投资专项管理办法〉的通知》	发改基础规〔2024〕306号	
15	国家市场监督管理总局等18部门	《贯彻实施〈国家标准化发展纲要〉行动计划（2024—2025年）》	—	
16	海关总署	开展2024年促进跨境贸易便利化专项行动		
17	工业和信息化部等4部门	《关于印发〈通用航空装备创新应用实施方案（2024—2030年）〉的通知》	工信部联重装〔2024〕52号	
18	国家邮政局办公厅等4部门	《关于公布农村电商与快递协同发展示范创建名单的通知》	国邮办发〔2024〕14号	2024年4月
19	国家发展改革委等6部门	《关于支持内蒙古绿色低碳高质量发展若干政策措施的通知》	发改环资〔2024〕379号	
20	工业和信息化部等7部门	《关于印发推动工业领域设备更新实施方案的通知》	工信部联规〔2024〕53号	
21	市场监管总局等7部门	《关于印发〈以标准提升牵引设备更新和消费品以旧换新行动方案〉的通知》	国市监标技发〔2024〕34号	
22	商务部等14部门	《关于印发〈推动消费品以旧换新行动方案〉的通知》	商消费发〔2024〕58号	
23	国家金融监督管理总局等3部门	《关于深化制造业金融服务 助力推进新型工业化的通知》	金发〔2024〕5号	
24	财政部等3部门	《关于开展县域充换电设施补短板试点工作的通知》	财建〔2024〕57号	
25	交通运输部	《关于公布第二批智能交通先导应用试点项目（自动驾驶和智能建造方向）的通知》	交办科技函〔2024〕756号	
26	商务部	《〈数字商务三年行动计划（2024—2026年）〉的通知》	—	
27	财政部办公厅、商务部办公厅	《关于支持建设现代商贸流通体系试点城市的通知》	财办建〔2024〕21号	

续 表

序号	发文单位	发文/政策题目	文号	发布/成文时间
28	财政部等2部门	《关于支持引导公路水路交通基础设施数字化转型升级的通知》	财建〔2024〕96号	2024年5月
29	国务院办公厅	《关于创新完善体制机制推动招标投标市场规范健康发展的意见》	国办发〔2024〕21号	
30	国务院办公厅	《关于印发〈国务院2024年度立法工作计划〉的通知》	国办发〔2024〕23号	
31	国务院常务会议	国务院常务会议研究有效降低全社会物流成本有关工作等	—	
32	商务部办公厅等2部门	《关于完善再生资源回收体系 支持家电等耐用消费品以旧换新的通知》	商办流通函〔2024〕322号	
33	国家发展改革委等4部门	《关于深化智慧城市发展 推进城市全域数字化转型的指导意见》	发改数据〔2024〕660号	
34	工业和信息化部办公厅等3部门	《关于印发〈制造业企业供应链管理水平提升指南（试行）〉的通知》	工信厅联运行〔2024〕25号	
35	交通运输部办公厅	《关于开展2024年交通运输“安全生产月”活动的通知》	交办安监函〔2024〕1015号	
36	国家发展改革委办公厅等4部门	《关于做好2024年降成本重点工作的通知》	发改办运行〔2024〕428号	
37	国务院	《关于印发〈2024—2025年节能降碳行动方案〉的通知》	国发〔2024〕12号	
38	交通运输部办公厅等2部门	《关于开展2024年国家综合货运枢纽补链强链申报工作的通知》	—	2024年6月
39	生态环境部等15部门	《关于印发〈关于建立碳足迹管理体系的实施方案〉的通知》	环气候〔2024〕30号	
40	交通运输部等13部门	《关于印发〈交通运输大规模设备更新行动方案〉的通知》	交规划发〔2024〕62号	
41	商务部等9部门	《关于拓展跨境电商出口推进海外仓建设的意见》	商贸发〔2024〕125号	
42	交通运输部	《关于新时代加强沿海和内河港口航道规划建设的意见》	交规划发〔2024〕67号	

续　表

序号	发文单位	发文/政策题目	文号	发布/成文时间
43	国家发展改革委	《关于做好2024年国家骨干冷链物流基地建设工作的通知》	—	2024年6月
44	国家发展改革委等5部门	《关于打造消费新场景培育消费新增长点的措施的通知》	发改就业〔2024〕840号	
45	财政部等4部门	《关于实施设备更新贷款财政贴息政策的通知》	财金〔2024〕54号	
46	交通运输部	《民用航空货物运输管理规定》	中华人民共和国交通运输部令2024年第8号	2024年7月
47	国家邮政局等9部门	《关于国家邮政快递枢纽布局建设的指导意见》	国邮发〔2024〕27号	
48	二十届中央委员会第三次全体会议	《中共中央关于进一步全面深化改革推进中国式现代化的决定》	—	
49	国家发展改革委等2部门	《关于加力支持大规模设备更新和消费品以旧换新的若干措施》	发改环资〔2024〕1104号	
50	中国人民银行等5部门	《关于金融支持天津高质量发展的意见》	—	
51	交通运输部等2部门	《关于实施老旧营运货车报废更新的通知》	交规划发〔2024〕90号	
52	交通运输部等2部门	《2024年国家综合货运枢纽补链强链支持城市公示》	—	
53	中国人民银行等5部门	《关于开展学习运用“千万工程”经验加强金融支持乡村全面振兴专项行动的通知》	银发〔2024〕136号	2024年8月
54	交通运输部办公厅	《关于印发交通物流降本提质增效典型案例名单（首批）的通知》	交办运函〔2024〕1403号	
55	中共中央、国务院	《关于加快经济社会发展全面绿色转型的意见》	—	
56	交通运输部办公厅	《关于全面推广应用道路运输电子证照的通知》	交办运〔2024〕39号	
57	交通运输部办公厅	《农村客货邮运营服务指南（试行）》	交办运函〔2024〕1574号	

续 表

序号	发文单位	发文/政策题目	文号	发布/成文时间
58	中共中央办公厅、国务院办公厅	《关于完善市场准入制度的意见》	—	2024 年 8 月
59	民航局等 2 部门	《关于推进国际航空枢纽建设的指导意见》	—	
60	中央网信办秘书局等 10 部门	《关于印发〈数字化绿色化协同转型发展实施指南〉的通知》	—	
61	交通运输部办公厅等 4 部门	《关于进一步做好老旧营运货车报废更新工作的通知》	交办运〔2024〕44 号	
62	国务院办公厅	《关于以高水平开放推动服务贸易高质量发展的意见》	国办发〔2024〕44 号	2024 年 9 月
63	国家邮政局	《关于支持广西打造面向东盟的区域性国际邮政快递枢纽的意见》	国邮发〔2024〕34 号	
64	海关总署等 9 部门	《关于智慧口岸建设的指导意见》	署岸发〔2024〕89 号	
65	商务部等 2 部门	《关于开展第二批国家级服务业标准化试点（商贸流通专项）工作的通知》	商建函〔2024〕574 号	
66	交通运输部等 10 部门	《关于加快提升新能源汽车动力锂电池运输服务和安全保障能力的若干措施》	交运发〔2024〕113 号	
67	海关总署	《关于启动出口货物铁公多式联运业务试点有关事项的公告》	海关总署公告 2024 年第 137 号	
68	交通运输部等 5 部门	《关于贯彻落实国家标准〈道路运输危险货物车辆标志〉（GB13392—2023）的通知》	交办运函〔2024〕1797 号	
69	国家发展改革委	《2024 年国家物流枢纽建设名单》	—	2024 年 10 月
70	国家发展改革委等 6 部门	《关于印发〈国家数据标准体系建设指南〉的通知》	发改数据〔2024〕1426 号	
71	国家发展改革委等 8 部门	《关于印发〈完善碳排放统计核算体系工作方案〉的通知》	发改环资〔2024〕1479 号	
72	中共中央办公厅国务院办公厅	《关于加快公共数据资源开发利用的意见》	—	
73	中共中央办公厅、国务院办公厅	《关于加快公共数据资源开发利用的意见》	—	

续 表

序号	发文单位	发文/政策题目	文号	发布/成文时间
74	国家防灾减灾救灾委员会办公室	《关于进一步加强应急抢险救灾物资保障体系和能力建设的指导意见》	国防减救办发〔2024〕13号	2024年10月
75	农业农村部	《关于印发〈全国智慧农业行动计划（2024—2028年）〉的通知》	农市发〔2024〕4号	
76	自然资源部	《关于〈加强自然资源要素保障促进现代物流高质量发展〉的通知》	自然资发〔2024〕218号	
77	国务院	《关于做好自由贸易试验区对接国际高标准推进制度型开放试点措施复制推广工作的通知》	国函〔2024〕156号	
78	国家发展改革委等7部门	《关于大力实施可再生能源替代行动的指导意见》	发改能源〔2024〕1537号	
79	财政部等3部门	《关于〈扩大启运港退税政策实施范围〉的通知》	财税〔2024〕31号	2024年11月
80	交通运输部等2部门	《关于印发〈交通物流降本提质增效行动计划〉的通知》	交运发〔2024〕135号	
81	国家邮政局	《关于印发〈邮政企业、快递企业生产安全重大事故隐患判定标准〉的通知》	—	
82	商务部等2部门	《关于印发〈中国（浙江）自由贸易试验区大宗商品资源配置枢纽建设方案〉的通知》	商自贸发〔2024〕291号	
83	海关总署	《关于进一步促进跨境电商出口发展的公告》	海关总署公告2024年第167号	
84	中共中央办公厅、国务院办公厅	《有效降低全社会物流成本行动方案》	—	
85	商务部等9部门	《印发〈关于完善现代商贸流通体系推动批发零售业高质量发展的行动计划〉的通知》	—	2024年12月
86	交通运输部办公厅等3部门	《关于进一步改善停车休息环境关心关爱货车司机的通知》	交办运〔2024〕62号	
87	中共中央办公厅、国务院办公厅	《关于推进新型城市基础设施建设打造韧性城市的意见》	—	
88	商务部办公厅等7部门	《关于印发〈零售业创新提升工程实施方案〉的通知》	—	

续 表

序号	发文单位	发文/政策题目	文号	发布/成文时间
89	交通运输部办公厅	《关于印发〈内河运输船舶重大事故隐患判定标准〉的通知》	交办海〔2024〕67号	2024年12月
90	中共中央办公厅、国务院办公厅	《关于加快建设统一开放的交通运输市场的意见》	—	
91	国家发展改革委	《关于印发〈浙江省义乌市深化国际贸易综合改革总体方案〉的通知》	发改体改〔2024〕1791号	